一九色鹿一

教育部重点研究基地重大招标项目（14JJD770006）

中国敦煌石窟保护研究基金会资助项目

敦煌民族史

A HISTORY OF
ETHNIC MINORITIES IN DUNHUANG

杨富学　张海娟

胡　蓉　王　东　著

社会科学文献出版社
SOCIAL SCIENCES ACADEMIC PRESS (CHINA)

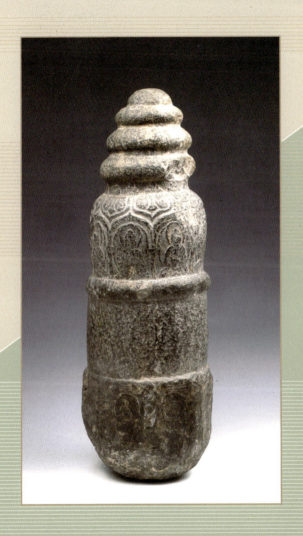

敦煌出土北凉石塔（北凉）

莫高窟第 259 窟释迦多宝并坐说法（北魏）

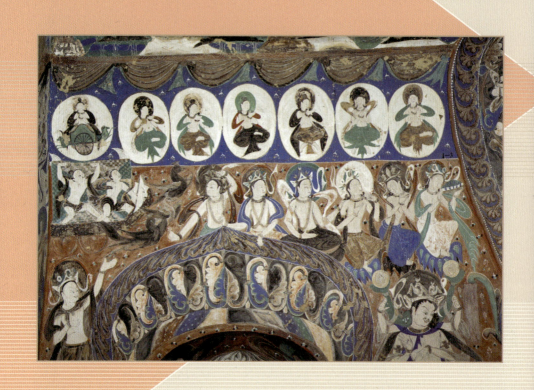

莫高窟第 285 窟日天与诸星（西魏）

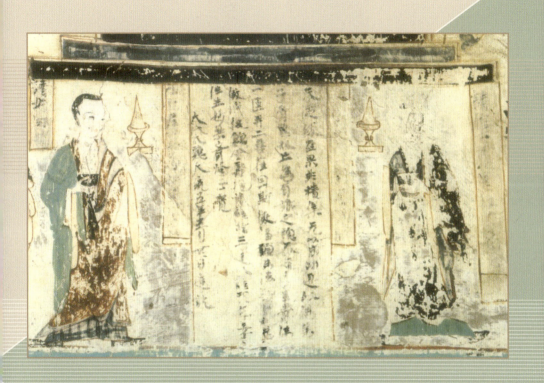

莫高窟第 285 窟北壁西魏建窟纪年题记（西魏）

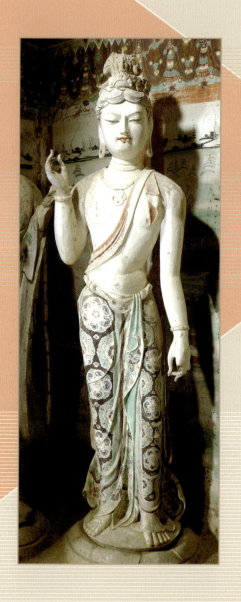

莫高窟第 159 窟西龛内北侧菩萨（中唐）

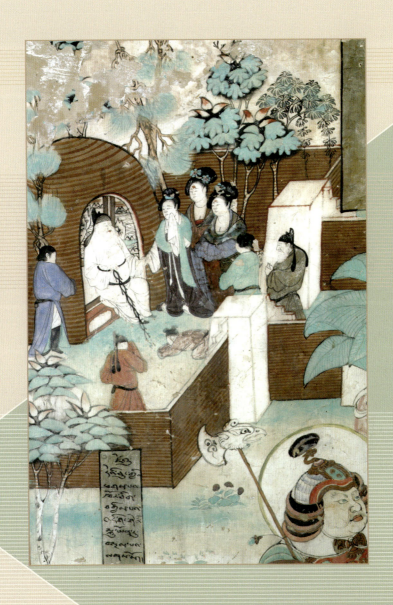

榆林窟第 25 窟弥勒经变（中唐）

莫高窟第 159 窟吐蕃国王像（五代）

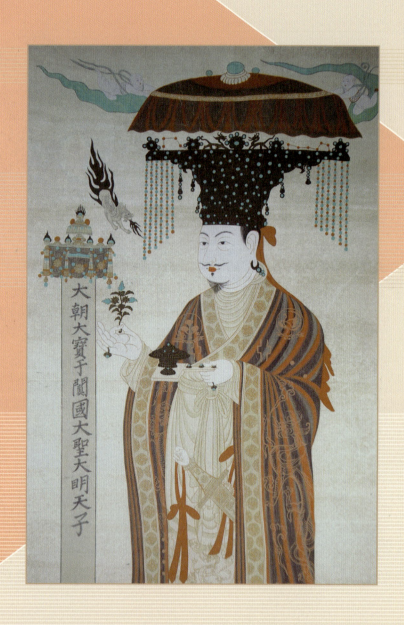

莫高窟第 98 窟李圣天供养像（五代）

莫高窟第 346 窟契丹射手图（五代）

莫高窟第 98 窟回鹘天公主供养像（五代）

榆林窟第 39 窟前室甬道南壁回鹘供养像（回鹘）

莫高窟第 409 窟主室东壁回鹘可汗供养像、回鹘王妃供养像（回鹘）

榆林窟第 29 窟西夏人供养像（西夏）

榆林窟第 29 窟西夏真义国师像（西夏）

莫高窟第 148 窟回鹘人供养像（西夏）

敦煌本西夏文大藏经残片（元代）

莫高窟第 464 窟十地菩萨与回鹘文榜题（元代）

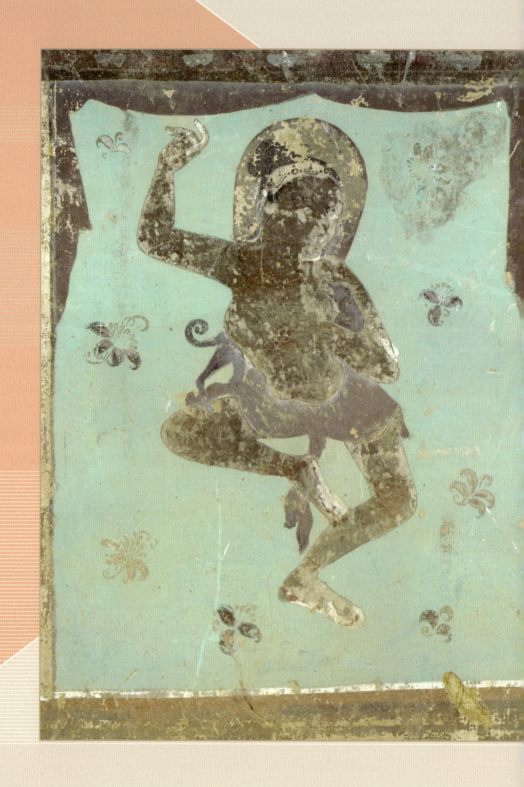

莫高窟第 465 窟西壁欢喜金刚（元代）

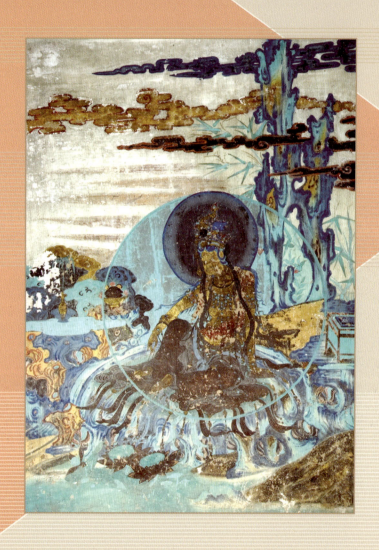

榆林窟第 2 窟西壁水月观音（元代）

榆林窟第 2 窟西夏人供养像（元代）

榆林窟第 3 窟北壁树下舞蹈（元代）

榆林窟第 3 窟唐僧取经图（元代）

榆林窟第 6 窟前室西壁北侧蒙古贵族供养像（元代）

瓜州锁阳城大塔（元代）

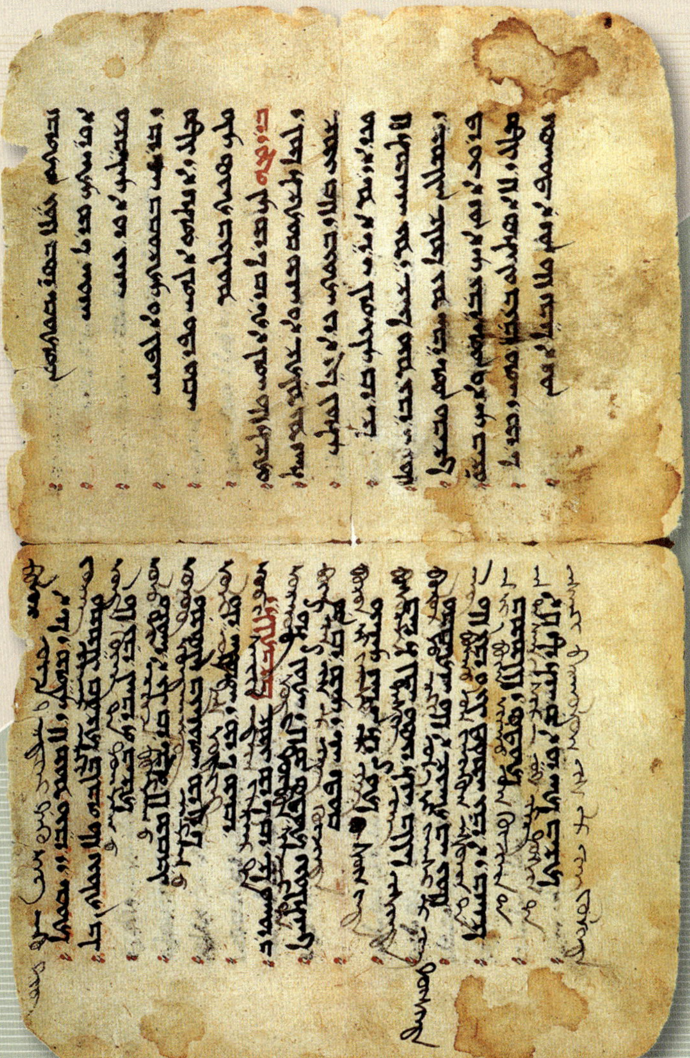

莫高窟本叙利亚文－回鹘文文献（元代）

酒泉文殊沟本回鹘文《金光明最胜王经》（清代）

"敦煌研究院学术文库"总序

樊锦诗

敦煌学从研究对象来说，主要包括三个方面：一是从藏经洞出土的古代文献（也称为敦煌文献、敦煌遗书）及其他文物；二是敦煌石窟；三是敦煌及丝绸之路的历史文化。

1900年敦煌莫高窟第17号洞窟（后被称为"藏经洞"）所藏的数万卷古代文献及纸本绢本绘画品始见天日，这是人类文化史上的重大发现。由于清政府的腐败，未能采取有效的保护措施，致使这些珍贵的文化遗产大部分流落海外。在其后的数十年里，敦煌文献受到世界汉学研究者的关注，很多学者投身于敦煌文献及艺术品的研究。敦煌文献包罗万象，涉及古代政治、经济、文学、语言学、科学技术等领域，一百余年来，敦煌文献的研究可以说汗牛充栋。"敦煌学"这一名称也源于对敦煌文献的研究。而随着对敦煌文献研究的深入，必然需要对敦煌本地历史、地理及相关遗迹进行调查研究。敦煌位于丝绸之路中西文化交流的要道，敦煌的历史又与中国西部发展，特别是丝绸之路发展的历史相关联，因而，对敦煌与丝绸之路历史文化的研究，也成为敦煌学的一个重要方面。对敦煌石窟的研究相对较晚，虽然法国人伯希和于1908年对敦煌石窟做过编号，并对洞窟内容做了详细记录，1914年俄罗斯奥登堡探险队也对莫高窟做过测量和记录，但伯希和除了20世纪30年代在法国出版过图录外，他的《敦煌石窟笔记》迟至20世纪80年代以后才正式出版，而奥登堡探险队的洞窟测绘记录则到了20世纪末才由中国上海古籍出版社出版。由于敦煌地理位置偏远，在过去交通不便的情况下，到敦煌石窟的实地考察很难。当伯希和出版了敦煌石窟图录后，日本学者松本荣一因此写成了第一部敦煌图像考证的专著《敦煌画研究》（1937年出版），但作者却一辈子没有到敦煌石窟做过实地考察。1944年，敦煌艺术研究所成立，以常书鸿先生为首的一批研究人员在极其艰苦的条件下，开始对敦煌石窟进行系统的保护和研究工作。1950年，敦煌艺术研究所更名为敦煌文物研究所，除了美术临摹与研究外，还加强了石窟保护工程的建设，并开展了考古研究工作。1984年，敦煌文物研究所扩建为敦煌研究院，增加了研究人员，并在石窟的科学保护、石窟考古、石窟艺术以及敦煌文献研究方面形成了较为集中的研究力量，取得了很多重要的成果。

进入21世纪以来，敦煌学的发展面临着新的机遇与挑战。敦煌莫高窟作为世界文化遗产地，其石窟的保护与研究工作受到国内外学术界的普遍关注。国家不断投入资金，支持敦煌学研究事业，国内外友好人士也给予广泛的援助。敦煌研究院与国内外学术机构的合作与交流也不断发展。可以说敦煌学研究工作进入最好的时代。近年来，敦煌研究院的研究人员在老一辈专家学者开创的道路上继续奋进，并在敦煌学的各个领域取得了令人振奋的研究成果。不少研究人员陆续获得国家社会科学基金项目以及省部级学术研究项目的立项，敦煌研究院也设立了院级学术研究项目，加强了对学术研究资助的力度。

　　为了让新的研究成果尽快出版，以推动敦煌学研究事业，我们决定持续地编辑"敦煌研究院学术文库"，遴选出能代表本院学术研究成果的著作陆续出版。"敦煌研究院学术文库"以推动敦煌学研究为宗旨，所收的著作，要在敦煌学及相关领域的研究上具有创新性、开拓性，在研究方法上具有启发性，对敦煌学研究产生积极的影响。

　　敦煌研究院将创造更好的学术环境，努力推动世界范围内的敦煌学研究持续向前发展。

序

古代敦煌境内有多个民族居住，周边又与多个民族区域为邻，民族生业、民族间经济文化交流是敦煌社会常事要务。各族民众无不乐于幸福安定的生活，执政者也通常都要维护社会的和平安定，处理民族问题的上策无疑是"以和为贵"，和而不同，求同存异，和谐共进。《论语·学而》将"和为贵"奉为"先王之道"。早在春秋时代，晋国就采取"和诸戎狄"的政策而大有成效，事见《左传·襄公十一年》"晋侯语魏绛"；现代民主革命先驱孙中山先生倡行"五族共和"；中国共产党革旧命、换新天，特将"共和"嵌入国号，定名"中华人民共和国"。在漫长的历史进程中，各民族无不是在"和容共处"中生息、发展，互利共进的。有时出现民族失和、摩擦争斗，但都为时短暂。如吐蕃占领敦煌初期，推行吐蕃化政策，迫使汉人"拆裈裤以纹

身""解鬐钿而辫发";收缴民间铁器,使"无尺铁寸兵",以至耕乏
锄犁,引起沙州三度起义,八年动荡。是后,吐蕃执政者仍不得不施
行安抚之术,重归和平安定的历史正道,敦煌历史遂步入新一轮"和
容共处"的阶段。总体来看,和谐时多、争斗时少,"和容共处"可称
历史的常态;经验和教训都告诉人们:以和为贵,求同存异,和而不
同,和谐共进是历史的正道。

观杨富学、张海娟、胡蓉、王东先生共著《敦煌民族史》,收集
并列举大量资料,描述并论证了不同时期敦煌民族的活动、业绩及相
互关系、成败得失,印证了敦煌民族大步走过的"历史正道",也在
若干荆棘小道上跌过跤,这些都是历史事实,毋庸避讳,但也不必过
多铺陈。就这一历史观而言,本书可谓视野广深,为此前所未有。以
往史家撰史,多详于民族矛盾斗争而疏略民族和谐共处与文化的交
流交往交融。其实,从时间段来看,和谐共处之时要长得多,而矛
盾斗争之时短暂,表明民族和谐是历史的正道,为主流因素;矛盾斗
争则是历史的岔道,是次要因素。本书的特点在于凸显敦煌诸民族对
敦煌、对河西、对丝绸之路开发的贡献,同时又强调中国境内各民族
对敦煌开发的重要作用,关切各民族在敦煌地区的友好相处和交互影
响。把敦煌诸族的历史贡献置于全书的核心位置,浓墨重彩于描绘敦
煌诸族的主体性,明辨敦煌民族历史发展的主次关系,既是对历史的
真实反映,同时又把握住了当今民族研究的时代脉搏,而这正是杨富
学君数十年来孜孜矻矻从事西北民族史研究时一以贯之的基本理念与
不懈追求。对此我感同身受,历史研究工作者需要通过对历史的全面
阐述,努力化解矛盾,促进和谐,不可偏爱斗争,尤不可以斗为乐,
不管敦煌学还是其他学科,都应该弘扬历史的正道。本书做到了,而
且处理得恰到好处,此乃本书第一大特点。

言本书第二个特点,当推本书历史学与少数民族语言文字研究之
并重。这一点说起来易,做起来难。国人研究少数民族历史文化,长
期来存在一个痼疾,就是学科分野壁垒森严,研究历史者大多不精通
少数民族语言文字,而语言文字研究者常缺乏历史学素养,这一现象

在杨富学君这里是不存在的。语史兼得，可避免历史研究中的许多偏颇与盲区。就敦煌这一地名的起源与含义来说，学术界众说纷纭，本书从见于先秦至秦汉古文献的河西地名——合黎山、合黎水（黑水、清水）、祁连山、焉支山——入手，指出这些地名均为原始突厥语，合黎 =Qara，意为"高"，合黎水（黑水）=Qara Su，意为"清亮的水"，祁连 =Tängri，意为"天"，焉支 =yänggä，意为"嫂子"；又根据古籍中留存下来的少量词语，推定月氏、乌孙、匈奴所操语言皆为突厥语，进而论证"敦煌"一名亦应为突厥语。其论述有理有据，可信可从，令人会心解颐。

特点之三在于本书对考古学资料的关注，尤其是第一、第二章，利用考古学文化和出土汉简对敦煌早期历史的钩稽，发前人未发之覆，甚是难能可贵。最后二章文字对石窟考古断代的探讨也不乏新见，论述周密，成一家之言，这也是其他历史学著作中所罕见的。敦煌晚期石窟的分期断代问题近期比较热火，争论很大，尤其是回鹘、西夏、元代的石窟问题，大有公说公有理、婆说婆有理之势。但如果冷静观察，不难看出，设若研究人员能够更多考虑历史因素和少数民族语言文字及服饰、文化等方面的因素，一些争论既久看似无解的问题，本身还是比较清楚的，关键在于对晚期敦煌民族史把握的程度，不少争讼溯其源，实出于对历史和少数民族文化的误解。

读者通过本书登高远望，历览敦煌两千多年民族关系之兴替得失、和融砥砺，使人大开眼界。余有幸先读此书，受益匪浅。因有所感，用充为序。

李正宇

2021 年 2 月 15 日

————————————————

Contents

Chapter Ⅱ : The minority nationalities in Dunhuang during the Han Dynasty /99

Chapter Ⅲ : Tuyuhun's activities in Dunhuang /134

Chapter Ⅳ : Dunhuang's minority nationalities in Five Liang Dynasties /179

Chapter Ⅴ : Tibet's rule in Dunhuang and its cultural heritage /204

导　论

历史上的敦煌（包括今瓜州县）是个多民族聚居的地区，自古以来即被称作各民族经济、文化交融的大都会。早在战国之前，这里就先后定居过火烧沟人（羌）、塞种、允戎等多种部族。战国秦汉之际，这里又有月氏（大月氏、小月氏）、乌孙和匈奴等入居。汉代以后，相继又有汉、鲜卑、退浑（吐浑、吐谷浑、阿柴）、粟特（昭武九姓）、吐蕃、嗢末、苏毗（孙波）等繁衍生息于这里。840年，漠北回鹘汗国灭亡，部众西迁，引起了西北地区的民族大迁徙运动，于是，回纥（回鹘）、龙家（龙部落、肃州家）、南山、仲云（众云、众熨、种榅）、契丹（图0-1）等相继登上了敦煌的历史大舞台。再后，又有鞑靼（黄头鞑靼）、党项（西夏）、蒙古及黄头回纥（裕固族）等民族跃马挥鞭于这块热土。在漫长的历史长河中，诸民族间既有你死我活的利益冲突与争斗，也有和睦共处、友好往来的融融岁月，尤以后者为主，构成了历史上敦煌民族关系的主旋律。各民族在这里或畜牧，或农耕，或农牧兼营，以不同的方式开发建设着祖国的边疆，共同创造了辉煌灿烂的古代敦煌文明。这在敦煌石窟艺术和敦煌文献中都可反映出来，中外史乘也不绝于书。

图0-1　莫高窟第346窟五代时期契丹射手图（敦煌研究院供图）

今敦煌地区现存的500余个洞窟中，除汉人政权时代开凿的300余窟外，少数民族政权时代所开的洞窟也有170余个，约占洞窟总数的三分之一；在敦煌发现的70000多卷古代文献中，除汉文外，尚有吐蕃文写卷5000件左右，另有突厥文、龟兹文（乙种吐火罗文）、焉耆文（甲种吐火罗文）、摩尼文（摩尼教徒使用的“正式”文字）、回鹘文、于阗文、粟特文、西夏文、回鹘式蒙古文、八思巴文等多种文献，此外还有用佉卢文、梵文、钵罗婆文（中古波斯文）、叙利亚文写成的文献。它们为我们认识历史上敦煌民族的社会活动、经济状况、语言文字、文化艺术和宗教信仰都提供了弥足珍贵的资料。

敦煌民族众多，文化发达，研究成果丰硕，这里不可能一一详述，只能撷取其中学术界比较关切的若干问题略做叙述。

一 作为"华戎所交一都会"的敦煌

从历史记载并结合考古资料看，早在先秦至秦汉时代，敦煌及其周边区域就居住过多种民族与部落，主要有火烧沟人（羌）、塞种、允戎、月氏、乌孙和匈奴等。汉朝据两关，列四郡，敦煌成为汉王朝经营西域的大本营。汉代以后，又有鲜卑、吐谷浑（退浑）、吐蕃、嗢末、粟特等民族、部落繁衍生息于此。关于敦煌与河西地区民族成分分布之杂，敦煌文献有生动反映，如 S.5697《申报河西政情状》载："同缘河西诸州，蕃、浑、嗢末、羌、龙狨杂，极难调伏。"[1] S.389《肃州防戍都状》对河西诸族之杂混之状记载更为详尽：

> 其甘州吐蕃三百，细小相兼五百余众，及退浑王拔乞狸……先送崔大夫回鹘九人，内七人便随后寻吐蕃踪亦（迹）往向南。二人牵梳嘉麟，报去甘州共回鹘和断事由。其回鹘王称：须得龙王弟及十五家只（质），便和为定……其龙王衷私，发遣僧一人，于凉州嗢末首令（领）边充使。退浑、达票、拱榆、昔达票、阿吴等细小共七十二人，旧通频四十人，羌大小三十七人。[2]

---

[1] 中国社会科学院历史研究所等编《英藏敦煌文献（汉文佛经以外部分）》第9卷，成都：四川人民出版社，1995，第80页。录文见唐耕耦、陆宏基编《敦煌社会经济文献真迹释录》第4辑，北京：全国图书馆文献微缩复印中心，1990，第363页。

[2] 中国社会科学院历史研究所等编《英藏敦煌文献（汉文佛经以外部分）》第1卷，成都：四川人民出版社，1990，第179页。录文见郝春文编著《英藏敦煌社会历史文献释录》第2卷，北京：社会科学文献出版社，2003，第250～251页。

由是以观，不惟敦煌，附近的张掖、武威地区也是一样，民族活动极为频繁，与前揭 S.5697《申报河西政情状》提到的各部杂混之状恰合。

敦煌的历史文化分野，大致以唐朝晚期为界，可以分为前后二期，文化差异很大，不惟敦煌文献，在石窟艺术中的表现更为明显。在学术界，向称敦煌晚期石窟最为难治，关键因素就在于这一时期敦煌民族成分复杂，民族政权更迭频繁，宗教思想和信仰也都有很大变化，与之相伴的艺术内容和形式也各不相同。[1]

敦煌与河西地区在晚唐五代宋初最为纷乱，民族众多，政权林立，这一状况的形成与 840 年漠北回鹘的西迁有着密不可分的关系。回鹘的西迁一度引起中国西北乃至中亚地区的民族大迁徙运动，继回纥（回鹘）之后，来自焉耆的龙家，分布于祁连山区的南山部落，还有来自塔里木盆地东部的仲云，来自东北地区的黑车子、黄头鞑靼纷纷登上敦煌历史舞台，再后，党项、蒙古以及由河西回鹘与蒙古融合而形成的裕固族更是在晚期敦煌历史上扮演了重要角色。[2]

蒙古统治时期，敦煌文化的多元化倾向臻至巅峰。1988～1995年间，敦煌研究院考古工作人员对莫高窟北区进行清理发掘，出土文献众多。经过笔者整理归纳，将其中年代比较明确的文献归为 107项，其中，属于蒙古国—元代者占 87 项，其余时代（主要是唐宋之物）仅占 20 项。由是以观，莫高窟北区的洞窟大多应为蒙古统治时期之物。在归于蒙古统治时期的文献中，数量最多的是回鹘文，独占36 项，以下依次为蒙古文（25 项）、藏文（8 项）、汉文（6 项）、西夏文（5 项），再次为八思巴文（3 项）、梵文（2 项），最后为叙利亚文（正面为叙利亚文，背面为回鹘文，二者合为一项）、希伯来文各1 项。[3] 如此多样的古代文字并存于莫高窟北区，体现了当时敦煌民族

1　段文杰：《晚期的莫高窟艺术》，《敦煌研究》1985 年第 3 期，第 1 页。
2　汪泛舟：《论敦煌文明的多民族贡献——兼及民族关系》，《敦煌研究》1995 年第 2 期，第 185～193 页；杨富学：《少数民族对古代敦煌文化的贡献》，《敦煌学辑刊》2005 年第 2 期，第 85～99 页。
3　杨富学：《裕固族与敦煌晚期石窟》，《敦煌研究》2017 年第 6 期，第 50～51 页。

成分的复杂和文化的多样性。

最能反映敦煌民族文化多样性的实物资料是敦煌发现的《莫高窟六字真言碣》（图 0-2）。碣石勒立于元顺帝至正八年（1348），保存基本完好，其上方及左右方刻六字真言，分别用汉文、梵文、回鹘文、藏文、西夏文和八思巴文镌刻。在六字真言之外围有 95 位施主的题名，其中以蒙古人居多，如西宁王速来蛮及其子养阿沙、速丹沙、阿速歹、妃子屈术、大使兴都、百户宜吉、脱花赤大王以及结来歹、卜鲁合真、拜延、刘拜延、也先怗木等皆是。[1] 另有藏族公哥力加、琓□藏布，回鹘人则有阿卜海牙，西夏人有耳立嵬、刘耳立嵬，更有来自西域的哈只、答失蛮等。还有很多观其名似为汉人，如吴义赛、张宣、李世荣、陈世昌、翟文通、梁黑狗等，只是单从姓名观察难以确定其民族成分。其中的哈只、答失蛮，应为穆斯林，至少应有一定的伊斯兰文化背景。施主中另有"义束"者，亦颇值得关注。在敦煌出土摩尼教文献中多有"夷数"之谓，如北京中国国家图书馆藏宇字 56（BD00256）《波斯教残经》第 205 行，伦敦大英图书馆藏 S.2659《摩尼教下部赞》第 6、13、29、35、45、76、126、131、138、151、152、171、176、254、367、368、381 诸行中都有所见。此外，在霞浦摩尼教文检中又有"夷数如来""夷数和佛""夷数王"之名。[2]"夷数"即耶稣也。笔者以为，这里的"义束"实为"夷数"之异译，当为景教徒（至少具有基督教文化背景）之名号。这些说明该碣之勒立当有众多民族人士参与。[3] 其中不少人（如牙罕沙即养阿沙、速丹沙、阿速歹、速来蛮、妃子曲术即屈术等）又见于至正十一年（1351）勒立于莫高窟第 61 窟窟前的《重修皇庆寺碑》。[4]

1　敖特根：《〈莫高窟六字真言碣〉研究》，《敦煌研究》2005 年第 6 期，第 77 ~ 81 页。
2　杨富学、薛文静：《霞浦摩尼教夷数崇拜考》，《世界宗教文化》2017 年第 6 期，第 71 ~ 77 页；YANG Fuxue & XUE Wenjing, "Yishu (Jesus) Worship in Xiapu Manichaean Manuscripts," *Yearbook of Chinese Theology*, Brill, 2018, pp.97~112.
3　杨富学、张海娟：《从蒙古豳王到裕固族大头目》，兰州：甘肃文化出版社，2017，第 147 ~ 148 页。
4　李永宁：《敦煌莫高窟碑文录及有关问题》（二），《敦煌研究》试刊第 2 期，1982，第 114 页。

图0-2 《莫高窟六字真言碣》(摹本)

　　这里特别需要提点的是碑主速来蛮和他的两个儿子之名号。作为敦煌统治者的西宁王速来蛮乃成吉思汗第七代孙，其名无疑为阿拉伯语 Sulaimān 之音译，意为"美满"，古往今来一直充任穆斯林常用名。长子养阿沙，为突厥语"象"（Yaghan）与波斯语"沙"（Shāh）的合成。次子速丹沙，显然为阿拉伯语"苏丹"（Sultān）与波斯语"沙"（Shāh）之音译。Sultān 原意为"力量"或"权柄"，而"沙"则为"国王"之意，原用以称呼伊斯兰国家的统治者，这里作为人名使用。[1] 毋庸置疑，速来蛮、速丹沙、养阿沙父子，虽为成

<hr>

1　杨富学：《元代敦煌伊斯兰文化觅踪》，《敦煌研究》2018 年第 2 期，第 11 ～ 21 页。

吉思汗的直系后裔，但其取名明显具有伊斯兰文化因子。其先人出伯本为西域察合台汗国王室成员，后因政治纷争而于 1276 年脱离察合台汗国，率万骑东归，投于忽必烈麾下，被安置在河西地区。出伯孙速来蛮、曾孙速丹沙、养阿沙三人的出生地都在中亚，故而可以推想，他们很可能都曾经皈依伊斯兰教。13 世纪初，成吉思汗西征，所到之处，对不同宗教采取宽容态度，旨在让属民"人人均可信仰自己的宗教，遵守自己的教规"。[1] 蒙古人原本信仰万物有灵的萨满教，为了便于统治，蒙古贵族纷纷皈依所在地的宗教，有的皈依伊斯兰教，有的皈依佛教，也有的皈依基督教。就察合台汗国而言，居民主要信奉伊斯兰教，速来蛮父子具有伊斯兰文化特色之取名，当与察合台汗国之伊斯兰化不无关系。当其东归河西后，因受敦煌等地佛教文化之熏陶而成为佛教活动的施主，乃蒙古贵族宽容宗教政策使然。

　　碣中的六字真言分别用汉、梵、回鹘、藏、西夏、八思巴等六种文字写成，这一现象在敦煌石窟的壁题中更是多见，如莫高窟第 464 窟前室南壁和北壁都有。南壁所书依次为梵、藏、回鹘和汉共四种文字（图 0-3），北壁题铭框可分为上下两部分，上书梵文、回鹘文和藏文，其下为汉文、八思巴文，共五种文字。

　　与之类似的情况又见于 464 窟南侧的 B126 窟前室西壁和 465 窟右上角无编号的一个小龛内。[2] 这一情况的出现，无疑反映出敦煌民族文化的多样性，同时又反映出当地蒙古统治者民族政策的宽容，冀以通过使用多体文字来书写六字真言这种简单明了的方式表达出对不同民族文化的尊重、兼容与扶持，从而达到团结当地诸族之目的。

1　John Andrew Boyle, 'Ala-ad-Din 'Ata-Malik JUVAINI, *The History of the World-Conqueror*, Vol.I, Harvard University Press, 1958, p.67;〔伊朗〕志费尼：《世界征服者史》上册，何高济译，呼和浩特：内蒙古人民出版社，1981，第 74 页。

2　杨富学：《河西多体文字合璧六字真言私臆》，《中国藏学》2012 年第 3 期，第 89～93 页。

图 0-3　莫高窟第 464 窟前室南壁四体六字真言（敦煌研究院供图）

二　敦煌·月氏·原突厥

　　关于"敦煌"一名的含义，东汉应劭在《汉书·地理志》注中说："敦，大也。煌，盛也。"唐代李吉甫在《元和郡县图志》中更是明言："敦，大也，以其广开西域，故以盛名。"[1] 显然，这都是单纯地从字面上解释敦煌的含义。[2] 再说，如所周知，敦煌这个名字在张骞出使西域前就已存在，彼时当地尚无汉人，何来汉语地名？再说，"敦煌"一名在历史文献中又写作"炖煌""焞煌""燉煌"，甚或"敦薨"，与汉语地名的命名习惯殊异。一般而言，汉语地名都是具有特定含义的，不可随意用同音字替代，而非汉语地名则不同，其名多出自音译，故用同音字替代现象多见。从敦煌取名用字的不统一，抑或可窥见"敦煌"一名非汉语欤？

1　（唐）李吉甫：《元和郡县图志》卷四〇，贺次君点校，北京：中华书局，1983，第 1026 页。

2　现代学者中撰文支持此说的主要有谭世宝《燉（焞、敦）煌考释》，《文史》第 37 辑，北京：中华书局，1993，第 55～64 页；李并成《"敦煌"得名新考》，《敦煌学辑刊》2021 年第 1 期，第 37～40 页。

那么，敦煌一名到底为何意呢？学界曾提出多种说法，一者认为"敦煌"是"吐火罗"的音译，二者认为是"桃花石"的音译，三者认为来自羌语，四者认为来自伊朗语，五者认为来自月氏语，六者认为来自突厥语。说法不一而足。敦煌一名的来源，对于探讨敦煌的历史文化又具有重要意义，这里拟从早期河西突厥语地名、早期河西突厥语部族和敦煌名称之由来三个方面进行论述，冀以探明"敦煌"一名的来源与含义。

（一）河西早期古突厥语地名

在中国古代北方地区存在着一种语言——原始突厥语，从现存语素判断，时代最早者当首推匈奴语。[1] 此外，游牧于蒙古高原的丁零人很有可能操的也是原始突厥语。后来经过逐步发展，至北周、隋唐时代形成了完善的突厥语，并涌现出丰富的古代突厥语文献——著名的鄂尔浑碑铭，如《阙特勤碑》《毗伽可汗碑》《暾欲谷碑》等就是用卢尼文字母拼写的早期突厥语文献。突厥语后来分裂，形成回鹘语、哈萨克语、柯尔克孜语、乌兹别克语等，统称突厥语族。该语族在中国的分布范围很广，从新疆、河西走廊一直延伸到黑龙江流域，这从古今地名中都可得到反映。

这里先从敦煌所在的河西走廊古代地名说起。在河西四郡建立之前，见于史册的河西地名甚少，《尚书·禹贡》中所见合黎、黑水、弱水、三危、猪野、流沙等，当有一定数量即分布于河西。这些地名有的地望无法确定，如三危、猪野、流沙，有的明显为汉语，如弱水，这里皆不予讨论。综观《禹贡》《史记》《汉书》的记载，时代较早而名著于史的河西地名有五，分别为河西走廊北缘的合黎山、黑水，走廊南缘的祁连山、焉支山，以及河西走廊西端的敦煌。

1　Peter de Barros Damgaard, et al., "137 ancient human genomes from across the Eurasian steppes," *Nature*, Vol. 557, 2018, p. 371. DOI:10.1038/s41586-018-0488-1.

河西走廊北侧有山名"合黎",此名最早见于《禹贡》,古代史志与民间俗称"黑山"。山下有水名"黑水"(同见于《禹贡》,以其水量小而又名"弱水"),而俗唤"合黎水"。显而易见,"合黎"乃古突厥语词,意为"黑",为"喀喇"之音转。

《禹贡》乃先秦文献,而"突厥"之名见于史册始自542年,兹将"合黎"与突厥语族的"喀喇"画等号,时代上岂不自相矛盾?实则非也。"突厥语族"只是当代语言学家为表示与突厥语有亲缘关系的一组语言而创造的集合名词。突厥语族语言简称为"突厥语",其内涵有广狭之分。依张铁山《突厥语族文献学》,"狭义的'突厥语'指公元 6 ~ 8 世纪游牧于漠北高原的突厥汗国的语言,即古代突厥碑铭文献语言;广义的'突厥语'是指在语言发生学上具有亲缘关系的古代突厥碑铭语言及其后来各期文献语言、现代几十种活语言或方言"。[1] 在"突厥"一名出现以前,其语言就早已存在,称原始突厥语,操这种语言者,可称作原突厥人。商周、秦汉直到魏晋一直游牧于蒙古草原、阿尔泰山及西伯利亚贝加尔湖一带的丁零人(今维吾尔族、裕固族的远祖)操的就是这种语言。早在公元前 2 世纪张骞出使西域时,今新疆南部地区即已存在以原始突厥语命名的小王国,如温宿(《唐书》称"于祝",今译"乌什",为 uč 之音译,突厥语意为"末尾")、疏勒(突厥称水为疏勒 suluk)、姑墨(当为突厥语 qum "沙"之音译)。

即使远在东北的黑龙江,其实也是突厥语喀喇(Qara)江的音转,意为"大江"。[2] 突厥语的称谓后为达斡尔族所沿袭,称黑龙江为 Har muru,因 h 音弱化而读作阿木鲁。今俄罗斯人称黑龙江为阿穆尔(Amur),显系达斡尔语 Har muru 之转借。[3] 推而论之,《禹贡》中的"黑水",当与"黑龙江"之名一样,都来自古代突厥语,皆为 Qara 之音译。

1　张铁山:《突厥语族文献学》,北京:中央民族大学出版社,2005,第 3 页。

2　杨富学:《"黑龙江"名出阿尔泰语考》,《语言与翻译》2000 年第 3 期,第 52 ~ 54 页。

3　刘凤翥:《"阿穆尔"源于契丹语的"黑水"说》,《黑龙江文物丛刊》1984 年第 4 期,第 82 页。

以喀喇（Qara）为名的河流，不仅不表示水黑，其意正好相反，表示的是"清亮的水"。[1] 喀喇一词在蒙古语中有借用，作为液体时，一般具有"清亮""纯净"之意，如白酒称 hara arhi，不能译作"黑酒"，白开水为 hara us，不能译为"黑水"。以此类推，则合黎山必为突厥语喀喇山（Qara Taɣ）之异写也，意为"高山"；黑水必为突厥语喀喇水（Qara Su）之异写也，意为"清亮的水"。

祁连山呢，其中的"祁连"为突厥语 Tängri 的音译，其义为"天"，与今天新疆的天山其实是一个意思，庶几可谓当前比较一致的意见。当然，学界对祁连山的名与义也有不同解释，但与突厥语说相比，其他解释皆存在语言学或历史背景等方面的抵牾现象。如有人将"祁连"解释作汉语"天"的急读。[2] 彼时匈奴有自己的语言，何以不用，而偏偏采用并不熟悉，甚至作为敌对势力的汉人语言来为自己所崇拜的圣山取名呢？实在难以令人取信。还有人依《汉书·匈奴传》中出现的"匈奴谓天为'撑犁'"之语，而将祁连与吐火罗语 kilyom(o)（意为"圣天"）相联系。[3] 天山、祁连山，古来有之，在突厥语文献中一直写作 tängri，没有哪个文献写作 kilyom(o)；再说，兴起于蒙古高原的匈奴人，竟用来自印欧语系伊朗语族的语言为自己所崇拜的圣山取名，似乎不合常理。

至于焉支（胭脂）山，最早见于汉武帝元狩二年（前121）攻伐河西之时。《史记·匈奴列传》载："其明年（元狩二年）春，汉使骠骑将军去病将万骑出陇西，过焉支山千余里，击匈奴，得胡首虏万八千余级，破得休屠王祭天金人。"[4] 同样的记载也见于《汉书·匈奴列传》，唯将焉支山改写作"焉耆山"。[5]《括地志》云："焉支山一名删丹山，在甘州删丹县东南五十里。《西河故事》云'匈奴失祁连、焉支二山，乃

---

1 牛汝辰：《新疆地名中的"喀拉"一词辨析》，《新疆社会科学》1984年第4期，第146页；
  牛汝辰：《新疆地名概说》，北京：中央民族大学出版社，1994，第100页。

2 贺德扬：《论"祁连"》，《文史哲》1990年第3期，第84~86页。

3 林梅村：《祁连与昆仑》，《敦煌研究》1994年第4期，第115页。

4 《史记》卷一一〇《匈奴列传》，北京：中华书局，1959，第2908页。

5 《汉书》卷九四上《匈奴列传上》，北京：中华书局，1962，第3768页。

歌曰:'亡我祁连山,使我六畜不蕃息;失我焉支山,使我妇女无颜色.'
其愍惜乃如此'."[1] 从匈奴民歌可以看出,焉支山是与祁连山连为一体的,
乃祁连山支脉大黄山是也.尤有进者,《史记·匈奴列传》谓匈奴"右方
王将居西方,直上郡以西,接月氏、氐、羌".上郡位处今陕北西部与
甘肃交界地带,言其与月氏、氐、羌相接,言通义顺.

值得注意的是,韩中义先生在未刊新作《丝绸之路语言文化交
流》中做了如下论述:值得注意的是,匈奴单于之夫人则被称作"阏
氏".阏氏一词最早出于《史记》:"单于有太子名冒顿.后有所爱
阏氏,生少子,而单于欲废冒顿而立少子."[2] 东晋习凿齿《与燕王
书》曰:"匈奴名妻曰'阏支',言其可爱如胭脂也."[3] 维吾尔语称媳
妇为"yänggä",俗译"羊缸子",音近匈奴语"阏氏",而且所指代
的都为"妻子"之意.撒拉语中称"新"为"J(y)anna";"嫂子"为
"J(y)anggu",音译"艳姑".哈萨克语中嫂子为"Jengge";大嫂为
"Jenggey".土耳其语中新为"Yeni";嫂子为"Yenge",其状与今天
维吾尔语的情况几无二致.

最早训释"阏氏"音义的唐司马贞所撰《史记索隐》,在《史
记·匈奴列传》下称"阏氏"读音"曷氏".白鸟库吉据之拟音阏
氏为hatši,进而推定可敦(Khatun)为"阏氏"的音讹.[4] 司马贞
说为孤例,而且距离汉代相去时代较远,难以遵从.也有学者认为,
"阏氏"可与古黠戛斯语之"yangči"勘同,也有人认为"阏氏"读
音为irdi,即《辽史·国语解》中的大臣夫人"夷离的".irdi 这个
词,源自古伊朗语 irdi——王室女人.词根 ir,即突厥官号"伊利",
意为"大人".男性用时叫 irgen,对应于"俟斤""夷离堇"(宝音
德力根).在吐鲁番出土编号为 TM225 的回鹘文契约第 6~8 行有

---

1 (唐)李泰等著,贺次君辑校《括地志辑校》卷四《删丹县》,北京:中华书局,2005,第
  227 页.
2 《史记》卷一一〇《匈奴列传》,第 2888 页.
3 《史记》卷一一〇《匈奴列传》"索隐"引,第 2888 页.
4 白鳥庫吉「蒙古民族の起源」『白鳥庫吉全集』第 4 卷,東京:岩波書店,1970,第 41 页.

yänggä 一词：

> bu čau-nï oxul tigin yänggämiz-kä yaz küz kim kälsär tägürüp birürbiz tägürüp.
>
> 我们将在夏秋季有人来时送达奥胡勒·的斤嫂子。[1]

维吾尔语径称媳妇、嫂子为"yänggä"，与黠戛斯语之"yangči"接近，与"阏氏"的发音亦有一致之处。以理度之，"焉支"、"胭脂"与"阏氏"一样，皆为古突厥—回鹘语"yangči"之音译也。果若是，则焉支山应为突厥语地名无疑。有论者称作为山名的"焉支"与"阏氏"之名号原本在语义上没有什么联系，[2] 恐未安。

（二）早期河西古突厥语部族

大月氏来自敦煌祁连间，史有明载。考古学研究也证明，河西地区考古学文化以齐家文化为界，大致可分为前后两个阶段，前期以农为主兼事牧业，后期则以牧为主，兼事农业，而且，河西走廊东西部地区的文化序列也由此而产生差异，西部形成四坝文化、骟马文化，东部则为沙井文化，以其分布地域、生业特点、文化存续时间与过程等，可以推定，骟马文化为乌孙的遗存，沙井文化则为月氏的遗存。最可关注的一点是，不管是骟马文化还是沙井文化，都与其前的文化找不到关联，也与其后的文化找不到继承关系。这些因素说明，二者都属于外来文化，其居民都由外地迁来，后来又全部迁出。这一现象与河西乌孙、月氏之西迁中亚何其似也。[3] 若将"敦煌、祁连间"置

1　山田信夫著，小田壽典、ペーター・ツィーメ、梅村坦、森安孝夫編『ウイグル文契約文書集成』第2卷，大阪：大阪大学出版會，1993，第161頁。

2　姚大力：《河西走廊的几个古地名》，《西北民族研究》2020年第3期，第59～61页。

3　杨富学：《河西考古学文化与月氏乌孙之关系》，《丝绸之路研究集刊》第1辑，北京：商务印书馆，2017，第29～45页。

于新疆博格达山一带，那里的考古学文化是否也有如同河西考古学所体现出的民族迁徙特征？不得而知。

将月氏与原突厥相联系，始于德国学者夏德（F. Hirth），他最先论证贵霜翎侯源于大月氏，他在研究突厥卢尼文碑铭《暾欲谷碑》时，将其中的突厥语 Yabɣu/Yabɣu（叶护）与贵霜帝国之 Yavuga（翎侯）相比定。[1]

贵霜帝国由贵霜翎侯发展而来，《汉书·西域传》载：

> 大月氏国……有五翎侯：一曰休密翎侯……二曰双靡翎侯……三曰贵霜翎侯……四曰肸顿翎侯……五曰高附翎侯……凡五翎侯，皆属大月氏。[2]

揆诸记载，贵霜帝国源自大月氏是很明确的。然近期有学者指史书记载有误，认为贵霜帝国应由大夏人所建。[3] 众所周知，大夏乃希腊遗民所建，设若此说成立，贵霜帝国岂不成了另一个希腊化王朝？在悬泉置遗址出土简牍中，Ⅴ 92DXT1210 ③ :132 言：

> 使大月氏副右将军史柏圣忠，将大月氏双靡翎侯使者万若、山副使苏赣皆奉献言事，诣在所，以令为驾一乘传。永光元年四月壬寅朔壬寅，敦煌大守千秋、长史章、仓长光兼行丞事，谓敦煌以次为驾，当传舍，如律令。四月丙午过东。（图 0-4）[4]

Ⅱ 90DXT0216 ② :702 载：

1　F. Hirth, "Nachworte zur inschrift des Tonjukuk," W. Radloff, *Die alttürkischen Inschriften der Mongolei*, Zweite folge, T. Ii, 1899, p. 48.

2　《汉书》卷九六《西域传》，第 3890 ~ 3891 页。

3　余太山：《塞种史研究》，北京：中国社会科学出版社，1992，第 32 ~ 37 页；余太山：《贵霜史研究》，北京：商务印书馆，2015，第 5 ~ 7 页。

4　郝树声、张德芳：《悬泉汉简研究》，兰州：甘肃文化出版社，2009，第 202 页。

□□□遣守候李□送自来大月氏休密翎侯。□□□国贵人□□国贵人□□□□□弥勒弥□……建昭二年三月癸巳朔辛丑，敦煌大守彊、长史□□□□□乌孙国客皆奉献诣。1

以上二简牍纪年分别为汉元帝永光元年（公元前 43 年）和建昭二年（公元前 37 年），其中明言"大月氏双靡翎侯""大月氏休密翎侯"，大月氏有五翎侯，这里居其二，贵霜帝国为大月氏所建，昭昭明矣，有何疑哉？贵霜帝国为大月氏人所建，通过阿富汗黄金之丘（Tillya Tepe）大月氏墓与蒙古国诺颜乌拉（Noyon Uul）匈奴墓中出土的大月氏靴扣与贵霜帝国王室成员所佩戴的靴扣的对比研究，可以发现二者几乎完全一致，不管在造型上还是佩戴方法上，都可以看到二者之间一脉相承的特点；再将之与帕提亚、萨珊等风格的靴扣进行比较，也可以看出大月氏与贵霜靴扣独成体系。这一发现，庶几可为贵霜王朝建立者起源于大月氏之说提供佐证。2

大月氏有五翎侯。翎侯者，乃 Yavuga 之音译也，已为国际学术界一致公认。一种意见认为该词相当于早期于

图 0-4　敦煌悬泉汉简
Ｖ92DXT1210 ③:132

1　郝树声、张德芳：《悬泉汉简研究》，第 203 页。
2　杨富学、米小强：《靴扣：贵霜王朝建立者源自大月氏新证》，《敦煌研究》2020 年第 5 期，第 11～21 页。

阗塞语中的 Zauva，[1] 但 Yavuga 与 Zauva 二者间差距甚大，基本被否认，今天学界的意见一致认为 Yavuga 当来自突厥语的 Yabɣu/Yabɣu（叶护）。[2] 尤有进者，贵霜王朝建立者 Kujula Kadphises（丘就却）之名号中的 Kujula，显然来自突厥语 Gujlu，意为"强壮"。[3] 由此看来，大月氏所操语言亦应为突厥语。抑或正因为大月氏操突厥语这一因素，12 世纪成书的《克什米尔王记》言称贵霜帝国的三王，即 Huṣka、Juṣka 和迦腻色伽（Kaniṣka）分别以自己的名字为名建立了三座城市，其中的 Juṣka 王还在自己建立的城市内修建了寺院。"这些王都非常慈悲，尽管其祖先来自突厥种。"[4] 这一记载恰好又与后世统治犍陀罗地区的突厥王自称为贵霜帝国第四代君主迦腻色伽之后代的情况相一致。[5] 这些足以说明，大月氏当为原突厥人无疑。

至于乌孙，史书留下的语言材料仅有"翎侯"而已。《汉书·张骞传》："大月氏攻杀难兜靡，夺其地，人民亡走匈奴。子昆莫新生，傅父布就翎侯抱亡置草中。"颜师古注："翎侯，乌孙大臣官号，其数非一，亦犹汉之将军耳。"前言大月氏翎侯为突厥语，果如是，则可为乌孙操突厥语之一例证。尤有进者，学术界一般将乌孙视作哈萨克族的祖先，今天的哈萨克使用的是突厥语，结合当时河西走廊突厥语分布的情况，抑或可以推测乌孙语言亦应为突厥语。

乌孙、月氏相继西迁后，河西走廊的主人便由匈奴取而代之。至于匈奴所使用的语言，学界争议不小，但比较趋同的意见还是认为应

1　Sten Konow, *Kharosthī Inscriptions with the Exception of those of Aśoka*, Vanarasi: Indological Book House, 1929, p. 1; Sten Konow, Notes on Indo-Scythian Chronology, *Journal of Indian History* 12, 1933, pp. 13−15.

2　Éd. Chavannes, "Les pays d'Occident d'après le Heou Han Chou," *T'oung Pao*, 8/2, 1907, p. 189, note 3.

3　Eugen Hultsch, "Review to Sir Marc Aurel Stein (ed.), *Kalhana's Rajatarangini: A Chronicle of the Kings of Kashmir*", *Zeitschrift der Deutschen Morgenlandischen Gesellschaft* 69, 1915, p. 176.

4　Sir Marc Aurel Stein (ed.), *Kalhana's Rajatarangini: A Chronicle of the Kings of Kashmir*, Delhi: Motilal Banarsidass Publisher, 2009, pp. 30−31.

5　Sten Konow, *Kharosthī Inscriptions with the Exception of those of Aśoka*, Vanarasi: Indological Book House, 1929, p. 1; Sten Konow, "Notes on Indo-Scythian Chronology," *Journal of Indian History* 12, 1933, pp. 13−15.

属于突厥语，[1] 如法国学者雷慕沙（Abel Remusat）、克拉普罗特（M. H. Klaproth）、日本学者白鸟库吉，芬兰学者兰司铁（G. J. Ramstedt）、德国学者葛玛丽（A. von Gabain）、普里查克（O. Pritsak）等人，尤其是近期丹麦学者 Peter de Barros Damgaard 团队的最新研究显示，匈奴语是突厥语族中最早的一种语言。[2]《魏书·高车传》载："其语略与匈奴同而时有小异。"《北史·高车传》亦谓："高车其语略与匈奴同，而时有小异。"说明高车语与匈奴语大同小异。高车为丁零、敕勒、铁勒之异称，乃今天维吾尔族的远祖。若《魏书》《北史》所言非虚，称匈奴语为原始突厥语之一种，当无大误。

除上文所论"阏氏"为突厥语"夫人"外，匈奴中可能亦有翖侯之职官称谓。《史记》载："赵信者，故胡（匈奴）小王，降汉，汉封为翖侯。"只是这里的翖侯，不能明了为匈奴官制还是汉朝依月氏、乌孙之制而封赠。不论。冒顿单于之名一般被认同为北朝隋唐出现的突厥语"莫贺咄"（baɣatur），意为"英雄"，常用作部落首领之称号。[3] 头曼，为突厥语"tümän"之音译，意为"万"。[4] 单于称号为"撑犁孤涂"，《汉书·匈奴列传》："单于姓挛鞮氏，其国称之曰'撑犁孤涂单于'。匈奴谓天为'撑犁'，谓子为'孤涂'，单于者，广大之貌也，言其象天单于然也。"其中的"撑犁"为突厥语 tängri 当无可疑，然"孤涂"不好解释。观唐代回鹘可汗称号多有"tängridä qut"之谓，如移地健称号为 Ai tängridä qut bulmïš ärdämin il tutmïš alp qutluɣ külüg bilgä qaɣan，骨咄禄称号为 Ai tängridä qut bulmïš külüg bilgä qaɣan。[5] 故而笔者推想，这里的"孤涂"是否应为突厥语"qut"之音译呢？若然，则"撑犁孤涂"即应为有突厥语"tängridä qut"之对音，其意为

1　陈序经：《匈奴史稿》，北京：中国人民大学出版社，2007，第 94 ~ 102 页。

2　Peter de Barros Damgaard, et al., "137 ancient human genomes from across the Eurasian steppes," *Nature*, Vol. 557, 2018, p. 371. DOI:10.1038/s41586-018-0488-1.

3　Sir Gerard Clauson, *An Etymological Dictionary of Pre-Thirteenth-Century Turkish*, London 1972, p. 313; 韩儒林：《突厥官号考释》，《穹庐集——元史及西北民族史研究》，上海：上海人民出版社，1982，第 305 ~ 306 页。

4　Sir Gerard Clauson, *An Etymological Dictionary of Pre-Thirteenth-Century Turkish*, London 1972, p. 507.

5　杨富学：《回鹘摩尼教研究》，北京：中国社会科学出版社，2016，第 106 ~ 107 页。

"天立幸运"之意，岂不正合乎《汉书》所谓"撑犁孤涂"乃"天之子"之本意乎？

（三）"敦煌"得名于原始突厥语说

关于敦煌地名志来源，学界众说纷纭。第一种说法将"敦煌"是"吐火罗"比对，[1] 然而，吐火罗分布区域在天山南麓，故其前提必须是敦煌、祁连山、焉支山都位处东天山地区。于是，地名大搬家，推定敦煌、祁连山、焉支山不在河西走廊而在新疆巴格达山一带。此说缺乏证据，笔者拟另文探讨，兹不复赘。第二种说法认为"敦煌"为"桃花石"的音译，[2] 而"桃花石"为突厥语 tavγač 的音译，来源于"拓跋"。[3] 据《魏书·序纪》，鲜卑拓跋部的历史序幕是从西汉后期的拓跋毛开始的，而拓跋部的崛起，则始于汉末至晋初时期鲜卑索头部首领拓跋力微（174~277），故而力微被奉为鲜卑拓跋氏的真正始祖。拓跋氏的兴起要晚于敦煌一名在史书中的出现，故而可谓了无干系。第三种说法认为"敦煌"来自羌语，为羌语"朵航"[4] 的对音，意为"诵经地"或"诵经处"。[5] 彼时佛教尚未传入中国，是无经可诵的。第四种认为有可能来自伊朗语 druvana，有"健康、固定"[6] 或"受安

1　如王宗维《"敦煌"释名——兼论中国吐火罗人》，《新疆社会科学》1987年第1期，第61～72页；姚大力《敦煌为什么叫敦煌？》，《文汇报》2018年9月14日第8版。

2　岑仲勉：《释桃花石（Taugas）》，《东方杂志》第33卷第21号，1936，第63～73页。

3　P. Pelliot, "L'origine du nom de «Chine»," *Toung Pao* 13, 1912, 740-742; Peter A. Boodberg, "The Language of the T'o-Pa Wei," *Harvard Journal of Asiatic Studies* Vol. 1, No. 2, 1936, pp. 167-185; 冯家昇：《回鹘文写本〈菩萨大唐三藏法师传〉研究报告》，北京：中国科学院，1951，第4～5页。

4　朵航（vdu khang），更确切一点应译朵康，为"经堂"之意。

5　李得贤：《敦煌与莫高窟释名及其它》，《青海社会科学》1988年第5期，第86页。

6　Victor H. Mair, "Reflectionson the Origins of the Modern Standard Mandarin Place-Name 'Dunhuang'-With an Added Note on the Identity of the Modern Uighur Place-Name 'Turpan'." 李铮、蒋忠新主编《季羡林教授八十华诞纪念论文集》，南昌：江西人民出版社，1991, p. 922；〔美〕梅维恒著《"敦煌"得名考》，王启涛译，《西南民族大学学报》2012年第9期，第219页。

全保卫［的城池］"[1]之意。此说的理论基础与第一种说法是一致的。质言之，以上诸说都无法成立。第五种说法是李正宇先生提出来的，认为"'敦煌'地名当系大月氏语"。[2]此说与本人的意见接近，惜李先生未作详细的语言学论证。第六种说法是钱伯泉先生提出来的，认为"敦煌"和"莫高窟"二词均来自古突厥语。文中指出，敦煌故称瓜州，而"瓜"在维吾尔语中写作"tawuz"，其音与"敦煌"接近。[3]这是一种全新的观点，对推动敦煌一名的探讨是有启发意义的。但钱先生文主旨在于探讨"敦煌"和"莫高窟"二词有可能的突厥语含义，惜未能对两个地名的语源、历史背景，尤其是学界争论的祁连山方位、大月氏故乡所在地等问题予以深究。

通过前文的论述可以看出，河西走廊五个早期地名中，有四个可以确定为突厥语，尤有进者，长期生活于敦煌等地的月氏、乌孙、匈奴亦属于突厥语群体。这些因素可以证明，在西汉统有河西走廊之前，这里流行的语言是原始突厥语。由大概率观之，用突厥语解释"敦煌"的含义，一来可能性极大，二来完全不存在语言学上的障碍。

那么，敦煌一词当为何意呢？钱伯泉先生曾推论为突厥语 tawuz（瓜）之音转。笔者查阅古代回鹘语文献，不见该词，但可见于现代维吾尔语词典中，如阿布利孜·亚库甫等编《维吾尔语详解辞典》中收有 tawuz 一词，解释曰："瓜科，一年生草本，离蔓生长，叶羽状展开，花淡黄色，果实为大型浆果，球形或椭圆形，水分多，味甜。"[4]德国学者德福（Gerhard Doerfer）曾详细讨论了突厥、波斯语中的"西瓜"，给出一条可能的词源线索：qarpuz（突厥语）<harbuz\？tarbuz（波斯语）

1 姚大力：《河西走廊的几个古地名》，《西北民族研究》2020 年第 3 期，第 57 页。

2 李正宇：《"敦薨之山"、"敦薨之水"地望考——兼论"敦薨"即"敦煌"》，《敦煌研究》2011 年第 3 期，第 80 页。

3 钱伯泉：《"敦煌"和"莫高窟"音义考析》，《敦煌研究》1994 年第 1 期，第 44～53 页。

4 阿布利孜·亚库甫等编《维吾尔语详解辞典》（第 2 卷，维吾尔文版），北京：民族出版社，1991，第 94 页。

<trapusa（梵语）。[1] 其中提到了 tavuz 是新维吾尔语（Neu Uigur）。[2]

Tarbus，现代哈萨克语作 darbiz 和 qarbiz，是见 tavuz 是 b 变 w/v 的结果，应为更晚的形式。这种演变形式多见，如维吾尔语 tawa (tawa kawap)，在哈萨克语为 taba "平底锅"；维吾尔语 chivin，在哈萨克语中作 chibin "苍蝇"。

从音理讲，"敦"的声母与 t 同，为双声关系；"煌"是古匣母阳部字，wu 中的 u 是"鱼"部字的元音。匣母是喉音，鱼阳可以对转。又方言中喉音与唇音互转亦常见，如"湖"读 fu、"福"读 hu 等。由音韵学观之，"敦煌"有可能是 tawuz 的译音。[3]

历史上的敦煌就是产瓜之地，《续汉书·郡国志》："敦煌，古瓜州，生美瓜。"王嘉《拾遗记》："明帝阴贵人梦食瓜甚美，帝使求诸方国，时燉煌献异瓜种，恒山献巨桃核。瓜名穿隆，长三尺，而形屈曲，味美如饴。"这里需要提点的是，"瓜州"一名来历久远，《左传·襄公十四年》："来，姜戎氏！昔秦人迫逐乃祖吾离于瓜州，乃祖吾离被苫盖、蒙荆棘，以来归我先君。我先君惠公有不腆之田，与女（汝）剖分而食之。"[4] "瓜州"一名最早见于此，时当鲁襄公十四年（前 559）。杜预注明言"瓜州地在今敦煌"。《汉书·地理志》敦煌郡敦煌县班固注引杜林，以为敦煌即"古瓜州，地生美瓜"。然是说不可信，顾颉刚考证认为在今秦岭高峰之南北两坡，[5] 颇得鹄的。

不管瓜州之名何时出现，但敦煌长期被称作"瓜州"则是无可争辩的。直到唐高祖武德五年（622），将敦煌改称西沙州，而将敦煌的旧名瓜州改用于敦煌以东百余公里处的瓜州县。

---

1 Gerhard Doerfer, *Türkische und mongolische Elemente im Neupersischen*, Band Ⅲ, Wiebaden: Franz Steiner Verlag GMBH, 1967, pp. 380-383.

2 Gerhard Doerfer, *Türkische und mongolische Elemente im Neupersischen*, Band Ⅲ, Wiebaden: Franz Steiner Verlag GMBH, 1967, p. 381.

3 感谢西北师范大学音韵学专家周玉秀教授惠示。

4 杨伯峻：《春秋左传注（修订本）》，北京：中华书局，2016，第 1105 页。

5 顾颉刚：《史林杂识·瓜州》，北京：中华书局，1963，第 46～53 页。

　　总之，言敦煌一名起源于突厥语当无大误，但 tavuz 是直接借用于梵语 trapusa 还有间接由波斯语 tarbuz 转化而言，因缺乏证据，不得而知。尤有进者，在古代回鹘文文献中找不到 tavuz 一词，为什么会出现这种情况，也是需要思考的。

　　综上所述，可以看出，在西汉武帝设立河西四郡之前，河西走廊见于《禹贡》《史记》《汉书》的河西地名不多，除地望不详或明确的汉语地名外，时代较早且名著于史的地名仅有五个，即前文所述河西走廊北缘的合黎山、黑水，走廊南缘的祁连山、焉支山，以及河西走廊西端的敦煌。值得注意的是，这五个地名都可以用突厥语来解释，即合黎山为喀喇山（Qara Taɣ）之异写，意为"高山"；黑水为喀喇水（Qara Su）之异写，意为"清亮的水"；祁连山为突厥语 Tängri Taɣ 之音译，意为"天"；而焉支山的"焉支"，又作"胭脂"，与匈奴单于之夫人称谓"阏氏"一样，可与古黠戛斯语"yangči"勘同，而古突厥—回鹘语中"yänggä"可能为其音变，其意皆为"嫂子"，是证则焉支山同样为突厥语地名。

　　生活于敦煌、祁连间的乌孙、月氏及其后继者匈奴，使用的都是突厥语，而且大月氏贵霜翎侯所建贵霜帝国，统治者仍以突厥人自居，犍陀罗地区的突厥王自称为贵霜帝国第四代君主迦腻色伽之后代，这些也表明了月氏的突厥起源，其故地在敦煌、祁连间，也表明了敦煌与原突厥之密切关系。需要说明的，上举地名、人名、称号等有一些可以有不同的解释，有的与蒙古语共源，有的则与满—通古斯语之间存在共性，这是很常见的现象，三者都属于阿尔泰语系，它们中间的共源词汇是很多的。[1] 对于共源词汇可以有不同的解释，但将这些数量不多的词汇综合起来，只有用突厥语解释可以通达无碍，相反，改用其他语言，虽可解释某一或若干词汇，但若用之于其他词汇就无法通达，甚至与史实相悖。在研究语言的民族归属时，与其根据单词之异同逐个考源，不若将所有词汇融于一

1　白鳥庫吉「蒙古民族の起源」『白鳥庫吉全集』第 4 巻，東京：岩波書店，1970，第 56 頁。

体，再结合历史背景，进行综合的、全面的观察，方能更接近史实。依照名从主人的原则，如果早期河西的居民为突厥语民族，那么"敦煌"一名就应该来自突厥语而非其他语言。

敦煌古称瓜州，直到唐高祖武德五年（622）才被西沙州、沙州所取代，而且在汉代以前就产瓜。在突厥语中称瓜为"tawuz"，为波斯语 tarbuz 或梵语 trapusa 的假借。从音理讲，"敦"的声母与 t 同，为双声关系；"煌"是古匣母阳部字，wu 中的 u 是"鱼"部字的元音。由音韵学观之，"敦煌"与 tawuz 之译音恰好可以对上。上述诸因素当不能完全解释为巧合。

总之，笔者认为，尽管敦煌自古以来产瓜，且长期被命名为瓜州，"敦煌"之名从音韵学角度看又与突厥语"tawuz"的音译相合，推测"敦煌"得名于原始突厥语言之成理。但由于在敦煌、吐鲁番等地发现的古代回鹘语文献中未能找到使用"tawuz"的例词，所以仍不能遽断"敦煌"之名就来自突厥语"tawuz"（瓜）的音译。易言之，维吾尔语中的"tawuz"（瓜）与作为敦煌地名的"瓜"是偶然巧合还是存在语言学渊源，尚有待进一步证实。

（四）"敦煌、祁连间"方位再考

学界近期有一种新观点认为，《史记》所言月氏原居"敦煌、祁连间"，其实并不在河西走廊，而是在今天的新疆，其中的敦煌 = 敦煌山 = 敦薨之山 = 天山之博格达山，祁连山 = 析罗漫山 = 巴里坤山，焉支山 = 哈密的哈尔里克山。[1] 这一说法影响很大，后来经过进一步推演，指祁连山不再是传统观念中的河西走廊之山而是新疆东天山。[2] 于是乎，月氏、乌孙的故地便不再是河西，而是新疆昌吉州博格达山

---

[1] 林梅村：《吐火罗人与龙部落》，《西域研究》1997 年第 1 期，第 16 页。

[2] 如王建新、席琳《东天山地区早期游牧文化聚落考古研究》，《考古》2009 年第 1 期，第 33 页；王建新、王茜《"敦煌、祁连间"究竟在何处？》，《西域研究》2020 年第 4 期，第 27～38 页；姚大力《河西走廊的几个古地名》，《西北民族研究》2020 年第 3 期，第 59 页。

以北草原地带。[1]《史记·匈奴列传》载：匈奴"右方王将居西方，直上郡以西，接月氏、氐、羌"。如果月氏居于东天山，言月氏与上郡地域相接，恐无论如何也是难以取信的。再说，我国古代文献在叙述地名时，一般遵循以首都为中心由近及远叙述的传统，如河西五郡表述为凉、甘、肃、瓜、沙，新疆东部地区表述为伊、西、庭三州，《史记》"直上郡以西，接月氏、氐、羌"之表述正好符合这一习惯，如果月氏在东天山，而羌又在氐之南，这种表述岂不成了远—近—远的关系？有违传统明矣。

或有论者言大量考古资料可以证明月氏故地就在东天山，例如，近期，西北大学考古专家在王建新教授的率领下，在乌兹别克斯坦与塔吉克斯坦等地进行联合考古发掘，取得重大收获，发表了对塔吉克斯坦—乌兹别克斯坦的考古调查报告[2]及 2017 年发掘乌兹别克斯坦拜松市拉巴特墓地的情况，[3]其中有不少出土物都被归诸月氏与贵霜，但证据方面尚有难以服人之处。如果能将其与河西的沙井文化进行比对，或许更有利于确定出土物的文化属性。试问：在月氏文化特征完全不明朗的情况下，何以判断东天山或其他地方出土的考古遗物就是月氏的呢？因祁连山之所在，对于阐明大月氏故地和敦煌的地名问题干系重大，这里需要略加考证。

祁连山与天山，史书区别明确，《史记·匈奴列传》载，天汉二年（公元前 99 年），"汉使贰师将军广利以三万骑出酒泉，击右贤王于天山，得胡首虏万余级而还"。同一史事又见于《汉书·武帝纪》：天汉二年"夏五月，贰师将军三万骑出酒泉，与右贤王战于天山"。这里的"天山"，颜师古注为："即祁连山也。匈奴谓天为祁连。祁音巨夷反。今鲜卑语尚然。"当颜师古为"祁连山"做注时，又言："祁连

1　林梅村：《吐火罗人与龙部落》，《西域研究》1997 年第 1 期，第 15 页。
2　西北大学丝绸之路文化遗产保护与考古学研究中心、中国国家博物馆、陕西省考古研究院：《塔吉克斯坦—乌兹别克斯坦考古调查——铜石并用时代至希腊化时代》，《文物》2014 年第 7 期，第 54 ~ 67 页。
3　西北大学中亚考古队、乌兹别克斯坦科学院考古研究所：《乌兹别克斯坦拜松市拉巴特墓地 2017 年发掘简报》，《文物》2018 年第 7 期，第 4 ~ 30 页。

山即天山也，匈奴呼天为祁连。祁音上夷反。"学界遂有人以此为据，认为汉代的祁连山指的就是今天新疆的东天山，而河西的祁连山被称作"南山"。[1] 其实，颜师古注《汉书》，注重校勘文字、考订史实、纠正旧说、训释疑难、文字释义和音韵训诂，[2] 但一般不释地。就颜师古对"天山""祁连山"的注释，明显在于释义而不在于释地，仅解释山名含义而未言天山与祁连山为同一座山脉。正因为在匈奴语中天山被呼为祁连，故而在古文献中天山有时又被称作祁连天山，如《史记·李将军列传》曰："天汉二年秋，贰师将军李广利将三万骑击匈奴右贤王于祁连天山。"《盐铁论·诛秦》亦谓："故先帝兴义兵以征厥罪，遂破祁连天山……浑邪率其众以降。"[3] 如果不加"天"字，则一般皆指河西走廊的祁连山。

霍去病之攻祁连山，《史记》《汉书》皆有记载，《史记·匈奴列传》和《汉书·匈奴传》言为"过居延，攻祁连山"。《史记·卫将军骠骑列传》记曰"逾居延至祁连山"，又引汉武帝圣旨云："逾居延，遂过小月氏，攻祁连山。"《汉书·卫青霍去病传》引汉武帝圣旨曰："涉钧者，济居延，遂臻小月氏，攻祁连山。"当时，霍去病之西攻，采用的是与公孙敖兵合击之术。这里的祁连山被王建新视作东天山，在王教授笔下，霍去病的行军路线为：北地→居延→小月氏→东天山，公孙敖为：北地→陇西→河西走廊→东天山。[4] 王先生明言，霍去病是沿着草原之路到达居延的。果若是，则只有一条道路可行，即出北地郡由灵州渡黄河，越毛乌素沙漠、腾格里沙漠、巴丹吉林沙漠进入蒙古国境，沿草原之路西行至今蒙古人民共和国满达勒戈壁附近的马鬃山。北宋使者王延德《高昌行纪》载："次历阿都族，经马鬃山，望乡岭，岭上石龛，李陵题字处。"[5] 这里的马鬃

1　王建新、王茜：《"敦煌、祁连间"究竟在何处？》，《西域研究》2020 年第 4 期，第 33 页。

2　王智群：《二十年来颜师古〈汉书注〉研究述略》，《古籍整理研究学刊》2003 年第 4 期，第 58 页。

3　（西汉）桓宽著，王利器校注《盐铁论校注》，北京：中华书局，1992，第 488 页。

4　王建新、王茜：《"敦煌、祁连间"究竟在何处？》，《西域研究》2020 年第 4 期，第 31 页。

5　（宋）王明清：《挥麈录·前录》卷四，上海：中华书局上海编辑所，1961，第 30 页。相同记载又见《宋史》卷四九〇《高昌传》，第 14112 页，应引自《挥麈录》。

山非今日甘肃西北部的马鬃山，而是蒙古高原西南的横山，地处阿
尔泰山和戈壁阿尔泰山之间，因形似马鬃而得名。[1] 然后由马鬃山南
下而入居延泽，再沿弱水南行，进入河西走廊，再西行进入东天山。

以此而论，彼时霍去病西征东天山，撇开最为便当的河西走廊
不走，却要绕如此大的一个圈子，难以想象。尤有进者，霍去病北
行需要穿越两个大沙漠，不仅路途遥远，且沙漠之地水资源严重缺
乏，后勤难以保障，古来为骑兵之大忌，又距匈奴较近，既不符合
霍去病一贯的速战速决战术，也没有任何军事意义。王先生之所以
如此推想，看来是把《史记》《汉书》中的"居延"误解为内蒙古自
治区阿拉善盟额济纳旗北部的居延泽（又称居延海、居延塞等）了。

那么，霍去病西行所途经的居延究竟安在呢？我们且看"居延里
程简"（EPT59.582）的有关记载：

> 长安至茂陵七十里，茂陵至茯置卅五里，茯置至好止七十五
> 里，好止至义置七十五里，月氏至乌氏五十里，乌氏至泾阳五十
> 里，泾阳至平林置六十里，平林置至高平八十里，（第一栏）媪围
> 至居延置九十里，居延置至觻里九十里，觻里置揟次九十里，揟
> 次至小张掖六十里，删丹至日勒八十七里，日勒至钧著[2] 置五十
> 里，钧著置至屋兰五十里，屋兰至氐池五十里。[3]

有意思的是，在敦煌悬泉置遗址亦有"里程简"Ⅱ 0214 ① :130

1　钱伯泉：《〈王延德历叙使高昌行程所见〉的笺证和研究》，《西域研究》2010 年第 4 期，第 25 页。
2　"钧著"，一种意见认为应作"钧者"，见高启安《汉居延置所在置喙——以居延里程简 E.P.T: 59582 为中心》，《敦煌研究》2013 年第 5 期，第 106 页。学术界此前有人考订钧者地当今山丹城西北东乐乡附近，山丹河流经其地，见陈秀实《汉将霍去病出北地行军路线考——〈汉书〉"涉钧者济居延"新解》，《西北师大学报》1998 年第 6 期，第 87 页。但这一结论仍然是以居延为居延泽为基础推导出来的，依"里程简"观之，则"钧著"的方位明显不在山丹一带。具体应在什么位置，因史书未载，尚待重新考证。
3　甘肃省文物考古研究所、甘肃省博物馆、文化部古文献研究室、中国社会科学院历史研究所编《居延新简研究——甲渠候官与第四燧》（秦汉魏晋出土文献），北京：文物出版社，1990，第 395 ~ 396 页。

出土，所记河西诸驿的里程可与"居延里程简"相印证，简文曰：

> 仓松去觻鸟六十五里，觻鸟去小张掖六十里，小张掖去姑臧
> 六十七里，姑臧去显美七十五里，（第一栏）氏池去觻得五十四
> 里，觻得去昭武六十二里府下，昭武去祁连置六十一里，祁连
> 置去表是七十里，（第二栏）玉门去沙头九十九里，沙头去乾齐
> 八十五里，乾齐酒泉五十八里。右酒泉郡县置十一，六百九十四
> 里（第三栏）。[1]

依上述二简，可以勾勒出长安至敦煌之驿程：从长安出发，在泾川
一带过泾河，经月氏、乌氏、泾阳、平林置等地县到达固原（高
平），经景泰芦阳，过黄河进入河西走廊。然后经大靖一线抵达凉
州，再由凉州前往张掖、酒泉、敦煌。汉代的媪围即今景泰县芦阳
镇响水村北的鸯沟城遗址，居延置位处媪围西 70 汉里，学界一种意
见认为地当景泰县寺滩乡之三道埫附近或白茨水，[2] 另一种意见认为
地当景泰县红水镇红墩子村南老婆子水遗址。[3] 由居延置西行 90 汉
里至觻里，觻里位于今古浪县大靖镇，再西行 90 汉里至揖次，揖次
在今古浪土门镇西 3 公里王家小庄一带。[4] 如是一来，居延置的所在
也就明晰了，其地当在景泰县境内无疑。同样道理，居延置也应该
是因地名置。《史记·匈奴列传》记载："秦穆公得由余，西戎八国
服于秦，故自陇以西有绵诸、绲戎、翟、獂之戎，岐、梁山、泾、漆
之北有义渠、大荔、乌氏、朐衍之戎。"[5] 朐衍原居住于北地郡，在秦

---

1 胡平生、张德芳：《敦煌悬泉汉简释粹》，上海：上海古籍出版社，2001，第 56 页。

2 李并成：《河西走廊东部新发现的一条汉长城——汉揖次县至媪围县段长城勘察》，《敦煌研究》
  1996 年第 4 期，第 130 页；李并成：《汉代河西走廊东段交通路线考》，《敦煌学辑刊》2011 年第
  1 期，第 58 ~ 65 页。

3 高启安：《汉居延置所在置嗛——以居延里程简 E.P.T: 59582 为中心》，《敦煌研究》2013 年第 5 期，
  第 107 ~ 111 页。

4 李并成：《河西走廊东部新发现的一条汉长城——汉揖次县至媪围县段长城勘察》，《敦煌研究》
  1996 年第 4 期，第 130 页。

5 《史记》卷一一〇《匈奴列传》，第 2883 页。

国打击下，不断西迁，西过黄河而进入河西地区。[1] 居延置所在的景泰距北地郡不远，有朐衍戎留存，当在情理之中。汉武帝圣旨中出现的"居延"乃"朐衍"在彼时的称谓。是见，居延置乃以族名地，以地名置而来。《史记·匈奴列传》在朐衍之前列乌氏，与"居延里程简"一致，依汉简提供的数据，由乌氏到居延置的距离为 50 汉里 +50 汉里 +60 汉里 +80 汉里 +90 汉里 =330 汉里 = 137.2 公里。说明二者相距不远，属于比邻而居的两个部族。可以看出，作为地名，景泰的居延，出现于秦穆公（？~ 前 621）时代，是比较早的，至于额济纳之居延名称何时出现，不得而知。

前贤拘泥于居延为今额济纳旗的居延泽，所以一直难以合理解释霍去病的西攻路线。由上分析可以看出，霍去病和公孙敖都是沿着河西走廊西行的，只是一路偏南，一路偏北而已。霍去病此行终达祁连山，获匈奴休屠王而止。有意思的是，在悬泉"里程简"中就有祁连置之谓："昭武去祁连置六十一里，祁连置去表是七十里。"昭武故城地当今甘肃省临泽县鸭暖乡昭武村一带，表是为酒泉郡属县，地当今高台县宣化、高桥和安定一带，祁连置东承张掖郡昭武县，西达酒泉郡表是县，其南就是祁连山，则以山名地，因地名置。[2]

这里再说小月氏之所在。《史记·大宛列传》："大月氏……故时强，轻匈奴，及冒顿立，攻破月氏，至匈奴老上单于，杀月氏王，以其头为饮器。始月氏居敦煌、祁连间，及为匈奴所败，乃远去，过宛，西击大夏而臣之，遂都妫水北，为王庭。其余小众不能去者，保南山羌，号小月氏。"[3] 明言未西迁者，因是小部分，故称小月氏。小月氏寄身的"南山羌"实指居住在今甘肃、青海祁连山东部山地的

1 王宗维：《西戎八国考述》，《中国西北少数民族史论集》，西安：三秦出版社，2009，第 77 ~ 112 页。

2 戴春阳：《祁连、焉支山在新疆辨疑》（上），《敦煌研究》2009 年第 5 期，第 102 页。

3 《史记》卷一二三《大宛列传》，第 3162 页。

羌族。[1] 学术界对南山地望尽管还有不同的解释，一般认为应指祁连山，但也有论者认为除了祁连山东西部，还有可能包含昆仑山在内。[2] 但就汉代羌族地望言，此南山的确应为祁连山东部，当无可疑。果若是，霍去病应经由小月氏而攻祁连山，俘获休屠王。《汉书·地理志》："武威郡，故匈奴休屠王地。"汉武威郡辖姑臧、张掖、武威和休屠等十县，治姑臧（今武威市），霍去病于祁连山俘获休屠王，这里属于休屠王的分地，休屠王城即位于今民勤县祭旗堡乡境内。[3] 如言霍去病在东天山俘获休屠王，那就太超出想象了。

由上所述，可以看出，霍去病是沿着河西走廊西行的，具体行军路线为：北地（治马岭县，今甘肃庆阳市环县东南的马岭镇）→居延置（景泰县寺滩乡或红水镇红墩子村南）→小月氏→祁连山。

质言之，祁连山原本为河西走廊南部之山，与新疆东天山没有多少干系，汉代的"敦煌、祁连间"指的就是河西走廊地区。这个问题，其实早在清末陶保廉所著《辛卯侍行记》中其实业已辨之甚详，认为："若伊吾北之天山，终汉世未尝全属于汉，安得谓祁连即西域天山乎？"[4]

史载乌孙、大月氏的故乡在"敦煌、祁连间"，但近期学术界有一种倾向，把敦煌解释为新疆天山之博格达山，将祁连山解释为新疆东部的巴里坤山，把焉支山解释为哈密的哈尔里克山。如是一来，乌孙、大月氏的故乡也就被界定在新疆东天山一带了。有幸的是，敦煌悬泉与居延出土的汉简中有"里程简"，可确认霍去病元狩二年（前121）攻伐河西休屠王并没有绕道巴丹吉林沙漠和蒙古国而至居延泽，而是由北地西行直达河西，由景泰县境内的居延置西行，越小月氏而达张掖、酒泉之南的祁连山，俘获休屠王而止，与东天山了无干系。

1 榎一雄「小月氏と尉遅氏」『古代東アジア史論集』下巻，東京：吉川弘文館，1978，第391頁；〔日〕榎一雄：《小月氏和尉迟氏》，斯英琦、徐文堪译，《民族译丛》1980年第3期，第48页。

2 荣新江：《小月氏考》，《中亚学刊》第3辑，北京：中华书局，1990，第54页。

3 陈作义：《休屠王城比考》，《敦煌研究》1998年第2期，第153～155页。

4 （清）陶保廉：《辛卯侍行记》卷四，北京：中国国际广播出版社，2016，第283页。

居延置、祁连置之设，皆以地名置，可证祁连山就在河西走廊之南。将敦煌、祁连山、焉支山地望搬迁到东天山，完全无据。

三 敦煌晚期石窟分期断代的若干问题

敦煌石窟分期断代之研究，向以晚期者难治。所谓晚期石窟，学术界一般采用段文杰先生的说法："莫高窟艺术的晚期包括五代、宋、西夏、元四个时代，约四百余年，历经三个不同民族的政权。这一时期，宗教思想和信仰都发生了很大的变化，艺术的内容和形式也各不相同。"[1] 这段论述高屋建瓴，用"不同民族的政权"、"很大的变化"与"各不相同"三个方面概括了治晚期敦煌石窟艺术困难之要因。

本书所说的晚期敦煌石窟范围要更小一些，指的是北宋景祐三年（1036）曹氏归义军政权灭亡以后至明朝建立这一时期，亦即裕固族作为新的民族共同体在敦煌逐步形成之阶段。众所周知，1036 年以前的敦煌石窟艺术以汉文化占绝对的主流，宗教思想以汉传佛教为主，艺术的内容和形式变化有序，只有中唐时期因为吐蕃对敦煌的统治而一度被打断，但汉风艺术的主流不曾中止。相对而言，对各个时期的分期断代还是比较明确的。然而，自 1036 年归义军政权灭亡后，这一情况发生了根本性变化。

南宋李焘《续资治通鉴长编》卷一一九"景祐三年十二月"条记载："元昊无吐蕃之患，始再举兵攻回纥，陷瓜、沙、肃三州。"统治敦煌近两个世纪的归义军政权灰飞烟灭。但兹后西夏到底有没有直接统治敦煌，学术界存在着极大的争议。传统观点认为 1036 年以后敦煌归于西夏，笔者则认为西夏灭归义军政权后，并未真正统治敦煌，而是让位于回鹘，直到 1068 年以后西夏才直接控制了敦煌。[2] 1227 年，蒙古从西夏人手中夺取敦煌，敦煌历史又掀开了新的一页。

---

1 段文杰：《晚期的莫高窟艺术》，《敦煌研究》1985 年第 3 期，第 1 页。
2 杨富学：《回鹘与敦煌》，兰州：甘肃教育出版社，2013，第 272～299 页。

目前的晚期石窟，大多被归于西夏。那么敦煌西夏石窟又是如何划分出来的呢？这里不妨引用率先对这一问题做出论断的刘玉权先生的观点，他说：

> 调查过程中，发现原定宋代洞窟中，有一批洞窟在题材布局、艺术造型、壁画作风等方面，与瓜、沙石窟群中那些明确的宋代曹家晚期洞窟有所区别。我们认为，这批洞窟应该是在西夏统治瓜、沙时期内完成的。[1]

这是西夏窟被划分出来的最初动因和基本标准，可以看出，刘先生是把那些不具备宋代风格特点的洞窟都归入西夏窟的，而未能考虑到回鹘、蒙古等元素。从这一理念出发，在敦煌石窟中估定出 88 个西夏窟。

刘先生的西夏石窟分期研究成果发表于 1982 年。然而，就在此后不久，刘先生有缘亲赴新疆地区对高昌石窟进行了考察，发现他五年前所定的西夏窟中，有"一批沙州回鹘装修的佛窟"，遂于 1987 年撰文《关于沙州回鹘洞窟的划分》将西千佛洞的 5 个洞窟和他不久前归入西夏的 18 个洞窟划定为沙州回鹘洞窟。[2]

回鹘窟被剥离出来之后，敦煌石窟中还有多少窟属于西夏窟？刘先生没有给出回答（有些石窟经过不同时代的多次修复，所以不能用简单的 88-18=70 的计算方法）。尤有进者，当时刘先生界定的"西夏艺术风格"依据的主要是供养人服饰，后来这些特点鲜明的供养人差不多都被归诸回鹘，那么"西夏艺术风格"又是什么？刘先生一直没有给予进一步的回答。

刘先生从西夏窟中剥离出"沙州回鹘窟"后，将回鹘窟分为前后两期。前期相对年代为 11 世纪初至 11 世纪后半期，所涉洞窟有莫高

---

1 刘玉权：《敦煌莫高窟、安西榆林窟西夏洞窟分期》，敦煌文物研究所编《敦煌研究文集》，兰州：甘肃人民出版社，1982，第 273 页。

2 刘玉权：《关于沙州回鹘洞窟的划分》，《1987 年敦煌石窟研究国际讨论会文集·石窟考古编》，沈阳：辽宁美术出版社，1990，第 1 ~ 29 页。

窟第 306、307、308、363、399、418、244（甬道）窟，榆林窟第 21（前室甬道）、39 窟；后期相对年代为 11 世纪后半期至 12 世纪初，所涉洞窟有莫高窟第 409、237（前室、甬道）、148（甬道及内室局部）、309、97、330、310、245、207 窟，西千佛洞第 4、9（甬道）、10（甬道）、12、13 窟。这些洞窟除莫高窟第 330 窟是回鹘新修建的外，其余全为回鹘对前代洞窟的重修重绘。[1] 这一分期与回鹘、西夏在敦煌的活动完全无法对应。尤有进者，这些回鹘窟在原来所划分的"西夏窟"中，都处于莫高窟第二期或榆林窟第二期。如是，敦煌石窟便出现了西夏窟→回鹘窟→西夏窟这一奇怪的过渡现象，这种划分与回鹘、西夏在敦煌活动的历史情况无论如何都无法合拍。[2]

元代唯以藏传佛教为奉，而这一风气在西夏国后期即已渐露端倪。那么，西夏和元代之藏传佛教在敦煌石窟艺术中的表现形式是怎样的？有无区别？区别何在？学术界始终没有给出明确的回答，所有的研究差不多都将二者混为一谈。

与 1036 年以前的敦煌石窟艺术相比，晚期石窟在艺术风格上的前后继承性没有先前那么明显，赋色、线条、构图、题材方面缺乏连贯性，所以不能像前期石窟那样根据艺术风格的变化来为石窟艺术断代。早期石窟很多可以通过敦煌藏经洞发现的文献进行比对，例如第 61 窟，借由敦煌写本《辛亥年腊八燃灯分配窟龛名数》（敦煌研究院藏 D0671），结合壁画中的《五台山图》等，可确定其应为"文殊堂"，[3] 辛亥年应为 951 年，根据该窟的供养人像，可将其营造年代确定在 947 ～ 951 年。再如，根据敦煌写本 P.4640《翟家碑》和 P.4660 保存的两篇翟法荣邈真赞，可知莫高窟第 85 窟是为纪念翟法荣而建

1 刘玉权：《关于沙州回鹘洞窟的划分》，《1987 年敦煌石窟研究国际讨论会文集·石窟考古编》，第 1 ～ 29 页。

2 杨富学：《敦煌石窟"西夏艺术风格"献疑》，《黑河学院学报》2019 年第 10 期，第 27 页。

3 金维诺：《敦煌窟龛名数考》，《文物》1959 年第 5 期，第 50 ～ 54 页；赵声良：《莫高窟第 61 窟五台山图研究》，《敦煌研究》1993 年第 4 期，第 88 ～ 107 页；樊锦诗：《P.3317 号敦煌文书及其与莫高窟第 61 窟佛传故事画关系之研究》，《华学》第 9、10 辑，上海：上海古籍出版社，2008，第 980 ～ 1004 页。

的功德窟。翟法荣作为敦煌佛教教团第二任都僧统，在任时间大致在咸通三年至十年（862～869），那么石窟开凿的大致时代也就可推定出来了。[1] 诸如此类，不一而足。

晚期则不同，由于藏经洞在 11 世纪初封闭，11 世纪以后的敦煌历史资料少之又少，不可能像早期石窟那样通过敦煌写本与石窟艺术风格相比对以确定时代，艺术发展脉络更是模糊不清。如果不能解决石窟的时代以及与之相伴的民族属性，则晚期敦煌石窟艺术的研究终将难以取得实质性的进展。

那么，如何能够解决这一复杂的石窟分期问题呢？笔者认为需要从敦煌民族史的研究入手，最关键的是裕固族先民在敦煌的活动及其与石窟营建之关系，晚期的敦煌民族史，实际上就是一部裕固族的形成史，回鹘、蒙古、西夏、吐蕃、汉诸族都在其间发挥了各自的作用。

本书所谓的裕固族初世史指的就是 840 年回鹘西迁至河西至 1446 年沙州卫废弃及裕固族东迁这个阶段，核心内容在 1036 年以后，其间经历了 1036 年归义军政权的灭亡和沙州回鹘政权的成立、1068 年前后沙州回鹘让位于西夏统治、1227 年西夏让位于蒙古统治、1276 年以后蒙古豳王家族之入居河西与 1329 年沙州西宁王的出现、1372 年明灭蒙古豳王家族、1375 年豳王家族归顺明朝被改封为安定王、明初裕固族以沙州、瓜州为中心得以形成和 1446 年裕固族的东迁等重大事件。

裕固族是甘肃省特有的少数民族之一，主要聚居在甘肃省肃南裕固族自治县境内，现有人口 14378 人（2010 年统计数字）。该民族人口虽少，却使用两种不同的语言，东部操恩格尔语，属蒙古语族；西部操尧乎尔语，属突厥语族，由古代敦煌回鹘语发展而来。

关于回鹘在敦煌的活动，笔者在《回鹘与敦煌》一书中已有较为详尽的叙述。后来，沙州回鹘与 1276 年后由中亚迁入河西的蒙古人融合，于明初以敦煌、瓜州为中心形成了一个全新的民族——裕固

1　陈菊霞：《敦煌翟氏研究》，北京：民族出版社，2012，第 349～353 页。

族，即明人李应魁所著《肃镇华夷志·属夷内附略》中的"黄番"。[1]

回鹘作为裕固族先民的主流之一，在敦煌活动频繁，历史悠久，影响巨大，敦煌不仅发现了大量回鹘文写本，还发现不少回鹘石窟。按照刘玉权先生的分期结果，属于沙州回鹘时期的洞窟有 23 个，其中莫高窟 16 个，西千佛洞 5 个，榆林窟 2 个。[2] 但这一分期并未得到学术界的广泛认可，如莫高窟 409 窟，刘先生视之为回鹘窟，[3] 而有的学者则视之为西夏窟，[4] 所赖依据均来自主室东壁的男供养人像（图 0-5）。其实，在供养人像北侧有榜题框，内书回鹘文，尽管模糊，但依稀可辨（图 0-6）。仅就这一点而言，西夏说就难以成立，因为，如果是西夏供养人，有自己的民族文字西夏文，作为国王，一般是不会用他族文字如回鹘文来题铭的。近期日本学者松井太识得 2 行榜题文字为："il arslan xan män sävg(i）或 šacu..."意为"狮子汗供养之像"。[5] 其中的回鹘文题铭 arslan（阿尔斯兰汗或狮子汗）表明，其施主应为回鹘可汗，毋庸置疑。因为称可汗为狮子是以回鹘为代表的突厥语族所特有的，为西夏君主所不备。[6] 就历史记载看，11 世纪的敦煌，回鹘活动频繁，却很少见到西夏的踪影，如果西夏是统治民族，而回鹘是被统治者，出现这种情况就不能不视之为反常了。其实，在 1036 年西夏灭归义军政权之前，敦煌地区的回鹘化就已经很明显了，[7] 回

---

1 杨富学：《裕固族对敦煌文化的贡献》，《河西学院学报》2017 年第 4 期，第 3 页。

2 刘玉权：《关于沙州回鹘洞窟的划分》，《1987 年敦煌石窟研究国际讨论会文集·石窟考古编》，第 1 ~ 29 页。

3 刘玉权：《关于沙州回鹘洞窟的划分》，《1987 年敦煌石窟研究国际讨论会文集·石窟考古编》，第 24 页。

4 汤晓芳：《对敦煌 409 窟壁画人物"回鹘国王"的质疑》，《西夏研究》2018 年第 3 期，第 61 页；任怀晟：《敦煌莫高窟 409 窟、237 窟男供养人像考》，《敦煌学辑刊》2019 年第 3 期，第 91 ~ 103 页。

5 松井太「敦煌諸石窟のウイグル語題記銘文に關する劄記」（2），『人文社會論叢·人文科学篇』第 32 号，2014，第 29 页。

6 杨富学：《莫高窟第 61 窟甬道为元代西夏遗民营建说》，《西夏学》2017 年第 2 期（总第 15 辑），兰州：甘肃文化出版社，2018，第 91 ~ 92 页。

7 陆庆夫：《归义军晚期的回鹘化与沙州回鹘政权》，《敦煌学辑刊》1998 年第 1 期，第 21 页；沙武田：《敦煌西夏石窟分期研究之思考》，《西夏研究》2011 年第 2 期，第 28 ~ 29 页。

图 0-5　莫高窟第 409 窟回鹘王供养像（敦煌研究院供图）

说明：方框表示回鹘文之所在位置。

图 0-6　松井太临摹之莫高窟第 409 窟回鹘文题记

鹘在敦煌有着深厚的根基，营造大量石窟合乎情理。刘永增先生以榜题中出现有 arslan xan（狮子王）而推定该窟为西州回鹘洞窟。[1] 实则出于误解，笔者已有论述，[2] 惜刘先生未能注意到，颇感遗憾。

图 0-7 莫高窟第 409 窟回鹘文题记（敦煌研究院供图）

由于该回鹘文题记仅凭肉眼无法看清，松井太先生尽其所能，对之做了描摹与释读，同时指出："我们期待中国方面的研究机构利用 X 光线摄影、红外线摄影研究此榜题，为学术界提供更明确的信息。"[3] 近期，在敦煌研究院石窟保护研究所柴勃隆副研究员的协助下，采用多光谱技术，对题记予以拍照（图 0-7），发现与松井太先生的临摹基本一致，说明松井太之释读是可信的。

回鹘是裕固族的直系祖先，在敦煌的活动达 500 年之久（840～1446），甚至到清朝时期，敦煌仍有精通回鹘文的人群存在，如著名的文殊沟本回鹘文《金光明最胜王经》就是在敦煌抄写的，故

1 刘永增：《敦煌"西夏石窟"的年代问题》，《故宫博物院院刊》2020 年第 3 期，第 6～8 页。

2 杨富学：《莫高窟第 61 窟甬道为元代西夏遗民营建说》，《西夏学》2017 年第 2 期（总第 15 辑），第 91～92 页。

3 松井太「敦煌諸石窟のウイグル語題記銘文に關する劄記」（2），『人文社會論叢・人文科学篇』第 32 号，2014，第 28－29 頁；松井太「敦煌石窟ウイグル語・モンゴル語題記銘文集成」，松井太、荒川慎太郎編『敦煌石窟多言語資料集成』，東京外國語大學アジアフリカ言語文化研究所，2017，第 54 頁。

而又称敦煌本，完成时间是康熙二十六年（1687），而当时回鹘文在西域地区早已成为"死文字"了，唯在河西西端裕固族中得以独存。故而，沙畹、伯希和早就把该回鹘文《金光明最胜王经》定性为裕固族（Sary-Ouïgours）之文化遗产。[1]

除回鹘窟外，许多元代的洞窟也被误归入西夏。例如莫高窟第61窟甬道，刘玉权将其排除在西夏窟之外，沙武田却视之为典型西夏窟。再如，榆林窟第3窟，20世纪40年代敦煌文物研究所对榆林窟调查的结果显示，榆林窟第3窟开凿于元代。[2]后来，刘玉权、沙武田、贾维维等又改定为西夏，而且认为其可作为西夏窟的代表。[3]刘永增先生则先是称其为西夏窟，[4]此后又撰写专文考证该窟壁画应为元代中晚期之物。[5]但他仍然根据甬道壁上的西夏供养人像而认定洞窟开凿于西夏国时期，而不知元代敦煌仍有大量的西夏人活动。其实，早在20世纪50年代初，向达先生即已明言榆林窟第3窟"虽成于西夏人之手，然已是元代之西夏"，[6]惜未引起足够的重视。与此类似的还有莫高窟第3窟、第464窟、第465窟，东千佛洞第2窟等。

为什么许多具有元代特点的洞窟都被视作西夏之物呢？主因在于研究石窟的学者对西夏文字的流行有误解，误以为西夏文字仅流行于西夏国时期，殊不知西夏文字在元代流行范围更广，直到明朝中期以后才成为"死文字"；西夏国时代较少有汉文与西夏文合璧书写的文

1　Éd. Chavannes - P. Pelliot, "Un traite manicheen retrouve en Chine," *Journal Asiatique*, 1913 mar.-avr., p.304；〔法〕沙畹、伯希和：《摩尼教流行中国考》，《西域南海史地考证译丛八编》，冯承钧摘译，北京：中华书局，1958，第80页。

2　如李浴《安西万佛峡（榆林窟）石窟志》、李浴《榆林窟佛教艺术内容调查》、阎文儒《安西榆林窟调查报告》、罗寄梅《安西榆林窟的壁画》，分别见敦煌研究院编《榆林窟研究文集》，上海：上海古籍出版社，2011，第5、17、28、73页。

3　刘玉权：《敦煌莫高窟、安西榆林窟西夏洞窟分期》，敦煌文物研究所编《敦煌研究文集》，第311页；王惠民：《敦煌西夏洞窟分期及存在的问题》，《西夏研究》2011年第1期，第61页；沙武田：《敦煌西夏石窟分期研究之思考》，《西夏研究》2011年第2期，第25页。

4　刘永增：《瓜州榆林窟第3窟释迦八相图图像解说》，《敦煌研究》2014年第4期，第1页。

5　刘永增：《瓜州榆林窟第3窟的年代问题》，《艺术设计研究》2014年第4期，第1~23页。

6　向达：《莫高、榆林二窟杂考——瓜沙谈往之三》，《文物参考资料》第2卷第5期，1951，第84页。

献，合璧现象多见于元代，就莫高窟第61窟甬道言，内层的西夏文题铭没有对应的汉文（图0-8），外层的西夏文与汉文合书，而且汉文置于西夏文之前（图0-9），这种情况一般来说只能在元代才会出现，惜未引起研究者应有的重视。

从840年至1036年，回鹘受制于沙州归义军政权，至1036年西夏灭归义军之前，回鹘势力逐步壮大，沙州呈现出明显的回鹘化倾向。从1036年至1068年之前，回鹘实际统治敦煌。兹后，西夏成为敦煌统治者，直到1227年让位于蒙古。蒙古的统治延续至1372年，始由明朝取代。明朝在控制河西走廊后修筑嘉峪关，在嘉峪关以西设安定、阿端、曲先、罕东、沙州、赤斤蒙古、哈密七卫，史称"关西七卫"，由察合台后裔，即元代豳王（朱元璋改封安定王）家族统治，具有羁縻性质，敦煌石窟的兴建随之而衰。裕固族大体就形成于明初的沙州和瓜州一带。嘉靖前后，为躲避吐鲁番政权的袭扰，关西七卫纷纷东迁至嘉峪关以内。正统十一年

图0-8　莫高窟第61窟内层西夏文题铭（敦煌研究院供图）

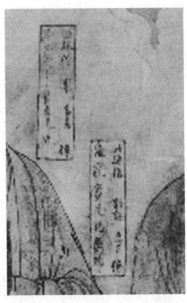

图0-9　莫高窟第61窟外层汉—西夏文合璧题铭（敦煌研究院供图）

（1446），甘州镇总兵官任礼收沙州卫全部入塞，[1] 标志着沙州瓜州地区的裕固族东迁之完成，其事在裕固族东迁之歌《我们来自西至哈至》中有所反映。嗣后直到清初，敦煌一带一直荒无人烟。在这一段时间内，元代对敦煌石窟的营建，长期未能引起足够的重视，究其原因，乃学术界对元代敦煌历史地位的认知不足，而且多有误解。

学术界长期存在一种观点，误认为西夏国时期敦煌繁荣昌盛，到元代非常衰落，如对敦煌晚期石窟研究成果颇丰的沙武田博士在论及莫高窟第 61 窟甬道之重新修复时即言：

> 元代在莫高窟的营建极为有限，是没有可能修建如此大窟的可能性（原文如此——引者）。元代海上丝绸之路的开通，河西敦煌走向衰退。在莫高窟，我们基本上已看不到元代人的开窟活动，皇庆寺的重修，是由于西宁王速来蛮的来访而为。[2]

无独有偶，徐畅博士在论及莫高窟北区所出 13 世纪末到 14 世纪前中期刻本《资治通鉴》残片（B64:1）时也给出了如下的结论：

> 如果我们说在唐代敦煌藏经洞里发现了《汉书》《文选》等典籍，说明中原文明传播之广已及于边陲，这大概没有什么新奇。北区石窟所出《资治通鉴》残片及其年代、版本比定的意义在于，它说明失掉了昔日辉煌国际地位，不再是东西交通、商旅往来必经重镇，而仅仅是元帝国一个为流沙掩映的边城的沙州，仍然和全国的文化、经济中心，杭州以及江南的市镇，有着千丝

1　《裕固族简史》编写组：《裕固族简史》，兰州：甘肃人民出版社，1983，第 43 页。
2　沙武田：《莫高窟第 61 窟甬道壁画绘于西夏时代考》，《西北第二民族学院学报》2006 年第 3 期，第 61 页。

　　万缕的勾连。[1]

　　看来，认为元代是敦煌的衰落期已经成为不少人的共识。若对晚期敦煌历史有所了解，不难发现，这一"共识"恰恰把史实说反了。真实的情况是，西夏国时代敦煌以地域偏僻、人烟稀少而很少有石窟营建活动；元代则不然，这里是成吉思汗第七代孙西宁王速来蛮的驻节地，从 1329 年开始直到 1350 年速来蛮一直驻守敦煌（并非简单的"来访"），管辖着河西走廊西部乃至新疆东部哈密地区的防务，即使甘肃行省亦受其节制，拥有强大的人力物力可想而知。榆林窟第 2 窟、第 3 窟绘画艺术水准极为高超，一般金指其具有皇家艺术风格，如果注意到藏传佛教噶玛噶举红帽系第二世活佛喀觉旺波（Mkha' spyod dbang po，1350–1405）所撰《无比最妙上师传·功德无穷明鉴》（*Mtshungs med bla ma dam pa'i rnam par thar pa yon tan mi zad pa rab tu gsal ba'i me long*）就会明白，榆林窟第 2 窟如同莫高窟第 61 窟一样，同作为蒙古速来蛮家族的皇家石窟而存在，是皇家供奉文殊菩萨的"文殊殿"。[2]把控这一历史前提，恐怕就不难理解榆林窟第 2 窟、第 3 窟出现皇家艺术特点之原委了。

　　既然榆林窟第 2 窟、第 3 窟，莫高窟第 61 窟均系蒙古皇家石窟，何以会有大量西夏人供养像出现且有众多西夏文题铭呢？如果明了这是元代特有的君臣制度产物，问题也是可以迎刃而解的。

　　蒙古国至元代的君臣关系直接脱胎于主奴关系，与中原地区君臣关系有重大区别。在蒙古君主心目中，宰相也好，一般臣僚也好，都是自己的奴仆。就元代河西地区而言，包括豳王家族在内的蒙古黄金家族是主，其余皆为奴，主不仅不担任任何官职，更不会亲行修建石窟之类应由仆人来承担的役事，具体工作都是由仆

1　徐畅：《莫高窟北区石窟所出刻本〈资治通鉴〉残片考订》，《敦煌研究》2011 年第 5 期，第 71 ~ 72 页。

2　杨富学：《藏传佛教噶玛噶举黑帽系乳必多吉活佛巡礼沙州并布施文殊窟斠议》，《五台山研究》2019 年第 1 期，第 42 ~ 49 页。

人（如西夏、回鹘、吐蕃）完成的，但其所有权皆归蒙古皇室。是以，榆林窟第 2 窟、第 3 窟，莫高窟第 61 窟虽都出自西夏人之手，绘有西夏人供养像，但窟主都属蒙古统治者。第 464 窟满壁都是回鹘文内容，既有善财童子五十三参，也有《金光明经》十地菩萨崇拜，窟内还出土有大量回鹘文木活字和文献，为回鹘营建不容怀疑，但窟内却瘗埋着"元朝公主"的遗骨，[1] 说明窟主同为蒙古人。笔者怀疑，莫高窟第 61 窟甬道北壁速来蛮画像背后亦有遗骨瘗埋（图 0-10）。[2] 为弄清楚这一问题，近期，敦煌研究院石窟保护研究所应笔者要求对指定位置进行测定。敲击探测中，在甬道北壁中间区域发现了图 0-10 所示白框区域约 20 厘米 ×20 厘米的回音异常区域，明显感觉内部为空，只是面积比笔者想象的要小一些。

图 0-10　探地雷达测线布置图（敦煌研究院供图）

1　杨富学：《敦煌莫高窟第 464 窟的断代及其与回鹘之关系》，《敦煌研究》2012 年第 6 期，第 12 ～ 13 页。

2　杨富学：《莫高窟第 61 窟甬道为元代西夏遗民营建说》，《西夏学》2017 年第 2 期（总第 15 辑），兰州：甘肃文化出版社，2018，第 98 ～ 99 页。

探测结论显示,"虽然在敲击回音异常区域并无温度异常,但这不能说明其后方无暗室。因为如果存在暗室,当暗室门洞封堵墙体过厚或者内部填充较满的话,暗室内部温度异常并不能显示到甬道壁面上来"。[1] 总之,由于当时条件所限,主要采取敲击手法,取样不完整,需要进一步采用钻探等科学方法进行测定。

近期,笔者通过进一步调查访问,始知速来蛮画像下部在 2008年经过重新修复,据修复人员回忆与修复记录,尤其是当时有两处因墙皮脱落而漏出的小型空洞(图 0-11),显示壁画泥层内有扰动迹象,非为原始壁面。只是当时大家都没有注意到这一问题,出于修复的需要,已将空洞填补。

以上两种因素都可以进一步证明笔者关于此壁有速来蛮遗骨瘗埋问题的推测。果若是,则该窟甬道为元代遗物就无可怀疑了。

图 0-11 莫高窟第 61 窟北壁 2008 年修复前的二处壁面破洞(敦煌研究院供图)

---

1 敦煌研究院石窟保护研究所:《莫高窟第 61 窟甬道北壁综合物探报告》,2019 年 7 月 5 日。

　　明朝建立四年后（1372），蒙古豳王家族归顺，洪武八年（1375），朱元璋改封豳王为安定王，今天的裕固族大头目都姓安，[1]即由此而来。1446年，沙州卫裕固族奉明甘州镇总兵官任礼之命，全部东迁入嘉峪关以内。裕固族民歌称自己的祖先来自"西至哈至"，"西至"者，沙州也，"哈至"者，瓜州也。[2]裕固族之入关，标志着明代敦煌被废弃了，敦煌石窟的营建也由此戛然而止，直到清初外地移民之迁入敦煌。及至雍正二年（1724），清朝始于敦煌设立沙州所，翌年升为沙州卫，结束了敦煌自明废弃沙州卫后两个多世纪间无建制的局面。

　　由上可以看出，敦煌晚期石窟研究不能像前期石窟那样倚重艺术风格，尤其不能借重所谓的"西夏艺术风格"。就今天的研究来说，真正的敦煌石窟西夏艺术风格还无法确立，今天可以确定为西夏艺术品的只有榆林窟第29窟，不仅其艺术风格与银川山嘴沟石窟所见西夏艺术品极为相似，而且有清楚的西夏文题记可资印证，其余所谓的西夏窟，艺术风格皆与之迥然有别，将其界定为西夏窟，还需要许多细致的工作要做。[3]有鉴于此，对敦煌晚期石窟的分期断代势必更多地关注历史演变进程与民族因素的存在，敦煌莫高窟北区发掘出土的回鹘文、西夏文、蒙古文、八思巴文、汉文文献，为晚期敦煌历史的研究提供了丰富的资料，而在阿拉伯文、波斯文文献中也蕴含着不少与蒙古豳王家族相关的记载，这些资料有助于重构裕固族在敦煌的形成历史，借由裕固族初世史的研究成果与石窟的仔细比对，才有望将晚期敦煌石窟的分期断代建立在扎实可靠的基础之上。

四　敦煌各族在中西文化交流中的作用

　　打开甘肃地图，我们可以看到，甘肃既像一个长筒靴，又像一

1　高启安：《裕固族"天下头目都姓安"试释》，《中央民族大学学报》1991年第3期，第49～52页。

2　杨富学：《裕固族东迁地西至哈至为沙州瓜州说》，《河西学院学报》2015年第6期，第1～10页。

3　杨富学：《敦煌石窟"西夏艺术风格"献疑》，《黑河学院学报》2019年第10期，第26～29页。

个哑铃，两端大，中间细而长，像个长柄。这一形状恰似古代东西方文化交流的示意图。我们不妨这样看，其一端代表着东方文化，另一端代表的是西方文化，通过一条长柄把二者紧紧地联系起来。东方不用说了，居于主导地位的是中原汉族文明，同时亦应包括其他非汉族文明的成分；西方就比较复杂，但从总体上来说，主要有三大文化体系，其中最重要的是以佛教为代表的南亚次大陆文化体系，其次是波斯文化体系，再次是希腊、罗马文化体系。至于伊斯兰教，由于在东传过程中先是受到于阗国的阻拦，在 1006 年喀喇汗王朝征服了于阗之后，东行门户仍然未能洞开，随即又受到高昌回鹘佛教势力的遏止，始终不得据有敦煌。直到 15 世纪以后，伊斯兰教才在东进过程中高奏凯歌，但这时敦煌文明已日薄西山。所以，在敦煌文化中较少看到伊斯兰文化的影子，只有元代伊斯兰文化的痕迹比较明显。[1] 即便把伊斯兰文化完全排除在外，在这里我们也无法一一叙述敦煌与中西文化关系的所有问题。笔者想采用解剖麻雀的方法，仅仅举出两个例子，一个是西方文化向东方的传播，一个是东方文化向西方的传播，以之为例，来观察敦煌在中西文化交流中所处的作用与地位。

第一个例子是印度英雄史诗《罗摩衍那》的东传。

在中国古代，有大量的印度典籍被译为汉语，但除了几部与民生有关的医学、天文学、数学著作外，其余差不多都是清一色的佛典，对于外道的著作，中印两国的佛教僧徒都是不大译的，连名扬世界的印度两大史诗《摩诃婆罗多》和《罗摩衍那》以及著名的童话集《五卷书》都没有译过来。有幸的是，倒是在敦煌及新疆发现了多种民族文字的《罗摩衍那》译本。

《罗摩衍那》之作者据传为"蚁垤"。其实，《罗摩衍那》的形成当经历了漫长的时期。最早应产生于公元前 5 世纪，至公元前 2 世纪时又修订了一遍。罗摩衍那（Rāmāyana）的本意为"罗摩的游行"，即"罗摩传"，描述了主人公罗摩的一生。全诗篇幅巨大，旧的本子

1　杨富学:《元代敦煌伊斯兰文化觅踪》,《敦煌研究》2018 年第 2 期, 第 11 ~ 21 页。

为七篇，约有 24000 颂（颂是三十二音的诗节），现在的精校本仍然为七篇，却已经缩短为 18755 颂。尽管《罗摩衍那》篇幅巨大，但故事基干却是比较简单的。故事讲十头罗刹王罗波那肆意作恶，欺凌神人。大神毗湿奴于是化身为四，下凡生为十车王（Dasaratha）的四个儿子。罗摩为长后侨萨厘雅所生，小后吉迦伊则生子婆罗多，另一后须弥多罗生罗什曼那和设睹卢祇那二子。后来，罗摩娶毗提诃国遮那竭王从垄沟里拣起来的女儿悉多为妻。十车王本欲立罗摩为太子，但因受小后所挟，被迫放逐罗摩十四年，立小后所生子婆罗多为太子。罗摩、悉多和罗什曼那遂遵父命流浪野林中。在十车王死后，婆罗多到林中寻找罗摩，恳求其回城即国王位，但被罗摩婉言谢绝。不久，悉多被十头魔王劫到楞伽城。罗摩与猴王须羯哩婆联盟，率猴子和熊罴大军，通过由那拉所建的长石桥，越海将楞伽城团团围困。神猴哈奴曼使用计谋，纵火焚烧了楞伽城，魔王被杀。罗摩与悉多得以团圆，十四年的流放也已期满，回国为王。

　　《罗摩衍那》在印度文学史乃至世界文学史上都占有非常重要的地位。千百年来，这一史诗被不断地翻译、改写、传唱，不仅以多种形式、多种语言在南亚次大陆得到广泛传播，还被译为多种文字在世界各地广为流传。遗憾的是，由于各种原因，《罗摩衍那》一直未被译成汉文，唯故事之名在中土译经中有所出现。玄奘译《阿毗达磨大毗婆沙论》卷四六中曾简略地提到该书的主线："如《逻摩衍拏书》有一万二千颂，唯明二事：一明逻伐拏（罗波那）将私多（悉多）去；二明逻摩将私多还。"[1]

　　与中原无译本流传的情况不同，《罗摩衍那》在敦煌及新疆地区却得到了相当广泛的传播，出现了几种内容或多或少的本子，反映出印度史诗在中国西北地区一度产生强烈影响的印痕。

　　A. 于阗语写卷。现知的该文献写卷计有 3 件，均出自敦煌莫高窟，编号分别为 P.2801、P.2781 和 P.2783。英国学者贝利最早对其进行了研

---

[1] 《大正藏》第 27 册，No.1545，第 236 页下。

究，经转写后将之译为英文。[1] 以之为据，榎一雄、季羡林先生分别撰文对这些文献进行了介绍，用以论证《罗摩衍那》在于阗地区的流传。[2] 最近，段晴教授又撰文对其做了进一步的研究，指出其"故事虽然是印度的，但与梵文本《罗摩衍那》存在很大的差异……故事的主干固然源自印度神话，但在被接受的过程中，经过了于阗人的再创造"。[3]

B. 吐蕃文写卷。敦煌出土的吐蕃文《罗摩衍那》写卷共有 6 件，其中 4 件藏伦敦印度事务部图书馆（India Office Library），编号分别为 I.O.737A、I.O.737B、I.O.737C、I.O.737D，由托玛斯研究刊布。[4] 另 2 件藏巴黎国立图书馆，编号为 P.T.981 和 P.T.983，由拉露、狄庸、柳存仁等进行了研究。[5]

C. 吐火罗文写卷。新疆出土的有关写本是用甲种吐火罗文，即焉耆文书写的，现知的写卷是一个尺寸很小的残片，内容为《福力太子因缘经》（Punyavanta）中的一部分，是木师与画师故事中的一段插话，其中提到罗摩为解救悉多而率兵围攻楞伽城的内容。[6]

D. 回鹘文写本。吐鲁番出土的有关写本有两件：其一，卷子式残片 1 叶，面积 30 厘米 ×95 厘米。正面为回鹘文佛教徒忏悔文，背面卷轴下半部用草体回鹘文书写的罗摩故事，在文字前（只在背面）划有粗黑线条，正文就写在线条之间。其二，写本残片 1 叶，存文字

1　H. W. Bailey, Rāma, *Bulletin of the School of Oriental and African Studies*, X-2, 1939, pp.365–376 (Text); X-3, 1940, pp.559–598 (Translation & Commentary).

2　榎一雄「ベイリイ氏『コータン語のラーマ王物語』」『東洋学報』第 27 卷第 3 期，1940，第 139-150 页；季羡林《〈罗摩衍那〉在中国》，《印度文学研究集刊》第 2 辑，上海：上海译文出版社，1986，第 25 ~ 33 页。

3　段晴：《于阗语〈罗摩衍那〉的故事》，《东方民间文学比较研究》，北京：北京大学出版社，2003，第 138 ~ 157 页。

4　F. W. Thomas, "A Rāmayana Story in Tibetan from Chinese Turkestan," *Indian Studies in Honor of Charles Rockwell Lanman*, Cambridge 1929, pp.193–212.

5　Marcelle Lalou, "L'histoires de Rāma en Tibétain," *Journal Asiatique* 1936, pp.560–562; J.W.de Jong, "An Old Tibetan Version of the Rāmayāna," *T'oung Pao* 68, 1972, pp.190–202；柳存仁《藏文本罗摩衍那本事私笺》，《潘石禅先生九秩华诞敦煌学特刊》，台北：文津出版社，1996，第 1 ~ 36 页。

6　E. Sieg, "Übersetzungen aus dem Tocharischen.1," *Abhandlungen der Preussischen Akademie der Wissenschaften*, 1943, nr.16, Berlin 1944, pp.13–14.

14 行，系德国第三次吐鲁番考察队于吐鲁番某地所得。[1] 此外，在敦煌出土的回鹘文佛教诗歌集中，也有与罗摩故事有关的内容。该文献现存伦敦大英图书馆，编号为 8212-108，为册子形式。[2]

通过前文论述，我们可以看出，《罗摩衍那》在新疆、敦煌等地的流播还是较为广泛的，除梵文本，尚有于阗、吐蕃、焉耆、回鹘等多种文字的译本或改编本。

这里值得注意的一个有意思的现象是，从印度到中国，各种文献对《罗摩衍那》都有自己的写法，而且其文字数量是沿着自西向东的方向逐步递减的，印度原本超过万颂，而到中原文献中，仅以寥寥二语概括其故事梗概，敦煌、新疆的少数民族文本之繁简正处于二者的过渡带上。

在上述诸本中，除新疆发现的焉耆文本过于残破，无法详其原本外，其余诸本以藏文写卷内容最多，归纳 6 件写本，可得 600 余行；于阗文本次之，全故事有 255 行；回鹘文最为简略，只有 34 行文字。除文献长短不一外，各本在内容上也存在着巨大的差异，但有一点却是相同的，那就是他们都加入了自己的思想，并根据自己的需要进行了改编，尤其是在于阗文和回鹘文中，该故事成了佛教故事，用以宣扬佛教。这些现象反映出敦煌及其周边民族在中西文化交流中的能动作用。

第二个例子是中国印刷术，尤其是活字印刷技术的西传。

印刷术是中国古代四大发明之一，敦煌出土的古代文献中就有不少印本。国内学人多有研究，笔者这里主要以回鹘文资料来谈活字印刷术在敦煌的应用、发展及其向西方传播的问题。

尽人皆知，活字印刷始于宋代，发明者是北宋庆历年间（1041 ~ 1048）的毕昇，他采用的是胶泥活字。当时，毕昇尝试性地用木头刻制过活字，但木沾水后易变形，又容易粘药，故未为毕

1　P.Zieme, "Ein Uigurisches Fragment der Rāma-Erzählung, " *Acta Orientalia Academiae Scientiarum Hungaricae* 32, 1978, pp.23-32.

2　R. R. Arat, *Eski Türk Şiiri*, Ankara 1965, nr.11, z.141-142.

昇所取。毕昇的泥活字究竟印制过哪些书籍，由于史书中没有记载，更没有任何印刷品实物流传而无法得知。有幸的是，在现已确认的十几种早期西夏文活字印刷品中竟有泥活字印刷品存在，他们分别出土于内蒙古额济纳旗黑城遗址、甘肃武威、宁夏灵武等地，其中比较重要的有西夏文《吉祥遍至口和本续》《华严经》《维摩诘所说经》等。其时当在 12 世纪。[1] 后来，人们又推陈出新，先后创造出木活字、锡活字、铜活字、铁活字、铅活字、铅锡合金活字等。

按照一般的说法，木活字是由山东人王祯于 13 世纪末发明的。据载，王祯在做旌德县尹时，曾作《农书》，因字数甚多，难以刻印，故独出心裁，请工匠制木活字 3 万枚左右，历两年乃成。他本想用活字来印《农书》，但因调官江西，当地官府仍将其书雕版刊印。他的这套活字仅在大德二年（1298）试印过自己纂修的《大德旌德县志》。此后，该法未见再用，直到二十余年后的 1322 年前后，才由浙江奉化地方的知州马称德再次使用，以刊印《大学衍义》等书。这要比西夏人用活字印书的时代晚得多。通过对黑城及河西走廊诸地发现的西夏文木活字印本的研究，不难看出，其实在毕昇发明活字印刷仅 100年前后，西夏地区就已经在熟练地应用木活字印刷书籍了，比王祯使用木活字要早 100 多年。宁夏发现的西夏文佛经《吉祥遍至口和本续》就是可确认的目前世上最古老的木活字印本实物。在经文的部分页面上，尚可鉴定出隔行竹片印痕。回鹘文木活字的出现亦应与西夏使用木活字的时代大致相当。

1908 年，法国探险家伯希和于敦煌莫高窟北区第 181 窟（今敦煌研究院编号第 464 窟）发现了一桶回鹘文木活字，计有 968 枚。其后，俄国探险家奥登堡又于莫高窟北区发现回鹘文木活字 130 枚，敦煌研究院先前收集到 6 枚，近来，敦煌研究院考古人员通过对北区洞窟的发掘，又发现了 48 枚回鹘文木活字。这批活字大多为单个活字，另有

1　牛达生：《西夏活字印刷研究》，银川：宁夏人民出版社，2004；史金波：《西夏出版研究》，银川：宁夏人民出版社，2004。

动词词干、词缀、字母、不表示词义或语法的语言组合、标点符号、版框线和夹条等。与当年伯希和、奥登堡等劫往法国（968 枚）、俄国（130 枚）的回鹘文木活字大小、性质、质地、构成完全相同。今天可见到的回鹘文木活字共计 1152 枚。这是世上仅有的古代活字实物样品。[1]

　　莫高窟第 464 窟被伯希和推定为 13 或 14 世纪之物，[2] 那么该窟发现的回鹘文木活字自然也就属于这个时代了，按照伯希和的说法，应为 1300 年前后之物。[3] 13 世纪末至 1372 年，敦煌地区处于蒙古豳王家族统治之下，回鹘文化在这一时期得到了较大发展。尽管回鹘活动的情况不见于史书的记载，但莫高窟北区发现有多件部头大且内容较为完整的元代回鹘文写本和刻本，并有勒立于至正八年（1348）的《莫高窟六字真言碣》和勒立于至正十一年（1351）的《重修皇庆寺碑》，其中不仅有用回鹘文镌刻的六字真言，且有回鹘人参与佛事活动。尤其是莫高窟、榆林窟、西千佛洞保留至今的数百条回鹘文题铭，大都为元代之物，而且大多都与蒙古豳王家族的统治息息相关。这些都足以表明，元代的敦煌回鹘文化在蒙古豳王家族的支持保持繁荣。莫高窟第 464 窟为元代回鹘重新修窟的洞窟，营造时代应在西宁王速来蛮统治敦煌时期（1329 ~ 1350），已如前述，从窟内发现的大量回鹘文木活字实物和回鹘文印本残片来看，这里有可能是元代敦煌印制回鹘文佛经的一个场所，[4] 活跃时间应在 1329 年速来蛮入主敦煌至 1372 年明朝占领敦煌之间。说明早在 14 世纪中期敦煌地区的回鹘人就已经开始使用木活字来进行书籍印刷了。

　　敦煌的回鹘人在接受了中原活字印刷技术之后，推陈出新，进一

1　杨富学：《敦煌研究院藏回鹘文木活字》，《敦煌研究》1990 年第 2 期；史金波、雅森·吾守尔：《中国活字印刷术的发明和早期传播——西夏和回鹘活字印刷术研究》，北京：社会科学文献出版社，2000；Yang Fuxue, "Uighur Wooden Movable-Types from Dunhuang and Related Problems,"《敦煌学与中国史研究论集》，兰州：甘肃人民出版社，2001。

2　〔法〕伯希和：《伯希和敦煌石窟笔记》，耿昇译，兰州：甘肃人民出版社，2007，第 382 页。

3　T. F. Carter, *The Invention of Printing in China and Its Spread Westward*, New York 1925, p. 218.

4　〔法〕伯希和：《伯希和敦煌石窟笔记》，耿昇译，第 375 页。

步发展了木活字印刷技术。不仅如此，他们还把自己所掌握的印刷技术进一步传向西方。那又有什么证据呢？我们这里需从语言学角度进行分解。

在古代回鹘语乃至今天的维吾尔语中，有这么一个词：bas，意为"印刷"，此外又有"复制""刊登""盖章""压制"等多种含义。究其来源，当来自古代汉语的"复"。复，《广韵》"方六切"音福。《集韵》"芳六切"音蝠。拟音为 pjuk，古读重唇音，屋韵收 -k，维吾尔语收 -s 当系辅音弱化演变的结果。在 bas 后加 -ma，表示"刷、印本、版本"意。-ma 者，布也，相当于后世的纸张。[1]

有意思的是，在今天的波斯语中，与印刷术有关的语词，大多都借自维吾尔语的 basma。如 bāsme 表示名词"印刷"；bāsme kardan 表示动词"印刷"；bāsme-che 表示"印刷者"；bāsme-kari，表示的是活字印刷。[2]

那么，这个词是何时被借入波斯语中的呢？于史无征，但我们可以知道，波斯第一次采用印刷技术始于 1294 年。这一年，波斯的蒙古统治者仿照忽必烈发行的纸币，上书阿拉伯文字，但同时写有汉语的"钞"字，言曰："世界的帕迪沙于（回历）693 年强行发行吉祥钞。伪造者要株连其妻小一起受刑，然后被处死，其财产被没收。"[3] 由于这种纸币不为民众所接受，仅发行两个月即宣告失败，退出了流通领域。[4] 1294 年这一年份尽管比回鹘文木活字的使用要早，但比回鹘文雕版印刷要晚得多。

---

1 赵相如：《中国印刷术西传刍议——维吾尔语"bas"（印刷）一词源流考》，《民族研究》1987 年第 2 期，第 71 页。

2 《波斯语汉语词典》，北京：商务印书馆，1981，第 227 页。

3 〔法〕阿里·马扎海里：《丝绸之路——中国—波斯文化交流史》，引自瓦萨夫《瓦萨夫史》，狄昇译，北京：中国藏学出版社，2014，第 360、361 页；蒋其祥：《关于伊儿汗国使用我国纸钞问题——中国和伊朗文化交流的一件史事》，氏著《西域古钱币研究》，乌鲁木齐：新疆大学出版社，2006，第 444 ~ 446 页。

4 C. D'Ohsson, *Histoire des Mongols:depuis Tchinguiz-Khan jusqu'a Timour Bey ou Tamerlan*, Liver VI,Tientsin, 1940,pp.102-103；〔瑞典〕多桑：《多桑蒙古史》下册，冯承钧译，北京：中华书局，2001，第 248、249 页。

上举二例说明，敦煌少数民族在东西方的文化交流中起过相当重要的作用。有位日本学者称丝绸之路犹如烟管，东西文化犹如烟，东西文化交流通过丝绸之路犹如通过烟管一般。言外之意，烟进入烟管时什么样，出去时还应当是什么样的。但在笔者看来，如果一定要以烟管来比方丝绸之路，那我们就应该说敦煌与居住于那里的各族人民应是烟管里面的处理加工器，而并非仅仅起到了交通孔道的作用。随着学术界对敦煌民族在中西文化交流中地位的研究，这个加工器所起到的能动作用必将逐步彰显出来。

五　敦煌民族史研究中存在的问题及本书旨趣

敦煌学自 20 世纪初兴起以来，已经发展成为国际显学，成果丰硕。就敦煌民族史来说，成果也是巨大的。各种学术论文与研究专著的不断涌现，使许多过去一直模糊不清的历史问题得到了澄清。但同时也必须看到，敦煌民族历史文化研究还存在着许多亟待解决的问题。

其一，国际学术界对敦煌民族的研究是不平衡的，当前主要偏重于吐蕃、粟特、回鹘与西夏，而对月氏、乌孙、龙家与达怛等相对薄弱。就一个民族言，研究也是不平衡的，如回鹘研究，主要集中于甘州回鹘，而对沙州回鹘则研究不多，对凉州回鹘、肃州回鹘的研究则更少。从客观上说，这主要是受到资料限制所致；但也不能否认，我们对有关资料的挖掘工作也做得不够。如沙州回鹘，除汉文史料的记载之外，敦煌遗书资料甚多，从 21 世纪初以来相继刊布者不少，但中国学者却很少利用；在敦煌石窟的回鹘文题记中，与凉州回鹘、肃州回鹘有关的资料也不少，但很少为人所知。

在对敦煌民族的研究中，研究者多热衷于统治形式、王家世系、民族源流及其与周边民族关系等问题，但对经济、文化、宗教及政体等方面则很少有人问津。当然，加强对前者的研究是完全应该的，但对后者的研究也是十分必要的。因为要全面、深刻地揭示出敦煌民族的历史发展，就不能仅停留在对某些热点问题的探讨上，还必须对该政权的经济、文化、宗教与政体等方面做深入的研究。只有这样，才能揭示出敦煌民族的历史全貌。我们希望在未来的研究中能够改变这种状况。

其二，中国学者对敦煌遗书中有关文献的发掘、整理、研究工作还做得不够。我们知道，对敦煌民族的历史记载，除了正史及其他各种史籍的少量资料外，主要是敦煌石窟中出土的古代民族文献和数量丰富的汉文遗书。因此，我们应通过对敦煌遗书、各种文字的题记及其他多种文献进行全面的普查，搜集尽可能多的资料，整理出版专题性的历史资料汇编，以便于研究者参考使用。有一种怪现象值得重视，即中国学术界对敦煌吐蕃文文献的研究，主要集中在流失到外国的那一部分上，却忽视中国藏品的研究。时至今日，收藏于国外者大部分已整理刊布，而庋藏于中国国内的敦煌古藏文文献除少数见刊者外，绝大部分常年积压在文物库房中，至今无法利用，即使专门的研究人员也难得一睹其容。据有关人员的调查研究得知，中国收藏的这种文献的数量并不比外国少，甚至还多于国外的收藏数量，显然是一笔弥足珍贵的文化财富。这些"藏于深闺人未识"的古代文化遗产的整理出版，必将进一步促进敦煌以至吐蕃史研究的纵深发展。

其三，研究中条块分割严重。几十年来，中国的民族史研究与语言文字的研究常常是脱节的，研究历史者，大多不懂少数民族的语言文字；而研究其语言文字者，则往往不懂或不从事于历史的研究，同时还存在着历史、语言学研究与考古学成果相脱节的现象。这种现象的存在，势必会对中国民族史研究的水平造成严重的影响。在本书的写作过程中，我们努力在现有的基础上，加强对吐蕃、回鹘、粟特、西夏与蒙古文文献本身的深入研究，同时还应充分利用这方面的成果，结合汉文史料的记载，对敦煌民族的社会、历史、地理、经济、文化、艺术、宗教、民族及东西文化交流等学科进行多角度、多层次的综合研究。

其四，我们对外国学者的研究成果的利用过少。敦煌出土的与吐蕃、回鹘、粟特、西夏有关的文献，不管是汉文的，还是其他民族文字的，今天大多数（至少说有相当一部分）都流失海外，因此国外在这方面的研究历史较长，取得了很大的成绩。如果我们在研究过程中不能很好地利用他们的研究成果，势必会走弯路，严重影响我们对敦煌民族历史文化研究的深度与广度，有时还会作无益的重复劳动。

其五，对敦煌晚期石窟的分期断代较少关注历史进程，突出表现在误认为西夏时代敦煌文化繁荣昌盛，而元代敦煌非常衰落，没有能力修建大规模的石窟，故而将很多石窟归于西夏。其实，这完全是一种误解，恰恰把西夏和元代敦煌的盛衰说反了。元代敦煌作为蒙古阔王家族西宁王的王府所在，政治军事地位皆高于甘肃行省。敦煌出现的所谓的"皇家石窟艺术"，恰恰都是这一时期完成的。

本书利用敦煌发现的多种民族古文字文献，同时结合汉文史书、汉文写本及石窟考古、壁画资料，强调民族文献与汉文文献的结合，以及文献资料与石窟考古的结合。全面搜集整理敦煌出土的与古代民族历史文化相关的遗书资料和石窟考古资料，将地上、地下的各种资料结合起来进行研究；深入挖掘敦煌民族古文字（尤其是回鹘文、吐蕃文、于阗文、粟特文、突厥文、西夏文、蒙古文）文献史料，以之与汉文史书、敦煌写本、石窟题名，乃至敦煌出土的汉简等文献的记载互补互证；在历史研究中重视语言学的应用，因为语言学的方法往往可以解决许多历史学所无法解决的问题；从民族平等的立场出发，全面探讨各民族对敦煌历史文化的贡献，强调敦煌文化的多元一体性，前者指由各民族（包括外来人口）所代表的不同文化，后者指以汉文化为主体的中华文化。

第一章　史前河西先民及其活动

第一节　史前河西先民生业方式
及其由农向牧的转化

河西走廊地处内陆，为一独立的地理单元，独特的气候环境，狭长的地形，加上来自祁连山的丰沛水源，使得这条走廊孕育了发达的农牧业，"有松柏五木，美水草，冬温夏凉，宜牧畜养"，[1]是众多古代先民理想的栖居地。早在西汉张骞"凿空"之前，河西地区就已经成为贯通东西方的交通孔道，而且社会经济文化都有相当的发展，考古学资

---

1 （宋）李昉：《太平御览》卷五〇《焉支山》引《西河旧事》，北京：中华书局，1960，第244页。

料为此提供了丰富的证据。河西地区史前遗址星罗棋布，大致来说，主要包括马家窑文化（前3100～前2700）、半山文化（前2600～前2300）、马厂文化（前2200～前2000）、齐家文化（前2050～前1955）、四坝文化（绝对年代为公元前1950～前1550）、骟马文化（绝对年代约为公元前1000）、沙井文化（前700～前500）等。[1]

　　原始社会时期，人们主要从事采集和狩猎，用以满足最基本的生存需要。随着生产工具的使用和改进，人类积累了一定的生产经验，除了能够捕获猎物用以果腹外，还能够将猎捕到的活体动物圈养起来，以备捕不到野兽时食用。当人们圈养的动物越来越多，动物的性情越来越温顺，野生动物的驯化现象越来越普遍，逐渐转化成可以蓄养的家畜。人们采取饲养、放牧等方法繁殖动物，以实现食用、役使的目的，这就是最初的畜牧业。通常而言，畜牧业也常被称为"动物饲养业"。畜牧业在中国历史上出现的很早，据考古资料，河姆渡遗址中已出现畜圈。[2]先秦时代，畜牧业在河西走廊地区已经有了一定程度的发展。

　　河西史前经济形态表现出复杂的特点，为了适应不断变化着的环境，人们会随之调整自己的生产生活方式。考古资料表明，马家窑文化是河西走廊地区最早的古文化（前3100～前2700），主要分布在武威、酒泉地区，而且遗址点分布稀疏，仅在个别地点发现零星的遗物。[3]在马家窑文化之前河西是否有人类居住仍未可知。河西史前遗址较早期者显示出的生业方式一般以农业为主，以马家窑文化为典型。马家窑文化的生业方式是以农业为主的，同时兼营饲

1　关于河西史前文化序列，可参见甘肃省博物馆《甘肃省文物考古三十年》，《文物考古工作三十年（1949～1979）》，北京：文物出版社，1979，第140～145页；张学正、张朋川、郭德勇《谈马家窑、半山、马厂类型的分期和相互关系》，《中国考古学会第一次年会论文集（1979）》，北京：文物出版社，1980，第50～70页；甘肃省文物考古研究所、北京大学考古文博学院《河西走廊史前考古调查报告》，北京：文物出版社，2011，第412～427页。
2　河姆渡遗址考古队：《浙江河姆渡遗址第二期发掘的主要收获》，《文物》1980年第5期，第2页。
3　甘肃省文物考古研究所、北京大学考古文博学院：《河西走廊史前考古调查报告》，第413～414页。

养业。[1] 马家窑以后则体现为由农业向牧业的过渡，此可以马厂文化为代表。至齐家文化以后发展为以牧业为主，以农业为辅，四坝文化可为其代表。这与俞伟超对西北史前生业方式转变的论断是一致的。俞先生认为，中国西北地区自大地湾至齐家文化的遗存，经济主体为锄耕农业，同时包含着程度不同的狩猎、渔捞和畜牧的经济成分。后来转变为以牧为主，兼营农业。[2]

与之相类的情况又见于欧亚草原。学者们对欧亚草原畜牧业发展史的研究证实，放牧养畜业是由农业发展而来的，"它是第一次社会分工的开始，这一分工在中亚地区出现的日期是在塞人时代"。放牧养畜业同时又是"向游牧养畜业过渡的不可避免的阶段"。[3] 游牧养畜业作为主要生业方式在欧亚草原的出现，大致在公元前9世纪，这种生业方式"不仅比渔猎经济晚得多，而且也比原始农业和原始的定居的养畜业较晚"。[4]

透过四坝文化至沙井文化这段时间之内的文物资料可以发现，河西走廊地区畜牧文化的个性特点非常鲜明。

四坝文化广泛分布于山丹以西至新疆东部，内涵丰富，是河西走廊地区独具特色的一支含有大量彩陶的青铜文化，绝对年代为公元前1950～前1550年，相当于中原地区夏代晚期和商代早期。[5] 目前已经发掘的四坝文化遗址主要集中在酒泉地区，包括玉门火烧沟遗址、砂锅梁遗址、酒泉干骨崖遗址、西河滩遗址及下河清遗址、瓜州鹰窝树遗址，此外还有山丹四坝滩遗址，民乐东灰山遗址、西灰山遗

1　谢端琚：《甘青地区史前考古》，北京：文物出版社，2002，第71页。

2　俞伟超：《关于"卡约文化"和"唐汪文化"的新认识》，《中亚学刊》第1辑，北京：中华书局，1983，第20页（收入氏著《先秦两汉考古学论集》，北京：文物出版社，1985，第208页）。

3　〔苏〕A.伯恩施坦：《中亚古代游牧民族史的争论问题》，罗志平译，中国社会科学院民族研究所编译《民族史译文集》，北京：科学出版社，1959，第110页。

4　〔苏〕Л.П.波塔波夫：《论中亚细亚和哈萨克斯坦游牧民族宗法封建关系的本质》，万颐安译，《苏联关于游牧民族宗法封建关系问题的讨论》，北京：科学出版社，1957，第2页。

5　甘肃省博物馆：《甘肃省文物考古三十年》，《文物考古工作三十年（1949～1979）》，北京：文物出版社，1979，第144页；甘肃省文物考古研究所、北京大学考古文博学院：《河西走廊史前考古调查报告》，第423页。

址等。其中，民乐东灰山遗址是一处灰沙土累积形成的长椭圆形土丘，文化层堆积厚度在 150 ~ 200 厘米，最厚处在沙土丘顶部，可超过 200 厘米。[1] 文化层内含有陶片、兽骨、炭渣等遗物（图 1-1）；西灰山遗址位于民乐东灰山遗址附近，该遗址的文化层堆积为一个直径 300 ~ 400 米的圜状土丘，平均厚度在 150 厘米左右，堆积文化层中包含陶片、兽骨、石器以及个别小件铜器；[2] 山丹四坝滩遗址的范围较广，由于受到农耕等活动影响，灰土暴露在地表，据考古工作者试掘之发现推测，这里的文化层堆积至少有 50 厘米。[3] 地上散落的陶片很多，部分可以复原成完整器。

图 1-1　民乐东灰山遗址出土小麦碳化颗粒

1　甘肃省文物考古研究所、吉林大学北方考古研究室编著《民乐东灰山考古：四坝文化墓地的揭示与研究》，北京：科学出版社，1998，第 4 页。

2　甘肃省文物考古研究所、北京大学考古文博学院：《河西走廊史前考古调查报告》，第 169 ~ 170 页。

3　安志敏：《甘肃山丹四坝滩新石器时代遗址》，《考古学报》1959 年第 3 期，第 7 页。

诸如此类的文化层堆积在此后的骟马文化（分布于张掖、酒泉、敦煌、玉门、瓜州等地）[1] 和沙井文化遗址（分布于张掖、民勤、永昌、武威等地）[2] 中也有发现。河西地区史前遗址目前经过正式发掘者为数不多，现已发掘的大都有着深厚的文化层堆积。如沙井文化永昌三角城遗址，在其西北角处发现的文化层堆积厚达 210～220 厘米，堆积层内含的炭粒、草木灰、陶片、弹丸、兽骨等遗物异常丰富。[3] 民勤柳湖墩遗址，也是沙井文化之重要遗址，多被流沙覆盖，遗址文化层厚达 4 米左右，内涵非常丰富，有大量生产工具、生活用具以及兽骨等遗物。[4] 骟马文化各遗址中也有深厚的文化层堆积，包含有丰富畜牧业文化遗物。

河西史前考古学文化在东西部略有差异，主要体现在齐家文化之后，东部的考古序列为马家窑文化→半山文化→马厂文化→齐家文化→沙井文化，西部序列为马家窑文化→马厂文化→齐家文化→四坝文化→骟马文化。[5]

河西走廊与畜牧业有关的史前遗址主要包括四坝文化、骟马文化以及沙井文化。探讨河西走廊畜牧文化的个性特点，需将这几种与畜牧有关的文化视为一体，再与其他相关文化进行比较。

河西走廊地区地理环境复杂，气候多变，不同区域间的资源条件差异甚大。例如民乐东灰山遗址相较于四坝文化的其他遗址而言，其地理环境适于发展种植业，同时存在家畜饲养业。尤有进者，在四坝文化彩陶中可见到不少绘有鹿、麝、羚羊等动物的纹饰，说明当时狩猎业是重要的经济补充。大量的细石器如石镞、弓弭的存在也证明了

1 甘肃省博物馆：《甘肃省文物考古三十年》，《文物考古工作三十年（1949～1979）》，第144页；甘肃省文物考古研究所、北京大学考古文博学院：《河西走廊史前考古调查报告》，第424页；李水城、水涛、王辉：《河西走廊史前考古调查报告》，《考古学报》2010年第2期，第251页。

2 J. G. Andersson, "Research into the Prehistory of the Chinese," *Bulletin of Museum of Far Eastern Antiquities* No.15, Stockholm, 1943, pp.197–200.

3 甘肃省文物考古研究所：《永昌三角城与蛤蟆墩沙井文化遗存》，《考古学报》1990年第2期，第206～207页。

4 周飞飞：《民勤县历史文化遗迹的调查与研究》，硕士学位论文，兰州大学，2012，第10页。

5 甘肃省文物考古研究所、北京大学考古文博学院：《河西走廊史前考古调查报告》，第427页。

这一点。同样，在骟马文化、沙井文化中也存在种植业、畜牧业和狩猎业兼营的现象，究其原因，当与两种文化所处的地理位置与自然环境息息相关。

四坝文化之前，河西走廊分布着马家窑文化、半山文化、马厂文化和齐家文化，从年代上看，四坝文化的绝对年代要晚于马厂文化，而骟马文化晚于四坝文化，沙井文化相对来说属于最晚者。西城驿文化蔓延时间更长，大体分为三大期：一期为马厂晚期遗存；二期文化遗存较为复杂，包含了多种文化因素；三期为四坝文化早段遗存。[1] 其中，马厂文化对四坝文化的影响最为明显。马厂文化之生产方式是以农业为本的，但已经开始由农业向牧业过渡，至齐家文化，牧业成分已占据主导地位，但此后原始的农业仍在经济中占据一定的位置。还有一种意见认为，河西走廊地区的经济形态在马厂文化以后便由原始锄耕农业转化为畜牧业，其主要原因是气候的强烈变化，即新冰期气候的出现以及人口的膨胀和压力的增大导致了生业方式的转化。[2] 不管哪一种说法更接近史实，可以肯定的是河西史前业形式由农向牧的转化，大致始自马厂文化与齐家文化时期。但直到四坝文化，尽管畜牧业已占据主导地位，但种植业仍然是比较发达的，再延及骟马文化、沙井文化，种植业比重更小，但仍占一定比例，应是受其前文化影响的结果。

从时间上看，上述诸文化具有相对延续的关系，相互之间有所影响，如四坝文化主体是河西地区的马厂文化经"过渡类型"遗存发展而来的。马厂文化虽延续了西北旱地农业的传统，但遗址中出土的推测为与奶制品制作和使用有关的器皿说明马厂文化畜牧业的存在与发展，饲养的动物主要是猪羊和牛，而遗址中细石器的发现比较普遍，暗示了变迁时期各种生业方式的共存。

1　陈国科、王辉、李延祥：《西城驿遗址二期遗存文化性质浅析》，《早期丝绸之路暨早期秦文化国际学术研讨会论文集》，北京：文物出版社，2014，第22页。

2　水涛：《甘青地区早期文明兴衰的人地关系》，《中国西北地区青铜时代考古论集》，北京：科学出版社，2001，第168～186页。

有一点儿值得注意，河西发现的晚期陶器多数有器耳，如四坝文化中出土大批单耳罐、双耳罐、四耳罐、双耳壶、三耳壶、四耳壶，有些盆也带有单耳和双耳，还有部分双腹耳壶，其中数量最多的是单耳罐和双耳罐，[1]沙井文化陶器中双耳罐和双耳壶数量最多，占到了沙井文化陶器总量的 50% 以上。[2]此外，杯也是沙井文化中常见的器物，特征很突出，分单耳和双耳两种，这种陶杯以敛口者居多。在以牧业为主的地区，动物奶及奶制品在草原民族日常生活中占有很高比重，而这种陶杯很适合盛装液态食品，适宜于牧业生活。

四坝文化位于河西走廊西部，在玉门火烧沟遗址中发现有存放粟米的陶瓮，民乐东灰山遗址中发现有多种作物籽粒，可见种植业很普及。但此时四坝文化中已经有了包括羊、牛、马、驴、狗、猪在内的家畜，其中羊和牛为主要饲养家畜。在玉门火烧沟遗址现已发掘清理出的 312 座古墓中，出土物有彩陶、石器、金银器、铜器，其中金银器与铜器并存的现象在国内同时期遗址中鲜见。火烧沟墓葬中还发现了各类兽骨，如狗、猪、牛、马、羊等，其中羊骨数量最多。[3]四坝文化还存在狩猎业，主要狩猎鹿、兔、羚羊等野兽。与马厂文化相比，四坝文化细石器比重有所增加，细石器的使用也更加普遍，但石器制作普遍粗糙，显示了生产方式的粗放。

四坝文化之后，在其故土又兴起了与之没有多少直接继承关系的骟马文化。据考，这种文化为乌孙的遗存，[4]是一种外来文化，后来又随着乌孙的西迁而在河西地区消亡。骟马文化时期，河西走廊的畜牧业比重进一步增加，这表现在骟马文化遗址中出土的作物种类减少，家畜种类主要是羊、牛，还出现了骆驼和马这种大型食草动物，但不

1　谢端琚：《甘青地区史前考古》，第 143 页。
2　甘肃省文物考古研究所：《永昌西岗柴湾岗沙井文化墓葬发掘报告》，兰州：甘肃人民出版社，2001，第 192 页。
3　甘肃省博物馆：《甘肃省文物考古三十年》，《文物考古工作三十年（1949～1979）》，第 142 页；李聚宝：《"舜窜三苗于三危"之"三危"在敦煌》，《敦煌研究》1986 年第 3 期，第 22 页。
4　杨富学：《河西考古学文化与月氏乌孙之关系》，《丝绸之路研究集刊》第 1 辑，北京：商务印书馆，2017，第 40～41 页。

见猪骨。猪的饲养要以农业的发展为依托，骟马文化中猪的饲养减少，这说明其种植业比重在下降，畜牧业得到强化。

与骟马文化同时或稍后兴起于河西的是沙井文化，应为月氏的遗存。[1]沙井文化的经济形态更多地倾向于畜牧业，已发展到稳定的状态，饲养动物种类繁多，规模也很大。沙井文化用于农耕的生产工具很少，而用于畜牧的铜刀、箭镞却占有很大比例，遗址中出土有大量的动物骨骼、皮革制品，尤其是草原气息浓厚的青铜器物，如鹰头饰、鹿形饰、犬纹牌饰、涡轮形饰等，[2]都彰显出北方牧业文化的色彩。

从上文的论述可以看出，史前河西地区的生业方式从来都不是单一的，具有多种经济形态并存的特点，即畜牧业是与农业、狩猎业甚至是渔猎业同时存在的。四坝文化、骟马文化和沙井文化内涵丰富，文化面貌随着考古发掘的进行而不断展示出来。这主要体现在各文化遗址中出土的大量农业生产工具、作物籽粒、动物骨骼、细石器或渔猎用具。这种多元经济的并存，究其原因，首先与当时自然地理环境密切相关，自不待言，其次就是其他文化影响的结果。河西考古文化时期，随着牧业经济的发展，畜牧产品食用有余，可用来换取周边乃至更远地区的农产品、日用品和装饰品等，而大型家畜马、骆驼的驯养，又为规模化物物交换的长途贩运提供了条件，河西先民与东西方的经济文化交流活动逐步展开。[3]

第二节　史前河西牧业的定居特点

提到畜牧业，在大多数人眼中，其经营者一般过着"逐水草而

1　杨富学：《河西考古学文化与月氏乌孙之关系》，《丝绸之路研究集刊》第 1 辑，第 36 ~ 39 页。

2　甘肃省博物馆文物工作队：《甘肃永登榆树沟的沙井墓葬》，《考古与文物》1981 年第 4 期，第 34 ~ 36 页。

3　杨富学、陈亚欣：《河西史前畜牧业的发展与丝绸之路的孕育》，《新疆师范大学学报》（哲学社会科学版）2015 年第 3 期，第 84 ~ 89 页。

居"的生活，终年居无定所，就像古代叱咤蒙古高原的匈奴、柔然、突厥、蒙古那样。其实，情况并非都是如此，不同的生态环境决定了人们的经济形态和生活习惯。河西走廊地形狭长，两侧为高耸的山脉，受内部山地隆起影响，走廊境内地貌复杂，独特的地形地貌制约着河西先民对畜牧业生产方式的选择。大量的考古学资料证明，河西走廊早期畜牧业是以定居形式存在的。惜学界大多泥于成说，未做深究，习惯性地把这种定居的早期畜牧业冠以"游牧"之名，如，有学者言："以游牧为主要形式经营畜牧业的方式早在距今 4000 年的马厂文化时期已经出现。"[1] 也有学者虽认识到河西史前畜牧业先民是定居的，但仍冠以"游牧部族"之名，认为："事实上游牧民族也过着定居生活，并在定居的基础上，发展起冶金、制陶、制革、纺织等手工业。"[2] 还有的言："三角城遗址的发现证明，游牧民族实际上存在着相对定居点。"[3] 这些说法既将河西的这些先民冠名为"游牧民族"，又言其过着定居的生活，混淆了游牧与住牧的区别，显然是说不通的。

当然，这里所言"定居""住牧"，都只是从大体上相对而言的，并不能由此而否认游牧生业方式与之同时存在的可能。河西史前畜牧业，有可能存在"大定居，小游牧"的情况，具体而言，就如同今天河西有些牧民那样，设一定居点为大本营，作为安置老幼生存之所和冬季人畜的安居地，定居点附近草场夏秋时节妥加保护，以资冬用。夏秋季节，部分青壮年赶着牲畜，到比较偏远的地方逐水草而游牧，冬季回归定居点和家人团聚。河西史前畜牧业，如果真有游牧存在，就应该是这种情况，否则无法与地下出土考古材料相契合。河西考古学文化所见畜牧业具有明显的住牧特点，看不出游牧的征候。深厚的文化层堆积，以及先民们设计建造的建筑遗迹，也都表明他们曾经从事着定居的畜牧业。

1　吴正科：《丝路古城黑水国》，兰州：甘肃人民出版社，2008，第 53 页。
2　祝中熹：《甘肃通史·先秦卷》，兰州：甘肃人民出版社，2009，第 239 页。
3　甘肃省文物考古研究所：《永昌三角城与蛤蟆墩沙井文化遗存》，《考古学报》1990 年第 2 期，第 230 页。

　　史前时期的河西走廊存在有大量含牧业文化的聚落。就四坝文化而言，囿于大多资料尚未公刊，聚落形态不得而知，但在民乐东灰山遗址的中部偏东处发现有一段夯土墙，长约 520 厘米。[1]另外在该遗址中还采集到一块长 30 厘米、宽 20 厘米、厚约 10 厘米的日晒砖（土坯），[2]推测当时可能存在土坯建筑。酒泉干骨崖遗址是四坝文化遗址中经正式发掘的遗址之一，在干骨崖遗址中，发现了用砾石垒砌的房院墙残迹，且在灰层下面发现了柱洞的遗迹，[3]可见当时有用砾石构造的建筑。2003 年、2004 年，考古工作者在酒泉西河滩发掘的大面积早期四坝文化遗址中就有房屋基址 53 座，排列具有一定的规律。房屋内部及四周还有柱洞，房屋内有羊、猪、牛等家畜的骨骼，以羊骨最多。另外，西河滩遗址中还发现有 7 座结构略显简陋的陶窑，窑内陶器与四坝文化其他遗址中的陶器风格基本一致，故应为四坝文化遗迹。难能可贵的是，酒泉西河滩遗址中还发现了畜圈遗存。遗址居住区附近，有 200 平方米的范围内密集分布着牛、羊蹄印，周围有数量较多的柱洞，是当时圈养牲畜的畜圈遗存。[4]遗址中出土大量家畜骨骼，说明肉类很可能是当时人们生活中的主要食物来源。张掖西城驿（黑水国）遗址以两座古城和极多的汉晋古墓而著称于世，实际上，其中的新石器—青铜时代遗址也不少，这里先后出土有大量史前文物。西城驿文化主要分布在河西走廊，其栽培的作物主要有粟、黍、大麦、小麦等，饲养有羊、猪、黄牛、狗等，呈现出混合型的生业形态。[5]

　　四坝文化建筑遗迹中，房址有半地穴式和平地起建式之分，所使用的材料有日晒砖（土坯）、黄土、砾石等，可见当时建筑方式和建

1　甘肃省文物考古研究所、吉林大学北方考古研究室编著《民乐东灰山考古：四坝文化墓地的揭示与研究》，第 7 页。

2　甘肃省文物考古研究所、吉林大学北方考古研究室编著《民乐东灰山考古：四坝文化墓地的揭示与研究》，第 8 页。

3　谢端琚：《甘青地区史前考古》，第 141 页。

4　赵丛苍：《西河滩遗址发掘主要收获及其意义》，《西北大学学报》2005 年第 3 期，第 50～51 页。

5　吴正科：《丝路古城黑水国》，第 49 页；陈国科、王辉、李延祥：《西城驿遗址二期遗存文化性质浅析》，《早期丝绸之路暨早期秦文化国际学术研讨会论文集》，第 33 页。

筑材料已趋向于多样化。四坝先民致力于房屋、居址建设，前提条件就是要在某个相对固定的位置长期居住，是故，可推测四坝文化人群过的是一种定居生活。

沙井文化的面貌显示斯时的社会生活是以畜牧业为主的，有大面积聚落遗址，如永昌三角城、柴湾岗、民勤柳湖墩、黄蒿井等。永昌三角城中的高大的城墙系利用天然地势用黄土垒筑而成，现存高度达4 米，具有一定的防御功能。城内经发掘的房址有 4 座，呈圆形，室内有灶坑和火墙。根据房址 F4 的基址进行复原，发现其形状犹如蒙古包。城内还发现 14 个窑穴。[1] 柴湾岗遗址中也发现有房屋遗迹，呈椭圆形，面积有 40 余平方米，室内有火塘和储物的窑穴。[2] 三角城和柴湾岗遗址中的房屋周围均发现有构筑散水，可见当时建筑水平很高。沙井先民十分注重居址的建设，说明沙井先民长期过着定居生活。民勤柳湖墩遗址发现有四周建有环形土墙的居地，直径 40 ～ 50米；黄蒿井遗址也有用泥土垒筑围墙的圆形住址，直径约 38 米。[3] 这些残留的建筑遗迹在现代看来似乎十分简陋，但按照当时的生产力水平来讲已经是一个巨大的进步。

河西走廊地区发现的这些整齐有序排列的房屋遗迹、高大坚固的城墙、大面积的牲畜圈栏，再加上大量的动物蹄印、骨骼都充分反映了河西先民长期定居的畜牧业生活状态，也反映出河西先民在生产力水平较低的条件下，因地制宜发展生产、创造牧业文明的历史的过程，这在整个中国牧业文明史上都具有不可替代的地位。

河西走廊与牧业有关的遗存，多见于墓葬。墓地基本上位于聚落附近。据不完全统计，四坝文化遗址发掘、清理的墓葬有 666 座，其中火烧沟遗址发掘墓葬 312 座，东灰山遗址发掘墓葬 249 座，干骨崖遗址发掘墓葬 107 座；沙井文化遗址发掘、清理墓葬 629 座，其中永

1　甘肃省文物考古研究所：《永昌三角城与蛤蟆墩沙井文化遗存》，《考古学报》1990 年第 2 期，第 208 ～ 209 页。

2　甘肃省文物考古研究所、北京大学考古文博学院：《河西走廊史前考古调查报告》，第 425 页。

3　谢端琚：《甘青地区史前考古》，第 216 页。

昌西岗墓地发掘墓葬 452 座，柴湾岗墓地发掘墓葬 113 座，柳湖墩遗址发掘墓葬 44 座，蛤蟆墩遗址发掘墓葬 20 座。这些墓葬大都排列有序，数量很大，延续时间很久，这显示出了河西先民稳定的生活状态，即他们曾过着定居的生活。

这些大面积墓葬群中出土了大量随葬品，一部分反映出河西先民的定居生活，如大量陶器、铜器、金银器等，也说明河西先民存在一定的手工业。一部分墓葬中存在大量殉牲的现象，说明当时的畜牧业很发达。

如上所言，河西牧业文明最有典型意义的为四坝文化，其遗址大致分布在河西走廊中部和西部祁连山以北地区，这些地区地形地貌比较特殊，沿山地带，黄土堆积面积不大，可供耕种的土地不多，大部分区域更适宜畜牧业的发展。当地如此深厚的文化层堆积遗址，足证四坝先民曾长时间在这一带活动，因为只有长期在某一个固定区域内进行生产生活，才有可能形成非常深厚的文化积淀。而这种文化层堆积在蒙古高原、青藏高原游牧文化区域是很难看到的。虑及河西地区的地理条件与自然环境，可以认为，史前河西经济当与今新疆地区的绿洲经济有些相仿，最适宜的畜养方式应是住牧而非游牧。

第三节　河西考古学文化的东西部差异及其
与月氏、乌孙居地的对应关系

河西考古学文化以马家窑文化（前 3300 ~ 前 2650）为最早，主要分布在武威、酒泉地区，但遗址点分布稀疏，仅在个别地点有少量遗物发现。[1]在马家窑文化之前河西是否有人类居住尚未可知。河西史前遗址较早期者显示出的生业方式一般以农业为主，以马家窑文化为典型。马家窑文化及嗣后半山文化的生业方式是以农业为主的，同时

1　甘肃省文物考古研究所、北京大学考古文博学院：《河西走廊史前考古调查报告》，第413 ~ 414页。

兼营饲养业。[1]马家窑以后则体现为由农业向牧业的过渡，此可以马厂文化（前2200～前2000）为代表。至齐家文化（前2050～前1955）以后发展为以牧业为主，以农业为辅。

广泛分布于山丹以西至新疆东部的四坝文化，内涵丰富，是河西走廊地区独具特色的一支含有大量彩陶的青铜文化，绝对年代为公元前1950～前1550年，相当于中原地区夏代晚期和商代早期。[2]从其丰富的出土物中，可以看出河西地区生业方式由农向牧转化的过程。

继其后兴起的骟马文化（前1000）主要分布于张掖、酒泉、敦煌、玉门、瓜州等地。[3]这一时期，河西走廊的畜牧业比重进一步增加，这表现在骟马文化遗址中出土的作物种类减少，家畜种类主要是羊、牛，还出现了骆驼和马这种大型食草动物，但不见猪骨（图1-2）。猪的饲养要以农业的发展为依托，骟马文化中猪的饲养减少，这说明其种植业比重在下降，畜牧业得到强化，并占据主导地位。

与骟马文化大体同时，在河西走廊东部分布着沙井文化（前700～前500），主要分布于张掖、民勤、永昌、武威等地，[4]其经济形态更多地倾向于畜牧业，已发展到稳定的状态，饲养动物种类繁多，规模也很大（图1-3）。沙井文化用于农耕的生产工具很少，而用于畜牧的铜刀、箭镞却占有很大比例，说明其生业方式是以牧业为主的。遗址中出土有大量的动物骨骼、皮革制品，尤其是草原气息浓厚的青铜器物，如鹰头饰、鹿形饰、犬纹牌饰、涡轮形饰等，[5]都不无北方牧业文化的色彩。

1　谢端琚：《甘青地区史前考古》，第71页。

2　甘肃省博物馆：《甘肃省文物考古三十年》，《文物考古工作三十年（1949～1979）》，第144页；甘肃省文物考古研究所、北京大学考古文博学院：《河西走廊史前考古调查报告》，第423页。

3　甘肃省博物馆：《甘肃省文物考古三十年》，《文物考古工作三十年（1949～1979）》，第144页；甘肃省文物考古研究所、北京大学考古文博学院：《河西走廊史前考古调查报告》，第424页；李水城、水涛、王辉：《河西走廊史前考古调查报告》，《考古学报》2010年第2期，第251页。

4　J. G. Andersson, "Research into the Prehistory of the Chinese," *Bulletin of Museum of Far Eastern Antiquities* No.15, Stockholm, 1943, pp.197~200.

5　甘肃省博物馆文物工作队：《甘肃永登榆树沟的沙井墓葬》，《考古与文物》1981年第4期，第34～36页。

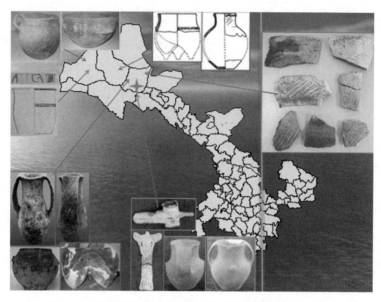

图 1-2　骟马文化分布区域与典型器物

资料来源：李水城《史前甘肃及周边地区的文化格局和相关问题》，提交"早期丝绸之路暨早期秦文化国际学术研讨会"（兰州，2012 年 8 月 17 ~ 22 日）论文。

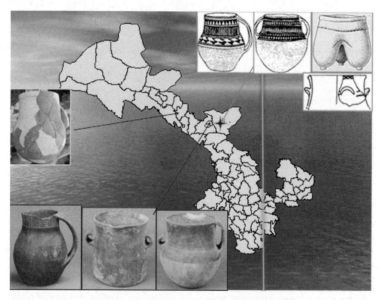

图 1-3　沙井文化分布区域与典型器物

资料来源：李水城《史前甘肃及周边地区的文化格局和相关问题》，提交"早期丝绸之路暨早期秦文化国际学术研讨会"（兰州，2012 年 8 月 17 ~ 22 日）论文。

史前河西地区畜牧业得到了较大的发展，从历史记载看，早在春秋战国时期，河西地区即有羌、月氏、乌孙等民族繁衍生息于河西地区。是以，河西史前考古学文化与这些古族的关系问题就颇为引人注意。张光直曾言：

> 河西走廊在公元前数世纪之内史前文化的分布，可以说是研究月氏和乌孙史前史的最紧要的资料。假如这些民族与四坝或沙井文化有直接的关系，同时月氏和乌孙的民族种属果然近似西方高加索种，则这对于四坝文化的来源以及与齐家文化的民族上的关系，都提供了非常紧要的线索。[1]

那么，上文所述考古学文化与河西古族之间存在着怎样的关系呢？

四坝文化、骟马文化、沙井文化之畜牧业比重呈现出不断增加的趋势，此前以原始农业为主的生业方式逐步让位于畜牧业，其中以养羊业最为兴盛，尤其是玉门火烧沟，出土动物骨骼甚多，其中又以羊骨为最，有些墓葬中葬有成对的羊角，足证火烧沟人所经营的主要是牧羊业。尽管有学者认为四坝文化之火烧沟类型就是月氏文化的遗存，[2] 但近年来对火烧沟文化的研究却更多地指向羌文化。[3] 我国古文献把羌人称为西戎牧羊人，如《说文·羊部》谓："羌，西戎牧羊人也。从人，从羊；羊亦声。"[4] 大致相同的记载又见于《太平御览》卷七九四引《风俗通义》，文曰："羌，本西戎卑贱者也，主牧羊。

1　张光直：《考古学上所见汉代以前的西北》，《中央研究院历史语言研究所集刊》第 42 本第 1 分，1970，第 96 页。

2　赵建龙：《关于月氏族文化的初探》，《西北史地》1992 年第 1 期，第 71 页。

3　甘肃省博物馆：《甘肃省文物考古三十年》，《文物考古工作三十年（1949～1979）》，第 143 页；韩康信、潘其风：《关于乌孙、月氏的种属》，《西域史论丛》第 3 辑，乌鲁木齐：新疆人民出版社，1990，第 6～7 页；陈炳应、卢冬：《遥望星宿——甘肃考古文化丛书：古代民族》，兰州：敦煌文艺出版社，2004，第 24 页。

4　（东汉）许慎：《说文解字》，天津：天津古籍出版社，1991，第 78 页。

故'羌'字从羊、人，因以为号。"[1]《后汉书》亦载西羌"依随水草，地少五谷，以产牧为业"。[2]于省吾言："追溯羌字构形的由来，因为羌族有戴羊角的习俗，造字者遂取以为象。"[3]

从这些记载可以看出，羌本为一个以牧羊，或者说是以畜牧业为主要生业方式的古代民族，兼事农耕，但处于次要地位。河西走廊四坝文化遗址中多有以羊为殉牲的现象，其中以玉门火烧沟遗址最甚，有的墓葬随葬羊多达 44 只，足见养羊业的发达。大量的考古资料表明，四坝文化是以畜牧业为主要经济形态的，与羌族生业方式相同。有可能为羌族的一支。[4]另外，在玉门火烧沟遗址出土器物中存在大量羊的形象，有四羊首青铜权杖头（图 1-4），羊被铸造在代表权威和身份地位的权杖上，精美而神圣；另一件手纹羊头柄方杯，双手捧羊，敬若珍宝，推而论之，羊在四坝人生活中具有重要地位，甚或可能具有图腾的意义。果若如此，则与羌族旧俗几无二致，因为，在历史上，"羊极大可能是羌人早期阶段崇拜的一种图腾"。[5] 7 世纪由西羌后裔所建吐蕃王朝尊大角牡羊为大神，其图腾意义更为明显。四坝人与羌族在这一点上极为相近，尽管不能遽断四坝人就是羌人或羌人一支，但可以肯定，四坝

图 1-4　玉门火烧沟出土四羊首卵形铜杖头

1 （东汉）应劭著，王利器校注《风俗通义校注·佚文》，北京：中华书局，1981，第 488 页；（宋）李昉等：《太平御览》卷七九四《湟中月氏胡》，第 3524 页。

2 《后汉书》卷八七《西羌传》，第 2869 页。

3 于省吾：《释羌、苟、敬、美》，《吉林大学学报》1963 年第 1 期，第 44 页。

4 甘肃省博物馆：《甘肃省文物考古三十年》，《文物考古工作三十年（1949～1979）》，第 144 页；韩康信、潘其凤：《关于乌孙、月氏的种属》，《西域史论丛》第 3 辑，第 7 页。

5 冉光荣、李绍明、周锡银：《羌族史》，成都：四川民族出版社，1985，第 15 页。

人与羌族有着极为密切的关系。

学术界有一种倾向，认为古代社会发展由牧业过渡到农业是一种进步，而由农业转化为牧业则是一种后退。这种观点是站不住脚的。人类早期，由于受生产力条件所限，人们只能在山坡高地及河谷发展原始农业和原始畜养相结合的经济。大致自七八千年至四千年以前，随着青铜时代的到来，生产力水平有了较大提高，人们才有能力去发展大规模的畜牧业。[1] 还有一种意见认为，是自然环境的恶化，导致原始农业生产无法保障人类生存和社会的需求，于是，畜牧业经济随之得到发展，并逐步成为主要经济模式。[2] 比较典型的例证是位于鄂尔多斯高原东部的朱开沟文化，其生业方式经历了如下的演变过程：

> 从朱开沟文化第三段以后，随着鄂尔多斯地区自然条件急剧向冷、干方向的发展，人们越来越无法抵御恶劣环境所造成的不利因素。以农业为主导的经济形态，已无法保障人类生存和社会的需求，而畜牧业经济则愈来愈表现出了在新的自然环境下顽强的生命力和极大的优越性。考古发掘资料反映的朱开沟文化从第四段开始，农业经济衰退、畜牧业经济有了很大发展，由以农业为主的经济形态转变为半农半牧经济形态。这是由于鄂尔多斯地区的自然环境发生了有利于农业生产发展到不利于农业生产发展的变化。人们要想生存和发展，只得适应新的自然环境条件，调整土地利用方式及传统经济结构。朱开沟文化第五阶段的社会生活中，农业虽然仍占有相当的比重，但其地位已受到畜牧经济的强烈冲击，畜牧经济正逐渐从农业经济中分离出来。[3]

1　俞伟超：《关于"卡约文化"和"唐汪文化"的新认识》，《中亚学刊》第 1 辑，北京：中华书局，1983，第 20 页（收入氏著《先秦两汉考古学论集》，第 208 页）。

2　魏坚、任冠：《中国北方畜牧业起源新探——以朱开沟遗址为中心》，《早期丝绸之路暨早期秦文化国际学术研讨会论文集》，第 138～146 页；魏坚：《长河沃野：魏坚北方考古文选·史前卷》，北京：科学出版社，2020，第 330～340 页。

3　内蒙古自治区文物考古研究所编著《朱开沟——青铜时代早期遗址发掘报告》，北京：文物出版社，2000，第 288 页。

畜牧业的发展，不管是主动的，还是被动的，都说明畜牧业的形成是原始农业发展到一定阶段的产物。这些认识，对于研究河西走廊史前时期的生业形态及其由农业到牧业的转变具有启示意义。

继四坝文化而兴起的骟马文化，主要分布在河西走廊西部，而与之同时并存的沙井文化，主要分布在河西走廊东部，他们与先秦时代活动于河西走廊地区的乌孙和月氏存在着关联。

史载月氏与乌孙同居河西。《史记·大宛列传》云："始月氏居敦煌、祁连间，及为匈奴所破，乃远去。"《汉书·西域传》所载略同，唯将"始月氏居敦煌、祁连间"改为月氏"本居敦煌、祁连间"。《汉书·张骞传》载："乌孙王号昆莫，昆莫父难兜靡，本与大月氏俱在祁连、敦煌间，小国也。"《后汉书·西羌传》又称："湟中月氏胡，其先大月氏之别也，旧在张掖酒泉地。"这些记载都说明，月氏、乌孙的最初活动地区就在"敦煌、祁连间"。虽然敦煌、祁连的地望至今仍不能确定，众说纷纭，但比较统一的意见还是认为《史记》《汉书》所记的敦煌、祁连略同于今之敦煌与祁连山。月氏、乌孙西迁中亚之前，曾长期活动于甘肃河西走廊地区是一个不争的事实，二者尽管并非土著，但至少在先秦秦汉时期一度控制河西走廊地区全境或大部分地区。

先秦秦汉时代的月氏、乌孙均为以畜牧业生产为主要经济形态的民族，蓄养家畜，过着衣皮食肉的生活。除此之外的月氏、乌孙文化面貌，则全然不可知。随着考古工作的进行，河西走廊地区发现的沙井文化各遗址走进人们的视线。根据这些文化遗址的大致分布范围，可以确定其与先秦秦汉时期月氏、乌孙的活动范围十分相近。遗址中出土了大量反映春秋战国时期的遗迹遗物，包括大量的动物（包括羊、马、牛、犬、驴、驼等）骨骼、青铜工具、装饰品、毛纺织品、皮革制品等等。这些遗迹遗物足以说明，沙井人主要从事着畜牧业经济，并伴有少量的农业。通过分析沙井文化遗址分布状况，可以推测，这些遗址所在地的气候环境适宜发展畜牧业。

　　对于沙井文化的族属，学术界存在不同意见，一种归为月氏，[1]一种归诸乌孙，[2]第三种意见笼统地把沙井文化称作月氏与乌孙之遗物。[3]还有一种意见认为："沙井文化应属西北地区羌戎体系中的一支。"[4]虽无大误，但显得过于笼统。随后又有学者进一步推定"沙井文化或许更接近于古代西戎之一的义渠"。[5]各种观点见仁见智，虽各有所据，但又不无难以服人之处。相对而言，月氏/乌孙说似乎更易于接受。

　　至于乌孙，一种说法认为沙井文化是乌孙的遗存，如前引赵建龙文，更多的学者则将乌孙遗存与骟马文化联系在一起。[6]

　　揆诸史籍所载月氏、乌孙在河西地区的活动时间，住牧的区域与活动范围，以及其文化属性，都与北方草原文化色彩浓厚的骟马文化、沙井文化相吻合，因此可以认为骟马文化、沙井文化应是古代月氏、乌孙在河西走廊住牧时期的文化遗存，但要具体明言到底是月氏文化还是乌孙文化，如果仅凭出土文物，尚不足以为之定性，毕竟二者都属于草原文化，同质性很高，而且相关的历史记载又语焉不详。这一问题的解决，有赖于月氏、乌孙在河西活动范围的确定。

　　河西走廊东部的沙井文化，其分布区域学界意见不一，一种意见认为分布较广，包括民勤、永昌、金昌、山丹、张掖、武威、天祝、

1　俞伟超：《关于"卡约文化"和"唐汪文化"的新认识》，《中亚学刊》第 1 辑，北京：中华书局，1983，第 17 页（收入氏著《先秦两汉考古学论集》，第 205 页）；横田祯昭「河西における匈奴文化の影響—沙井文化考」，氏著『中國古代の東西文化交流』，東京：雄山閣出版，1983，第 178-179 页；蒲朝绂：《试论沙井文化》，《西北史地》1989 年第 4 期，第 9 页；甘肃文物考古研究所：《永昌三角城与蛤蟆墩沙井文化遗存》，《考古学报》1990 年第 2 期，第 231 页；戴春阳：《月氏文化族属、族源刍议》，《西北史地》1991 年第 1 期，第 14 页。

2　赵建龙：《关于月氏族文化的初探》，《西北史地》1992 年第 1 期，第 71 页。

3　甘肃省博物馆：《甘肃省文物考古三十年》，《文物考古工作三十年（1949～1979）》，第 144 页。

4　李水城：《沙井文化研究》，《国学研究》第 2 卷，北京：北京大学出版社，1994，第 509 页。

5　陈健文：《试论一些与月氏有关的考古文化问题》，《简牍学研究》第 2 辑，兰州：甘肃人民出版社，1998，第 189 页。

6　潘策：《秦汉时期的月氏、乌孙和匈奴及河西四郡的设置》，《甘肃师大学报》1981 年第 3 期，第 50～55 页；高荣：《月氏、乌孙和匈奴在河西的活动》，《西北民族研究》2004 年第 3 期，第 29 页；陈炳应、卢冬：《遥望星宿——甘肃考古文化丛书：古代民族》，第 59～60 页。

永登和兰州等地；[1]一种意见认为分布没有那么广，"其分布区未能越出民勤、永昌、金昌三县市"。[2]骟马文化主要分布于酒泉、敦煌、玉门、瓜州，此外张掖也有少量发现，[3]大致涵盖河西走廊西部地区。如果能够确定月氏与乌孙的居地，则文化的归属问题也就容易解决了。

关于月氏、乌孙在河西的居地，学界存在着不同的看法。白鸟库吉先是将月氏故地推定在肃州（酒泉）党河及布隆吉河流域，[4]后又改定在甘州（张掖）地区。[5]藤田丰八推定月氏故地在张掖一带，而乌孙故地在瓜州地区。[6]王炳华、王明哲认为，月氏和乌孙分居河西两端，乌孙居于以敦煌为中心的河西走廊西部，月氏居地在河西走廊东部。[7]关于这一说法，史料依据如下：

> 瓜州戎为月氏所逐。（《十三州志》）
>
> 塞种本允姓之戎，世居敦煌，为月氏迫逐，遂往葱岭南奔。（《广弘明集》卷二七，荀济《论佛教表》）
>
> 乌孙，战国时居瓜州……乌孙本塞种。（张守节《史记正义》）

这些记载比较明确，是故，月氏居东乌孙居西之说得到了学术界

1 J. G. Andersson, "Research into the Prehistory of the Chinese," *Bulletin of Museum of Far Eastern Antiquities* No.15, Stockholm, 1943, pp.197–200；蒲朝绂：《试论沙井文化》，《西北史地》1989年第4期，第9页；甘肃文物考古研究所《永昌三角城与蛤蟆墩沙井文化遗存》，《考古学报》1990年第2期，第231页。

2 李水城：《沙井文化研究》，《国学研究》第2卷，第503页。

3 甘肃省博物馆：《甘肃省文物考古三十年》，《文物考古工作三十年（1949～1979）》，第144页；甘肃省文物考古研究所、北京大学考古文博学院：《河西走廊史前考古调查报告》，第424页；李水城、水涛、王辉：《河西走廊史前考古调查报告》，《考古学报》2010年第2期，第251页。

4 白鳥庫吉「烏孫に就いての考」（二）『史学雑誌』第12編第1号，1901，第55～62頁。

5 白鳥庫吉「西域史上の新研究」（四）『東洋学報』第3巻第2号，1913，第230～232頁。

6 藤田豐八「月氏の故地とその西移の年代」『東洋學報』第6巻，1916，第334、343頁；〔日〕藤田丰八：《月氏故地与其西移年代》，杨鍊译，《西北古地研究》，上海：商务印书馆，1935，第65、75页。

7 王炳华、王明哲：《乌孙历史上几个重大问题的探讨》，《新疆社会科学》1982年第3期，第36页；王炳华、王明哲：《乌孙研究》，乌鲁木齐：新疆人民出版社，1983，第3～4页。

比较广泛的认可。[1]唯桑原骘藏提出不同看法，认为乌孙在东，月氏在西，推定张掖应是乌孙的故地，敦煌为月氏故地。其所举主要证据有二。

其一，《史记·大宛列传》言："昆莫之父，匈奴西边小国也。"

其二为《史记·大宛列传》所载张骞向汉武帝的建言："厚币赂乌孙，招以益东居故浑邪之地。"同传又有"乌孙能东居浑邪地"。同样的内容，在《汉书》中记载有异。《汉书·张骞传》及《西域传》："厚赂乌孙，招以东居故地。"《汉书·西域传》："乌孙能东居故地。"桑原先生认为，《史记》言为浑邪王故地，《汉书》仅言故地，说明浑邪王故地就是乌孙故地。而《汉书·地理志》载张掖郡即原匈奴浑邪王地，因此断定月氏西居敦煌，乌孙东居张掖。[2]

这里所列两条证据都难以立足。首先说第一条，其意明显在于表示乌孙位处匈奴之西，其中不言二者地域相连。相反，《史记·匈奴列传》称匈奴"右方王将居西方，直上郡以西，接月氏、氐、羌"。明言匈奴与月氏是地域相连的。秦汉时代，上郡位处月氏的东方，其西鄙与月氏相连，正说明月氏在东，乌孙在西。

第二条，《史记》载张骞建议招乌孙东迁居浑邪王故地。且不言只是建议，不曾变为现实，仅就浑邪王故地之说就足证那里与乌孙无关，否则就应该说招乌孙东迁原张掖故地或乌孙故地了。《汉书》不言浑邪王故地，而只言故地，意在表明乌孙来自河西，自为其故地。职是之故，乌孙居西，月氏居东，庶几可以定谳矣。进而可推定，河西走廊东部的沙井文化应为月氏遗存分布区，而骟马文化则应为乌孙遗存分布区。

1　如黄文弼《大月氏故地及西徙》，氏著《西北史地论丛》，上海：上海人民出版社，1981，第114页；杨建新《关于汉代乌孙的几个问题》，《新疆大学学报》（哲学·人文社会科学版）1980年第2期，第67～68页；苏北海《西域历史地理》，乌鲁木齐：新疆大学出版社，1988，第2页；等等。

2　桑原骘藏「張騫の遠征」『桑原骘藏全集』第3卷，東京：岩波書店，1968，第274頁。

第四节　沙井文化、骟马文化为月氏、乌孙遗存说

　　沙井文化和骟马文化都属于牧业文化，其文化层堆积广布河西诸地，只是目前经过正式发掘者为数不多，现已得到发掘的那些大都有着深厚的文化层堆积。如沙井文化永昌三角城遗址，在其西北角处发现的文化层堆积厚达 210 ~ 220 厘米，堆积层内含的炭粒、草木灰、陶片、弹丸、兽骨等遗物异常丰富。[1]民勤柳湖墩遗址，也是沙井文化之重要遗址，多被流沙覆盖，遗址文化层厚达 4 米左右，内涵非常丰富，有大量生产工具、生活用具以及兽骨等遗物。[2]骟马文化各遗址中也有深厚的文化层堆积，包含有丰富的畜牧业文化遗物。

　　沙井文化的面貌显示斯时的社会生活是以定居畜牧业为主的，有大面积聚落遗址，诚如沙井文化的发现者安特生（J. G. Andersson）所言：

　　　　沙井遗址，皆在平地，住处周围，常有土墙遗迹……古址之中，葬地住处均有发见。后者四侧围以土壁，盖地势平坦之中自当藉此以为屏障也。此等古址中之各种器物，颇相类似，故确可视为一期所出。[3]

　　此外，这种聚落遗址在永昌三角城、柴湾岗、民勤柳湖墩、黄蒿井等地都有发现。永昌三角城中的高大的城墙系利用天然地势用黄土垒筑而成，现存高度达 4 米，具有一定的防御功能。城内经发掘的房址有 4 座，呈圆形，室内有灶坑和火墙。根据房址 F4 的基址进行复

1　甘肃省文物考古研究所：《永昌三角城与蛤蟆墩沙井文化遗存》，《考古学报》1990 年第 2 期，第 206 ~ 207 页。

2　周飞飞：《民勤县历史文化遗迹的调查与研究》，硕士学位论文，兰州大学，2012，第 10 页。

3　J. G. Anderson, *Preliminary report on Archaeological Research in Kansu*, Memoirs of the Geological survey of China. ser.A, Peking 1925, pp.10, 18;〔瑞典〕安特生：《甘肃考古记》（地质专报甲种第五号），乐森珝译，实业部地质调查所，1925，第 8、15 页。

原，发现其形状犹如蒙古包。城内还发现 14 个窖穴。[1] 柴湾岗遗址中也发现有房屋遗迹，呈椭圆形，面积有 40 余平方米，室内有火塘和储物的窖穴。[2] 三角城和柴湾岗遗址中的房屋周围均发现有构筑散水，可见当时建筑水平很高，沙井先民十分注重居址的建设，说明沙井先民长期过着定居的牧业生活。

以沙井文化与河西月氏相比较，其生业形态有同有异。史载河西月氏"本行国也，随畜移徙"。[3] 相同处在于二者都以畜牧业为主，不同在于前者为住牧，后者为"游牧"（注意：这里的"游牧"实为畜牧业的概指，详后）。

早在汉代以前，月氏即生活于河西东部，已如前述。公元前 176 年，匈奴冒顿单于击败月氏，大致在公元前 172 年至前 166 年间，[4] 月氏主要部落西迁，到达塔里木盆地，由于无法找到适宜的牧场，他们经由吐鲁番而北上，抵达准噶尔盆地，击败原居住于那里的塞人部落，占据伊犁河流域及楚河流域。匈奴军臣单于在位（前 161 ～前 129）时，支持乌孙西击月氏，月氏遂放弃伊犁河流域及楚河流域而再度西迁，至于中亚阿姆河流域，占据大夏地区。[5] 为区别起见，史称西迁中亚者为大月氏，而将留居敦煌南山的月氏残部称作小月氏。[6]

月氏在伊犁河、楚河流域活动时间不长，不超过半个世纪，其生

1　甘肃省文物考古研究所：《永昌三角城与蛤蟆墩沙井文化遗存》，《考古学报》1990 年第 2 期，第 208 ～ 209 页。

2　甘肃省文物考古研究所、北京大学考古文博学院：《河西走廊史前考古调查报告》，第 425 页。

3　《汉书》卷九六《西域传》，第 3890 页。

4　Yang Fuxue, "The Yuezhi and Dunhuang," *Kristi* Vol.1(=*A Journal by Abha Prakashan in the Memory of Late Dr.P.Banerjee*), Delhi, 2008, pp.88–96.

5　桑原骘藏「張騫の遠征」『桑原骘藏全集』第 3 卷，第 278、281 页；黄靖：《大月氏的西迁及其影响》，《新疆社会科学》1985 年第 2 期，第 98 页；小谷仲男『大月氏—中央アジアに謎の民族を尋ねて』，東京：東方書店，1999，第 58 页；余太山：《贵霜史研究》，北京：商务印书馆，2015，第 1 页。

6　对小月氏的研究，可参见榎一雄「小月氏と尉遲氏」『古代東アジア史論集』下卷，東京：吉川弘文館，1978，第 391–418 页（《小月氏和尉迟氏》，斯英琦、徐文堪译，载《民族译丛》1980 年第 3 期，第 48 ～ 54 页；第 4 期，第 50 ～ 60 页）；荣新江：《小月氏考》，《中亚学刊》第 3 辑，北京：中华书局，1990，第 47 ～ 62 页。

业方式虽史书未载，但那里自古以来就是牧区，后来乌孙逐走月氏而居之，照样从事畜牧业，至今相沿不改，推而论之，是时月氏的生业方式自当是畜牧业。[1]及至月氏再度西迁，抵达中亚阿姆河流域后，才开始转变为农耕生活，史载："大月氏国，治监氏城……土地风气，物类所有，民俗钱货，与安息同。"[2]安息帝国以农为本，月氏与之同，说明大月氏人在大夏地区总体上以务农为主，此可由张骞的记载得到印证。据张骞言，他西使抵达大夏故地时，见大月氏人"地肥饶，少寇，志安乐"。[3]

由上可见，大月氏西迁伊犁河及楚河流域后，仍如同在河西沙井文化显示的那样，过着定居的畜牧业生活，后来再度西迁至中亚后才改为定居的农业，生业方式有变，但定居则是一以贯之的。

考古资料也证明了这一点。1978 年，由苏联与阿富汗考古工作者组成的联合考察队在古代大夏境内，即今阿富汗北部西伯尔汗（Siberghan）的黄金之丘（Tilly-Tepe）遗址发现了一处贵族墓地，排列着 6 座充满黄金的古墓，从中出土的金质艺术品多达 20000 余件，此外还有大批古代罗马、安息、天竺、斯基泰和西汉艺术品，被确认为公元前 1 世纪至公元 1 世纪之物。[4]而这个世纪正是大月氏攻灭大夏之后，尚未建立贵霜帝国之前的这段时间。[5]值得注意的是，墓地发现的服饰证明，居于大夏地区的大月氏尽管受当地条件所限，多数人已放弃畜牧而改事农耕，但牧业文化气息仍然非常浓郁，这种农牧业文化共存的现象可以通过黄金之丘贵族墓葬墓主人的着装看得出来，如 1 号墓、3 号墓、5 号墓、6 号墓女主人皆着裙，2 号墓女主人着马甲式上装（图 1-5），4 号墓男主人着裤（图 1-6）。

1　余太山先生称其为"游牧"，见氏著《大夏与大月氏综考》，《中亚学刊》第 3 辑，第 33 页。

2　《汉书》卷九六《西域传》，第 3890 页。

3　《史记》卷一三三《大宛列传》，第 3158 页；《汉书》卷六一《张骞传》，第 2688 页。

4　V. I. Sarianidi, "The Treasure of Golden Hill," *American Journal of Archaeology* Vol.84, 1980, p.130; Fredrik Hirbert & Pierre Crie Kdjr(eds.), *Afghanistan.Hidden Treasures from the National Museum, Kabul*, Washington: The National Geographical Society, 2007, p.226.

5　V. I. Sarianidi, "The Treasure of Golden Mountain," *Archaeology* Vol.33, no.3, 1980, p.40.

图 1-5　黄金之丘 2 号墓女主人　　　　图 1-6　黄金之丘 4 号墓男主人

资料来源：Fredrik Hirbert & Pierre Crie Kdjr (eds.)，*Afghanistan. Hidden Treasures from the National Museum*，*Kabul*，Washington：The National Geographical Society，2007，pp.241，265.

尤有进者，2011 年在蒙古国东北部诺因乌拉（Noyon uul）匈奴墓葬中出土了 6 件来自大夏（Bactria）的丝织物残片。其中 4 件出自巴罗（Barrow）31 号墓，另 2 件分别出自巴罗 6 号墓和 24 号墓。其中，第一、二件描绘的为集体祭祀仪式，有人像 13 身（图 1-7、图 1-8），第三件为战争场景，有人像 4 身（图 1-9），全部着裤。有的身着红色长袖衣服，配以红鞋子、白裤子和白腰带，有的则身着白色长袖衣服和鞋子，而裤子和腰带却是红色的。

图1-7　蒙古国诺因乌拉匈奴墓祭祀仪式

图1-8　蒙古国诺因乌拉匈奴墓祭祀仪式

图1-9　蒙古国诺因乌拉匈奴墓战争场景

资料来源：Sergey A.Yatsenko, "Yuezhi on Bactrian Embroidery from Textiles Found at Noyon uul, Mongolia," *The Silk Road* 10, 2012, pp.39–48.

众所周知，裤子和马甲皆为游牧民族为适应骑马生活而发明的服装，自赵武灵王"胡服骑射"以后，开始传入中原。[1]这些发现说明，中亚时代的大月氏虽以农为本，但同时兼营畜牧，过着定居的生活。伊犁河流域及楚河流域大月氏的生活方式与沙井文化所见可以说完全相同，后来才有所改变，庶几可谓是对河西时代定居畜牧生活的直接继承与发展。

考古学文化表明，沙井文化与此前河西存在马家窑文化、半山文化、马厂文化和齐家文化等进行比较，发现他们之间"毫无继承关系。虽然有相当数量的彩陶，但在陶质、制法、纹饰以及器形上都和甘肃仰韶文化和辛店文化不同，同时还有丰富的铜器并存"。[2]以其在河西的突兀出现，学界推定其不是一种土著文化，而是外来的。河西地区最早的沙井文化遗存最早追溯到春秋早期，有意思的是，考古发现证明，这一文化与内蒙古鄂尔多斯高原的青铜文化存在着联系，尤其与凉城县毛庆沟、崞县窑子之"狄人"文化关系密切。[3]如果此说不误，则可推定，沙井文化当来自内蒙古鄂尔多斯地区的先狄文化。

沙井文化的北来，与月氏早期由北向南迁徙的方向颇为一致。关于月氏的来源，学术界存在着争议。一种意见认为，月氏的发祥地在甘肃河西地区，"俱在敦煌、祁连间"的月氏和乌孙都是河西土生土长的古老民族。[4]惜此说没有提供任何证据，不足凭信。另一种意见认为月氏、乌孙的故地都不在河西，都是由外地迁过来的。清人何秋涛《王会解笺释》即认为月氏乃《逸周书·王会解》中的"禺氏"。王国

1　沈从文编著《中国古代服饰研究》（增订本），香港：商务印书馆，1992，第93～95页；林梅村：《大夏黄金宝藏的发现及其对大月氏考古研究的意义》，氏著《西域文明——考古、民族、语言和宗教新论》，北京：东方出版社，1995，第271页；华梅：《中国服饰》，北京：五洲传播出版社，2004，第19～22页；沈从文、王㐨：《中国服饰史》，西安：陕西师范大学出版社，2004，第43～46页。

2　安志敏：《甘肃远古文化及其有关的几个问题》，《考古通讯》1956年第6期，第16页（收入氏著《中国新石器时代论集》，北京：文物出版社，1982，第86页）。

3　戴春阳：《月氏文化族属、族源刍议》，《西北史地》1991年第1期，第15、18页。

4　杨建新：《中国西北少数民族史》，银川：宁夏人民出版社，1988，第74页；李水城：《沙井文化研究》，《国学研究》第2卷，第507～508页。

维采其说，认为"周末月氏故居盖在中国之北"。[1]戴春阳在前说基础上，结合考古资料，指出月氏即古文献所见的"禺氏""禺知"的音转，大致应于两周之际由鄂尔多斯迁徙到甘肃河西地区。[2]月氏来自中国北方，其情状与沙井文化的兴亡何其似也。

秦汉之际，月氏西徙，沙井文化随之播迁中亚，不复见于河西。鉴于沙井文化失却直接继承者，戛然中断这一情况，李水城经过分析，认为这一现象的出现应与匈奴的崛起有关。[3]这一结论与月氏被匈奴逐出河西的史实完全合拍，从一个侧面再次证明了沙井文化与月氏之内在关系。

从上面的论述可以看出，月氏在河西活动的区域与沙井文化重合，二者之居住方式与生业方式完全一致。尤有进者，二者同为外来文化，又同为匈奴所灭。诸多因素的默契，殊不能用偶然巧合来解释，使人不能不得出这样的结论：沙井文化非月氏遗存莫属。

与沙井文化相较，骟马文化遗存发现较少，经过发掘者更少，或许可视作月氏强于乌孙的一个旁证。近期，甘肃省文物考古研究所对玉门清泉火烧沟南侧的遗址进行了发掘，出土了大量的动物骨骼，种类有羊、牛、骆驼、马等，说明当时已经在驯养马、骆驼之类大型食草动物，足证其畜牧业的发达。同时发现的还有大麦籽粒，说明该文化尚保留部分农业经济成分。就总体言，生业形态是以畜牧业为主的。这里还发现了固定的村落，还有使用陶鬲的现象。[4]说明骟马文化是定居的。骟马文化之陶鬲与沙井文化的同类器比较接近，二者之间在文化上有存在互动关系的可能性。

史载，乌孙与月氏、匈奴一样，"随畜逐水草"，而且"不田作种树"，[5]说明乌孙不经营农业种植。这是古代史料对乌孙迁居伊犁河流

1　王国维：《月氏未西徙大夏时故地考》，《观堂集林·观堂别集》卷一，北京：中华书局，1959，第1156页。

2　戴春阳：《月氏文化族属、族源刍议》，《西北史地》1991年第1期，第18页。

3　李水城：《沙井文化研究》，《国学研究》第2卷，第508页。

4　甘肃省文物考古研究所、北京大学考古文博学院：《河西走廊史前考古调查报告》，第429～430页。

5　《汉书》卷九六下《乌孙传》，第3901页。

域后早期生业方式的高度概括，这一记载在考古资料中可以得到印证。伊犁河流域的乌孙墓中，出土有大量的马、羊、犬等动物骨头，牧业社会特色相当明显。[1]吐鲁番阿拉沟河口西岸发掘的乌孙墓地都伴有相对丰富的随葬品，同样具有非常浓重的牧业文化特色。[2]但不能由此而否认乌孙相对定居与农耕生活存在的可能。看来乌孙存在着相对稳定的定居点，文献中提到的乌孙治所赤谷城，就是存在定居的直接证据。在新疆天山到伊犁河之间的广阔草原上，分布着规模巨大的乌孙墓葬群，其大量集中的地点往往是天山山口的河流附近的山前草原，或其他一些水草俱佳的小谷地内。墓群成行排列，巨型土冢远远可见，蔚为壮观。这些地点，应该也是乌孙人生活居住的中心。[3]在中亚地区，也有众多乌孙墓葬发现，如哈萨克斯坦南部江布尔地区的别尔卡拉大墓地有墓葬数百，而且墓式多样。1938～1940年，以伯恩施坦（A. N. Bernstam）为首的苏联考古队在楚河和伊犁河流域进行发掘，仅在伊犁河地区的朱湾突坡墓地发现的古墓就有近千座，其中有不少即属于乌孙墓。[4]这些墓葬群延续的时间很长，从公元前3世纪延续到公元3世纪，历600年，大致可分为早中晚三个时期，当为乌孙定居而非完全游牧的力证。在昭苏县发掘的乌孙墓中，曾出土铁铧一件，重三公斤，舌形，与敦煌发现的西汉铜铧的形制大小几乎完全一样。有可能是从内地传入的，也有可能系乌孙所造。[5]此外，在苏联有关乌孙的考古资料中，也可看到有关农业经营的直接资料，如乌孙墓

1　王炳华、王明哲：《乌孙历史上几个重大问题的探讨》，《新疆社会科学》1982年第3期，第41页；王炳华、王明哲：《乌孙研究》，第16页。

2　Ma Yong & Wang Binghua, "The Culture of Xinjiang Region," in Janos Harmatta, B. N. Puri & G. F. Etemadi(eds.), *History of civilizations Central Asia*, Vol. Ⅱ: *The Development of Sedentary and Nomadic Civilizations: 700 B.C.to A.D.250*, Delhi: Motilal Banarsidass Publishers Private Limited, 1999, pp.219-221.

3　王炳华、王明哲：《乌孙历史上几个重大问题的探讨》，《新疆社会科学》1982年第3期，第39～40页；王炳华、王明哲：《乌孙研究》，第11、14页。

4　黄振华、张广达：《苏联的乌孙考古情况简述》，载王炳华、王明哲《乌孙研究》，第188页。

5　王炳华、王明哲：《乌孙历史上几个重大问题的探讨》，《新疆社会科学》1982年第3期，第42页；王炳华、王明哲：《乌孙研究》，第18页。

出土有烧焦的谷物、有数量众多且制作粗糙的陶器，还有作物与粮食加工工具青铜镰刀、石磨盘、石碾等。这些都说明，如同河西骟马文化一样，乌孙最重要的是畜牧业，虽有农业的经营，但仅具有辅助作用。[1] 从考古学文化材料可以看出，乌孙社会经济在不同时期有所变化，早期阶段主要从事畜牧业，既有游牧也有住牧，即使住牧不占主导成分，最起码应当有相当的分量。自公元1世纪始，乌孙经济形态发生了重要变化，开始由牧业为主变为农牧并重。[2]

骟马文化主要分布于酒泉、敦煌、玉门、瓜州、张掖等地，其中比较重要的遗址有玉门骟马、古董滩、火烧沟、酒泉赵家水磨、瓜州兔葫芦、敦煌古董滩、马圈湾、西土沟、肃北马鬃山等，而乌孙活动的区域恰在酒泉、敦煌间，鉴于骟马文化与乌孙分布地域的重合，加上骟马文化所反映出的社会状况与乌孙社会面貌十分相似，所以有学者认为，骟马文化当为乌孙的遗存。[3] 以之与前述月氏的情况相比照，可以认为这种推测是可信的。值得注意的是，骟马文化与四坝文化的分布面重合，但看不出二者之间有丝毫的瓜葛。[4] 说明乌孙也有可能是外来的，与月氏颇类。

第五节 月氏与乌孙之牧业经济

前文言沙井文化、骟马文化都是定居的畜牧业，与考古资料所反映的月氏与乌孙生业生活方式非常相似，可以分别把沙井文化、骟马文化比定为月氏与乌孙的遗存。然而，观诸史书的记载，却大相

---

1 〔苏〕К.А.阿奇舍夫、Г.А.库沙耶夫:《伊犁河流域塞人和乌孙的古代文明》，孙危译，兰州：兰州大学出版社，2013，第208页。

2 〔苏〕К.А.阿奇舍夫、Г.А.库沙耶夫:《伊犁河流域塞人和乌孙的古代文明》，孙危译，第222页。

3 甘肃省博物馆:《甘肃省文物考古工作三十年》，《文物考古工作三十年（1949～1979年）》，第144页；戴春阳:《月氏文化族属、族源刍议》，《西北史地》1991年第1期，第14页。

4 甘肃省文物考古研究所、北京大学考古文博学院:《河西走廊史前考古调查报告》，第424页。

径庭。《汉书·西域传》载大月氏"本行国也，随畜移徙，与匈奴同俗"，乌孙"随畜逐水草，与匈奴同俗。国多马，富人至四五千匹"。

史书如是记载，使人很容易得出月氏为游牧民族的结论。既为游牧，就很难将之与定居的沙井文化联系起来，致使研究者得出结论，认为：

> 沙井文化的住地已出现城郭（三角城），在时代上应该较晚。战国时期活动在这一带的是大月氏，他们是游牧民族……因此，沙井文化不可能属于大月氏，因为他们不可能有城郭。[1]

这一说法有其道理，故为学界所采纳。[2]该说直击"沙井文化大月氏说"的软肋，因为沙井文化为定居，而史称大月氏是游牧，内在矛盾清楚可见，不容回避。遗憾的是，持"沙井文化大月氏说"的诸位前贤在遇到这个棘手问题时皆绕道而行，自然授人以柄，难以服人。

河西的考古发现与西迁伊犁河、楚河流域后的月氏在生产方式和生活方式上完全合拍，反而和史书记载的"行国"之说方枘圆凿，不相契合。何以有如此大的差异？颇值得深思。

观《史记·大宛列传》的记载，被称作"行国"者有四，分别为乌孙、康居、奄蔡和大月氏：

> 乌孙……行国……随畜，与匈奴同俗。控弦者数万，敢战。
> 康居……行国，与月氏大同俗。控弦者八九万人。
> 奄蔡……行国，与康居大同俗。控弦者十余万。
> 大月氏……行国也，随畜移徙，与匈奴同俗。

1　安志敏：《甘肃远古文化及其有关的几个问题》，《考古通讯》1956 年第 6 期，第 16 页（收入氏著《中国新石器时代论集》，第 86 页）。

2　陈健文：《试论一些与月氏有关的考古文化问题》，《简牍学研究》第 2 辑，第 188 页。

在《汉书·西域传》中，被称作"行国"者有二，分别为大月氏与西夜国：

大月氏，本行国也，随畜移徙，与匈奴同俗。

西夜国，王号子合王，治呼犍谷……西夜与胡异，其种类羌氏行国，随畜逐水草往来。

再加上最具典型意义的"行国"——匈奴，共有六个。所谓"行国"，按照裴骃《史记集解》引徐广的话，就是"不土著"。[1] 其生产生活方式体现在"逐水草迁徙，毋城郭常处耕田之业"。[2] 哪里有水草，牲畜就会走到哪里，人自然也就跟随到哪里；反之，人走到哪里，牲畜也被驱逐到哪里。[3] 由是以观，无城郭、非定居、不稼穑，可以称作游牧民的典型生产生活方式，但从历史发展的情况看，如此纯粹的游牧生产生活方式其实是很少见的。

这里且以具有典型意义的匈奴为例。史载匈奴"各有分地"，[4] 是典型的"行国"，但考古资料却表明，匈奴帝国中存在着半定居性的住居或城塞之类的建筑物，还有城镇（如赵信城及作为单于庭的龙城等）。[5] 匈奴统治河西55年，筑有休屠王城、盖臧城、觻得城、两座西城等，现知者至少有五座城池。[6] 汉武帝元狩元年（前122），卫青兵至寘颜山赵信城，"得匈奴积粟食军。军留一日而还，悉烧其城余粟

1　《史记》卷一二三《大宛列传》，第3161页。

2　《史记》卷一一〇《匈奴列传》，第2879页。

3　贾敬颜：《释"行国"——游牧国家的一些特征》，《历史教学》1980年第1期，第17页。

4　《史记》卷一一〇《匈奴列传》，第2879页。

5　横田祯昭「河西における匈奴文化の影響—沙井文化考」，氏著『中國古代の東西文化交流』，東京：雄山閣出版，1983，第178-179页；林幹：《匈奴城镇和庙宇研究》，《匈奴史论文集》，北京：中华书局，1983，第413～429页；Jean-luc Houle & Lee G. Broderick, "Settlement Patterns and Domestic Economy of the Xiongnu in Khanui Valley, Mongolia," in Ursula Brosseder & Bryan K.Miller(ed.), *Xiongnu Archaeology.Multidisciplinary Perspectives of the First Steppe Empire in Inner Asia*, Bonn：Vor-und Fruhgeschichtliche Archaologie Rheinische Friedrich-Wilhelms-Universitat Bonn, 2011, pp.137-152.

6　李并成：《河西走廊历史地理》，兰州：甘肃人民出版社，1995，第17～30页。

以归"。[1] 后元元年（公元前 88 年），匈奴因数月连降雨雪，致使"畜
产死，人民疫病，谷稼不熟"。[2] 汉昭帝时，匈奴曾二度"发骑田车师
（今新疆吐鲁番）"，甚至欲"穿井筑城，治楼以藏谷"。[3] 说明匈奴人
不仅有城池的兴建，也有农耕业的发展。匈奴墓葬群广布于俄罗斯布
里亚特恰克图附近和蒙古的中央省诺因山、海尔罕山、色楞布贝勒赫
山及杭爱省的呼尼河畔等地，著名者有俄罗斯外贝加尔地区的苏德日
尼墓地（现存墓葬有 214 座）、吉达河左岸的德列斯图伊墓地（现存
墓葬 260 座以上）和蒙古国诺因乌拉墓葬（现存墓葬 212 座）。[4] 中国
境内发现的匈奴墓葬群也很多，主要有内蒙古杭锦旗桃红巴拉的阿鲁
柴登墓群（2 座）、准格尔旗的西沟畔墓群（12 座）、东胜补洞沟墓群
（9 座）、乌拉特中旗的呼鲁斯太匈奴墓（1 座）、宁夏同心倒墩子墓
群（27 座）、李家套子墓群（5 座）等。[5] 城池、耕地与大批墓葬群的
存在，说明匈奴并非如史书记载的那样"不土著"，而是既有"土著"
者，也有"不土著"者，只是后者占主导地位而已。

　　观《汉书·西域传》，可以看到一个奇特的现象，即但凡提到牧
业经济时，一般都用"随畜逐水草"之类语言来概括。如：

　　　　婼羌……随畜逐水草，不田作，仰鄯善、且末谷。
　　　　鄯善……民随畜牧逐水草，有驴马，多橐它。
　　　　西夜……随畜逐水草往来。

1　《史记》卷一一一《卫将军骠骑列传》，第 2934 页。
2　《汉书》卷九四上《匈奴列传上》，第 3781 页。
3　《汉书》卷九四上《匈奴列传上》，第 3781 页。
4　Istvan Erdélyi - C.Dorjsüren - D. Navan, "Results of the Mongol-Hungarian Archaeological expeditions
　　1961-1964(a comprehensive report)," *Acta Archaeologica Academiae Scientiarum Hungaricae* 19/3-
　　4(1967), pp.334-370; R. E. van der Veen, *Ancient Grave Looting Reinterpreted.Reopened Xiongnu Tombs
　　from the 3rd century BC to 2nd century AD in Mongolia and Russia*, Leiden: Faculty of Archaeology of
　　University of Leiden, 2013, pp.24-26;〔苏〕С.И.鲁金科：《匈奴文化与诺彦乌拉巨冢》，孙危译，
　　马健校注，北京：中华书局，2012，第 7 ~ 9 页。
5　张海斌：《试论中国境内东汉时期匈奴墓葬及相关问题》，《内蒙古文物考古》2000 年第 1 期，第
　　14 ~ 22 页；杜林渊：《南匈奴墓葬初步研究》，《考古》2007 年第 4 期，第 74 ~ 86 页；单月英：《匈
　　奴墓葬研究》，《考古学报》2009 年第 1 期，第 35 ~ 68 页。

> 休循……民俗衣服类乌孙，因畜随水草。
>
> 捐毒……衣服类乌孙，随水草依葱领（岭）。
>
> 尉头……田畜随水草，衣服类乌孙。

上述这些西域小国，皆局促于面积狭小的绿洲之上，不可能像漠北地区诸民族那样信马由缰，驰骋于冬牧场夏牧场之间。结合《汉书》对河西月氏、乌孙的记载可以明显看出，班固所谓的"逐水草"，其实指的就是以畜牧业为主的经济形态，和今天所谓的"游牧"是不同的概念。就鄯善国之经济情况来说，农业和牧业同样发达。史载鄯善"地沙卤，少田，寄田仰给旁国……民随牧逐水草"。[1] 可以看出，鄯善国因为"少田"，而不得不借耕邻国田地（寄田）以满足自身对谷物类粮食的需要。鄯善所寄田之"旁国"，徐松考为"且末"。[2] 当是。即便如此，邻近的婼羌还要仰赖于鄯善之谷。[3] 可见，鄯善国的农业应是比较发达的。[4] 在这种情况下，因农业生产不足而不得不发展畜牧业，作为农业经济的辅助，甚或农牧业并行发展，都是合乎情理的，但言其"民随畜牧逐水草"，将鄯善定性为游牧社会，似乎就有些不合乎情理了。

提到畜牧业，在大多数人眼中，其经营者一般都过着"逐水草而居"的生活，终年居无定所，就像古代驰骋在蒙古高原的匈奴、柔然、突厥、蒙古那样。其实，情况并非都是如此，不同的生态环境决定了人们的经济形态和生活习惯。河西走廊地形狭长，两侧为高耸的山脉，受内部山地隆起影响，走廊境内地貌复杂，独特的地形地貌制约着河

1　《汉书》卷九六《西域传》，第3876页。

2　（清）徐松著，朱玉麒整理《汉书西域传补注》，载《西域水道记》（外二种），北京：中华书局，2005，第404～405页。

3　《汉书》卷九六《西域传》，第3875页。此处的婼羌仅指"去胡来王"一部，"其地大约相当于今代地图的阿克楚克赛"，见周连宽《汉婼羌国考》，《中亚学刊》第1辑，北京：中华书局，1983，第87页。

4　也有一种意见认为："少田"说明鄯善国种植业经营规模小，在当地农业经济中起辅助作用。见李艳玲《田作畜牧——公元前2世纪至公元7世纪前西域绿洲农业研究》，兰州：兰州大学出版社，2014，第45页。

西先民对畜牧业生产方式的选择，故自古迄今，这里没有也不可能形成像漠北那样大规模的游牧生业方式，但小规模的游牧还是存在的，如甘肃肃南裕固族自治县康乐乡之草原分为四季牧场，每年根据季节，牧民全家老小携带帐篷随着畜群，在春夏秋冬四季牧场流动。[1]

大量的考古学资料证明，河西走廊早期畜牧业是以定居形式存在的。其实，学术界早已注意到这一点，惜大多泥于成说，未做深究，习惯性地把这种定居的牧业冠以"游牧"之名。汉民族自古以来以稼穑为业，对牧业民族的认识有其局限性，不辨游牧与住牧之别，笼统地以"土著"表示农耕业，以"不土著"表示畜牧业。上举诸例，无不如此。更有甚者，马克思主义经典作家所言的"畜牧"，也被国人误译成"游牧"。

恩格斯在《家庭、私有制和国家的起源》的德文原版中，使用了Hirtenstämme一词，意为"畜牧部落"，汉译本中却被译作"游牧部落"。在德语中，"游牧部落"的对应词为Nomadenstämme。在英译本中，使用的是Pastoral tribe（畜牧部落），而非Nomadictribe（游牧部落）。同样的，原文中的Hirtenvölker、Hirtenleben，本意为"牧业民族""畜牧生活"，也被误译作"游牧民族""游牧生活"。这些术语文意原本都是很清楚的，惜国人通译Hirten（畜牧）为"游牧"。这些明显属于词语误译，后果严重，直接导致了国人对原著的曲解，混淆了"游牧"与"畜牧"两种不同的生业方式。[2]比较典型者如新疆天山以南地区的绿洲，为沙漠所环绕，本身面积不大，不可能存在游牧，但《汉书·西域传》常以"随畜逐水草"来概括其牧业经济，受其影响，以致今人有用"南疆游牧文化"来指代这种绿洲畜牧业的情况。[3]

1　中国科学院民族研究所甘肃少数民族社会历史调查组编《少数民族史志丛书·裕固族简史简志合编（初稿）》，1963年内部铅印，第26页。

2　汪连兴：《关于世界古代史研究中若干重要理论问题的思考》，《史学月刊》1993年第1期，第94～95页。

3　贺卫光：《中国古代游牧文化的几种类型及其特征》，《内蒙古社会科学》2001年第5期，第42页；贺卫光：《中国古代游牧民族经济社会文化研究》，兰州：甘肃人民出版社，2001，第63页。

　　学者们对欧亚草原畜牧业发展史的研究证实，放牧养畜业是由农业发展而来的，"它是第一次社会分工的开始，这一分工在中亚地区出现的日期是在塞人时代"。放牧养畜业同时是"向游牧养畜业过渡的不可避免的阶段"。[1] 游牧养畜业作为主要生业方式在欧亚草原的出现，大致在公元前9世纪，这种生业方式"不仅比渔猎经济晚得多，而且也比原始农业和原始的定居的养畜业较晚"。[2] 质言之，"畜牧"、"游牧"和"农耕"属于三个不同的概念，是三种不同的生业形式。[3] 但在我国学术界，一般都将"畜牧"和"游牧"混为一谈了，古今皆如此。以"土著"表示农业，自然无误，但以"不土著"表示畜牧业，就大有问题了，因为畜牧业既可以"土著"，也可以"不土著"。是故，《汉书》所见月氏、乌孙"随畜逐水草"之谓，不必理解为游牧，而应理解为畜牧，并且是定居的畜牧业。明白了这一点，就不难将沙井文化、骟马文化与月氏、乌孙对应起来了。

　　当然，这里所言"定居的畜牧业"只是一个相对的概念，是相对于"逐水草而居""居无恒所"的典型游牧经济而言的，并未否认游牧生业方式与之同时存在的可能。河西史前畜牧业，有可能存在"大定居，小游牧"的情况，具体言之，就如同今天河西有些牧民那样，设一定居点为大本营，作为安置老幼生存之所和冬季人畜的安居地，定居点附近草场夏秋时节妥加保护，以资冬用。夏秋季节，部分青壮年赶着牲畜到比较偏远的地方逐水草而游牧，冬季回归定居点和家人团聚。唯前已述的康乐乡和同属肃南裕固族自治县之大河乡裕固族牧民例外，至今仍以小规模游牧经济为主。以大河乡为例，牧场转移

1　〔苏〕A. 伯恩施坦：《中亚古代游牧民族史的争论问题》，罗志平译，中国社会科学院民族研究所编译《民族史译文集》，北京：科学出版社，1959，第110页。

2　〔苏〕Л. П. 波塔波夫：《论中亚细亚和哈萨克斯坦游牧民族宗法封建关系的本质》，万颐安译，《苏联关于游牧民族宗法封建关系问题的讨论》，第2页。

3　N. Ishjamts, Nomads in eastern Central Asia, Janos Harmatta(ed.), *History of Civilizations of Central Asia Vol.2 The Development of Sedentary and Nomadic Civilizations*: 700 B.C.to A.D.250, UNESCO Publishing, 1994, pp.151–169; Roger Cribb, *Nomads in Archaeology*, Cambridge: Cambridge University Press, 1991, pp.9–43.

依据山体的海拔高度来确定，夏季在海拔较高的地方放牧，冬季转入海拔比较低的地方放牧，虽尚称游牧，但活动地域促狭，一般围绕某个山头或滩涂年复一年轮流放牧，[1]和蒙古高原之远距离游牧不可同日而语。即便如此，也不利于文化的积淀。其文化积淀，仍然仰赖于定居的某个区域，如肃南县城及康乐乡、大河乡乡政府所在地或佛教寺院等。河西史前畜牧业，如果真有游牧存在，就应该大体类于这种情况，否则无法与地下出土考古材料相契合。河西考古学文化所见畜牧业具有明显的定居放牧特点，看不出游牧的明显征候。深厚的文化层堆积，以及先民们设计建造的建筑遗迹，也都表明他们曾经从事着定居的畜牧业。

第六节　河西史前畜牧业的发展与丝绸之路的孕育

一　河西史前畜牧业的发展与贸易之兴

原始社会时期，人们主要从事采集和狩猎，用以满足最基本的生存需要。随着生产工具的使用和改进，人类积累了一定的生产经验，除了能够捕获猎物用以果腹外，还能够将猎捕到的活体动物圈养起来，以备捕不到野兽时食用。人们圈养的动物越来越多，动物的性情越来越温顺，野生动物的驯化现象越来越普遍，逐渐转化成可以蓄养的家畜。先秦时代，畜牧业在河西走廊地区已经有了一定程度的发展。

史前时期河西走廊的主人是那些从事畜牧业、农业或狩猎业的部族，随着生产力水平的提高与发展，剩余产品出现，社会分工随之得到发展，再加上各地区氏族、部落之间具有不同的经济特点和文化面貌，及至原始社会后期，人类社会开始出现了以物易物的交换活

1　据笔者 2016 年 7 月在肃南裕固族自治县大河乡实地调查所获资料。

动。在河西地区，社会经济尤其是畜牧业得到长足发展，人们的劳动
所获，不仅可以满足自身的生存需要，生产物也有了剩余。在这样的
条件下，他们可以拿自己的劳动所得，特别是畜产品，如牛乳、乳
制品、肉类、兽皮等与周边甚至远方诸地的农产品、装饰品进行交
换，早期的物物交换活动也就应运而生。玉门火烧沟遗址出土有大麦
籽粒及大量家畜骨骼，种类有牛、羊、骆驼、马等。骟马文化有骆驼
与马的驯养。沙井文化时，大牲口的驯养更加普遍，如永昌蛤蟆墩墓
葬即多有马头殉葬品出土。[1]如M15、M18都有马头骨出土，这种随葬
马头骨的墓葬中，墓主人多为男性，随葬品很多，种类也很丰富，包
括生产工具如弓弭、镞、铜刀等，还有数量不等的装饰品。永昌西岗
墓地中还有马皮出土，如M125中出土马皮带残片。河西走廊古文化
遗址中还发现很多与马有关的装饰品，如永昌西岗墓地M29、M74、
M187、M329中出土4件三层伫马饰牌。饰牌面凸背凹，三层马中
间一马与上下层马相反。[2]西岗墓地还出土了15件对马饰牌，饰牌为
两马反向对卧，只表现两马的马头、颈部、前腿和前半身，后半身与
另一马相连相对而不表现。马头低下，长颈分鬃。眼睛和嘴均采用凹
弦纹和圆孔表现。面凸、背凹。桥形钮。出土时整齐地连缀在死者皮
带上，并用朱砂染过。除了以上两种，还有对马饰牌等。这种铜马形
饰，在柴湾岗墓地中也发现很多。有些刀鞘、匕首、镜皮囊上还印
有马形图案。[3]《史记》卷一二三《大宛列传》"正义"引康泰《外国
传》云："外国称天下有三众：中国为人众，秦为宝众，月氏为马众
也。"骆驼的驯养也已经比较普遍，四坝文化、骟马文化、沙井文化
遗址中，都有骆驼头骨、蹄趾骨、牙齿等出土。[4]如永昌西岗墓地M69

1　甘肃省博物馆文物工作队、武威地区展览馆：《甘肃永昌三角城沙井文化遗址调查》，《考古》
　　1984年第7期，第599页；甘肃文物考古研究所：《永昌三角城与蛤蟆墩沙井文化遗存》，《考古
　　学报》1990年第2期，第232页。
2　甘肃省文物考古研究所：《永昌西岗柴湾岗沙井文化墓葬发掘报告》，第93～95页。
3　甘肃省文物考古研究所：《永昌西岗柴湾岗沙井文化墓葬发掘报告》，第110页。
4　洪猛：《双湾墓葬及沙井文化研究》，硕士学位论文，吉林大学，2008，第22页。

中发现驼牙 2 枚，M137 也发现驼牙数枚。[1] 驯养马、骆驼一类的大型食草动物，为规模化物物交换的长途贩运提供了条件。[2] 从出土遗物看，早在史前时代，河西地区就与周边地区乃至更远的滨海地区和西亚、中亚等地都发生了经济联系。

河西走廊地处中国版图的内陆地区，因夹峙在高大山脉之间，形成了一个独立的地理单元。南边的祁连山高耸入云，极难翻越；北边为陡峭连绵的山脉和广袤无垠的沙漠，走廊内部则相对平缓易行，分布着片片绿洲。走廊东端口连接的是关中平原和中原内地，那里的生业方式自古以来始终是以农业为主；西端口则通向西域，沙漠戈壁中分布着片片绿洲，尽管有少数绿洲有畜牧业发展，但总体上来说也是以农业为主的。周边农业经济与河西地区的畜牧业经济存在着较大的互补性，为河西史前牧业社会与周边农耕社会物物交换的形成与发展提供了条件。

狭长的河西走廊对于沟通东西方的贸易而言是极其便捷的贸易通道，大量的考古发掘资料显示，史前时期河西走廊即与其他地区古文化已有初步交流或联系，既有经济方面的，也有文化方面的。虽然这种交流范围有限、交流规模也很小，但足以体现出河西走廊及其牧业发展在古代中西物质文化交流史上的重要地位，不仅具有重要的桥梁和纽带作用，而且其自身的需要及用于运输的大牲畜（马、骆驼等）的驯养，都直接促进了东西方贸易的发展。

二　河西史前文化中的舶来品

在河西走廊境内的四坝文化、骟马文化以及沙井文化遗址中，都有大量的海贝、蚌壳出土。1976 年，玉门火烧沟发掘一批四坝文化墓葬群，除出土有陶器、石器、铜器与金银器外，墓葬中还普遍出现绿松石、玛瑙珠、海贝和蚌饰。尤其是海贝，数量很多，有上百枚，有

1　甘肃省文物考古研究所：《永昌西岗柴湾岗沙井文化墓葬发掘报告》，第 206 页。

2　Fred Scholz, *Nomadism: A Socioecological Mode of Culture*, Ulaanbaatar: International Institute for the Study of Nomadic Civilizations, 2008, pp.53-54.

的墓葬还出土了长串的海贝。[1]尤有进者，有的海贝被置于死者口中或贮于陶器之内，显然已经被赋予了货币职能。[2]1986 年，河西史前考古调查队在瓜州鹰窝树遗址墓葬中出土蚌饰 3 件、海贝 2 枚，并采集到蚌饰 7 件。[3]此外，酒泉干骨崖墓地出土蚌牌 23 件、海贝 10 枚，[4]民乐东灰山遗址出土贝饰 4 件、蚌饰 15 件，[5]永昌西岗墓地出土海贝 80枚，柴湾岗墓地出土海贝 27 枚，[6]兰州土古台马厂文化类型遗址出土 6枚海贝。[7]经鉴定，这些海贝、蚌壳均非河西走廊境内所产，大多来自中国东部沿海，如民乐东灰山墓地的海贝产自辽宁、广东、台湾、海南，甚至还有产自遥远的西沙群岛。[8]这些海贝、蚌壳有的经穿孔用于佩戴，有的出土时置于陶器中，还有的出土时位于死者口中或手里，这说明人们对其非常珍视，或者这些贝、蚌已经有了充当货币的职能。在柴湾岗墓地中还发现有石贝、玉贝，这可能是因为海贝在贸易中流通不足，将石贝、玉贝作为辅助性货币，可见当时的经济贸易十分频繁。

　　除了海贝，玉也是一种重要的交换对象。玉在中原地区主要用于琢制礼器或装饰品，作为财富的象征，多为统治阶层和贵族所享用。中原的很多玉器原料源自新疆地区，如 1976 年安阳殷墟妇好墓中出

1　甘肃省博物馆：《甘肃省文物考古三十年》，《文物考古工作三十年（1949～1979）》，第 142 页；
　　张朋川：《从甘肃一带出土的文物看丝绸之路的形成过程》，《丝绸之路》1999 年增刊一，第 6 页
　　（收入氏著《黄土上下——美术考古文萃》，济南：山东画报出版社，2006，第 112 页）。

2　甘肃省钱币学会编《甘肃历史货币》，兰州：兰州大学出版社，1989，第 4 页。参见吴慧《中国
　　古代商业史》第 1 册，北京：中国商业出版社，1983，第 66～68 页。

3　甘肃省文物考古研究所、北京大学考古文博学院：《河西走廊史前考古调查报告》，第
　　367～368、376 页。

4　北京大学考古文博学院、甘肃省文物考古研究所：《甘肃酒泉干骨崖墓地的发掘与收获》，《考古
　　学报》2012 年第 3 期，第 365 页。

5　甘肃省文物考古研究所、吉林大学北方考古研究室编著《民乐东灰山考古：四坝文化墓地的揭
　　示与研究》，第 141 页。

6　甘肃省文物考古研究所：《永昌西岗柴湾岗沙井文化墓葬发掘报告》，第 102、179 页。

7　张朋川：《从甘肃一带出土的文物看丝绸之路的形成过程》，《丝绸之路》1999 年增刊一，第 6 页
　　（收入氏著《黄土上下——美术考古文萃》，第 111 页）。

8　甘肃省文物考古研究所、吉林大学北方考古研究室编著《民乐东灰山考古：四坝文化墓地的揭
　　示与研究》，第 140、186 页。

土的 755 件玉器中就有不少是用新疆和田玉琢成的。[1]1989 年，江西新干大洋洲一座商墓出土 150 余件各类玉器及近千件小玉珠、玉管、小玉片等，玉料经初步鉴定，有大量新疆和田玉，此外还有蓝田洛翡玉、南阳密玉和独山玉等。[2] 河西走廊凭借其独特的地理位置和地形，成为新疆玉石输往中原的必经之路。《管子》所谓 "禺氏之玉"[3] 的得名或许即与月氏参与新疆玉石的转运不无关系。2007 年以来，考古人员先后在甘肃肃北马鬃山发现了径保尔玉矿遗址和寒窑子玉矿遗址，又在敦煌发现了旱峡玉矿遗址等。考古表明，敦煌旱峡玉矿遗址矿坑为露天开采，多为古代遗存，其上限应在公元前一千纪前后。依考古资料，肃北马鬃山和敦煌旱峡出产的透闪石玉属于广义的和田玉，有可能是夏商周三代及秦汉玉器制造原料主要来源之一。山西临汾下靳村陶寺文化遗址（龙山文化）出土玉器经检测玉料来自敦煌旱峡。推而论之，"禺氏之玉" 也有可能得名于 "敦煌、祁连间" 之月氏对玉的直接生产而非单纯转运。[4]

玉石类装饰品是河西走廊地区出土数量较多的装饰品之一，也是河西先民最喜爱的首饰，从河西走廊出土的先秦秦汉时期的绿松石、玛瑙、白石等都是河西先民喜爱的装饰品原料。人们运用打磨、钻孔等技术，将这些质地独特、纹饰精美的玉石原料制作成喜爱的形状佩戴，既丰富了生活，又促进了手工技术的进步。

史前时期的玉石收藏品在河西地区多有发现，如干骨崖遗址发现有玉斧 2 件、玉石权杖头 1 件。[5] 甘肃省博物馆收藏的一件国家一级文物四坝文化白玉凿，出土于玉门火烧沟遗址。玉质晶莹润洁，琢磨光

---

1 中国社会科学院考古研究所编著《殷墟妇好墓》，北京：文物出版社，1980，第 114～115 页。

2 赵朝洪：《先秦玉器和玉文化》，《中华文明之光》，北京：北京大学出版社，1999，第 150～152 页。

3 黎翔凤：《管子校注》卷二三《揆度第七十八》，梁运华整理，北京：中华书局，2004，第 1371 页。

4 甘肃省文物考古研究所、中山大学地球科学与工程学院：《甘肃敦煌旱峡玉矿遗址考古调查报告》，《考古与文物》2019 年第 4 期，第 12～22 页。

5 北京大学考古文博学院、甘肃省文物考古研究所：《甘肃酒泉干骨崖墓地的发掘与收获》，《考古学报》2012 年第 3 期，第 357 页。

滑，工艺极为精细，系用上等和田白玉制成，且无使用痕迹，[1]可能为一种礼器。火烧沟人用这种优质的新疆和田白玉制作礼器，说明当时这种玉石非常珍贵。火烧沟地处河西走廊西部，地理位置很便捷，易与西域地区诸部族交往，这件白玉凿即为最好的证明。尤有进者，张掖黑水国史前部落以尚玉、大量用玉而被后人称为"宝玉石部落"。[2]

作为中国四大美玉之一的绿松石，也是河西先民常用的装饰品之一，大多用于颈部装饰，包括绿松石珠和绿松石佩，还有部分绿松石管，这些绿松石多与其他材质的装饰品组合出土。

四坝文化遗址中，酒泉干骨崖墓地出土有绿松石管、珠等装饰品，与石珠、肉红石髓等串联在一起出土；玉门砂锅梁遗址也采集到绿松石珠2件、绿松石坠1件以及绿松石原料1件；[3]瓜州鹰窝树墓地86AY-M1中出土绿松石珠1件。[4]瓜州县博物馆藏原安西兔葫芦骟马文化遗址采集到的装饰品中也出现绿松石饰，如绿松石坠2件。[5]沙井文化遗址出土的绿松石饰品中，出土绿松石佩的墓葬较多，仅永昌西岗墓地中就有22座墓葬中随葬绿松石佩，大部分绿松石佩均出土于墓主人耳部，如西岗墓地中的M24、M32、M79等。有些绿松石上还留有用于佩戴的细皮绳痕迹，还有的绿松石佩被作为项饰佩戴，如西岗墓地M309中的绿松石佩就是由数股单坯麻线穿成坠于死者颈部，推测应为项链。[6]

玛瑙也是一种深受人们喜爱的玉石种类，对于河西先民来说，这种稀少的玉石自然也是装饰品的重要原料，河西地区发掘的遗址中，也发现有部分随葬玛瑙的现象。在永昌沙井文化墓地，考古工作者们分别在西岗M56、M218、M219，柴湾岗墓地M61等7座墓葬中发现

1　韩博文主编《甘肃丝绸之路文明》，北京：科学出版社，2008，第11页图版7。

2　吴正科：《丝路古城黑水国》，第51页。

3　甘肃省文物考古研究所、北京大学考古文博学院：《河西走廊史前考古调查报告》，第330页。

4　甘肃省文物考古研究所、北京大学考古文博学院：《河西走廊史前考古调查报告》，第356页。

5　甘肃省文物考古研究所、北京大学考古文博学院：《河西走廊史前考古调查报告》，第394页。

6　甘肃省文物考古研究所：《永昌西岗柴湾岗沙井文化墓葬发掘报告》，第107～108页。

玛瑙珠 12 枚。[1] 其中西岗墓地 M56 中玛瑙珠呈红色，细筒状，外表光滑，中空，出土于墓主颈部，应为项饰。如前所言，沙井文化为月氏的遗存，《通典》卷一九二引《玄中记》云："玛瑙出大月氏。"[2] 可见，当时河西玛瑙贸易之兴盛，已引起世人瞩目。

河西史前墓葬中出土的海贝、蚌壳、玉石、玛瑙、绿松石等，原本都不产于河西，要么来自西域，要么来自东南沿海，都是经过间接交换而来的。这种物物交换过程反映了河西走廊的民族积累财富，扩大对外交流的意识增强。这对于提高自身的经济实力具有促进作用，也为日后的发展奠定了经济基础。

三　丝绸之路的早期孕育

如前文所言，海贝、蚌壳的原产地并非河西走廊，而是出自我国东部、东南部沿海区域，从东南沿海经贵州、四川而入青海，又进入甘肃中部，并折而向西，进入河西走廊。[3] 同时，经过河西走廊，还存在着一条由西向东延伸的玉石之路，这条道路由新疆和田而直达安阳。[4] 蒂埃里·扎尔科内甚至认为传统的"丝绸之路"之谓名不副实，应该改称作"玉石之路"。[5] 来自河西周边地区的玛瑙、绿松石等，都是沿着这条道路在东西方穿行的。西方文化东输与东方文化西进，两条传播道路交汇于河西，孕育了丝绸之路的雏形，诚如严文明所言："早先是西方的青铜文化带着小麦、绵羊和冶金技术，不久又赶着马匹进入新疆，而且继续东进传入甘肃等地；东方甘肃等地的粟和彩陶

1　甘肃省文物考古研究所：《永昌西岗柴湾岗沙井文化墓葬发掘报告》，第 106、180 页。

2　（唐）杜佑：《通典》卷一九二《大月氏》，王文锦等点校，北京：中华书局，1988，第 5241 页。

3　张朋川：《从甘肃一带出土的文物看丝绸之路的形成过程》，《丝绸之路》1999 年增刊一，第 6 页（收入氏著《黄土上下——美术考古文萃》，第 112 页）。

4　杨伯达：《甘肃齐家玉文化初探——记鉴定全国一级文物时所见甘肃古玉》，氏著《巫玉之光——中国史前玉文化论考》，上海：上海古籍出版社，2005，第 170～181 页；张云德：《中国和田玉的历史地位及生命力》，《西域研究》2009 年第 3 期，第 108～113 页。

5　Thierry Zarcone, *La Route du Jade: Un voyage de vingt siècles Année*, Paris: Autrem, 2001, pp.9-14.

技术也传入新疆，甚至远播中亚。这种交互传播的情况后来发展为著名的丝绸之路"。[1]

　　四坝文化出土数件彩陶权杖头，[2]干骨崖第44号墓墓主手中所握权杖，杖头用玉石（或大理石）制成，工艺十分精良。[3]这种权杖头并不是黄河文明的创造。世界上最早的权杖出现于西亚和埃及，河西走廊的这些权杖头明显是受到西亚文明影响的结果。[4]近年新疆不少遗址都发现有此类遗物，更有助于强固这一认识。火烧沟墓地中出土的菱格纹人足形彩陶罐、人形彩陶罐、点纹鹰形壶、斜网格纹鱼体人足形埚，这些陶器都着力表现人的一双大足，而酒泉干骨崖墓地出土的夹沙靴形红陶罐同样如此，庶几表现出四坝人对于人类双脚的赞美。这些器物与土耳其凯赛里博物馆藏的两件公元前19世纪的彩陶靴形杯颇有异曲同工之妙。同样，火烧沟遗址出土三狼纽盖陶方鼎的造型设计与土耳其安纳托利亚文明博物馆的鸟饰高足杯也很接近；羊头柄陶方杯上装饰的手印纹在时代相同的古波斯陶器上也能看到。对于生产工具，四坝文化出土的銎斧在鄂尔多斯文化和西亚文化中都有出现。此外，沙井文化各遗址中出土的大量器物也能够表现出其与周边地区文化的交流、融合现象。武器包括无柄铜刀、孔首刀和环首刀，这些铜刀形制与鄂尔多斯文化中的铜刀有相似之处。

　　铜质装饰品是沙井文化遗址中出土较多的遗物，包括各式铜牌饰、铜泡、铜带扣及铜镜等。永登榆树沟沙井文化墓地出土34件卧犬纹铜牌以透雕技法铸造而成，这些想象的蜷曲动物的风格与塔加尔文化早期和阿尔泰早期出现的蜷曲动物纹造型存在着很大的共性，似

1　严文明：《序一》，韩建业：《新疆的青铜时代和早期铁器时代文化》，北京：文物出版社，2007，第1页。

2　韩博文主编《甘肃彩陶》，北京：科学出版社，2008，第26页图版15。

3　北京大学考古文博学院、甘肃省文物考古研究所：《甘肃酒泉干骨崖墓地的发掘与收获》，《考古学报》2012年第3期，第357页图1。

4　Li Shuicheng，The Mace-head："An Important Evidence of the Early Interactions along the Silk Roads," *Commemoration of Completion of the Hyrayama Silk Roads Fellowships Programme UNESCO International Symposium on the Silk Roads*，2002，pp.157-160；北京大学考古文博学院、甘肃省文物考古研究所：《甘肃酒泉干骨崖墓地的发掘与收获》，《考古学报》2012年第3期，第367页。

乎能够看到不同地域文化之间的交流。永昌西岗、柴湾岗墓地中出土
的大量铜牌饰，其风格与亚欧草原东部的巴泽雷克文化、塔加尔文
化、乌尤克文化、石板墓文化等文化中的牌饰都有着极大的相似性。
而沙井文化中出土的带柄铜镜，从其特征上看，显然不属于中国中原
文化带纽铜镜的范畴，而是属于西方带柄铜镜系统。[1] 欧亚草原文化
的影响，甚至通过河西走廊而渗透到中原地区，如安阳小屯发现的
弓形器，属于殷墟文化二期，年代较早者属公元前 13 世纪后半叶之
物，而且器形相当成熟。但在殷墟文化一期或更早的遗迹中却不见弓
形器，因此，不能排除弓形器在公元前 13 世纪下半叶以成熟形制传
入黄河流域的可能。[2] 罗越（Max Loehr）认为安阳殷墟出土的北方风
格青铜器，尤其是写实的动物造型，是来自西北方向的，应受到动物
母题传统早已存在的斯基泰文化的影响，殷墟发现的弓形器和兽形装
饰，也来自中亚的卡拉苏克文化。[3] 河西四坝文化、齐家文化是青铜文
化由欧亚草原向西南、东北、中原传播的中继站。[4]

　　不惟铜镜的造型特点与艺术风格，河西走廊发现的早期铜器，其
冶炼技术的形成也有可能与西方的影响息息相关。四坝文化中的铜
刀、铜斧、铜镜、铜耳环等，和哈密天山北麓文化所见特征颇具一致
性。[5] 究其来源，应在西亚、中亚地区。比如泡、扣、镜、耳环等，早
在公元前四五千纪就已经出现在中亚的纳马兹加文化 I – III 期。[6] 四坝
文化的砷铜合金技术早在公元前三千纪就已经流行于西亚、中亚和欧

1　甘肃省文物考古研究所:《永昌西岗柴湾岗沙井文化墓葬发掘报告》，第 171 ~ 172 页。

2　李刚:《中国北方草原青铜器的欧亚草原文化因素》，北京：文物出版社，2011，第 200 页。

3　Max Loehr, "Tools and Weapons from Anyang and Siberian Analogies," *American Journal of Archaeology* Vol.53, no.2, 1949, pp.126–144.

4　易华:《青铜之路：上古西东文化交流概说》，《东亚古物》A 卷，北京：文物出版社，2004，第 78 页；易华:《青铜时代世界体系中的中国》，氏著《夷夏先后说》附录二，北京：民族出版社，2013，第 250 页。

5　甘肃省文物考古研究所、吉林大学北方考古研究室编著《民乐东灰山考古：四坝文化墓地的揭示与研究》，第 140 页；李水城、水涛:《四坝文化铜器研究》，《文物》2000 年第 3 期，第 43 页。

6　E. N. Chernykh, *Ancient Metallurgy in the USSR: The Early Metal Age*, translated by S. Wright, Cambridge University Press, 1992, pp.26–30.

亚草原。[1] 由是以观，上述因素在四坝文化中的出现，应源于西亚、中亚、欧亚草原文化的东渐，堪称东西方文化交流影响的结果。[2]

外域文化对于河西走廊畜牧文化的影响也很普遍，其中最明显的一点是，河西走廊史前畜牧文化表现出强烈的亚欧草原民族的风格。比如装饰品，四坝文化中出土了为数较多的铜耳环，其中火烧沟墓地出土了一些喇叭口形耳环，这种形制的耳环与新疆塔什库尔干下坂地AⅡ号墓地中的耳饰有着惊人的相似。据考证，这种耳饰是哈萨克斯坦境内的安德罗诺沃文化经新疆传播到河西走廊，并再次影响到了中国北方草原文化中的装饰品。[3]

从上文的论述可以看出，从欧亚草原的安诺、纳马兹加、阿凡纳谢沃，到新疆古墓沟，再到河西走廊四坝、齐家，再到蒙古高原朱开沟、夏家店乃至河南二里头，这些文化遗址就像一组自成体系的驿站，把东西方青铜文化联系起来，构成一条绵延不绝的青铜之路。[4]

河西走廊地处丝绸之路黄金地段，是远东文化与西方文化交流的中间地带，这里居民结构复杂，部族种族众多，即使是简单的经济贸易也会影响这里的文化面貌，因而这里的畜牧文化受外域文化的影响很大，呈现出多样化的色彩。上述这些例证足见外域文化对河西畜牧文化的影响，说明河西走廊作为中外交流通道的历史相当久远，早在张骞"凿空"之前，河西走廊就已经有了东西方经济文化的交流和沟通，丝绸之路的孕育在这个时代就已经开始了，河西从事畜牧业的先民，以地理之便，在史前时期即已成为丝绸之路的最早开拓者。

1　Jianjun Mei, *Copper and Bronze Metallurgy in Late Prehistoric Xinjiang*, BAR International Series 865, Oxford: Archaeopress, 2000, pp.39-40.

2　李水城:《西北与中原早期冶铜业的区域特征及交互作用》,《考古学报》2005 年第 7 期, 第 75 ～ 84 页; 韩建业:《新疆的青铜时代和早期铁器时代文化》, 第 100 页。

3　Emma C. Bunker, "Cultural Diversity in the Tarim Basin Vicinity and Its Impact on Ancient Chinese Culture," Victor H. Mair(ed.), *The Bronze Age and Early Iron Age Peoples Eastern Central Asia*, Volume II, Washington, DC and Philadelphia: The Institute for the Study of Man in collaboration with the University of Pennsylvania Museum Publications, 1998, p.611.

4　易华:《青铜之路: 上古西东文化交流概说》,《东亚古物》A 卷, 第 77 页。

第二章　汉代的敦煌诸族

敦煌自先秦时期而至秦汉之际已成为诸民族屡屡争衡之地，乌孙、月氏、匈奴势力的不断交替，及至汉武帝时期汉王朝西拓，于河西设立四郡，移民实边，经营河西与西域。出土汉简资料[1]表明，敦煌地区亦经历多次大规模人口流动，确为"华戎交所一都会"。

1　本章所引汉简资料除部分标注外，悬泉汉简资料出自胡平生、张德芳《敦煌悬泉汉简释粹》；张德芳《悬泉汉简羌族资料辑考》，《简帛研究》2001年卷，桂林：广西师范大学出版社，2001，第358～368页；郝树声、张德芳《悬泉汉简研究》；张俊民《简牍学论稿——聚沙篇》，兰州：甘肃教育出版社，2015；张俊民《敦煌悬泉置出土文书研究》，兰州：甘肃教育出版社，2015；甘肃简牍博物馆等编《悬泉汉简》（壹），上海：中西书局，2019。后文不逐一标注。

第一节　月氏与乌孙

月氏与乌孙先秦时期即活动于敦煌，是这一地区的早期居民。《史记·大宛列传》载："始月氏居敦煌、祁连间，及为匈奴所破，乃远去。"[1] 另《汉书·张骞传》记："乌孙王号昆莫，昆莫父难兜靡，本与大月氏俱在祁连、敦煌间，小国也。"[2] 史载敦煌、祁连地望历来为学界争论焦点，[3] 关于乌孙与月氏故地亦众说纷纭。而目前较为统一意见即乌孙与月氏非河西地区之固有居民，而两族于先秦、秦汉在河西地区游牧亦无疑问。关于早期月氏、乌孙于河西地区的文化分布，依河西史前考古来看，河西走廊东部的沙井文化当为月氏遗存分布区，而骟马文化则为乌孙遗存分布区，时乌孙居西，月氏居东。并且其牧业很可能存在"大定居，小游牧"的情况。[4] 约至战国末年及秦前期，乌孙王难兜靡为月氏所杀，人民逃亡匈奴，月氏遂独霸河西。

公元前 2 世纪位于蒙古高原的匈奴势力迅速崛起，继而展开对周边地区的征服。随着匈奴冒顿单于"西击走月氏"，[5] 而至老上单于"杀月氏王，以其头为饮器"，[6] 月氏被迫展开大规模的西迁，西迁之月氏人史称"大月氏"，另有未迁之余部称"小月氏"。大月氏人始迁往伊犁河与楚河流域，后复为乌孙所逐，复迁阿姆河流域的大夏地。[7] 汉武帝时期随着张骞使团两次西使，大月氏与汉王朝建立了紧密的贡使关系。敦煌悬泉遗址（图 2-1、图 2-2）出土汉简中记载大月氏使节往来途经敦煌者，如：

1　《史记》卷一二三《大宛列传》，第 3162 页。

2　《汉书》卷六一《张骞传》，第 2691 ~ 2692 页。

3　高荣：《月氏、乌孙和匈奴在河西的活动》，《西北民族研究》2004 年第 3 期，第 24 ~ 27 页。

4　杨富学：《河西考古学文化与月氏乌孙之关系》，《丝绸之路研究集刊》第 1 辑，北京：商务印书馆，2017，第 29 ~ 45 页。

5　《史记》卷一一〇《匈奴列传》，第 2890 页。

6　《汉书》卷九六《西域传》，第 3891 页。

7　余太山：《塞种史研究》，北京：中国社会科学出版社，1992，第 56 ~ 61 页。

1. 神爵二年四月戊戌，大司马车骑将军臣□承制诏请□：大月氏、乌孙长□凡□□□富候臣或与斥候利邦国、候军、假长□□□中乐安世归义□□□□□□□□□。为驾二封轺传，十人共□，二人共载。御史大夫□下扶风，承书以次为驾，当舍传舍，如律令。十月□　　Ⅰ91DXT0309③:59

2. 归义大月氏贵人一人，贵人□一人，男一人。自来龟兹王使者二人，□□三人，凡八人。　　Ⅰ91DXT0309③:98

3. 出粟一斗八升。（六石八斗四升，五石九斗四升）以食守属周生广送自来大月氏使者，积六食，食三升。Ⅱ90DXT0214①:126

4. 大月氏王副使者一人□　　Ⅱ90DXT0114③:237

揆诸简文，往来敦煌的大月氏人不仅有使者、客，还有归义汉廷

图2-1　敦煌悬泉置遗址

图 2-2　敦煌悬泉置贰师泉

的大月氏贵人。目前悬泉汉简中有关大月氏来朝者有 17 件，[1]对于探讨西汉时期大月氏往来汉地与中亚以及与汉王朝关系均提供可证材料。

乌孙部落初于河西生活时即受制于当时强大的月氏，《汉书·张骞传》载："大月氏攻杀难兜靡，夺其地，人民亡走匈奴。"[2]嗣后匈奴迫月氏西迁，经过冒顿、老上两代单于的驱逐，亦即秦汉之际至汉文帝时期，实为一段漫长的过程，有理由相信在此期间月氏曾袭击乌孙故地并据之。乌孙昆莫猎骄靡为匈奴单于收养，至汉武帝元光五年（前 130），猎骄靡为父报仇，在匈奴军臣单于帮助下击败大月氏人，后乌孙在伊犁河的塞人故地复国。[3]此期间乌孙吸收了月氏、塞种故地遗民，《汉书·西域传》记曰："故乌孙民有塞种、大月氏种云。"[4]

西汉时期乌孙逐步发展成为西域诸少数民族政权之强盛者，《汉书·西域传》言其西接康居、大宛，南临姑墨、龟兹、焉耆等国，出东北即为匈奴右地，战略地位对于当时掌控西域的匈奴而言格外重

1　小谷仲男「敦煌懸泉漢簡に記録された大月氏の使者」『史窓』第 72 号，2015，第 15-37 頁。

2　《汉书》卷六一《张骞传》，第 2692 页。

3　林梅村：《大月氏人的原始故乡——兼论西域三十六国之形成》，《西域研究》2013 年第 2 期，第 92 页。

4　《汉书》卷九六《西域传》，第 3901 页。

要。同时，之于汉廷其亦为汉王朝西部战略所绝对重视的西域民族政权。汉武帝元狩四年（前119）张骞出使乌孙欲联合以"断匈奴右臂"，乌孙以内乱未允。至元封六年（前105）乌孙昆莫猎骄靡以天马千匹为聘礼欲与汉通婚，武帝以细君公主许之，为右夫人。虽然细君公主在乌孙只生活了短短数年便故去，然亦拉开汉与乌孙和亲交好之序幕。继细君公主而与乌孙和亲的解忧公主，嫁于乌孙昆莫军须靡，并接连辅佐乌孙两任昆莫。在其五十余年异国漂泊岁月里，解忧公主积极促成汉与乌孙友好往来，完成两地结盟使命。汉与乌孙联合，更于公元前72年出击匈奴，[1]此役令匈奴势力大耗，遂逐步走向瓦解。和亲，作为汉与乌孙友好交往的有力见证，于出土汉简中亦有相关记载。悬泉汉简西域诸国使臣入朝中原的简牍中有相当部分为乌孙使者的记录，其中记录长罗侯常惠奉使前往乌孙迎聘礼路过悬泉置之开支账目，即《过长罗侯费用簿》，亦作为汉与乌孙交好之有力见证。关于该简年代、文字内容以及长罗侯出使乌孙等问题，张德芳、[2]王子今、[3]袁延胜[4]诸先生均已作细致研究，兹不赘述。

　　此外，据东汉荀济《论佛教表》言："塞种本允姓之戎，世居敦煌，为月氏迫逐，遂往葱岭南奔。"[5]其指敦煌早期民族有塞种人的存在，另敦煌文书 P.4638《阴处士碑》所记："天成厥壤，运（允）姓曾居；地载流沙，陶唐所治。"[6]目前论者多认为塞种人亦曾居于敦煌地区，只是后来受月氏人所驱而移居西域，而余太山考证认为"乌孙"（a-siuən）一名可视作"允姓"的异译，亦不能排除允姓戎为乌孙的前身。[7]而今关于早期塞种人的迁徙路径

1　《汉书》卷八《宣帝纪》，第 243～244 页。

2　张德芳：《〈长罗侯费用簿〉及长罗侯与乌孙关系考略》，《文物》2000 年第 9 期，第 91～95 页。

3　王子今：《〈长罗侯费用簿〉应为〈过长罗侯费用簿〉》，《文物》2001 年第 6 期，第 76～77 页。

4　袁延胜：《也谈〈过长罗侯费用簿〉的史实》，《敦煌研究》2003 年第 1 期，第 84～87 页。

5　（唐）道宣：《广弘明集》卷七，《大正藏》第 52 册，No.2103，第 129 页 a。

6　郑炳林：《敦煌碑铭赞辑释》，兰州：甘肃教育出版社，1992，第 33 页。

7　余太山：《乌孙考》，《西北史地》1988 年第 1 期，第 36～37 页。

已不可考，至秦汉时期，居于敦煌地区的少数民族则主要为月氏人与乌孙人。

第二节　小月氏及其活动

随着月氏受匈奴所逐大部西迁，族群中亦有一部分遗留故地，这些月氏人以其与西迁月氏人相区别而被统称为"小月氏"。《史记·大宛列传》记曰："小众不能去者，保南山羌，号小月氏。"[1] "南山"以其位于河西走廊以南而名之，而对于小月氏所分布之"南山"，今从荣新江所指即今之祁连山、阿尔金山一带，亦应包含昆仑山在内。[2] 西汉时期河西地区小月氏分布见于史籍记载者另有《汉书·霍去病传》，载汉武帝元狩二年（前121），"去病至祁连山，捕首虏甚多。上曰：'票骑将军涉钧耆，济居延，遂臻小月氏，攻祁连山，扬武乎鱳得，得单于单桓、酋涂王及相国、都尉以众降下者二千五百人，可谓能舍服知成而止矣……赐校尉从至小月氏者爵左庶长。'"[3] 霍去病出兵自北向南，沿居延逐小月氏人而至祁连山。关于这一地区小月氏人，一种意见认为其居地于酒泉一带，[4] 另一种意见则指霍去病所伐小月氏主要居住在湟水流域。[5] 近来林梅村提出霍去病所伐小月氏人为游牧于巴里坤草原与居延之间的小月氏部落，并认为这些小月氏人后来前往张掖，即史称"义从胡"。[6]

此外，《汉书·景武昭宣元成功臣表第五》记载："騠兹侯稽谷姑，

---

1 《史记》卷一二三《大宛列传》，第3162页。

2 荣新江：《小月氏考》，《中亚学刊》第3辑，北京：中华书局，1990，第54页。

3 《汉书》卷五四《霍去病传》，第2480 ～ 2481页。

4 闫廷亮：《小月氏考》，《甘肃高师学报》1998年第2期，第92页；王宗维：《卢水胡和小月氏》，《西北民族研究》1995年第2期，第100页。

5 榎一雄「小月氏と尉遅氏」『古代東アジア史論集』下卷，東京：吉川弘文館，1978，第391頁；〔日〕榎一雄：《小月氏和尉迟氏》，斯英琦、徐文堪译，《民族译丛》1980年第3期，第48页。

6 林梅村：《大月氏人的原始故乡——兼论西域三十六国之形成》，《西域研究》2013年第2期，第93 ～ 94页。

以小月氏右苴王将众降，侯，千九百户。四年十一月丁未封，三年。太初元年薨，亡后。琅邪。""觚讘侯杆者，以小月氏王将军众千骑降，侯，七百六十户。正月乙酉封，二年薨。六月，侯胜嗣，五年，天汉二年薨，制所幸封，不得嗣。河东。"[1]两部小月氏王率众归降汉王朝，使小月氏人进入汉人居地与其混居。关于这两部小月氏居地史载不详，王宗维以小月氏王官名考察指出两部应分布于玉门至酒泉地区，[2]林梅村提出其可能为月氏遗留于吐鲁番盆地余部，后随两位小月氏王归附汉朝，并就近安置于酒泉郡。[3]近来高荣研究认为汉武帝元封四年（前 107）置张掖属国即为安置归降的小月氏部众，而张掖属国的民族构成亦应以小月氏人为主。[4]关于月氏西迁后遗留之小月氏族群居地问题历来颇具争论，而目前较为普遍接受的意见即当时小月氏人多散布于敦煌、酒泉、张掖等地，而自祁连山至阿尔金山，乃至昆仑山北麓等地区均分布着相当数量的小月氏人。随着汉王朝掌控河西，匈奴败走，各民族移民相继涌入并于此交汇，小月氏亦不断迁徙，并与当地各族人民融合。

遗留敦煌地区的小月氏，与当地羌人混居。《后汉书·西羌传》记载："湟中月氏胡，其先大月氏之别也，旧在张掖、酒泉地。月氏王为匈奴冒顿所杀，余种分散，西逾葱岭。其羸弱者南入山阻，依诸羌居止，遂与共婚姻。"[5]南山诸羌同样因为小月氏的加入而势力不断增强，至汉魏之际，"敦煌西域之南山中，从婼羌西至葱岭数千里，有月氏余种葱茈羌、白马、黄牛羌，各有酋豪，北与诸国接，不知其道里广狭。传闻黄牛羌各有种类，孕身六月生，南与白马羌邻。"[6]跻身南山羌的小月氏，在与羌人长期共居交往中逐渐为其同化，更为汉人视

1 《汉书》卷一七《景武昭宣元成功臣表》，第 660 页。
2 王宗维：《卢水胡和小月氏》，《西北民族研究》1995 年第 2 期，第 101 页。
3 林梅村：《大月氏人的原始故乡——兼论西域三十六国之形成》，《西域研究》2013 年第 2 期，第 94～95 页。
4 高荣：《汉代张掖属国新考》，《敦煌研究》2014 年第 4 期，第 95～100 页。
5 《后汉书》卷八七《西羌传》，第 2899 页。
6 《三国志》卷三〇《魏书·乌丸鲜卑东夷传》引《魏略·西戎传》，第 859 页。

作羌人，如悬泉汉简所见：

> 5. 敦煌大守快使守属充国送牢羌、斥候羌候，人十二。琅
> 何羌□君弥藏奉献诣行在所。以令为驾二乘传，十一月辛未皆
> 罢。神爵二年十一月癸卯朔……为驾当舍传舍，从者如律令。
> Ⅰ90DXT0210③:6

该简系神爵二年（公元前60年）敦煌太守快遣守属充国送诸羌人入朝奉献的驿传文书，其中奉献者有牢羌、琅何羌等。琅何者，《汉书》记曰："数月余，羌侯狼何果遣使至匈奴藉兵，欲击鄯善、敦煌，以绝汉道。充国以为'狼何，小月氏种，在阳关西南'。"[1]赵充国所言"狼何"即汉简所记"琅何"，此或为史籍与官方文书记载之别。而小月氏在与羌人融合的漫长过程中，其内部或产生分化，有依附琅何加入羌人叛乱队伍者，而另一部分小月氏人则归义汉朝，受汉廷调遣，汉简记曰：

> 6. ☑□小月氏臣请事☑ Ⅱ90DXT0314②：61

此外居延汉简关于小月氏人与羌人的记载如：

> 7. ☑□小月氏柳羌人 合387.1

《居延汉简释文合校》按该简"柳"字作"仰"，[2]亦有学者指出该字可从"卬"，指史载生活于今青海地区的卬羌人，与小月氏关系密切。[3]除却简牍所指小月氏与羌人应存在某种联系之外，居延汉简中有关于小月氏人的记录，表明当时有相当数量的小月氏人于居延

1 《汉书》卷六九《赵充国传》，第2973页。
2 谢桂华、李均明、朱国炤：《居延汉简释文合校》下册，北京：文物出版社，1987，第547页。
3 马智全：《从出土汉简看汉代羌族部族》，《丝绸之路》2011年第6期，第7页。

屯戍，其或与受汉王朝调遣以御匈奴有关。[1]《汉书·赵充国传》载
宣帝敕书赵充国曰："今诏破羌将军武贤将兵六千一百人，敦煌太
守快将二千人，长水校尉富昌、酒泉候奉世将婼、月氏兵四千人，
亡虑万二千人。赍三十日食，以七月二十二日击罕羌，入鲜水北句
廉上，去酒泉八百里，去将军可二千二百里。"[2] 诏令中"婼"即指
婼羌，月氏则为小月氏。汉宣帝之策在于联合塔里木盆地东南部的
婼羌与小月氏人夹击活跃于敦煌以西的罕羌，这一征讨罕羌的作战
计划后受赵充国谏阻而搁置，但这一记载亦显示当时的婼羌、小月
氏与汉廷之关系，尤其小月氏当服从汉廷军事调配，成为平羌乱与
抵御匈奴的重要力量。

第三节　羌人与敦煌

　　羌人生活在我国西北地区，是一个与中原文明交集联系甚为紧
密的古老民族。《说文·羊部》谓羌者："西戎牧羊人也。从人，从羊；
羊亦声。"[3]《后汉书·西羌传》载："羌无弋爰剑者，秦厉公时为秦所
拘执，以为奴隶。不知爰剑何戎之别也。"[4] 史载羌出自戎，嗣后有学
者指出秦汉以后的羌同先秦的羌、戎并无渊源关系，而是自古以来居
住在河湟一带的土著部落。[5] 关于羌之族源问题目前仍未能形成一致观
点，唯可知至秦汉时期羌人已形成氏族部落，并已由母系氏族进入父
系氏族社会。《后汉书·西羌传》载羌人"所居无常，依随水草。地
少五谷，以产牧为业。其俗氏族无定，或以父名母姓为种号，十二世
后，相与婚姻。父没则妻后母，兄亡则纳釐嫂，故国无鳏寡，种类繁

1　王宗维：《卢水胡和小月氏》，《西北民族研究》1995 年第 2 期，第 101 页。

2　《汉书》卷六九《赵充国传》，第 2980 页。

3　（东汉）许慎：《说文解字》，天津：天津古籍出版社，1991，第 78 页。

4　《后汉书》卷八七《西羌传》，第 2875 页。

5　王俊杰：《论商周的羌与秦汉魏晋南北朝的羌》，《西北师大学报》（社会科学版）1982 年第 3 期，
　　第 86 页。

炽"。[1]汉代羌人部族繁多，且种系十分复杂，仅《西羌传》载无弋爰剑之后"子孙支分，凡百五十种"。随着羌人与中原农耕文明交流的不断深入，当时已有相当数量的羌人生活在河西走廊地区。西汉初，烧当、烧何、先零、留何等羌人部族广布金城、陇西等郡，而自河西至昆仑山一带，又有狼何羌、牢羌、罕羌、卬羌、婼羌等部族。据学者统计，《汉书》《后汉书》等史籍所载羌人种落已有48种之多。[2]

汉代生活在敦煌、河西地区的羌人，据汉简记载同样存在诸多部族。如悬泉汉简记载：

8. 归义垒渠蹏种羌男子奴葛　　　　　　　ⅡT0114②:180

归义聊�良种羌男子芒东　　　　　Ⅱ0114②:181

归义垒甫种羌男子潘朐　　　　　　　　　Ⅱ0114③:423

归义垒卜茈种羌男子狼颠　　　　　　　　Ⅱ0114③:459

归义聊藏耶茈种羌男子东怜　　　　　　　Ⅱ0214①:1

归义聊卑为茈种羌男子唐尧　　　　　　　Ⅱ0214①:2

归义聊卑为茈种羌男子蹏当　　　　　　　Ⅱ0214①:3

归义垒卜茈种羌男子封芒　　　　　　　　Ⅱ0214①:4

归义榼良种羌男子落蹏　　　　　　　　　Ⅱ0214①:5

右榼良种五人　　　　　　　　　　　　　Ⅱ0214①:6

9. 酒泉归义垒羌龙耶种男子韩芒自言今年九月中□☒

　　　　　　　　　　　　　　　　　　　ⅡT0214②:195

简文为悬泉置遗址所出记录归义羌人的完整册子与散简数枚，简册被定名为《归义羌人名籍》。这批简册系西汉晚期之物，或为宣、元朝镇压羌人起义而招抚其归顺所记。[3]汉代对于国境之内及边区少数民族

1　《后汉书》卷八七《西羌传》，第2869页。

2　马智全：《从出土简牍看汉代羌族部族》，《丝绸之路》2011年第6期，第5页。

3　张德芳：《悬泉汉简羌族资料辑考》，《简帛研究二〇〇一》，桂林：广西师范大学出版社，2001，第364页。

的管理通常纳入郡县体制，以属国管辖，设为藩属及行"归义""义从"制度。[1] 简文中"归义"即代表身份，其后依次记录部族种名、性别以及名字。其中"聊""垒"等字为归义羌人中较大部族的种名，亦有学者认为此或为汉朝为方便管理而命名的，随后的"渠踮种""槛良种"等则为这些大种名的分支。[2] 此外汉简所见羌人部落中羌王与羌候者：

　　10. 敦煌大守快使守属充国送牢羌、斥候羌候人，十二。神爵二年十一月癸卯朔……琅何羌□君弭藏奉献诣行在所，以令为驾二乘传，十一月辛未皆罢。为驾当舍传舍，从者如律令。Ⅰ0210 ③ :6

　　11. ☑归义聊羌王使者男子　　　初元五年七月☑

　　　　☑余输皆奉献诣　　　　　　仁行长史事☑

　　　　☑乘传　　　　　　　　　当舍传舍☑　　Ⅴ92DXT1210 ④ : 3

《后汉书·西羌传》载羌人"不立君臣，无相长一，强则分种为豪酋，弱则为人附落。"[3] 赵充国亦言："羌人所以易制者，以其种自有豪，数相攻击，势不一也。"[4] 豪酋作为羌人诸分散部落的最高领导，往往是部落的核心，仅汉简所记的归义羌如聊羌、牢羌等大部族均有"王""候"统治，仍保留了其原有部落组织，汉廷亦保持对归义羌王的礼遇。

　　出土汉简中除了对此类受汉廷管辖的羌人族群记载相对完整外，尚记录有诸多不见于史籍的羌人种：

1　初世宾：《悬泉汉简羌人资料补述》，《出土文献研究》第 6 辑，上海：上海古籍出版社，2004，第 171 页。

2　高荣：《敦煌悬泉汉简所见河西的羌人》，《社会科学战线》2010 年第 10 期，第 101～102 页。

3　《后汉书》卷八七《西羌传》，第 2869 页。

4　《汉书》卷六九《赵充国传》，第 2972 页。

12. ☑唐调羌　　Ⅱ90DXT0115①:2

13. ☑移护羌使者移刘危种南归责藏耶茈种零虞马一匹、黄金
耳（珥）县（悬）青碧一, 会月十五日, 已言决　　Ⅱ0112①B: 63

14. 出粟一斗八升, 以食守属萧嘉送西罕侯封调, 积六食,
食三升。Ⅱ0111①:174

以目前所掌握资料虽难以确定简文中"唐调""刘危种""罕"等种系
与族属, 但可见汉代生活在敦煌地区的羌人存在众多部族分支。由于
"其俗氏族无定, 或以父名母姓为种号", 且诸羌人在其部落首领领导
下各自为政, 羌人至汉代依然未能形成一个统一的民族共同体, 而是
散居于敦煌诸地。

第四节　　汉代匈奴在敦煌与河西的活动

匈奴作为北方草原强悍的少数民族, 于战国时期已登上历史
舞台, 而至中原秦汉之际, 冒顿单于领导匈奴各部迅速崛起, 在
我国北方草原建立了一个强大的少数民族政权, 并不断入侵周边
民族地区, 扩张其势力范围。至西汉文帝四年（前176）, 冒顿
单于致书汉文帝言: "今以小吏之败约故, 罚右贤王, 使之西求月
氏, 击之。以天之福, 吏卒良, 马强力, 以夷灭月氏, 尽斩杀降
下之。定楼兰、乌孙、呼揭及其旁二十六国。诸引弓之民, 并为
一家。"[1]此时的匈奴, 已攻破河西月氏人, 并大举入侵西域, 征服
楼兰、乌孙等众多西域国家, 随着公元前130年假乌孙王猎骄靡
报父仇而进一步驱逐月氏, 匈奴占领伊犁河、楚河流域。[2]乌孙在
很长一段时期里受制于匈奴, 匈奴亦借助乌孙的不断强大而得以

---

1 《史记》卷一一〇《匈奴列传》, 第2896页。
2 王子今:《匈奴经营西域研究》, 北京: 中国社会科学出版社, 2016, 第256～257页。

控制自伊犁河流域西行的交通干道，为匈奴的进一步向西扩张开辟了前沿阵地。

强盛之匈奴亦从未停止对汉朝边境的进犯，史载文帝十四年（前 166）"匈奴单于十四万骑入朝那、萧关，虏人民畜产甚多。使骑兵入烧回中宫，候骑至雍甘泉"。史又载："匈奴日骄，岁入边，杀掠人民畜产甚多，云中、辽东最甚，至代郡万余人。"[1] 而汉王朝应对匈奴入侵在以"和亲"政策缓解两族矛盾的同时，汉边境"关市"的设立亦为汉匈政治形势的转变以及两族间的交流提供了契机。史籍所载汉与匈奴"通关市"最早见于汉文帝时期，[2] 至汉武帝时期，匈奴虽绝和亲并屡犯汉境，然而对于汉地丰富物产的贪婪以及利益的驱使令匈奴始终重视与汉贸易，客观上促进了匈奴社会经济的发展。同时，匈奴对西域亦有掌控，史载："日逐王置僮仆都尉，使领西域。"[3] 其又以"役使"与"赋税"为主要手段，针对西域诸国存在的农耕经济之经营形式，匈奴日逐王部亦受其影响而兼事农业，王子今指出不能排除匈奴人受西域人、汉人的影响曾组织相当规模"屯田"的可能。[4]

自汉武帝时代开始对匈奴的全面进攻，至汉宣帝本始二年（公元前 72 年）汉联合乌孙对匈奴采取的军事行动，更令匈奴走向衰弱。是后又受丁零、乌桓、乌孙攻伐，匈奴势力大衰，附属之国土崩瓦解，自此一蹶不振。[5] 匈奴对西域的强制，更随着日逐王先贤掸降汉而终结。宣帝神爵二年（公元前 60 年），匈奴日逐王先贤掸率众归汉，汉封其为归德侯。[6] 日逐王归义汉朝迫使匈奴撤销僮仆都尉，从而极大地推进了汉朝掌握西域诸国的进程。悬泉汉简亦有关于日逐王过敦煌之记载：

1　《史记》卷一一〇《匈奴列传》，第 2901 页。

2　《汉书》卷九四《匈奴传》，第 3831 页。

3　《汉书》卷九六《西域传》，第 3872 页。

4　王子今：《匈奴经营西域研究》，第 162 ~ 163 页。

5　《汉书》卷九四《匈奴传》，第 3787 页。

6　《汉书》卷九四《匈奴传》，第 3790 页。

15. 神爵二年十一月癸卯朔乙丑，县（悬）泉厩佐广德敢言之，爰书：厩御、千乘里畸利谨告曰：所葆养传马一匹，骓，牡，左剽，入坐肥，齿二岁，高六尺一寸，□头，送日逐王来至冥安病亡。即马起张（胀）乃始冷定，杂诊。马死，身完，毋兵刃、木索迹，病死。审证之。它如爰书，敢言之。87DXC:12(1301)[1]

16. 广至移十一月谷簿，出粟六斗三升，以食悬泉厩佐广德所将助御效谷广利里郭市等七人，送日逐王，往来

三食，食三升。案广德所将御故廪食悬泉而出食，解何？Ⅰ91DXT0309③：167-168

匈奴王率众归义汉朝，汉廷对其往往礼遇。而汉简所记亦见时归义匈奴王向汉王朝献质子之事：

17. 出粟五斗二升　以食安远侯副卫司马遣假千人尊所将送匈奴归义拤类王使十一人质子三人凡十三人人一食四升东ⅡT0115④:39

简文记述内容据考为史载匈奴东蒲类王降汉并遣使奉献，[2]时安远侯郑吉任西域都护，归义东蒲类王进献质子之事即由他处置。[3]归义匈奴王以及汉廷出兵匈奴所获降众，构成汉代西北边郡匈奴人分布的主体族群。汉王朝对于归义之少数民族的管理，也成为汉边郡建制的重要内容。

1　胡平生：《匈奴日逐王归汉新资料》，《文物》1992年第4期，第62页；何双全：《敦煌新出简牍辑录》，《简帛研究》第1辑，北京：法律出版社，1993，第229页。

2　张俊民：《简牍学论稿——聚沙篇》，第360页。

3　张德芳：《悬泉汉简与西域都护》，收入中国人民大学国学院主编《国学的传承与创新——冯其庸先生从事教学与科研六十周年贺学术文集》下，第1020页。

第五节　汉王朝对敦煌少数民族的管理

自汉武帝将战略眼光投向西部边境地区，经两次同匈奴作战，汉廷即构拟出河西边塞防御的初步计划。武帝元狩二年（前121）霍去病出河西，匈奴浑邪王杀休屠王而将四万余人归附汉朝，汉置五属国以处之。汉王朝经营河西策略，据史载："北却匈奴，西逐诸羌，乃渡河湟，筑令居塞；初开河西，列置四郡，通道玉门，隔绝羌胡，使南北不得交关。"[1]关于河西四郡设置年代众说纷纭，就置郡顺序而言，首先于酒泉、张掖设立二郡，继之分酒泉西部地区置敦煌郡，嗣后汉王朝势力稳固，又于河西走廊东端置武威郡。[2]继四郡开辟，汉廷又于敦煌郡西置阳关与玉门关，另据考古发掘与汉简记载，汉代从张掖直通居延地区之咽喉地带还设有肩水金关与居延悬锁关，兼有关口、邮驿、候望等多种职能，[3]为扼守河西走廊西北部交通路线之要地。

敦煌郡下辖敦煌、冥安、效谷、渊泉、广至、龙勒六县，郡以西置阳关与玉门关，并设都尉，敦煌郡境内分置玉门、阳关、中部、宜禾四部都尉。作为汉帝国西北边疆交通要塞之地，敦煌郡及其辖下诸县、汉塞、候官等建制首当其冲，保障了汉帝国西北边境防御体系与交通安全。此外汉代敦煌郡还下设有置、驿、亭、邮等邮驿机构，仅置的设立，悬泉汉简记载：

18. ☑效谷、遮要、县（悬）泉、鱼离、广至、冥安、渊

1　《后汉书》卷八七《西羌传》，第2876页。

2　张维华：《汉河西四郡建置年代考疑》，收入氏著《汉史论集》，济南：齐鲁书社，1980，第309～328页；王宗维：《汉代河西四郡始设年代问题》，《西北史地》1986年第3期，第88～98页；张俊民：《简牍学论稿——聚沙篇》，第135页。

3　吴礽骧：《河西汉塞调查与研究》，北京：文物出版社，2005，第146～164页。

泉写移书到☑算课西案劾殿者，白大守府，毋忽。如律令。
Ⅱ0214③:154

而如悬泉等"置"，除邮驿外亦兼具行政、军事等职能。[1]悬泉置，位于今敦煌市与瓜州县交界，汉简所记其全称为"敦煌郡效谷县悬泉置"，隶属效谷县与敦煌郡。[2]敦煌郡县置建制就目前汉简研究所见确知者从东向西依次有渊泉、冥安、广至、鱼离置、悬泉置、遮要置、敦煌与龙勒，其中五个与县名吻合，三个以地名命名，称"县五置三"。[3]

现已明确的敦煌郡四都尉中，宜禾都尉驻守敦煌郡北境塞防，西起宜禾候官介隧，东止酒泉郡西部都尉，下设宜禾、鱼泽、昆仑等五候官。[4]中部都尉于敦煌县北境，辖敦煌北塞诸障燧，领属平望、破胡、吞胡、万岁等四候官，与宜禾都尉毗邻。玉门都尉置于龙勒县北境，辖龙勒北塞诸障燧，领属大煎都、玉门等候官。阳关都尉置于龙勒县南境，辖南塞诸障燧。[5]玉门、阳关都尉之职系主事辖区之防务，与史载函谷关之"关都尉"[6]职能有别，玉门关事务于汉简所见主要由"关啬夫"[7]处理，其应主要负责过往使节人员出入关卡事宜。汉廷自武帝朝至宣帝朝于河西逐段兴筑障塞烽燧，河西地区的烽燧修筑，于武帝元封四年（前107）自酒泉修筑至玉门关，太初三年（前102）自张掖至居延泽，天汉初（前100～前99年）自敦煌西至盐泽以及宣帝地节三年（公元前67年）自媪围至揟次。[8]四次分段修筑的烽燧，在

1　王栋梁：《从悬泉汉简看汉代的邮驿制度》，《社科纵横》2007年第6期，第193～195页。

2　郝树声、张德芳先生指悬泉置在行政上隶属效谷县，再上属敦煌郡，见《悬泉汉简研究》，第20～21页。吕志峰先生则认为时悬泉置以其重要性在作为效谷县乡级直属单位的同时又作为县级单位受敦煌郡直接管辖，见《敦煌悬泉置考论——以敦煌悬泉汉简为中心》，《敦煌研究》2013年第4期，第66～68页。

3　张俊民：《敦煌悬泉置出土文书研究》，第168～183页。

4　林梅村、李均明：《疏勒河流域出土汉简》，北京：文物出版社，1984，第24～25页。

5　吴礽骧：《河西汉塞调查与研究》，第48～49页。

6　《汉书》卷七四《魏相传》，第3133～3134页。

7　甘肃省文物考古研究所编《敦煌汉简》，第250页。

8　吴礽骧：《河西汉塞调查与研究》，第17页。

河西以北地区组建起一道完整而坚固的壁垒，以御北部匈奴的入侵，而相对河西北部广袤无垠的地势而言，南部挺立的祁连山—阿尔金山形成的天然屏障，亦无需建立如北境那样连绵不绝的长城防御体系。

汉代敦煌郡于龙勒县南置阳关都尉，其主辖阿尔金山以东，阿尔金山脉与祁连山脉结合部北坡，西起今甘肃阿克塞哈萨克族自治县多坝沟，经敦煌县南湖乡，东止于党河口以东拦河坝附近。[1] 敦煌郡以南为阿尔金山东北余脉三危山，发源于祁连山脉东段党河南山的党河沿三危山向西流淌，过今敦煌市而向北，汇入疏勒河。《汉书·地理志》言："氐置水出南羌中，东北入泽，溉民田。"[2] "氐置水"即今之党河，水出南羌，即言敦煌以南山地多羌人部落。倚三危山之天然屏障，将敦煌地区与南山羌人隔离开来。而党河、疏勒河等，却又成为周边少数民族进入敦煌的天然通道，汉廷亦于敦煌郡南部河谷山口之地修筑塞垣等防御工事。敦煌郡之南塞并不见史载，而据考古发现于今敦煌、酒泉南部地区诸山口、开阔地等局部地区有塞垣、堑壕、栅栏等塞墙遗迹，可绝通道。[3] 悬泉汉简记载阳关都尉以下设立"候官"：

19. ☒章破
☒□泉长印　一封公车司马印　一封乾齐长印诣
博望侯
☒□望候印　一封使送乌孙客卫司马　一六月辛酉下餔时临
泉☒　　ⅡT0216②:423
20. 入东檄二，敦煌千人印，广校、益广候，县次吏马行，
七月癸未日下餔受西☒　　ⅡT0111①:365
21. 博望雕秩候部见羌虏为盗☒　　Ⅲ92DXT0809④：35

1　吴礽骧：《河西汉塞调查与研究》，第 84 页。
2　《汉书》卷二八《地理志》，第 1614 页。
3　李并成：《河西走廊历史地理》，第 230～234 页。

简文所见"博望""雕秩""广校""益广"四候官均隶属阳关都尉，
而除雕秩候官方位尚不明确外，简文可见博望候官应位于悬泉置西，
而益广、广校候部应处悬泉置以东。四部候官职责应在于巡行以保辖
境安全，同时防备异族入侵：

　　　22. 益广广校候部见羌虏疑为渊泉南籍端□□□☑　92DXH11:1
　　　23. 君会广至羌人当以时出唯延调左部游徼贺及间闲亭吏
卒　Ⅱ90DXT0115②：10

简 21～23 记载四部候官于南塞辖境均见"羌虏"，而渊泉、广至见
羌人异常活动。"南籍端"者见于《汉书·地理志》冥安县，[1]然则简文
可见当时羌人的活动已遍布敦煌郡各地，初世宾亦指出诸简文所记应
与汉宣帝神爵年间平青海羌乱之事有关。[2]而南北塞防御体系以及都
尉、候官职官系统的建立，对于防范少数民族的侵扰意义重大。此外
针对塞防体系中的军事武装，尤其少数民族力量的存在应值得注意。
《后汉书·窦融传》即言其时河西地区既有"羌胡犯塞"，亦有一批
"保塞羌胡"，[3]对此汉简材料也可见相关内容：

　　　24. ·范君上月廿一日过当曲言窦昭公到高平还道不通·天
子将兵在天水闻羌胡欲击河以西今张掖发兵屯诸山谷麦
熟石千二百帛万二千牛有贾马如故七月中恐急急忽忽吏民未
安　E.P.F22:325A
　　　25. 史将军发羌骑百人司马新君将度后三日到居延，居延流
民亡者皆已得度，今发遣之居延……　E.P.F22:325B [4]

1　《汉书》卷二八《地理志》，第 1614 页。
2　初世宾：《悬泉汉简羌人资料补述》，《出土文献研究》第 6 辑，第 173 页。
3　《后汉书》卷二三《窦融传》，第 797 页。
4　甘肃省文物考古研究所等编《居延新简》，北京：文物出版社，1990，第 498 页。

简 24、25 言及窦昭至高平及光武帝发兵天水平乱之事，而引发河西地区局势变化，张掖地区出兵戒备，其中也有羌人骑兵参与。而简文所记"羌骑"，亦不排除为小月氏人的可能。《后汉书·邓训传》载："小月氏胡分居塞内，胜兵二三千骑，皆勇健富强，每与羌战，常以少制多，虽首施两端，汉亦时收其用。"[1] 且张掖地区为匈奴与羌联通要地，以汉王朝一贯采取的"隔绝羌胡"战略而言，汉廷很有可能招归义小月氏人至张掖郡，作为张掖属国主体部众[2]以御羌胡犯塞。

汉代对敦煌少数民族的管理，除以烽燧塞垣等防御系统以御其军事入侵外，对境内少数民族亦有管控以及沟通。汉代于边郡设立属国以对归义少数民族进行安置。武帝元狩二年（前 121）霍去病出河西，后浑邪王杀休屠王并将其众归汉，汉廷即"分徙降者边五郡故塞外，而皆在河南，因其故俗，为属国"。[3]《后汉书·百官志》载："属国，分郡离远县置之，如郡差小，置本郡名"。[4] 汉代曾于酒泉、张掖等地区前后设立五属国以安置羌、小月氏和匈奴等族，对此悬泉汉简有记载：

　　26. 酒泉归义垒羌龙耶种男子韩芒自言今年九月中□□
　　ⅡT0214②：195

"归义垒羌龙耶种"男子所在之地当为酒泉属国，并且就悬泉汉简所见其辖下另有专属职官：

　　27. ☒□印　同　一诣酒泉大守博
　　　　一诣主归义左侯官　　☒
　　　　一诣表是　ⅡT0113③：94

---

1 《后汉书》卷一六《邓训传》，第 609 ~ 610 页。
2 高荣：《汉代张掖属国新考》，《敦煌研究》2014 年第 4 期，第 99 页。
3 《史记》卷一一一《卫将军骠骑列传》，第 2933 ~ 2934 页。
4 《后汉书》卷二八《百官志五》，第 3619 页。

该简为一件邮书，其传递文书内容除酒泉太守外另有"主归义左侯官"，此官职目前于汉简中仅此一例，难详考其职，而从其官名以及传递方向来看，该职很可能为酒泉属国辖下主事归义少数民族事务官员。

对于汉边郡少数民族事务的有效管理，以针对羌人所设立的护羌校尉最具代表性。汉武帝元鼎五年（前112），西羌与匈奴应合，发兵数十万分别入侵今甘肃临夏、河套地区。翌年，李息奉命讨羌，将其驱赶至青海，汉廷遂于湟水一带设县，由陇西郡领，并置护羌校尉，统领羌中事务，自此护羌校尉一职成为汉廷管理羌人事务之要职。然而汉武帝初设护羌校尉以后史籍并无详细记载，直到宣帝一朝，《汉书》记载宣帝以后护羌校尉一职由辛武贤及辛氏家族成员连续担任。[1] 关于护羌校尉的职权，《后汉书·西羌传》言其："持节领护，理其怨结，岁时循行，问所疾苦。又数遣使译通动静，使塞外羌夷为吏耳目，州郡因此可得警备。"[2] 此亦可知当时护羌校尉对于羌人的管理主要存在巡视与监察两方面的职责，既要处理羌人部落事务以保障其生活安定，又要出于防御意识而需掌握其动态，以保边郡稳定。悬泉汉简亦有关于护羌校尉的记载：

28. 七月壬午，御史大夫弘，下吏护羌校尉将军☒（A）

　　七月癸丑，御史齐卿以来☒（B）　Ⅱ90DXT0314②：179

目前所见悬泉汉简对护羌校尉的记载并不全面，仅存数简提及，而与之相对应的则是对"护羌使者"的丰富记录：

29. ☒移护羌使者移刘危种南归责臧耶苬种零虞马一匹黄金耳县青碧一会月十五日巳言决　ⅡT0112①B：63

---

1 《汉书》卷六九《赵充国传》，第2993页。
2 《后汉书》卷八七《西羌传》，第2878页。

30. 护羌使者莫（幕）府移羌男子狼对□责忘归马巳毕　第
廿□（A）

护羌使者莫府移羌男子狼对责忘归马巳毕　·第☑（B）
ⅠT0112②：39AB

31. 护羌使者良射伤羌男子，良对曰，伤，送护马巳死，
第廿。（A）

护羌使者良射伤羌男子，对：伤者送调马巳死□（B）
Ⅰ0112②：39

32. 护羌使者方行部有以马为谴长必坐论过广至传马见四匹
皆瘦问厩吏言十五匹送使者太守用十四　　Ⅱ0215③:83

33. ☑护羌使者行期有日传舍不就☑　Ⅱ90DXT0314②：72

34. ☑以食鼓下官奴□凤等十五人迎护羌使者☑
Ⅰ90DXT0116②:7

35. 入东合檄四其二从事田掾印二敦煌长印　一诣牧君治所
一诣护羌使者莫府☑　　Ⅱ90DXT0214①：74

36. 护羌使者传车一乘黄铜五羡一具伏兔两头柅两头

出故皁复盖蒙完蚤具毋金承　革参勒二完中靳对各一完

传三□韦把杠二有阳　鞍韀各一靲铜各二于少四

亶带二敝鞀鞦书簿各一

河平二年七月癸巳县泉徒赵齐付遮要佐赵忠

韦□一赤鞮皮各一穿铜锏一具　Ⅰ90DXT0110①:53

"护羌使者"之职不见史载，而简29～31记护羌使者不仅履行巡
查问询等政务，亦主持有关羌人事务，包括对羌人纠纷的处理，与
羌人的交涉乃至冲突等。依简32～36所记，护羌使者既拥莫府，
用马可达十五匹，所至之处迎来送往人员队伍颇为可观，传递之公
文将其与州牧并列，如此待遇，其势必享有较高的官秩。护羌使者
的用车规格，据谢绍鹢考证认为其官秩很可能从二千石，恰与护羌

校尉同。[1]简文对护羌使者职责的交代，即针对羌人"持节领护，理其怨结。岁时循行，问所疾苦"，与护羌校尉亦无二致。此外，高荣指出自汉武帝设护羌校尉后，史籍便始终缺载，直至汉宣帝神爵二年（公元前60年）始"诏举可护羌校尉者"。而简牍所见"护羌使者"又出现于宣帝至西汉末年，且两职官之名并无同册记录，故二者并非平行并列关系，系同一官职的不同称谓，[2]其说可取。此外悬泉汉简中还有关于"护羌从事"、"主羌使者"以及"护羌都吏"的记录：

　　37. 绥和元年五月乙亥县泉置啬夫庆受敦煌厩佐并送护羌从事（左齿） Ⅱ90DXT0111 ① :303

　　38. □□□□护羌从事治所 Ⅱ90DXT0215 ② :22

　　39. 七月十一日庚申主羌史李卿过西从吏一人用米六升肉一斤 Ⅱ90DXT0115 ② :5

　　40. 朝与主羌使者从事佐□□凡二人往来四食三升西 Ⅱ90DXT0215 ② :258

　　41. 出米八升　四月甲午以食护羌都吏李卿从吏☑

　　　　入□□□□具敝　裝一完　履橐一新

　　　　鞴靳簿土完　雨衣一完　帘一完　缇　 Ⅱ90DXT0215 ② :192

司马彪《续汉书·百官志》载："使匈奴中郎将一人，比二千石。本注曰：主护南单于。置从事二人，有事随事增之，掾随事为员。护羌、乌桓校尉所置亦然。"另应劭注曰："拥节，屯中步南，设官府掾（吏）[史]"[3]即知时护羌校尉属官有护羌从事，府掾应有主羌使。而简文中"主羌使者"之职不见史载，初世宾认为其为护羌使者之又称，[4]谢绍鹢言其或为

1　谢绍鹢：《两汉护羌校尉杂考》，《周秦汉唐文化研究》第5辑，西安：三秦出版社，2007，第153页。

2　高荣：《敦煌悬泉汉简所见河西的羌人》，《社会科学战线》2010年第10期，第106页。

3　（晋）司马彪撰，（南朝梁）刘昭注补《后汉书志》第二八《百官》，北京：中华书局，1965，第3626页。

4　初世宾：《悬泉汉简羌人资料补述》，《出土文献研究》第6辑，第185页。

主羌使之误写。[1] 护羌都吏职责明细目前仍不清楚，其或指护羌校尉辖下都吏，据胡平生、张德芳考其为"护羌校尉遣派之巡行官员"。[2]

羌人于河西地区分布支系复杂，且对汉人态度摇摆不定，时而和睦相处，却素与匈奴相连，不时合谋进犯西北边郡。敦煌地处中原通往西域之咽喉，虽自汉武帝始建立起一整套汉塞防御体系，却依然难以将羌人和匈奴隔离。此外汉宣帝至新莽时期，河西诸羌与汉王朝亦摩擦不断屡屡反叛。[3] 故而之于汉廷，生活在敦煌地区的羌人便是威胁敦煌稳定，河西之安最不确定因素。汉廷对羌豪所给予的礼遇同样是有效管理羌人的手段，如悬泉汉简记曰：

42. 敦煌大守快使守属充国送牢羌、斥候羌候，人十二。神爵二年十一月癸卯朔……琅何羌君弽藏奉献诣行在所，以令为驾二乘传，十一月辛未皆罢。为驾当舍传舍，从者如律令。Ⅰ0210③:6

43. 一封长史私印，诣广校候，趣令言羌人反状。□在广至。闰月庚子昏时，受遮要御杨武行，东……趣令言羌反状。博望侯言，羌王唐调言并发兵在澹水上。 Ⅱ0216②：80

44. 出粟一石 马五匹 送护羌王索卢掾东 元始五年十一月癸丑县泉置佐马嘉付敦煌御任昌 Ⅱ90DXT0113①:4

45. 出钱六十买肉十斤＝六六 以食羌豪二人□ Ⅱ90DXT0213②：106

46. □□廖坐羌豪良输□ （残觚） ⅡT0215②:349

47. □归义聊羌王使者男子 初元五年七月□
□余输皆奉献诣 仁行长史事□
□乘传 当舍传舍□ Ⅴ92DXT1210④：3

---

1 谢绍鹢：《两汉护羌校尉杂考》，《周秦汉唐文化研究》第5辑，第153页。

2 胡平生、张德芳：《敦煌悬泉汉简释粹》，第160页。

3 郝树声、张德芳：《悬泉汉简研究》，第166～170页。

诸简所记显示出汉廷对敦煌地区的羌人管理尚能持较为开放的政策，保障边郡与塞外羌人的友好共处与往来交流，对羌豪的礼遇与拉拢以及保持归义羌人原有的社会组织亦体现汉廷对待羌人的安抚态度。汉廷采取武力与安抚相结合以与羌人交往，一方面对羌人进行监视，防范其与匈奴勾结；另一方面通过对羌人的有效管理，使之成为安定西部边境的一支力量。但如简31记护羌使者射伤羌人，凡此不应单纯视为特例，尤其对于羌、小月氏等未能形成一定政治实体与联盟的分散族群。羌人叛乱此起彼伏，汉廷镇压似无止境，面对来自北部的匈奴的频频威胁，时与羌、月氏"绝汉道"者，汉廷之态度自不存在完全接纳，此亦为汉廷针对羌人设立护羌校尉及其众属官，某种程度上反映出汉廷对河西境内诸少数民族政治态度的复杂。

而来自西域由河西进入中原腹地的西域诸国使者，汉廷也有着较为严格的管控。使者出入关情况皆需登记在册，如1998年玉门关遗址出土的一枚汉简（图2-3）即记曰：

48.下使乌孙使者以下出关诣到甲辰封己酉旦到府积五日留迟

该简目前藏于敦煌市博物馆，简文记载乌孙使者等人出关日期较汉廷规定超出五日，遂登记于册。悬泉汉简亦保存大量过境敦煌的西域各国使者的记录，而其中又以"永光五年案验康居王献橐册"较为典型：

49.康居王使者杨伯刀副扁阗苏鞶王使者姑墨副沙围即贵人为匿等皆叩头自言前数为王奉献橐佗入敦煌　ⅡT0216②:877
50.关县次赎食至酒泉昆蹏官大守与杨伯刀等杂平直肥瘦今杨伯刀等复为王奉献橐佗入关行道不得　ⅡT0216②:878
51.食至酒泉酒泉大守独与小吏直畜杨伯刀等不得见所献橐佗姑墨为王献白牡橐佗一匹牝二匹以为黄及杨伯刀　ⅡT0216②:879

52. 等献橐佗皆肥以为

瘦不如实冤　ⅡT0216②:880

53. 永光五年六月癸酉

朔癸酉使主客谏大夫汉侍

郎当移敦煌大守书到验问

言状事当奏闻毋留如律令

ⅡT0216②:881A

54. 七月庚申敦煌大守

弘长史章守部候修仁行丞

事谓县写移书到具移康居

苏鞷王使者杨伯刀等献橐

佗食用谷数会月廿五日如

律令／掾登属建书佐政光

ⅡT0216②:882

55. 七月壬戌效谷守长

合宗守丞敦煌左尉忠谓置写

移书到具写传马止不食谷诏

书报会月廿三日如律令／掾

宗啬夫辅　ⅡT0216②:883

以上 7 简为出土时编绳完整的
简册，定名"康居王使者册"，
今从张俊民先生的建议定名
为"永光五年案验康居王献橐
册"。[1] 简文记载元帝永光五年
（公元前 39 年）康居王、康居
苏鞷王使者、贵人等入朝奉献

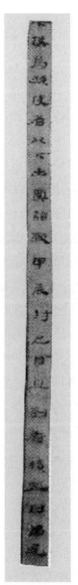

图 2-3　玉门关遗址出土乌孙使者简

资料来源：《敦煌市博物馆藏珍贵文物图
录》，沈阳：万卷出版公司，2017，第 4 页。

---

1 张俊民：《简牍学论稿——聚沙篇》，第 356 页。

骆驼，于敦煌入关，至酒泉由酒泉太守等官员对所献骆驼进行肥
瘦、毛色等方面的评估，且如此奉献程序已进行过多次，依惯例
敦煌地区官吏不仅要负责入关使臣沿途餐食，还要与使臣一同对
贡品进行评估。然而永光五年的这次入朝奉献却不同，使臣入关
没能得到足够的食物供应，尤其酒泉太守与昆踶官没有通知康居
使者而擅自评估贡品，且评估结果骆驼毛色与肥瘦均与事实不符，
康居使者遂要求上报。后永光五年六月，朝廷令大鸿胪辖下主胡
客事务的使主客致书敦煌太守，要求立即彻查此事并及时上报。
简 53、54 分别为敦煌太守移书效谷县廷，以及效谷县廷移书悬泉
置公文抄件。对于简文所记汉廷官员对康居使者如此行为，有学
者认为当与康居收留匈奴郅支单于，与汉为敌有关。而面对康居
使者，汉廷一方面继续施行羁縻笼络，而另一方面则刁难康居使
臣，却也表达汉朝态度。[1]通过简牍所记西域使者入关者需先至敦
煌，进驻酒泉，其间由敦煌太守负责对西域来使的各项接待工作，
而酒泉太守及昆踶官负责检验来使奉献物品。而遇如简文所记事
关西域使者诉求，由汉廷中央大鸿胪下使主客及侍郎主事，敦煌
太守即总汇各地对使者接待以及物资供给情况并如实上报，最终
由朝廷总体把握。"永光五年案验康居王献橐册"同样作为汉廷主
管西域来使事务的范本，虽然关于康居使者上诉的结果不见简牍
记载，但由此亦可见汉廷对于敦煌边郡往来西域使者事务的反应
机制，是谨慎而稳妥的。

　　此外，伴随着与周边少数民族交往的日益频繁，汉廷专门设置
"译"官以负责民族间的语言翻译。汉官制，"典客"掌诸归义蛮夷，
景帝中元六年（前 144）更名"大行令"，汉武帝太初元年（前 104）
更名"大鸿胪"以负责外交与民族事务，其属官便有"译官"，而掌
蛮夷降者的"典属国"也有相应"九译令"的设立。[2]至汉宣帝时代西

1　袁延胜：《悬泉汉简所见康居与西汉的关系》，《西域研究》2009 年第 2 期，第 12 ~ 13 页。

2　《汉书》卷一九《百官公卿表》，第 730 ~ 735 页。

域诸国归附，汉廷于诸国均设立译长，同时，汉廷于边地府尉同样设立相关的"译"。汉简可见时酒泉郡府同样设立译者：

56. 仓曹言遣守属忠送罢匈奴译诣府▨　Ⅱ98DXT1②:1
57. 凡传马卅四匹其一匹假匈奴译▨见卅三匹　ⅡT0213①:8
58. 今余传马卅八匹其一匹假匈奴译见卅七匹　ⅡT0216②:220

简48出自敦煌小方盘城，[1] 简文中的"匈奴译"当隶属于敦煌北境的玉门都尉。玉门都尉的设置最早可至汉武帝元封四年（前107），是年汉廷于酒泉列亭障至玉门，并据小方盘城出土汉简所记当时玉门都尉属酒泉郡管辖，而敦煌尚未设立郡。[2] 而简57、58出自悬泉置，记录悬泉置借马给匈奴译。敦煌郡北境作为抵御匈奴南侵的重要防御地带，其与匈奴的交往也最为频繁，匈奴译必为其属常设职位。而随着敦煌郡置单位与防御体系的建立，使羌胡隔绝，敦煌郡在同羌胡的交往中，设有译人承担翻译工作：

59. 元凤五年十一月丙子朔辛卯尉史宣敢言之戍邑给敦煌郡
羌译一人有请诏今谨遣羌译板里男子妾南以县牛车传送续食调移
过所县道官给法所档案得舍传舍敢言之　（A）
十一月辛卯戍邑丞舍移过所县道官河津关往来复传如律令掾
留见守令史建德□□元凤五年九月丙申过东（B）　VT1511⑤:2AB
60. 入粟八斗 阳朔二年闰月甲辰县泉吾子文受遮要啬夫博以
食羌胡译行书马瓠赐之等传马　ⅡT0215②:16

此外当时于西北边郡担任译人的群体中，亦存在女性译人，如居延汉简所记：

---

1 李岩云：《敦煌汉简相关问题补遗》，《敦煌研究》2010年第3期，第94页。
2 吴礽骧：《河西汉塞调查与研究》，第14页。

61. 诏伊循候章□卒日持楼兰王头诣敦煌留卒十人女译二人
留守□　303·8 [1]

该简即证实《汉书·西域传》所载宣帝元凤四年（公元前77年）傅
介子入楼兰刺杀楼兰王安归之事，是后汉廷更立尉屠耆为王，楼兰更
名鄯善，归附汉朝。[2] 以上诸简所记可见汉廷在面对同匈奴、羌人以及
西域诸族的交往中均设立有专门从事语言翻译的译人。译人不管男女
皆可出任，且已应作为汉廷边境，尤其为少数民族云集的河西诸郡府
尉常设官职。

第六节　汉代敦煌地区少数民族的活动

汉代敦煌地区作为边疆重镇与东西交通枢纽，来自西域与中原人
民纷纷聚集这一地区，其中有归义之民族于郡县官府任职或劳作者，
自西域途经敦煌入中原的使臣、胡客及商贾等等，汉简亦有相当丰富
的记载。

随着河西地区大量羌人归附汉朝，当时敦煌郡各驿置存在相当数
量的羌人劳役，悬泉汉简可见羌人于悬泉置内劳作：

62. ☑二收羌大婢五人□□杀日系西　ⅡT0214②:640

63. ☑多者五十少者廿日羌徒☑　ⅠT0109S:94

64. 庚申 羌人六人作 辛丑左尉伟功至置 嗇夫至置 辛未在 使
马子都持粟十六石之泽上 庚子　ⅡT0114③:606

65. 羌告归作柱二月戊戌作名佐解卿□（左齿）ⅠT0112`①:10

1　谢桂华、李均明、朱国炤：《居延汉简释文合校》下册，第496页。
2　高启安：《傅介子刺楼兰事迹综理》，《石河子大学学报》2016年第2期，第1～9页。

66. 羌屈调作柱二月戊戌作名佐解卿受（右齿）ⅡT0114④:83

以上数简记录驿置的日常劳作，其中羌人不仅有作为奴婢者，还承担服役劳作。此外汉简所记敦煌郡及辖下诸县置均设有"御"，羌人多担任该职务：

67. ☑檄一长史夫子印诣使者雍州牧治所☑□一封敦煌大守章诣使者雍州牧治所☑□檄一督邮印诣渊泉二月乙巳日食时佐永受御羌归即时归行　ⅠT0114①:11

68. ☑元延二年二月乙卯鱼离置羌御离吉受县（悬）泉置啬夫敞　ⅡT0111②:21

69. 入东绿纬书一封敦煌长上诣公车元始五年二月甲子平旦受遮要奴铁柱即时使御羌行　ⅡT0114②:165

70. ☑泉一诣广校　始建国二年十一月甲戌夜半佐传受☑至渊泉遮要御羌大目即遣御王悍行　ⅢT0909④:30

71. 黄龙元年六月壬申朔使臣宏给事中侍调者臣荣☑制诏侍御史曰使送康居诸国客卫侯盖与副羌☑为驾二封诏传二人共载……☑　ⅡT0114④:277

以上诸简中"御"者多为羌人，其职责主要是驾驭车马，于各置间传达政令、传送信件以及护送官员与外来使者等。之于羌人而言，以其对敦煌各地形环境的熟稔，车马御之职正是其特长所在。敦煌各地方府衙同样珍视羌人对于地形路况的熟悉，及其吃苦耐劳的品质，羌人也作为地方邮驿部门的重要人员而频繁见于汉简记载。而除羌人为婢为御外，"胡奴"亦见于敦煌郡各地方行政部门中：

72. 音白啬夫坐前自者张威卿病剧欧不止饮药又莓愿请一胡婢使治米汁　ⅠT0210①:19

73. ☑□更徒第十一节浚渠　壹见予严使胡奴满家以粟食三驴

ⅡT0214 ③ :95

74. 甘露三年十月辛亥朔己巳敦煌长史奉憙行大守事谓过所
河津遣守属郝延寿送胡奴婢少府乘用马二匹当舍传舍从者如律令
五月癸酉西　ⅤT1311 ④ : 79

简文中胡人奴婢族属无法确知，"奴"为男性，"婢"为女性，其职责
或为打理杂务与侍从，受郡政府机关调配，而对这些"胡奴婢"的身
份，亦不应单纯理解为奴隶。[1]

而除却于郡政府机关劳役之羌人与胡人外，对于归义羌人的管理
问题，汉廷有相关规定：

75. ·归义敦隗种留良等辞曰以诏书冬十月入徼就草常居广
至　ⅡT0114 ② :194

诏书言及归义敦隗种留良等每年冬季"入徼就草"于广至，可知这
些归义羌人平日所居"徼外"，高荣认为诏书此举或与归义羌人平
时所处"徼外"之地高寒气候有关。[2] 徼者，颜师古注曰："徼犹塞
也，东北谓之塞，西南谓之徼。"[3] 此外，悬泉汉简所记一件羌人纠
纷案件：

76. 年八月中徙居博望万年亭徼外归苁谷东与归何相近去年
九月中驴掌男子芒封与归何弟封唐争言鬭封唐　ⅡT0214 ① :124
77. 以股刀刺伤芒封二所驴掌与弟嘉良等十余人共夺归何马
廿匹羊四百头归何自言官官为收得马廿匹羊五十　ⅡT0214 ① :26
78. 九头以其归何余马羊以使者条相犯徼外在赦前不治疑归
何怨恚诬言驴掌等谋反羌人逐水草移徙　ⅡT0114 ③ :440

1　王子今：《秦汉边疆与民族问题》，北京：中国人民大学出版社，2011，第381～387页。
2　高荣：《敦煌悬泉汉简所见河西的羌人》，《社会科学战线》2010年第10期，第104页。
3　《汉书》卷九三《佞幸传》，第3724页。

《敦煌悬泉汉简释粹》将此三简连贯并定名《案归何诬言驴掌谋反册》，[1]
事件梗概为羌人芒封与封唐相争引发流血冲突，以致芒封家族抢夺封
唐家牲畜，后经官府介入追回部分牲畜，而后疑归何有意诬告驴掌等
谋反。简文所记羌人亦居徼外，而其纠纷案件仍需上报阳关都尉辖下
博望侯官进行裁决处理。同样的例子可见一名胡女子与效谷男子的纠
纷问题：

79. 大富里胡女子君容自言责效谷不审里男子尉君都羊二头
橐四车数责不可得　　VT1813②:3

简文可知敦煌县大富里[2]胡人女子"君容"与效谷男子"尉君"产生债
务纠纷，将具体情况报政府，希望政府帮助追讨。可见当时生活在敦
煌各地的少数民族，无论于敦煌郡各地方行政劳役者与居民，或是居
于徼外的牧民，均由敦煌郡统一管理，尤以纠纷案等法律事务，为政
府机关所主事民族事务的重要方面。

　　自汉王朝击败匈奴，巩固河西边境之安以及取得对西域的控制，
且伴随着汉廷西部经略的不断深入，中原与西域的朝贡贸易之路得以
出现"驰命走驿，不绝于时月；商胡贩客，日款于塞下"的空前盛
况，商路的畅通亦引西域各族人民不断涌入敦煌地区，"胡客"即为这
其中较为特殊的一类人。汉简中的"客"者，除使团成员身份外，多
反映当时西北边地人口构成中有明显流动性的特殊人员。这些人生存
方式与行为特征可对社会稳定有所冲击。并且由于军事、外交、民族
关系的复杂趋势，"客"的活动可能会对当地产生重要影响。[3] 而汉简
中少数民族"客"的身份，有西域诸国入朝中原使者，有商贾贩客，

1　胡平生、张德芳：《敦煌悬泉汉简释粹》，第 167 页。
2　敦煌汉简 1035A 载："☐虏候使敦煌大富里吕遂成年卅五五凤二年……"参见甘肃省文物考古研
　　究所编《敦煌汉简》，第 259 页。
3　王子今：《汉简河西社会史料研究》，北京：商务印书馆，2017，第 68～70 页。

亦有流寓河西地区的少数民族归义者。悬泉汉简对此类人员有相关记录：

80. 客胡人持曲来者辄亭次传诣廷勿令有遗脱到民间者
91DXF13C ① :9

81. 出粟十八石 骑马六十匹都吏王卿所送乌孙客 元延四年六月戊寅县（悬）泉啬夫　付敦煌尉史裒马　ⅡT 0114 ③ :454

82. ·胡人归义占数敦煌禀食县官长吏宜数存问所疾苦其为吏民庸舍长者当卢有贾以为之本业　ⅠT0116 ② :62

简 80 中"曲"即酿酒所用"曲"，此简所记显示，时汉廷对于胡人入关所携带之物有着较为严格的管控，其物品均由亭驿转运至朝廷，禁止流入民间。简 73、74 亦可见敦煌郡对胡人客与归义者的接待与管理内容，另悬泉汉简记载：

83. □诸国胡客往来过禀食传马如□　ⅠT0207 ② :9

84. 传马廿四匹续传马十积十五日送羌客□十二月十五日受新传马三匹□　ⅡT0114 ③ :168

85. 买在胡客食馼十二人用案十二张赏用大杯百六十二用小杯百卅六（A）

屏涂一具□□案九屏涂一具杯十□□□□□□（B）
ⅠT0210 ① :89AB

86. 入麦四石以食送使客萧君所将胡客马十匹鸿嘉四年九月丁酉悬泉置佐谭受敦煌厩啬夫褒　ⅡT0111 ① :21

87. ▨□□□□马廿九匹·其三匹送□东四匹送胡客□▨
ⅡT0113 ② :119

88. ▨前送胡客使者王君来　ⅡT0213 ③ :142 A

89. 胡使者贵人▨　ⅡT0215S:80 A

90. ▨斗五升 三月壬寅所食效谷尉＝从吏一人□▨升治米汁胡

客三人凡五人 ⅡT0314 ② : 348

以上诸简所记可见，西域诸国使者、客从以及流寓敦煌诸族作为汉边塞流动人口的重要组成，其往来人员数量以及身份亦颇为复杂。而对过往人员的接待成为敦煌地区各级官府的工作重点，对此悬泉汉简亦载：

91. 建始二年八月丙辰朔壬申敦煌大守延守部候强行长史事
丞义谓县□☑言胡客数遣在道马谷使外国今少恐乏调给有书大司
农□□□□☑ ⅡT0114 ② :291

简文言大批胡客过往敦煌，以致当地官员担忧可供应的马匹、粮食出现短缺。这也从侧面佐证斯时敦煌地区作为汉边境交通中枢的重要地位。

而汉简所记入关诸"胡客"中，归义人员亦引人注意，悬泉汉简如是记曰：

92. 归义大月氏贵人一人贵人□一人男一人自来龟兹王使者
二人□□三人凡八人 ⅠT0309 ③ :98

93. 府移玉门书曰降归义大月氏闻濉勒等☑ ⅠT0405 ④ A:22

关于以上两简的年代，据考，简 92 大致为西汉昭、宣时期，简 93 则为西汉末年之物，[1]目前所见记录归义大月氏的汉简仅此两例，而结合悬泉所出 17 枚记录大月氏人汉简以观，亦可反映随着汉廷经略河西、西域的深入，汉王朝声威远播，而与大月氏交往的持续紧密，亦引部分大月氏人归义汉朝。而简 93 既言"降"，又言"归义"，耐人寻味。敦煌马圈湾所出汉简有关于归义乌孙人的记录：

---

1 郝树声、张德芳：《悬泉汉简研究》，第 204 ~ 207 页。

94. 车师侯伯与妻子人民桼十桼人愿降归德钦将伯等及乌孙
归义 敦88 [1]

95. 五校吏士妻子议遣乌孙归义侯建清子女到大煎都侯郭 敦
90

96. 降归义乌孙女子复幂献驴一匹骓牡两秙齿二岁封颈以敦
煌王都尉张 敦1906

简94、95据考均为新莽时期之物，[2]简96出于小方盘城（T14），无纪
年。简文提及"敦煌王都尉"，据王云五先生考证其应为罢都尉以前
之简，年代不晚于新莽天凤元年（公元14年）。[3]近年随着马圈湾汉简
研究的逐步推进，汉玉门都尉府治小方盘城之说引起学界重视，简文
"敦煌王都尉"所指应即"敦煌玉门都尉"。此三简所记新莽时期乌孙
人归义中原王朝之事，而简96中乌孙女亦言"降"，又言"归义"，
简文如此记述者，笔者以为应与当时汉廷与西域关系的变化有关。西
汉末年，匈奴再度强盛，中原由于吏治腐败、土地兼并而动荡不堪。
时西域诸城邦小国与汉之从属亦由于匈奴的再度强大而动摇。新莽时
期，汉廷对西域从属诸国王"改王为侯"之策一定程度激化了矛盾，
使西域诸国频频反叛。罗布淖尔所出汉简即有"右部后曲候丞陈殷十
月壬辰为乌孙寇所杀"的记载，据黄文弼先生考证其与始建国二年
（公元10年）屯田官陈良、终带叛杀戊己校尉刁护投奔匈奴有关。[4]面
对西域局势的纷乱，新莽天凤三年五威将王骏等人率军征伐西域，结
果却惨遭失败。[5]此战之后，汉王朝在西域势力大衰，西域再绝。而结

1 此类简号见甘肃省文物考古研究所编《敦煌汉简》，北京：中华书局，1991。下同。
2 饶宗颐、李均明：《敦煌汉简编年考证》，台北：新文丰出版公司，1995，第113页；袁延胜：《悬泉汉简所见汉代乌孙的几个年代问题》，《西域研究》2005年第4期，第15页。
3 王云五：《汉学反哺续集》，台北：台湾商务印书馆，1977，第45页。
4 黄文弼：《罗布淖尔考古记》，北京：国立北平研究院史学研究所、中国西北科学考察团理事会，1948，第183～186页。
5 邵台新：《汉代对西域的经营》，台北：辅仁大学出版社，1995，第121～123页；孙占宇：《敦煌汉简王莽征伐西域战争史料研究综述》，《西域研究》2006年第3期，第105～110页。

合简 93、96 中"降归义"字样记述，笔者以为其或这一时期敦煌边郡对西域诸族归义汉朝入关者的一种特殊身份称谓。面对当时于河西边塞地区聚集外来人口成分的复杂，其中亦不乏从事间谍活动，如居延汉简记载：

> 97. 有能生捕得反羌从徼外来为间候动静中国兵欲寇盗杀略人民吏增秩二等民与购钱五万从奴它与购如此　EPF22:233 [1]

各方人员的入关以及于河西边塞的流动，对当地社会治安带来不安定因素，也为汉王朝边境局势造成极大潜在危害，尤其随着西域局势变幻无常，敦煌郡各级官府对入关西域人的核查亦应存在某种身份界定法则。

此外需要注意的是，尽管新莽时期汉廷与西域政府矛盾尖锐，但河西地区的边境贸易并未阻断。《后汉书·孔奋传》载王莽时期："天下扰乱，唯河西独安，而姑臧称为富邑，通货羌胡，市日四合。"而如简文 96 言驴作为进献之物，《史记·匈奴列传》载"其（匈奴）畜之所多则马、牛、羊，奇畜则橐驼、驴、骡、駃騠"。乌孙女献驴之事，亦为汉代西域物种的引进提供了间接证据。而敦煌与河西地区作为中原与西域交界之地，于出土简牍文献所反映出汉代民族交往真实状况，可见汉代西北民族政策与管理同河西社会多元民族结构的紧密联系，为我们研究汉代敦煌民族活动与民族文化交汇提供了宝贵资料。

1　甘肃省文物考古研究所等编著《居延新简》，第 492 页。

第三章　吐谷浑在敦煌的活动

中古时期，居于蒙古高原和东北的鲜卑族大量内迁，东至山东，西到新疆，南到淮河、长江，都留下他们活动的足迹。吐谷浑是鲜卑族迁居到西北的一支，吐谷浑是慕容鲜卑涉归的庶子，后衍变为部落、国家政权的名称和姓氏。隋唐时期，大量吐谷浑人迁居河西，敦煌成为吐谷浑人的主要聚居区。本章拟从河西吐谷浑的渊源、敦煌及周边的吐谷浑聚落、敦煌吐谷浑人的生业方式和宗教活动、慕容家族在敦煌的活动等方面探讨吐谷浑人在敦煌的活动。

第一节　河西吐谷浑的渊源

公元 3 世纪，吐谷浑从辽东西迁，4 世纪在青海及河陇地区定居，7 世纪亡于吐蕃。这期间，吐谷浑的迁徙、建国，与隋朝、吐蕃联系密切，以下从这些方面探讨敦煌吐谷浑人的渊源。

一　吐谷浑的迁徙与建国

吐谷浑所属慕容部源出东胡鲜卑。3 世纪，莫护跋率部迁入辽西，其子慕容涉归迁入辽东。慕容鲜卑以游牧为主，活跃于辽西、辽东一带（今河北卢龙、昌黎，辽宁锦州、铁岭），故被称为"辽东鲜卑"。晋太康四年（283）慕容涉归死，嫡子慕容廆统领部众，吐谷浑仅分得一千七百家，大约在太康四年至十年（283～289）之间，吐谷浑率部西迁，自燕山至阴山游牧二十多年。史载：

> 吐谷浑，慕容廆之庶长兄也，其父涉归分部落一千七百家以隶之。及涉归卒，廆嗣位，而二部马斗，廆怒曰："先公分建有别，奈何不相远离，而令马斗！"吐谷浑曰："马为畜耳，斗其常性，何怒于人！乖别甚易，当去汝于万里之外矣。"于是遂行。[1]

西晋永嘉末（307～313），吐谷浑又自阴山南下，据《旧唐书》载：

> 吐谷浑自晋永嘉之末，始西渡洮水，建国于群羌之故地，至龙朔三年为吐蕃所灭，凡三百五十年。[2]

从阴山再越陇山，至枹罕（今甘肃临夏），后定居青海及河陇地区。吐谷浑死于晋元帝建武年（317），即自阴山迁徙后四年。329 年前后，吐谷浑的孙子叶延在位时（329～351），建立吐谷浑政权。

1　《晋书》卷九七《吐谷浑传》，北京：中华书局，1974，第 2537 页。
2　《旧唐书》卷一九八《吐谷浑传》，北京：中华书局，1975，第 5301 页。

《晋书》曰:

> 于是乃西附阴山。属永嘉之乱,始度陇而西,其后子孙据
> 有西零巳西甘松之界,极乎白兰数千里。然有城郭而不居,随逐
> 水草,庐帐为屋,以肉酪为粮。其官置长史、司马、将军,颇识
> 文字。其男子通服长裙,帽或戴羃䍠。妇人以金花为首饰,辫发
> 萦后,缀以珠贝。其婚姻,富家厚出娉财,窃女而去。父卒,妻
> 其群母;兄亡,妻其诸嫂。丧服制,葬讫而除。国无常税,调用
> 不给,辄敛富室商人,取足而止。杀人及盗马者罪至死,他犯则
> 征物以赎。地宜大麦,而多蔓菁,颇有菽粟。出蜀马、牦牛。西
> 北杂种谓之为阿柴虏,或号为野虏焉。吐谷浑年七十二卒,有子
> 六十人,长曰吐延,嗣。[1]

吐谷浑的疆域"甘松之南,洮水之西,南极白兰,地数千里"。[2]
最强盛时疆域从甘肃南部、四川北部至青海南部一线,西至新疆若
羌、且末一带,北至祁连山与河西走廊相连。其时,吐谷浑的北面是
河西、陇右的张骏前凉政权,而关中一带是石勒的后赵政权,吐谷浑
的东北界在枹罕、漒川、甘松的南部和西南部。[3]叶延时,以其祖父吐
谷浑的名字为姓氏,从此"吐谷浑"这个名字就兼具了人名、姓氏、
族号和国号等多重含义,形成了一套国家政治机构。后期的统治中心
在伏俟城(今青海湖西十五里共和县铁卜卡古城,图3-1)。吐谷浑
人仰慕中原汉文化,他们借鉴学习中原王朝的官制,"其官初有长史、
司马、将军。近代以来,有王公、仆射、尚书、郎中"。[4]"盖慕诸华
为之"。[5]从政权的建立到唐龙朔三年(663)为吐蕃所灭,存国三百多

1　《晋书》卷九七《吐谷浑传》,第2537 ~ 2538页。
2　《旧唐书》卷一九八《吐谷浑传》,第5297页。
3　周伟洲:《吐谷浑史》,桂林:广西师范大学出版社,2006,第16页。
4　《旧唐书》卷一九八《吐谷浑传》,第5297 ~ 5301页。
5　《新唐书》卷二二一《吐谷浑传》,北京:中华书局,1975,第6224 ~ 6228页。

图 3-1　吐谷浑故都伏俟城遗址

年。在这个过程中，吐谷浑融合了羌、氐、汉、匈奴、高车等民族，并在漫长的历史长河中，或融入汉族，或融入其他少数民族。吐谷浑立国时期是丝绸之路河南道商贸繁荣期，吐谷浑被刘宋封为河南道，所以有"河南道"之称，又称"吐谷浑道"。

二　吐谷浑与隋朝的关系

隋初，因北方有突厥侵扰，南方又有陈朝存在，隋朝势力相对较弱，吐谷浑乘机对隋弘州（治所在今甘肃碌曲县西南）、凉州进行攻掠，隋文帝派安乐郡公元谐率大军进行反击，连败吐谷浑，"其名王十七、公侯十三人，各率其部来降"。[1]《隋书·贺娄子干传》记载，隋开皇二年（582），吐谷浑夸吕可汗又袭扰隋边境，文帝命凉州刺史贺娄子干发五州（凉、甘、瓜、鄯、廓）兵，深入吐谷浑境，"杀男女万余口，二旬而还"。开皇三年，吐谷浑又在临洮、凉州和廓州一带

1 《隋书》卷四〇《元谐传》，第 1171 页。

被隋朝军队打败。自此以后的一个较长时期内，史籍中未见吐谷浑骚扰隋朝边境的记载。584 年，吐谷浑国内发生了内讧，夸吕的太子及其所属部落谋降隋，并请求隋朝出兵接应。在遭到隋朝的拒绝后，太子被杀，夸吕又立次子为太子。589 年，隋灭陈，统一南方，吐谷浑因惧怕而不敢再犯隋朝边境，双方进入友好交往阶段。开皇十一年（591），夸吕死，其子世伏立，世伏派兄子无素"奉表称藩，并献方物，请以女备后庭"，[1] 然被文帝谢绝。592 年，隋文帝遣使吐谷浑以示抚慰，同年及 595 年，吐谷浑又二度遣使进贡。这种友好关系到开皇十六年（596）时得到进一步加强，隋文帝将宗室光化公主嫁给了世伏。597 年世伏被杀后，按照吐谷浑"兄死妻嫂"的风俗，光化公主又嫁给世伏的弟弟伏允。此后，吐谷浑国内各种矛盾尖锐，国势由盛转衰，但与隋朝的相安局面一直持续到隋炀帝继位之际。

大业元年（605），杨广即位后，隋与吐谷浑的关系发生了变化，和平局面被打破。此刻的隋朝已经有了十多年的积淀，国内安定，生产发展，社会开始呈现繁荣的景象，具备了武力统一的条件，因而，炀帝一改过去对少数民族的安抚政策，积极开疆拓土，意欲扫清中西陆路交通的阻碍，意在经营西域。大业初，隋炀帝重用裴矩，"矩盛言胡中多诸宝物，吐谷浑易可并吞"，[2] 有意吞并吐谷浑。大业四年，游牧在贪汗山（今新疆吐鲁番北博格达山）一带的铁勒打败了西突厥，又在隋的诱使下出击吐谷浑；吐谷浑反向隋求救，炀帝派大军乘机进攻吐谷浑，伏允败走雪山（今青海阿尼玛卿山），待隋军撤回后，伏允才得以回到故地，集结在青海湖北。609 年，炀帝开始了以征服吐谷浑为目的的"西巡"，各路大军将伏允围困在覆袁川（今青海北鄂博河），伏允突围后逃走，隋军进而占有了全部吐谷浑领地。同年六月，炀帝在吐谷浑故地设置郡县，"癸丑，置西海、河源、鄯善、且末等四

1　《隋书》卷八三《吐谷浑传》，第 1844 页。
2　《隋书》卷六七《裴矩传》，第 1580 页。

郡"，[1]并且"发天下轻罪徙居之"，[2]开始大规模屯田。从此，青海的大部分地区正式为统一的中央王朝所管辖。而此时的吐谷浑国事实上已经灭亡。隋末，伏允乘中原乱机收复了故地，吐谷浑复国，但吐谷浑的强盛已如明日黄花。大业五年可谓吐谷浑由盛转衰的分界点。

三　吐谷浑与吐蕃的关系

7 世纪初期，吐谷浑由盛转衰，而其南方的吐蕃政权则日渐强盛。唐龙朔三年（663），吐蕃灭吐谷浑，尽据青海之地。唐咸亨元年（670），吐蕃大相论钦陵在大非川（今青海兴海县西南）打败唐将薛仁贵，进一步巩固了对青海吐谷浑的统治。天宝十四年（755），安史之乱爆发，河陇地区大批驻军被抽调内地，吐蕃乘虚而入，763 年攻占陇右地区后，又相继攻占河西诸州，如 764 年取凉州，766 年据甘州，766 年夺肃州，776 年收瓜州，781 年占领沙州，至 791 年河西地区及于阗尽入吐蕃。吐蕃占据了河西、陇右，居住于此的吐谷浑也归顺吐蕃。9 世纪初，吐蕃帝国渐趋式微，843 年吐蕃政权瓦解，统治下的河陇一带陷入混乱，唐朝伺机收回河陇失地，唐宣宗大中二年（848），沙州的汉族人张议潮（又作张义潮）起事，夺取沙、瓜二州，结束了吐蕃在敦煌近百年的统治。

吐谷浑是吐蕃征服较早的民族之一。吐蕃与吐谷浑在社会形态及生产、生活习俗上较为接近。据《沙州伊州地志》（S.367 号文书）记载，萨毗城"恒有吐蕃及吐谷浑往来不绝"，[3]这表明吐谷浑与吐蕃的活动区域较为一致，原来很多吐谷浑人活动的区域后来都成了吐蕃的辖境。职是之故，吐谷浑与吐蕃形成了共同的生活习俗和经济活动。从现有的文献资料记载来看，吐蕃征服吐谷浑后，采取了扶植小王、保存部落、驱以为用的政策，基本上保留了吐谷浑原有的政权形式，使

---

1 《隋书》卷三《炀帝纪上》，第 73 页。

2 《隋书》卷八三《吐谷浑传》，第 1845 页。

3 郑炳林：《敦煌地理文书汇辑校注》，兰州：甘肃教育出版社，1989，第 66 页。

其成为吐蕃的属国。吐谷浑要定期向吐蕃交纳"贡赋"。敦煌本《吐蕃历史文书》记载，669 年，"吐谷浑诸部前来致礼，征其入贡赋税"。696 年、714 年、742 年，吐蕃大论在吐谷浑聚居的"西古井之倭高儿""司古津之倭阔""曲年蒙岗"等地"征吐谷浑大料集"。这些都充分表明，吐谷浑与吐蕃之间存在着贡纳关系。

米兰出土 xxviii-1 号古藏文木简，记载了吐蕃统治米兰地区时期阿柴（Va-zha，即吐谷浑）的社会生活状况。该简牍记载，对那些原属于唐的吐谷浑万户部落，吐蕃政府"要其农夫各从收获中交纳粮食"，并"要求该万户官员，把这些粮食与小突厥（Drug-cun）大麦一起，使用羊作畜力，运送至'纳'（Gnag）的地方"。[1]另从该简可知，吐蕃统治时期当地阿柴仍然沿用了原来的按万户、千户、百户划分的组织形式。此外，吐蕃还不时向吐谷浑征兵、征粮。吐蕃从陇右多次向唐关中一带进攻，吐谷浑为吐蕃军队的重要组成部分。如贞元三年（787），吐蕃就曾"率羌、浑之众犯塞，分屯于潘口及青石岭";[2]会昌二年（842），吐蕃大将尚恐热攻至渭州，与宰相尚与思罗战于薄寒山。尚与思罗败而退走松州（今四川松潘县），与苏毗、吐浑、羊同合兵八万，共保洮河以自守。[3]

吐蕃统治者对吐谷浑的压迫和剥削是沉重的。定期的贡赋、强征军粮、马匹以及无休止的兵役，给吐谷浑人民带来了深重的灾难。为了加强对吐谷浑的统治，吐蕃政权对吐谷浑的上层贵族采取笼络和控制的政策，持续将吐谷浑王族及上层贵族吸收到地方政权中，给予一定的权力，以此来缓和民族矛盾。这种措施在当时起到了较大的作用。吐蕃政权除了将垄达延墀松任命为大论之外，还有一些吐谷浑慕容氏的后裔被封在各地，作为镇守。《旧唐书》卷一三七《李晟传》载，大历四年（769），李晟"将兵千人疾出大震关，至临

1　〔英〕F. W. 托玛斯编著《敦煌西域古藏文社会历史文献》，刘忠、杨铭译注，北京：民族出版社，2003，第 23 页。

2　《旧唐书》卷一九六下《吐蕃传下》，第 5254 页。

3　《新唐书》卷二一六下《吐蕃传下》，第 6105 页。

洮，屠定秦堡……虏堡帅慕容谷钟而还"。这里身居"堡帅"之职的慕容谷钟，当为吐谷浑慕容氏。另外，与吐蕃名将赞婆（btsan-pa）一起驻守青海的原吐谷浑大臣素和贵等，也都是身居要职的吐蕃将帅。

尽管吐谷浑的上层贵族在吐蕃统治时期享有一定的权力，但其命运仍然掌握在吐蕃统治者的手中。唐德宗贞元五年（789），南诏王决定摆脱吐蕃的奴役和控制，在致西川节度使韦皋的帛书中就曾以吐谷浑的悲惨命运自警说："往退浑王为吐蕃所害，孤遗受欺。"[1]

第二节　敦煌及周边的吐谷浑聚落

吐谷浑在敦煌地区的活动与河西的局势息息相关。瓜沙地区毗邻吐谷浑故地，难免有吐谷浑人流入，尤其唐初吐谷浑亡国后，朝廷把大量归唐吐谷浑人安置在敦煌及周边地区，使敦煌地区成为吐谷浑人的聚集区。在唐朝人看来，敦煌就是吐谷浑人的居住地。851年，张议潮遣使到长安献河陇地图，唐朝在沙州设置归义军，封张议潮为防御使。861年，张议潮收复凉州，河陇地区重新回到大唐的怀抱。河西地区在几个世纪的变迁中，不断有吐谷浑人从青海迁徙而来，从而在包括敦煌在内的河西走廊形成了大大小小的吐谷浑聚落。

一　唐朝初年吐谷浑人聚落

最晚在 5 世纪，就有吐谷浑人活跃于敦煌地区。5 世纪初，在与

---

1 《新唐书》卷二二二上《南蛮传上》，第 6273 页。

北面西秦的征战中，吐谷浑一度实际控制敦煌地区。[1] 自唐高宗、武周时起，已经有吐谷浑别部不断归附唐廷，迁居到唐朝统治区，散居在河西的瓜、沙、甘、凉、肃等河西诸州。龙朔三年（663）吐谷浑国亡于吐蕃，吐谷浑余部[2]（亡国后的吐谷浑人，这里统称为吐谷浑余部）仍以部落为单位独立存在着，并且有自己的活动区域。吐谷浑余部大致可分为三部分：大部分吐谷浑百姓留居青海故地，依附吐蕃；一部分散入瓜沙等河西诸州；一部分以慕容氏为主体，慕容诺曷钵与弘化公主率残部、亲信上千帐败走凉州，居停数年后复国不成，692年，自凉州徙于鄯州，又因鄯州地窄，再迁至灵州，唐廷为其设安乐州（今宁夏中宁鸣沙），诺曷钵为刺史，之后主要在灵、凉一带活动。迁居河西的吐谷浑人臣服于唐朝的统治。唐朝对河西吐谷浑人采取了安抚分化的羁縻策略，这一策略奠定了吐谷浑人在河西的聚落分布格局。

　　唐朝初年，即有大量吐谷浑人投奔唐朝，被安置在包括瓜沙地区在内的河西诸州。武周圣历二年（699）四月，先有吐蕃王族论弓仁率吐谷浑七千帐降唐，被授予酒泉郡公，后又有吐谷浑部落一千四百帐内附，"钦陵子弓仁，以所统吐谷浑七千帐来降，拜左玉钤卫将军、酒泉郡公……吐谷浑部落一千四百帐内附"。[3] 又据《新唐书》卷二二一《吐谷浑传》所载，武周圣历三年（700），"诺曷钵死，子忠立。忠死，子宣超立，圣历三年，拜左豹韬员外大将军，袭故可汗号，余部诣凉、甘、肃、瓜、沙等州降"。

　　面对大量吐谷浑人迁居河西的局面，唐朝采取了以安抚为主的羁縻策略。郭元振是唐朝派驻河西的大将，于武周大足元年（701），统帅新泉军千人驻守会宁郡（治今甘肃靖远东北），唐玄宗时期升任兵

1　周伟洲：《吐谷浑史》，第28页。

2　齐东方定义的吐谷浑余部为除了内附的诺曷钵亲信数千帐外，"大部分在故地成了吐蕃臣民"的吐谷浑人（齐东方：《敦煌文书及石窟题记中所见的吐谷浑余部》，北京大学中国中古史研究中心编《敦煌吐鲁番文献研究论集》第5辑，北京：北京大学出版社，1990，第263～278页）。

3　《资治通鉴》卷二〇六"圣历二年（699）四月"条，北京：中华书局，1956，第6540页。

部尚书。郭元振长期戍守西北地区，熟谙羁縻治戎之道。郭元振在武后时期上书《安置降吐谷浑状》，认为吐谷浑是渴慕唐朝，冲破险阻，弃吐蕃而主动来归，并非被迫而来，宜当就地安置加以安抚，而不是迁居内地；同时，他献"顺其情，分其势"之策，提出将吐谷浑分置于甘、凉、肃、瓜、沙等地安置，以分化吐谷浑部族，免滋后患。郭元振《安置降吐谷浑状》言：

> 今吐谷浑之降者，非驱略而来，皆是渴慕圣化，冲锋突刃，弃吐蕃而至者也。臣谓宜当循其情以为制，勿惊扰之，使其情地稍安，则其系恋心亦日厚。当凉州降者（原注：今武威郡），则宜于凉州左侧安置之；当甘州（原注：今张掖郡）、肃州降者（原注：今酒泉郡），则宜于甘、肃左侧安置之；当瓜州（原注：今晋昌郡）、沙州降者（原注：今敦煌郡），则宜于瓜、沙左侧安置之。但吐浑所降之处，皆是其旧居之地，斯辈既投此地，实有恋本之情。若因其所投之地，而便居之，其情易安。因数州而磔裂之，则其势自分。顺其情，分其势，而不扰于人，可谓善夺戎狄之权矣。何要纂聚一处如一国，使情通意合如一家，脱有异志，则一时尽去，伤害州县，为患滋深。何如分置诸州，使每州皆得吐浑使役，欲有他怀，必不能远相连结，总去……设使后有去就，不过边州失少许吐浑，终无伤于中国。[1]

这一策略奠定了唐宋时期吐谷浑人在河西走廊聚落分布的格局，也达到了朝廷安抚分化吐谷浑的目的。

二　唐朝中晚期的吐谷浑人聚落

逮及唐代中期，吐蕃占领河西及西域后，更有大量吐谷浑人从青

---

1 （唐）杜佑：《通典》卷一九〇《吐谷浑》，王文锦等点校，第5167页。

海等地迁徙至河西地区，再由从河西走廊转至西域东西部。于是，西
起伊州、楼兰，东至关陇，吐谷浑部族星罗棋布。

　　吐谷浑余部的活动与中晚唐时期西北的政局密切相关。吐谷浑
并入吐蕃后，其军队遂为吐蕃所调遣，被称作吐谷浑别部。据《旧唐
书》《资治通鉴》等史料，从代宗广德（764～765）年间到武宗会昌
（841～846），在吐蕃势力强势进犯唐朝之际，为吐蕃和唐朝叛军所
掌控的吐谷浑别部参与了反唐的叛乱。8世纪末吐蕃势力渐衰时，有
些吐谷浑余部逐渐脱离吐蕃的控制，变成独立的部落，其活动区域也
渐渐发生了变化，主要在河西地区。

　　大中二年（848），吐蕃内乱，失去了对河西的管控，张议潮收
复河西，敦煌也进入了归义军时期。这一时期，尽管唐朝已经收复
了包括敦煌在的河西地区，但河西地区的吐谷浑、吐蕃、回鹘、嗢
末、羌、龙等部族各自形成小团体。他们不断争斗，势力此消彼长，
在这当中，依然活跃着吐谷浑人的身影。唐僖宗乾符元年（874）前
后，河西的吐谷浑联合嗢末，击退了甘州回鹘势力的侵犯。"初，回
鹘屡求册命，诏遣册立使都宗莒诣其国。会回鹘为吐谷浑、嗢末所
破，逃遁不知所之，诏宗莒以玉册、国信授灵盐节度使唐弘夫掌
之，还京师。"[1]可见，归义军政权并没有有效地控制河西局势，遏制
争斗，唐朝渐渐失去对河西局势的有效管控。"浑末，亦曰嗢末，吐
蕃奴部也。虏法：出师必发豪室，皆以奴从，平居散处耕牧。及恐
热乱，无所归，共相啸合数千人，以嗢末自号，居甘、肃、瓜、沙、
河、渭、岷、廓、叠、宕间，其近蕃牙者最勇，而马尤良。"[2]《敦煌
石室遗书》第一集《张氏勋德记残卷》内记："河西创复，犹杂蕃、
浑（吐谷浑），言音不同，羌、龙、嗢末雷威慑伏。训以华风，咸会
驯良，轨俗一变。"

　　事实上，归义军政权对吐谷浑、羌、嗢末等少数民族的管控是很

1　《资治通鉴》卷二五二"乾符元年（874）十二月"条，第8174页。
2　《新唐书》卷二一六下《吐蕃下》，第6108页。

薄弱的，敦煌文献 S.5697 咸通九年（868）刻本《金刚般若波罗密经》称："河西诸州，蕃、浑、嗢末、羌、龙狡杂，极难调伏。"[1] 敦煌遗书 S.6342《张议潮进表》云："咸通二年收凉州，今不知却废，又杂蕃、浑，近传嗢末隔勒往来，累询北人，皆云不谬。"[2]

（一）敦煌地区的吐谷浑聚落

大批吐谷浑人来到沙州和瓜州，使得敦煌地区成为吐谷浑人的大本营。唐初，即有大量吐谷浑人投奔到唐朝统治区。吐鲁番阿斯塔那225 号墓出土文书载，武周圣历二年（699），落蕃人弘德携带着马、鞍、兵器和蕃书，向瓜州陈都督报告了约有十万之多的吐谷浑人来降的消息，唐朝立刻派出军队前往接应，豆卢军、墨离军、健康军、瓜州和沙州的府兵奉命参与了这次行动，一些前往接应的军队在瓜沙的道路上沿苦水行军，筹集粮草。[3]

唐玄宗开元十一年（723），吐谷浑部众来到沙州投诚，时唐朝统治沙州，诏令河西节度使张敬忠接纳之。[4] 关于此事，《资治通鉴》亦有载："先是，吐谷浑畏吐蕃之强，附之者数年，九月壬申，帅众诣沙州降，河西节度使张敬忠抚纳之。"[5]

归义军政权设置部落管理居住在敦煌地区的吐谷浑人，吐谷浑的民族整体性得以保留。关于敦煌地区设立吐谷浑部落的时间，吐蕃占领敦煌时期，沙州吐谷浑、通颊被编为军团部落，[6] 敦煌残文书 S.4276《管内三军百姓奏请表》的内容是归义军节度使张某乙

1 前田正名『河西の歴史地理学的研究』，東京：吉川弘文館，1964，第 227 頁。

2 商务印书馆编《敦煌遗书总目索引》，北京：中华书局，1983，第 240 页。

3 齐东方：《吐鲁番阿斯塔纳二二五号墓出土的部分文书的研究——兼论吐谷浑余部》，北京大学中国中古史研究中心编《敦煌吐鲁番文献研究论集》第 2 辑，北京：北京大学出版社，1983，第 595 页。

4 （宋）王钦若等编纂《册府元龟》卷九七七《外臣部·降附》，北京：中华书局，1960，第 11481 页。

5 《资治通鉴》卷二一二"开元十一年（723）九月"条，第 6757 页。

6 荣新江：《归义军及其周边民族的关系初探》，《敦煌学辑刊》1986 年第 2 期，第 26 页。

言及公元 849 年逐戎著、收复河湟之事，涉及居住在瓜沙地区的吐谷浑部落，称："归义军节度左都押衙、银青光禄大夫、检校国子祭酒兼御史大夫安怀恩，并州县僧俗官吏兼二州六镇耆老及通颊退浑十部落、三军著汉百姓一万人上表……尔后子孙相继，七十余年，秉节龙沙……"[1] S.4276《管内三军百姓奏请表》写就于 920 年前后，是证在 849 年之前瓜沙地区就有吐谷浑部落存在。大中二年（848）张议潮领导的沙州起义，是多民族的联合行动，《通鉴考异》引《实录》云："（大中）五年二月壬戌，天德军奏沙州刺史张议潮、安景旻及部落使阎英达等差使上表，请以沙州降。"除了有以张议潮为首的汉人、以安景旻为首的粟特人，还有以阎英达为代表的吐谷浑人。荣新江、刘进宝等认为，在大中五年（851），张议潮的入朝使团中就有吐谷浑部落代表，说明在张氏归义军初期就有吐谷浑部落，而在归义军晚期吐谷浑部落衍变为敦煌的乡级建制"退浑乡""通颊乡"。[2] 瓜、沙二州及所辖六镇的吐谷浑和通颊被编为十个部落，其中，吐谷浑和通颊各五个部落，设置两个检校部落史，管理十个部落的是部落大使，851 年，入朝使团中就有吐谷浑部落大使阎英达，此人可视为吐谷浑民族首领。可见，敦煌的吐谷浑部族并没有集中居住，而是分散在敦煌各地。至于通颊乡，有学者认为应归沙州管辖，位于苏干湖盆地即今甘肃阿克塞县苏干湖地区，由吐蕃的沙州通颊色通巴（m hong kyab se t ong pha）部落演变而来。[3]

在瓜、沙二州吐谷浑部族中，氏族主要以慕容氏为中心，此外还有一那娄氏、段氏、素和氏、阿若干氏、薛干氏、乞伏氏、乙弗氏、匹娄氏、姜氏、钟氏、梁氏、拓拔氏、赫连氏、姚氏等。

---

1 敦煌残文书 S.4276《管内三军百姓奏请表》内容是归义军节度使张某乙言及公元 849 年逐戎著、收复河湟之事，涉及吐谷浑人在瓜沙地区的居住，称："归义军节度左都押衙、银青光禄大夫、检校国子祭酒兼御史大夫安怀恩，并州县僧俗官吏兼二州六镇耆老及通颊退浑十部落、三军著汉百姓一万人上表……尔后子孙相继，七十余年，秉节龙沙……二州六镇……退浑十部落。"
2 荣新江：《归义军及其与周边民族的关系初探》，《敦煌学辑刊》1986 年第 2 期，第 26～27 页；刘进宝：《试谈归义军时期敦煌县乡的建置》，《敦煌研究》1994 年第 3 期，第 79～82 页。
3 陆离：《敦煌吐蕃文书中的"色通（Se tong）"考》，《敦煌研究》2012 年第 2 期，第 66～72 页。

（二）敦煌周边的吐谷浑聚落

1. 敦煌东部和西部的吐谷浑聚落

在敦煌周边的甘州、肃州、伊州等河西及西域东部都有吐谷浑人的踪迹。

唐宋之际，河西地区是多民族聚居区，甘州、肃州居住着吐蕃、龙家、通颊、羌等民族，这里同样是吐谷浑的聚居地。甘州有一个一百多人的吐谷浑聚落，首领拨乞狸被称为"退浑王"，依附于归义军政权。唐僖宗中和四年（884），在与回鹘的战争中，甘州失守，吐谷浑败北，民众被迫撤出甘州，一部分人跟从拨乞狸随吐蕃南下，一部分随龙家等族人撤入肃州，在肃州形成一个吐谷浑聚落，继续为归义军政权效力。敦煌写本 S.389《肃州防戍都状》记载：

> 又今月七日，甘州人扬略奴等五人充使到肃州，称：其甘州，吐蕃三百，细小相兼伍百余众，及退浑王拨乞狸等，十一月一日并往归入本国。其退浑王拨乞狸，妻则牵驼，夫则遮驱，眷属细小等廿已来随往，极甚苦切，余者百余奴客并不听去……其吐蕃入国去后，龙家三日众衙商量，城内绝无粮用者，拣得龙家丁壮及细小壹伯玖人，退浑、达票拱榆昔、达票阿吴等细小共柒拾贰人，旧通颊肆拾人，羌大小叁拾柒人，共计贰伯伍拾柒人，今月九日并入肃州。

吐谷浑人活跃在沙州之西的伊州（今哈密市）、鄯善、且末等地区。吐谷浑亡国后，大批吐谷浑人迁居到沙州西南一千多里的纳职县，敦煌文献 S.367《唐光启元年沙州、伊州地志残卷》称："纳职县下……古唐初有土人鄯伏陀，属东突厥。以征税繁重，率城人入碛，奔鄯善，至并吐浑住，历焉者，又投高昌，不安而归。胡人呼鄯善为'纳职'；既从鄯善而归，遂以为号耳……萨毗城，西北去石城镇四百八十里。康艳典所筑，其城近萨毗泽，恒有吐蕃及吐谷浑来往不绝。"[1] 萨毗泽位于新疆南部的且末附近，可见，唐僖宗中和五年即光启元年（885）前后，在沙州之西的西域东部有吐谷浑人的踪迹。吐谷浑人在这里建立了退浑国政权，有国王、宰相的建制，在敦煌文献中的诗歌和变文对此有相关记载，虽是文学作品，但仍反映了一些历史事实。

有一个吐谷浑聚落位于沙州西南伊州城西纳职县（今哈密西 40公里拉布楚克古城），经常劫掠伊州城，唐宣宗大中十年（856），仆射亲率大军，击败退浑王，再向西前行，就到了退浑国境内了。这次战役俘获宰相三人、士兵三百余人，夺得驼马牛羊二千头匹：

> 诸川吐蕃兵马还来劫掠沙州，奸人探得事宜，星夜来报仆射："吐浑王集诸川蕃贼欲来侵凌抄略，其吐蕃至今尚未齐集。"仆射闻吐浑王反乱，即乃点兵，鳌凶门而出，取西南上把疾路进军。才经信宿，即至西同侧近，便拟交锋。其贼不敢拒敌，即乃奔走。仆射遂号令三军，便须追逐。行经一千里已来，直到退浑国内，方始趁趒……决战一阵，蕃军大败，其吐浑王怕急，突围便走，登涉高山，把险而住……敦煌北一千里镇伊州城西纳职县，其时回鹘及吐浑居住在彼，频来抄劫伊州，俘虏人物，侵夺畜牧，曾无暂安。仆射乃于大中十年六月六日，亲统甲兵，诣彼击逐伐除。（P.2962《张义潮变文》）[2]

可见，吐谷浑人在晚唐曾活跃于沙州西部地区，建立政权，并常常劫掠沙州、伊州，与归义军政权发生冲突。

2. 敦煌南面的吐谷浑聚落

从敦煌吐鲁番文献亦可知在唐代中后期敦煌南部同样存在着一个吐谷浑聚落。久负盛名的敦煌落蕃诗为研究敦煌南部的吐谷浑聚落

1　羽田亨「唐光啓元年書寫沙州・伊州地志殘卷に就いて」『羽田博士史学論文集（歴史篇）』京都：同朋舎，1975，第 587–588 頁。

2　王重民等编《敦煌变文集》上集，北京：人民文学出版社，1957，第 114 ~ 115 页。

存续时间和地理位置提供难得的依凭，结合其他出土文献和传世文献，可以认为，在沙州西南确实存在着一个吐谷浑聚落，位于墨离海地区，其具体位置是今柴达木盆地西北部、敦煌市西南、甘肃省阿克塞哈萨克族自治县境内的苏干湖地区。落蕃诗的创作年代关乎沙州西南吐谷浑聚落存续时间。落蕃诗创作时间即诗人进入吐谷浑国的时间——十世纪初金山国时期，那么敦煌西南的吐谷浑聚落存续时间至少是金山国时期，甚至始自吐蕃占领时期包括整个归义军时期。

第三节　"落蕃诗"与敦煌南的吐谷浑聚落

敦煌写卷 P.2555《敦煌唐人诗集残卷》又称"落蕃诗"或"唐诗文丛钞"，是敦煌学界最负盛名，也是研究成果最多的一篇敦煌文学写卷。其独特价值在于保存了大量唐代逸诗逸文，可补传世文献之缺。全篇共收罗诗 190 首，文 2 篇（据徐俊，合俄藏 Д x .3871，则可得诗 210 首），其中仅有 17 篇见诸《全唐诗》与《全唐文》。

诗集中有两组佚名氏《落蕃诗》，第一组59首，[1] 第二组12首，[2] 可以说是本写卷中研究最为充分、诸家最众说纷纭的。其中部分诗篇为研究吐谷浑聚落的地理分布提供线索。

一　敦煌南吐谷浑聚落的地理位置辨析

诗作中从敦煌到达吐谷浑部落的路线是从敦煌出发，经由马圈口、匈门（当金口）至墨离海，西同（苏干湖）、把险林（格尔木），

1　一种意见言为 60 首，乃加毛押牙诗一首，兹不取。

2　主流意见言为 13 首，乃加马云奇《怀素师草书歌》一首，很多学者以为马云奇为 13 首的共同作者。据潘重规《敦煌唐人陷蕃诗集残卷作者的新探测》（《汉学研究》第 3 卷第 1 期，台北：台湾汉学研究资料及服务中心出版，1985，第 41～54 页），马云奇与盛唐书法家怀素当为忘年交，其年长于怀素，至中唐年已花甲，而落蕃诗作者至多中年。按后 13 首并非同一时代作者所为，非马云奇一人。马云奇后 12 首落蕃诗与前面 59 首落蕃诗的共同特点是不署作者，故马云奇《怀素师草书歌》一诗当非落蕃诗。

再经茶卡、海南"蕃庭"、青海湖南侧、赤岭（日月山）、白水古戍，到达临蕃。前三首描述了诗人离开敦煌经过马圈、当金山口，墨离海，到达退浑国境内的情景。这里的马圈口位于敦煌西南25里。684年崔融《拔四镇议》所讲瓜、沙、甘、肃四州与吐谷浑、吐蕃的界限是南山即祁连山，南山上的南口烽为今当金口，距离敦煌二百五十里。从敦煌向南走，过马圈口、南口烽进入吐谷浑界，是一条官道。

第一首《冬出敦煌郡入退浑国朝发马圈之作》："西行过马圈，北望近阳关。回首见城郭，黯然林树间。野烟暝村墅，初日惨寒山。步步缄愁色，迢迢惟梦还。"[1]诗人在冬天离开敦煌向退浑国出发，早上从马圈口出发。北望阳关，寒山林树，回首敦煌，黯然伤神。第二首《至墨离海奉怀敦煌知己》："朝行傍海涯，暮宿幕为家。千山空皓雪，万里尽黄沙。戎俗途将近，知音道已赊。回瞻云岭外，挥涕独咨嗟。"诗人到达千山皓雪、万里黄沙的墨离海，"戎俗途将近，知音道已赊"。沿墨离海东行离目的地吐谷浑聚落越来越近了，与敦煌故人渐行渐远，离别之情，无限伤怀。第三首《冬日书情》："殊乡寂寞使人悲，异域流连不暇归。万里山河非旧国，一川戎俗是新知。寒天落景光阴促，雪海穹庐物色稀。为客终朝长下泪，谁怜晓夕老容议。"诗人东行到达墨离海后又沿注入墨离海的墨离川东行，"一川戎俗"是深入吐谷浑聚落腹地，看到了不同于汉族的吐谷浑风情。陈国灿曾解读"一川戎俗"，认为"一川"是指墨离川，即墨离海所处的平川，"一川戎俗"是指吐谷浑人在墨离川住牧，阿斯塔那225号墓文书所指吐谷浑可汗在墨离川，也是指这里。[2]

关于墨离海，1972年新疆吐鲁番阿斯塔那225号墓出土的来自敦煌的军事文书中，有"墨离川""墨离军""墨离"的说法，与武周时

1　高嵩：《敦煌唐人诗集残卷考释》，银川：宁夏人民出版社，1982，第1页。
2　陈国灿：《武周瓜、沙地区的吐谷浑归朝事迹——对吐鲁番墓葬新出敦煌军事文书的探讨》，《1983年全国敦煌学术讨论会文集（文史·遗书编）》，兰州：甘肃人民出版社，1987，第14页（收入氏著《敦煌学史事新证》，兰州：甘肃教育出版社，2002，第182页）。

期吐谷浑归朝事件相关。关于墨离军的位置，齐东方认同严耕望的推测，认为《新唐书》《通典》"西北千里"记载有误，或许是唐初月氏旧国在瓜州西北千里置军，后移就瓜州，墨离军的位置应该是在瓜州西北十里。齐东方认为唐代戍边的军队常常在以地名命名，所以与之相关的墨离川应该也在瓜州西北：

> 无论怎样，墨离军在瓜州西北这一点是无疑的。唐代戍边的军、守捉、城、镇等，常常以当地的地名命名，如天山有天山军（西州），黑水有黑水守捉（北庭都护府）等等。墨离军也应与墨离川有关，位于瓜州西北。[1]

与上述观点不同，陈国灿、高嵩、荒川正晴、陆离、吕建福等多位学者倾向于墨离海是柴达木盆地西北部的苏干湖地区。[2]苏干湖有大、小之分，苏干湖盆地约有七千平方公里，地处敦煌市西南，隶属甘肃省阿克塞哈萨克族自治县。陈国灿认为落蕃诗集中的墨离海与阿斯塔那225号墓敦煌军事文书所指"墨离"是一致的，[3]墨离川的东南面是赤水川，阿斯塔那255号墓豆卢军军事文书中有"向赤水川，来唤浑王"，也就是说赤水川也是一个吐谷浑聚落，这里有浑王，陈国灿认为赤水川可能在青海湖的西北面。[4]诗人此行的终点临蕃，是丝绸之路青海道上的重要城市，高嵩认为，唐朝时临蕃位于今多巴镇、西纳川之间，濒湟水之北，依临羌县新城而建。[5]陆离认为，唐之临蕃在鄯城（今青海西宁）西六十里，唐之鄯城演变为宋之青唐城，临蕃在宋代演变成

1 齐东方：《吐鲁番阿斯塔那二二五号墓出土的部分文书研究——兼论吐谷浑余部》，北京大学中国中古史研究中心编《敦煌吐鲁番文献研究论集》第2辑，第590页。

2 吕建福：《土族史》，北京：中国社会科学出版社，2002；高嵩：《敦煌唐人诗集残卷考释》，第90~94页；陆离：《敦煌吐蕃文书中的"色通（Se tong）"考》，《敦煌研究》2012年第2期，第66~72页。

3 陈国灿：《武周瓜沙地区吐谷浑归朝案卷研究》，《敦煌学史事新证》，兰州：甘肃教育出版社，2002，第181~182页。

4 陈国灿：《武周瓜沙地区吐谷浑归朝案卷研究》，《敦煌学史事新证》，第182页。

5 高嵩：《敦煌唐人诗集残卷考释》，第96~98页。

河湟吐蕃地区的一个重要据点林金城（历精城、林擒城），位于青唐城（今青海西宁）西面四十里，是唃厮罗的居地。[1]通过分析落蕃诗中"退浑国"的位置，再结合上文通颊乡之所在，庶几可以认为"退浑、通颊十部落"的分布于墨离海地区，今柴达木盆地西北部甘肃省阿克塞哈萨克族自治县境内的苏干湖地区。

陆离认为，英藏敦煌吐蕃文文献中地名 se tong，和敦煌汉文文献中的西同所示均是苏干湖地区。苏干湖地区在唐朝前期，附属吐蕃的吐谷浑汗国领地，吐谷浑可汗的夏宫即在此。在吐蕃占领敦煌时期，由吐蕃、汉、吐谷浑、党项等部族所构成的敦煌通颊色通巴（nt hong kyab se t ong phavi）军事部落就设在该地。张氏归义军一度占领该地，而常常遭到吐谷浑的侵犯，张承奉金山国时期又被吐谷浑余部占领。[2]吐鲁番阿斯塔那 225 号墓出土文书中，25 号文书云："德常在吐浑可汗处，可汗……州陈都督处，可汗语弘德。"33 号文书云："向瓜州陈督处，可汗语弘……及百姓可有十万众。"可见吐谷浑亡国后，吐谷浑余部仍以部落为单位独立存在着，并且有自己的活动区域，较为完整地保留了民族特点。就此，齐东方认为：

> 吐谷浑人数众多，并有自身的建制，自己的可汗，保持着自己民族的组织机构。这和《资治通鉴》所载的"七千帐""部落一千四百帐"，以及《吐蕃大事记年》中的"诸部""吐谷浑王"是一致的。他们仍然以部落为单位相对独立地存在着。从"前往吐谷浑""巡临吐谷浑"的情况看，他们还有自己的活动地区。[3]

1　陆离：《Tsong ka（宗喀）、khri ka（赤卡）、临蕃城考》，《魏晋南北朝隋唐史资料》第 23 辑，2006，第 217～224 页。

2　陆离：《敦煌吐蕃文书中的"色通（Se tong）"考》，《敦煌研究》2012 年第 2 期，第 66～72 页。

3　齐东方：《吐鲁番阿斯塔那二二五号墓出土的部分文书研究——兼论吐谷浑余部》，北京大学中国中古史研究中心编《敦煌吐鲁番文献研究论集》第 2 辑，第 608 页。

二　"落蕃诗"创作年代与敦煌南吐谷浑聚落存续时间辨析

正面诗歌的写作时期应为金山国时期，落蕃人正于此阶段使吐蕃。[1] 若细读诸诗，不难从 59 首诗的字里行间发现更多有助于推定落蕃诗人时代背景之蛛丝马迹。

"落蕃诗"开篇第一首为《冬出敦煌郡入退浑国朝发马圈之作》，诗题中的退浑国即吐谷浑。赵宗福及汤君金引此"入退浑国"之语，以为此诗作于肃代之间，作者为出使吐谷浑的使者，指其意图在于分化吐谷浑与吐蕃的联盟，结果被依附吐蕃的吐谷浑移交与吐蕃。[2] 与之不同，陈国灿以此诗作为落蕃诗整体创作于归义军时期的证据，并将之与《新唐书·西域传》之相关内容互证。《唐书》记高宗时，吐蕃灭吐谷浑，有其地：

> 王师败于大非川，举吐谷浑地皆陷，诺曷钵与亲近数千帐才免。三年，乃徙浩亹水南，诺曷钵以吐蕃盛，势不抗，而鄯州地狭，又徙灵州，帝为置安乐州，即拜刺史……（其孙）宣超立，圣历三年，拜左豹韬员外大将军，袭故可汗号，余部诣凉、甘、肃、瓜、沙等州降……吐蕃复取安乐州，而残部徙朔方、河东，语谬为"退浑"。[3]

吐蕃复取安乐州的时间在广德二年（764），次年唐收回，至 767 年再次陷入吐蕃，至于大中年间。[4] 而早在安史之乱爆发前之唐龙朔三年（663），吐谷浑国即已为吐蕃所灭，似已无实土，自不能称之为

1　陈国灿：《敦煌五十九首佚名诗历史背景新探》，季羡林、饶宗颐、周一良主编《敦煌吐鲁番研究》第 2 卷，北京：北京大学出版社，1997，第 87 页。

2　赵宗福：《唐代敦煌佚名氏诗散论〈敦煌唐人诗集残卷〉研究之一》，《青海社会科学》1983 年第 6 期，第 71 ～ 78 页；汤君：《敦煌唐人诗集残卷作者考辨》，《西南民族学院学报》1999 年第 6 期，第 242 ～ 247 页。

3　《新唐书》卷二二一《西域传》，第 6227 ～ 6228 页。

4　郭声波：《中国行政区划通史·唐代卷》下，上海：复旦大学出版社，2012，第 1074 ～ 1075 页。

国。吐谷浑灭国后，遗民移居河东、河西诸地，被称作退浑、吐浑。按陈说是也。《资治通鉴》胡三省注引宋白云："吐谷浑谓之退浑，盖语急而然。圣历后，吐蕃陷安乐州，其众东徙，散在朔方。赫连铎以开成元年将本部三千帐来投丰州，文宗命振武节度使刘沔以善地处之。及沔移镇河东，遂散居川界，音讹谓之退浑。"[1]可知其发生讹音已是在文宗以后，即中晚唐，肃代之间则尚未有之。赵、汤之说自然不成立。

　　而吐谷浑虽已于663年失国，大部分种落已迁徙入唐，不过仍有少数部落长期活动于青海及周边地区即吐谷浑原属地。敦煌发现的《吐谷浑（阿柴）纪年残卷》反映，[2]唐蕃大非川之战（唐总章三年，670）前后，沙州南、莫贺延碛北附近吐浑国旧地即今阿尔金山附近及柴达木盆地周围，尚有一支较大的吐浑余部，首领号莫贺吐浑可汗，或阿柴小王，为吐蕃之甥，作为其附庸而一直存在，有时亦称"吐谷浑国"。[3]

　　这个"阿柴—吐谷浑国"就是诗中的退浑国吗？看上去似乎很有可能。其实未必。在吐谷浑灭国之后，河南地尚有莫贺延等吐谷浑部落，各有其长官，似乎也确实有一位总的可汗统辖吐谷浑各部，并沿用故吐谷浑的冬夏宫。但其实这个所谓的"吐谷浑国"并不是真正意义上的藩属国，它与吐蕃兼并的苏毗、象雄等部落国家相类，只是吐蕃有效控制下的半独立属国。这个所谓的"国家"虽与吐蕃为甥舅之国，实际上除了有一个名义上的统治者外，与瓜沙等吐蕃节度地区并无区别，《吐蕃历史文书》和藏地各种史籍中出现的所谓吐蕃控制下的吐谷浑更多像一个历史或地理名词而不是一个政治实体。

　　P.T.1288《敦煌本吐蕃历史文书》之《吐蕃大事纪年》中多

1　《资治通鉴》卷二八二，后晋天福五年（940），胡三省注引宋白，第9219页。

2　周伟洲、杨铭：《关于敦煌藏文写本〈吐谷浑（阿柴）纪年〉残卷的研究》，《中亚学刊》第3辑，第95～108页。

3　邓慧君：《试论吐蕃与唐争夺吐谷浑获得成功的原因》，《青海社会科学》1993年第6期，第99～102页。

次提及吐谷浑与吐蕃上层的密切关系，择其较有代表性之数条列于下：

> 35. 及至猴年（684），赞普驻于辗噶尔，大论赞聂于伍茹雪之热干木集会议盟。觐·都赞、埃·启玛日、吐谷浑阿豺三者前来申诉是非。[1]
>
> 47. 及至猴年（696），赞普驻于悉立河谷。大论钦陵于吐谷浑之西古井之倭高儿征吐谷浑大料集。[2]
>
> 78. 及至兔年（727），赞普以政务巡临吐谷浑，途次，韦·松波支被控。攻陷唐之瓜州晋昌……冬，赞普牙帐驻于交工纳，任命外甥吐谷浑小王、尚·本登葱、韦·达札恭禄三人为大论。吐谷浑诸部之大部均颁与赏赐。蕃地本部之冬季会盟于畿·耒岗园。[3]
>
> 108. 及至猪年（759）……论绮力卜藏、尚·东赞二人赴吐谷浑。冬，赞普牙帐驻于辗噶尔。冬季会盟由论思结卜藏希诺囊于道尔地方召集之。多思麻之冬季会盟于若达马氏川，由论绮力思札召集之。论绮力卜藏、尚·东赞、尚·赞哇三人攻陷小宗喀。[4]

上述四例，其一反映了吐谷浑小王需要参加吐蕃赞普召集的会盟，向其述职；其三反映了赞普随时可以巡视吐谷浑地，赞普及其外派大臣对其地重大事务有监督权和受理权，吐谷浑小王不仅有"藩王"的身份，更有由赞普亲自任命的大论身份，即兼为吐蕃与吐谷浑官长；而"蕃地本部"当为吐蕃王畿地区，与苏波、吐谷浑、瓜沙等藩属或节度驻地区分，"本部"与"外围"地区当是一个有机的整体；其二与下文托马斯编号敦煌藏文文书说明吐谷浑各

1　王尧、陈践：《敦煌本吐蕃历史文书（增订本）》，北京：民族出版社，1992，第147页。

2　王尧、陈践：《敦煌本吐蕃历史文书（增订本）》，第148页。

3　王尧、陈践：《敦煌本吐蕃历史文书（增订本）》，第152页。

4　王尧、陈践：《敦煌本吐蕃历史文书（增订本）》，第155页。

部的赋税皆由吐蕃官方直接征收,"吐谷浑小王"并无支配权;而
第四例则说明吐谷浑地区为吐蕃边防要地,是与唐朝征战的前沿
阵地。

　　散见于吐蕃简牍与其他藏文文献资料中亦有吐谷浑部完全臣属吐
蕃的记载。托马斯编号 1-12,Fr.66(Vol.54,fol.18)书信云:

　　　　尊贵的论·祖热和论·勒蔡:……论·贪热已经命令,将吐
　　谷浑路(Va zha)农夫拖欠的三十驮粮食,加上论·勒蔡大人从
　　其驻地奉献的那一部分粮食一起交到沙州。沙州会计官事先已免
　　除了殷卡镇和曹成镇的欠粮,吐谷浑路的农夫已交过赋税,账单
　　已送来。[1]

托马斯编号 1-14,ch87(Vol.53,fol.5):

　　　　十分荣幸,尊贵的王曾经赐予我们命令。随即我们准备动
　　身。在上部地方,我们接到前述的命令,于是来到……尚论等人
　　议论去向时,我提出了两个地方,吐谷浑国和瓜州节度衙。[2]

托马斯编号 1-15(Vol.56,fol.72):

　　　　我们兄弟是勒孔家族的人,能力也不低。新卡莱城的官吏都
　　很贤明,他们在夏至日曾来这里。他们中一些判断力很强的人曾
　　应我们父亲马可赞的恩请,送上了一份求职申请。我等是勒孔家
　　族之人,能力很强,奉上过珍贵物品,都有资格担任此职。无论
　　上司任命我等中的哪一人,他都会有能力胜任此职。此事十分好

1　E. W. Thomas, *Tibetan Literary Texts and Documents concerning Chinese Turkestan*, Ⅰ, London: the
　　Royal Asiatic Society, 1951, pp.16–19.

2　E. W. Thomas, *Tibetan Literary Texts and Documents concerning Chinese Turkestan*, Ⅱ, London: the
　　Royal Asiatic Society, 1951, pp.21–22.

办：坌阿柴王及其论知道我等都是有能力的人，他们同意任命我等，并做了善意的推荐。根据上述条件，阿柴王和论曾提名我们作千户官员，请授予我等千户长之职。[1]

托马斯编号 4—5，麻扎塔格出土写卷：

在突厥啜尔、吐谷浑……仙千户。[2]

米兰出土简牍，王尧编号 61 号：

吐谷浑上部万人部落，凡属唐所辖者，每户征收五升（青稞）；万人部落田赋以六成计所征，征青稞混合堆置一处，一部分（青稞）如以羊驮运不完，可派牛运。[3]

托马斯编号 1—12 文书中提到"吐谷浑路"，这或当是对"吐谷浑国"的另一种称谓，字面意思看，其意应该与转运相关，吐谷浑各部需转运粮食至沙州会计，则知其自主权甚或不如瓜沙节度衙。而从托马斯编号 1—15 文书可知，吐谷浑小王阿柴王虽贵为赞普外甥，但对其国内官员却只有推荐权而无任命权，任命权则归于"上司"，即"德论会议"。可见在吐谷浑故地权力大于阿柴王的尚不止于赞普。从吐蕃简牍与拉露文章则可知，吐蕃将吐谷浑与突厥（即突厥州）等部落抚服后编入军旅，组成万人部落，有权任命其指挥官（万人将）的只有赞普。根据《资治通鉴》记载，8 世纪吐谷浑的每一次军事活动都是在吐蕃的主导下进行的，如唐代宗广德元年（763）九月壬戌，

1　E. W. Thomas, *Tibetan Literary Texts and Documents concerning Chinese Turkestan*, II, London: the Royal Asiatic Society, 1951, pp.22—29.

2　E. W. Thomas, *Tibetan Literary Texts and Documents concerning Chinese Turkestan*, II, London: the Royal Asiatic Society, 1951, pp.174—175.

3　王尧、陈践编著《吐蕃简牍综录》，北京：文物出版社，1986，第 38 页。

"吐蕃帅吐谷浑、党项、氐、羌二十余万众，弥漫数十里，已自司竹园渡渭，循山而东"。[1] 此类事例还有很多。

综上，或可对吐蕃控制下的吐谷浑部落形态形成以下结论：吐谷浑－阿柴国当真实存在，名义上由吐谷浑小王治理，实际上"小王"对其国各部并没有征税、调兵、任官的权力，以上皆归吐蕃高层所有，而其有限的权力亦为赞普所赋予，其妻子吐蕃公主的地位要远远高于他，故知"吐谷浑国"实不过是吐蕃的附庸，远称不得真正意义上的国家。

学界亦有根本上否定"吐谷浑国"存在的说法。如藏族学者阿顿—华多太在《论都兰古墓的民族属性》一文中即对多数学者将 Va zha（阿柴或阿夏）一词等同于吐谷浑提出质疑，试图从历史沿革、地理位置、风俗习惯等方面证明 Va zha 实是指大夏，而所谓的吐蕃治下的"吐谷浑邦国"则纯属学界虚构。[2] 此说或过极端，今不取。

从史书可知，唐朝一直扶持吐谷浑诺曷钵一系，汉地史籍未见有对吐蕃附庸"阿柴国"的记载，足见官方不予承认，落蕃诗人若为唐代外交使节，如何会在诗中犯"退浑国"这样的政治错误？反之，在张氏归义军时期，吐谷浑势力强大，归义军往来文书普遍称其首领为王，称其部为退浑国，落蕃诗人如生活于此时期，写出这样的诗也就不足为奇了。

详尽解读诗作内容，可知落蕃诗人出使吐蕃的时间，很有可能是在金山国与回鹘第一次与第二次交战之间隙。大量诗作细节都可说明落蕃诗创作于金山国时期，如，诗中"殿下"是指张承奉，写卷背后黏附的归义军时期文书与杂写等，尤其是诗作中乡、国（都）一体的说法，使得创作时间都指向归义军时期。以下详述之。

为什么说诗人是被敦煌小朝廷而非唐天子或者河西节度使差遣去吐蕃的呢？唐代奉命出使吐蕃、吐谷浑的人很多，被扣押的人同样很

---

1 《资治通鉴》卷二二三"广德元年（763）九月"条，第 7150 页。
2 阿顿·华多太：《论都兰古墓的民族属性》，《中国藏学》2012 年第 4 期，第 117 ~ 136 页。

多。如广德元年（763）李之芳、崔伦等使吐蕃，即被"留而不遣"。[1]
为何诗人不是这其中的一位呢？因为诗人是从敦煌南寿昌的马圈口出
发的，而马圈口是归义军时期敦煌写卷频繁提到的地点，是敦煌与周
边政权使节往来的重要交通孔道。敦研001+ 敦研369+P.2629《年代
不明（964年？）归义军衙府酒破历》记载"［六月］廿二日，使出马
圈口，酒壹瓮"。[2] P.2641《丁未年（947）六月都头知宴设使宋国清等
诸色破用历状并判凭》亦载："廿一日，马圈口迎于阗使用，细供叁拾
分"[3]等，马圈口在归义军政权的外事活动中有着举足轻重的地位，而
在沙州归义军政权建立之前却鲜见提及。诗人正是从这里而非甘州、
凉州抑或长安出发，诗中没有出现沙州之外的河西地名，更没出现皇
都的名字。可见作者并不是被朝廷或凉州、甘州的河西节度使差遣，
经沙州入蕃公干的。

　　从具体诗句看，诗人无疑是寄籍敦煌之人，其诗中多处表现出
对于敦煌的无限瞻恋和不舍，如《朝发马圈口》"迢迢惟梦还"，《至
墨离海奉怀炖煌知己》"回瞻云岭外"，《青海望炖煌之作》"西北指流
沙"，《首秋闻雁怀炖煌知己》"空知西北泣云烟"，《秋中霖雨》"西瞻
瀚海肠堪断，东望咸秦思转盈"，《望敦煌》"数度回瞻敦煌道"，等等。
"岭外""流沙""西北""瀚海"无疑皆是指代敦煌。《秋中霖雨》一
首因其"咸秦"字眼曾被用以分析诗人是为唐朝所驱使。然这里"肠
堪断"与"思转盈"却是互文，云诗人东瞻西望，肝肠寸断，思恋入
骨，不应偏重下句，以为东望大唐（实际已是后梁，代指中原），才
让诗人思念转深。况59首诗中，"西望"俯拾皆是，"东望"却只此一
语。又如下面两首则以敦煌之独有景物指代其家乡：《春日羁情》"乡
山离海岸……地接龙堆北"，《晚秋》"雁塞龙堆万里疆"。龙堆应是罗

1　柴剑虹：《〈敦煌唐人诗集残卷（伯2555）〉初探》，《新疆师范大学学报》1982年第2期，第72
　　页。标题中的残卷，原误印作"卷残"，径改，下不另注。
2　唐耕耦、陆宏基编《敦煌社会经济文书真迹释录》第3辑，北京：全国图书馆文献缩微复制中
　　心，1990，第273页。
3　唐耕耦、陆宏基编《敦煌社会经济文书真迹释录》第3辑，第612页。

布泊白龙堆或敦煌西北魔鬼城，皆为沙州统辖之地，龙堆、龙沙多次出现在归义军时期的文书中。如 P.3681 僧悟真诗"姑臧重别到龙堆"，《张淮深变文》"卿作镇龙沙"，等等。

既然诗人为敦煌人，那么诗歌是否可能创作于永泰二年凉州、甘州已相继失陷，杨休明率河西节度退保沙州之际？按照诗意，诗人出行是为了求援或者议和。如果定其时间于敦煌陷落前，那么从沙州出发大规模向外求援只有大历二年（767）杨休明欲征调安西四镇与河西残部兵马一次，而且也没有征成；观察使周鼎紧急发布《差郑支使往四镇索救援河西兵马一万人》，遭遇阻挠，同样没有求成。亦未见记载有请兵于吐谷浑者，抑或远赴吐蕃王庭与之乞和之事——况且这时候沙州大门外就是吐蕃诸部的兵营，乍出被重重围困的敦煌，就只能如宋衡一般被立即俘获。而诗人竟而一路悠然行到青海边，生了场病，登一回山才被吐蕃人发现并羁押，这实在是有违建中至贞元年间的实际情况。

另当注意的一个词语是"乡国"。诗人的乡国应该是在敦煌。下面几首诗都提到了它：《登山奉怀知己》"黯然乡国处"，《夏日忽见飞雪之作》"唯余乡国意"，《秋中雨雪》"乡国只今迷所在，音书纵有遣谁传"，《晚秋登城之作》"乡国云山遮不见""乡国未知何所在"，《阙题》"乡国阻隔万重山"，又上《秋中霖雨》诗"山遥塞阔阻乡国"，当对应下文"西瞻瀚海肠堪断"，一想到敦煌的"乡国"，就肠断、虑多。这五十九首诗里，乡国字眼频频出现，凡有七次之多，词典释古人之乡国为故乡或祖国（故国）之别称。观诗语境，笔者认为其暗示诗人的乡与国（都）是一体，而它们悉向西，指向敦煌。正如上文所指，落蕃诗人如果生活在唐代，其诗作独以"塞上""敦煌"为思恋咏歌之对象无疑是极不合情理的。从诗作中看，诗人对陇山以东似乎毫无概念，故只能认为敦煌已成为诗人心中的家乡与国家共同之所在，这种情况只会出现在归义军时期，甚至只会出现在金山国时期。

综上所论，庶几可以认为，归义军时期，敦煌南苏干尔湖地区存在着一个吐谷浑聚落。

第四节　吐谷浑人在敦煌的生业方式和宗教活动

敦煌地区有慕容氏命名的村庄聚落，表明定居在河西的吐谷浑人形成了村落。据敦煌文献 P.5007《敦煌诗》记载："万顷平田四畔沙，汉朝城垒属蕃家。歌谣再复归唐国，道舞春风杨柳花。仕女尚梳天宝髻，水流依旧种桑麻。雄军往往施鼙鼓，斗将徒劳猃狁夸。""蕃家"既指以粟特人为主的胡姓居民，也指敦煌地区的吐蕃、吐谷浑居民。[1]

细考敦煌文献与石窟题记，敦煌地区的吐谷浑人还有慕容略罗、程憨多、何员定、王再昌、拨乞狸、王士浑、悉兵略、悉列没藏、他悉禄等，敦煌文献明确记载了其吐谷浑人的身份。这些名字杂有粟特、吐蕃、汉等族的姓氏，反映了敦煌吐谷浑人与其他民族的交融。[2]敦煌吐谷浑人同其他民族一道，在这片土地上辛勤劳作，繁衍生息。

一　敦煌吐谷浑人的生业方式

敦煌吐谷浑人从事的行业主要有畜牧业、农林业、军人、占卜业等。

（一）畜牧业

早期吐谷浑与突厥、柔然等其他古代北方少数民族一样，逐水草而居，以游牧业为主。

> 有城郭而不居，随逐水草，庐帐为室，肉酪为粮。[3]
> 其地则张掖之南，陇西之西，在河之南，故以为号。其界

---

[1] 郑炳林:《晚唐五代河西地区的居民结构研究》,《兰州大学学报》2006 年第 2 期, 第 10 页。
[2] 冯培红:《从敦煌文献看归义军时代的吐谷浑人》,《兰州大学学报》2004 年第 1 期, 第 24 页。
[3] 《旧唐书》卷一九八《吐谷浑传》, 第 5297 页。

东至垒川，西邻于阗，北接高昌，东北通秦岭，方千余里，盖古
之流沙地焉。乏草木，少水潦，四时恒有冰雪，唯六七月雨雹甚
盛。若晴则风飘沙砾，常蔽光景。其地有麦无谷。有青海方数百
里，放牝马其侧，辄生驹，土人谓之龙种，故其国多善马。有屋
宇，杂以百子帐，即穹庐也。著小袖袍，小口袴，大头长裙帽。
女子披发为辫。[1]

迁居敦煌后，以游牧为主的吐谷浑人，逐渐开始从事其他产业，畜牧
业是他们最擅长的。

马在游牧民族的生活中占有重要地位。吐谷浑人素来擅长养马，
吐谷浑牧业经济尤以养马业为最盛，不仅养马数量多，而且盛产良马，
所产"青海骢"能日行千里，是蜚声海内的名马，号为"龙种"。据考
证，武威出土的稀世珍品——马踏飞燕的塑形即为吐谷浑的青海骢。

在敦煌，吐谷浑人受雇于当地人家、寺院，为其放牧牲畜，如齐
周家，P.3774《丑年（821）十二月沙州僧龙藏牒》载："齐周出自牧
子，放经十年。后群牧成，始雇吐浑牧放。至丑年羊满三百，小牛驴
共卅头。"S.6233《年代不明（9世纪前期）诸色斛斗破历》又载："出
麦壹硕肆斗，还吐浑放羊价。"

随着龙家人大批迁徙河西，吐谷浑人的放牧者身份逐步被其取
代，[2] 瓜州的慕容祐子是北宅的宅官，负责对北宅所管的畜牧业者的
牛皮、羊毛的收领。敦煌文献 P.2155 v《归义军曹元忠时期驼马牛
羊皮等领得历》记载道："宅官慕容祐子合领得陈顺德群牛皮叁张、
犊子皮伍张，张保富群白羊皮壹拾柒张、羖羊皮柒张，王盈信群白
羊皮壹拾柒张、羖羊皮玖张。"另外，P.2703v（1）《壬申年（972）
十二月故都头知内宅务安延达等状》亦载："宅官慕容祐子合领王
盈信群壹拾叁斤、张保富两群共毛玖斤半。"可见，一些吐谷浑人，

1　《梁书》卷五四《西北诸戎传》，北京：中华书局，1973，第810页。

2　冯培红：《从敦煌文献看归义军时代的吐谷浑人》，《兰州大学学报》2004年第1期，第26页。

如慕容祐子等已经获得畜牧业的管理权，成为管理敦煌畜牧业的
"宅官"。

（二）农林业

早期吐谷浑人虽以牧业为主，但亦从事农业生产。诚如《晋
书·吐谷浑传》所载："地宜大麦，而多蔓菁，颇有菽粟。"由于重
牧轻农，农业经营方式较粗放，因而农业生产水平较低。迁居敦
煌后，吐谷浑人的农业生产水平逐渐提高。河西地区的农业较为发
达，来自青海以牧业为主的吐谷浑人进入河西之后，与汉族等农业
民族杂居，形成村庄聚落，开始定居，为从事农林业奠定基础。细
考史籍，唐朝初年高宗、武周时期，初从青海迁居敦煌的吐谷浑的
生业方式以牧业为主，并未与当地汉人充分融合转入农林作业。伴
随着民族交流的不断加深，敦煌吐谷浑人开始从事农林业。吐谷浑
人的私有财产里已经拥有耕田和耕牛等农业生产的标志，如 P.4783
《癸卯年九月廿三日施牛两头出唱如后》所载慕容刺史祭祀斋日布
施两头牛。而 S.4472v《辛酉年十一月廿日张友子新妇身故聚赠历》
载："慕容营田粟并"；P.2049v《后唐同光三年（925）正月沙州净
土寺直岁保护手下诸色入破历算会牒》亦载："麦伍斗，退浑营田利
润入。"可见，吐谷浑人从事了农业耕作并管理农业事宜，担任营
田使。

他们从事林业生产，植树造林，经营木材生意。据 S.5937《庚
子年（940）十二月廿二日都师愿通沿常住破历》载："又麸两石，
雇张义成车千渠慕容使君庄上载木用。"[1] S.5048 v《庚子年（940）麸

---

1 郝春文编著《英藏敦煌社会历史文献释录》第 2 卷，北京：社会科学文献出版社，2003，第
250～251 页。图版参见中国社会科学院历史研究所等编《英藏敦煌文献（汉文佛经以外部分）》
第 1 卷，第 179 页。

破历》载"三月三日麸两硕伍斗，还暮（慕）容使君柽价"。[1] 柽即
红柳。

（三）军人

　　敦煌地区的军队是由多个少数民族共同构成，吐谷浑人参与其
中，P.3720《张淮深造窟记》云："河西异族狡杂，羌、龙、嗢末、退
浑数十万众，驰诚奉质，愿效军锋。"P.3633《龙泉神剑歌》后附杂诗
中，有"慕容胆壮拔山力，突出生擒至马前"的句子。有军功的吐谷
浑人在军界、政界都得到擢升，从而有了较高的社会地位。还有一些
敦煌吐谷浑人充任了占卜师，详见下文。

二　吐谷浑人在敦煌的宗教活动

　　吐谷浑人在宗教信仰方面呈现出多元化的特征。吐谷浑的原始
宗教信仰源远流长，在迁居青海之前，鲜卑族就同其他古代北方少数
民族一样盛行原始宗教，吐谷浑鲜卑就擅长以法术预测吉凶，占卜未
来，祭祀山川、日月。据《晋书·吐谷浑传》云：

　　　　吐谷浑曰："先公称卜筮之言，当有二子克昌，祚流后裔。
　　我卑庶也，理无并大，今因马而别，殆天所启乎！诸君试驱马令
　　东，马若还东，我当相随去矣。"[2]

《三国志·魏书·乌丸鲜卑东夷传》云：

　　　　或随痛病处，以刀决脉出血，及祝天地山川之神，无针

1　冯培红：《从敦煌文献看归义军时代的吐谷浑人》，《兰州大学学报》2004 年第 1 期，第 26 页；黄
　　兆宏：《吐谷浑入迁河西及其影响浅析》，《宁夏师范学院学报》2017 年第 4 期，第 75 页。
2　《晋书》卷九七《吐谷浑传》，第 2537 页。

药……敬鬼神，祠天地日月星辰山川，及先大人有健名者，亦同
祠以牛羊，祠毕皆烧之。[1]

辽东慕容鲜卑有祭祀神山的习俗，史称鲜卑人境内有大鲜卑山，
因而该族群号称为鲜卑。吐谷浑迁徙至青海地区之后，仍然保留神山
信仰，因而在吐谷浑境内也有鲜卑山，在青海郭里木棺板画 B 板画
面之一的祭祀鲜卑山图就反映了这一信仰。北魏郦道元《水经注》卷
二《河水》引《释氏西域记》载："牢兰海，东伏流龙沙堆，在敦煌
东南四百里阿步干鲜卑山，东流至金城，为大河。"阿步干为鲜卑语，
可知阿布干鲜卑山为吐谷浑人所命名。大致可知吐谷浑在西迁之后，
曾将祁连山中段之山称为阿步干鲜卑山，作为吐谷浑人顶礼祭拜的
神山。[2]

吐谷浑王慕璝时期（426～436），很多河西人迁居青海，其与邻
近各国的交往日益频繁，在崇奉佛法的周边四邻的影响下，佛教也逐
渐传入吐谷浑。南朝宋齐之际，吐谷浑国就有佛教传播，吐谷浑人开
始信奉佛教。吐谷浑北接河西地区，五凉政权崇奉佛教，河西地区佛
教文化兴盛，同时吐谷浑东邻西蜀，而西蜀是西南地区的佛教中心。
相邻地区佛教的繁荣势必影响到吐谷浑社会佛教的发展。吐谷浑是丝
绸之路的重要通道，商队僧侣南北行役，东西游学，吐谷浑作为必经
之路，被称为"吐谷浑道""河南道"，吐谷浑维护了东西商贸和文化
的繁荣，吐谷浑也借此与中原王朝保持文化上的联系，这为各种宗教
文化在吐谷浑的传播交流提供了条件。

南北朝时期往还不绝的僧侣将佛教传播到青海，推动了南北佛
教文化的交流。西域和河西等地多位僧人冲破政权阻隔，穿越多重
国界，云游南北，讲经传法，佛教开始传到青海地区。据《高僧传》
载，江陵人释昙度，本姓蔡，所撰《成实论大义疏》八卷，"盛传北

---

1 《三国志》卷三〇《魏书·乌丸鲜卑东夷传》，第 832～833 页。
2 张泽洪：《吐谷浑多元宗教的文化透视》，《青海社会科学》2013 年第 1 期，第 173 页。

土"。[1]凉州高僧释弘充渡江南下，"释弘充，凉州人。少有志力，通庄老，解经律。大明末过江，初止多宝寺"。[2]高昌人释智林"负帙长安，振锡江豫"。[3]陇西高僧释法瑗，从河西一路游学汉中、燕赵、洛阳、成都等地，求学传法，"辞开游学，经涉燕赵，去来鄹洛。值胡寇纵横，关陇鼎沸。瑗冒险履危，学业无怠。元嘉十五年（438）还梁州，因进成都，后东适建鄹，依道场慧观为师。笃志大乘，傍寻数论。外典坟素，颇亦披览。后入庐山守静味禅，澄思五门，游心三观"。[4]

在丝绸之路的文化交流中，吐谷浑地处南朝与西域的咽喉要道，而成为佛教文化传播的中转站。540年，夸吕可汗又遣使到梁，"求释迦像并经论十四条，敕付像并制旨《涅槃》《般若》《金光明讲疏》一百三卷"。南朝佛教倒传入西域，途经吐谷浑被译为吐谷浑语。

> 未闻中华演述佛教，倒传西域，有诸乎？通曰："昔梁武世，吐谷浑夸吕可汗使来求佛像及经论十四条，帝与所撰《涅槃》《般若》《金光明》等经疏一百三卷付之。原其使者必通华言，既达音字，到后以彼土言译华成胡，方令通会。彼亦有僧，必辗转传译，从青海西达葱岭北诸国，不久均行五竺，更无疑矣。故车师有《毛诗》《论语》《孝经》，置学官弟子，以相教授。虽习读之，皆为胡语是也。"[5]

南朝刘宋时期的高僧释慧览是京师中兴寺僧人，曾游历西域求法，返回南朝时途次吐谷浑。吐谷浑王室极为重视，慕延世子琼等向他求经问法，盛情接待并资助之。

---

1 （梁）释慧皎撰，汤用彤校注《高僧传》，北京：中华书局，1992，第304页。

2 （梁）释慧皎撰，汤用彤校注《高僧传》，第308页。

3 （梁）释慧皎撰，汤用彤校注《高僧传》，第309页。

4 （梁）释慧皎撰，汤用彤校注《高僧传》，第312页。

5 （宋）赞宁：《宋高僧传》，范祥雍点校，北京：中华书局，1987，第679页。

> 释慧览，姓成，酒泉人。少与玄高俱以寂观见称。览曾游西域，顶戴佛钵，仍于罽宾从达摩比丘谘受禅要。达摩曾入定往兜率天，从弥勒受菩萨戒。后以戒法授览。览还至于阗，复以戒法授彼方诸僧，后乃归。路由河南。河南吐谷浑慕延世子琼等，敬览德问，遣使并资财，令于蜀立左军寺，览即居之。后移罗天宫寺。[1]

南北朝时期，凉州高僧释玄畅是一代宗师，曾云游南北，宋文帝请他担任太子师，受到南朝几代国主的敬仰，吐谷浑主对他也十分仰慕，率数百名随从到齐山迎接：

> 释玄畅，姓赵，河西金城人 ……洞晓经律，深入禅要。占记吉凶，靡不诚验。坟典子氏，多所该涉。至于世伎杂能，罕不必备……齐骠骑豫章王嶷作镇荆、峡，遣使征请。河南吐谷浑主，遥心敬慕，乃驰骑数百，迎于齐山。值已东赴，遂不相及。[2]

据《梁书》卷五四《西北诸戎传》载：

> 其后吐谷浑孙叶延，颇识书记，自谓曾祖奕洛干始封昌黎公，吾盖公孙之子也。礼以王父字为国氏，因姓吐谷浑，亦为国号。至其末孙阿豺，始受中国官爵。弟子慕延，宋元嘉末又自号河南王。慕延死，从弟拾寅立，乃用书契，起城池，筑宫殿，其小王并立宅。国中有佛法。拾寅死，子度易侯立。易侯死，子休留代立。[3]

吐谷浑与益州相邻，两地文化交流频繁，"其地与益州邻，常通商

1　（梁）释慧皎撰，汤用彤校注《高僧传》，第 418 页。
2　（梁）释慧皎撰，汤用彤校注《高僧传》，第 314 ~ 316 页。
3　《梁书》卷五四《西北诸戎传》，第 810 页。

贾，民慕其利，多往从之，教其书记，为之辞译，稍桀黠矣。"[1] 南朝梁国天监十三年（514），吐谷浑王伏连筹在益州建立九层佛寺。

> 梁兴，进代为征西将军。代死，子伏连筹袭爵位。天监十三年，遣使献金装马脑钟二口，又表于益州立九层佛寺，诏许焉。[2]

南朝宋齐梁时期，吐谷浑几代国主都崇奉佛教，显示出吐谷浑国中佛教之盛。

位于甘肃省临夏回族自治州永靖县西南约四十公里的炳灵寺石窟第 169 窟，规模宏大，雕塑技艺精湛，是西秦建弘元年（420）所建，如此规模，势必有政权支持，可见当时乞伏鲜卑笃信佛法，社会上流行凿窟而居禅。吐谷浑政权和西秦乞伏氏政权同样源于鲜卑族，可谓同宗同源，而吐谷浑毗邻西秦，二者位于同一时空下，可以想见吐谷浑国内佛教之流行。

南北朝时期，虽有政权阻隔，而南北佛教文化却是交流不断，同步发展。成都地区的佛教经由河南道从吐谷浑传到成都地区，成都地区和河西陇右地区的佛教同步发展，连成一体。[3]

吐谷浑亡国后，大量吐谷浑人携带佛教文化传统进入具有深厚佛教文化底蕴的敦煌地区，在敦煌继续其宗教活动。庶几可以认为，吐谷浑人中崇奉佛法者当为数甚众。

吐谷浑人参与了寺院的经济生活，他们为寺院放牧、耕作，在服务于寺院的同时，耳濡目染佛教文化。P.2049v《后唐同光三年（925）正月沙州净土寺直岁保护手下诸色入破历算会牒》称："麦伍斗，退浑营田利润入……玖斗，退浑他悉禄利润入。"[4] 在敦煌，吐谷浑人担

1　《梁书》卷五四《西北诸戎传》，第 810 页。

2　《梁书》卷五四《西北诸戎传》，第 810 页。

3　孙晓岗：《试论成都佛教的发展与传播》，《敦煌学与中国史研究论集》，兰州：甘肃人民出版社，2001，第 403 页。

4　池田温『中國古代籍帳研究』，東京：東京大学東洋文化研究所，1979，第 617-630 頁；冯培红：《从敦煌文献看归义军时代的吐谷浑人》，《兰州大学学报》2004 年第 1 期，第 22 ~ 30 页。

任卜师，替人占卜，表现出长于占卜法术的才能。在敦煌文献中的卜师、阿师，多由吐谷浑人充任。P.4640 v《己未至辛酉年（899～901）归义军衙内布纸破用历》称："又支与退浑卜师纸伍张……五月二日，都押衙罗通达传处分，支与卜师悉兵略等二人各细布壹匹。"S.3074 v《吐蕃占领时期某寺白面破历》云："出白面壹硕伍斗，付张履玖，充窟设吐浑阿师。"P.2040v《后晋时期净土寺诸色入破历算会稿》云："褐捌尺，看卜师人事入。"[1]

　　吐谷浑余裔在莫高窟和榆林窟开凿维护石窟，推动了敦煌佛教艺术的发展。慕容家族和曹氏家族几代人联姻不绝，作为敦煌大族，慕容氏和曹氏几代人联合在敦煌开窟造像（图3-2），为10世纪敦煌地

图3-2　瓜州榆林窟第12窟甬道南壁慕容圭等供养人（敦煌研究院供图）

1　张泽洪：《吐谷浑多元宗教的文化透视》，《青海社会科学》2013年第1期。

区的石窟建设做出积极的贡献，发展了敦煌佛教艺术，传承了丝绸之路的佛教文化。吐谷浑人除了崇奉原始宗教及佛教外，他们还崇尚中原道教。从甘肃、宁夏等地出土的吐谷浑棺板画的主题内容即可窥见其崇奉道教的倾向。其棺板画上多绘制有青龙、白虎、朱雀、玄武，道教称为四灵、四象，分别为中国古代神话的东方、西方、南方、北方之神，道教神系中称之为东方七宿星君、西方七宿星君、南方七宿星君、北方七宿星君。可见，吐谷浑棺板画彩绘四灵，是期望四灵神力护佑墓主人。道教有四灵可化神兵之说，这是吐谷浑墓棺板图画四灵道理所在。

第五节　吐谷浑慕容家族在敦煌的活动

　　敦煌慕容氏来自吐谷浑，慕容部出自乌古斯部族的 Bajundur 部落。敦煌文献 S.8443 A-H《甲辰至丁未年（944～947）李阇梨出便黄麻麦名目》有"退浑慕容略罗"的记载。1945 年，武威南山发现出的《金城县主墓志》中称"吐谷浑国王慕容诺曷钵"，同时发现的《慕容曦光墓志》中称"王讳曦光，字晟，昌黎鲜卑人"。[1]齐东方认为，河西地区的慕容氏是吐谷浑的后裔：

　　　　四世纪以降，辽东慕容鲜卑开始强盛，并逐渐入居中原和关中，到五世纪初，先后建立了前燕、西燕、后燕、南燕、北燕等政权。这一时期慕容氏活动的最西达张掖，人数并不多。因此，河西的慕容氏大都属于吐谷浑所部。吐谷浑灭国后，有相当多的吐谷浑人迁到瓜、沙二州，张议潮统治时期也有不少吐谷浑人归入。故敦煌石窟题名中的慕容氏，当是吐谷浑人的后裔。[2]

1　夏鼐：《考古学论文集》，石家庄：河北教育出版社，2000，第211、219页。

2　齐东方：《敦煌文书及石窟题记中所见的吐谷浑余部》，北京大学中国中古史研究中心编《敦煌吐鲁番文献研究论集》第5辑，第270页。

吐谷浑在敦煌社会势力强大，慕容家族显赫的社会地位正体现了这一情况。慕容家族在吐谷浑余裔中最有势力，其影响力最为持久，是吐谷浑势力在敦煌地区的发展。慕容氏家族势力的强大，始自慕容归盈。慕容归盈所属的吐谷浑慕容氏，大约于唐僖宗中和五年（885）前迁居沙州。慕容氏崛起于归义军时期，他们大多担任高官，与曹氏归义军政权建立姻亲关系，成为宋初归义军时期的豪门望族。

一　慕容家族的崛起

晚唐五代时期，敦煌地区的吐谷浑人已经成为归义军政权下辖的一个部族，逐渐与其他民族融合，其中慕容归盈从吐谷浑部落的一个普通编户逐渐脱颖而出，社会地位显赫，昭示出吐谷浑部族在敦煌社会的强势地位。

慕容归盈是曹氏归义军政权（914～1036）初期的一个重要人物，早年定居沙州，是归义军治下的编户，金山国建立前后，效力于张承奉，开始了他的政治生涯。张承奉金山国时期，敦煌遭到甘州回鹘的进攻，金山国时期的 P.3633《龙泉神剑歌》有云：“今年回鹘数侵疆，直到便桥列战场。”金山国皇帝雄心勃勃，一心想要重新取得东、西失地，多次与回鹘发生战争，意在打通河西一道，重新回到张议潮时代西包伊吾、东尽灵武的广袤疆域。“东取河兰广武城，西取天山瀚海军。北扫燕然（葱）岭镇，南尽戎羌逻莎平。三军壮，甲马兴，万里横行河湟清。”[1]

慕容归盈的时代，战火频仍，归盈以武功起家。907 年，朱全忠废唐自立，建立后梁，中原历史进入五代十国时期。此时，统治沙州的张氏归义军政权内外交困，日薄西山。统治阶层内部，政权频繁更迭，外部与甘州回鹘交战，敦煌文书 P.3633《辛未年七月沙州百姓一万人上回鹘大圣天可汗状》表达了敦煌地区百姓渴望和平稳定的愿望。

1　徐俊纂辑《敦煌诗集残卷辑考》，北京：中华书局，2000，第 808 页。

在金山国与回鹘的多次战役中，慕容归盈作战勇敢，战功卓著，
P.3633 中紧随《龙泉神剑歌》之后的三首七言缺题诗中称："慕容胆壮
拔山力，突出生擒至马前"，[1] 生动描绘了慕容家族在军界的崛起。慕
容归盈因其在与回鹘作战中的杰出表现，受到当时的同事、后来重建
归义军政权的曹氏的赏识。张承奉西汉金山国灭亡后，曹氏重建归义
军，归盈出任瓜州刺史，开始跻身瓜沙上层统治圈。[2] 郭锋认为：归盈
出任曹氏归义军瓜州刺史的时间大约在 914 ~ 919 年之间，卒于后晋
天福五年（940）九月廿三日。[3] 自 914 年至 940 年，慕容归盈任瓜州
刺史长达 26 年之久（图 3-3），先后经历了曹议金和元德二代，可谓
是曹氏统治时期的元老级人物。慕容归盈以瓜州刺史兼墨离军使，掌

图 3-3　瓜州榆林窟第 12 窟南壁慕容归盈出行图（敦煌研究院供图）

1　徐俊纂辑《敦煌诗集残卷辑考》，第 810 页。

2　郭锋：《略论慕容归盈出任归义军瓜州刺史前的身世》，《敦煌研究》1991 年第 4 期，第 89 ~ 95 页。

3　郭锋：《慕容归盈与瓜沙曹氏》，《敦煌学辑刊》1989 年第 1 期，第 90 ~ 106 页。

管墨离军军权。异姓而居高位者，在曹氏归义军政权，归盈是唯一的一位，其在瓜州权倾一时，被百姓奉若神明。

在曹氏归义军政权中，慕容氏获得了几乎与曹氏等同的权势和地位。慕容归盈多次与曹氏归义军政权一道，以瓜州刺史的身份入贡中原。据《册府元龟》载，同光四年（926）二月瓜州刺史慕容归盈随曹议金入朝贡马；清泰元年（934）慕容归盈与沙州和回鹘一道入朝进贡；清泰二年（935）七月慕容归盈与沙州刺史曹议金、凉州留后李文谦一道入朝，归盈献马五十匹：

（同光四年）二月，曹义金进和市马百匹……瓜州刺史慕容归盈贡马。[1]

（后唐）末帝清泰元年七月癸丑，检校刑部尚书瓜州刺史慕容归盈转检校尚书左仆射，时瓜、沙附回鹘来朝贡，今使归，故有斯命。[2]

清泰二年七月，沙州刺史曹义金、凉州留后李文谦各献马三匹，瓜州刺史慕容归盈献马五十匹。[3]

慕容归盈在瓜州具有巨大的影响力。在他去世三十年后的宋初开宝四年（971），瓜州的僧俗官员百姓联名请愿，向当时的归义军节度使曹元忠陈书，怀念归盈，要求为慕容归盈建立城隍庙祭祀，此举背后虽有当时情势所致，然也足见慕容家族在瓜州的强大权势和影响力。其文见于敦煌文书 P.2943《宋开宝四年（971）内亲从都头知瓜州衙推汜愿长等状》：

1. 内亲从都头知瓜州衙推汜（愿长）与合城僧俗官吏百姓等
2. 右（愿长）等昨去五月一日城头神婆神着所说神语，只言

---

1 （宋）王钦若等编纂《册府元龟》卷一六九《帝王部·纳贡献》，第 2036 页。

2 （宋）王钦若等编纂《册府元龟》卷九六五《外臣部·封册三》，第 11355 页。

3 （宋）王钦若等编纂《册府元龟》卷九七二《外臣部·朝贡五》，第 11423 页。

瓜州城隍

3. 及都河水浆一切总是故暮（慕）容使君把勒。昨又都河水断，至今

4. 未回。百姓思量无计，意内灰惶。每有赛神之时，神语只是

5. 言说不安置暮（慕）容使君坐（座）位，未敢申说。今者合城僧俗官吏

6. 百姓等不避斧钺，上告

7. 王庭。比欲合城百姓奔赴上州，盖缘浇溉之时，抛离不

8. 得。今者申状号告大王，此件乞看合城百姓颜面

9. 方便安置，赐与使君坐（座）位，容不容，望在

10. 大王台旨处分。谨具状申

11. 闻，谨录状上。

12. 牒件状如前，谨牒。

13. 开宝四年五月一日内亲从都头知瓜州衙推氾（愿长）与瓜州僧俗官吏等牒

14. 衙推氾愿长信札羊角一只献上

15. 大王。[1]

二　归盈之后慕容家族的发展

慕容归盈去世后，慕容家族通过联姻的方式，在瓜州的经济、政治、军事等方面继续保持强劲的实力，拥有较高的社会地位。慕容家族的人担任的官职有都押衙、节度押衙、虞候、节度都头、营田使、宅官、常乐县令、玉门军使、紫亭镇遏使，[2] 在曹氏归义军政权中举足轻重。瓜州是慕容家族的大本营，继归盈掌控瓜州军权之后，归盈的孙子慕容言长出任玉门事君，掌管玉门军。而瓜州地区是归义军政权

1　唐耕耦、陆宏基编《敦煌社会经济文献真迹释录》第 5 辑，北京：全国图书馆文献缩微复制中心，1990，第 25 ~ 26 页。

2　冯培红：《从敦煌文献看归义军时代的吐谷浑人》，《兰州大学学报》2004 年第 1 期，第 23 页。

和甘州回鹘的重要通道，成为归义军节度使抗击甘州回鹘的前沿阵地，因而掌控瓜州军权的慕容家族的军事地位自然举足轻重，也可以说慕容家族控制了丝路要冲。

据敦煌文献及敦煌莫高窟、瓜州榆林窟供养人题记等资料记载，10 世纪，慕容家族在曹氏归义军时期经历四代人，慕容归盈→慕容员顺→慕容长政、慕容言长→慕容保实、慕容隆贵。归盈之后，慕容家族的子侄们虽不再有归盈之显赫，但依然活跃在敦煌社会的政治舞台上。慕容长政曾任都押衙，[1] 慕容长永出任县令，慕容言长任玉门使君掌管着玉门军、曾孙慕容贵隆出任都头等。[2] 慕容家族与曹氏政权几代人姻亲不断。早在曹氏归义军初期，曹议金将自己的第十一姐嫁给了慕容归盈，而将自己的第十六女嫁给了慕容归盈的儿子。据榆林窟 36 窟和莫高窟 454 窟等窟的题记可知，曹元忠的长女曹延鼎嫁给了慕容氏，[3] 曹元忠的侄子曹延恭又娶慕容氏之女。[4] 归盈的孙女即慕容家族第三代嫁给了曹家第三代曹延恭和曹延瑞。慕容家族的背后是强大的吐谷浑势力，吐谷浑势力是曹氏政权稳定的重要因素，这是曹氏政权与慕容家族联姻的动因之一。慕容家族显赫社会的地位几代人不衰，与联姻曹氏有关，还与敦煌社会的吐谷浑势力密切相关。

三　慕容氏的石窟营建

莫高窟第 53、61、98、108、202、205、256、454 窟，榆林窟第

1　莫高窟第 202 窟有题记曰："故管内都押衙行常乐县令银青光禄大夫检校右散骑常侍兼御史大夫慕容长政。"

2　《敦煌莫高窟供养人题记》：莫高窟第 256 窟的窟主是慕容言长，该窟东壁门北侧列南向第三身有"男节度都头银青光大夫检校左散骑常侍御史大夫慕容贵隆……"的题记。

3　榆林窟曹元忠和浔阳翟氏夫人所修的第 19、25、36 窟中有"延鼎"的题名。第 36 窟的题记是"长女延鼎小娘子一心供养出适慕容"。"延鼎"即曹元忠与浔阳翟氏夫人所生之长女。

4　莫高窟第 454 窟是曹延恭的功德窟。该窟甬道南壁列西向第五身有"窟主敕归义军节度瓜沙等州观察处置管内营田押蕃落等□□□中书令谯郡开国公食邑一千五百户食实封五百户延恭一心供养"的题记。同窟主室南壁列东向第四身有"窟主敕授清河郡夫人慕容氏一心供养"的题记。显然，这位慕容氏是曹延恭的夫人。

12、17、23、25、26、36 窟都有慕容氏的名字，是慕容家族开凿供养的。

慕容员顺是莫高窟 98 窟供养人，供养人题名为："节度押衙银青光禄大夫检校太子宾客慕容员顺一心供养。"员顺可能是慕容归盈的子侄辈。都押衙慕容长政是莫高窟第 202 窟的供养人，202 窟有题记称："故管内都押衙行常乐县令银青光禄大夫检校右散骑常侍兼御史大夫慕容长政。"205 窟的供养人题记有"窟主墨厘军诸军事（缺）一心供养"，贺世哲、孙修身据此推断，205 窟窟主为瓜州慕容氏，[1] 而齐东方持同样观点。[2] 莫高窟第 256 窟是慕容家族的家窟，开凿于曹宗寿时期，是归盈的孙子慕容言长在晚唐的基础上独自重建的洞窟，成为 256 窟的窟主。供养人中还有节度都头银青光禄大夫检校左散骑常侍兼御史大夫慕容贵隆，他是慕容归盈的曾孙，莫高窟第 256 窟东壁门北侧列南向第三身题记称有"男节度都头银青光大夫检校左散骑常侍御史大夫慕容贵隆"的题记。

榆林窟第 12 窟有题记曰"授墨离军诸军事知瓜州刺史检校司空……"书写者为慕容保实，题记称"皇祖检校司空慕容归盈……施主紫亭镇遏使银青光禄大夫检校散骑常侍保实"。该窟本为曹元忠窟，慕容保实是榆林窟第 12 窟的供养人，题记称："施主紫亭镇遏使银青光禄大夫检校散骑常侍（慕容）保实。"榆林窟第 23 窟题记为"清信弟子慕容（缺）一心供养""节度押衙谦［兼］都知慕容（缺）"。

莫高窟和榆林窟有很多女供养人，慕容家族的妇女也参与了洞窟的供养，其中既有嫁给曹氏的慕容女，也有嫁到慕容家的曹氏女。

莫高窟 53 窟题记为"（新妇）慕容氏一心供养……一心供养出适慕容氏"。慕容新妇推测是归盈女，后者是出适慕容氏的曹氏女。莫高窟 61 窟题记有"姊谯县夫人一心供养（出适慕容氏）""故谯县夫人一心供养（出适慕容氏）"。莫高窟 108 窟供养人题记称"故姐弟

1　贺世哲、孙修身：《瓜沙曹氏与敦煌莫高窟》，敦煌文物研究所编《敦煌研究文集》，第 249 页。

2　齐东方：《敦煌文书及石窟题记中所见的吐谷浑余部》，北京大学中国中古史研究中心编《敦煌吐鲁番文献研究论集》第 5 辑，第 270 页。

十一小娘子一心供养（出适慕容氏）""侄女弟十六小娘子一心供养
（出适慕容氏）"。曹延恭的夫人慕容氏是莫高窟第 454 窟的供养人，
该窟题记称"窟主敕授清河郡夫人慕容氏一心供养"。莫高窟第 454
窟是曹延恭的功德，该窟甬道南壁列西向第五身有"窟主敕归义军节
度瓜沙等州观察处置管内营田押蕃落等□□□中书令谯郡开国公食邑
一千五百户食实封五百户延恭一心供养"的题记。延鼎是榆林窟多个
洞窟的供养人，"延鼎"即曹元忠与浔阳翟氏夫人所生之长女，嫁到了
慕容家。榆林窟第 17、25、36 窟是曹元忠和浔阳翟氏夫人所修，其
中有"延鼎"的题名。榆林窟第 35 窟为曹延瑞窟，题记"敕授清河
郡夫人慕容氏一心供养"，清河郡夫人慕容氏即曹延瑞之妻。第 36 窟
的题记是"长女延鼎小娘子一心供养出适慕容"。榆林窟 17 窟也有
"长女小娘子延鼎出适慕容氏"的题记。

　　借助与曹氏联姻，慕容家族几代人在敦煌社会持续拥有强大政
治势力和崇高的社会地位，曹氏同样借用慕容家族背后的强大吐谷浑
势力，这在敦煌石窟的题记中得到印证。曹氏家族与慕容家族共同
开凿供养了多个洞窟，两个家族的成员常常同时出现在洞窟的题记
中，交织在一起，共同为敦煌的石窟建设和佛教文化做出贡献。这不
仅见证了两个家族几代人的姻亲关系，更是敦煌吐谷浑部族与其他民
族充分融合的典型代表。史苇湘认为，敦煌莫高窟的营建延续千年之
久，其根源在于敦煌的生产关系，[1]古代敦煌的上层建筑中，豪门士族
在意识形态领域占据主导地位，敦煌莫高窟的持续营建就是集中的体
现。汉晋时期，中原士族因各种不同的原因来到敦煌，一些豪族大姓
在敦煌延续十多个世纪，见于石窟题记、铭文等资料的主要有：索、
阴、翟、李、曹、氾、阎、张、阚、令狐等。多位学者已经对敦煌大
姓进行了深入研究，如冯培红《汉晋敦煌大族略论》《敦煌大族与前
秦、后凉》，杜斗城、孔令梅《简论十六国北朝时期的敦煌大族与佛
教》，刘安志《唐朝吐蕃占领沙州时期的敦煌大族》，刘雯《吐蕃及归

1　史苇湘：《世族与敦煌》，敦煌文物研究所编《敦煌研究文集》，第 151～164 页。

义军时期敦煌索氏家族研究》等。[1] 曹氏归义军时期，仅见诸莫高窟61 和 98 两窟题记的敦煌大族就有索、翟、阴、氾、宋、张、李、慕容、陈、闫等姓，这些豪门大族霸占更多的土地和家丁，担任重要官职，拥有地方势力，与曹氏联姻，形成强大的政治力量，成为曹氏政权的重要支柱，同时也是曹氏归义军时期敦煌石窟营建的主力，主导着敦煌佛教文化的发展，慕容家族即是其中之一。

1　冯培红：《汉晋敦煌大族略论》，《敦煌学辑刊》2005 年第 2 期；杜斗城、孔令梅：《简论十六国北朝时期的敦煌大族与佛教》，《敦煌学辑刊》2010 年第 4 期；冯培红：《敦煌大族与前秦、后凉》，《南京师大学报》2012 年第 2 期；刘安志：《唐朝吐蕃占领沙州时期的敦煌大族》，《中国史研究》1997 年第 3 期，第 83～91 页；刘雯：《吐蕃及归义军时期敦煌索氏家族研究》，《敦煌学辑刊》1997 年第 2 期，第 84～91 页。

第四章 五凉时期的敦煌诸胡

匈奴、鲜卑、氐等诸胡很早就活跃在敦煌地区，4~5世纪，他们在河西建立政权，先后统治敦煌地区。五凉时期，沮渠蒙逊的北凉卢水胡政权、苻氏的前秦氐族政权、吕光的后凉氐族政权和之后的北魏拓拔鲜卑政权，这些少数民族政权或长或短的掌控敦煌，在敦煌留下了深深的烙印。

第一节 匈奴与敦煌

匈奴族在秦汉时期开始强大，称雄中国北方。东汉时期，逐渐衰落，一部分流入河西走廊地区，"赀虏，本匈奴也，匈奴名奴婢为赀。始建武时，匈奴衰，分去其奴婢，亡匿在金城、武威、酒泉北黑水、西河东西，畜牧逐水草，钞盗凉州，部落稍多，有数万，不与东部鲜卑同也"。[1] 卢水胡是魏晋时期活跃在河西地区的匈奴后裔，5世纪前半叶，由这一支匈奴的部落酋豪沮渠氏所掌控的北凉政权逐渐发展壮大，控制了河西地区。据《晋书》《宋书》记载，沮渠蒙逊是"临松卢水胡人"，"沮渠蒙逊，临松卢水胡人也。其先世为匈奴左沮渠，遂以官为氏焉。蒙逊博涉群史，颇晓天文，雄杰有英略，滑稽善权变，梁熙、吕光皆奇而惮之，故常游饮自晦"。[2]

张掖临松郡卢水流域是沮渠氏聚居地。卢水，即今之黑河，经临松山（图4-1），流过临松郡，因沮渠氏聚居在这里也称沮渠川。临松山，位于张掖南一百多里，又名青松山、马蹄山，属于祁连山脉。前凉国在这里设临松郡，治所正设在临松山下南古城（今甘肃省民乐县）。

图4-1　卢水胡的发祥地——临松山

---

1 《三国志》卷三〇《魏书·乌丸鲜卑东夷传》注引《魏略》，第819页。
2 《晋书》卷一二九《沮渠蒙逊载记》，第3189页。

沮渠氏为卢水胡部落酋长，先秦时期，匈奴的官职中就有左、右沮渠的称谓，左沮渠掌管政务和生产，右沮渠管理军事。蒙逊祖上世代在匈奴为官，出任左沮渠，就以沮渠为姓氏。沮渠蒙逊，北凉太祖武宣王，继段业之后掌控北凉政权，401～433 年在位，66 岁卒。沮渠蒙逊家族是卢水胡部族很有势力的酋豪，其高祖名晖仲归、曾祖名遮、祖父祁复延为北地王，父沮渠法弘任前秦中田护军，母车氏，父死后，蒙逊统领父亲的部族。沮渠罗仇、沮渠麴粥是沮渠蒙逊的伯父，385 年，二人归附了后凉，沮渠罗仇出任后凉西平太守、建忠将军、尚书，沮渠麴粥出任三河太守。东晋隆安元年（397）二月，派遣沮渠罗仇、沮渠麴粥兄弟随从吕光的庶长子吕纂及弟弟吕延出兵西秦，吕延轻敌被杀，后凉军大败，沮渠罗仇、沮渠麴粥二兄弟被吕光以败军之罪名杀害了。沮渠蒙逊为报仇而组织部众起兵反后凉。沮渠益生是蒙逊之从叔，北凉段业执政时出任酒泉太守。沮渠男成为蒙逊之从兄，后凉时出任晋昌太守。

段业称北凉王后，任命沮渠男为辅国将军。沮渠蒙逊子嗣众多，长子沮渠政德在 423 年迎击柔然时被杀，次子沮渠兴国在与西秦的战争中被杀，三子沮渠牧键，又名茂虔，北凉哀王，北凉第二代君主，433 年至 439 年在位六年。沮渠无讳，高昌北凉国君主，442 年至 446 年在位四年。沮渠安周，高昌北凉国主，446 年至 460 年在位十四年。其余还有任河西王世子的沮渠菩提，任张掖太守的沮渠仪德、北魏时任雍州刺史沮渠秉。

一　沮渠氏在敦煌的政治活动

河西匈奴卢水部完成了河西的统一，促进了北方统一的进程。

397 年，后凉建康太守段业建立北凉政权，401 年，沮渠蒙逊取代段业，全面掌控北凉政权。即位之初，北凉政权在河西诸政权中疆域最小，实力薄弱。四周政权林立，西面有李暠的西凉政权，南面有秃发傉檀的南凉政权，东面是吕隆的后凉政权，更有河西之外的西秦、北魏、后秦等势力，可谓强敌环绕。都城张掖常常遭受攻击，国内田地荒芜，民生艰难，人心不稳，一片萧条之象。蒙逊广开言路、勤于政事，下令曰：

> 养老乞言，晋文纳舆人之诵，所以能招礼英奇，致时邕之美。况孤寡德，智不经远，而可不思闻谠言以自镜哉！内外群僚，其各搜扬贤隽，广进刍荛，以匡孤不逮。[1]

在他的领导下，北凉国力日益强大。410 年，沮渠蒙逊领三万大军攻打南凉，夺取南凉国都姑臧，南凉国秃发傉檀迁都乐都。412 年蒙逊迁都姑臧。405 年，李暠西凉政权将都城由敦煌迁至酒泉，416 年前后，蒙逊经常侵扰敦煌所在西凉边境，《十六国春秋》《资治通鉴》《晋书》等都载蒙逊"每年侵寇不止"。420 年，李歆不顾众人劝阻，率军冒进，攻打张掖。蒙逊诱敌深入，大败西凉军队，李歆战败身亡。七月，北凉军队攻克酒泉，进入酒泉后，蒙逊任命儿子茂虔（即沮渠牧犍）为酒泉太守，严明军纪，禁止抢掠百姓，西凉旧臣随才续用。

> 太史令张衍言于蒙逊曰："今岁临泽城西当有破兵。"蒙逊乃遣其世子政德屯兵若厚坞。蒙逊西至白岸，谓张衍曰："吾今年当有所定，但太岁在申，月又建申，未可西行。且当南巡，要其归会，主而勿客，以顺天心。计在临机，慎勿露也。"遂攻浩亹，而蛇盘于帐前。蒙逊笑曰："前一为腾蛇，今盘在吾帐，天意欲吾回师先定酒泉。"烧攻具而还，次于川岩。闻李士业征兵欲攻张掖，蒙逊曰："入吾计矣。但恐闻吾回军，不敢前也。兵事尚权。"乃露布西境，称得浩亹，将进军黄谷。士业闻而大悦，进入都渎涧。蒙逊潜军逆之，败士业于坏城，遂进克酒泉。百姓安堵如

---

1 《晋书》卷一二九《沮渠蒙逊载记》，第 3193 页。

故，军无私焉。以子茂虔为酒泉太守，士业旧臣皆随才擢叙。[1]

　　著名学者宋繇投降北凉，西凉旧臣"随才擢叙"，继续得到沮渠蒙逊的重用，西凉残部逃到敦煌（图4-2），不久弃敦煌逃至北山。沮渠蒙逊任命索元绪为敦煌太守，敦煌归属北凉。不久，敦煌大族宋承、张弘协同李暠之子李恂占领敦煌，敦煌太守索元绪逃走。李恂称凉州刺史，重建西凉政权。十月，蒙逊的儿子沮渠德政出兵敦煌，李歆之弟李恂顽强抵抗。421年，蒙逊三面筑堤，引雍水灌入敦煌，李恂部下宋承和张弘开城，蒙逊率部攻入敦煌城，杀李恂并屠城，彻底消灭了西凉残余势力。占领敦煌后，西域三十六国皆对蒙逊北凉政权称臣纳贡，加强了敦煌的战略地位。421年，蒙逊攻占敦煌，实现了河西的统一。后秦姚兴在消灭了前秦的势力以后，拜蒙逊为沙州刺史：

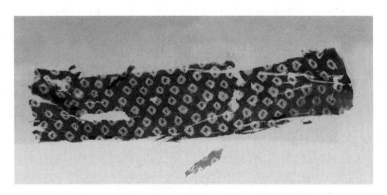

图4-2　敦煌出土西凉丝绸（敦煌市博物馆供图）

　　姚兴遣使人梁斐、张构等拜蒙逊镇西大将军、沙州刺史、西海侯。时兴亦拜秃发傉檀为车骑将军，封广武公。蒙逊闻之，不悦……蒙逊曰："朝廷何不即以张掖见封，乃更远封西海邪？"构

---

1 《晋书》卷一二九《沮渠蒙逊载记》，第3198～3199页。

曰："张掖，规画之内，将军已自有之。所以远授西海者，盖欲广
大将军之国耳。"蒙逊大悦，乃受拜。[1]

423 年，河西王蒙逊遣使入宋，宋下诏蒙逊掌管包括敦煌在内的
凉、秦、河、沙四州的军事，称骠骑大将军、凉州牧、河西王。431
年，蒙逊确立了河西与北魏的宗藩关系，接受魏册封的凉州牧、凉王
的名号，统辖敦煌、酒泉、武威、张掖、金城、西海、西平等七郡。
他还遣子沮渠安周入魏为质，"遣子安周入侍于魏"表现出一个民族政
治家的胸襟气度和远见卓识。牧犍保持乃父奠定的凉魏关系的基调，
巩固了双边关系，牧犍嫁其妹入魏为右昭仪，魏主拓拔焘也将其妹嫁
给河西王牧犍。魏出使西域，常常下诏牧犍护送。

433 年蒙逊病死，其子敦煌太守沮渠牧犍继位。439 年北魏攻占
北凉都城姑臧，沮渠牧犍率文武百官五千人投降，至此，十六国的最
后一个政权北凉被消灭，北魏完成了北方的统一。此后三年，北凉沮
渠氏残余势力以敦煌为根据地，继续对抗北魏。牧犍被俘时，其弟沮
渠无讳为沙州刺史，镇守酒泉，六弟沮渠仪德镇守张掖。张掖、酒泉
相继失守后，无讳和仪德携带家眷逃到沮渠唐儿镇守的敦煌，伺机复
国。440 年正月，唐儿守敦煌，无讳和仪德进攻酒泉，三月占领酒泉。
接着又进攻张掖、临松等地，俘获四万余户后回到酒泉。441 年五月，
敦煌沮渠唐儿叛离无讳，无讳和仪德令从弟沮渠天州留守酒泉，二人
则率大军直奔敦煌，讨伐沮渠唐儿，敦煌一万多人迎战，唐儿大败被
杀。无讳占领敦煌。不久，北魏大军收复酒泉，敦煌岌岌可危。442
年四月，沮渠无讳无奈率领万余家放弃敦煌逃到高昌，沮渠无讳等北
凉残存势力重建北凉政权。444 年无讳死，沮渠安周称高昌王，沮渠
高昌国维持到 460 年为柔然消灭。

从 401 年至 439 年，北凉这个匈奴卢水部政权传位两代，历时
三十九年，完成了河西的统一。北凉疆域极盛时，东至西平，涵盖敦

---

1 《晋书》卷一二九《沮渠蒙逊载记》，第 3193 ~ 3194 页。

煌，达到葱岭，西域十六国都向北凉称臣纳贡。北魏统一北方后，全面接受了北凉所取得的各项文化成果。

从 421 年占领敦煌，到 442 年沮渠无讳放弃敦煌西逃，沮渠氏掌控敦煌 21 年。敦煌是进入西域的桥头堡，战略地位极为重要。纵观北凉国史，沮渠氏匈奴政权极其重视敦煌，蒙逊让儿子镇守敦煌，直接掌控敦煌。420 年，占领酒泉后，沮渠蒙逊就派儿子牧犍为酒泉太守，433 年牧犍即位前是敦煌太守，之后从弟沮渠唐儿接任敦煌太守。在沮渠氏北凉政权的牢牢掌控下，敦煌渐被打造成河西重镇。北凉时期，敦煌的粟特商人就有 100 多人，中亚各国商人活跃在敦煌、酒泉、武威等地，使敦煌等地成为丝绸之路上经济文化交流的国际都会。

沮渠蒙逊对敦煌士人和敦煌大族颇为用心，极力拉拢。初占敦煌，就任用敦煌大族索元绪为敦煌太守，沮渠蒙逊还任用敦煌人张衍为北凉政府的太史令。敦煌人梁中庸在北凉政权担任右长史、西郡太守，段业刚称凉王时，任命蒙逊为尚书左丞，梁中庸右丞，"业僭称凉王，以蒙逊为尚书左丞，梁中庸为右丞"。[1] 蒙逊很重用他，但梁中庸却投奔西凉李暠，蒙逊毫不忌恨，颇为大度地将其家人送到西凉，此举尤见蒙逊为人豁达的品性：

> 时梁中庸为西郡太守，西奔李玄盛。蒙逊闻之，笑曰："吾与中庸义深一体，而不信我，但自负耳，孤岂怪之！"乃尽归其妻孥。[2]

410 年，张掖太守句呼勒先投奔西凉，后又复归沮渠北凉政权，蒙逊包容大度，仍然接纳他，待之如初：

> 张掖太守句呼勒出奔西凉。以从弟成都为金山太守，罗仇子

1　《晋书》卷一二九《沮渠蒙逊载记》，第 3190 页。
2　《晋书》卷一二九《沮渠蒙逊载记》，第 3193 页。

也；鄯为西郡太守，麴粥子也。句呼勒自西凉奔还，待之如初。[1]

北虏思盘部落三千人投降，又遇木生连理，永安令张披上书赞美蒙逊，蒙逊自谦自己的德薄，乃是部下们的功劳：

> 蒙逊率骑二万东征，次于丹岭，北虏大人思盘率部落三千降之。时木连理，生于永安，永安令张披上书曰："异枝同干，遐方有齐化之应；殊本共心，上下有莫二之固。盖至道之嘉祥，大同之美征。"蒙逊曰："此皆二千石令长匪躬济时所致，岂吾薄德所能感之！"[2]

二 沮渠氏对敦煌文化的贡献

以沮渠蒙逊为代表的匈奴卢水胡部政权，高度重视学术文化，在文学、史学、佛学、绘画、雕塑建筑、音乐、书法、天文历法等诸多领域都取得了非凡的成就，这对北凉政权的巩固与发展，对河西文化的发展及北方的统一，都有着深远的意义。在敦煌，沮渠氏政权积极倡导推动民间文化活动，敦煌因而士人云集，学术繁荣。沮渠蒙逊虽是匈奴种裔，但深受儒家文化的影响，他广泛涉猎经史，通晓天文，精通文史，提倡儒学，重视文教，网络大批文人，推动了五凉文化的繁荣兴盛。据《宋书·氐胡传》载，沮渠牧犍将《敦煌实录》等一百五十四卷书赠给刘宋政府，将敦煌文化远播江南。

沮渠氏政权善待礼遇敦煌学者。沮渠北凉政权给予了敦煌学者比前凉更加优厚的待遇。五凉时期，敦煌学者博通古今，关注现实，具有经世致用的学术品格。沮渠氏惜才重才，倾心以待，对他们加官晋爵，委以重任，顾问左右，将国事朝政的大权交给他们，使他

---

1 《晋书》卷一二九《沮渠蒙逊载记》，第 3194 页。
2 《晋书》卷一二九《沮渠蒙逊载记》，第 3194 页。

们获得崇高地位。其中宋繇、刘昞、阚骃、张湛、索敞等可为代表。

宋繇服膺儒学，学术上博览经史子集，学贯古今，政治上果敢明决，历仕吕光、段业、李暠、北凉沮渠氏、北魏多个政权，是西凉李暠的顾命大臣，在河西政坛举足轻重。宋繇博学而淡泊，据《魏书》载："沮渠蒙逊平酒泉，于繇室得书数千卷，盐米数十斛而已。"宋繇卓越的才干深受蒙逊赏识，蒙逊擢拔宋繇为尚书吏部郎中，"孤不喜克李歆，欣得宋繇耳"。惜才重才之情，溢于言表。弥留之际，将牧犍托付宋繇，牧犍提拔宋繇为左丞。《魏书》有传：

> 宋繇，字体业，敦煌人也。曾祖配，祖悌，世仕张轨子孙。父繇，张玄靓龙骧将军、武兴太守。繇生而繇为张邕所诛。五岁丧母，事伯母张氏以孝闻。八岁而张氏卒，居丧过礼。繇少而有志尚，喟然谓妹夫张彦曰："门户倾覆，负荷在繇，不衔胆自厉，何以继承先业！"遂随彦至酒泉，追师就学，闭室诵书，昼夜不倦，博通经史，诸子群言，靡不览综。
>
> 吕光时，举秀才，除郎中。后奔段业，业拜繇中散、常侍。繇以业无经济远略，西奔李暠，历位通显。家无余财，雅好儒学，虽在兵难之间，讲诵不废，每闻儒士在门，常倒屣出迎，停寝政事，引谈经籍。尤明断决，时事亦无滞也。
>
> 沮渠蒙逊平酒泉，于繇室得书数千卷，盐米数十斛而已。蒙逊叹曰："孤不喜克李歆，欣得宋繇耳。"拜尚书吏部郎中，委以铨衡之任。蒙逊之将死也，以子牧犍委托之。牧犍以繇为左丞，送其妹兴平公主于京师。世祖拜繇为河西王右丞相，赐爵清水公，加安远将军。世祖并凉州，从牧犍至京师。卒，谥曰恭。[1]

深得沮渠蒙逊器重的刘昞是十六国时期著名的教育家，曾经在酒泉隐居乡里，聚徒讲学，学生多达几百人；为沮渠氏政权效力后，又

---

[1] 《魏书》卷五二《宋繇传》，第 1152 ~ 1153 页。

为北凉君臣讲授学术。同时刘昞又是著名的史学家，著有《敦煌实录》，纪传体通史《略记》，记录 4 世纪河西历史的专著《凉书》等。《敦煌实录》记载了敦煌的历史，是我国第一部实录性编年体。刘昞还是文学家，《北史·文苑传》载：

> 既而中州板荡，戎狄交侵，僭伪相属，生灵涂炭，故文章黜焉。其能潜思于战争之间，挥翰于锋镝之下，亦有时而间出矣。若乃鲁征、杜广、徐光、尹弼之俦，知名于二赵；宋该、封弈、朱彤、梁谠之属，见重于燕、秦。然皆迫于仓卒，牵于战阵，章奏符檄，则粲然可观；体物缘情，则寂寥于世。非其才有优劣，时运然也。至于朔方之地，蕞尔夷俗，胡义周之颂国都，足称宏丽。区区河右，而学者埒于中原，刘延明之铭酒泉，可谓清典。[1]

刘昞现存于世的作品有文集《靖恭堂铭》一卷，赋文一篇，《酒泉赋》是河西文学史上的名作。《十六国春秋辑补》卷九六，记载了蒙逊与刘昞谈经论道的一次对话：

> 玄始十四年……起游林堂于内苑，图列古圣贤之像。九月，堂成，遂宴群臣，谈论经传，（沮渠蒙逊）顾谓郎中刘昞曰："仲尼何如人也！"昞曰："圣人也。"逊曰："圣人者，不凝滞于物，而能与世推移。畏于匡，辱于陈，伐树削迹，圣人固若是乎？"昞不能对。[2]

蒙逊任命刘昞为秘书郎，为他修建陆沉观，并作有《尊礼刘昞》《求贤》二文，索敞、阴兴为其助教，蒙逊之后，牧犍更是将刘昞尊

---

1 《北史》卷八三《文苑传》，第 2778 页。
2 （北魏）崔鸿撰，（清）汤球辑补《十六国春秋辑补》，北京：中华书局，1985，第 666 页。

为国师，给予其崇高的社会地位。《魏书》云：

> 刘昞，字延明，敦煌人也。父宝，字子玉，以儒学称。昞年十四，就博士郭瑀学。时瑀弟子五百余人，通经业者八十余人。瑀有女始笄，妙选良偶，有心于昞。遂别设一席于坐前，谓诸弟子曰："吾有一女，年向成长，欲觅一快女婿，谁坐此席者，吾当婚焉。"昞遂奋衣来坐，神志肃然，曰："向闻先生欲求快女婿，昞其人也。"瑀遂以女妻之。
>
> 昞后隐居酒泉，不应州郡之命，弟子受业者五百余人。李暠私署，征为儒林祭酒、从事中郎。暠好尚文典，书史穿落者亲自补治，昞时侍侧，前请代暠。暠曰："躬自执者，欲人重此典籍。吾与卿相值，何异孔明之会玄德。"迁抚夷护军，虽有政务，手不释卷。暠曰："卿注记篇籍，以烛继昼。白日且然，夜可休息。"昞曰："朝闻道，夕死可矣，不知老之将至，孔圣称焉。昞何人斯，敢不如此。"昞以三史文繁，《略记》百三十篇、八十四卷，《凉书》十卷，《敦煌实录》二十卷，《方言》三卷，《靖恭堂铭》一卷，注《周易》《韩子》《人物志》《黄石公三略》，并行于世。
>
> 蒙逊平酒泉，拜秘书郎，专管注记。筑陆沉观于西苑，躬往礼焉，号"玄处先生"，学徒数百，月致羊酒。牧犍尊为国师，亲自致拜，命官属以下皆北面受业焉。时同郡索敞、阴兴为助教，并以文学见举，每巾衣而入。
>
> 世祖平凉州，士民东迁，凤闻其名，拜乐平王从事中郎。世祖诏诸年七十以上听留本乡，一子扶养。昞时老矣，在姑臧，岁余，思乡而返，至凉州西四百里韭谷窟，遇疾而卒。昞六子。[1]

沮渠氏政权提拔多位敦煌学者担任要职。沮渠蒙逊虚怀若谷，唯才是举，礼贤下士。沮渠牧犍喜爱文学，尊重士人，他们将河西地区

1　《魏书》卷五二《刘昞传》，第 1160 ~ 1161 页。

的著名学者阚骃、索敞等人请到国都，任职于太学等文化教育机构。敦煌学者阚骃受到沮渠蒙逊、沮渠牧犍两代国主的赏识，加官进爵，出任秘书考课郎中、北凉尚书等职位。蒙逊擢张湛为黄门侍郎、兵部尚书，任命张穆为中书侍郎，牧犍擢刘昞的学生程骏为东宫侍讲。

敦煌人阚骃，字玄阴，博通经史，聪敏过人，所著史地著作《十三州志》探究了西域的历史、地理、经济、文化及交通，考证了山川河流、地名物产，具有很高的学术价值，受到后世名家刘知幾、颜师古的推崇。蒙逊擢阚骃出任秘书考课郎中、大行、尚书，随侍身边，咨询国事得失。

> 　　阚骃，字玄阴，敦煌人也。祖倞，有名于西土。父玟，为一时秀士，官至会稽令。骃博通经传，聪敏过人，三史群言，经目则诵，时人谓之宿读。注《王朗易传》，学者藉以通经。撰《十三州志》，行于世。蒙逊甚重之，常侍左右，访以政治损益。拜秘书考课郎中，给文吏三十人，典校经籍，刊定诸子三千余卷。加奉车都尉。牧犍待之弥重，拜大行，迁尚书。姑臧平，乐平王丕镇凉州，引为从事中郎。王薨之后，还京师。家甚贫弊，不免饥寒。性能多食，一饭至三升乃饱。卒，无后。[1]

敦煌人张湛长于儒学，有节操，沮渠蒙逊任命其为黄门侍郎、兵部尚书。

> 　　张湛，字子然，一字仲玄，敦煌人，魏执金吾恭九世孙也。湛弱冠知名凉土，好学能属文，冲素有大志。仕沮渠蒙逊，黄门侍郎、兵部尚书。凉州平，入国，年五十余矣，赐爵南浦男，加宁远将军。司徒崔浩识而礼之。浩注《易》，叙曰："国家西平河右，敦煌张湛、金城宗钦、武威段承根三人，皆儒者，并有俊

---

1 《魏书》卷五二《阚骃传》，第 1159 ~ 1160 页。

才，见称于西州。每与余论《易》，余以《左氏传》卦解之，遂
相劝为注。故因退朝之余暇，而为之解焉。"其见称如此。湛至
京师，家贫不粒，操尚无亏，浩常给其衣食。每岁赠浩诗颂，浩
常报答。及浩被诛，湛惧，悉烧之。[1]

敦煌人索敞，北凉时期曾任刘昞助教，传承刘昞的学术，专注于
经史子集，以儒学见称：

　　索敞，字巨振，敦煌人。为刘昞助教，专心经籍，尽能传昞
之业。凉州平，入国，以儒学见拔，为中书博士。笃勤训授，肃
而有礼。京师大族贵游之子，皆敬惮威严，多所成益，前后显
达，位至尚书牧守者数十人，皆受业于敞。敞遂讲授十余年。敞
以丧服散在众篇，遂撰比为《丧服要记》。其《名字论》文多不
载。后出补扶风太守，在位清贫，未几卒官。时旧同学生等为
请，诏赠平南将军、凉州刺史，谥曰献。[2]

蒙逊用人不拘一格，唯才是用，对敦煌学人礼敬有加。412 年，
蒙逊率三万大军占领姑臧，在谦光殿宴飨文武将士，论功行赏，敦
煌人张穆以其才学而获得中书侍郎的职位，蒙逊委之以机密重任：

　　乘胜至于姑臧，夷夏降者万数千户。傉檀惧，请和，许之而
归。及傉檀南奔乐都，魏安人焦朗据姑臧自立，蒙逊率步骑三万
攻朗，克而宥之。飨文武将士于谦光殿，班赐金马有差。以敦煌
张穆博通经史，才藻清赡，擢拜中书侍郎，委以机密之任。[3]

蒙逊仰慕汉文化，喜爱文学。在盐池西王母寺祭祀时，蒙逊命张

---

1 《魏书》卷五二《张湛传》，第 1153 ~ 1154 页。
2 《魏书》卷五二《张湛传》，第 1162 ~ 1163 页。
3 《晋书》卷一二九《沮渠蒙逊载记》，第 3195 页。

穆作赋，刻碑于寺前纪念：

> 遂循海而西，至盐池，祀西王母寺。寺中有《玄石神图》，
> 命其中书侍郎张穆赋焉，铭之于寺前，遂如金山而归。[1]

　　沮渠蒙逊参与修订了后凉龟兹乐，并命名为《秦汉伎》，促进了河西乐舞的形成。敦煌学者赵歠擅长天文历算，著有《赵歠算经》《甲寅元历序》《阴阳历术》《七耀历数算经》等著作。活跃在北凉沮渠政权之下著名的学者还有胡叟、宗钦、阴仲达、宗舒、程骏、程伯达、赵柔、阴世隆等，他们纷纷讲学授业，著书立说，弘扬学术。

　　早在西晋太康年间（280～289），佛教就开始流布河西地区。《魏书》载，河西地区自张轨后，佛教盛行。沮渠蒙逊统一河西以后，大兴佛教，在武威、酒泉、敦煌等地开窟造像。今天分布在河西走廊的十多处石窟，武威天梯山、肃南的金塔寺、瓜州榆林窟、玉门昌马、酒泉文殊山等石窟，大多都开创于北凉。特别是天梯山石窟（图4-3），不仅是我国开凿最早的石窟之一，也是我国早期石窟艺术的代表，开创了中国石窟史上的"凉州模式"，被誉为"石窟鼻祖"。敦煌莫高窟第272（图4-4）、275窟（图4-5）都是北凉时期开凿的。沮渠蒙逊崇尚佛法，大兴佛教，在他的倡导下，北凉举国崇佛，敦煌等地成为佛教传播的中心。沮渠蒙逊的身边不仅有精研文学、史学等汉文化的著名学者，还有接踵而来的西域大德高僧。沮渠蒙逊家族成员中京声、安周、牧犍等都是虔诚的佛教徒，热衷于传教弘法，《开元释教录》载，沮渠京声译经为二十八部。同时的高僧还有智严、宝云、惠宽、智猛、玄高等。北凉灭亡后，442年逃到高昌的北凉宗室重建政权，沮渠安周在高昌城东的吐峪沟开窟造像，恭身礼佛。有了高昌王国最高统治集团的全力经营，吐峪沟石窟成为南北朝时期的佛教圣

---

[1] 《晋书》卷一二九《沮渠蒙逊载记》，第3197页。

图 4-3　武威天梯山石窟第 4 窟北凉胁侍菩萨（敦煌研究院供图）

图 4-4　莫高窟第 272 窟北凉殿堂窟（敦煌研究院供图）

图 4-5　莫高窟第 275 窟北凉南壁阙形龛（敦煌研究院供图）

地。身为酒泉太守的沮渠牧键，没有在城中心建筑传统楼阁，而是建起一座高大的佛塔。《太平御览》卷一二四《偏霸部·沮渠牧键传》云：沮渠牧键为酒泉太守时，"起浮图于中街，有石像在焉"。这种佛塔城中建的风格影响到了西域。

《魏书》载，"沮渠蒙逊在凉州，亦好佛法"，[1] 甚至为其子取名"菩提"，[2] 其盛事佛道，"穷海陆之财，造者弗吝金碧，殚生民之力"。[3] 沮渠牧键在元嘉二年（425）倡导组织了五凉时期规模最大的译经活动，西域高僧浮陀跋摩于闲豫宫译场翻译《大毗婆沙》经。《高僧传》载："时有沙门昙曜，亦以禅业见称，伪太傅张潭伏膺师礼。"[4] 北凉后期罽宾僧人师贤到河西传教造像。

中印度僧人昙无谶经过西域到敦煌译经传教，421 年，西凉亡国后，沮渠蒙逊请他到前往姑臧传教，昙无谶与沙门智嵩等僧人译经十余部。沮渠蒙逊时，敦煌、张掖、姑臧、高昌等地设立译经的场所，与翻译有关的上千人受大乘戒，《开元释教录》记载，401 年至 439 年的北凉时期，共译经八十二部，三百十一卷，译经数量超过其他四凉的总和，使河西成为当时佛经传译中心。

1　《魏书》卷一一四《释老志》，第 3032 页。

2　《宋书》卷九八《氐胡·大且渠蒙逊传》，第 2415 页。

3　（唐）释道宣：《广弘明集》卷七，《大正藏》第 52 册，No.2103，第 132 页 c。

4　（梁）慧皎：《高僧传》卷一一，第 413 页。

5 ~ 6 世纪，在敦煌，第 267、268、269、270、271、272、275 石窟被认为是在十六国晚期，即从西凉到北凉时期修建的。[1]

第二节　鲜卑族与敦煌

形成于秦汉之际的鲜卑族，最早居于东北及蒙古地区，汉魏晋十六国时期，鲜卑族从蒙古草原及东北地区不断向南、向西迁徙。迁居西北的鲜卑种类繁多、分布广泛，从潼关到吐鲁番，从河套到青海到处都有他们的踪迹。西域东部的伊吾、高昌、鄯善、焉耆、若羌等成为鲜卑人统治地区之一。其中乞伏、秃发、吐谷浑势力最强，他们征服当地汉、羌、氐、卢水胡等族，建立起西秦、南凉和吐谷浑三个政权，深刻影响了西北地区的历史进程。鲜卑族的踪迹遍布河西走廊，零星分布于河西的部落主要有活动于兰州一带的河南部，活动于靖远、景泰一线的麦田部，活动于张掖一带的北山部，活动于山丹境内的思盘部等，[2]虽然都来自漠北，但互不归属，统称河西鲜卑。在河西广大区域内的多个鲜卑聚落中，敦煌便是其一。

早在东汉初年，鲜卑就到达敦煌地区。《册府元龟》卷九七四和《三国志》卷三○载，明帝永平十四年（公元 71 年），辽东太守诱说来自敦煌、酒泉的鲜卑族到辽东攻打乌桓。"永平中，祭肜为辽东太守，诱赂鲜卑，使斩叛乌丸钦志贲等首，于是鲜卑自敦煌、酒泉以东邑落大人，皆诣辽东受赏赐。"[3]可见，东汉初年，就有鲜卑族居于敦煌。

汉桓帝时（147 ~ 167），朝廷担心鲜卑为患，派匈奴中郎将张奂征伐鲜卑，未果，又遣使带着印绶封其首领檀石槐为王，与之和亲。檀石槐拒不接受，将其部众分中东西三部分，建立起一个部落军事联

1　敦煌文物研究所整理《敦煌莫高窟内容总录》，北京：文物出版社，1982，第 178 页。

2　周伟洲：《魏晋十六国时期鲜卑族向西北地区的迁徙及其分布》，《民族研究》1983 年第 5 期。

3　《三国志》卷三○《魏书・鲜卑传》，第 837 页。

盟，控制了东西 14000 余里，南北 7000 余里的区域，其中西部从上谷到敦煌，有二十余邑，史载：

> 汉患之，桓帝时使匈奴中郎将张奂征之，不克。乃更遣使者赍印绶，即封檀石槐为王，欲与和亲。檀石槐拒不肯受，寇钞滋甚。乃分其地为中东西三部。从右北平以东至辽，（辽）〔东〕接夫余、〔濊〕貊为东部，二十余邑，其大人曰弥加、阙机、素利、槐头。从右北平以西至上谷为中部，十余邑，其大人曰柯最、阙居、慕容等，为大帅。从上谷以西至燉煌，西接乌孙为西部，二十余邑，其大人曰置鞬落罗、日律推演、宴荔游等，皆为大帅，而制属檀石槐。[1]

可见东汉中期，敦煌在鲜卑的掌控之中。又据《晋书》卷三《武帝纪》，咸宁二年（276）七月，西晋高昌西域戊己校尉马循征讨鲜卑阿罗多，斩杀四千多人，俘获九千多人。可见，3 世纪后期，在敦煌西面、吐鲁番以东区域也有鲜卑部落的踪迹。

在河西，鲜卑族的一支秃发鲜卑于 3 世纪末 4 世纪初建立了南凉政权，立国于湟水。秃发氏是拓拔鲜卑的一支，在秃发匹孤的率领下，大约在 2 世纪末 3 世纪初从塞北阴山一带迁入河西，"鲜卑秃发乌孤，八世祖匹孤自塞北迁于河西。其地东至麦田、牵屯，西到湿罗，南至浇河，北接大漠。匹孤死，子寿阗统任。初母孕寿阗，因寝产于被中，乃名秃发，其俗为被覆之义。五世祖树机能壮果多谋略，晋泰始中，杀秦州刺史胡烈于万斛堆，败凉州刺史苏愉于金山"。[2]

在初入河西的匹孤时期，秃发鲜卑活动于今武威以东，兰州以北，宁夏清水河以南的区域，[3]五世祖树机能时期活跃于凉、秦、雍三州，至晋泰始中（265～274）秃发匹孤之孙树机能占领凉州，之后

1　《三国志》卷三〇《魏书·鲜卑传》，第 837～838 页。

2　《魏书》卷九九《鲜卑传》，第 2200 页。

3　齐陈骏：《五凉史略》，兰州：甘肃人民出版社，1988，第 95 页。

晋马隆夺回凉州。301 年，张轨出任凉州刺史，在讨伐盗寇的战役中，斩首盗匪秃发鲜卑万余人，永兴中（304～306），斩匪首若罗拔能，俘获秃发鲜卑十万口。可见，当时秃发鲜卑在河西人口之多、势力之大。从 397 年秃发乌孤起兵湟水，到 406 年傉檀进入姑臧，秃发鲜卑的南凉政权疆域最大的时候控制了从湟水流域到武威的大片区域，占领了河西走廊的一半。

五凉时期，掌控敦煌的政权除了前凉和西凉的汉族政权外，还有沮渠蒙逊的北凉卢水胡政权，苻氏的前秦氐族政权和吕光的后凉氐族政权，这些少数民族政权或长或短的都实际据有敦煌，唯有河西鲜卑秃发氏的南凉政权位于河西走廊东部而没有掌控过敦煌地区。然而，尽管南凉的秃发鲜卑政权距敦煌有千里之遥，但是仍与敦煌有着千丝万缕的联系，如西凉李暠的女儿敬爱，滞留于南凉境内，秃发傉檀特意派梁褒将敬爱送归敦煌，增进了与西凉政权的关系。"初，玄盛之西也，留女敬爱养于外祖尹文。文既东迁，玄盛从姑梁褒之母养之。其后秃发傉檀假道于北山，鲜卑遣褒送敬爱于酒泉，并通和好。玄盛遣使报聘，赠以方物。"[1]

五凉之后，掌控敦煌的是拓拔鲜卑的北魏政权。鲜卑族拓跋珪于 386 年称魏王，定都盛乐（今内蒙古呼和浩特市和林格尔县），建立北魏（386～534）。398 年迁都平城（今山西大同）。439 年，北凉沮渠蒙逊在姑臧投降，拓跋焘完成北方的统一。442 年，北魏拓拔鲜卑政权在敦煌击败沮渠无讳，封李宝为敦煌公，其弟怀达为敦煌太守，镇守敦煌，自此，敦煌归属北魏拓拔鲜卑政权。北凉灭亡后，包括敦煌学者张湛、索敞、阚骃、宋繇等在内的大批河西百姓被迁至平城。而敦煌则开启了拓拔鲜卑的时代。唐武周圣历元年（698）《李君莫高窟修佛龛碑》（图 4-6）是修建莫高窟第 332 窟的功德记，碑文称："复有刺史建平公、东阳王等各修一大窟……乐僔、法良发其宗，建平、东阳弘其迹。"北魏宗室东阳王元荣、北

1 《晋书》卷八七《凉武昭王李玄盛传》，第 2263 页。

图 4-6　唐武周圣历元年《李君莫高窟修佛龛碑》

周建平公于义在莫高窟所建的石窟是鲜卑族在敦煌石窟的发展史上留下的浓墨重彩的一笔。

北魏在敦煌撤镇建瓜州，宗室东阳王元荣为瓜州刺史。元荣历北魏、西魏，在敦煌开窟造像，带来了中原的佛教艺术风格。多位学者对东阳王元荣出任瓜州刺史的时间和所建石窟进行了考证。[1]一般认为，元荣出任瓜州刺史的时间为6世纪20年代至40年代。至于元荣的功德窟，众说纷纭，有第263、265、246、285窟之说，更确切的答案还有待于进一步的研究证实。作为来自中原的鲜卑宗室，元荣带来了中原佛教及佛教艺术，使得这一时期的敦煌造像艺术在题材和表现形

1　宿白：《敦煌莫高窟早期洞窟杂考》，《大公报在港复刊卅周年纪念文集》卷上，香港大公报社，1978，第393～415页；宿白：《参观敦煌第285窟札记》，《文物参考资料》1956年第2期，第16～21页；向达：《莫高、榆林二窟杂考》，载氏著《唐代长安与西域文明》，北京：生活·读书·新知三联书店，1957，第393～398页；李永宁：《敦煌莫高窟碑文录及有关问题》，《敦煌研究》试刊第1期，1981，第62页。

式上都受到中原艺术的影响。这一时期在莫高窟开凿的石窟是第 246、247、248、249、285、286、288、431、435、437 窟。[1]

宿白、施萍亭等学者对建平公于义任瓜州刺史的时间做了考证，认为大致为北周 558 ～ 560 年或 565 ～ 576 年，学者们基本认为于义所建石窟为莫高窟第 428 窟。[2]该窟平面面积达 178.38 平方米，是莫高窟北朝石窟中面积最大的石窟，供养人像有 1200 多身。

第三节　氐族与敦煌

关于氐族的渊源，一般认为，其源出西戎，氐人最早是商周时期西北的寺洼文化居民。[3]氐族的原居地在甘肃的东南部地区，"《魏略》'西戎传'曰：氐人有王，所从来久矣。自汉开益州，置武都郡，排其种人，分窜山谷间，或在福禄，或在汧、陇左右……其嫁娶有似于羌，此盖乃昔所谓西戎在于街、冀、獂道者也"。[4]汉武都郡即今陇南一带，毗邻天水、汉中。"街、冀、獂道"即天水郡庄浪县、甘谷、陇西一带。氐族形成于春秋战国时期，西汉时开始向汉人聚居地迁徙，酒泉一带就有氐人居住，那时敦煌可能就有氐人的踪迹。

十六国时期，氐族先后建立了前秦、后凉、仇池等政权，魏晋以后逐渐融入其他民族，不复独立存在。仇池国（296 ～ 442）的疆域主要在陇南、陕南、川北一带，远离敦煌。符健的前秦政权和吕光的后凉两个氐族政权先后掌控敦煌。氐人符氏和吕氏都是略阳临渭（今甘肃秦安）人，符健于 352 年入据关中。前秦政权建立，吕光之父

1　敦煌文物研究所整理《敦煌莫高窟内容总录》，第 178 页。

2　宿白：《东阳王与建平公》，阎文儒、陈玉龙编《向达先生纪念论文集》，乌鲁木齐：新疆人民出版社，1986，第 155 ～ 173 页；宿白：《建平公于义续考》，载其著《中国石窟寺研究》，北京：文物出版社，1996，第 260 ～ 261 页；施萍婷：《建平公与莫高窟》，敦煌文物研究所编《敦煌研究文集》，第 144 ～ 150 页。

3　杨铭：《汉魏时期氐族的分布、迁徙及其社会状况》，《民族研究》1991 年第 2 期，第 76 页。

4　《三国志》卷三〇《魏书·乌丸鲜卑东夷传》，第 858 页。

乃前秦太尉吕婆楼。麦积山现存学界公认较早开凿石窟为第74窟和第78窟与仇池国有关，在1965年对麦积山石窟的一次清理中，由第78窟台基底层剥出18身供养人像（图4-7），并在墨书题记中明确为"仇池镇"人所为（图4-8）。仇池镇系北魏太平真君七年（446）设置，此时正值太武帝灭法之时，不会有开凿造像之举。这些供养人像应为仇池镇人作于文成帝复法（452）之后。[1]

魏晋时期，从前凉、前秦到后凉、西凉、北凉，再到北魏，敦煌被不同民族的政权所掌控，几易其手，风雨飘摇。376年，前秦消灭前凉。在前秦前凉的交战中，前凉国主张天锡企图联合西域抗击苻坚，给前秦带来很大的压力。因此，苻坚氏族政权极为重视敦煌和西域。383年，苻坚派吕光征西域，"自玉门出，渡流沙，西行至鄯善，北行至车师"，[2]吕光攻下焉耆、龟兹、高昌等地，西域三十余国相继归附，吕光被任命为安西将军、西域校尉，掌控玉门以西诸军事。同年，淝水之战苻坚战败后，吕光从西域回师东进，意图夺权，前秦敦煌太守姚静、晋昌太守李统请降，吕光在敦煌地区势如破竹，直逼玉门。前秦凉州太守梁熙组织兵力在酒泉阻击东归的吕光，梁熙军队溃败，吕光占领酒泉。之后，武威太守、氏族人彭济活捉梁熙，投降吕光，385年，吕光入姑臧，自称凉州刺史，后凉政权建立。敦煌归属后凉版图，仍处于氏族政权的统治之下。吕光氏族政权刑法苛刻，猜忌部下，沮渠蒙逊、段业等纷纷叛离吕光而自立。河西各族不堪吕光的残酷统治，397年，河西鲜卑秃发氏首领秃发乌孤，首先在湟水流域起兵反凉，在金城、广武（今甘肃永登县）与吕光的后凉作战。沮渠蒙逊借伯父被杀而于张掖起兵，同时，沮渠南成在晋昌（今安西境内）起兵，后凉酒泉太守垒澄被杀，推举建康（今高台骆驼城）太守段业为凉州牧。398年五月，后凉敦煌太守孟敏率部归附了段业。六

1　张宝玺：《麦积山石窟开凿年代及现存最早洞窟造像壁画》，《中国考古学会第一次年会论文集》，北京：文物出版社，1979，第340页。参见〔日〕八木春生《关于麦积山石窟第74、78窟的建造年代》，何红岩、魏文斌译，《敦煌研究》2003年第6期，第62页。

2　《资治通鉴》卷一○五《晋纪二十七》，第3316页。

图 4-7　天水麦积山石窟第 78 窟 "仇池镇" 供养人像（项一峰先生供图）

图 4-8　天水麦积山石窟第 78 窟 "仇池镇" 供养人题记（项一峰先生供图）

月，蒙逊、段业联手攻占张掖。如此，河西走廊的东段有秃发乌孤发难，西段有沮渠蒙逊、段业相逼，吕光后凉政权腹背受敌。399 年，吕光病死，403 年后凉被后秦姚兴所灭。从 385 年吕光在姑臧称凉州刺史到吕隆 403 年入长安，后凉这个氐族政权仅维持了十八年。

鉴于敦煌战略地位的重要性，符氏和吕氏两个氐族政权都极其重视敦煌，努力经营敦煌。符坚建元（365～385）末期，前秦政权向敦煌大规模移民，将江汉地区上万户和中州地区七千户迁至敦煌，意在将敦煌打造称经营西域的桥头堡，史载：

> 初，符坚建元之末，徙江汉之人万余户于敦煌，中州之人有田畴不辟者，亦徙七千余户。郭黁之寇武威，武威、张掖已东人西奔敦煌、晋昌者数千户。及玄盛东迁，皆徙之于酒泉，分南人五千户置会稽郡，中州人五千户置广夏郡，余万三千户分置武威、武兴、张掖三郡，筑城于敦煌南子亭，以威南虏。[1]

十几年间，移民总数不下十万人，加之原有居民，敦煌成为大郡名邦。吕光西征，敦煌为吕光七万大军的供应军需，成为军事补给基地。

氐族政权在敦煌并未得到民意的拥戴，敦煌百姓对氐族统治者的热情远不及前凉汉族政权，甚至企图推翻氐族统治。在前期氐族政权统治敦煌的末期，敦煌发生了推翻氐族政权的战斗，前凉最后一位国主张天锡的儿子张大豫在淝水之战后企图恢复前凉统治。在酒泉，略阳人王穆起兵响应；在敦煌，敦煌大族索嘏和敦煌名士郭瑀组织兵力五千人，粮食三万石，积极响应王穆：

> 及符氏之末，略阳王穆起兵酒泉，以应张大豫，遣使招瑀。
> 瑀叹曰："临河救溺，不卜命之短长；脉病三年，不豫绝其餐馈；

---

1 《晋书》卷八七《凉武昭王李玄盛传》，第 2263 页。

鲁连在赵，义不结舌，况人将左衽而不救之！"乃与敦煌索嘏起
兵五千，运粟三万石，东应王穆。穆以瑀为太府左长史、军师将
军。虽居元佐，而口咏黄老，冀功成世定，追伯成之踪。[1]

敦煌大族与前凉汉族政权有着千丝万缕的联系，他们认为氐族政
权不能维护敦煌的利益，试图推翻敦煌的氐族政权的统治，恢复前凉
政权。敦煌索泮、索菱兄弟跟随前凉张天锡归降前秦，受到苻坚的重
用，索泮官至建威将军、西郡太守，索菱为伏波将军、典农都尉。淝
水之战后，索氏兄弟拒不投降吕光，被杀害。吕氏的统治残暴而落
后，后凉政权不重视甚至摧残文化，敦煌大族、文化名人宋纤在吕氏
末期，弃吕氏而投奔叛吕之段业。刘昞、阚骃、张穆、赵瓥等敦煌学
者和其河西他文化名人，在后凉其间没有得到重视，不见任何活动
记载。

可见，吕氏的后凉氐族政权在敦煌未得到敦煌大族的衷心拥戴。
397 年，沮渠蒙逊在临松起兵，支持段业在建康（高台骆驼城）叛离
吕光自称为凉州牧。398 年，段业命李暠为效谷县令（位于敦煌东北)，
李暠受到敦煌百姓的拥戴，敦煌太守孟敏死后，被推举为敦煌太守。
400 年，李暠在敦煌称凉公，建立了西凉政权。至此，敦煌再次回归
汉族政权。

1　《晋书》卷九四《隐逸传》，第 2455 页。

第五章　吐蕃在敦煌的统治
及其文化遗产

755 年，安史之乱爆发，吐蕃趁机东进，786
年吐蕃占领沙州，敦煌地区开始进入吐蕃统治时
期，直到 848 年张议潮起事，驱逐吐蕃建立归义军
政权。这一时期，大量吐蕃人进入敦煌以及河西其
他地区，"吐蕃化"成了这一地区民族关系的显著
特征。

第一节　吐蕃占领瓜沙

755 年，安史之乱爆发，唐朝在西北驻军纷纷
加入平定叛乱的行列，导致西北防卫空虚，为吐蕃
东进提供了绝佳时机。吐蕃于 756 年攻占嶲州城
始，经由西南廓、霸、岷等地北进占领陇右，再

以陇右为基地东进河湟之地，进逼关中。763 年，唐朝泾州刺史高晖降蕃，关中西边门户大开，吐蕃军队长驱直入攻入长安城，立广武王承宏为帝，改元，置官。因不适应长安炎热的气候，吐蕃军队退出长安，又转攻原、会、成、渭、松、维、保等州。大历元年（766）后，甘、肃二州被占，至大历十一年（776）攻占瓜州，河西之地只剩下孤城沙州在苦苦支撑。吐蕃军队在尚绮心儿的率领下，围困沙州，沙州军民艰苦奋战，英勇抵抗吐蕃军队的围攻。史载："始，沙州刺史周鼎为唐固守，赞普徙帐南山，使尚绮心儿攻之。鼎请救回鹘，逾年不至，议焚城郭，引众东奔，皆以为不可。鼎遣都知兵马使阎朝领壮士行视水草，晨入谒辞行，与鼎亲吏周沙奴共射，彀弓揖让，射沙奴即死，执鼎而缢杀之，自领州事。城守者八年，出绫一端募麦一斗，应者甚众。朝喜曰：'民且有食，可以死守也。'又二岁，粮械皆竭，登城而呼曰：'苟毋徙它境，请以城降。'绮心儿许诺，于是出降。自攻城至是凡十一年。"[1] 至贞元二年（786），坚持了十余年之久的沙州军民在得到吐蕃"毋徙他境"承诺的前提下，献城归附。

关于沙州陷蕃的年代一直为学界所关注。1913 年罗振玉通过考证张议潮事迹，撰述《〈张延绶别传〉提要》，否定了关于《元和郡县图志》中"沙州"条中所载沙州于建中二年（781）陷蕃的记载；后罗氏又在《补唐书张议潮传》一文中修订了沙州陷蕃年代为贞元元年（785）的观点。戴密微提出贞元三年陷蕃说；[2] 山口瑞凤提出贞元二年陷蕃说，[3] 此观点得到陈国灿赞同，并做了进一步的论证；[4] 马德提出大历十二年（777）陷蕃说；[5] 李正宇认为贞元四年（788）。[6]

1　《新唐书》卷二一六下《吐蕃传下》，第 6101 页。

2　Paul Demiéville，*Le Concile de Lhasa.Une controverse sur le quiétisme entre bouddhistes de 1' Inde et de La Chine au VIIIe siècle de 1' ère chrétienne I*，Paris：Imprimerie Nationale de France，1952，pp.171–177；吐蕃僧诤记》，耿昇译，兰州：甘肃人民出版社，1984，第 225 页）

3　山口瑞鳳「吐蕃支配敦煌」『講座敦煌 2 敦煌の歴史』，東京：大東出版社，1980，第 198 頁。

4　陈国灿：《唐朝吐蕃陷落沙州城的时间问题》，《敦煌学辑刊》1985 年第 1 期，第 1 ～ 7 页（收入氏著《敦煌学史事新证》，第 472 ～ 485 页）。

5　马德：《沙州陷蕃年代再探》，《敦煌研究》1985 年第 3 期，第 98 ～ 105 页。

6　李正宇：《沙州贞元四年陷蕃考》，《敦煌研究》2007 年第 4 期，第 98 ～ 103 页。

其后，吐蕃便任命阎朝为部落使来管理归附汉族民众，敦煌文献
P.3481《愿文》载：

> 粤有千寻石祥，侧万龛灵塔安排，四□□一心，孰舆？则
> 我大檀越大蕃部落使、河西节度、太原阎公，惟公操列寒松，心
> 横劲草，在官国慎，清异人知，令参远向于天朝，政化大□于
> 道路。[1]

尽管吐蕃当局任命阎朝为部落使来统辖降蕃敦煌军民，但统治者并未
完全信任阎朝，对其防范之心日深，唯恐其假降复叛，便以"置毒靴
中"[2]的手段毒杀了阎朝。

吐蕃占领瓜沙后，因其统治政策尚未完全适应当地民情，导致民
众对立情绪高涨，敦煌文献 S.1438v《书仪》：

> 沙州状。逆贼玉关驿户氾国忠等六人，衣甲器械全。右件
> 贼，今月十一日四更，蕃突大城，入子城，然却监使判咄等数
> 人。其夜有百性贺走报，为夜黑不知多少。复百姓收刈之时，尽
> 在城外……于时天明，某遂出招集得百姓十余人，并无尺铁寸
> 兵，可拒其贼。某誓众前行，拟救节儿蕃使。及至子城南门下，
> 其节儿等已纵火烧舍，伏剑自裁，投身火中，化为灰烬。[3]

玉关驿户氾国忠等六人进入子城杀死监使判咄等人，又围攻当地吐蕃
最高长官节儿，[4]迫使节儿自杀殉职。吐蕃当局迅速围捕捉拿氾国忠等

1 杨富学、李吉和：《敦煌汉文吐蕃史料辑校》第 1 辑，兰州：甘肃人民出版社，1999，第 190 页。
2 《新唐书》卷二一六下《吐蕃传下》，第 6101 页。
3 唐耕耦、陆宏基编《敦煌社会经济文献真迹释录》第 5 辑，第 320 页。
4 关于"节儿"（rtse-rje），可参王尧《敦煌吐蕃官号"节儿"考》，《民族语文》1989 年第 4 期，
  第 23 ~ 28 页；邵文实《沙州节儿考及其引申出来的几个问题——八至九世纪吐蕃对瓜沙地区
  汉人的统治》，《西北师大学报》（社会科学版）1992 年第 5 期，第 63 ~ 68 页；张云《"节儿"
  考略》，《民族研究》1992 年第 6 期，第 99 ~ 104 页；金滢坤、盛会莲《吐蕃沙州节儿及其统治
  新探》，《中国边疆史地研究》2000 年第 3 期，第 10 ~ 16 页；

人，"平人芒怕，各自潜藏，为国德在城，恐被伤害，某走报回避，共同死生。及至天明，某出召集所由，分头下堡，收令不散，誓救诸官。比至衙门，已投烈火。遂即旋踵，设伏擒奸。其贼七人，不漏天网。并对大德摩诃衍推问，具申衙帐，并报瓜州。昨索贼钉枷，差官铜（锢）送讫。已蒙留后使差新节儿到沙州，百姓具安，各就丰（农）务。其东道军州不报消息，伏惟昭察，卑守有限。"[1] 吐蕃占领之初对敦煌民众的高压政策导致了这次驿户起义，"设伏擒奸，其贼七人，不漏天网"一语说明起义很快被镇压了，并将氾国忠等人交于大德摩诃衍进行审问，随后将驿户押解至瓜州节度使处。敦煌民众屡屡反抗吐蕃统治，维系吐蕃在当地的统治成为当务之急。

敦煌古藏文 Fr.80 (730，Vol.lxxiii，fol 37) 号残卷载：

> 温江岛宫用印上察天听：沙州城堡子民收入编氓后，移牙帐于此，蕃人之优秀者见杀。乃任为都督，节儿七年，见杀于沙州。后军镇会议任命余为节儿，十载，再未生滋扰纷争之事，王廷差遣供应络绎不绝……论赞热等持印拜命。[2]

这份文献中提到的"节儿七年，见杀于沙州"，似乎和玉关驿户起义围杀节儿史实有关。虽然起义被镇压之后再未出现类似事件，似乎表明民众接受了吐蕃占领统治敦煌的事实，"百姓俱安，各就丰（农）务"，不再人心浮动，但吐蕃对占领区敦煌的财赋征敛丝毫没有减轻，"王廷差遣供应络绎不绝"。

吐蕃对占领区征收赋役行为早已有之，敦煌文献 P.T.1288《大事纪年》载："及至狗年（玄宗开元二十二年，甲戌，734）……征集吐谷浑之青壮兵丁……（742）由论·莽波支于麹年蒙冈征吐谷浑大料

1　唐耕耦、陆宏基编《敦煌社会经济文献真迹释录》第 5 辑，第 319 页。
2　王尧：《敦煌吐蕃官号"节儿"考》，《民族语文》1989 年第 4 期，第 25 页。

集。[1]"[2] 663 年吐蕃灭吐谷浑后，吐谷浑就成为吐蕃重要的兵源地，《大事纪年》中多处记载吐蕃征吐谷浑大料集用于征讨周边区域。除征兵外，还征收其田赋，新疆米兰出土 M.I.xxviii,1 号简记载："吐谷浑上部万人部落，凡属唐所辖者……每户征收五升（青稞），万人部落田赋以六成计所征，征青稞混合堆置一处，一部分（青稞）如以羊驮运不完，可派牛运。"（Al//va zha khri sde stod pav rgya la gthogs...2 rnams /skya ri gcig ri bre lnga sbyar te /khri... B1 kyis drug cun gyi nas dang bsre zhing...2 kha cig lug du ma vbyor te gnag du brdzangs...)[3] 根据陆离考证，简牍所载"吐谷浑部落每户征收五升青稞"，可能是吐蕃受到唐朝两税法的影响而对吐谷浑部落民众所征收的户税。[4]

按照吐蕃对吐谷浑地区征收赋役的做法，自然也会将其统治管理办法施行于敦煌地区。前文已经提及，玉门驿户起义被镇压后，"王廷差遣供应络绎不绝"，说明吐蕃对敦煌赋役征收依然如故。敦煌文献 P.T.1085(9)《辰年冬十一月上旬亨迦宫用印颁之告牒》载："令下沙州节儿：据沙州二唐人部落之民庶禀称：'沙州每年定期向宫廷及大行军衙交纳年贡礼品冬梨一次，王廷虽已拥有果园多处，但仍要增加（年贡）。以往，蒙圣神王臣之恩典，我等蛮貊边鄙之民户，每户修筑一座果园，且从未交纳年贡礼品及岁赋。（如今）节儿长官等经常不断欺压掠夺乃至霸占（果园）。为今后不再发生掠夺、侵占民庶果园事，恳求颁布一严厉诏令，并赐以钤印告牒'云云等情，据此，大尚论以下论恐热、论腊藏悉通均用印并摁指印颁发如上。"[5] 由于沙州冬梨味

---

1 （宋）宋祁、欧阳修等：《新唐书·南诏传上》载："大料兵，率三户出一卒，虏（指吐蕃）法为大调集。""大调集"即《大事纪年》中的"大料集"。

2 王尧、陈践译注《敦煌古藏文文献探索集》，第 97 页。

3 王尧、陈践：《吐蕃简牍综录》，第 37～38 页；F. W. Thomas, *Tibetan Literary Text and Document, concerning Chinese Turkestan*, Vol. II, London, 1951, pp.30-31。

4 陆离：《也谈敦煌文书中的唐五代"地子"、"地税"》，《历史研究》2006 年第 4 期，第 166 页。

5 王尧、陈践：《敦煌藏文写卷 P.T.1083、P.T.1085 号研究——吐蕃占有敦煌时期的民族关系探索》，《历史研究》1984 年第 5 期，第 173 页。

美，被列为宫廷及大行军衙的贡品之一，地方官节儿为了私利擅自增加沙州民众的年贡、岁赋，导致民众的强烈不满。"以往，蒙圣神王臣之恩典，我等蛮貊边鄙之民户，每户修筑一座果园，且从未交纳年贡礼品及岁赋"。为缓和民众对立情绪，地方官员向上级禀告了关于节儿徇私枉法的行为，因而大尚论以下论恐热，论腊藏悉通签发严禁吐蕃官员侵占民庶果园的告牒。这也是吐蕃当局对占领区派遣官员枉法行为的一种遏制。

除了侵占当地民众的财产行为外，掠夺汉人为奴的行为更为普遍。

吐蕃对外战争中，多以掠夺为主要目的，恰好契合了"致富五法"中的第一条——军功致富。唐臣苏颋在谏止唐玄宗亲征的第二表中言："若吐蕃者，鼠窃猪食，犹鱼跃釜中耳，又何足以当陛下之怒哉……臣又闻吐蕃之入也，惟趣羊马，不至杀掠于人，但剥体取衣，此穷寇耳。"[1]指出了吐蕃入寇边地的目的在于掠夺畜产品以及百姓衣物。吐蕃占领敦煌、西域后，不但掠夺人畜，还焚毁城民房。临泾镇将郝玼自白于其帅曰："今每秋戎入塞寇泾，驱其井间父子，与马牛杂畜，焚积聚，残庐室，边人耗尽。"[2]因此，唐人沈亚之在《对贤良方正直言极谏策》中写道："自瀚海以东，神鸟、敦煌、张掖、酒泉，东至于金城、会宁，东南至于上邽、清水，凡五十郡、六镇、十五军，皆唐人子孙，生为戎奴婢，田牧种作，或聚居城落之间，或散处野泽之中。"[3]吐蕃掠夺人口的做法，导致唐朝边地人口稀少，"边人耗尽"，表明驱良为奴是吐蕃对外掠夺人口的惯常做法。敦煌文献P.T.1083《据唐人部落禀帖批复的告牒：禁止抄掠汉户沙州女子》载："兹据唐人二部落使禀称：'此前，沙州汉户女子每为吐蕃、孙波（部落）及个别尚论以婚配为名，抄掠而去，（实则）多沦为奴婢。凡已

1　（清）董诰等编《全唐文》卷二五五《苏颋·第二表》，上海：上海古籍出版社，1990，第1143页。

2　（清）董诰等编《全唐文》卷七三七《沈亚之·临泾城碑》，第3376页。

3　（清）董诰等编《全唐文》卷七三四《沈亚之·对贤良方正直言极谏策》，第3359页。

属赞普之子民均已向上峰呈报，不得随意抄掠。应如通颊之子女，不予别部婚配，而允于部落内部婚配。'云云等情，据此，(迄后) 不准无耻之辈持印前来择配，而允其自行择偶。"[1] 反映了当时即使在吐蕃本土外的统治区域内，掠夺人口做法在吐蕃统治者眼中是一种正常现象。敦煌文献 P.T.1071《狩猎伤人赔偿律》中将"奴户"与其他诸如库物、牲畜、妻室并列，说明奴户属于私有财产。更有甚者，将占领区百姓直接贬为奴隶的情况也时有发生，西域出土 Or.15000/337 号文书载："……作事，取得胜利……驻守城堡的百姓贬作奴隶……驻守城堡的百姓贬作奴隶要注册名单……划分给贵族，当面交付，印鉴。百姓贬作奴隶的契约中，人和数量不变……规定适用于僧众以下的……已注册……没有注册……"[2] 买卖奴仆行为是正常、合法的现象。对于吐蕃贵族占领区域人口是一种变相的纵容，这种掠良为奴的行为势必加剧占领区民众对吐蕃的敌对情绪，不利于吐蕃的统治。因此，当吐蕃统治者意识到了该问题严重性后，以大论于陇州军帐会议上用印发出告牒，以约束吐蕃贵族这种容易导致占领区民众反抗，不利于吐蕃统治的行为。

敦煌自两汉时期就已成为丝绸之路上一个重要国际化大都会，被称为"华戎所交一都会"，[3] 既是一个国际贸易重地，同时也是一个多民族活动交融地区。[4] 敦煌文献 S.5697《申报河西政情状》载："同缘河西诸州，蕃、浑、嗢末、羌、龙狨杂，极难调伏。"[5] 河西诸族交杂相处情形同样体现在敦煌文献 S.389《肃州防戍都状》：

1　王尧、陈践译注《敦煌吐蕃文献选》，成都：四川民族出版社，1983，第 51～52 页；郑炳林、黄维忠主编《敦煌吐蕃文献选辑·社会经济卷》，北京：民族出版社，2013，第 95～96 页。

2　杨铭、贡保扎西、索南才让编译《英国收藏新疆出土古藏文文书选译》，乌鲁木齐：新疆人民出版社，2014，第 174 页。

3　(晋) 司马彪撰，(南朝梁) 刘昭注补《后汉书志》卷一一三《郡国五·敦煌郡》注引《耆旧记》，第 3521 页。

4　〔日〕梅村坦：《以敦煌为中心的诸民族之动态》(上)，陈俊谋译，《民族译丛》1982 年第 2 期，第 36～39 页；《以敦煌为中心的诸民族之动态》(下)，《民族译丛》1982 年第 6 期，第 49～54 页；杨富学：《少数民族对古代敦煌文化的贡献》，《敦煌学辑刊》2005 年第 2 期，第 85～99 页。

5　唐耕耦、陆宏基编《敦煌社会经济文献真迹释录》第 4 辑，第 363 页。

> 其甘州吐蕃三百，细小相兼五百余众，及退浑王拔乞狸……
> 先送崔大夫回鹘九人，内七人便随后寻吐蕃踪亦（迹）往向南。
> 二人牵栊嘉麟，报去甘州共回鹘和断事由。其回鹘王称：须得龙
> 王弟及十五家只（质），便和为定……其龙王衰私，发遣僧一人，
> 于凉州喟末首令（领）边充使……退浑、达票、拱榆、昔达票、
> 阿吴等细小共七十二人，旧通颊四十人，羌大小三十七人，共计
> 二百伍拾七（八）人。

该文书指出甘凉地区不仅有吐蕃余部、吐谷浑、龙家、喟末，还有通颊、羌等部族，恰好印证前揭 S.5697《申报河西政情状》提及河西诸州各部"狡杂"难以"调伏"的状况。民族成分多样，民族关系复杂，也是统治者维系地方统治，安定瓜沙地区社会秩序所面临的重要问题之一。

吐蕃当局采取种种措施来稳定统治秩序，诸如继续推行佛教。尚起心儿（又作尚绮心儿、尚起律心儿，zang khri sum rje）带头在敦煌城内兴建圣光寺，[1] 王室成员及吐蕃佛教高层赴敦煌参与抄经事务，[2] 并将吐蕃赞普形象地体现于佛教题材艺术中，如《涅槃经变》《维摩诘经变》，特别是后者，如莫高窟第 133、138、159、186、231、237、359、360 窟等，极力来确立吐蕃统治的合法性。同时任命瓜沙大族担任官职，安抚大族势力，如沙州大族阴伯伦在吐蕃占领敦煌之初曾担任沙州道门亲表部落大使一职。[3] 剧烈对抗的民族情绪逐渐趋于缓和，"开成之际，朝廷遣使还番，遇凉、肃、瓜、沙，城邑如故，华人见汉旌使，齐夹道诉泣，问皇帝还念陷番生灵否？当时已经再世，虽语

1　季羡林主编《敦煌学大辞典》，上海：上海辞书出版社，1998，第 332 页《尚起律心儿圣光寺功德颂》。

2　黄文焕：《河西吐蕃文书中的"钵阐布"》，《中国民族古文字研究》，北京：中国社会科学出版社，1984，第 222~236 页。

3　唐耕耦、陆宏基编《敦煌社会经济文献真迹释录》第 5 辑，第 222 页。

言小讹，而衣服未改"。[1] 吐蕃统治者为缓解民族矛盾，在语言上力图蕃化占领区。敦煌文献 Or.8210/S.5212v《汉藏短语手册》、P.T.1263《藏汉单词列表》以及 P.3419 用藏文注写汉籍的"注音本"——《千字文》，都可证明当时民众对藏文的主动或者被动的接受，而《千字文》属于传统蒙学经典之作，以藏文注音的形式更能扩大其影响，因此瓜沙汉人会在语言上受到蕃语的影响，但一直以保持服饰特征来尽力对抗蕃化的影响，却苍白无力，唐人司空图在《河湟有感》言："一自萧关起战尘，河湟隔断异乡春。汉儿尽作蕃儿语，却向城头骂汉人。"[2] 也就是说，蕃化的汉人已经将自身作为吐蕃一分子了，完全融入吐蕃社会中，汉民族特征完全消亡。在吐蕃占领敦煌问题上，汉人对抗情绪是最为突出的，从"汉儿尽作蕃儿语，却向城头骂汉人"诗句中看出，吐蕃占领敦煌后的二代或者三代汉人已无视自己汉人身份，认同了自己的吐蕃身份，事实上也就认可了吐蕃统治的合理性，这种思想意识同样适用于生活在瓜沙的其他民族。

敦煌文献 P.T.1095《购牛契》载：

> 兔年仲冬时节，在吐谷浑玛噶朵金部落之森努鼓布处，王广星购买了一头牛，其毛色和角状为：黑牛长角、胸肚花亮。此牛今后若被他人错认或由此发生任何大小纠纷，概由努鼓布担当。若发生纠纷而使此牛无从辨认，则将能顶替此牛且大小相仿的一头牛，或将产下两个牛犊之后的所生牛犊作为抵偿，立即呈送给广星。如努鼓布不在，照上述承诺，由其弟森夏苴结应诺担保。证人伦拉桑拉顿、王习塞、安星塞、张辛辛等立契约盖印，牛主和应诺人按指印。如此交易之余，若有反悔者，则先反悔者要向未反悔者立即支付四克青稞，一并承诺。[3]

1　（宋）王溥：《五代会要》卷三〇《吐蕃》，上海：上海古籍出版社，1978，第 467 页。

2　（唐）司空图：《河湟有感》，（清）彭定求等编《全唐诗》卷六三三，北京：中华书局，1960，第 7261 页。

3　卓玛才让：《敦煌吐蕃文书 P.T.1095 号写卷解读》，《西藏研究》2007 年第 1 期，第 21 页。

该文献为兔年仲冬王广星从吐谷浑玛噶朵金部落之森努鼓布处购牛的一份契约，也是民族和谐交融的一份证据。证人中除了可能是汉人的王习塞、张辛辛外，还有粟特人安星塞。法治契约精神的确立，意味着吐蕃在瓜沙统治秩序走上了正常化。

　　除了作为当地民众主体的汉人外，粟特人也是敦煌民族中一支重要势力。敦煌作为中西文化交汇之地，以经商著称的昭武九姓胡人多汇集于此。吐蕃占领敦煌后，粟特民众广泛分布于各部落中，包括丝绵部落、擘三部落、行人部落、上下部落、悉董萨部落、中元部落等。[1] 池田温指出吐蕃占领河西后，一些未逃离的粟特百姓及后裔依附寺院成为寺户。[2] 这一观点可在敦煌文献 S.0542v《敦煌诸寺丁壮车牛役簿》中寺户姓名及其承担的差役种类得以证实，其中包括曹、安、史、康、何、石诸姓。[3] 这是典型的昭武九姓，从其所承担差役的种类也能大致反映出粟特人及其后裔在敦煌社会中所从事的职业分布情况。[4] 被称为敦煌"族氏豪宗"[5] 粟特康氏曾在敦煌政局中颇有影响，莫高窟第 144 窟东壁供养人题记"夫人蕃任瓜州都□（督）□仓□曹参军金银间告身大虫皮康公之女修行顿悟优婆姨如祥□（弟）一心供养"，[6] 康公担任"瓜州都督□仓□曹参军"的职务，并被授予金银间告身、大虫皮告身的荣耀，而金银间告身在告身等级中属于高规格告身，而大虫皮告身则授予有军功者，由是可见，康公深受吐蕃统治者的信任。另外，康公将其女嫁入曾担任吐蕃部落使的龙藏家族，与吐蕃贵族联姻，也反映了康氏的社会影响力。[7] 张议潮的父亲张谦逸

1　郑炳林、王尚达：《吐蕃统治下的敦煌粟特人》，《中国藏学》1996 年第 4 期，第 43 ~ 46 页。

2　池田温「8 世纪中叶における敦煌のソグド人聚落」『ユーラシア文化研究』1, 1965, 第 87-89 页；〔日〕池田温：《八世纪中叶敦煌的粟特人聚落》，辛德勇译，《唐研究论文选集》，北京：中国社会科学出版社，1999，第 49 ~ 51 页。

3　唐耕耦、陆宏基编《敦煌社会经济文献真迹释录》第 2 辑，北京：全国图书馆文献缩微复制中心，1990，第 381 ~ 392 页。

4　陆庆夫：《唐宋间敦煌粟特人之汉化》，《历史研究》1996 年第 6 期，第 26 ~ 27 页。

5　郑炳林：《敦煌碑铭赞辑释》，第 151 页。

6　敦煌研究院编《敦煌莫高窟供养人题记》，北京：文物出版社，1986，第 65 页。

7　郑炳林、王尚达：《吐蕃统治下的敦煌粟特人》，《中国藏学》1996 年第 4 期，第 49 页。

曾娶粟特安氏女为妻，也反映了张谦逸对粟特安氏的重视。敦煌文献
P.T.1089《吐蕃官员呈请状》中记载了粟特人在沙州官府中担任相关
职务，如安本义任副都督兼一部落长官、曹昌熙为部落水官、康宝谭
为水利官兼一部落长官张悉诺腊的助理、安兴子为部落营田使等，其
中副都督被授予银告身，都督的品位在吐蕃人担任的千户之上。[1] 粟
特人还在敦煌佛教教团中担任众多职务，敦煌文献 P.T.1261《吐蕃占
领敦煌时期斋襯历》中所载名单包括史阇黎、贺寺主、史判官、曹上
座、曹阇黎、康法阇黎、康法律、康阇黎等。[2] 另外，粟特人在经济生
活中也占有举足轻重的地位，敦煌文献 P.2912《某年四月八日康秀华
写经施入疏》记载敦煌粟特巨贾康秀华请人抄写一部《大般若经》的
工价："写《大般若经》一部，施银盘子叁枚，共卅五两，麦壹佰硕，
粟伍拾硕，粉肆斤。右施上件物写经，谨请炫和上收掌货卖，充写经
直，纸墨笔自供足，谨疏。四月八日弟子康秀华"。据推算，"康秀华
向乾元寺施物价值折麦约 548 石，当时写一部《大般若经》的工价为
548 石麦"。[3]

粟特人在政治、经济、宗教等方面的巨大影响，张议潮之驱蕃
归唐，粟特人从中发挥了重要作用，其中粟特安氏是张议潮起事的重
要支持者。敦煌文献 P.3551《药师瑠璃光如来赞并序》记载吐蕃统治
敦煌时期一位张姓大都督曾娶粟特安氏作为妻子，"则有清河张，敦
煌郡大都督赐紫金鱼袋并万户侯，其公则威光奕奕，皎似珠星；精彩
岩岩，净如冰雪。授赐南朝，拜谢重恩；腾星进路，德奉天庭；承恩
回还；暗色来侵，不遑本郡。则有都督夫人安氏，岁在笄初，花姿发
艳，似春沼之开莲；素质凝辉，等秋地之堪同；念金兰义切，思结发
之情深。"[4] 这位张大都督可能就是张议潮的父亲张谦逸，张氏归义军

1 王尧、陈践:《吐蕃职官考信录》,《中国藏学》1989 年第 1 期, 第 111 页。

2 唐耕耦、陆宏基编《敦煌社会经济文献真迹释录》第 3 辑, 第 158 ~ 168 页。

3 郑炳林:《晚唐五代敦煌贸易市场的物价》,《敦煌研究》1997 年第 3 期, 第 14 页。

4 杨富学、李吉和:《敦煌汉文吐蕃史料辑校》第 1 辑, 第 228 页; 上海古籍出版社、法国国家图
书馆编《法国国家图书馆藏敦煌西域文献》第 25 册, 上海: 上海古籍出版社, 2002, 第 230 页。

政权建立后，安景旻为副使，地位仅在张议潮之下，安景旻可能在吐蕃统治时期担任都督一职，从安景旻在归义军政权中的地位可推测出，应为张议潮的重要支持者，可能与张谦逸娶粟特安氏有着某种联系。[1] 另外，康通信、康使君均参与了张议潮收复河西的一系列战争，康通信并成为归义军政权东部甘凉地区防御吐蕃的前哨——删丹镇的最高军事长官，[2] 康使君出身于敦煌的"族氏豪宗"，[3] 继阎英达之后出任瓜州刺史。康通信与康使君二人的邈真赞均由瓜沙佛门领袖都僧统悟真撰写，可见二人在归义军政权中的重要地位与社会影响，同时也可推测出，瓜沙的豪门望族是张议潮驱蕃归唐过程中的重要支持者，同时也是归义军政权建立后政权构建中的核心力量。至曹氏归义军政权时期，粟特人在内政外交中更是占有很大比重，地位超然，如出使甘州回鹘的康奴子，出使伊州的康幸全、康员奴，出使西州的康员进等。[4] 粟特人在曹氏归义军政权中的影响已远远大于张氏归义军时期，究其原因，可能与曹氏出身粟特胡人相关，"曹氏归义军政权的性质应为以粟特族人为主并联合部分汉族和其他少数民族所建立的政权"。[5]

第二节　蕃汉交织的制度——机构及职官设置

吐蕃占领前，沙州实行的是唐制乡里制度，曾设有十三个乡——敦煌、莫高、神沙、龙勒、平康、玉关、效谷、洪池、悬泉、兹惠、洪润、寿昌、从化。吐蕃占领敦煌后，将吐蕃本土制度移植于此，"赐部落之名"。[6] 吐蕃废除了敦煌原有的十三个乡，乡里制被部落制度所

1　郑炳林：《唐五代敦煌粟特人与归义军政权》，《敦煌研究》1996 年第 4 期，第 86 ~ 87 页。

2　郑炳林：《敦煌碑铭赞辑释》，第 114 页。

3　郑炳林：《敦煌碑铭赞辑释》，第 151 页。

4　荣新江：《归义军史研究——唐宋时代敦煌史考索》，上海：上海古籍出版社，1996，第 309、368 ~ 370 页。

5　冯培红：《敦煌曹氏族属与曹氏归义军政权》，《历史研究》2001 年第 1 期，第 86 页。

6　唐耕耦、陆宏基编《敦煌社会经济文献真迹释录》第 5 辑，第 198 页。

代替。[1]

关于吐蕃占领敦煌施行部落制度学界早已论之。[2]《贤者喜宴》记载，松赞干布时期初创各项制度，其中包括行政区域建置，"将吐蕃划作五大茹（ru-chen-nga），划定十八个地区势力范围（yul-gyi-dbang-ris-rnam-pa-bco-brgyad），划分六十一个'桂东岱'（rgod-kyi-stong-sde-drug-bcu–rtsa-gcig）"。[3] 其中"东岱"即等同于汉地"乡"的建置，而吐蕃占领敦煌初期，为了稳固在瓜沙地区的统治，并未完全套用吐蕃本土的行政建制，而设立了蕃汉制度相结合的"乡部落"制，如早期的"龙勒乡部落"。这种制度既保留了唐制中的乡一级建置，同时又套用了吐蕃部落制，一方面为了缓和当地民众对抗情绪，另一方面也彰显了其在敦煌的行政管辖权。山口瑞凤通过对上下二部落性质进行考察，指出其为吐蕃擘三部落驻扎敦煌后对汉人居住区所划分的左右二区，左为上部落，右为下部落。[4] 金滢坤认为二部落设置时间大致在790 年分部落至820 年重置军事部落之间。[5] 说明了吐蕃在占领敦煌后实行了部落制，阎朝献城归附吐蕃后，就被任命为"大蕃部落使、河西节度"，[6] 继续以吐蕃官员的名义管理敦煌。

吐蕃在敦煌设置的部落主要有僧尼部落（788）、道门亲表部落（8世纪末）、行人部落（794、817）、丝棉部落（804、808、817、821）、下部落（808、817）、上部落（815）、中元部落（不详）、撩笼部落（818）、阿骨萨部落（824、835、839）、悉董萨部落（820、823）、悉

1 刘进宝：《关于吐蕃统治经营河西地区的若干问题》，《中国边疆史地研究》1994 年第 1 期，第13 ~ 21 页。

2 藤枝晃「敦煌の僧尼籍」『東方学報』第 29 号，1950，第 285-338 页；王尧、陈践：《敦煌藏文写卷 P.T.1083、P.T.1085 号研究——吐蕃占有敦煌时期的民族关系探索》，《历史研究》1984 年第 5 期，第 171 ~ 178 页；姜伯勤：《沙州道门亲表部落释证》，《敦煌研究》1986 年第 3 期，第1 ~ 7 页。

3 巴卧·祖拉陈瓦著，黄颢、周润年译注《贤者喜宴——吐蕃史译注》，北京：中央民族大学出版社，2010，第 31 页。

4 山口瑞鳳「吐蕃支配敦煌」『講座敦煌 2 敦煌の歴史』，第 219-220 页。

5 金滢坤：《吐蕃统治敦煌的社会基层组织》，《中国边疆史地研究》1998 年第 4 期，第 27 ~ 35 页。

6 杨富学、李吉和：《敦煌汉文吐蕃史料辑校》第 1 辑，第 190 页。

宁宗部落（约820～848）、通颊部落（824）。[1]在部落中设有部落使一职，敦煌文献 P.4640《大番故敦煌郡莫高窟阴处士公修功德记》[2]中记载了沙州大族阴伯伦在吐蕃占领敦煌之初的786～790年曾担任沙州道门亲表部落大使，按照吐蕃敦煌部落中吐蕃人担任部落使的惯例，那么阴氏担任的应为副部落使，这也是吐蕃忌惮汉人的一种现实反映。

从部落名称设置时间来看，吐蕃当局推行部落制度是分期进行的。大致分为三个阶段：第一阶段为蕃占初期（786～790），设立了乡部落、僧尼部落、道门亲表部落等；第二阶段为蕃占中期（790～820），吐蕃统治者在790年又对敦煌地区重新划分部落，出现了擘三部落、下部落、丝绵部落、行人部落（又分上、下二部）；第三阶段为蕃占后期（820～848），820年，统治者对敦煌的部落进行调整，出现了阿骨萨部落、悉董萨部落、悉宁宗部落、通颊部落等。同时，两个独立的汉人军事部落——阿骨萨部落、悉董萨部落的成立，表明当地汉人（包括粟特裔居民）地位有了提高。[3]

部落制度的实施，为吐蕃勘查清理敦煌土地人口提供了基层保障。吐蕃统治者十分重视统治区域内的土地人口清查工作，如本土："及至虎年（654)，赞普驻于美尔盖……区分'桂''庸'，为大料集而始作户口清查"，"及至兔年（691)……清理土地赋税并统计绝户数字……集会议盟，及依红册征集兵丁"。[4]吐蕃占领敦煌后，即着手清查户籍，P.3774《丑年僧龙藏呈明与大哥析产牒》载："一大兄初番和之日，齐周附父脚下，附作奴。后至金牟使上析出为户，便有差税身

1　金滢坤：《吐蕃统治敦煌的社会基层组织》，《中国边疆史地研究》1998年第4期，第28～32页。

2　唐耕耦、陆宏基编《敦煌社会经济文献真迹释录》第5辑，第222页。

3　陆离：《敦煌的吐蕃时代》，兰州：甘肃教育出版社，2013，第26～34页。

4　王尧、陈践译注《敦煌古藏文文献探索集》，第87页、第91页。

役，直至于今。""番和之日"为贞元二年（786），[1] "金牟使"为户籍清查官员，职责为清查未入征税户籍的人口。为何吐蕃统治者在占领之初就马上展开对户籍清查的工作，究其原因：其一，前文提到吐蕃官员常常掠夺汉人为奴作为私产，清查户籍可以使那些尚未变为奴婢的民众成为国家的纳税民户；其二，吐蕃有征集占领地青壮者为兵丁的先例，"及至狗年（734）……征集吐谷浑之青壮兵丁"，[2] 敦煌也成为吐蕃兵源地之一。

如前文所述，吐蕃官员尚绮心儿率吐蕃军队围困敦煌，在允诺"毋徙他境"的前提下，敦煌守将阎朝献城归蕃。从其许诺来看，尚绮心儿已然得到了赞普授予的军事专断之权，其先祖曾担任吐蕃相国之职，位高权重，且深受赞普信任。尚绮心儿不但家世显赫，[3] 而且具有杰出的军事指挥才能，这是其享有专断之权的主要原因。占领敦煌后，尚绮心儿成为敦煌的最高军事行政长官，羽077号之《某判官为国相尚纥心儿祈愿文》载：

> 三危孤城赖犁礼，竭力而［无辞］悦纳，尽忠而两贺，惟友离异邑，恒里赏赐功高；决凝棱怜，以□济□万乘明直闻。所以帝心偏副，千户犁（黎）庶，所奠（冀）得四天书，重加相印。令一州□品，得万代无名；舒日之光，照复盆之下。我相公乃体扶明运，道合天心，类升贵受之荣，再［就出］育边［仁人］

1　池田温「丑年十二月僧龍藏牒」『山本博士還暦記念東洋史論叢』，東京，1972，第37页；陈国灿：《唐朝吐蕃陷落沙州城的时间问题》，《敦煌学辑刊》1985年第1期，第1～7页（收入氏著《敦煌学史事新证》，第472～485页）。

2　王尧、陈践译注《敦煌古藏文文献探索集》，第97页。

3　敦煌文献P.2765v《（大）蕃敕尚书令赐大瑟瑟告身尚纥心儿圣光寺功德颂》载："曾皇祖敕宰辅赐大告身，讳，胖水长流，既济臣于舟楫；盘宰鼎贵，住重于盐梅。乘轩畏夏日之威，变瑝问春前之喘。皇祖父尚已立藏，敕时（侍）中大瑟瑟告身，讳，弱承霸业，世禄良家，居（以下涂去）朝诤处理之能，出战任辕轮之重，敕曰相国。先门尚赞磨，副尚书令、瑟瑟告身，讳；实豫樟竽干，处宇宙长材，横沧海鲸鳞，吸江淮不测，跨秦右地方，外不敌骁果，救邻国艰虞，起义兵而济及。"我们从其先祖所授予的告身等级（大告身、大瑟瑟告身、瑟瑟告身）与担任的职位（相国、副尚书令）来看，就能推测其家族显赫的政治地位。

黎庶。云山无雁，去来万乘咸康；道露（路）遥长，寐梦常恒
清吉。[1]

字里行间流露出对尚绮心儿的赞誉之情，"令一州口品"，指的是尚绮
心儿曾代领沙州。

《贤者喜宴》记载，松赞干布时期将吐蕃统治区域划分为五茹、
十八个势力范围和六十一个桂东岱。桂东岱是以军事为系建立的千户
部落，部落长官即千户长被称为东本。桂（rgod）属于上等属民，专职
从事军务，为武士阶层。因此，吐蕃对外战争中设置的职官与机构多
为军事服务，《敦煌本吐蕃历史文书》载："韦·赞热咄陆等，引军攻小
城以上各部，连克十八城，守城官员均收归编氓，国威远震，陇山山
脉以上各部均入于掌握矣，乃设置五部通颊（五道节度使），新置一管
辖区域广阔之安抚大使。"[2]这里将"五部通颊"与"五道节度使"等同，
从新置安抚大使一职来看，所谓"五部通颊"乃新征服区域，当指五
个新占领区，是河西陇右地区以汉人为主的当地居民按照吐蕃部落制
度编制的千户部落。[3]吐蕃统治中晚期，关于"东境（鄙）五道节度使"
多次在文献中出现，贞元十八年（802）正月，"吐蕃遣其大相兼东鄙五
道节度使论莽热将兵十万解维州之围"；[4]元和七年（812）二月，"吐蕃
东道节度论诰都、宰相尚绮心儿以书遗凤翔节度使李惟兰，惟兰奏献
之"。[5]论莽热作为吐蕃大相之一，兼任东鄙五道节度使，表明吐蕃对其
管辖区域的重视，全权负责所辖地区的军事、行政等事务。东鄙五道
节度使早在695年就已设置，[6]直至大中三年（849），论恐热杀东道节度

1　马德：《吐蕃国相尚纥心儿事迹补述——以敦煌本羽 77 号为中心》，《敦煌研究》2011 年第 4 期，
　　第 38 页；图版参吉川忠夫编『敦煌秘笈』（影片册 1），大阪：武田科学振兴财团，2009，第
　　457 页。
2　王尧、陈践译注《敦煌本吐蕃历史文书》（增订本），北京：民族出版社，1992，第 167 页。
3　荣新江：《通颊考》，《文史》第 33 辑，北京：中华书局，1990，第 119 ~ 144 页。
4　《资治通鉴》卷三二六"贞元十八年（802）正月"条，第 7599 页。
5　（宋）王钦若等编纂《册府元龟》卷九八〇《外臣部·通好》，第 11515 页。
6　金滢坤：《吐蕃节度使考述》，《厦门大学学报》2001 年第 1 期，第 98 页。

使降唐，成为该官职的终结之时。东鄙五道节度下辖河州节度、鄯州节度、青海节度、夜猫川节度、玛曲节度（黄河大行军衙）。[1]

　　吐蕃通常会将本土制度移植于占领区，如新疆麻札塔克出土古藏文简牍 M.Tāgh.b,I,0048 号记载了于阗河地区的"将（Tshan）"，上、下玉河［部落］将和玉河间［部落］将。[2]这是吐蕃本土十将制度[3]在西域实施的例证。吐蕃占领瓜沙后，同样也推行了十将制。敦煌文献 P.4638《右军卫十将使孔公浮图功德铭并序》中孔周担任了"右军卫十将使"；[4] S.2228《夫丁修城记录》中记载有丝绵部落名称以及右一将至十将、左七至十将有关修城人员名单；P.T.1208 所载阿骨萨部落中有索君子将（sag khun tshe tshan）、王马郎将（wang rma snang gyi tshan）。吐蕃在敦煌地区施行部落制度之下所实施吐蕃本土的十将制，属于基层一级的组织结构，将的管理者为将头，享有一定特权，如敦煌文献 P.3774《吐蕃丑年（821）十二月沙州僧龙藏牒》载有"齐周身充将头，当户突税差科并无"的字样，[5]表明了将头齐周享有免除田赋、差役的权利。

　　另外，还有曹（Tshar），[6]也被视为基层一级的军政合一组织。敦

1　朱悦梅：《吐蕃王朝历史军事地理研究》，北京：中国社会科学出版社，2017，第 163～168 页。

2　F. W. Thoms, *Tibetan Literary texts and Documents concerning Chinese Turkestan*, I, London, 1951, pp.167-169.

3　熊文彬：《吐蕃本部地方行政机构和职官考——tshan-bcu、mi-sde、yul-sde、yul-gru、yul-dpon》，《中国藏学》1994 年第 2 期，第 51～58 页；杨铭：《吐蕃"十将"（Tshan bcu）制补证》，《中国藏学》1996 年第 2 期，第 44～49 页；陆离：《关于吐蕃统治敦煌时期的基层组织——十将、将》，《中国边疆史地研究》2015 年第 2 期，第 111～125 页、第 18 页。

4　陆离教授认为：十将使为将头的上级，但和将头一样都归本部落部落使管辖，依据 P.4638 号《右军卫十将使孔公浮图功德铭并序》所载十将使管辖军士百人，将头担任本将成员组成的 40 人军事编队 tshar 的负责人推断一个十将使可能管辖两个将。详参陆离《关于吐蕃统治敦煌时期的基层组织——十将、将》，《中国边疆史地研究》2015 年第 2 期，第 118 页。

5　池田温『中國古代籍帳研究』，第 543 頁。

6　F. W. Thomas, *Tibetan Literary texts and documents cocerning Chinese Turkestan*, I, London, 1951, pp.67-69；G.Uray, Notes on a Tibetan military document from Tun-Huang, *Acta Orientalia Academiae Scientiarum Hungaricae*, Vol. VII, No.1-3, 1961, pp.227-228；藤枝晃「吐蕃支配期の敦煌」『東方学報』第 31 号，1961，第 199-292 頁；杨铭、何宁生：《曹（Tshar）——吐蕃统治敦煌及西城的一级基层兵制》，《西域研究》1995 年第 4 期，第 49～54 页。

煌文献 P.4638《大番故敦煌郡莫高窟阴处士公修功德记》载有"弟嘉珍，大蕃瓜州节度行军并沙州三部落仓曹及支计等使"的字样。Ch.73,xv,10(fr.12,vol.69,foll.62-3）记载曷骨萨部落中一曹（Tshar）军士名单，共计 40 人，杨铭、何宁生二位学者利用音韵比对认为"曹"（Tshar) 是吐蕃沿袭唐朝基层兵制"曹"的建制所设。[1] 如果是仿唐制而设，唐制一队队员额数为 50 人，少于唐制人数，可能吐蕃制度中一曹人数并未完全按照唐制，根据具体情况而人数有异。也有学者认为"Tshar"可能相当于唐朝的队，但又没有确切证据来说明，只是一种推测，暂备一说。[2] 或许曹（Tshar）一级之下可能还存在有更小一级的组织，[3] 有待进一步发掘更多资料来佐证。将（Tshan）和曹（Tshar）有交叉兼任的情况，如新疆出土古藏文简牍 M.I.Xii,3 号载"曹长：潘库之将（Tshar dpon I pang kuvi sthan)"。[4] 从敦煌文献 Ch.73,xv,10(fr.12,vol.69,foll.62-3）号内容来看，军士身份中出现了僧人和寺户，共有 13 人，占总人数（40 人）的 32.5%，可见寺院势力在当时政治、军事生活中占有着举足轻重的地位，甚至到了归义军时期僧人仍需服兵役。[5]

　　基层组织机构除了将（Tshan）和曹（Tshar），唐制中的"里"同样在瓜沙地区实行，如英藏敦煌古藏文文献 Ch.73,xv,5 号所记载吐蕃统治晚期沙州三部落（阿骨萨、悉董萨、悉宁宗）民户抄写《大般若经》的情况，"[Ⅱ.14-15] 如果负责人不能公正对待反抗行为或不能

1　杨铭、何宁生：《曹（Tshar）——吐蕃统治敦煌及西城的一级基层兵制》，《西域研究》1995 年第 4 期，第 49 ~ 54 页。

2　苏航：《试析吐蕃统治敦煌时期的基层组织 tshar——以 Ch.73.xv.frag.12 和 P.T.2218 为中心》，《中国藏学》2003 年第 2 期，第 43 ~ 52 页。

3　G. Uray, "Notes on the Tibetan military document from Tun-Huang", *Acta Orientalia Academiae Scientiarum Hungaricae* Vol. Ⅶ, No.1-3, 1961, p.228.

4　F. W. Thomas, *Tibetan Literary texts and documents concerning Chinese Turkestan,*" Ⅰ, London, 1951, p.338.

5　郝春文：《唐后期五代宋初敦煌僧尼的社会生活》，北京：中国社会科学出版社，1998，第104页；冯培红：《P.3249 背〈军籍残卷〉与归义军初期的僧兵武装》，《敦煌研究》1998 年第 2 期，第 141 ~ 147 页。

收集份额，里正（Li-cheng）将按每卷（Yug）纸鞭挞十下的标准进行惩罚。[Ⅱ.15—17]担任里正（li-cheng）者每天每年（时？）为落实起见（hphyan(ń)-chad?），派人去布施人的住处去查询，里正（Li-cheng）必须多少有着递送纸张的能力"。"里正"作为基层组织的负责人在抄经事务中承担着具体事务（如收集抄经纸张、抄经人家庭财产状况等），国家图书馆藏 BD09630 号《部落转帖》载有"十将并里正"关于征调本将民户的牛服役的情况。[1]

从前文敦煌文献 S.1438v《书仪》关于玉关驿户起义逼迫节儿自杀的情况来看，节儿（rtse rje）或节儿论（rtse rje blon）为沙州最高军政主官。敦煌文献 P.T.1089 号《吐蕃官吏呈请状》中对吐蕃沙州官员的设置情况记载颇为详细，其中包括沙州乞利本（即节儿论[2]）及节儿观察使（节儿监军、监军使）、大都督、吐蕃人千户长、副节儿、小都督、小节儿、汉人都护（或汉人观察使、汉人监军、汉人监军使）、汉人副千户长以及营田使、城防使、军需官、税务官、农田官、水利官、度支官、水监官等。[3]这些官员各司其职，维护着吐蕃在瓜沙地区的统治秩序。关于敦煌地区水资源问题，敦煌文献 P.2005《沙州都督府图经》有如下记载：

　　（前缺）美草，更□□□□□水又西流八十里，与硖□□□美草。又西北流入硖谷，□□□流曝（瀑）布桂鹤□□□蔽亏日月，深谷□□□里，不生草木，中有□□□春之后，仲夏之□□□秋后即下，向人□□□无杂鸟，水无□□□者，不过数寸，□□□曲多野马，声□□□狼虫豹窟穴，其□□□里至子亭镇，西三□□□烽。又西北流六十里至山阙烽，水东亦是鸣沙流山，其山流动无定，

1　郝春文：《中国国家图书馆藏未刊敦煌文献研读札记》，《敦煌研究》2004 年第 4 期，第 28 页。

2　节儿（rtse rje）又分为节儿论（rtse rje blon）、副节儿（rtse rje vog pon）、中等节儿（rtse rje vbring po）及小节儿（rtse rje cung）。

3　王尧、陈践：《吐蕃职官考信录》，《中国藏学》1989 年第 1 期，第 102 ~ 117 页。

峰岫不恒。（后略）[1]

丰富的水源为当地民众提供了丰茂的牧场以及农业灌溉用水。敦煌地区分布着众多畜牧区，其中紫亭为归义军时期敦煌官私畜牧业基地，悬泉镇、常乐镇等地均为晚唐五代敦煌重要的畜牧区域。[2]吐蕃统治者素来重视畜牧业，《贤者喜宴》中吐蕃七官就包括有"戚本"（chibs dpon，意为司马官）和"管理母牦牛、犏牛及安营设帐等事务的楚本（phru dpon）"。[3]吐蕃本土畜牧事务主要由此两种官员负责。"牧地管理（副）都护、畜产大（小）管理官"是吐蕃管理沙州官私牧地及畜产品的官员，敦煌文献 P.T.1124《一份关于放牧范围的通知》对于放牧的范围以严格规定，违犯者将予以严惩："付于究江之都噶、甘西、浦西诸人牒状：秋季到来，马匹需长时放牧，要依照以往惯例，狠抓放牧哨规定，全部羊羔，一头也不能留在堡寨之外。此次一去就前往牧场（不得稽延）。若不从命，将给都噶、甘西、浦西以惩罚。"[4]诸如放牧过程中所违犯相关规定的管理与惩处应该由牧地（或畜产）官员裁断。另外，还置有专门管理草场的官员草宅使，敦煌文献 S.3074《吐蕃占领敦煌时期某寺白面破历》载："（七月）廿九日，出白面玖斗，付善得充屈草宅使。"[5]

　　敦煌文献 P.2005《沙州都督府图经》中七所渠条载有"宜秋渠、孟授渠、阳开渠、都乡渠、北府渠、三丈渠、阴安渠"，[6]二所堰为"马圈口堰、长城堰"，"一所故堤，高三丈，阔三丈五尺"。[7]渠堰建设推动了敦煌农业的发展。敦煌文献 S.514《唐大历四年（769）沙州敦煌县悬泉乡宜禾里户籍》中关于民户口分田和永业田分布皆临诸如瓜

1　郑炳林：《敦煌地理文书汇辑校注》，第 5 页。

2　郑炳林：《唐五代敦煌畜牧区域研究》，《敦煌学辑刊》1996 年第 2 期，第 9 ～ 26 页。

3　巴卧·祖拉陈瓦著，黄颢、周润年译注《贤者喜宴——吐蕃史译注》，第 35 页。

4　王尧、陈践译注《敦煌古藏文文献探索集》，第 288 页。

5　唐耕耦、陆宏基编《敦煌社会经济文献真迹释录》第 3 辑，第 169 ～ 171 页。

6　郑炳林：《敦煌地理文书汇辑校注》，第 6 ～ 7 页。

7　郑炳林：《敦煌地理文书汇辑校注》，第 8 页。

渠、沙渠、胡渠等水渠，[1] 并设有管理水渠的渠头。吐蕃占领敦煌后，农田水利事业得到持续发展。[2] 敦煌文献 P.T.1097《薪俸支出粮食清册》载："水渠渠头竣工敬神支出酒料小米十克，交给酿酒人张汉汉、康辛辛、石毕秋诸人。"[3] 归义军时期，关于农田水利建设方面更为重视，渠人组织——渠社的成立为维护河渠设施提供了可靠的人力保障。敦煌文献 P.5032《甲申年（984）十月四日渠人转帖》载：

　　　渠人转帖 张愿昌 张愿德 张定千 张定德 张愿通 张丑憨 张善庆 张富通 泛富达 □□ 儿 氾延子 张定奴 张勿成 张丑奴 张攇攃 张再成 贺方子 尹再昌 宋慢岳。已上渠人，官中处分，田新墙，人各锹锹一事，枝一束。幸请诸公等，帖至，限今月二十五日卯时，□（于）狗头取齐。捉二人后到，决仗七下；全不来者，官中处分。其帖，速递相分付，不得停滞。如（滞）帖者，准条科罚。帖周，却□（付）本司，用凭告罚。甲申年十月四日录事张帖。[4]

这一组织在官方的监督指导下进行基于土地的"渠河口作"，属于官方力役的一种。[5] 当然，渠社活动并不局限于护区修堰的活动，也有诸如祭祀、营葬、春秋座局席活动等，渠人成分复杂，有平民、官员、僧侣，也有地主、富裕阶层、士人等具有一定经济地位、社会地位的集合体。[6] 上层人士的参加，渠社的规章制度自然就能够约束入社的普通民众。

---

1 唐耕耦、陆宏基编《敦煌社会经济文献真迹释录》第 1 辑，北京：书目文献出版社，1986，第 189～207 页。

2 佐藤武敏「敦煌の水利」，收入池田温編『講座敦煌 3 敦煌の社會』，大東出版社，1980，第 285-287 頁。

3 王尧、陈践译注《敦煌吐蕃文献选》，第 52 页。

4 唐耕耦、陆宏基编《敦煌社会经济文献真迹释录》第 1 辑，第 407 页。

5 郝春文：《敦煌的渠人与渠社》，《北京师范学院学报》1990 年第 1 期，第 91～94 页。

6 赤木崇敏「唐宋代敦煌社会の水利と渠人」『唐代史研究』第 18 号，唐代史研究会，2015，第 14-19 頁。

为推动农业的发展，吐蕃专门设立了管理农业的官吏。西域出土 M.I.lviii,006 号木简载"农田长官多贡"、M.I.xxi,5 号木简载"交付萨毗军官与负责营田之人"，[1] 其中的农田长官与负责营田之人均为专门管理农业的官吏。而敦煌文献 P.T.1087《吐蕃官吏呈请状》中第 37 行"大营田使"和第 66 行"任命詹拉东为度支官；又任杨律徕为水监；任命王恩为部落水监；任命赵恩为部落营田使（Zhing-dpon）"[2] 提到的官职充分表明了吐蕃统治者对农业发展的重视。[3] 其中营田官员除了负责土地丈量授予民户外，还兼有处理土地纠纷的职能。敦煌文献 P.3613《申年正月令狐子余牒及判词》[4] 中记载了民户令狐子余向吐蕃沙州官府申诉，要求归还原来被唐朝换给石英顺的孟授渠的田地。吐蕃官员润在令狐子余的牒状中批示令属下水官与营田官前往实地调查，营田副使阚某作为调查主官向润呈上调查牒文。另外，营田官还负责检核空闲无主土地配给请地民户耕种或者招募民户耕种。[5] 瓜沙在吐蕃占领期间，农业生产依然存续。敦煌文献 S.9156《沙州诸户口数地亩计簿》是一份吐蕃统治敦煌时期的田册残卷，以"突"为田地的计量单位，记录了沙州百姓元琮、武朝副等二十[6]户的占田亩数，可能是吐蕃曾在敦煌实行过"计口授田"政策。作为特殊群体存在的僧人也可拥有土地，可能不是计口授田而得，应为土地私有化的产物。[7] 敦煌文献 P.3947v 载：

　　　僧光圆，都乡仰渠地十五亩，解渠四亩，并在道真佃。离

1　王尧、陈践：《吐蕃简牍综录》，第 32 页。

2　王尧、陈践：《吐蕃职官考信录》，《中国藏学》1989 年第 1 期，第 110、111 页。

3　冯培红：《唐五代敦煌的营田与营田使考》，《敦煌归义军史专题研究续编》，兰州：兰州大学出版社，2003，第 245～262 页。

4　唐耕耦、陆宏基编《敦煌社会经济文献真迹释录》第 2 辑，第 281～282 页。

5　姜伯勤：《上海藏本敦煌所出河西支度营田使文书研究》，北京大学中国古代史研究中心主编《敦煌吐鲁番文献研究论集》第 2 辑，第 349～352 页。

6　池田温『中國古代籍帳研究』，第 561-562 頁。

7　杨际平：《吐蕃时期敦煌计口授田考——兼及其时的税制和户口制度》，（甘肃）《社会科学》1983 年第 2 期，第 94～100 页。

俗，城北东支渠地七亩，见在。金鸾，观（灌）进渠地四亩，见（尼）真智佃。维明，菜田渠地十亩，入常住。智广菜田渠地十亩，见道义佃。戒荣，观（灌）进渠地十五亩。

敦煌文献 P.T.1297 (4)《收割青稞雇工契》载：

> 虎年，比丘张海增……虎年……雇谢比西收割十畦青稞地，定于秋季七月收割。到时不割，往后延期或比西毁约……立即交给僧人（比丘）与当地产量相当之十畦青稞数。假如比西因摊派王差不能完成，仍照上述交付……担保人阴腊赉、郭悉诺山、王玉悉顿、张孜孜等……比西父子按指印签字。谢比西签字。[1]

敦煌文献 P.T.1132《堂康三向主人呈递的一封信》载："小人（指堂康三）之贱内，住于沙州，还有少量庄稼也种在沙州，仲秋需要收割。"[2] 由农业发展所衍生出来的租借土地、种子等现象也纷纷出现在敦煌文献中。敦煌文献 P.T.1115《青稞种子借据》载："蛇年春，宁宗木部落百姓宋弟弟在康木琼新垦地一突半，本人无力耕种。一半交与王华子和土尔协对分耕种，种子由华子负责去借。共借种子二汉硕（石），秋季还债四汉硕。"[3] 此借据中，宁宗木部落百姓宋弟弟因无力耕种新垦土地，故将其中一半租给王华子和土尔协二人耕种，明确了所借种子在秋季收获粮食后所归还的数额。敦煌文献 P.2858v《酉年（829 年？）索海朝租地帖》载：

> 索海朝租僧善惠城西阴安渠地两突，每年价麦捌汉硕，仰海朝八月末已前依数填还了。如违不还，及有欠少不充，任将此帖掣夺家资，用充麦直。其每年地子，三分内二分，亦同分

1　王尧、陈践编著《敦煌吐蕃文书论文集》，成都：四川民族出版社，1988，第 32 页。

2　王尧、陈践译注《敦煌古藏文文献探索集》，上海：上海古籍出版社，2008，第 293 页。

3　王尧、陈践译注《敦煌古藏文文献探索集》，第 286 页。

付。酉年二月十三日，索海朝立帖。身或东西不在，仰保填还。（后略）[1]

此文献中索海朝租种僧善惠土地，明确租地的权益，特别需要指出的是，该契约文书中将"地子税"[2]也一同写入契约中。土地买卖行为也多有发生。敦煌文献 S.1474v《未年（827 年?）上部落百姓安环清卖地契》载：

> 宜秋十里西支地壹段，共柒畦拾亩。东道，西渠，南索晟，北武再再。未年十月三日，上部落百姓安环清为突田债负，不办输纳，今将前件地出买（卖）与同部落人武国子。其地亩别断作斛斗汉斗壹硕陆斗，都计麦壹拾伍硕、粟壹硕，并汉斗。一卖已后，一任武国子修营佃种。如后有人忓吝识认，一仰安环清割上地佃种与国子。其地及麦当日交相分付，一无悬欠。一卖后，如若先翻悔，罚麦伍硕，入不悔人。已后若恩赦，安清罚金伍两纳入官。官有政法，人从私契。两共平章，书指为记。地主　安环清年廿一（指节押）（倒书）母安年五十二（指节押）师叔正灯（押）（倒书）见人张良友妹夫安恒子（指节押）。[3]

酿酒业的发达从侧面也反映出吐蕃农业的发达。如敦煌文献 P.T.1097《薪俸支出粮食清册》载："七日，支出俸禄酒粮小米三十克，付于安锷、华梁森与酿酒人张汉（汉）、石毕秋诸人……又同日，水渠渠头竣工敬神支出酒料小米十克，交给酿酒人张汉汉、康辛辛、石毕秋诸人。又同日，支付张黑子酒粮小米五克，交其本人。"[4]

1　沙知辑校《敦煌契约文书辑校》，南京：江苏古籍出版社，1998，第 327 页。

2　刘进宝：《再论晚唐五代的"地子"》，《历史研究》2003 年第 2 期，第 123～131 页；陆离：《也谈敦煌文书中的唐五代"地子"、"地税"》，《历史研究》2006 年第 4 期，第 164～172 页。

3　沙知辑校《敦煌契约文书辑校》，第 1～2 页。

4　王尧、陈践译注《敦煌吐蕃文献选》，第 52 页。

敦煌文献 P.T.1288《大事纪年》中多处记载了吐蕃在本土及占领区域征收赋税的史实：

> 及至牛年（653），赞普驻于辗噶尔，大论东赞于'佑'定牛腿税。达延莽布支征收农田贡赋……及至虎年（654），区分'桂'、'庸'，为大料集（即征发户丁、粮草劳役等）而始作户口清查……及至蛇年（669），赞普驻于悉立之都那，吐谷浑诸部前来致礼，征其入贡赋税……及至羊年（719）……征集三茹王田之土地赋税、草料赋税……及至鼠年（724）……由论达古日则布集会征羊同国大料集……颜木久与悉诺穷桑自赞普宫殿前往瓜州时，与城内前往甘州之唐人波高德相遇，谈话如下：吐蕃引兵进攻过去盟誓中声言不应侵扰之地，往昔，盟誓中曾声言将于恪守诺言，却未付诸实践，我等也不再向蕃地输赋，今后，应恪守誓言。[1]

另，敦煌文献 P.T.1089《吐蕃官员呈请状》中也提到"张奴子为一部落税务官兼地方财务总管""刘璜为税务官兼地方财务总管"，这就表明在沙州设置有专门管理赋税事务的官员。P.3774《丑年（821）十二月沙州僧龙藏牒》载：

> 其丑年后，寅年、卯年大兄纳突，每年廿驮，计四十驮，并取大家物纳。齐周身充将头，当户突税差科并无，官得手力一人，家中种田驱使，计功年别卅驮。从分部落午年至昨亥年，计突课九百驮。一大兄初番和之日，齐周附父脚下，附作奴。后至金年使上析出为户，便有差税身役；直至于今。自齐周勾当之时，突田大家输纳。其身役知更远使，并不曾料。[2]

1　王尧、陈践译注《敦煌古藏文文献探索集》，第 87 ~ 100 页。
2　唐耕耦、陆宏基编《敦煌社会经济文献真迹释录》第 2 辑，第 284 页。

齐周因被任命为"将头"为官府效力而免除了"当户突税差科"，并由官方配备一名"手力"，为其耕种田地，供其私人役使。从齐周充任"将头"而享有免除"当户突税差科"的特权来看，当地民众依然承担着沉重的赋税。P.T.1111《寺庙粮食账目清单》载："马年秋，沙州唐人三部落（东岱）有唐人六百八十四户，每户向寺庙交供养粮二克计，共计青稞一千三百六十八克。"[1]吐蕃将七户养僧制度推行到了敦煌，"部落按户上交的养僧粮税应是在他们所交户税中拨付，是突税的一部分"。[2]民户在承担国家赋税的同时，还肩负着供养寺院僧人的义务。

第三节　法律与民众

吐蕃王朝建立伊始，统治者就十分重视法律的制定，从早期就以盟誓作为约束盟誓双方行为的重要方式。《敦煌本吐蕃历史文书》（图5-1）"大事纪年"中记载了150余次议事会盟，其中包含了形式内容各异的盟誓，[3]显示出盟誓在吐蕃政治生活中的重要性。早在春秋战国时期，列国间盟誓就十分盛行，而吐蕃社会更加重视盟誓，尤其是在上层统治者内部。据《旧唐书》卷一九六上《吐蕃传》载：

> [赞普]与其臣下一年一小盟，刑羊狗猕猴，先折其足而杀之，继裂其肠而屠之。令巫者告于天地山川日月星辰之神云："若心迁变，怀奸反覆，神明鉴之，同于羊狗。"三年一大盟，夜于坛墠之上与众陈设肴馔，杀犬马牛驴以为牲，咒曰："尔等咸须同心戮力，共保我家，惟天神地祇，共知尔志。有负此盟，使尔身

1　王尧、陈践译注《敦煌古藏文文献探索集》，第 255 页。
2　陆离：《也谈敦煌文书中的唐五代"地子"、"地税"》，《历史研究》2006 年第 4 期，第 168～169 页。
3　陈践、杨本加：《吐蕃时期藏文文献中的盟誓》，《中国藏学》2009 年第 3 期，第 133～141 页。

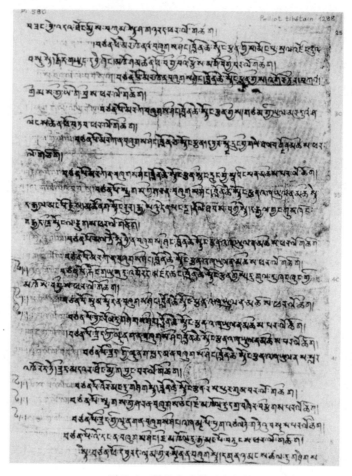

图5-1　敦煌本吐蕃历史文书

体屠裂，同于此牲。"[1]

这是中原汉文文献对吐蕃盟誓的详尽记载。可知盟誓是密切、巩固吐蕃君臣关系的重要手段与方式。纵观吐蕃王朝，赞普与权臣盟誓不胜枚举，赤松德赞与论达扎路恭、赤松德赞与工布噶波小王、赤德松赞

与娘·定埃增均进行盟誓，这是由吐蕃社会特殊的政治生态决定的。[1]
唐代吐蕃王朝九任赞普中，其中六任为非正常死亡，其中牟尼赞普、
赤松德赞、赤祖德赞、朗达玛均死于敌对者之手，君臣关系多处于非
正常化状态。吐蕃大臣自娘·尚囊之始，至赤松德赞继位后清点末
氏、朗氏获罪谴者的财产。因此，通过盟誓将君臣间权利与义务的进
一步明确与强化，[2]盟誓成为君臣获取彼此信任的基本措施之一。当君
权得到绝对强化时候，盟誓只能使得臣属义务（向赞普效忠）进一步
明确，并不能保证其固有利益。

　　文明的发展并不局限于以盟誓作为约束社会全体的唯一方式，强
大王朝更需要一套规范完善的各种规章法令作为统治基础，这就为
敦煌文献《赞普传记》中所记载的赞普作为天神之子下界统治人间的
君权神授提供了必要的补充。在吐蕃教法史中，立法与政治秩序的实
施构成了这个王朝中披着宗教外衣的赞普们史迹的一部分而被广为传
颂，甚至还被统治者认为是王朝统治中不可缺少的价值所在。松赞干
布统一青藏高原诸部前，部落林立，如拉萨河流域的娘氏（Myang）、
韦氏（dBavs）、囊氏（mNon）、蔡邦氏（Tshes pong）等，以盟誓建
立起来的政治联盟关系较为松散，赞普尚未建立绝对政治权威，兼并
区域诸小邦朝归夕叛现象突出。南日松赞被毒杀后，吐蕃政局动荡加
剧，"父王所属民庶心怀怨望，母后所属民庶公开叛离，外戚如象雄
（羊同）、犏牛苏毗、聂尼达布、工布、娘布等均公开叛变"。[3]正如后
继者松赞干布言制订王朝大法的初衷："往昔，因无法律以致众小邦离
散。况且，若无法律则犯罪猖獗，我之众属民亦将沦于苦难之中，故
此，应当制定法律。"[4]尽管有很多荣耀性创制被移植到松赞干布身上，

1　林冠群：《唐代吐蕃的氏族》，《中国藏学》2010年第2期，第6～26页。

2　朱丽霞：《吐蕃盟誓中宗教因素辨析》，《西藏研究》2008年第6期，第27～29页。

3　王尧、陈践译注《敦煌古藏文文献探索集》，第102页。

4　巴卧·祖拉陈瓦者，黄颢、周润年译注《贤者喜宴——吐蕃史译注》，第31页。

但无法否认吐蕃王朝早期应该已经有若干成文法典的存在。[1]比如"及至兔年（高宗永徽六年，乙卯，655），赞普驻于美尔盖。大论东赞于'高尔地'，写成法律条文。是为一年。"[2]虽无法确定东赞所制订的法律条文涉及什么内容，至少可以肯定的是，吐蕃王朝早期已拥有一套制度化的法律体系。

敦煌文献中所载吐蕃法律内容，主要集中于私有财产（物）权的争夺与处置方面。

其一，土地。敦煌文献 P.T.1078《悉董萨部落土地纠纷诉状》载：

> 往昔，水渠垓华沟地方，悉董萨部落中之王安成与王贵公兄弟……在……[宁]毗连而居，廓庸与贵公为田地之故，言语不和……意见不一之地，献与论罗热诺布赞，长期以来……后来于龙年夏，瓜州军帐会议之中，论结赞、论桑赞、论……等人，为答复瓜州萨悉之来件，朗论罗热父子，自沙州百姓编军中分出之后，王贵公兄弟向绮立达论赞三摩赞请求：往昔，我归属唐廷时，在水渠垓华沟地方，后于鼠年，沙州人江甲尔需田[未得]……而获开荒地后，一如过去所需，可继续耕种。但宁宗木地……在我等休耕之宽阔平地下方耕种，以此为借口，霸占侵渔……[他把]这些菜地，献于论罗热诺布赞，朗氏为主[耕种]，在周布杨菜地上，朗作证人而经管，于其上筑房宅，植园林，近二十年，菜地如定死一样。应按照成议，由于彼等强夺[我地]，因此向上申诉，我等把判决之理由及详知内情之证人上报，菜地……等务请交还我们，如此请求。[3]

1　G. Uray, "The narrative of legislation and Organization of the Mkhas-pai-dga-ston," *Acta Orientalia Academiae Scientiarum Hungaricae* XXVI, 1972, pp.11-68；石硕：《吐蕃政教关系史》，成都：四川人民出版社，2000，第156～159页；陈庆英、高淑芬主编《西藏通史》，郑州：中州古籍出版社，2003，第33页。

2　王尧、陈践译注《敦煌古藏文文献探索集》，第88页。

3　王尧、陈践译注《敦煌吐蕃文献选》，第44～45页。

原告为悉董萨部落民众王安成、王贵公兄弟，在土地问题上不服沙州地方官员的判决，上诉至审理此案件的瓜州军帐会议；由瓜州军帐会议派出调查取证的官员，经由瓜州军帐会议派出的审理案件的官员判决后，要盖印发出判决文书，而作为负责传唤原告、被告、证人，记录口供、证词及长官审讯中询问内容等事务的主典之吏需要在文书中签画指押，原告、被告各执一份，并发誓服从判决结果，按照判决文书进行物权的再分配，不再争执。[1] 对判决结果发誓表示认可，实际上将吐蕃民俗生活中盟誓引入到司法审判程序中。

　　而审判程序中加入"发誓"这一重要内容，意味着吐蕃统治者不仅有意识在习俗方面强化占领区的吐蕃化特征，盟誓在吐蕃社会生活和政治运行中占据特殊地位，并在传统观念和法律层面受到重视，在调解社会关系、稳定社会秩序等方面体现了重要机能，逐步具备比较完整的制度内涵，是吐蕃政体构成要素之一，彰显了鲜明民族和时代特色，同时也是为了强化赞普神圣统治权。从文献来看，吐蕃社会深受赞普系天神之子降临人间作为统治者的思想影响，而其在扩张过程中又受到了中原文明影响，模仿中华天下观构建起以赞普为河西的吐蕃类型天下秩序，以与中原的唐王朝相抗衡。[2]

　　其二，畜牧产品，前引敦煌文献 P.T.1095《购牛契》，该购买契约涉及多个民族，其中汉人王广星在吐谷浑玛噶朵金部落之森努鼓布处购买一头牛，证人中除了可能是汉人的王习塞、张辛辛外，还有粟特人安星塞。通过契约来约束买卖双方的行为，并对反悔人处以"四克青稞"的处罚以补偿对方，可视为一种对私有权转移的保护举措，同时也可以看到民族间的物质交流以及和谐相处社会大背景。

　　敦煌文献 P.T.1096《亡失马匹纠纷之诉状》载：

　　　　龙年秋季九月初，使者象木孔绮骑安赞息村之马一匹，去巴

1　王尧、陈践译注《敦煌吐蕃文献选》，第46页；《敦煌藏文文献选》，民族出版社，1981，第82页。

2　林冠群：《唐代吐蕃构建天下秩序初探》，《中央民族大学学报》2016年第4期，第78～89页。

尔高驿站。事后，马匹应交还马主。但笼区长官、驿丞等将马抢
走，放在驿站，托词丢失，不还马匹。带来笼区牧马人李阿索梁
审问后，称："于笼区驿站，确实放有此马，交李坚奴后，称此马
于白天丢失。"复召阿索梁和坚奴询问，谓："马虽放置驿站，但
绝对丢失。""汝等起一洁白之誓（即真实之誓言），谓'我等绝
未盗马，绝未偷马'。敢起誓就照价赔偿；不敢起誓，依法制裁。
阿索梁等人务于冬季十月八日来还誓（来起誓）。"但直至十四日
阿索梁和被告人坚奴仍未去……不准借口马匹丢失拖延，驿丞也
找保人来。召阿索梁与坚奴，于冬季十月十五日对质决断。驿丞
玉拉结之保人为：安花花、丁贲乃、张达热、于岗日乌结、聂瓦
贪通、谢欣欣等，担保书上有诸人指印，审判官尚论盖印。[1]

文献中，官方使者象木孔绮骑沙州某部落安赞息村民亨子之马一匹去
巴尔高驿站，事后马匹由驿站牧马人阿索梁在打谷场附近放牧时被人
盗走，并未交还给马主亨子本人，因此，马主亨子向官府控告笼官、
驿丞等将马匹抢走放在驿站，托词不予归还。这其中也涉及盟誓，如
果被告人起誓否认原告指控，那仅仅照价赔偿即可，但不敢起誓，那
就按照现行律法规定之条款进行惩处。马主亨子对笼官、驿丞等人的
指控，实际上反映出一种民告官的司法现象，可将其归于古代行政诉
讼的范畴。但是起誓否认指控就能免除法律的惩处，这又体现出吐蕃
社会中盟誓、法律双重评价体系下的特殊司法审判类型。

其三，奴婢。敦煌文献 P.T.1080《比丘尼为养女事诉状》载：

比丘尼与萨仙照诉状：往昔，兔年，于蕃波部与退浑部落附
近，多人饥寒交迫，行将待毙。沙州城降雪时，一贫穷人所负褓
裸之中，抱一周岁女婴，来到门前，谓："女婴之母已亡故，我
亦无力抚养，此女明从日（数日内）即将毙命。你比丘尼如能

1　王尧、陈践译注《敦煌古藏文文献探索集》，第 279 页。

收养，视若女儿亦可，佣为女奴亦可。"我出于怜悯，将她收容抚养，瞬间已二十年矣。此女已经二十一岁。如今……彼女亦不似以往卖力干活。为此，呈请将此女判归我有，如最初收养之律令……批示："按照收养律令，不得自寻主人，仍照原有条例役使。"[1]

从诉状批复内容来看，当时对收养弃婴有若干法律规定，但核心内容是弃婴与收养人有着人身依附关系，本人不能自行解除对收养人的依附关系，没有人身自由，是收养人的私有财产。当然，比丘尼蓄养"养女"的现象并非敦煌或者吐蕃统治河陇时期所独有。南朝时期，"都下佛寺五百余所，穷极宏丽，僧尼十余万，资产丰沃，所在郡县，不可胜言。道人又有白徒，尼则皆蓄养女，皆不贯入籍，天下户口几亡其半。而僧尼多非法，养女皆服罗纨，其蠹俗伤法，抑由于此"。[2]可见，比丘尼蓄养"养女"早已有之，在当时是一种正常社会现象。敦煌文献 P.3410《沙州僧崇恩析产遗嘱》记载了僧人崇恩生前将所购买的一名女子留给养女娲柴，所买女子身份应是作为崇恩私产而毫无人身自由的女奴。

　　不难看出，吐蕃统治敦煌时期，法律环境相对宽松，奴婢试图借助其他条件（如通颊衙门一妇女前来，女乃声称："她是我母亲。"）脱离与原主人在法律上的依附关系，反映出此时奴婢人身依附关系有所松动，这应与吐蕃占领敦煌后执行较为温和的统治政策有着密切关系。敦煌文献 P.T.1077《都督为女奴事诉状》则是一名叫都督（或者有着都督头衔者）与一名叫"朗绮布"的人为争夺一名女奴的所有权而引起的一场官司诉讼。原告在诉状尾言："本人一节蛮貊鄙夫，不通吐蕃律令，肯定会有出语无状及理法欠妥之词，请依盖印之律令慎重审判处理。起诉书上有好几枚印章，可证吾未曾'强迫立契'。毫无

1　王尧、陈践译注《敦煌吐蕃文献选》，第 48 页。
2　《南史》卷七〇《郭祖深传》，北京：中华书局，1975，第 1721 ~ 1722 页。

疑问，应依照律令一视同仁。吾等有足够理由，恳请在中部与边鄙诸
地均依照律令处断、行事。"[1] "不通吐蕃律令"，表明吐蕃占领瓜沙后，
不仅将吐蕃制度移植于此，同时吐蕃各项律令也一并颁布行用。起诉
书中所言"好几枚印章"，应该是立契时基层机构用印以确保契约人
的合法权益所留。王尧、陈践将该文书时间——兔年推断为799年己
卯或811年辛卯之间，反映出吐蕃对敦煌统治日渐稳固，社会生活趋
于安定，民众间纠纷不再以武力方式解决而是借助于法律，也反映了
当时奴婢是作为主人财产一部分存在的，任由买卖、抵债。[2]

　　除了对物权诉讼外，还涉及荣誉权的诉讼。敦煌文献ITJ1262《争
夺新扎城千户长官职之诉讼文》载：

[……]告身[……]小金字告身传三代[3][……]不相联
系，于排汤患小病[……]虽请求，赐诏令，此功劳[……]获
得，前年之后，吐谷浑[……]期间建立（缺）人，宫廷发来诏
令，吾先祖勒贡虽早逝，但对上大献忠心所作之业绩，神圣王臣
思考后准予所请，新建的塔姆辛城千户长官职，从勒贡子孙中能
胜任者任命。诏令中赐有姓名……当初，因我先祖勒贡之恩泽金
字告身传三代，新旧扎城二东岱之千户长赐全族，我祖父喔堆久
与其弟玛果江二人分别被任命。旧扎城千户长，由弟玛果江担
任，他去世后，按世系现由且白之父，鲁热担任。新扎城千（户
长）（下残）。[4]

揆诸文献内容，属于亲属内部争夺官职继承权的诉讼，看似是为了争
夺新札城千户长官职的诉讼，实际上也包含了对告身的争夺。上诉人

1　王尧、陈践译注《敦煌古藏文文献探索集》，第269页。

2　王尧、陈践译注《敦煌古藏文文献探索集》，第266～267页。

3　关于告身继承问题，这里给我们提供了一个非常重要的信息，即告身可以由被授予人的后世子
　　孙继承。

4　陈践践：《争夺新札城千户长官职至诉讼文》，《中国藏学》2004年第3期，第119～125页；郑
　　炳林，黄维忠主编《敦煌吐蕃文献选辑·社会经济卷》，第165～168页。

先祖勒贡曾被赐予了小金字告身，并传至三代，其祖父喔堆久被赐予金字告身、其父且杜被赐予颇罗弥告身，"当初，因我先祖勒贡之恩泽金字告身传三代，新旧扎城二东岱之千户长赐全族，我祖父喔堆久与其弟玛果江二人分别被任命"。按照文献所载推断，勒贡的告身是可以被继承的，那就意味着勒贡的小金字告身应由喔堆久、玛果江兄弟其中一人继承。

敦煌文献 P.T.1283《礼仪问答》关于"致富五法"中言："一是英勇为社稷立功（战功）受奖；二是勤劳地发展牲畜；三是勤劳地当好奴仆；四是勤劳地做买卖；五是勤劳地种地。"[1]这是吐蕃民众如何能够致富的五个基本途径，可视为当时吐蕃社会对财富的基本态度。从吐蕃官员角度来说，第二条和第三条都属于效忠赞普之事，"勇者的标志是虎皮袍，贤良的标志是告身"。[2]敦煌文献 P.T.1217《一封文告的副本》载：

> 龙年孟春一月上旬，诸大尚论将军衙署，收到从宗喀紫疆帐发来的告示，系由达日扎夏禀呈：卑职先后为政事效劳，忠心耿耿，曾褒以告身与虎皮马垫。今请求颁一封文副本。大尚论和大尚论喻寒波掣逋议决："若与册上所载各项相符，谓可以给一告示。达日扎夏于赞普政躬幼年时，臣下麦啜叛离，从北方高地以下，他大做有益王事之功德，可赏给小银告身与虎皮马垫"，如此吩咐。大尚论和大尚论喻寒波掣逋议决，论赞扎多贝、论来心儿贝加盖印章。议定要点封文副本，交付达日扎夏收执。[3]

这份文书写于龙年，约在 800 年或 812 年，一名叫达日扎夏的军事长官不满意上级仅赏赐虎皮垫告身，希望能够考虑他的功劳颁发一封文副本，加授告身。这表明达日扎夏更在意告身带来的无形价值。通过

1　郑炳林、黄维忠主编《敦煌吐蕃文献选辑·社会经济卷》，第 266 页。

2　巴卧·祖拉陈瓦著，黄颢、周润年译注《贤者喜宴——吐蕃史译注》，第 51 页。

3　王尧、陈践译注《敦煌吐蕃文献选》，第 58～59 页。

档案图册的核查，最终获得了小银字告身和虎皮垫告身。有了告身，意味着拥有了一定的政治地位，随之而来的就是司法特权或者其他特殊权益。如莫高窟第 144 窟东壁供养人题记专门将告身及大虫皮等级予以显示，"夫人蕃任瓜州都□（督）□仓□曹参军金银间告身大虫皮康公之女修行顿悟优婆姨如祥□（弟）一心供养"。[1]康氏为担任吐蕃政权的粟特官员，除了接受告身之外，另外或因战功又接受了大虫皮的赏赐。P.T.1089《吐蕃官员请求复职表》事关吐蕃对占领区政策、民族关系等方面问题，特别是沙州各级非吐蕃官吏对于所授告身与吐蕃官吏严重不公允现象的申诉：

> 　　任唐人为官吏者："派杜悉诺结为唐人都督及吐蕃节儿僚佐，往昔已有小颇罗弥告身，关注重用，晋升一级褒奖，赐大颇罗弥告身。派安本义为副都督，已有黄铜告身，当场关注重用，颁以大黄铜告身，并兼任一部落长官；派尹佩为东本助理，授有小黄铜告身，虽授小黄铜告身，因重用，当面晋升一级褒奖，颁以大黄铜告身。"……猴年，边鄙蛮貊镇守官（千户镇守官？）派吐蕃人与边鄙蛮貊之人任命者对品位意见分歧，安抚论与观察使决断，由上更动，每一千户给一封诰，勿立即去军帐会议上诉，如此决断，属于机密，请论列热其玛多等亲自处理，作公正决断，沙州官员品位今后按此行之。[2]

经过申诉，沙州地区非吐蕃官吏的告身等级得到提升，并对以后官吏品级的规定产生了积极作用，有助于稳定吐蕃在沙州的统治。

另，敦煌文献 P.T.113《大论致沙州安抚论告牒》载：

1　敦煌研究院编《敦煌莫高窟供养人题记》，第 65 页。
2　郑炳林、黄维忠主编《敦煌吐蕃文献选辑·社会经济卷》，第 234 ~ 235 页。

> 大尚论从陇州发出告牒，寄诸安抚大论：康计甘于沙州中途
> 还俗时担任了小军帐头目，若为俗人（以所作功绩衡量）应赐告
> 身，[1] 因身为比丘，赐以沙州终身长老地位，盖印颁布。（//zhang
> lon tshed pho long cu nas/bkye vi phyag phogste//bde blon rnmas la
> skring ngo//khang ji gam bar du sha cur rkya log pa vi tshe khrom bu
> chung ngu byang btang pa vi yon gyis ska ba zhug na yig tsang la thugs
> ste//dge slong lags pas//tshe chig gi tsho ba sha cu vi gnas brtan gyi
> thang du gnang ste//phyag rgya mjal nas scol chig...) [2]

文献中记载康计甘在沙州中途还俗时担任了小军帐头目（推测其应立
下功劳），告牒中称"若为俗人（以所作功绩衡量）应赐告身"，俗人
可按照告身规定授予不同规格的告身，[3]但"因身为比丘"，表明康计甘
的身份为比丘，一度还俗后，再次遁入空门，因此不便按照俗人身份
来授予告身，以"赐以沙州终身长老地位"作为补偿之措。尽管是僧
团系统的职官，但是从当时僧人的社会政治地位来看，这也是用于替
代其原本应该获得告身的另一种政治待遇。[4]

　　告身对接受者而言具有特殊的意义，特别是法律所赋予的特殊权
益更加值得重点关注。兹以敦煌文献 P.T.1071《狩猎伤人赔偿律》为
例来审视拥有告身者的特权是如何体现的，这是一个主要涉及当某人
在狩猎过程中用箭不慎射中他人的抚恤金或赔偿金的处理法律文本。
当事人具有告身等级越高，得到的赔偿就越高，特别是具有告身的尚
论可以惠及亲属，其直系亲属中被狩猎等伤害可以按照尚论命价规格

1　最初，王尧、陈践译为"以所作功绩衡量应赐告身"，参王尧、陈践编著《敦煌吐蕃文书论文
　集》，第189页。
2　郑炳林、黄维忠主编《敦煌吐蕃文献选辑·社会经济卷》，第115页，藏文参第113页。
3　据《贤者喜宴》所载："所谓告身（yig tshangs），最上者为金、玉两种、次为银与颜罗弥，再次
　为铜与铁文字告身。总为六种。告身各分大小两类。总为十二级。"参巴卧·祖拉陈瓦著，黄
　颢、周润年译注《贤者喜宴——吐蕃史译注》，第36页。
4　王东：《敦煌古藏文文献 P.T.113 号〈大论致沙州安抚论告牒〉小议》，《文献》2016年第3期，第
　25~30页。

进行赔偿。即使那些非尚论职位如果具有银告身者被大藏以下、平民百姓以上因狩猎等射中,根据其是否死亡对射箭人进行处罚。射箭人与担保人必须共同起誓非有意伤害,导致受害人死亡者则处死射箭人并将其财产的一半归亡人或由亡人与告发者均分等。倘若射箭人抵赖狡辩,无论受害者是否死亡,一律将射箭人处死。[1]这份文献中,以法律形式将具有告身的统治阶层利益固定下来,从中可窥见众人对告身渴求的根源之所在。

第四节　日常生活与赞普形象的神圣化

《新唐书·吐蕃传》中载吐蕃生活状况为"其畜牧,逐水草无常所",[2]是典型游牧民族的生活方式。敦煌文献 P.T.1286《小邦邦伯家族及赞普世系》中将吐蕃早期结盟的六个部落称为"吐蕃六牦牛部",[3]显然指吐蕃早期部落的基本经济面貌,悉补野部以畜牧业为主导的经济形态。[4]敦煌文献 P.T.1096《亡失马匹纠纷之诉状》载有"牧马人阿索梁",[5]阿索梁以牧马人冠名,他的身份就是职业畜牧者。吐蕃墓葬的动物殉葬习俗可以看到畜牧业发展的概貌。[6]敦煌文献 P.T.1287《吐蕃传记》中记载赞普与韦氏义策等父兄七人盟誓时的誓言词言:"义策忠贞不二,你死后我为尔营葬,杀马百匹以行粮,子孙后代无论何人,均赐以金字告身,不会断绝。"[7]可见在当时统治者上层的丧葬中,马匹是殉葬物品中的重要组成部分。殉葬马匹的数量也代表了墓主的社

1　王尧、陈践译注《敦煌吐蕃文献选》,第 18 ~ 19 页。

2　《新唐书》卷二一六下《吐蕃传下》,第 6072 页。

3　王尧、陈践译注《敦煌古藏文文献探索集》,第 125 页。

4　洛加才让:《论吐蕃悉补野部与畜牧业文化的发展》,《西藏研究》2000 年第 2 期,第 67 ~ 70 页。

5　王尧、陈践编注《敦煌吐蕃文书论文集》,第 174 页。

6　次旺:《从吐蕃墓葬的动物殉葬习俗探吐蕃王朝时期的畜牧业》,《西藏大学学报》2003 年第 1 期,第 43 ~ 48 页。

7　王尧、陈践译注《敦煌古藏文文献探索集》,第 111 页。

会身份与政治地位。吐蕃对外战争及祭祀的普遍更加推动了马匹饲养的发展，敦煌文献 P.T.1062《医马经》、敦煌文献 P.T.1065《驯马经》中对马匹疾病治疗以及驯马程序都有详细的规定与说明。[1] 畜牧产品不仅成为生活中的重要组成部分，同时也成为衡量财富的主要标尺，如敦煌文献 P.T.1071《狩猎伤人赔偿律》载："全部奴户、库物、牲畜，归受害人与告发人平分；若无告发人，奴户、库物、牲畜，则全归受害人。"[2] 牲畜可以作为伤人赔偿的财物，与奴隶以及固定资产具有相同的意义。因此，畜牧业对于吐蕃社会而言，其地位举足轻重，并对归义军时期畜牧业的发展产生了重要影响。[3]

吐蕃畜牧业发达，除了在本土任命专门畜牧官吏外，还在敦煌西域地区也设置了类似官职。敦煌文献 P.T.1089《吐蕃官吏呈请状》载有在吐蕃姑藏节度使衙署机构中设置有"上部、下牧地大管理长（stod smad kyi phyug mavi gzhis pon chen po）""牧地管理都护（gzhis pon spyan）""畜产大管理官（byung vtsho ched po）""副牧地管理长（gzhis pon vog pon）""畜产小管理官（byung vtsho ched po）"。[4] 因此，陆离指出：这一类职官的设置与吐蕃王朝辖境内草场众多，畜牧业在经济中占有很大比重有密切关系。[5] 部落间因放牧问题争端不断，西域古藏文文献 M.Tāgh.c.ii,0017 载："宇结向部落酋长乞力玛吉禀报：住在此地之于阗住户及吐蕃住户，他们在草场方面，如若不和。请于阗人找些牧地，不另找一合适牧地不行。"[6] 按照放牧划分的区域不需越界放牧。为避免更多争端导致民族矛盾丛生，影响吐蕃统治，敦煌文献 P.T.1124《一份关于放牧范围的通知》对放牧范围以严格规定，违犯者将予以严惩："付于究江之都噶、甘西、浦西诸人牒状：秋季到

1　王尧、陈践:《敦煌吐蕃写卷〈医马经〉、〈驯马经〉残卷译释》,《西藏研究》1986 年第 4 期, 第 84 ~ 93 页。

2　王尧、陈践译注《敦煌吐蕃文献选》, 第 9 页。

3　坂尻彰宏「帰義軍時代のチベット文牧畜関係文書」『史学雑誌』第 111 号, 2002, 第 57~84 頁。

4　杨铭:《吐蕃统治敦煌与吐蕃文书研究》, 第 42 ~ 43 页。

5　陆离:《吐蕃统治河陇西域时期制度研究》, 北京:中华书局, 2011, 第 57 页。

6　王尧、陈践编著《吐蕃简牍综录》, 第 65、67 页。

来，马匹需长时放牧，要依照以往惯例，狠抓放牧哨规定，全部羊羔，一头也不能留在堡寨之外。此次一去就前往牧场（不得稽延）。若不从命，将给都噶、甘西、浦西以惩罚。"[1] 归义军时期，一部分吐蕃后裔仍然和前辈一样继续从事畜牧业作为主要生计。如 S.8445《辛亥年正月廿六日紫亭羊数名目》载"羊主杨乞悉若"、P.2484《戊辰年（968）十月十八日归义军算会群牧驼马牛羊现行籍》载"牧牛人杨欻律丹"。Дx.1424《庚申年十一月廿三日僧正道深付牧羊人王拙罗实鸡羊数凭》载：

> 庚申年十一月廿三日僧正道深见分付常住牧羊人王拙罗实鸡
> 白羊羖羊大小抄录谨具如后：见行大白羊羯陆口　貳齿白羊羯肆
> 口　大白母壹拾捌口　白羊儿落悉无柒口　白羊女落悉无伍口　已上
> 通计肆拾口——并分付牧羊人王拙
> 　罗实鸡　后算为凭
> 　牧羊人　王拙罗实鸡（押）
> 　牧羊人　弟王悉罗（押）[2]

由姓名观之，乃典型的汉姓蕃名形式，"王拙罗实鸡、王悉鸡"等，系藏语口语"牧羊人（lug-rdzi）"发音"罗悉鸡"。

"去年中国养子孙，今著毡裘学胡语"，[3] 唐朝诗人张籍形象地描绘了汉人蕃化的表象。一个民族服饰、使用物品的变化，通常蕴含着社会文化变迁的历史影像。莫高窟第156窟《河西节度使检校司空兼御史大夫张议潮统军□除吐蕃收复河西一道行图》中在队伍的前端出现载歌载舞的舞伎，着装为典型的吐蕃装束。李正宇认为："张议潮出行图音声仪仗中有舞者8人，身着吐蕃装，抛甩长袖，踏足而舞，一看

1　王尧、陈践译注《敦煌古藏文文献探索集》，第288页。
2　《俄罗斯科学院东方研究所圣彼得堡分所藏敦煌文献》第8册，上海：上海古籍出版社，1997，第164页。
3　（唐）张籍：《陇头行》，（清）彭定求等编《全唐诗》卷三八二，第4284页。

即知为吐蕃舞。"[1]而陈明推测"出行图中的乐队演奏的是西凉乐，那么，舞蹈队所跳的也应该是西凉伎中的某种舞蹈"。[2]根据吐蕃人能歌善舞的习性，加之吐蕃王朝统治结束时间不久，那么在官府中的应该仍存在着部分吐蕃舞伎，或者她们来自那些深受吐蕃文化影响的汉人（或其他民族）。前揭提及"驱羊亦著锦为衣，为惜毡裘防斗时。养蚕操茧成匹帛，那堪绕帐作族旗"，代表了吐蕃人服饰的变化，改变了原来以毡裘为衣的服饰方式，学习汉人养蚕纺丝，以丝锦作为服饰的原料。

《唐会要·吐蕃传》载："其俗重汉缯而贵瑟瑟，男女用为首饰……其官章饰有五等，一谓瑟瑟，二谓金，三谓金饰银上，四为银，五为熟铜，各以方圆三寸褐上装之，安膊上，以辨贵贱。"[3]吐蕃社会以"瑟瑟"为贵，且将瑟瑟作为官吏章饰的等级分类的第一等，在金银之上。敦煌文献 P.3047《来俄斯难芝施入历》载："发四箭。右件发为阿郎娘子及父母施入像，谨疏。二月八日来俄斯难芝谨疏。阿郭为来难施瑟瑟花入行像。"阿郭向寺院供养"瑟瑟花"，而"瑟瑟花"是吐蕃民众生活中十分珍贵的物品，且是阿郭为来难老向寺院供养，从名字来看来难老肯定不是汉人。通过其供养物品，当吐蕃人常用者，是见"来难老"很有可能是吐蕃人或者吐蕃人后裔。因为吐蕃人的移居，河陇佛教信众向寺院供奉物逐渐丰富起来。后晋人高居诲在《使于阗记》中记载："西北五百里至肃州，渡黄河，西百里出天门关，又西百里出玉门关，经吐蕃界。吐蕃男子冠中国帽，妇人辫发，戴瑟瑟珠，云珠之好者，一珠易一良马。"[4]通过吐蕃民众对佛教的信仰以及生活习俗，推测阿郭可能是吐蕃人。

金银器皿在吐蕃社会中受到统治者的青睐，除了以金银章饰作为官饰等级标志外，还将金银器皿作为对外交往的贡品。吐蕃多次向唐

1　李正宇：《归义军乐营的结构与配置》，《敦煌研究》2000 年第 3 期，第 73 页。

2　陈明：《张议潮出行图中的乐舞》，《敦煌研究》2003 年第 5 期，第 54 页。

3　（宋）王溥：《唐会要》卷九七《吐蕃》，北京：中华书局，1955，第 1729 页。

4　《新五代史》卷七四《四夷附录三·吐蕃传》，第 916～917 页。

朝贡献金银器具，如金鹅、金城、金盎、金皿等。文成公主和金城公主入蕃后，陪嫁者包括各种工匠、器物，吐蕃可以从汉地工匠处习得金银器皿的制作工艺。向达认为敦煌设置的"金银行都料"或是掌管制作金银器如金银平脱之类者，略如唐制中尚署之金银作坊院。[1]那么，吐蕃占领敦煌后，势必继续吸收和利用现有条件改进金银器物的制作工艺。霍巍认为："从某种意义上而言，吐蕃由于其所处的特殊地理位置，犹如欧亚大陆文明交汇的一个十字路，从不同的来源和途径吸收了来自东方与西方优秀的传统工艺技术，而后形成自身独具一格的金银器风格，正是这个激烈动荡的历史时期东西方文化碰撞、交流的一个缩影。"[2]正如美国学者谢弗所言："在对唐朝文化做出了贡献的各国的工匠中，吐蕃人占有重要地位。吐蕃的金器以其美观、珍奇以及精良的工艺著称于世，在吐蕃献给唐朝的土贡和礼品的有关记载中，一次又一次地列举了吐蕃的大型的金制品。吐蕃的金饰工艺是中世纪的一大奇迹。"[3]

归义军时期一些汉人还从吐蕃人手中收购的一些物品。《册府元龟》卷一六九《帝王部·纳贡献》载："（同光四年，926）二月，沙州曹议金进和市马百匹、羚羊角、硇砂、牦牛尾。又进皇后白玉符、金青符、白玉狮子指环、金刚杵。"[4]其中所贡羚羊角可能来自吐蕃地区，敦煌文献 P.4638《权知归义军节度使兵马留后守沙州长史曹仁贵状》载有"羚羊角伍对"。

褐是一种毛织品，敦煌文献 S.6417《年代不详（十世纪前期）孔员信三子为遗产纠纷上司徒状稿》"番褐壹段"、P.3985《癸巳年七月廿五日谨录人送路物色名录》"太员番褐二丈九尺"、P.2032《后晋时代净土寺诸色破算会稿"蕃褐一段，长丈五，立幡竿康〔都〕料手

1　向达：《莫高、榆林二窟杂考》，载氏著《唐代长安与西域文明》，第413页。

2　霍巍：《吐蕃系统金银器研究》，《考古学报》2009年第1期，第124页。

3　Edward H. Schafer, *The Golden Peaches of Samarkand-A Study of T'ang Exotics*, Berkeley/Los Aneles/London：University of California Press，1985，pp.253–254；〔美〕谢弗：《唐代的外来文明》，吴玉贵译，北京：中国社会科学出版社，1995，第552页。

4　（宋）王钦若等编纂《册府元龟》卷一六九《帝王部·纳贡献》，第2036页。

用"，"褐"是毛纺织品的一种，是西北社会传统的手工业品，种类繁多，仅据敦煌文献 S.1845《丙子年四月十七日祝定德阿婆身故纳赠历》、S.4472v《辛酉年十一月廿日张友子新妇身故聚赠历》、P.2842v《己酉年正月廿九日孔来儿身故纳赠历》载有白细褐、白昌褐、白昌细褐、散花昌褐、红斜褐、红褐、碧昌褐、淡青褐、白斜褐、斜淡青褐、淡青昌褐、白麂褐、碧麂褐、淡麂碧褐、继花褐、桃花斜褐、细紫褐、绯斜褐、紫褐、生褐、白生褐、又生褐、绯褐等近三十多种。

　　唐中叶，武州、兰州、鄯州、洮州都以褐作为本地特产上贡朝廷。[1] 而这些地区也是吐蕃民众较多区域，因此褐在吐蕃手工业市场中一直占有比较重要的地位，前文诸如 S.6417 v《年代不详（10 世纪前期）孔员信三子为遗产纠纷上司徒状（稿）》中有"细褐""昌褐""番褐"之载、再如 P.2032v《后晋时代净土寺诸色入破历算会稿》中有"斜褐""昌褐""褐""零褐""褐袋""蕃褐"，五代时期，"褐"依然是河陇地区吐蕃手工业的主要产品之一，宋代依然。宋人李焘言："经制熙河路边防财用李宪言：'庐甘、丁吴、于阗、西蕃，旧以麝香、水银、硃砂、牛黄、真珠、生金、犀玉、珊瑚、茸褐、驼褐、三雅褐、花蕊布、兜罗绵、硇砂、阿魏、木香、安息香、黄连、犛牛尾、绒毛、羚羊角、竹牛角、红绿皮交市，而博买牙人与蕃部私交易，由小路入秦州，避免商税打扑……'从之。"[2] 表明褐的种类还有茸褐、驼褐、三雅褐，是吐蕃部落与中原进行商品交易的主要手工业品。

　　"蕃褐"从字面上理解是指非汉人所织物品，但是泛指少数民族所织还是单指吐蕃人所织，目前还没有确切证据。有一种意见认为"褐"属于毛纺织品。[3] 果若是，根据吐蕃人使用毛织品的习惯，那么很有可能部分种类的褐出自吐蕃人之手。如此一来就不难理解毛织业在吐蕃生活中的重要地位，在敦煌手工业中有专门的擀毡匠、擀毡博

1　（唐）李吉甫：《元和郡县图志》卷三九《陇右道上》，北京：中华书局，1983，第 985 ～ 997 页。

2　（宋）李焘：《续资治通鉴长编》卷二九九"元丰七年二月庚辰"条，北京：中华书局，1986，第 7272 页。

3　郑炳林：《唐五代敦煌手工业研究》，《敦煌学辑刊》1996 年第 1 期，第 20 ～ 38 页。

士等手工业者，可以推测出当时敦煌地区的汉人吸收了吐蕃先进的毛织品制作技艺。

另外，酿酒业也是吐蕃手工业中重要组成部分之一，且酒在吐蕃社会生活中用途广泛。敦煌文献 P.T.1097《薪俸支出粮食清册》载："七日，支出俸禄酒粮小米三十克，付于安锷、华梁森与酿酒人张汉（汉）、石毕秋诸人……又同日，水渠渠头竣工敬神支出酒料小米十克，交给酿酒人张汉汉、康辛辛、石毕秋诸人。又同日，支付张黑子酒粮小米五克，交其本人。"[1] 寺院从事酿酒经营活动，敦煌文献 S.0542v《戌年（818）六月沙州诸寺丁口车牛役簿》载有"安保德煮酒一日回造粟一驮羊"，安德保在寺院里从事煮酒的工作。敦煌文献 S.0381《龙兴寺毗沙门天王灵验记》载："大番岁次辛巳闰二月十五日寒食节……当寺家人在外吃酒"，寺院僧尼对酒的消费也是当时社会生活中一大特色。

河西吐蕃写经 315 号《大般若经》第 11 页背面书信中写道："内主论呙思却逻及论摩叵热、董勃藏（ldong bzang）：董摩敬呈书信问候如天神幻化之内主陛下，时来心体安康与否？此方本敬书奏闻请勿诧异。卑职不得亲谒（陛下）真容，故（只得）将此语以烦听闻，若蒙垂询请复至卑职之行辕，沙州二汉部。"[2]

按照敦煌文献 P.T.1286《小邦邦伯家臣及赞普世系》载："天神自天空降世，在天空降神之处上面，有天父六君之子，三兄三弟，连同墀顿祉共为七人。墀顿祉之子即为墀聂墀赞也。来作大地父王，父王来到人间。"[3] 这是最初赞普如何降临人间的相关记载，意味着赞普乃天神之子，在民众接受赞普统治吐蕃所统辖区域的同时，也承认了他的神圣性。敦煌文献 P.T.1287《赞普传记》载："此王（即止贡赞普）乃天神之子，虽赋具常人体形，但与常人迥乎殊异，具有飞升天界之

1　王尧、陈践译注《敦煌吐蕃文献选》，第 52 页。

2　黄文焕：《河西吐蕃卷式写经目录并后记》，《世界宗教研究》1982 年第 1 期，第 84～102 页。

3　王尧、陈践译注《敦煌古藏文文献探索集》，第 125 页。

极大变幻神通，"[1] "与常人迥乎殊异"也恰恰指出了赞普与常人分属不同阶层。因此，卡尔梅指出："这种国王天降的出身神话的说法，包含着诸多本土文化的基础成分。它首先转达了国王有着神圣性质的观念，由此构成了君权和王室权威的观念。这是西藏王室世系的基础。西藏王室血统的后裔借此可以通过重新演示神话的宗教仪式宣称其作为统治者的合法性。"[2]

莫高窟壁画中绘有众多表现吐蕃赞普形象的艺术题材，如《涅槃经变》《维摩诘经变》，特别是后者，如莫高窟第133、138、159、186、231、237、359、360窟等。在这些洞窟所绘《维摩诘经变》中的吐蕃赞普问疾听法图中，赞普均处于问疾听法图的中心位置，也显示了其君主权威性。在吐蕃时期的问疾听法图中，赞普及随从的服饰特征及人物布局存在着固定性范式，或许是因为石窟营建者身处吐蕃高压民族政策之下，为了避免因改变赞普形象而带来的不良后果，按照既有模式去绘制赞普形象可成为自保的一种策略。[3]

莫高窟第158窟《涅槃经变》（图5-2）中北壁左上方赞普由两名侍从胁侍，位于举哀各国君主（图5-3）最前端，中部中原帝王也有两名侍女胁侍，后面跟着各国王子或君主。虽中原帝王位于画面的中央突出位置，但是从赞普形象（图5-4）也比较凸显，且在右侧侍者头顶部位有一方题记，为藏文书写"赞普"字样，丝毫不逊于中原帝王。为何洞窟中同时绘制吐蕃赞普和中原帝王形象呢？或许是因为吐蕃占领敦煌初期，为了安抚地方民众情绪有意为之，以调和激烈的民族对抗关系，稳固统治。但是第359窟中，中原帝王双手合十于胸前，虔心听法，可能是为了表现窟主对赞普的恭顺与礼敬之情。在第158窟壁画中，无论是中原帝王，还是吐蕃赞普，无一例外均绘有头光，通常来说，只有佛、菩萨、弟子、天人等才绘有头光，为何赞普

1　王尧、陈践译注《敦煌古藏文文献探索集》，第101页。

2　〔法〕卡尔梅·桑丹坚赞：《〈五史册〉披露的第一位藏王出身的神话》（上），李登贵、仓决卓玛译，《西藏研究》1999年第2期，第122～131页。

3　魏健鹏：《敦煌壁画中吐蕃赞普像的几个问题》，《西藏研究》2011年第1期，第68～77页。

图 5-2　莫高窟第 158 窟吐蕃时期涅槃窟（敦煌研究院供图）

图 5-3　莫高窟第 158 窟吐蕃时期各国王子举哀图（敦煌研究院供图）

图 5-4　莫高窟第 158 窟吐蕃赞普礼佛图（敦煌研究院供图）

也绘头光，这可以从君权神授的传统思想来解释。

西汉大儒董仲舒提出君权神授理论，在《春秋繁露》中言："受命之君，天之所大显也。""天不言，使人发其意；弗为，使人行其中。名则圣人所发天意，不可不深观也。受命之君，天意之所予也。故号为天子者，宜视天如父，事天以孝道也。"将君主作为上天受命之人、上天的代言人，而前文《赞普传记》也记载了赞普作为上天之子降临人间，视为上天统治人间的执行者。既然是天之子，必具有神性，而头光即是神明神性的一种象征。这种象征背后，或许蕴含着赞普权力的日盛，墀松德赞时期，吐蕃对外武力扩张势不可挡，吐蕃王朝达到了鼎盛，被治下臣民尊称为"菩萨赞普"，琼结桥头仡立一方有关墀松德赞的记功碑载：

神圣赞普墀松德赞治下，异于四方之王，深谋远虑，权势强盛，上至大食之疆界，下至陇山之余脉，纳入治下，四面八方行使王权。如此辉煌之权势，全体臣民地域辽阔，生活富足，将

永葆安乐。赞普心怀无上菩提之觉，传得出使间之教法，恩被四
方。于是乎，一切有情，均受赞普之恩泽，由是，全体臣民，上
尊号"圣神菩萨赞普"。[1]

陇山为界，是在 783 年唐蕃清水会盟中确定下来的，意味着记功碑内
容刻于 783 年或之后，墀松德赞被尊称为"圣神菩萨赞普"也应和记
功碑时间一致，既然有了"圣神菩萨赞普"的尊号，那就意味着将墀
松德赞列入了佛陀弟子——菩萨的行列，因此就不难理解为何第 158
窟壁画中赞普被刻意绘制头光了。

　　吐蕃统治敦煌时期，一些大族官员前往逻些向赞普致礼，《敕河西
节度兵部尚书张公德政碑》载：

　　（前缺）损齑，河洛沸腾，十……脉并南蕃之化，城……抚
纳降和，远通盟□（会），析离材（财）产，自定□田，赐部落
之名，占行军之额。由是形遵辫发，体美织皮，左衽束身，垂肱
跪膝，祖宗衔怨，含恨百年，未遇高风，申屈无路。[2]

从文字内容来看，张议潮的父亲张谦逸曾担任过吐蕃官员，"赐部落
之名，占行军之额"，推测其曾担任吐蕃部落大使或更高级别的官
职。由于张谦逸得到吐蕃的重用，可能被吐蕃赞普召见，"垂肱跪
膝，祖宗衔怨，含恨百年，未遇高风，申屈无路"，后来因水土不
服，死于召见的路途中。但是张议潮建立归义军政权后，为向唐朝
中央政府表忠心，去吐蕃化就成为曾入仕吐蕃的敦煌大族的首要任
务，因此张议潮竭力隐瞒其父曾担任吐蕃高官的事迹，P.2913《张淮
深墓志铭并序》则记载"祖曰谦逸，工部尚书"。工部尚书不是张谦
逸曾经在吐蕃的任职，而为张议潮担任归义军节度使时唐朝中央政

1　巴桑旺堆编《吐蕃碑刻与摩崖石刻考证》，拉萨：西藏人民出版社，2011，第 32 ~ 33 页。
2　张谦逸事迹，可详参荣新江《敦煌写本〈敕河西节度兵部尚书张公德政之碑〉校考》，《周一良
　　八十生日纪念论文集》，北京：中国社会科学出版社，1993，第 206 ~ 216 页。

府对张谦逸所赐予的官职，张淮深墓志中省略吐蕃任职，或许是有
意为之。

第五节　吐蕃统治上层与瓜沙佛教

众所周知，早在松赞干布时期佛教已在吐蕃传播，《贤者喜宴》记
载了松赞干布时期吐蕃境内大规模兴建神庙的史实，[1]但是，由于教法
史撰述者宗教观的局限性以及距离吐蕃王朝年代久远，无法确定大
规模兴建神庙的真实性，唯有以吐蕃时代的资料来解疑。赤德松赞
（798～815）在位期间，为了兴佛弘扬佛法，与臣子盟誓兴佛，《噶迥
寺建寺碑》碑文记载："圣神赞普赤德松赞之世，为圣教正法，永固久
存，亲署盟证誓文：圣神赞普先祖赤松赞（弃宗弄赞）之时，始行圆
觉正法，建逻些（拉萨）大昭寺及诸神殿，立三宝之所依处。"[2]

赤松德赞大肆夸赞先祖的兴佛之举，企望为自己弘扬佛法事业
的行为提供合理性解释，但是"松赞干布时旨在以压伏魔女之肢体而
兴建的诸神庙虽出自吐蕃传统观念之所为，其性质亦属本教传统的魔
胜寺，但这场广建神庙的活动却明显是受到了当时佛教传入及二公主
修建佛教寺庙行动之激励而引发的"。[3]那就意味着，在松赞干布时期
佛苯共存现象实属正常，除了上层贵族中所流传的佛教信仰外，并未
影响至下层民众，佛苯之间也未出现激烈的对抗现象，直到莲花生大
师主持兴建桑耶寺、七觉士剃度，并由赤松德赞亲自主持寺院奠基仪
式，初步为以赞普为首的上层统治者奠定了尊奉佛教为国教的基础，
并将这一基本国策推行至统治区域。因此，后世教法史中将松赞干
布（srong btsan sgam po，？-650）、赤松德赞（khri srong lde btsan，

1　巴卧·祖拉陈瓦著，黄颢、周润年译注《贤者喜宴——吐蕃史译注》，第 64～74 页。

2　王尧编《吐蕃金石录》，北京：文物出版社，1982，第 160 页。

3　石硕：《从松赞干布时广建神庙的活动看本教与佛教之关系》，《西藏民族学院学报》1999 年第 1
　　期，第 37 页。

755-797 年在位）和赤祖德赞（khri gtsug lde btsan，802-841）三代
赞普尊称为"祖孙三代法王"，足以显示其三人在吐蕃佛教发展史上
的重要地位，也表明了吐蕃最高统治者——赞普对佛教的政治态度。

　　吐蕃占领瓜沙后，使之引以为豪的佛教文化也必将影响到此地及
其周边地区。藤枝晃曾对吐蕃统治敦煌时期的僧人和寺院做了统计，
当时寺院从六七所增加到归义军统治之初的 16 所，僧尼总数由数百
人增加到近千人。[1]吐蕃和平解决沙州问题，一定程度上也是对沙州佛
教地位的认可，也体现了吐蕃统治者对沙州民众的宽容。敦煌文献记
录了沙州百姓进献佛骨舍利的事件，S.1438v《书仪》载："沙州寺舍
利骨，一百卅七粒，并金棺银椁盛全……无遣（遗）颗粒……附僧狮
子吼等三人进，讫伏大赦所获之邑，冀以永年之忧。"[2]

　　敦煌原本就是佛教兴盛之地，吐蕃占领敦煌，尤其是毒杀阎朝，
歧视汉人，[3]使得原敦煌大族的部分官员纷纷遁入空门礼佛。[4]这些大族
成员原本属于敦煌精英阶层，远离政治的他们将精力投入到弘扬佛法
的事业中。刘安志认为，"敦煌大族的出家、入仕，不仅保存了自己原
有的实力，而且还利用其特殊身份大大发展了自己在政治、经济方面
的势力"，为后来张议潮驱蕃归唐，建立归义军政权奠定了基础。[5]派
驻敦煌的首任行政长官尚起律心儿（zang khri sum rje）率先带头兴建
佛寺，"卜宅敦煌古郡，州城内建圣光寺一所"，[6]借助宗教手段也拉拢
了与敦煌大族之间的关系。

　　为了推动河陇佛教事业的发展，王室成员以及吐蕃僧团高层赴敦

1　藤枝晃「吐蕃支配期の敦煌」『東方学報』第 31 号，1961，第 264 頁。

2　郝春文编著《英藏敦煌社会历史文献释录》第 6 卷，北京：社会科学文献出版社，2009，第
　　250～251 页。图版见中国社会科学院历史研究所等编《英藏敦煌文献（汉文非佛教以外部分）》
　　第 3 卷，成都：四川人民出版社，1990，第 18 页。

3　王尧、陈践：《吐蕃职官考信录》，《中国藏学》1989 年第 1 期，第 102～117 页。

4　赵晓星：《吐蕃统治时期的敦煌落蕃官》，《中国藏学》2003 年第 2 期，第 53～62 页。

5　刘安志：《唐朝吐蕃占领沙州时期的敦煌大族》，《中国史研究》1997 年第 3 期，第 83～91 页。

6　《尚起律心儿圣光寺功德颂》，载季羡林主编《敦煌学大辞典》，第 332 页。

煌参加抄经工作。[1]敦煌古藏文文献中也留下了他们抄（校）经的痕迹，敦煌研究院藏 Dy.t.121《般若心经》末尾题记载："（译文）贝吉昂楚校（dpal gis nga tshul zhus）"，敦煌市博物馆藏 Db.t.1267《十万般若波罗密多经》第一卷第三十五品题记："（译文）康赞热抄，法藏校，达木先二校，福义三校，贝吉昂楚校，窦刚和格端校，坚赞和□（贝）却乎再校，安达校。（khang btsan bzher bris/phab dzang gIs zhus/dam zhen yang zhus/phug vgI sum zhus/dpal gis nga tshul zhus/devu geng dang dge brtan gyIs zhus/rgyal mtshan dang/ □□ mchog gis yang zhus//an ta zhus）。"

"贝吉昂楚"身为王妃，名字为何出现在敦煌文献中，可能是曾随墀松德赞赴河西巡视时曾在敦煌作短暂停留，并亲身参与抄经事业以做兴佛之表率。[2]由于以赞普为首的王室成员多笃信佛教，推而论之，王妃贝吉昂楚应该是一位佛学造诣颇深的佛教徒，她曾担任抄经工作的最终审阅官——大校阅师，敦煌文献 P.T.1664《十万般若波罗蜜多经》第六栏题记载："郎子抄，贝吉昂楚做了大校阅，大校阅讫。"[3]大校阅师通常都是佛教高僧大德来担任，P.T.1582《十万般若波罗蜜多经》抄经题记载："（译文）天竺主持释迦札巴和苏然扎布及译师毗卢遮那做了大校阅。"[4]毗卢遮那是桑耶寺七觉士之一，跟随寂护大师和莲花生大师学习，名列吐蕃 108 位翻译家之首。

有了王室成员的表率作用，佛团高僧更是不遗余力地推动兴佛事业。敦煌文献 P.T.1444《十万般若波罗蜜多经》第四卷第七十一至七十二品抄经题记中载："（译文）王悉诺俊抄，星却乎校，云丹二校，拉喇东三校。"敦煌文献 P.T.1425-1《十万般若波罗密多经》第四卷第三十七品抄经题记载："（译文）安悉诺俊抄，星却乎校，云

---

1 黄文焕：《河西吐蕃文书中的"钵阐布"》，中国民族古文字研究会编《中国民族古文字研究》，北京：中国社会科学出版社，1984，第 222～236 页。

2 张延清：《吐蕃王妃贝吉昂楚及其敦煌校经题记》，《西藏民族学院学报》2009 年第 5 期，第 29～36 页。

3 张延清：《吐蕃敦煌抄经研究》，北京：民族出版社，2016，第 137 页。

4 张延清：《吐蕃敦煌抄经研究》，第 140 页。

丹二校，翟进三校。"P.T.1329-27《十万般若波罗蜜多经》末尾题记载："（译文）宋野勒抄，格勒校，云丹二校，刚刚三校，充木勒校。""云丹"即"贝吉云丹"，此人曾任钵阐布，在唐蕃长庆会盟中即起到了积极的推动作用，《新唐书》中记载了此次会盟的盛况：

> 赞普坐帐中，以黄金饰蛟螭虎豹，身被素褐，结朝霞冒首，佩金镂剑。钵掣逋立于右，宰相列台下。唐使者始至，给事中论悉答热来议盟，大享于牙右，饭举酒行，与华制略等……盟坛广十步，高二尺。使者与虏大臣十余对位，酋长百余坐坛下，上设巨榻，钵掣逋升，告盟，一人自旁译授于下。已歃血，钵掣逋不歃。盟毕，以浮屠重为誓，引郁金水以饮，与使者交庆，乃降。[1]

按照文献所载，钵阐布（钵掣逋）立于赞普的右边，而众宰相列于台下，说明钵阐布的政治地位高于众宰相，成为吐蕃政坛上一人之下万人之上的人物，而且此时贝吉云丹的地位已高于娘定埃增，说明会盟的钵阐布应为贝吉云丹而非娘定埃增，[2]僧人参政成为吐蕃政治生活中一种特殊现象。作为佛教领袖的云丹，参与校经更能体现出统治阶层对佛教弘扬的重视。

敦煌的一些僧俗上层人物也纷纷加入弘扬佛法的事业中来，敦煌文献 P.T.1333（7）《十万般若波罗蜜多经》抄经题记载："（译文）禄勒抄，洪辩校，多杰佐三校。"敦煌文献 Db.t.0412《十万般若波罗蜜多经》抄经题记载："（译文）戎保·东贡抄，洪辩校，赵进二校，鸠摩罗什三校。"敦煌文献 Db.t.0524《十万般若波罗蜜多经》第一卷第二十九、三十品题记载："（译文）阴悉诺玛抄，洪辩校，赵进二校，多杰佐三校。"[3]洪辩早在吐蕃统治敦煌晚期就已担任僧团官职，至 832 年被吐蕃赞普任命为释门都教授，成为敦煌僧团最高

1　《新唐书》卷二一六下《吐蕃传下》，第 6103 页。

2　张延清：《吐蕃钵阐布考》，《历史研究》2011 年第 5 期，第 163 页。

3　张延清：《吐蕃敦煌抄经研究》，第 142 ~ 143 页。

领袖，极力弘扬佛教事业，"和尚以诱声闻后学，宏开五部之宗。引进前修，广谈三乘之旨"。"精研维摩唯识诸经"，[1]主持开窟造像，敦煌文献 P.4640《吴僧统碑》详细记述了洪辩主持开凿"七佛堂"的事迹：

> 竖四弘之心，凿七佛之窟。贴金画彩，不可记之。然则清凉万圣，摇紫气而浮空；贤劫千尊，开碧莲而化现。十二大愿，九横莫侵；百八浮图，三灾莫染。法华则会三归一，报恩乃酬起二亲。文殊助佛宣扬，普贤则悲深自化。善财童子，求法无厌。得道天仙，散老不倦。[2]

黄文焕、马世长、李永年、马德等学者认为"七佛堂"即莫高窟第 365 窟。[3]洪辩利用其佛教领袖的身份影响，在张议潮驱逐吐蕃建立归义军政权过程中起到了重要作用，如并派弟子悟真作为使团成员前往长安献捷求节，敦煌文献 P.4660《都僧统唐悟真邈真赞并序》载：

> 大中御历，端拱垂衣。入京奏事，履践丹墀。升阶进策，献列宏规。忻欢万乘，颖脱囊锥。丝纶颁下，所请无违。承九天之雨露，蒙百譬之保绥。宠章服之好爵，赐符告之殊私。受恩三殿，中和对辞。丕哉休哉，声播四维。皇都硕德，诗咨讽孜。论八万之法藏，破十六之横非。旋驾河西，五郡标眉。宣传敕命，俗易风移。[4]

唐朝中央政府肯定了归义军领袖张议潮的功勋，并对其进行敕

---

1 郑炳林：《敦煌碑铭赞辑释》，第 64 页。

2 郑炳林：《敦煌碑铭赞辑释》，第 64 页。

3 黄文焕：《跋敦煌 365 窟藏文题记》，《文物》1980 年第 7 期，第 47 页；马世长：《关于敦煌藏经洞的几个问题》，《文物》1978 年第 12 期，第 23 页；李永宁：《敦煌莫高窟碑文录及有关问题（一）》，《敦煌研究》试刊第 1 期，1981，第 76 页；马德：《吴和尚·吴和尚窟·吴家窟——〈腊八燃灯分配窟龛名数〉丛识之一》，《敦煌研究》1987 年第 3 期，第 63 ~ 64 页。

4 郑炳林：《敦煌碑铭赞辑释》，第 116 页。

封，同时都僧统洪辩、都法师悟真被敕授告身，敦煌文献 P.3720《唐大中五年（851）五月廿一日洪辩悟真告身》载："敕释门河西都僧统、摄沙州僧政、法律、三学教主洪辩，入朝使、沙州释门义学都法师悟真……洪辩可京城内外临坛供奉大德，悟真可京城临坛大德，仍并赐紫，余各如故。"[1] 因此，李永宁指出："洪辩虽入释门，但以其能派专使入朝，并得到唐宣宗赐紫封赠等情况看，大中起义，洪辩不仅参与其事，而且树建殊勋。"[2]

法成，吐蕃人，敦煌著名高僧，出身于吐蕃贵族管氏（Cos）。[3] 根据敦煌文人张球所撰《沙州译经三藏吴和尚邈真赞》可对其身世历史有所了解：

> 大哉辩士，为国鼎师。了达玄妙，峭然天机。博览犹一，定四威仪。就（鹫）峰秘密，阐于今时。西天轨则，师谓深知。八万既晓，三藏内持。桧叶教化，传译汉书。孰能可测，人皆仰归。圣神赞普，虔奉真如。诏临和尚，愿为国师。黄金百溢（镒），驲使亲驰。空王志理，浩然卓奇。自通唐化，荐福明时。司空奉国，固请我师。愿谈维识，助化旌麾。星霜不换，已至无依。奈何捐世，而弃厌离。法学弟子比丘恒安[4] 书。[5]

从其邈真赞中可知，法成精通佛理，曾担任吐蕃国师一职，后来到达敦煌译经著述，833 年来到永康寺开始他的译经事业。从敦煌文献中有明确时间记载的题记来看，法成所集最早一件为《大乘四法经

1　图版参上海古籍出版社、法国国家图书馆编《法国国家图书馆藏敦煌西域文献》第 27 册，上海：上海古籍出版社，2002，第 112～113 页。

2　李永宁：《敦煌莫高窟碑文录及相关问题（一）》，《敦煌研究》试刊第 1 期，1981，第 75 页。

3　王尧：《藏族翻译家管·法成对民族文化交流的贡献》，《文物》1980 年第 7 期，第 50～57 页。

4　恒安，粟特人后裔，敦煌灵图寺僧人，系法成弟子。详参季羡林主编《敦煌学大辞典》，第 353 页。

5　姜伯勤、项楚、荣新江：《敦煌邈真赞校录并研究》，台北：台北新文丰出版公司，1994，第 154 页。

论及光释开诀记》，该题记首署"大蕃国大德三藏法师沙门法成集"，文末署"癸丑年八月下旬九日于沙州永康寺集毕记"。[1] 法成还参与抄经，甘肃图书馆藏 GL.t.0183 shes rab kyi pha rol du phyin pa stong phrag brgyav pa dum bu dang po bam po nyI shu bzhivo——《十万般若颂》第一卷第二十四品题记载：cang stag ma bris/ci sun zhus/byang cub yang zhus/chos grub gyIs sum zhus——张都玛抄，支孙校，项曲二校，法成三校。[2]

张议潮曾以法成为师学习佛教经典。[3]归义军政权建立后，在张议潮极力挽留下，法成继续留在敦煌弘法讲经。大中十一年（857），法成已在开元寺主持译经，讲授《瑜伽师地论》。敦煌文献 S.5309《瑜伽师地论》30 卷落款："比丘恒安随听论本，大唐大中十一年岁次丁丑六月二十二日，国大德三藏法师沙门法成，于沙州开元寺说毕。"根据上山大峻在《大蕃国大德三藏法师沙门法成研究》中所公布的法成著作目录，包括藏译著作 20 部，藏文著作 2 部，汉译著作 6 部，汉文集成 3 部，其听众听经笔记 7 部，共计 39 部，其中藏文 22 部，汉文从数量上少于藏文，包括听经笔记共 16 部。[4]

即使到了吐蕃统治敦煌末期，尽管吐蕃本土佛教遭到朗达玛灭佛运动的沉重打击，但是远离吐蕃腹地的敦煌地区佛教兴盛如昔，敦煌文献 P.T.230《天子赤沃松赞母子祈愿文》可一窥端倪：

> 吐蕃君王、庶民、执政的大尚论□□□□□汇集众多僧伽，众人之心专一□□□□□《十万般若经》等，众多经藏和陀罗尼□□□□□和，按经典之规作猛厉之镇魔仪式，曜之中部（？）□□□□□和，出世间的主尊，神力和誓言□□□□□等之福

1　敦煌研究院编《敦煌遗书总目索引新编》，北京：中华书局，2000，第 225 页。

2　张延清：《翻译家校阅大师法成及其校经目录》，《敦煌学辑刊》2008 年第 3 期，第 92 页。

3　荣新江：《归义军史研究——唐宋时代敦煌史考索》，第 269 页。

4　杜斗诚、陈海涛：《试论法成在吐蕃时期河西汉藏佛教融合中的作用》，《中国佛学》（台）第 2 卷第 1 期，1999，第 160 页。

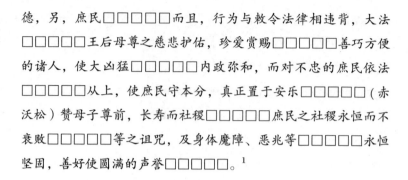

德，另，庶民□□□□□而且，行为与敕令法律相违背，大法
□□□□□王后母尊之慈悲护佑，珍爱赏赐□□□□□善巧方便
的诸人，使大凶猛□□□□□内政弥和，而对不忠的庶民依法
□□□□□从上，使庶民守本分，真正置于安乐□□□□□（赤
沃松）赞母子尊前，长寿而社稷□□□□□庶民之社稷永恒而不
衰败□□□□□等之诅咒，及身体魔障、恶兆等□□□□□永恒
坚固，善好使圆满的声誉□□□□□。[1]

　　由于这份文书记载了吐蕃统治末年的史实，学术价值非常高，学
界也多有关注。[2]这里提到了为末代赞普"天子赤沃松赞"及其母亲祈
福的内容，是证敦煌佛教并未像吐蕃本土那样遭到毁灭性打击，作为
吐蕃本土之外的另一个佛教中心——敦煌自然成为举行大型法会的不
二之选。

　　敦煌文献 P.T.999 号载："先前，天子赤祖德赞之功德，在沙州以
汉藏文抄写了佛经《无量寿经》，作为对臣民广泛的教法大布施。鼠
年夏六月初八日，王后赞蒙彭母子光护（微松）宫殿之功德，沙州两
部僧伽为沙州地方在俗人作回向功德，举行修福供养法会。依据宫
廷的指令及信函、教法大臣及安抚使的信函，为在俗二千七百人众
举行修福供养法会。作为教法大布施的资具，从龙兴寺的经籍仓库
中，取出《无量寿经》汉文一百三十五卷、藏文四百八十卷，总计

1　才让：《P.T.230R〈天子赤沃松赞母子祈愿文〉残卷解读及吐蕃末年史事考述》，《西北民族大学学
报》2008 年第 1 期，第 2 ~ 3 页，拉丁转写参第 1 ~ 2 页（收入氏著《菩提遗珠：敦煌藏文佛
教文献的整理与解读》，上海：上海古籍出版社，2016，第 419 ~ 423 页）。

2　〔法〕石泰安：《敦煌藏文写本综述》，耿昇译，载《国外藏学研究译文集》第 3 辑，拉萨：西
藏人民出版社，1987，第 12 页；A. Macdonald et Yoshiro Imaeda, *Choix de documents tibétains
conservés à la Bibliothèque nationale: complété par quelques manuscrits de l'India office et du British
Museum*, Paris, 1978, pp.166-167；王尧主编《法藏敦煌藏文文献解题目录》，北京：民族出
版社，1999，第 38 页；Yamaguchi Zuihō, The Fiction of King Dar-ma's Persecution of Buddhism,
De DunHung au Japon, Genève, 1996, pp.231-258；罗秉芬：《从三件〈赞普愿文〉的史料看吐
蕃王朝的崩溃——敦煌古藏文文书 P.T.16, I.O.751, P.T.134, P.T.230 初探》，《国立政治大学民族
学报》第 21 期，1994，第 105 ~ 112 页。

六百一十五卷，散发给众人由长老僧人洪晉和旺却批准取用，并发给经籍保管僧人云涅海与李丹贡二人此件耗用经卷之凭执。今后进行经籍总清点时，以此耗用凭执与帐册原本相较，数目符合则予以注销。发给此盖印文书，令其收执。(盖印)"[1]

　　此次在沙州所作修福供养法会是得到王廷指令而举行的，并得到僧俗界(教法大臣、安抚使)大力支持，从规模上来看，"在俗二千七百人"，《无量寿经》汉文一百三十五卷、藏文四百八十卷，总计六百一十五卷"，可见，在敦煌为王室成员——赤祖德赞、王后赞蒙彭母子(微松)做功德已有先例，这次法会规模宏大，也符合沙州作为河西佛教中心的定位。而 P.T.230《天子赤沃松赞母子祈愿文》中赤沃松赞已继任赞普之位，本土佛教势力遭到清洗后，无法承担起为天子赤沃松赞母子祈福作法会的重任，只能选择敦煌。P.T.230 中所展示的法事内容"建众多曼荼罗""汇集众多僧伽"(颂)《十万般若经》"镇魔仪式"等，说明这次法会规模与以往一样，属于大型法会；另外，也暗示了吐蕃政权处于风雨飘摇之态，祈愿"内政弥合""庶民守本分""社稷永恒而不衰败""丢弃狡诈，从今以后(遵守)君王臣民之道"等。由祈愿内容不难观见，当时内政动荡，民众不安，遂寄希望于佛教的护佑以保持吐蕃王朝的强盛。

第六节　吐蕃之抄经业

　　古人认为抄经是一种种福田得善报的行为，原本在佛教文化浓郁的敦煌就早已有之。[2]吐蕃占领敦煌后，抄经事业在统治者的推动下，更是如火如荼。归义军政权的创立者张议潮曾深受寺院教育的熏陶并

1　陈庆英：《敦煌藏文写卷 P.T.999 号译注》，《敦煌研究》1987 年第 2 期，第 71 ~ 72 页。

2　池田温『中國古代寫本識語集錄』，東京：東京大学東洋文化研究所，1990，第 12-13 頁；〔日〕池田温：《〈中国古代写本识语集录〉解说》(上)，李德范译，《北京图书馆刊》1994 年 Z2 期，第 93 页。

跟从吐蕃知名高僧法成学习佛法。[1] 敦煌文献中就留下了张议潮抄经的记载，如敦煌文献 P.3620《无名歌》末题"未年三月廿五日学生张议潮写"、S.5835《大乘稻芊经释》题写"清信佛弟子张议潮书"、北图夜字 59 号《无量寿宗要经》署名为"张议潮写本"。

即使归义军政权时期，敦煌地区的抄经之风依然盛行，担任朝议郎检校尚书工部员外行沙州经学博士兼殿中侍御史之职的敦煌大族翟氏之翟奉达曾抄经祈福，敦煌文献 P.2094a《持诵金刚经灵验功德记及开元皇帝赞金刚经功德一卷》尾题："于唐天复八载岁在戊辰四月九日，布衣翟奉达写此经赞验功德记，添之流布，后为信士兼往亡灵，及见在父母合邑等，福同春草，罪若秋苗，必定当来，俱发佛会。"[2] 敦煌文献 P.2094b《金刚般若波罗蜜经》尾题："布衣弟子翟奉达依西川印出本内抄得分数及真言，于此经内添之，兼遗漏分也。"[3] 为亡妻马氏抄经追福，天津艺术博物馆藏 4532 号《佛说无常经》："显德五年岁次戊午三月一日夜，家母阿婆马氏身故，至七日是开七斋。夫检校尚书、工部员外郎翟奉达忆念，敬写《无常经》一卷，敬画宝髻如来佛一铺。每七至三年周，每斋写经一卷追福，愿阿娘托影神游，往生好处，勿落三涂（途）之灾，永充供养。"[4] 敦煌文献 S.1864《维摩经卷下》题记载："岁次甲戌九月卅日，沙州行人部落百姓张玄逸，奉为过往父母，及七世先亡、当家夫妻男女亲眷，及法界众生，敬写小字维摩经一部，普愿往西方净土，一时成佛。"[5] 抄经之风经久不衰。

除了私人抄经外，官方主持的抄经工作更是规模宏大，参与人员

1　荣新江：《归义军史研究——唐宋时代敦煌历史考索》，第 269 页。

2　上海古籍出版社、法国国家图书馆编《法藏敦煌西域文献》第 5 册，上海：上海古籍出版社，1997，第 143 页。

3　上海古籍出版社、法国国家图书馆编《法藏敦煌西域文献》第 5 册，第 150 页。

4　上海古籍出版社、天津市艺术博物馆编《天津市艺术博物馆藏敦煌文献》第 4 册，上海：上海古籍出版社，1997，第 86 页。

5　郝春文主编《英藏敦煌社会历史文献释录》第 8 卷，北京：社会科学文献出版社，2012，第 153 页。

之多，为后世所赞叹。由于抄经需要多方协作完成，因此逐渐形成一套较为完善的管理机制。除了家庭小规模抄经外，抄经工作主要是在官方抄经坊中完成的。由是可将抄经坊视为最基本的佛教抄写机构。抄写佛经是一项十分神圣的事业，因此通常由佛团具有很高威望的人来担任抄经坊的负责人，前文所提及的法成就曾担任过敦煌抄经坊的负责人之一，敦煌博物馆藏 Db.t.0487《十万般若波罗蜜多经》校勘记录中载："□□□□ chos grub gyi phyung ngo——（译文）（此废叶从）法成抄经坊中抽出。"[1]吐蕃抄写经文活动开始于吐蕃统治敦煌的后半期，如某马年抄写藏文《大般若经》八部，汉文《大般若经》三部，汉文《无量寿经》一部；[2]甚至还为赞普赤祖德赞做功德而抄写若干部《大般若经》。[3]

　　抄经生是承担官方写经工作的主要力量，那必然会对抄经生选派资格提出要求，根据敦煌文献 S.2711、S.7945、P.3205、S.6028 等 4 件文书中看出，"各寺甄选写经生上报经坊，写经生挑选标准应当为有书写能力、熟悉佛典者；经坊对各寺选派的写经生进行分组，每组设组长一名；抄经道场有专人负责记录写经役工簿，账册记录方式巧妙，并有勾检人查验核实；经坊佛经一般要经过两次校阅，随着抄经进度的推进，抄经生可能身兼校经任务"。[4]比如敦煌文献 P.T.999《无量寿宗要经》中就记载了辛达尔以写经生身份出现了 4 次，以校经生身份出现 71 次；吉刚以写经生身份出现 3 次，以校经生的身份出现 128 次；贝却乎以写经生的身份出现 4 次，以校经生的身份出现 122 次。[5]由是可以推想写经生选派的首要标准就是识字、信奉佛教（熟悉

1　张延清:《吐蕃敦煌抄经坊》,《敦煌学辑刊》2011 年第 3 期, 第 50 页。

2　〔英〕F. W. 托玛斯（F.W.Thomas）编著《敦煌西域古藏文社会历史文献》, 刘忠、杨铭译注, 第65 ~ 67 页。

3　藤枝晃「吐蕃支配期の敦煌」『東方学報』第 31 号, 1961, 第 227 頁；西岡祖秀「沙州における寫經事業: チベット文『無量壽宗要經』の寫經を中心として」, 山口瑞鳳編『講座敦煌 6 敦煌胡語文獻』, 第 384 頁。

4　赵青山:《5 件文书所反映的敦煌吐蕃时期写经活动》,《中国藏学》2013 年第 4 期, 第99 ~ 104 页。

5　上山大峻『敦煌仏教の研究』京都: 法藏館, 1990, 第 441-451 頁。

佛典），否则难以担负抄经工作。另外，根据社会基层组织结构"部落""将"来分配抄经任务，并对负责人的职责与公平性提出了要求，同时里正还负责对种福田者（即出资抄经者）住处及财力要调查清楚方可接受抄经任务。

英藏敦煌古藏文文书 Ch.73,xv,5 号详细记载了吐蕃统治晚期沙州三部落（阿骨萨、悉董萨、悉宁宗）民户抄写《大般若经》的情况：

　　马年和羊年，在抄写《大般若经》的写经生中分配纸张。种福田者为太子（Lha-sars）。当着信使达桑·泽当和于热·丹空的面统计之后，集中了纸张的领条，并分发了著名的佛经，清理了损耗的残存物和写卷碎片。有一份报告禀呈论·杰孜和都督论（To-dog-blon）赞热，内有详细说明，附有由写经生中分配纸张的名单。为了落实责任，将这些纸张分配给各百户长（五十岗，Lnga-bchu-rkang）及属吏（Vog-sna），他们分属于若干部落（Sde）与将（Tshan）。委任的第一位茹玛巴为吉·丹孔。他已发出命令，要于猴年孟秋月初三日完成全部抄写事务。役工记录已编成一份名册（或译：写于役工登记表内）。禁止抗拒管理方面的规定：若所发纸张可以使用，他应立即妥善保存，若使用不当，或有人图谋不轨，以之（高价）出售，则将逮捕其亲属中的一员，老少不论，关进监狱，本人将被关押在交纳福田者的处所。一旦接到分派给他们的纸张，写经生必须完成份额，其两倍于所分纸张价值的牲畜、财物等，将作为抵钾存放于茹玛巴处，直到圆满完成役职方才发还。如属吏等对写经生不公平，或未收回所分配的纸张，里正（li-cheng）将按每卷（Yug）纸张鞭笞十下来惩罚他。任里正者应每天每时探询种福田者的确切住处，应多少具备转运纸张的能力。悉董萨部落（Stong-sar），令狐东孜将（Tshan）的华大力：马年，分纸张五卷；羊年，分纸张三十六卷。[1]

1　F. W. Thomas, *Thetan Literary Text and Document*, *concerning Chinese Turkestan*, Vol. Ⅱ, London,1951, pp.81~82; F. W. 托玛斯编著《敦煌西域古藏文社会历史文献》，刘忠、杨铭译，第 70~71 页。

这里，对抄经生所需纸张分配、布施者、佛经底本借阅、抄经工作量
分配、抄经完成时限、抄经生领取纸张财产抵押、负责人渎职行为等
都有详细记载，可以初步了解抄经前期准备的基本流程。

从文献所载来看，纸张是抄经中所耗费钱财最多的必需品，如敦
煌文献 P.3240《壬寅年七月十六日付纸历》[1]所记录的抄经分发纸张清
单中一次向抄经生发放了 7214 张纸，抄经规模之大可以想象，因此
抄经坊方面制定了严格纸张领取兑换程序和抄经生等相关人员的奖惩
措施。其中，敦煌文献中的用于记录纸张分配账簿的配纸历清晰记载
了官方或者寺院在纸张使用方面的严格出纳规定，配纸历中记载有领
取纸张者的姓名、领取纸张数量、领取时间以及用途等，和今天一些
企事业单位办公用品领取使用规定类似。

敦煌文献 S.2449《〈瑜伽论〉等配纸历》[2]记载了归义军时期写经
道场关于纸张分配情况。这份文献是三部佛教的配纸历，包括姚秦鸠
摩罗什译四卷本《佛藏经》、唐玄奘译《瑜伽论》100 卷以及一部经名
不详的共 60 卷经书，这部经名不详之经书可能是《佛本行集经》。[3]在
这次抄经事务中，每卷佛教所需纸张数量事先已经登记造册，对于领
取纸张的抄经生是按照清单一次性领取完毕的，而不是分批次领取。
而在纸张交付给抄经生之前，抄经负责人首先从寺院借出所抄经书
的底本。当然，佛经底本要得到寺院最高负责人的批准后方能借出。
P.T.999《无量寿宗要经》记载了鼠年六月八日王后赞蒙彭母子要做法
会，经沙门都教授洪辩和旺却批准后，从龙兴寺借出佛经原本。被借
出经卷中包括汉文佛经 135 卷，藏文佛经 480 卷。借经者在借出佛经
时给寺院佛经管理人员僧云涅海、李丹贡二人留下凭执："今后进行经
籍总清点时，以此耗用凭执与账册原本相校，数目符合则予以注销"，
以作为抄经工作完成后归还佛经时的凭证。

1　录文参方广锠《敦煌佛教经录辑校》（下），南京：江苏古籍出版社，1997，第 971 ~ 1004 页。
　　图版参《法藏敦煌西域文献》第 22 册，上海：上海古籍出版社，2002，第 270 ~ 275 页。

2　录文参方广锠《敦煌佛教经录辑校》（下），第 963 ~ 970 页。图版参《法藏敦煌西域文献》第
　　22 册，第 80 ~ 81 页。

3　赵青山：《敦煌写经道场纸张的管理》，《敦煌学辑刊》2013 年第 4 期，第 39 页。

　　抄经生从写经负责人处领取所承担抄经任务的佛经底本，敦煌文献 P.ch 3243（v）载："寅年仲夏十七日，酌量命令，如此分配……总计经卷的分配 132 卷，分配到 20 人（？）。"[1] 这份文献中共涉及抄经者有 20 人，每人所领取的抄经工作量不等，表明了写经负责人在分配抄经任务时将抄经者抄写速度及经文大小统筹考量，进而分配每个人的工作。

　　为了防止抄经生贪污所领取的抄经用纸，还要抄经生以纸张两倍价值的财物作为抵押，抄经完成后归还。敦煌文献 Ch.73,xv,5 "［Ⅱ.12-13］记载供应纸张交付后，写经生必须立即完成份额：在完成之前，他们必须将两倍于纸张价值的牲畜、财物等作为抵押品存放于茹玛巴（rub-ma-pa）处。［Ⅱ.14-15］如果负责人不能公正对待反抗行为或不能收集份额，里正（Li-cheng）将按每卷（Yug）纸鞭挞十下的标准进行惩罚"。用于抵押的财物可以是牲畜、财物等，如果出现贪污倒卖纸张的行为，则将其抵押物充公，甚至还要将其亲属逮捕入狱，"如果所发纸张预计（书写后）不能使用，或有人漫天要价，要逮捕其亲属中的一员，不论老少，并且将其送入监狱，本人则要被关入布施者的宅邸"。敦煌市博物馆藏 Db.t.0334 号文献内容是抄经生阴禄勒（aim klu legs）在抄经的护经纸张上所写，"hing deng btson du bzung ya khovI khovi he he/（译汉文）恒定被执入狱，哭哭啼啼"。[2] 抄经生恒定入狱很可能是违反了抄经管理的某种规定而被捕入狱，阴禄勒是恒定被捕时的见证者之一，随手在护经纸张上记载了当时恒定悲痛的情形。

　　抄经生领取纸张时会遵循一定的规章制度，比如已分配纸张者则会在经卷右侧用小字标注"付了"字样，如果属于临时领取则和最初分配抄经纸张情况一样，登记领取者姓名、数量以及日期等。经坊对抄经者所领取纸张管理严格，要求"当初所分发的纸张数目清单和后来所上交经页数目的登记册相比对，扣除废页和护经纸的损耗，列出未如实上交剩余纸张的抄经生名单及所欠纸张数目清册"，而分配纸张者也要按照登记记录收回相应的纸张，否则也要给予惩处。英藏敦

1　〔日〕高田时雄：《敦煌·民族·语言》，钟翀译，北京：中华书局，2005，第 104~105 页。

2　张延清：《吐蕃敦煌抄经制度中的惩治措施》，《敦煌研究》2010 年第 3 期，第 106 页。

煌古藏文文书 Ch.73,xv,5 号"［Ⅱ.14-15］如果负责人不能公正对待反抗行为或不能收集份额，里正（Li-cheng）将按每卷（Yug）纸鞭挞十下的标准进行惩罚"。兑换纸张也有一定程序，敦煌文献 S.933《大般若波罗蜜多经卷第二百七十六勘经记》载："重书一行，龙通子兑一张，龙通。"[1] 抄经生龙兴寺通子抄经过程中一行经文重复抄写，于是兑换新的纸张，并注明兑换人为"龙通"。

　　纸张的珍贵性并非仅仅在抄经领取纸张时严格程序来体现，西域出土古藏文文献中多处提到下属将纸张作为礼物送给上级的记载。敦煌文献 Or.15000/92 号文本载："勒赞（legs tshan）致论·列桑（leg bzang）大人座前：神圣论相贵体安康？以书信致以问候。经朗热（gling bzher）捎带五卷纸的礼品，敬请笑纳。"[2] Or.15000/147 号文本载："拉顿顿（lha la rton）禀报：经询问斥堠（so pa）中的送信人，得知您贵体健康……现将纸张送上，作为我的礼品。"[3] 无疑，纸张在当时是异常珍贵的物品之一。

　　基于抄经者的素质、精力等因素，抄写佛经时候难免会出现错字、漏字、衍文、错行、脱行等问题，如果出现以上类似情况，抄经生可以到纸张管理者以废兑新。为了防止抄经者抄写经文出现质量参差不齐的状况，针对抄写完成的经卷还有严格的校阅制度，通常会有两校到三校后方能合格，当然不会仅限于两校、三校，如敦煌市博物馆藏 Db.t.1550《十万颂般若波罗蜜多经卷》第四十九品中出现了七校，有的甚至达到了十校。敦煌市博物馆藏 Db.t.0390《十万般若颂》抄经、校经题记中载："阴禄剌东抄，星却乎校，格端二校，翟

1　郝春文主编《英藏敦煌社会历史文献释录》第 4 卷，北京：社会科学文献出版社，2006，第
　　428 页。

2　F. W. Thomas，*Tibetan Literary Texts and Documents concerning Chinese Turkestan*，part Ⅱ：Documents，
　　London，The Royal Asiatic Society，1951，pp.382-383；〔英〕F. W. 托玛斯编著《敦煌西域古藏
　　文社会历史文献》，刘忠、杨铭译注，第 331 页。

3　F. W. Thomas，*Tibetan Literary Texts and Documents concerning Chinese Turkestan*，part Ⅱ：Documents，
　　London，The Royal Asiatic Society，1951，p.383；藏文转写及注解参 T.Takeuchi，Old *Tibetan*
　　Manuscripts from East Turkestan in The Stein Collection of the British Library Vol. Ⅰ-Ⅲ，The Centre for
　　East Asian Cultural Studies for Unesco，The Toyo Bunko-The British Library，1997，p.69；〔英〕
　　F. W. 托玛斯编著《敦煌西域古藏文社会历史文献》，刘忠、杨铭译注，第 332 页。

进三校。"阴禄剌东作为抄经生，星却乎、格端、翟进分别承担校对工作。但是阴禄剌东所抄经文并不合格，被终校者认定为是废叶，"狗年（830）仲夏，认定为阴禄剌东废叶，若当时被发现，定会给予处罚"。是证彼时阴禄剌东的废叶经文并未校出，则校经者就要承担相应的惩罚。敦煌市博物馆 Db.t.0394《十万般若波罗密多经》第一卷第二十二品题记中，就出现了对校经者未能及时抽出废叶行为要进行惩处的记录："作为废叶抽出后，没做（进一步）处理，要对抽出者进行严惩！"[1]

敦煌古藏文文献中记载："抄写汉文《大般若经》三部，藏文《大般若经》六部，所需口粮数是 470 驮，福田布施为粮食 60 驮，纸墨费用上面还未拨付。"[2] 除了粮食之外，还有其他贵重物品来充当写经费用。敦煌文献 P.2912《某年四月八日康秀华写经施入疏》记载了抄写一部《大般若经》的工价："写大般若经一部，施银盘子叁枚，共卅五两，麦壹佰硕，粟伍拾硕，粉肆斤。右施上件物写经，谨请炫和上收掌货卖，充写经直，纸墨笔自供足，谨疏。四月八日弟子康秀华。"作为敦煌大富商的康秀华为写一部《大般若经》，充当费用的除了粮食之外，还有银盘子和胡粉，"康秀华向乾元寺施物价值折麦约 548 石，当时写一部《大般若经》的工价为 548 石麦"。[3] 从康秀华所施舍物品价值来看，正是充当了寺院抄经机构（抄经坊）雇佣抄经生所需费用。

除了信众布施外，官方支付费用则是以抄写佛经为生活手段的抄经生的主要来源。前文提到抄写三部汉文《大般若经》与六部藏文《大般若经》共需要口粮 470 驮，而福田布施为粮食 60 驮，缺口还有410 驮，另外纸墨费用还未拨付，说明 410 驮粮食和纸墨费用均要由官方来拨付，这里提到的口粮就是供抄经相关人员使用。另外，还有一些部落专门向抄经坊供应蔬菜，这也是抄经所需费用之一，如敦煌文献 S.5824《经坊供菜关系牒》中就规定了行人部落、丝棉部落等常年向抄经坊提供蔬菜的标准：

1　张延清：《吐蕃敦煌抄经制度中的惩治措施》，《敦煌研究》2010 年第 3 期，第 104 页。
2　〔英〕F. W. 托玛斯编著《敦煌西域古藏文社会历史文献》，刘忠、杨铭译注，藏文转录自第 422 页，汉译参第 65 页。
3　郑炳林：《晚唐五代敦煌贸易市场的物价》，《敦煌研究》1997 年第 3 期，第 14 页。

　　应经坊合请菜蕃汉判官等。先子年已前蕃僧五人，长对写经廿五人，僧五人，一年合准方印得菜一十七驮，行人部落供。写经廿五人，一年准方印得菜八十五驮，丝绵部落供。昨奉处分，当头供者，具名如后：行人　大卿、小卿、乞结夕、遁论磨、判罗悉鸡、张荣奴、张兴子、索广弈、索文奴、阴兴定、宋六六、尹齐兴、蔡殷（？）殷（？）、康进达、冯宰荣、宋再集、安国子、田用用、王专、已上人每日得卅二束。丝绵苏南　触腊、翟荣胡、常弁、常闰、杨谦让、赵什德、王郎子、薛卿子、娑悉力、勃浪君君、王□□、屈罗悉鸡、陈奴子、摩悉猎、尚勋磨、苏儿、安和子、张再再、以上人每日得卅三束。右件人准官汤料，合请得菜，请处分。牒件状如前，谨牒。[1]

　　既然抄经生以抄经获取报酬作为主要生活来源，那么对抄经生的工作量又是如何认定的呢？敦煌文献 P.T.1641《十万般若波罗蜜多经》背面记录反映了抄经坊对抄经数目的记载："lyang lha brtan gyis bam po lnga gur bris te/drug bam gcig yug Inga bdun bam po gcig yug bdun/brgyad bam po gcig yug bdun/dgu bam po gcig yug dru/drug cu⋯gcig yug bdun/⋯sbyi sdoms na yug suM cu rtsa gnyis（译文：梁拉端在经坊中抄写五卷后，总计六叶一卷的五包，七叶一卷的七包，八叶一卷的七包，九叶一卷的六包，六十叶一（卷）的七包，共计三十二包。）"[2] 英藏 TLTD Ⅱ-16 是拴在经卷包裹上的木牌标签，上面有抄经坊中经卷最终统计记录："stag brtan dang bun ceavu gyi gur brtsis pa/bam thum vdivi pang na yug gsum pa bam po bdun cu tsam dgu/yug bzhi pa bam po bcu gsum//yug phyed dang lnga pa bam po gchi//yug phyed dang bzhi pa bam po bdun/spyir brtsis na bam po brgyav la/shog shog yug sum brgyav

1　唐耕耦、陆宏基编《敦煌社会经济真迹文献释录》第 2 辑，第 412 页。
2　张延清：《吐蕃敦煌抄经坊》，《敦煌学辑刊》2011 年第 3 期，第 56 页。

rtsa bco brgyad byung//（译文：在悉诺端和闻照的经坊内，做了统计，此包经卷内三张一卷的有七十九卷，四张一卷的有十三卷，五张半一卷的有一卷，四张半一卷的有七卷，总计一百卷，合三百一十八张经叶。）"[1] 这两份文献所载内容是抄经坊对抄经生最终合格经卷数量的统计记载，所记录的经卷数目也是用于支付抄经生费用的凭证。

第七节　吐蕃化与民族融合

　　陈寅恪在论及唐代河朔胡化问题言："知神州东北一隅河朔地域之内，其人民血统属于汉种者，既若是之胡化，则其地必有胡族之迁徙无疑。"[2] 一针见血地指出了地域文化变迁的重要原因，移民对河朔地区社会文化的影响之深。而作为统治河陇长达八十余年之久的吐蕃，无疑会将吐蕃文明传到河陇地区，并深刻地影响着该地区的诸多方面。匈牙利学者乌瑞（G.Uray）指出：8～10 世纪藏语作为河西、西域一带的官方通用语言，即使在 9 世纪中叶吐蕃势力退出河陇地区以后，依然在甘州、于阗两个地方政权中使用。[3] 马瑞率先提出了河陇吐蕃文化遗存的问题，在此后的相关研究中也一直关注着该问题。[4] 随即，国内学者将目光专注于"西北吐蕃化"的诸多问题，日本学界则利用敦煌古藏文文献将该问题研究进一步推进，加深了学界对该问题的认识与思考。

　　我国自古以来就是一个多民族国家，各民族共同创造了辉煌灿

1　〔英〕F. W. 托玛斯编著《敦煌西域古藏文社会历史文献》，刘忠、杨铭译注，第 424、72 页。

2　陈寅恪：《隋唐制度渊源略论稿·唐代政治史述论稿》，北京：商务印书馆，2011，第 230 页。

3　G. Uray, L'Emploi du Tibétain dans les Chancelleries des États du Kansou et de Khotan Postérieurs à la Domination Tibétaine, *Journal Asiatique*, Vol.269, No.1/2, 1981, pp.81-90. 耿昇译汉文载《敦煌译丛》第 1 期，兰州：甘肃人民出版社，1985，第 212～220 页。

4　G. Uray, "New Contributions to Tibetan Documents from the post-Tibetan Tun-huang," *Tibetan Studies*, Munich, 1988, pp.515-528; Tsuguhito Takeuchi, A Group of Old Tibetan Letters written under Kuei-i-chün: A Preliminary Study for the Classification of Old Tibetan Letters, *Acta Orientalia Academiae Scientiarum Hungaricae* Vol.44, No.1/2, 1990, pp.175-190.

烂的中华文明。费孝通言："生活在一个共同社区之内的人，如果不和外界接触不会自觉地认同。民族是一个具有共同生活方式的人们共同体，必须和'非我族类'的外人接触才发生民族的认同，也就是所谓民族意识，所以有一个从自在到自觉的过程。"[1]作为河陇地区两种主体文化的吐蕃文化和汉文化在吐蕃东进、汉族反抗过程中不断碰撞交融。吐蕃势力东进的过程中，掠夺汉地人口是战争原因之一，早在吐蕃占领敦煌以前就大肆掠夺唐地民众，吐蕃军队掠夺大量的人口作为奴隶（亦是财富的象征）。贞元三年（787）六月，"吐蕃驱盐、夏二州居民，焚其州城而去……九月丁巳，吐蕃大掠汧阳、吴山、华亭界民庶，徙于安化峡西……甲戌，吐蕃退，俘掠邠、泾、陇等州民户殆尽。"[2]吐蕃每攻占一地，掠夺人口就成为战争内容的重要组成部分，亦是其战利品的重要组成部分。

这些被掠夺的民众成为吐蕃贵族统治下的奴婢，迁徙至吐蕃占领区与当地人杂居生活。《新五代史·吐蕃传》载："吐蕃攻陷河西陇右，华人百万皆陷于虏。"[3]虽记载"华人百万"有些夸大事实，但是足以反映出吐蕃统治下的汉人数量之多。广德元年（763）七月，"吐蕃既立广武王承宏，欲掠城中士女百工，整众归国"。[4]从吐蕃抢掠的人口类别来看：士属于知识分子，女人属于人口再生产者的承担者，百工属于技术人才。可见，汉地先进文化与技术吸引着吐蕃统治者，吐蕃主动吸收汉文明。

赵璘在《因话录》中言："先是，［吐蕃］每得华人，其无所能者，使充所在役使，辄黥其面；粗有文艺者，则涅其臂，以候赞普之命。得华人补为吏者，则呼为舍人。"[5]稍微拥有技艺之汉人均被吐蕃统治者吸收，证明了先进的中原文明对吐蕃的吸引力，表明吐蕃统治者希

1　费孝通等：《中华民族多元一体格局》，北京：中央民族学院出版社，1989，第7页。
2　《旧唐书》卷一二《德宗本纪》，第357～358页。
3　《新五代史》卷七四《四夷附录三·吐蕃传》，第914页。
4　《资治通鉴》卷二二三"广德元年（763）七月"条，第7153页。
5　（唐）赵璘：《因话录》卷四，上海：上海古籍出版社，2000，第857页。

望学习汉文化的主动性。新疆出土古藏文木简 M.Tāgh.c.i，0026 载有"唐人中等大小铠甲（有九眼的）三套"，[1] 唐人铠甲在吐蕃地区出现，无疑就是汉藏文化交流的直接见证。

吐蕃占领敦煌后，大量吐蕃人开始出现于敦煌以及河西其他地区。据考，敦煌地区的吐蕃人当属吐蕃移民，主要来源于蕃僧、高级官吏及其随行家属、驻军及其随行家属。[2] 这些吐蕃民众和当地人杂居相处，甚至联姻，藏语深深地影响着这些地区的民众，[3] 如敦煌文献 P.3419《千字文》是用藏文注写汉籍的"注音本"，敦煌文献 P.1228、P.1231 等写卷是汉藏文书写的对照词汇。敦煌文献 P.3753《康汉君状》记载了吐谷浑部落与康氏家族争夺阿娘和别人生下儿子悉列都的所属权，"悉列都"从名字来看，当属吐蕃人无疑，而康家争夺悉列都的归属，可以推测出悉列都的父母双方分属吐蕃（或吐谷浑）部族、粟特康氏，同时也可以说明双方的联姻关系。敦煌文献 P.T.1083《禁止抄掠汉户沙州女子牒》："往昔，吐蕃、孙波与尚论牙牙长官衙署等，每以配婚为借口，前来抄掠汉地沙州女子。其实，乃佣之为奴……勿再令无耻之辈持手令前来择配，并允其自择配偶。"[4] 吐蕃通过抄掠人口作为其奴隶的补充，"乃佣之为奴"。彼时是以婚配为借口的，表明当时吐蕃与汉人存在着婚配关系，而且通过政令的形式给予汉地沙州被掠女子自由择偶权，可以推测部分女子和吐蕃人有婚配关系。但忽略了另一种移民类型，即被吐蕃化的异族，如嗢末：

> 浑末，亦曰嗢末，吐蕃奴部也。虏法，出师必发豪室，皆以

---

1 王尧、陈践编著《吐蕃简牍综录》，第 47 页。

2 郑炳林：《晚唐五代敦煌地区的吐蕃居民初探》，《中国藏学》2005 年第 2 期，第 41 页。

3 G. Uray, "L'Emploi du Tibétain dans les Chancelleries des États du Kansou et de Khotan Postérieurs à la Domination Tibétaine," *Journal Asiatique*, Vol.269, No.1/2, 1981, pp.81-90; Tsuguhito Takeuchi, "A Group of Old Tibetan Letters written under Kuei-i-chün: A Preliminary Study for the Classification of Old Tibetan Letters," *Acta Orientalia Academiae Scientiarum Hungaricae* Vol.44, No.1/2, 1990, pp.175-190.

4 王尧、陈践译注《敦煌吐蕃文献选》，第 52 页。

奴从，平居散处耕牧。及恐热乱，无所归，共相啸合数千人，以嗢末自号，居甘、肃、瓜、沙、河、渭、岷、廓、叠、宕间，其近蕃牙者最勇，而马尤良云。[1]

　　嗢末作为吐蕃奴部而存在，与吐蕃联系密切。长期的接触，造成社会习俗上与吐蕃大致相似，可以看作是吐蕃化的异族，但有学者认为是吐蕃占领河陇时期所征服的汉、羌、吐谷浑等族。[2]张议潮驱逐吐蕃势力建立归义军政权，嗢末作为新兴势力崛起，敦煌文献 S.5697《申报河西政情状》载："同缘河西诸州，蕃、浑、嗢末、羌、龙狡杂，极难调伏。"[3]嗢末散居河西诸州，这与传统史籍记载相同。这些散居河西的嗢末和他族杂居相处，无疑成为吐蕃文化的传播者。而文书中嗢末已经与吐蕃、吐浑、羌、龙家相提并论，势力不容忽视。咸通三年（862），嗢末始入贡唐朝，[4]更是作为一支独立的政治力量登上河陇政治舞台。敦煌文献 S.6342+Д x .5474v《张议潮处置凉州进表并批答》载有咸通十一年（870）至十二年（871）间"嗢末隔勒往来"，嗢末对丝路交通造成了阻隔。

　　婚配可视为民族间融合最为直接的方式。敦煌文献 P.T.1077《都督为女奴事诉状》载："若说她管布不是女奴，则当初，并非绮布婚配之妻。其真正之妻系唐妇……绮布之妻室为唐妇，过去散失。"[5]绮布的婚配妻子为唐妇即汉地女子，表明蕃汉婚姻在当时已成为常事。

　　婚姻的结合与当时吐蕃掠夺汉地人口密不可分。为安抚瓜沙之地民众，敦煌的吐蕃统治者专门下令严禁抄掠沙州汉人女子。敦煌文献 P.T.1083《据唐人部落禀帖批复的告牒：禁止抄掠汉户沙州女子》载："往昔，吐蕃，孙波与尚论牙牙长官衙署等，每以配婚为借口，前来

1　《新唐书》卷二一六下《吐蕃传下》，第 6108 页。

2　金雷认为嗢末源于陷蕃异族，详参《嗢末新考》，《西藏研究》2007 年第 4 期，第 17～22 页。

3　唐耕耦、陆宏基编《敦煌社会经济文献真迹释录》第 4 辑，第 363 页。

4　《资治通鉴》卷二五〇 "咸通三年（862）十二月"条，第 8101 页。

5　王尧、陈践编著《敦煌吐蕃文书论文集》，第 58～61 页。

抄掠汉地沙州女子。其实，乃佣之为奴。"[1] 蕃汉联姻虽属被迫，且在河陇地区强迫推行吐蕃服饰，禁止汉人着汉服、说汉话，但是客观上推动了双方的文化交流与民族融合。经过吐蕃八十余年的统治，河陇地区民众"吐蕃化"现象日益严重。《五代会要》载："开成之际，朝廷遣使还番，遇凉、肃、瓜、沙，城邑如故，华人见汉旌使，齐夹道诉泣，问皇帝还念陷番生灵否？当时已经再世，虽语言小讹，而衣服未改。"[2]

河西汉人受到吐蕃语言文化的影响，语言上已经发生变化。但河西汉人一直试图抗拒着吐蕃文化的影响，"［沙］州人皆胡服臣虏，每岁时祀父祖，衣中国之服，号恸后藏之"。[3] 随着时间的推移，加之吐蕃统治者推行吐蕃化政策，河陇汉人逐渐接受吐蕃文化。恰如周伟洲指出的那样，吐蕃统治者在河陇等地对区域民族实行强迫同化的政策，使西北地区各族呈现不同程度的吐蕃化之倾向。[4] 司空图在《河湟有感》中言："一自萧关起战尘，河湟隔断异乡春。汉儿尽作蕃儿语，却向城头骂汉人。"[5] 说明在民族同化政策的推行下，汉人完全接受蕃语，深受吐蕃化影响的汉人已将自己看作吐蕃人一部分，心理上开始排斥汉人，至少表明河湟地区的汉人从语言上已经完全吐蕃化了。武内绍人指出："藏语在吐蕃统治区不同民族间盛行不衰，以至于在藏族统治末期，当地居民都成为使用双语或多种语言的人，而且开始取用藏名或藏化名字。"[6]

敦煌文献中出现诸多"汉姓蕃名"的姓名，如敦煌文献 P.4640v《己未至辛酉年（899～901）归义军衙内布纸破用历》"王钵罗、刘悉列"、北图殷字 41 号《癸未年（923）三月二十八日王殁敦力贷生

1　王尧、陈践译注《敦煌吐蕃文献选》，第 51～52 页。

2　(宋) 王溥：《五代会要》卷三〇《吐蕃》，第 467 页。

3　《新唐书》卷二一六下《吐蕃传下》，第 6101 页。

4　周伟洲：《试论隋唐时期西北民族融合的趋势与特点》，《西北大学学报》1990 年第 3 期，第 114 页。

5　(唐) 司空图：《河湟有感》，(清) 彭定求等编《全唐诗》卷六三三，第 7261 页。

6　Tsuguhito TAKEUCHI, *Old Tibetan Contracts from Central Asia*, Tokyo：Daizo Shuppan, 1995, p.133.

绢契》"王殒敦力"、敦煌文献 S.1285《后唐清泰三年（936）杨忽律甫卖宅舍地基契》"杨忽律甫"、敦煌文献 P.2484《戊辰年（968）十月十八日归义军算会群牧驼马牛羊现行籍》"杨欻律丹"等。至归义军政权时期，很多人曾担任过吐蕃的官吏，如 P.4640《吴僧统碑》载："（吴洪辩）遂使知释门都法律、兼摄副教授十数年矣……迁知释门都教授。"[1]吴洪辩在吐蕃时期担任副教授、都教授，而归义军政权建立后任僧统一职。张议潮的父亲也曾担任吐蕃高级官吏。表明当时敦煌民众已经不再排斥曾任职于吐蕃政权的汉人官吏，心理上已经接受了吐蕃文化。反映在姓名上，则是"汉姓蕃名"。

　　一些学者通过对敦煌文献中所见"汉姓蕃名"之人的研究，提出了不同的看法：有人认为这类人可能是保持汉姓蕃名的汉人；[2]也有的人认为是吐蕃占领敦煌时期的移民；[3]陈于柱根据敦煌文献 P.T.127《人姓归属五音经》研究认为不能简单地断定汉人或吐蕃移民，归义军时期敦煌的吐蕃移民曾经普遍地采用了汉姓，敦煌文献所载"汉姓蕃名"之人，理应包括为数不少的吐蕃人。[4]高田时雄认为仅是采用了汉姓的吐蕃人。[5]

　　从姓名特征来看，主要是借用汉姓，吐蕃借用汉姓主要有郝、任、陈、田、董、申、郭、梁、张、杨、朱、杜、邓、王、彭、卢、阴等，如王姓是敦煌大姓，莫高窟第 427 窟是王氏家窟，可见王氏在敦煌地区的影响力，吐蕃后裔冒姓王借此提高自己社会地位。

　　民族文化交流是双向的，汉姓的选择表明当时吐蕃人和汉人的长期生活交往，在吐蕃文化影响到河陇社会民众在受到吐蕃文化影响的

1　该文书录文、考订可见郑炳林著《敦煌碑铭赞辑释》，第 63～71 页。
2　汤开建、马明达：《对五代宋初河西地区若干民族问题的探讨》，《敦煌学辑刊》第 4 期，第 67～79 页。
3　郑炳林：《晚唐五代敦煌地区的吐蕃居民初探》，《中国藏学》2005 年第 2 期，第 40～45 页。
4　陈于柱：《敦煌文书 P.T.127〈人姓归属五音经〉与归义军时期敦煌吐蕃移民社会研究》，《民族研究》2011 年第 5 期，第 76～84 页。
5　高田时雄：《五姓说在敦煌藏族》，中国敦煌吐鲁番学会编《敦煌吐鲁番学研究论文集》，上海：汉语大辞典出版社，1990，第 756～767 页。

同时，吐蕃民众也受到了来自当地汉文化的影响。如敦煌文献 P.4989
《唐年代未详沙州安善进等户口田地状》载"羌王悉都囗、郭悉殁忠、
梁悉达"吐蕃式的人名，而"羌王悉都囗"带有"羌"字，虽为吐蕃
式姓名，但可以肯定其不是吐蕃人，"郭悉殁忠、梁悉达"亦属于吐蕃
式姓名，但是没有注明其羌人身份，意味着这两人属于吐蕃人或者吐
蕃人后裔，羌人与吐蕃后裔在沙州已经拥有自己的土地，和汉人一样
从事农业生产活动。敦煌文献 ДХ.02971《康愿德等粮食账册》中载
有"仍钵悉鸡、邓宇悉鸡、邓悉子、王都殒"的粮食账册、敦煌文献
S.2214《年代不明纳支黄麻地子历》中"郝殁殁、陈咄咄、郝苟苟、
田悉殁殁"交纳黄麻地子的记载都是吐蕃人从事农业生产的证明。

　　基于民族文化交流的双向性，无论是汉姓吐蕃人还是蕃名汉人，
无不显示了当时吐蕃人和汉人经过长期生活交往，河陇社会民众在受
到吐蕃文化影响的同时，吐蕃民众也受到了来自当地汉文化甚至于其
他文化的影响，正如王建在《凉州行》中言：

> 　　凉州四边沙浩浩，汉家无人开旧道。边头州县尽胡兵，将军
> 别筑防秋城。万里征人皆已没，年年旌节发西京。多来中国收妇
> 女，一半生男为汉语。蕃人旧日不耕犁，相学如今种禾黍。驱羊
> 亦著锦为衣，为惜毡裘防斗时。养蚕缲茧成匹帛，那堪绕帐作旌
> 旗。城头山鸡鸣角角，洛阳家家学胡乐。[1]

"多来中国收妇女，一半生男为汉语"，表明了汉人对吐蕃文化的接
受。尽管有时或许是被动的，而移居凉州的吐蕃人也开始学习农耕文
化，开始使用丝绸制品。胡乐成为汉地普通民众的娱乐方式。

　　当然，也不能排除吐蕃占领敦煌后，由于统治者的提倡，吐蕃
化在河陇地区已成为一种类似唐风的社会流行风尚。吐蕃化是瓜沙
民众尤其是上层人士能够更好地融入吐蕃统治的捷径，从敦煌文献

---

1 （唐）王建：《凉州行》，（清）彭定求等编《全唐诗》卷二九八，第 3374 页。

P.T.1089《吐蕃官员呈请状》中可以看出，"任唐人为官吏者：'派杜悉诺结为唐人都督及吐蕃节儿僚佐'"。这里的"杜悉诺结"为唐人（即汉人）部落都督，由其姓名观之，属于汉姓蕃名，该人或为蕃汉联姻的后裔，或为某种原因更改为蕃名的汉人。无疑，为了拉近与吐蕃统治者的距离，采用蕃名更有利于获得吐蕃统治者的信任。

另外，敦煌文献 P.3753《康汉君状》已经揭橥了吐蕃人与粟特康氏的联姻关系，表明早在吐蕃统治西域之际就和粟特人有了密切往来。[1] 加之粟特人在敦煌地区的影响力，[2] 吐蕃人借用粟特姓氏也合乎情理。如敦煌文献 P.3418v《唐沙州敦煌县诸乡欠枝夫人户名目》中有"米纳悉鸡"，而米姓是粟特姓氏，很可能表明吐蕃人和粟特人通过联姻的方式结合在一起。但也有部分吐蕃人依然保持着吐蕃名字而不带姓氏者，如敦煌文献 P.4640v《己未至辛酉年（899~901）归义军军衙内纸破用历》中"悉兵略、悉歾没藏、他悉禄"，完全是吐蕃名字。有学者指出"悉兵略、悉歾没藏、他悉禄虽为吐蕃式名字，但也被标为'退浑'，可能是吐谷浑被吐蕃灭亡后，沦为其奴部，部分吐谷浑人吐蕃化，取了吐蕃名字；也可能是吐蕃帝国崩溃后，少数吐蕃人与吐谷浑人融为一体，归义军将河西境内的吐蕃人也编入退浑部落。"[3] 假如后一种推断成立，那么归义军政权退浑部落里有相当一部分吐蕃人存在其中。无论是以何种形式的姓名命名，以上事实均证实了吐蕃人与其他民族的融合。

吐蕃占领敦煌前，西域地区蕃汉杂居现象业已出现，新疆出土73 RMF 26 1/2 号简牍载："博玛（蕃人）领受：茹本达萨结之农田一突。"[4] 这里博玛（bod ma）指意为蕃人，即吐蕃人。王尧、陈践推断：以民族作为人名，可能是早期吐蕃人留寓汉区的后裔，这是其他民族

1　王尧、陈践编著《吐蕃简牍综录》，第 28 页。

2　如粟特安氏家族在敦煌影响颇大，曾任归义军副使，五代时期敦煌莫高窟第 129 窟成为安氏家窟。

3　冯培红：《从敦煌文献看归义军时代的吐谷浑人》，《兰州大学学报》2004 年第 1 期，第 24 页。

4　王尧、陈践编著《吐蕃简牍综录》，第 27 页。

对他们的称呼，久之遂成人名；在蕃汉杂处的地区吐蕃人与汉人同样领种土地，承担义务。[1]果若是，则西域被吐蕃占领后，蕃汉杂居生活是一种普遍现象。

白居易在《缚戎人》记载了陷蕃汉人的生活情形：

> 缚戎人，缚戎人，耳穿面破驱入秦。天子矜怜不忍杀，诏徙东南吴与越。黄衣小使录姓名，领出长安乘递行。身被金创面多瘠，扶病徒行日一驿。朝餐饥渴费杯盘，夜卧腥臊污床席。忽逢江水忆交河，垂手齐声鸣咽歌。其中一虏语诸虏，尔苦非多我苦多。同伴行人因借问，欲说喉中气愤愤。自云乡管本凉原，大历年中没落蕃。一落蕃中四十载，遣著皮裘系毛带。唯许正朝服汉仪，敛衣整巾潜泪垂。誓心密定归乡计，不使蕃中妻子知。暗思幸有残筋力，更恐年衰归不得。蕃候严兵鸟不飞，脱身冒死奔逃归。昼伏宵行经大漠，云阴月黑风沙恶。惊藏青冢寒草疏，偷渡黄河夜冰薄。忽闻汉军鼙鼓声，路傍走出再拜迎。游骑不听能汉语，将军遂缚作蕃生。配向东南卑湿地，定无存恤空防备。念此吞声仰诉天，若为辛苦度残年。凉原乡井不得见，胡地妻儿虚弃捐。没蕃被囚思汉土，归汉被劫为蕃虏。早知如此悔归来，两地宁如一处苦。缚戎人，戎人之中我苦辛。自古此冤应未有，汉心汉语吐蕃身。[2]

这位陷蕃汉人长期在蕃地生活，已经基本吐蕃化。他在蕃地娶妻生子，想法逃离蕃地反而被当成蕃人被捉，足以证明受到吐蕃文化影响之深。

晚唐时期，吐蕃酋长尚延心率河、渭二州部族降唐内迁成为唐朝属民，"河、渭二州，土旷人稀，因以饥疫。唐人多内徙三川，吐蕃皆

1　王尧、陈践编著《吐蕃简牍综录》，第 27 页。
2　（唐）白居易：《缚戎人》，（清）彭定求等编《全唐诗》卷四二六，第 4698 页。

远遁于叠宕之西，二千里间，寂无人烟。延心欲入见天子，请尽帅部众分徙内地，为唐百姓，使西边永无扬尘之警，其功亦不愧于张义潮矣"。[1]唐朝封尚延心为河、渭都游弈使，令其统率其部族。至晚唐五代时期河西地区聚集了大量的吐蕃移民，[2]尚延心所率部落内迁，这些内迁吐蕃民众和当地民族融合。开运三年（946）八月丙戌，"灵州冯晖奏，与威州刺史药元福于威州土桥西一百里遇吐蕃七千余人，大破之，斩首千余级"。[3]表明在这一区域继续存在着吐蕃残余势力，可能就是尚延心余部后裔，进而也印证"自仪、渭、原、环、庆、镇戎暨于灵夏皆有之"[4]的记载。

张议潮建立归义军政权之初，对待吐蕃民众的态度模糊而又矛盾，首先表现在对先祖任职于吐蕃政权的避讳。敦煌文献 S.6161+S.3329+S.6973+P.2762+S.11564《敕河西节度兵部尚书张公德政之碑》载：

> （前缺）损盍，河洛沸腾，十……脉并南蕃之化，城……抚纳降和，远通盟□（会），析离材（财）产，自定□田，赐部落之名，占行军之额。由是形遵辫发，体美织皮，左衽束身，垂肱跪膝，祖宗衔怨，含恨百年，未遇高风，申屈无路。[5]

文书中显然透露出张谦逸任职吐蕃，且官职不低的信息。但为何在碑文中没有明确提出出任吐蕃官吏的信息呢？究其原因，这应与当时敦煌地区驱蕃背景相关。敦煌文献 P.2913《张淮深墓志铭并序》载"祖曰谦逸，工部尚书"，对张谦逸任职吐蕃只字不提，仅使用了唐朝对张谦逸所赠官职，隐含着对在吐蕃中任职的忌讳，不希望在敦煌民众中落下"贰臣"的骂名。而在莫高窟 156 窟《河西节度使检校司空兼

---

1 《资治通鉴》卷二四九"大中十一年（857）十月己巳"条，第 8065 页。
2 郑炳林：《晚唐五代河西地区居民结构研究》，《兰州大学学报》2006 年第 2 期，第 9～21 页。
3 《旧五代史》卷八四《少帝纪》，第 1117 页。
4 《宋史》卷四九二《吐蕃传》，第 14151 页。
5 荣新江：《敦煌写本〈敕河西节度兵部尚书张公德政之碑〉校考》，《周一良八十生日纪念论文集》，第 206～216 页。

御史大夫张议潮统军□除吐蕃收复河西一道行图》中，在队伍的前端出现吐蕃装束的舞伎，又表明了归义军统治者对吐蕃民众的包容。敦煌文献中所载大量汉姓蕃名或者完全蕃名之人至少有相当部分为吐蕃人或者吐蕃后裔，他们并没有因为吐蕃统治的崩溃而受到歧视，完全融入瓜沙社会生活中。敦煌文献 S.389《肃州防戍都状》：“索仁安今月六日往向东，随从将廿人，称于回鹘王充使，将赤辖马一匹、白鹰一联，上与回鹘王。二乃有妹一人，先嫁与凉州的田特啰禄，其妹夫身死，取前件妹兼取肃州旧人户十家五家。”[1]“田特啰禄”，从姓名上看是汉姓加胡人的名，而其处于凉州，凉州一直是吐蕃或者嗢末活动的集中区域，嗢末属于吐蕃奴部，因此田特啰禄可能属于吐蕃系统。而索仁安之妹嫁凉州田特啰禄为妻，反映了敦煌大族索氏和凉州吐蕃系联姻的事实，以争取凉州吐蕃系对其家族的支持，也反映出敦煌民族间的通婚融合。

敦煌文献 P.3418v《唐沙州诸乡欠枝夫人人户名目》提到叫米纳悉鸡的民户。米姓是粟特人的姓氏，这也能说明吐蕃人与粟特人的婚姻关系。敦煌文献 P.3753《敦煌乡百姓康汉君状》载：

> 敦煌乡百姓康汉君状。右汉君阿耶亡后，阿娘不知共谁相逢，生一儿子，男女无别，养成七岁，名悉殁都，被回鹘打将，更得十年，却走到沙州，然昨去再合户时，便入人户，亲生无别，役次行人，依例无阙。今年廿有三，今被吐谷浑部落争论，定裁土浑。况前都不知闻，依理有屈，伏望大夫仁恩详察无辜，要人料役，汉蕃吐浑总管□□役次是一，乞赐文凭，免矜搅扰，请处分。[2]

康氏与吐谷浑部落争夺阿娘所生儿子“悉殁都”所属权，而“悉

---

1 郝春文编著《英藏敦煌社会历史文献释录》第 2 卷，第 250～251 页。图版参见中国社会科学院历史研究所等编《英藏敦煌文献（汉文佛经以外部分）》第 1 卷，第 179 页。

2 上海古籍出版社、法国国家图书馆编《法国国家图书馆藏敦煌西域文献》第 27 册，上海：上海古籍出版社，2002，第 249 页。

矵都"源于"阿娘不知共谁相逢，生一儿子"，意味着"悉矵都"生
父来自康氏族人或者吐谷浑人。"康"姓来自昭武九姓粟特人，双方
对人口的争夺，表明了吐蕃人与粟特、吐谷浑的婚姻关系及其融合。
其名字显示出吐蕃人名的特征，而吐谷浑部族出面争夺"悉矵都"的
所属权，说明了吐谷浑部落里存在着吐蕃人的事实。前揭莫高窟第 14
窟供养人题记的中心龛柱下供养人姓名"阿敦悉力"是典型的吐蕃式
的名字，也反映出吐蕃与胡人的联姻现象。

　　移居河陇的吐蕃民众和当地人杂居相处，甚至彼此联姻，作为
日常使用的藏语深深地影响着这些地区的民众。[1] 敦煌文献 Or.8210/
S.5212v《汉藏短语手册》、敦煌文献 P.T.1263《藏汉单词列表》乃至
敦煌文献 P.3419 用藏文注写汉籍的"注音本"——《千字文》均可表
明当时民众对藏文的热衷或者藏语在社会生活中使用的广泛程度。兹
以敦煌文献 P.2762v《吐蕃文汉文对译词汇》[2] 为例说明河陇语言词语
结构的新变化。该文书中所载词汇包括：

　　　　南、北、东、西、河西一路、马、骆驼、牛、马、正月、二
　　月、三月、四月、五月、六月、七月、八月、九月、十月、十一
　　月、十二月、汉、特蕃、胡、退浑、回鹘、汉天子、回鹘王、土
　　蕃天子、退浑王、龙王、龙、狮子、大虫、牦牛、蛇、猪、狼、
　　野马、鹿、黄羊、野狐、□子一个打得。[3]

从这份对译词汇中，可以看出汉藏文化交流的痕迹，汉地所使用十二
月份用藏文表示，显然在当时河陇地区吐蕃民众已经接受了汉地纪月

1　G. Uray, "L'Emploi du Tibétain dans les Chancelleries des États du Kansou et de Khotan Postérieurs à
　la Domination Tibétaine," *Journal Asiatique*, Vol.269, No.1/2, 1981, pp.81-90.

2　有诗歌与该文书连抄在一起，其中有题记"龙纪二年二月十九"，郑炳林认为是 890 年，参郑炳林
　《晚唐五代敦煌地区的吐蕃移民初探》,《中国藏学》2005 年第 2 期，第 40～45 页注释①；又载郑
　炳林主编《敦煌归义军史专题研究三编》，兰州：甘肃文化出版社，2005，第 632 页注释 [1]。

3　上海古籍出版社、法国国家图书馆编《法国国家图书馆藏敦煌西域文献》第 18 册，上海：上海
　古籍出版社，2001，第 121 页。汉字对应的藏文省略不录。

的方式。"龙王、龙"的出现首先与敦煌地区的龙王信仰密切相关。[1]
敦煌文献 P.2237v《愿斋文》载:"愿龙王欢喜,风雨顺时;百谷孰
(熟)成,万性(姓)安乐。"表达了敦煌民众对龙王的崇拜,希望保
佑敦煌地区风调雨顺、五谷丰登、百姓富足安乐的美好愿望。其次,
与佛教密切相关。敦煌文献 P.3781《受戒方等道场祈光文》载:"时则
有我河西节度使曹公,奉法王所制,大阐真风;受正觉玄文,再降释
众。使天龙保护,社稷永泰而恒昌;八部加威,佛日重光而转盛之所
作也。"莫高窟内绘制了众多的"龙王礼佛图",如第 121 窟前室西壁
门的南北披各绘制四龙王礼佛图一铺,将龙王和佛教紧密地联系在一
起。实际上宗教背后隐藏着政治方面的信息,中原皇帝往往以真龙天
子自诩,如杜甫在《惜别行送刘仆射判官》中言"龙媒真种在帝都";[2]
P.4536《愿文》载:"一转,龙王之位自生;再转,福超尘界。"该愿
文是回鹘天公主(图 5-5)为曹议金及自己祈福的愿文,"龙王之位自
生"自然和曹议金是敦煌地区实际最高统治者的观念相关。将其比为
龙王,即等同于所谓归义军割据政权的皇帝,也透露出中央政权对归
义军政权控制力的削弱。"大虫"是典型的吐蕃社会生活中使用词汇,
而大虫皮制度是吐蕃社会的一种制度、一种文化习俗。[3]向达根据莫高
窟第 144 窟供养人题记"瓜州都督仓曹参军金银间告身大虫皮康公"
推测南诏的金银告身大虫皮制度为阁罗凤附蕃后从吐蕃习得。[4]《南诏
德化碑》中多处记载了"大虫皮衣",[5]同样吐蕃占领瓜沙后自然会将该
制度带到河陇地区。莫高窟 231 窟"吐蕃赞普出行图"中赞普身后站
立一位身着虎皮上衣的侍卫,大虫一词的出现即可证明随着吐蕃占领

1 党燕妮:《晚唐五代敦煌地区的海龙王信仰》,收入郑炳林主编《敦煌归义军史专题研究三编》,
  兰州:甘肃文化出版社,2005,第 271 ~ 291 页。
2 (唐)杜甫:《惜别行送刘仆射判官》,(清)彭定求等编《全唐诗》卷二三四,第 2582 页。
3 陆离:《大虫皮考——兼论吐蕃南诏虎崇拜及其影响》,《敦煌研究》2004 年第 1 期,第
  35 ~ 41、109 页。
4 向达:《南诏史略论》,载氏著《唐代长安与西域文明》,第 179 页。
5 (唐)樊绰著,赵吕甫校释《云南志校释》,北京:中国社会科学出版社,1985,第
  258 ~ 280 页。

图 5-5　莫高窟第 61 窟回鹘天公主供养像（敦煌研究院供图）

敦煌后大虫皮制度随即影响至该地区，并在吐蕃统治退出瓜沙后，河
陇民众依然使用着"大虫"一词来表达对作战英勇将士的奖励（或代
称）。这与当时河陇地区战争不断密切相连。至五代时期，西北一些
吐蕃部族还以"大虫"作为族号，"康福行至方渠，羌胡出兵邀福，福
击走之；至青刚峡，遇吐蕃野利、大虫二族数千帐，皆不觉唐兵至，
福遣卫审舍掩击，大破之，杀获殆尽"。[1]吐蕃民众对勇士的尊崇之情
溢于言表。另，前文提到吐蕃将补为小吏的华人称为"舍人"，[2]该称号
来自汉地，说明吐蕃对于汉人私属官吏沿袭了汉地以往的称谓。

　　是故，周伟洲在总结隋唐时期西北民族融合的总趋势时言："即这
一时期西北诸族的融合主要存在着汉化、吐蕃化和回鹘化三大趋势，

---

[1]《资治通鉴》卷二七六"天成四年（929）十一月"条，第 9035 页。

[2]《汉书》卷一《高帝纪》："其舍人陈恢曰：'死未晚也。'"颜师古注："舍人，亲近左右之通称也，
后遂以为私属官号。"第 19、21 页。

汉化系主流，吐蕃化次之，回鹘化仅发其端。从唐代开始的西北民族三大融合趋势，对此后西北民族关系影响甚巨，意义十分深远，可以说它奠定了现今中国西北民族分布大的格局。"[1]明晰指出了西北社会民族格局及其构成，而吐蕃进入河陇地区更是进一步推动了西北民族融合。"吐蕃化"更是成了晚唐五代时期河陇乃至西北民族关系的显著特征之一。这里不能将吐蕃移民对河陇社会文化变迁的影响孤立地对待，这是西北各民族相互交融的结果。从某种意义上说，吐蕃统治退出后，各民族间交流更加频繁密切。正是因为缺乏强有力政治势力的控制，各民族势力纷纷登上河陇政治舞台，进一步推动了社会文化的变迁。

第八节　吐蕃统治结束后古藏文在河西回鹘中的行用

　　9世纪中叶回鹘西迁时，河西走廊正处于吐蕃统治之下。《新五代史》载："回鹘……余众西徙，役属吐蕃。是时吐蕃已陷河西、陇右，乃以回鹘散处之。"[2]吐蕃统治河西达半个多世纪之久，吐蕃语言文字成为河西地区通用的文字之一。848年，张议潮发动起义，吐蕃在沙州的统治被推翻，接着，吐蕃相继失去了河西其他地区的统治。有意思的是，在吐蕃结束后相当长的一段时间内，吐蕃语言文字却在河西地区继续流行，充任当时这一地区外交和贸易关系的工具。[3]

　　敦煌发现的古藏文写卷约达上万件，其中至少有三件是由回鹘人写成的，其中二件即出自甘州回鹘的王室，一件出自甘州回鹘所属的地方官府——肃州。

　　出自甘州回鹘王室者是两件吐蕃文诏书，其一为 P.T.1188《天

1　周伟洲：《试论隋唐时期西北民族融合的趋势与特点》，《西北大学学报》1990年第3期，第115页。
2　《新五代史》卷七四《回鹘传》第916页。
3　G. Uray, "L'emploi du tibètain dans les chancelleries des États du Kan-sou et de Khotan postérieurs à la domination tibètaine," *Journal Asiatitique* 269, 1981, pp.81-90.

福七年登里可汗诏书》，有文字 21 行，其上盖印。字迹相当紊乱，但从中仍可看出它是回鹘登里可汗于天福（原卷作 Then-phug）七年（942）[1] 阴金兔年（辛卯）春季正月十五日所颁授予悉董那旺论军功告身的诏令。[2] 登里即回鹘文 Tängri 之音译，为"天"之意。"天可汗""天王""天大王"常见于于阗王与回鹘可汗的称号之中。因从未发现于阗王以回鹘自称的先例，再考虑到高昌回鹘初期与吐蕃的长期敌对关系等因素，笔者认为，这里的登里可汗应为甘州回鹘的可汗。结合甘州回鹘可汗的世系，可以考虑此人应是仁裕（？～960）。[3] 悉董那原为吐蕃的千夫长，以其先人之功业，而被授予伊难支于迦之职。伊难支，回鹘文作 Inanč，常见于回鹘人名、官号之中；于迦（吐蕃文写作 vuga），借自回鹘文的 Ügä，是典型的回鹘官号。[4]

其二为 P.T.1082《登里可汗诏书》，系甘州回鹘登里可汗颁给野（猫川）切巴坡属民之藏文诏书，共 40 行，卷面多处残损。全文分为六段，内容大意是先向野切巴坡之属民致意，随后叙说社稷大事，并记有回鹘使者下凉州以及有关唐王与京师长安的消息。[5] 遗憾的是，由于文卷残损过甚，文意难以贯通。值得注意的是，其中有用藏文书写的 bka'，相当于汉文的"敕"字。[6] 该文献应为 10 世纪之物。[7]

1　此天福七年，据乌瑞考证，应为天福八年，这样才能与文中所记干支相合。参见〔匈〕乌瑞：《藏人使用汉族六十甲子纪年法的早期证例》，熊文彬译，《国外藏学研究译文集》第 5 辑，拉萨：西藏人民出版社，1989，第 97 页。

2　王尧、陈践编著《敦煌吐蕃文书论文集》，第 179～185 页；G. Uray, "New Contributions to Tibetan Documents from the post-Tibetan Tun-huang," *Tibetan Studies*, Müchen 1988, pp.515-528.

3　关于五代时期甘州回鹘可汗的世系，请参见孙修身《五代时期甘州回鹘可汗世系考》，《敦煌研究》1990 年第 3 期，第 40 页。

4　王尧、陈践编著《敦煌吐蕃文书论文集》，第 179～185 页。

5　G. Uray, "L'emploi du tibètain dans les chancelleries des États du Kan-sou et de Khotan postérieurs à la domination tibètaine," *Journal Asiatique* 269, 1981, p.82；王尧、陈践译注《敦煌吐蕃文献选》，第 50～51 页。

6　武内紹人「敦煌トルキスタン出土チベット語手紙文書の研究序說『チベットの仏教と社會』，東京：春秋社，1986，第 589-590 頁。

7　Tsuguhito TAKEUCHI, "Sociolinguistic Implications of the Use of Tibetan in East Turkestan from the End of Tibetan Domination through the Tangut Period (9th–12th c.)," *Turfan Revisited-The First Century of Research into the Arts and Cultures of the Silk Road,* Berlin: Dietrich Reimer Verlag, 2004, p.346, note 23.

出自甘州回鹘地方官府的文献是《肃州司徒致天大王书》（编号
P.T.1189），计 28 行，首尾完整，字迹清晰整齐，系肃州司徒给大
王的报告，称有贼入肃州骚乱，已捉得二人，请求发落，同时派张
安札腊等前往致礼。[1] 反映了沙州归义军政权与甘州回鹘所属肃州的
关系。

那么，甘州回鹘何以用藏文撰写自己的诏书呢？这大概与吐蕃长
期统治河西走廊地区，吐蕃文遂成为当地诸民族间外交与贸易关系中
的语言工具之一有关。

敦煌发现的用吐蕃文撰写的回鹘语文献更是进一步明确地反映
了藏文对回鹘的影响，这类文献现知的有三件，其中以《佛教教理
问答》（图 5-6）保存最为完好。该文献原卷现藏巴黎法国国立图书
馆，编号为 P.chinois 5542/P.tibetain 1292，系伯希和于莫高窟藏经洞所
发现，共存 44 行。首尾为三归依文句，中间用问答形式阐述"四生"
（dyor dod mag）、"五道"（bēš yol）、"十戒"（on chig šra bud）、"六波
罗蜜"（al ti pa ra mid）及"三毒"（贪、欲、嗔）等佛教基本教义。[2]
回鹘语佛教经典不用回鹘文字母书写，而书之以藏文字母，从一个侧
面反映了藏传佛教对回鹘影响之深。

元朝时期，藏传佛教盛行，在回鹘中亦有所传播，促进了回鹘
僧徒学习藏语、藏文的热情。从历史记载看，回鹘人中兼通回鹘语
文、藏语文者似乎不在少数。[3] 瓜州榆林窟第 25 窟有哈密回鹘人新村
巴（Yangï Tsunpa）题记，先以回鹘语文书写，再书以藏语文。[4] 回鹘
中似乎也有不少人精通八思巴文，如敦煌莫高窟第 217 窟有回鹘人布

1 G. Uray, "L'emploi du tibètain dans les chancelleries des États du Kan-sou et de Khotan postérieurs à la
   domination tibètaine, " *Journal Asiatitique* 269, 1981, pp.83–84；王尧、陈践编著《敦煌吐蕃文书论
   文集》，第 192 ~ 193 页。

2 森安孝夫「チベット文字ご書かおたウイグル文佛教教理問答（P. t. 1292）の研究」『大阪
   大学文学部紀要』第 XXV 卷，1985，第 1—85 页；D.Maue - K.Röhrborn, "Ein Buddhistischer
   Katachismus' in alttürkischer sprache und tibetischar Schrift（I–II），" *Zeitschrift der Deutschen
   Morgenlandischen Gesellschaft* 134-2, 1984, S.286-313；135-1, 1985, S.69-91.

3 杨富学：《回鹘文献与回鹘文化》，北京：民族出版社，2003，第 418 ~ 423 页。

4 〔法〕哈密顿、杨富学、牛汝极：《榆林窟回鹘文题记译释》，《敦煌研究》1998 年第 2 期，第 50 页。

图 5-6　敦煌出土吐蕃文回鹘语《佛教教理问答》

资料来源：森安孝夫「チベット文字ご書かおたウイグル文佛教教理問答（P. t. 1292）の研究」。

颜海牙（Buyan Qaya）的题记，先用回鹘文字母书写，再书以八思巴文字。[1]

1　G. Kara, "Petites inscriptions ouigoures de Touen‐houang," *Hungaro‐Turcica. Studies in Honour of Julius Németh*, Budapest 1976, pp. 55~59; 杜斗城、杨富学：《河西回鹘之佛教》，《世界宗教研究》1997 年第 3 期，第 42~43 页。

第六章　粟特与敦煌

　　归义军统治时期，其统辖的民族众多，如汉、吐蕃、回鹘、退浑、通颊、粟特、达怛、龙家、南山等。作为归义军政权政治与对外文化交流的中心——晚唐五代的敦煌地区在居民结构上呈现出与其他地区不同的特点，少数民族居民比例越来越高，具有粟特特征的居民仍然存在，同时吐蕃、龙家等民族居民也大量涌入敦煌地区，使归义军时期敦煌地区少数民族居民无论是成分还是数量都剧增，改变了唐代敦煌地区的居民结构状况。[1] 针对少数民族成分复杂的这一现实，归义军政权采用了两种不同管理办法：凡吐蕃统治以前已开始汉化的

1　郑炳林：《晚唐五代河西地区的居民结构研究》，《兰州大学学报》2006年第 2 期，第 9 页。

西域各少数民族，如粟特、龙家，大多编入乡里，与汉人百姓同居。对于吐蕃化较深的退浑和通颊人则部分继承吐蕃旧制，仍采用部落的形式统治。[1]

第一节 敦煌粟特人的渊源

丝绸之路的开拓和畅通，使善于经商的粟特人在其沿线建立聚集点，人多势众后，粟特人开始参与当地社会管理事务。粟特人对西域各地的社会经济发展、文化艺术创作、宗教信仰的交流和沟通等方面都发挥了特殊的作用，为西域多元文化的形成与发展做出了积极的贡献。[2]粟特人在特殊的地域和文明环境中形成了非凡的应变才智，不但延续其独立的王统，还成为中古时代控制陆上丝绸之路的独特的商业民族。[3]

一 九世纪前粟特人的历史活动

粟特（Sugda，Soγd），汉文译作粟弋、属繇、苏薤、粟特等，为中世纪中亚讲伊兰语的粟特人居住地区的名称。"粟特"一词，一说来自共同伊朗语的词根，意为"闪耀""燃烧"；一说在塔吉克－波斯语词汇中意为"聚水洼地"。粟特人主要居住于阿姆河与锡尔河之间的泽拉夫善河（唐代文献作"那密水"）流域。泽拉夫善河东西长约 650 公里，沿有许多绿洲和灌溉渠道，土地肥沃，物产丰富，尤以出产瓜果及葡萄酒著称。自公元 5 世纪以来，这里相继出现了玛拉干达、阿弗拉西阿卜、瓦拉赫沙、阿滥谧等城镇，其中前两者

---

1 荣新江:《归义军及其与周边民族的关系初探》,《敦煌学辑刊》1986 年第 2 期，第 27 页。

2 侯世新:《西域粟特胡人的社会生活与文化风尚》,《西域研究》2010 年第 2 期，第 12 页。

3 荣新江:《从撒马尔干到长安——中古时期粟特人的迁徙与入居》，北京：中华书局，2005，第 3 页。

形成康国（即萨末鞬、飒秣建，今乌兹别克斯坦撒马尔罕），后两者形成安国（忸蜜、副货、布豁、捕喝，今乌兹别克斯坦布哈拉）。6～8世纪初是粟特地区经济与文化最发达的时期，除为首的康国、安国之外，还有石国、米国、史国、何国、曹国等。据说，这些城邦居民始居祁连山北昭武城（图6-1），被匈奴击破，西逾葱岭，到达粟特地区，枝庶皆以昭武为姓，示不忘本，史称"昭武九姓"。《新唐书》在以上七国之外加火寻、戊地而统称之为昭武九姓国。据《北史》《隋书》所记，王姓昭武者还有小安国、那色波、乌那曷、穆国、钹汗等。至于昭武的确切意义，学界至今还没有令人满意的解释。

图6-1　临泽县昭武村——传说中的昭武九姓故地（杨富学拍摄）

在3至8世纪之间，也就是大体上相当于中国的汉唐之间，由于商业利益的驱使，以及粟特地区的动乱和战争等原因，粟特人沿陆上丝绸之路大批东行，经商贸易，有许多人就此移居西域、河西走廊甚至中原地区。当然，河西走廊地区仍然是很重要的据点，

"时西域诸蕃，多至张掖，与中国交市"。[1]

从十六国到北朝时期，这样的胡人聚落在塔里木盆地、河西走廊、中原北方、蒙古高原等地区都有存在，散布十分广泛。粟特人东迁路线一般为：从西域北道的据史德（今新疆巴楚东）、龟兹（今新疆库车）、焉耆、高昌（今新疆吐鲁番）、伊州（今新疆哈密）；或是从南道的于阗（今新疆和田）、且末、石城镇（今新疆鄯善），进入河西走廊，经敦煌、酒泉、张掖、武威，再东南经原州（今甘肃固原），入长安（今陕西西安）、洛阳；或东北向灵州（今宁夏灵武西南）、并州（今山西太原）、云州（今山西大同东）乃至幽州（今北京）、营州（今辽宁朝阳），或者从洛阳经卫州（今河南汲县）、相州（今河南安阳）、魏州（今河北大名北）、邢州（今河北邢台）、定州（今河北定县）、幽州（今北京）可以到营州。在这条道路上的各个主要城镇，几乎都留下了粟特人的足迹，有的甚至形成了聚落。[2]

北朝、隋朝同后来的唐帝国一样，为了控制这些胡人聚落，把萨保纳入中国传统的官僚体制当中，以萨保为一级职官，专门授予胡人首领，并设立萨保府，其中设有萨宝府祆正、萨宝府祆祝、萨宝府长史、萨宝府果毅、萨宝府率、萨宝府史等官吏，来控制胡人聚落，管理聚落行政和宗教事务。从史籍和墓志辑录的材料来看，从北魏开始，中原王朝就在都城洛阳设京师萨保，而在各地设州一级的萨保。文献中有雍州、凉州、甘州等地萨保的称号。以后西魏、北周、东魏、北齐都继承了此制度。墓志材料还有凉州、酒泉、同州、并州、代州、介州等州一级的萨保，如新发现的史君墓主人是凉州萨保，还有中央政府派出的检校萨保府的官员，即虞弘。隋代有雍州（京师）萨保和诸州萨保。唐朝建立后，把正式州县中的胡人聚落改作乡里，如西州的胡人聚落设为崇化乡安乐里，敦煌则以粟特聚落建立从

1 《隋书》卷六七《裴矩传》，第 1578 页。
2 荣新江：《北朝隋唐粟特人之迁徙及其聚落》，袁行霈主编《国学研究》第 6 卷，北京：北京大学出版社，1999，第 27 ~ 85 页。

化乡。

隋末，粟特人在河西地区已经很有势力了。李轨于大业十三年（617）在凉州举兵谋叛时，就有粟特人安修仁为之谋，并在李轨政权中出任户部尚书。安氏"家在凉州，奕世豪望，为民夷所附"。[1] 又据《元和姓纂》卷四"安氏条"可知，姑臧安氏，出自安国，汉代就曾遣子朝国，后魏安难陀之孙盘沙罗，开始扎根凉州，为萨保。李轨的谋臣、礼部尚书梁硕就是因为"见诸胡种落繁盛，乃阴劝［李］轨宜加防察，与其户部尚书安修仁由是有隙"，[2] 才被安修仁诬陷杀害的。

中古时期大批入华的粟特人并非都居住在以粟特人为主的胡人聚落里，他们有的进入漠北突厥汗国，有的入仕北魏、北齐、北周、隋、唐不同时代的各级军政机构，其中尤以从军者居多。固原南郊发现的两个史姓墓地的家族成员，基本上就是以军功彰显于世的。史射勿从北周保定四年（564）就跟从宇文护东讨北齐，之后屡立战功。隋开皇二年（582），从上开府、岐章公李轨出凉州，与突厥战于城北。三年，随上开府姚辩北征。十年正月，从驾辇并州。十四年，转帅都督。十七年，迁大都督。十九年，又随越国公杨素横穿大漠歼敌，即蒙授开府仪同三司，以旌殊绩。同年十一月，敕授骠骑将军。二十年，又从齐王入碛。仅此一例，即可看出粟特人随中原王朝将领南征北战的艰难历程。史射勿的子孙辈后来任唐朝监牧官，管理马匹，有的任中书省译语人，虽然都体现了粟特人见长的技能，但他们都已经脱离粟特聚落的主体，逐渐融合到中原汉文化之中。

唐朝前期，由于国势强盛，社会稳定，民族政策宽容，吸引了许多周边部族从化内附。加之，中西方交通大开，丝路贸易繁盛，大批粟特人遂开始涌入中国西域、河西，以至中原内地。他们或往返于中西之地经商、游历、传教，或沿丝绸之路定居、繁衍生息。据《资治通鉴》《册府元龟》《新唐书》等传统史料以及唐代碑刻资料之记载，

---

1 《资治通鉴》卷一八七"武德二年（619）五月"条，第5855页。
2 《旧唐书》卷五五《李轨传》，第2249页。

初唐、盛唐时期有不少粟特酋领率领部众归附，被唐朝统治者授予官职，如安兴贵、安修仁、康苏密、何潘仁等。[1] 粟特诸国使节频繁入贡唐朝，据统计，自武德七年（624）至大历七年（772）计150年间，其入贡达98次，尤其是开元五年（717）到天宝十四年（755）不到四十年时间中，共入贡60次。[2] 同时，还有大量粟特人落居分别以吐鲁番、敦煌为中心的西域及河西一带，在其地形成粟特聚落，其后又不断向东扩散。唐代，集聚于安西、北庭、吐鲁番诸地的粟特商人，其活动不再局限于西北边地，唐朝政府对粟特商人前往京城从事贸易活动的政策，旨在吸引粟特商人进入中原，以促进中原和西域之间物质文化的交流。[3] 另外，敦煌吐鲁番文书中保存有大量粟特人从事农耕与手工业的资料，他们在西州拥有桑园、葡萄园，或者成为寺户，粟特人中有铜匠、皮匠，一些粟特人还当上了手工业团体的首领，称作"团头"。在地方行政机构中，也有粟特人担任驿长、令史等职。内地也有许多粟特工匠。一些粟特人沦为城市贫民，一些则加入军队。粟特人过去多聚族而居，8世纪中期以后，长安、固原、获鹿等地的聚居点继续存在，但更重要的倾向则是与汉族及其他少数民族杂居，并逐步融合。[4]

二　粟特与突厥、回鹘、吐蕃等民族政权的关系

隋唐时期，突厥、回鹘、吐蕃等民族相继崛起，先后建立政权，与中原王朝争夺西域，甚至时常处上风，粟特人也辗转依附于上述

---

1 《资治通鉴》卷一八七、卷一九三，第5855、6079页；《新唐书》卷二一七下，第6144页；（宋）王钦若等编纂《册府元龟》卷三四五《将帅部·佐命六》、卷四二五《将帅部·死事二》，第4090、5061页。

2 蔡鸿生：《唐代九姓胡贡品分析》，《文史》第31辑，北京：中华书局，1988，第99~104页（统计分别为94次、56次），此后程越又补入四次，见程越《入华粟特人在唐代的商业与政治活动》，《西北民族研究》1994年第1期，第59页注1。

3 〔日〕荒川正晴：《唐帝国和粟特人的交易活动》，陈海涛译，《敦煌研究》2002年第3期，第90页。

4 程越：《入华粟特人在唐代的商业与政治活动》，《西北民族研究》1994年第1期，第61页。

政权。

6世纪中期，突厥崛起于漠北，经略四方，于蒙古高原至高加索间建立了庞大的突厥帝国。558年，突厥木杆可汗再破嚈哒，原本附属于嚈哒的粟特人也转臣于突厥之下。直到7世纪中期，突厥汗国长期控制粟特诸国，[1] 8世纪前期突厥部族还和那里有着密切的政治联系。[2]突厥授粟特诸国王为颉利发，并遣使监督征税。然而，粟特地区虽处于突厥人的控制之下，但仍保持着其实际的统治权。正如史书所载，康国"名为强国而西域诸国多归之"。[3]相反，粟特人还参与到了突厥汗国的政治、外交、经济生活等多方面，如568年之前，突厥汗室点密派遣以粟特人为首的使团前往波斯，要求在波斯境内进行丝织品交易；568年初，突厥室点密可汗派遣突厥与粟特的联合使团出使罗马，双方结成同盟。同年八月，拜占庭使臣回访突厥，此后双方使者往来不断。[4]唐太祖李渊于太原起兵之时，即遣使往突厥寻求相助，后，突厥派遣粟特人康氏前去联络。贞观年间，唐朝向突厥说降、通报消息等事亦常以粟特人为使前往。此外，粟特与突厥还建立了通婚关系，如："（康国）王字代失毕，为人宽厚，甚得众心其妻突厥达度（达头）可汗（576～603年在位）女也。"[5]

粟特与继突厥而兴的漠北汗国亦有密切的交往与联系。744年，回鹘首领骨力裴罗在攻杀东突厥乌苏可汗之后，自立为骨咄禄毗伽阙可汗，从而建立起了强大的漠北回鹘汗国。原本臣属于突厥人的粟特人转而投归漠北回鹘。同时，由于阿拉伯人对中亚诸地的进一步征服与扩张，粟特领地丧失，其民被迫流散四处，其中即有大批中亚粟特

---

1 〔苏〕С.Г.克里亚什托尔内：《古代突厥鲁尼文碑铭》第三章"粟特人与突厥"，李佩娟译，哈尔滨：黑龙江教育出版社，1991，第86～153页。

2 马小鹤：《七一二年的粟特》，《新疆大学学报》（哲学·人文社会科学版）1986年第1期，第72～81页。

3 《隋书》卷八三《西域传》，第1848页。

4 Éd. Chavannes, Documents sur les Tou-Kiue Turcs Occidentaux, Paris, 1903, pp. 209-210;〔法〕沙畹：《西突厥史料》，冯承钧译，北京：商务印书馆，1958，第209～210页。

5 《隋书》卷八三《西域传》，第1848页。

人向东迁移，徙居漠北。随着擅于经商的大量粟特人涌入漠北、西域、河西之地，沟通欧亚的草原丝绸之路商业贸易更趋繁盛。吾人固知，回鹘初兴，乃是逐水草而居的游牧民族，不擅经商理财。8 世纪中叶，回鹘代突厥而兴，成为草原霸主。加之，动摇唐朝根基的"安史之乱"爆发后，中原丧乱，吐蕃贵族乘机占领了河西、陇右地区，绿洲丝路被彻底阻断，回鹘控制下的草原丝路即成了维系中西交通及贸易的最基本通道。为了掌控丝路贸易，攫取商业利益，历代回鹘统治者皆对善于经商的粟特人重视有加。粟特人在推动丝路贸易繁荣、促进回鹘社会经济发展方面发挥了重要作用。同时，回鹘人也以粟特人为师，逐步成长为继粟特人之后又一世界性的商业民族。在与中原唐王朝进行的大规模的绢马贸易中，粟特人与回鹘人参与其中，堪称最活跃最重要的贸易能手，将大量丝绢源源不断地运往西方。

　　"安史之乱"后，吐蕃趁机占领河西、陇右之地，对其地进行了长达六十余年的控制。关于这一时期敦煌粟特人的状况，池田温认为粟特人作为一个聚落"在八世纪末吐蕃占据敦煌时就基本消亡了，其中有势力的人有的归还了本国，有的散入回鹘势力圈内或其他地方，剩一的一些粟特人后裔则依附于汉人的寺院"，成为寺户，"在后来的文书当中再未能见到有关粟特人活动的记录"。[1] 然而，随着敦煌文献研究的不断深入，以及新文书的陆续刊布，其中即有不少关于吐蕃占领时期敦煌粟特人的珍贵资料，进而为吐蕃统治下的敦煌粟特人研究提供了珍贵资料。郑炳林、王尚达两位先生通过对相关文献的深入挖掘，指出在吐蕃统治时期，敦煌仍然居住着大量的粟特裔民，并以敦煌的安城为中心散布于诸部落，其从事着商业、手工业、农业和畜牧业经济。敦煌佛教教团中有许多粟特名僧，一度控制了教团的最高僧职——都统，担任了法律、教授、判官等各级僧官，主持讲坛讲经说法。在吐蕃瓜州节度使衙和敦煌地方政权中，担任参军、都督、部

────────────

1　池田温「8 世紀中葉における敦煌のソグド人聚落」『ユーラシア文化研究』1，1965，第 89 頁；
　　〔日〕池田温：《八世纪中叶敦煌的粟特人聚落》，辛德勇译，《唐研究论文选集》，第 51 页。

落使等各级要职，与敦煌汉族大姓通婚，势力足以与索、张等大姓匹敌。[1]

第二节　粟特人在敦煌地区的聚落分布

在长期的历史发展中，粟特人与敦煌产生了密切的联系。粟特人最初居住于河西境内的昭武城，汉时因受匈奴打击，被迫西迁，徙居中亚，建立起了以康国为中心的昭武九姓城邦联合体。汉唐之际粟特人不断来华，而敦煌地处河西走廊西端，扼控丝路咽喉，为东西交流的重要孔道，亦是粟特人入华的必经之地。因而敦煌地区保存了大量唐五代宋初敦煌粟特人的历史活动足迹。

一　敦煌粟特聚落的形成与发展

早在 1965 年，池田温即已指出敦煌粟特聚落出现的时间大致发生在唐初，其时间上限最早是在隋代，下限最晚是在 7 世纪中叶；其聚落是以安城祆祠为中心的从化乡。[2] 亨宁（W. B. Henning）借助斯坦因（A.Stein）所获粟特语古信札，认为 4 世纪敦煌地区居住的粟特人已有千人之多。[3] 而唐代景龙元年（707）则更有大规模的粟特人入居敦煌，敦煌地方政府甚至划出专门的区域，即城东安城一带的从化乡，安置粟特民众，进而形成了粟特人的专门聚落。[4] 然而就从化乡的形成原因及时间，陈国灿则提出了不同的看法。他认为当时敦煌只有

1　郑炳林、王尚达：《吐蕃统治下的敦煌粟特人》，《中国藏学》1996 年第 4 期，第 43 ~ 53 页。

2　池田温「8 世紀中叶における敦煌のソグド人聚落」『ユーラシア文化研究』1，1965，第 77-78 頁；〔日〕池田温：《八世纪中叶敦煌的粟特人聚落》，辛德勇译，《唐研究论文选集》，第 38 ~ 40 页。

3　W. B. Henning, "The Date of the Sogdian Ancient Letters," *Bulletin of the School of Oriental and African Studies* Vol. Ⅶ，1948，pp.601-615.

4　陈国灿：《唐五代敦煌县乡里制的演变》，《敦煌研究》1989 年第 3 期，第 39 ~ 50 页。

《武周圣历二年敦煌县诸乡营麦豆亩数计会帐》中所记录的十一乡，至少在 703 年时，从化乡并不存在。由此他推测，从化乡的出现，是由于景龙元年（707）西突厥故将阿史那阙啜忠节勒兵攻打于阗、坎城，原居于且末河流域的粟特部落逃往敦煌。由沙州官府对其加以安置，并建乡设置，编入户籍，其时间约在景龙元年。[1] 荣新江则认为丝路沿线包括敦煌与吐鲁番在内地区粟特人聚落的存在大约在 4 ～ 5 世纪间。[2] 汉唐时期之所以会出现中亚粟特人向东方的移民运动，主因有二，即商业移民与部落迁徙。这一特点，在敦煌与吐鲁番地区定居的粟特人中即有比较鲜明的反映。从总体来看，在隋唐以前这两个地区著籍粟特人的来源以商业移民为主，而在此之后，则以部落迁徙为主。[3] 另外，借由敦煌、吐鲁番等地的出土文书资料，可见定居敦煌与吐鲁番的粟特人分为著籍与未著籍两类。[4]

　　粟特人留居从化乡后，农耕成为其绝对不可忽视的一项生业，而且，在 8 世纪前半期内，该乡的农业出现了逐渐扩展的趋势。[5] 而凉州作为粟特人在河西走廊上的另一重要聚居点，在以安氏为首的中亚人的数代经营下，势力极大。在吐蕃攻占河西时，凉州胡人就曾组织九姓胡军为自卫。[6] 另外甘州地区亦有从事农业生产的粟特人足迹。Дx.3820+Дx.3851+Дx.11068v《开元廿三年张掖县户籍残卷》第四行有"曹致失鼻"，[7] 显然，这是一个粟特人，而且也成了从事农业生产的唐朝编户农民。这是目前所见唯一的关于唐代甘州的文书，这一记载

1　陈国灿：《唐五代敦煌县乡里制的演变》，《敦煌研究》1989 年第 3 期，第 45 页。

2　荣新江：《北朝隋唐粟特人之迁徙及其聚落》，袁行霈主编《国学研究》第 6 卷，北京：北京大学出版社，1999，第 27 ～ 86 页。

3　刘惠琴、陈海涛：《商业移民与部落迁徙——敦煌、吐鲁番著籍粟特人的主要来源》，《敦煌学辑刊》2005 年第 2 期，第 117 ～ 125 页。

4　姜伯勤：《敦煌吐鲁番文书与丝绸之路》，北京：文物出版社，1994，第 154 ～ 188 页。

5　池田温「8 世纪中叶における敦煌のソグド人聚落」『ユーラシア文化研究』1，1965，第 80 页；〔日〕池田温：《八世纪中叶敦煌的粟特人聚落》，辛德勇译，《唐研究论文选集》，第 41 页。

6　陆庆夫：《丝绸之路史地研究》，兰州：兰州大学出版社，1999，第 137 页。

7　〔苏〕丘古耶夫斯基：《敦煌汉文文书》，王克孝译，上海：上海古籍出版社，2000，第 73 页。

透漏出唐代甘州地区粟特人从事农业生产的信息。[1]

　　诚如前文所言，此前池田温关于吐蕃统治下敦煌粟特人聚落基本消亡和再也未能见到粟特人活动记录的推断还有待商榷和进一步研究。就目前研究而言，晚唐五代敦煌地区的粟特人数量还很大，且保留有很多粟特人聚落。[2]吐蕃统治时期敦煌粟特人的地理分布状况与中唐时期差不多，不同的只是从化乡被取消，从化乡的居民被划归丝棉、行人等部落中，从事着商业贸易和手工业生产。[3]上至吐蕃统治政权，下至各行各业的手工作坊，以至于寺院僧人中均有为数不少的粟特人，而且有一部分粟特人成为当时敦煌社会的代表人物。[4]

　　这些遗留下来的粟特人及其后裔分散到社会的各个角落，从事各种社会行业，广泛地同汉人及其他族人交往、通婚，最终促成了这些粟特人的汉化。因而在安史之乱到吐蕃占领敦煌（755～848）期间，入华粟特人在各个方面出现了一个较为明显的变化。这一个时期，敦煌地区的昭武九姓，其人名除少数保留胡风外，绝大多数已经汉化。然而8世纪敦煌粟特聚落的消失并不意味着粟特族人的消失，而是他们转入更深层的汉化过程，与汉族及其他族人的界限最终消失。[5]而敦煌从化乡粟特人聚落在8世纪末吐蕃占领敦煌时即已消失。8世纪中叶粟特本土政情不稳，怛罗斯战役所见的粟特诸国与唐的对立、唐的内乱、吐蕃的占领河西，皆助长了聚落居民离散的倾向。[6]唐代中后期以后，长安等地胡人与祆教也发生分离，这使得这些地区的胡人后裔们加速了与汉族融合的步伐。[7]另外，入华粟特人在唐代入仕的情况也发生了较为明显的变化，在初盛唐时期，入仕粟特人的活动地域大多

1　王晓晖：《北朝隋唐入华粟特人与农牧业》，《黑龙江民族丛刊》2007年第5期，第102页。

2　郑炳林：《晚唐五代河西地区的居民结构研究》，《兰州大学学报》2006年第2期，第9～21页。

3　郑炳林、王尚达：《吐蕃统治下的敦煌粟特人》，《中国藏学》1996年第4期，第46页。

4　陆庆夫：《唐宋间敦煌粟特人之汉化》，《历史研究》1996年第6期，第25～34页；郑炳林：《吐蕃统治下的敦煌粟特人》，郑炳林主编《敦煌归义军史专题研究》，兰州：兰州大学出版社，1997，第386页。

5　陆庆夫：《唐宋间敦煌粟特人之汉化》，《历史研究》1996年第2期，第34页。

6　姜伯勒：《敦煌教煌吐鲁番文书与丝绸之路》，北京：文物出版社，1994，第192页。

7　韩香：《唐代长安中亚人的聚居及汉化》，《民族研究》2000年第3期，第63～72、109页。

在河西、两京、河北、朔方等北方地区，而安史之乱以后，粟特人的任职地域逐渐扩大，呈现出自北方地区向江淮、江南延伸的特点。活动地域的扩大，自然也是粟特人融入中国社会的一个标志。[1]

二　归义军时期粟特人在敦煌的聚落分布

目前，敦煌学界已普遍认可晚唐五代时期，敦煌地区还有大量粟特人存在的这一观点。这由见于敦煌文书的那些还未完全使用汉名的粟特居民即可窥见一二，如 S.2214《年代不明纳支黄麻地子历》记载凉州行有康□志猎；Д X.11080《年代不明便斛斗历》之敦煌莫高乡康信定；P.2049《后唐同光三年正月沙州净土寺直岁保护手下诸色入破算历》之康阿竹子、康钵略；P.3424《甲申年春砲粟麦历》之康阿朵。P.5038《丙午年九月一日纳磨果人名目》之安足略；P.4640v《己未年至辛酉年（899～901）归义军衙内布纸破用布历》之安阿丹；Д X.2149《欠柴人名目》之安衍鸡、安丑胡；P.3440《丙申年（996）三月十六日见纳贺天子物色人绫绢历》之安镇使、安都知、安都衙等。P.3418《唐沙州诸乡欠枝夫人户名目》之罗他悉宾、米讷悉鸡等；P.4906《年代不明某寺诸色破用历》之罗悉鸡；P.3234《甲辰年（944）二月后沙州净土寺东库惠安惠戒手下便物历》米胡男等。此外，归义军政权中亦有不少粟特人担任重职，如都删丹镇遏使充凉州西界游弈防採营田都知兵马使康通信、瓜州刺史康使君、归义军节度副使安景旻等；而名医史再盈即出自敦煌大族史家。是见，归义军统治时期，以康、安、史、罗、米等姓为代表的大量粟特人仍旧活跃于敦煌社会各个阶层。

另外，关于曹氏归义军统治者的族属问题，是归义军研究史中一大焦点。

曹氏为汉宋之际敦煌著名姓氏，对两汉与五代、宋朝敦煌地方政

治影响极大。敦煌曹氏的渊源有二，即中原内地与中亚。冯培红认为归义军节度使曹议金家族正是中亚粟特曹氏的后裔，他们在五代初年夺取归义军节度使后，冒充谯郡曹氏，借以抬高门第。曹氏归义军政权实际上是以粟特人为主建立的政权。[1]而目前所能见到最早记载敦煌粟特曹姓的是西魏统治时期的文书S.613《西魏大统十三年（547）瓜州效谷郡计帐》，涉及曹匹智拔、曹鸟地拔二人。[2]敦煌在西魏时称瓜州，效谷为其属郡。尽管汉代曹全家族为敦煌效谷人，但从姓名上判断，上述两人均非汉族，当系胡人无疑。池田温认为他们可能是匈奴人或粟特曹国人。[3]

对于吐蕃统治时期的敦煌曹氏家族势力，幸有P.3774《丑年（821）十二月沙州僧龙藏牒》文书提供了相关线索。据文书所记，齐周之父是部落使，曾任将头，从事过农业、畜牧业，还开办酒店，甚至从事长途贩运，拥有资产无数。[4]在婚姻关系上，齐周娶妻阴氏，皆为吐蕃时期的豪宗大族。[5]而张氏归义军时期，曹氏势力的攀升亦表现在与张氏、索氏等归义军实权大族的联姻上。曹议金为索勋之女婿、张议潮之外孙。[6]另外，据学者对于P.4638、P.2641文书和莫高窟第108、342窟的供养人题记的考证，前者为曹良才即议金之长兄，后者是慕容归盈之妻即议金之十一姐。[7]

关于敦煌曹氏的郡望，共有五种说法：一为谯郡，二为彭城郡，三为武威郡，四为西平郡，五为中亚粟特。武威曹氏为谯郡曹氏之支

1　冯培红：《敦煌曹氏族属与曹氏归义军政权》，《历史研究》2001年第1期，第73~86页。

2　唐耕耦、陆宏基编《敦煌社会经济文献真迹释录》第1辑，第114页。

3　刘波：《敦煌所出粟特语古信札与两晋之际敦煌姑臧的粟特人》，《敦煌研究》1995年第3期，第147~154页。

4　冯培红：《敦煌曹氏族属与曹氏归义军政权》，《历史研究》2001年第1期，第73~86页。

5　马德：《敦煌阴氏与莫高窟阴家窟》，《敦煌学辑刊》1997年第1期，第90~95页。

6　贺世哲：《从供养人题记看莫高窟部分洞窟的营建年代》，敦煌研究院编《敦煌莫高窟供养人题记》，第217页。

7　荣新江：《归义军史研究——唐宋时代敦煌历史考索》，第232~237页；郭锋：《慕容归盈与瓜沙曹氏》，《敦煌学辑刊》1989年第1期，第90~106页。

系，西徙时间较晚，势力单弱，与汉时敦煌曹氏无涉。[1] 而节度使曹议金家族的郡望，据其自称，为亳州谯郡。自1915年罗振玉在《瓜沙曹氏年表》一文中所附"谯郡曹氏世系表"以来，此说一直为学界所沿承。[2] 但史苇湘对于曹议金族属似曾有所怀疑，说其是"自称亳州谯郡"，并认为"与汉世曹姓恐非出自一系"。[3] 另外，姜伯勤曾将敦煌曹氏分为两类，即谯郡曹氏与武威曹氏，且最先注意到武威曹氏。他认为该支曹氏可能是由中原迁徙至敦煌，但他也没有排除其为定居武威的粟特曹氏的可能性。[4]

就荣新江、冯培红所提出的"归义军曹氏统治者为粟特后裔"的观点，[5] 李并成、解梅从归义军曹氏之婚姻关系、曹氏统治时期粟特后裔的地位及其影响、莫高窟所绘曹议金供养画像及题记等分析，指出曹氏并非粟特后裔，他们很可能是唐初谯郡曹通家族后裔。[6]

诚如前文所言，吐蕃占领敦煌后，将唐代敦煌乡里制度改为部落制度，原本用以安置敦煌粟特人的从化乡被取消，从化乡居民被划归丝棉、行人等部落中，继续从事生产活动。然而，从化乡虽然被取消，但是却未改变当地粟特人的居住状态。及至归义军统治时期，敦煌粟特人的聚落分布状况仍沿袭自吐蕃统治时期粟特人地理分布状况发展而来。

在归义军统治时期，敦煌的粟特人居住中心仍然是安城所在的城东园，安城及东水池三处是赛祆的主要地点。以城东园为主的城四园分布着大量粟特工匠、商人等，城内街区有许多粟特人开办的店铺，

1　姜伯勤：《敦煌邈真赞与敦煌名族》，姜伯勤、项楚、荣新江：《敦煌邈真赞校录并研究》，第12页。

2　罗振玉：《瓜沙曹氏年表》，《雪堂丛刻》，上虞罗氏排印本，1915。

3　史苇湘：《世族与石窟》，敦煌研究院编《敦煌研究文集》，第154页。

4　姜伯勤：《敦煌邈真赞与敦煌名族》，姜伯勤、项楚、荣新江：《敦煌邈真赞校录并研究》，第12页。

5　荣新江：《敦煌归义军曹氏统治者为粟特后裔说》，《历史研究》2001年第1期，第65～72页；冯培红：《敦煌曹氏族属与曹氏归义军政权》，《历史研究》2001年第1期，第73～86页。

6　李并成、解梅：《敦煌归义军曹氏统治者果为粟特后裔吗——与荣新江、冯培红先生商榷》，《敦煌研究》2006年第6期，第109～115页。

城周附近有粟特胡人为主的聚落，有安家庄、曹家庄、史家庄、康家庄、石家庄、罗家庄等。其次归义军时期敦煌诸乡及退浑、通颊部落中亦有大量粟特居民，所辖诸州县军镇如寿昌、紫亭、悬泉、常乐、玉门等，都有大量粟特胡人居住，部分镇如悬泉、寿昌等一度为粟特人控制。[1]

是时，敦煌粟特人居住区域可分为三种状态，第一种是村庄聚落集中居住，这种居住状况是延续唐代敦煌从化乡的建制而来，虽然吐蕃占领之后取消了从化乡的建制，但是并没有改变敦煌粟特人的居住状况，更没有取消粟特人的村落，所以吐蕃统治时期也没有从根本上改变粟特人的居住状态。第二种是分散居住，这也是晚唐五代敦煌地区胡姓粟特人的主要居住状态，实际上也是继承唐代而来。唐代敦煌地区粟特人除了从化乡之外，其他诸乡中还居住有大量的粟特人，到归义军时期基本上还保留了这一居住状态，其他诸乡中还生活着很多粟特人。他们同汉族人一样参加各种社会活动，特别是在敦煌的社文书中，就记载其中有很多粟特人参与其间，有些社还是以粟特人为主体的。第三种城居也是晚唐五代敦煌地区粟特胡姓居民居住的主要形式。粟特人是一个商业性民族，而敦煌地区的商业贸易中心主要以城市及其东西水池村为中心，这里按壁分布，与唐代的市场结构相同。[2]

目前，对于归义军统治时期，当地统治者是如何对包括粟特人在内诸胡聚落进行管理的这一问题，敦煌学界还尚不清楚。敦煌文书中未见归义军时期由粟特人建立的乡，但是敦煌地区保留有退浑、通颊等十个部落。郑炳林根据相关敦煌文书及归义军政权对少数民族的管理方式，推测晚唐五代归义军政权对居住敦煌的粟特人移民采取了部落制管理方式，一般人任用粟特人为部落使，以胡制胡。[3]

1　郑炳林、王尚达：《吐蕃统治下的敦煌粟特人》，《中国藏学》1996 年第 4 期，第 46 页。

2　郑炳林：《晚唐五代敦煌地区的胡姓居民与聚落》，氏著《敦煌归义军史专题研究三编》，兰州：甘肃文化出版社，2005，第 610 ~ 611 页。

3　郑炳林：《晚唐五代敦煌地区的胡姓居民与聚落》，氏著《敦煌归义军史专题研究三编》，第 612 ~ 613 页。

三 敦煌粟特人的汉化

作为商业民族的粟特人，沿着丝绸之路，或落居或行商至中国西域、河西，乃至中原，足迹概已遍及中国大江南北。随着与汉族及其他民族交往的加深，源于中亚的粟特人逐步丧失了其本民族属性，逐步汉化，开启了与汉族的融合过程。隋唐时期，中外交流空前发达，同时也成为粟特人入居中国并走向汉化的重要阶段。粟特人在中国各地经商，足迹甚广。从目前所见墓志、经幢、碑铭等石刻史料可见，隋唐五代，特别是安史之乱以后粟特后裔散居各地，在通婚、宗教信仰等方面与汉族发生了同化。加之入华粟特人与本土的联系越来越少，离土经商以及迁徙定居多是男人的事业，同化的步伐越来越快，到了宋代，粟特人已与汉族完全融合。[1]

活跃于敦煌的粟特人亦经历了这一发展演变过程。敦煌学界之所以在很长一段时间内，无法确定吐蕃统治敦煌，甚至归义军统治时期，敦煌粟特聚落的存留状况及粟特民众的生活状态，并因此而产生的争议皆是源于这一历史时期，敦煌粟特人汉化程度的加深。

吐蕃统治时期，敦煌从化乡粟特聚落消散，其民被纳入敦煌诸部落中。及归义军时期，敦煌粟特人进一步扩散到诸部落，加剧了粟特聚落居民的离散，使其与当地汉族人民的交往频繁，加快和加深了其汉化过程。这一时期的敦煌地区粟特人之人名除少数保留胡风外，绝大多数已汉化，取汉名甚至汉姓。据 P.3559《天宝十载差科簿》所载，天宝十年（751）所见的昭武九姓人名，其中相当多的人名仍保留胡风，如康阿览延、何伏帝忿、曹咄利支、安忽婆、石粉特、贺吐屯、史佛舱等；也有一部分人名出现了汉化，如康大俊、安思明、米忠信、曹忠儿、何山海等。及吐蕃至归义军统治时期的昭武九姓，其人名除

---

1 程越：《从石刻史料看入华粟特人的汉化》，《史学月刊》1994 年第 1 期，第 22 ~ 27 页。

少数保留胡风外，绝大多数已经汉化。这恰恰反映了粟特族人在自身聚落格局被打破后，实行与其他族人交往、通婚，不断融合的结果。[1]

　　与汉族通婚，这是敦煌粟特人汉化的又一重要表现。吾人固知，粟特人是商业民族，经商多是男人的事业，迁移并定居之人中也应以男性为多。他们一旦在他乡定居，只能与异族婚配。如果东西交通顺畅，这些粟特人能够和粟特本土保持经常的联系，则所受异民族影响较小。一旦与本土联系中断，非胡性联姻无疑将促进他们与异民族特别是汉族的同化。[2]在天宝十年（751）的怛罗斯战役中，唐军战败，到 8 世纪末阿拉伯帝国几乎完全掌握了中亚，粟特本土从此走上了伊斯兰化进程。及归义军统治时期，中亚粟特诸国业已衰落，政局不稳，其民星散，与中国的陆路交通亦无往昔之顺畅，使得入华粟特人与本土的血缘、政治、经济文化联系逐渐减少。在这些因素的综合作用下，敦煌粟特人与当地其他民族，尤其是汉族的通婚更趋频繁。在粟特与敦煌汉族的通婚历史中，最著名的当属张议潮父张谦逸与敦煌粟特人安氏的联姻。

　　据敦煌文书 P.3551《药师瑠璃光如来赞并序》记载：

　　　　则有清河张，敦煌郡大都督赐紫金鱼袋并万户侯，其公则威光奕奕，皎似珠星；精彩岩岩，净如冰雪。授赐南朝，拜谢重恩；腾星进路，德奉天庭；承恩回还，暗色来侵，不遑本郡。则有都督夫人安氏，岁在笄初，花姿发艳，似春沼之开莲；素质凝辉，等秋地之堪同；念金兰义切，恩结发情深。[3]

这件文书表明在吐蕃统治敦煌时期敦煌郡有姓张的大都督曾经娶粟

1　陆庆夫：《唐宋间敦煌粟特人之汉化》，《历史研究》1996 年第 6 期，第 34 页。

2　程越：《从石刻史料看入华粟特人的汉化》，《史学月刊》1994 年第 1 期，第 25 页。

3　杨富学、李吉和：《敦煌汉文吐蕃史料辑校》第 1 辑，第 228 页；上海古籍出版社、法国国家图书馆编《法国国家图书馆藏敦煌西域文献》第 25 册，第 230 页。

特人安氏为妻，建立了敦煌大姓与粟特人的联姻关系。这位张姓的大都督与张议潮的关系，根据敦煌文书的记载可得知，此人即张议潮父张谦逸。[1]

除了张氏家族与粟特人联姻外，晚唐五代敦煌的其他大姓也普遍与粟特人联姻。根据敦煌莫高窟第 144 窟供养人题记，该窟是敦煌索氏家族开凿的报恩家窟，窟主的父亲是索留南，母亲是清河张氏，窟主的夫人是"蕃任瓜州都督□仓□曹参军金银间告身大虫皮康公之女修行顿悟优婆姨如祥（弟）"。根据供养人题记记载，这个索氏家族还与邓、宋、阎等姓联姻。[2]张议潮家族出身于清河张氏，可以认为索留南时敦煌索氏家族已经与张氏联姻。通过索氏家族，张议潮又与粟特人康氏建立了间接联姻关系。[3]

归义军统治时期，敦煌粟特人的进一步汉化还表现在其宗教信仰方面。吾人固知，源于中亚的昭武九姓崇信祆教，俗事拜火。据《大慈恩寺三藏法师传》记载："五百余里，至飒秣建国。（此言康国）王及百姓不信佛法，以事火为道。有寺两所，迥无僧居，客僧投者，诸胡以火烧逐，不许停住。"[4]是见，早期中亚粟特人以祆教为事，不信佛法。其后，随着丝绸之路的贯通，粟特商人往返中西，祆教亦随之东传，在中国西域、河西等地相继建立了祆祠。作为来华粟特人住居的大聚落之一——敦煌从化乡亦多有祆教繁盛的足迹。然而随着吐蕃统治敦煌，从化乡被取缔，对佛教抱有炙热情怀的吐蕃统治者大力弘扬佛法，原本即已不复往昔之盛的敦煌祆教受到了极大的冲击。在吐蕃统治者的强力推及下，许多粟特人皈依佛门。敦煌出土文书 S·2669《敦煌诸尼寺应管尼名籍》登记了敦煌各乡出家到各寺的尼姑姓氏、年龄，其中即包括康、安、史、曹、石、米、贺、白、何、罗等中亚胡姓人 20 多个。陈国灿通过研究，将此文书判定为归义军

1　郑炳林：《张氏曹氏归义军政权的胡汉联姻》，《中国史研究》2004 年第 1 期，第 63 ～ 64 页。

2　敦煌研究院编《敦煌莫高窟供养人题记》，第 64 ～ 67 页。

3　郑炳林：《张氏曹氏归义军政权的胡汉联姻》，《中国史研究》2004 年第 1 期，第 64 页。

4　（唐）慧立、彦悰：《大慈恩寺三藏法师传》卷二，北京：中华书局，1983。

时期。若此，是见，归义军时期，敦煌粟特人多有崇奉佛法者。

　　另一个值得注意的是，归义军时期，原本势力衰弱的敦煌祆教似有复兴之象。祆祠燃灯、城东赛祆，其活动相当频繁。然而这些活动内容，与其说是祆教内容，不如说更像佛教仪式。众所周知，节日祈赛佛像及燃灯散花，早在祆教之前，就已经作为佛教仪式出现在古印度各地，其后随着佛教东传，这种仪式也被带到中国。而祆教的活动仪式则包括拜火、酪神、歌舞及魔术表演等。在所见记载祆教仪式的典籍中，均找不到燃灯、赛祆的记载。由于敦煌地区主要信奉佛教，强大的佛教势力必然对粟特裔民及其奉祀的祆教进行渗透，因而出现了祆教的佛教化倾向。[1]

第三节　粟特人与归义军政权

　　以会昌二年（842）吐蕃赞普朗达磨（Glang dar ma）亡故为标志，吐蕃开始了长达二十多年的边将混战，削弱了吐蕃在河西的统治，唐朝守军趁机向吐蕃军发动进攻。唐宣宗大中二年（848），张议潮发动沙州起义，驱逐吐蕃守将节儿，收复了沙州、瓜州，自领州事。大中五年归义军政权建立。在张议潮沙州起事和归唐的历史进程中，敦煌粟特人在政治军事上发挥了不可忽视的重要作用。以下详述之。

一　粟特人在张议潮沙州起义中的作用

（一）吐蕃内乱

　　会昌二年，吐蕃赞普朗达磨遇刺身亡。朗达磨无子，其长妃那囊氏立年仅三岁的养子永丹为赞普（汉籍作琳氏尚延力之子，名乞离

1　陆庆夫：《唐宋间敦煌粟特人之汉化》，《历史研究》1996年第6期，第32页。

胡，又写作乞胡离），得到外族尚思罗等支持，由宰相和王妃琳氏共治国事。[1]与此同时，次妃才绷氏之子奥松则得到了大论结都那等人的支持。843 年，两位王妃各挟持其幼子，在支持者的拥护下，争夺赞普之位。自此，建国二百多年的吐蕃王朝，王室分裂为二，无复统一。王室分裂以后，永丹一派势力占据了乌如地区，奥松一派势力控制了原为吐蕃王朝发祥地的要如地区。两派互相对峙攻伐，各不相让。

吐蕃本土统治集团内部的矛盾也影响到了甘肃地区吐蕃统治集团之间的关系。甘肃地区各路边将也竞相用兵称雄，相互火并。边将中首先挑起事端的是落门川（今甘肃武山县）讨击使尚恐热。尚恐热，又作论恐热，末姓，名农力。人称其"性悍忍，多诈谋"。他以"贼舍国族立琳氏，专害忠良以胁众臣"为名，说服属下及邻部与他共同"举义兵，入诛琳妃及用事者，以正国家"。[2]经多方游说，恐热得三个吐蕃部落兵万骑，并联络青海节度使，起兵西进。

当其兵由落门川至渭州（今甘肃平凉市）时，遇琳妃、永丹的支持者尚思罗。尚思罗屯兵薄寒山以固守，与恐热大战。结果尚思罗不敌，弃辎重，败走松州。过洮河后，尚思罗发苏毗、吐谷浑、羊同等族部兵合八万，驻屯于洮河，焚河桥以拒恐热。后因苏毗厌战，降恐热，尚思罗战败被杀。尚恐热尽并其众，合兵十万余，势力大增。尚恐热占据洮河流域后，自称宰相，他的最终目的是要进军西藏本部，夺取吐蕃王权，但当时驻青海的鄯州节度使尚婢婢却是他的反对者，而且拥有强大的兵力，成为他进军西藏的心腹之患。为了解除后顾之忧，尚恐热遂决计先消灭尚婢婢。此后，两者相攻不已，直至大中四年（850），尚婢婢战败，逃往甘州（今甘肃张掖市），留部将拓跋怀光守鄯州。尚恐热乘机大掠瓜、沙、肃、鄯、廓等州，所到之处，"杀其丁壮，劓刖其羸老及妇人，以槊贯婴儿为戏，焚其室庐，五千

1　此据新、旧《唐书》的记载。学者或据藏文史籍，认为朗达磨死于虎年（846），见王忠《新唐书吐蕃传笺证》，北京：科学出版社，1958，第 145 ~ 148 页。

2　《资治通鉴》卷二四六"会昌二年（842）十一月"条，第 7970 页。

里间，赤地殆尽"。[1]其残暴杀掠致使部下离散，民众不服其统治，转投怀光。尚恐热势孤，欲依唐之声望来提高自己的威信，以图东山再起。咸通七年（866），拓跋怀光于鄯州引兵往廓州（今青海化隆县群科古镇），擒尚恐热而斩之，传首京师。其部众东奔秦州（今甘肃天水市），尚延心邀击之，向唐奏请迁于岭南。[2]至此，吐蕃在甘肃及河湟一带的边将混战才宣告结束。

（二）张议潮建立归义军政权

军阀的混战造成了吐蕃军事实力的衰微，给唐收复失地提供了良机。会昌四年（844），唐朝"以回鹘衰微，吐蕃内乱，议复河、湟四镇十八州"，[3]先命给事中刘濛为巡边使，令其先备器械粮草，并观察吐蕃守兵多寡。又令天德、振武、河东三边地秣马厉兵，以备收复失地。此后，唐边将视吐蕃守备之强弱，相继向吐蕃军发动进攻。大中二年（848）五月，河东节度使王宰率代北诸军于盐州大败尚恐热；次年十二月，凤翔节度使崔珙奏破吐蕃，克复清水，又相继取秦、原、安乐之州及石门、驿藏、制胜、石峡、木靖、木峡、六盘山关地。继而又取长乐州、萧关等地。至于山南（指今甘肃天水段秦岭以南地区）、剑南边地，原先没于吐蕃的州县，都在量力收复之列。三州七关的收复，给河、陇人民带来希望和鼓励的同时，也为张议潮起义提供了有利时机。

张议潮（799～872），唐沙州人，郡望南阳。张氏世为州将，为沙州大族。张议潮出生之时，沙州已被吐蕃统治多年，由于亲身经历了吐蕃人的残暴统治，张议潮在青少年时代便胸怀大志，十分推崇在安史之乱中被宦官边令诚陷害身死的著名将领封常清，曾亲笔书写了《封常清谢死表闻》。议潮早年就读于寺学，及壮为吐蕃沙州刺史，阴结豪杰，于大中二年（848）发动起义。

---

1 《资治通鉴》卷二四九"大中四年（850）九月"条，第8044页。

2 《资治通鉴》卷二五〇"咸通七年（866）冬十月"条，第8115页。

3 《资治通鉴》卷二四七"会昌四年（844）三月壬申"条，第7999页。

　　至于张议潮发动起义的过程，各种文献的记载互有出入，其中以《资治通鉴考异》卷二二为详。以之为基础，再参考其他史料，可大致钩稽出张议潮起义的经过。在吐蕃统治时期，张议潮就有"阴结豪英归唐"的思想，准备发动起义推翻吐蕃的统治。至唐宣宗大中二年（848），他看到吐蕃因发生内乱对河西的统治有所削弱，而当地百姓的反抗情况高涨，于是就潜回沙州城中进行策划，并率众发动了起义，此举得到城中汉人的响应，他们驱逐吐蕃守将节儿，收复了沙州、瓜州，自领州事。[1]敦煌出土文献S.6161+S.3329+S.6973+ S.11564+P.2762《敕河西节度张公德政之碑》对此事有所记载："敦煌（沙州）、晋昌（瓜州）收复已讫，时当大中二载。题笺修表，迂道驰函，上达天闻"，同时又用双行小字注明："沙州既破吐蕃，大中二年，遂差押牙高进达等，驰表函入长安城，已（以）献天子。"[2]张议潮当时尽管从吐蕃手中收复了沙州，但河西其他州县仍在吐蕃统治之下，沙州至长安的交通途尚未畅通，议潮深恐表文不达，分遣十队使者，携同样表文分十路出发，奔赴长安。其中，由敦煌高僧悟真率领的使团到达了唐军要塞天德城（今内蒙古乌拉特旗南），天德军防御使李丕惊讶感动于这群近乎从天而降的使者，[3]立即以最大的热情护送他们前往长安。在李丕的帮助下，悟真等人于大中四年（850）正月抵达长安。在河西诸地陷落吐蕃七八十年之后，唐王朝得到沙州传来的捷报，自是大为欣悦。在使者东行的同时，张议潮以沙州起义的群众为基本队伍，修治兵甲，且耕且战，和吐蕃贵族展开了进一步的斗争。大中三年、四年，又先后收复了肃州、甘州、伊州等地区。[4]五年八月，议潮派遣其兄议谭为使者，携带天宝

1　罗振玉：《补唐书张议潮传》，《丙寅稿》，上虞罗氏影印本，1927年；向达：《罗叔言补唐书张议潮传补正——瓜沙谈往之四》，载氏著《唐代长安与西域文明》，第417～428页。

2　荣新江：《敦煌写本〈敕河西节度兵部尚书张公德政之碑〉校考》，《周一良八十生日纪念论文集》，第208页。

3　《新唐书》卷二一六下《吐蕃传》记载张议潮入长安时说："东北走天德城，防御使李丕以闻。"

4　甘、肃二州的收复，见前引S.6161+S.3329+S.6973+S.11564+P.2762《敕河西节度张公德政之碑》；对伊州的收复，见 S.367《沙州伊州地志》，录文见郑炳林《敦煌地理文书汇辑校注》，第67页。

年间河西陇右十一州旧图归朝。这十一州分别为瓜（今甘肃瓜州县西南）、沙（今甘肃敦煌市）、肃（今甘肃酒泉市）、伊（今新疆哈密市）、鄯（今青海西宁）、甘（今甘肃张掖市）、河（今甘肃临夏市）、西（今新疆吐鲁番市）、兰（今甘肃皋兰县）、岷（今甘肃岷县）、廓（今青海化隆县群科古镇）。议谭于翌年十月抵达长安。十一月，唐廷宣布在沙州设归义军节度，授议潮节度使、十一州观察使，管理这十一州的军政事务。[1]至此，归义军政权正式成立，成为唐王朝在河西地区的一个藩镇。

（三）粟特人在张议潮沙州起义中的作用

这里需要注意的是，在张议潮发动沙州起义及建立张氏归义军政权的过程中，敦煌粟特人发挥了不可忽视的重要作用。沙州起义过程中，张议潮所依仗的骨干力量主要来源于三方：其一，敦煌的名门望族，如张氏、索氏、李氏、安氏、康氏等，他们都是沙州一带举足轻重的家族，在起义和收复河西的过程中立下了汗马功劳；其二，释门教首及僧徒，敦煌乃中西交通要冲，佛教极为兴盛，教徒数量庞大，释门教首及僧徒在百姓中有一定的号召力；其三，豪杰义士，如副使安景旻，部落使阎英达等都是当地豪杰。[2]在这三方力量之中，充斥着粟特人的强大势力。

据《资治通鉴考异》卷二二大中五年（851）十月条引《实录》："五年二月壬戌，天德军奏：沙州刺史张议潮、安景旻及部落使阎英达等差使上表，请以沙州降。"荣新江认为安景旻是粟特人的代表。[3]是见，张议潮发动的此次沙州起义，并非像旧史所描述的那般："一日，众擐甲噪州门，汉人（《资治通鉴》作'唐人'）

1　《旧唐书》卷一八《宣宗纪》；《新唐书》卷八《宣宗纪》及卷二一六《吐蕃传》；《资治通鉴》卷二四九"大中五年（851）正月"条等。

2　刘进宝：《归义军及其政权始末述论》，《西北师大学报》1990年第3期，第48页。

3　荣新江：《归义军及其与周边民族的关系》，《敦煌学辑刊》1986年第2期，第25、26页。

皆助之，虏守者惊走"，[1] 而是由以张议潮为代表的代表汉人、安景旻代表昭武九姓粟特人以及以阎英达为代表的退浑、通颊等部落百姓共同发起的。

据 P.2854《行城文》记载这位安景旻：

> 先用奉资，梵释四王，龙天八部，惟愿威光炽盛，福力弥增，兴念苍生，匡慈教法。复特胜善，次用庄严，我当今大唐大中皇帝：伏愿天皆益峻，宝历恒昌，心同诸佛之心，寿比金刚等固。次持胜善，即用庄严我河西节度吏部尚书：伏愿腹心王令，助圣安边；寿以（与）天长；嘉声劫远。又持胜善，次用庄严，我副使安公，惟愿长承帝泽，永固天心，宠禄时新，荣声远播。又持胜善，次用庄严，我河西释门都僧统和上，惟愿谒爱河而偃尘岳，餐法喜而憩禅林，拨五位之重云，圆三明之皎日。

这位副使安公即安景旻，其地位仅次于节度使张议潮。[2]

关于安景旻在归义军时期的情况，S.1164《回向文》：

> 复持胜善，次用庄严，当今大唐圣主，伏愿圣寿克昌，皇风永采，金轮与法轮齐转，舜日与佛日等耀。高视百王，长新万劫。皇太子潜星少海澄澜，盘古增高。维城作镇……次持胜善，次用庄严，尚书贵体，伏愿福山永固，神寿无疆，功业高于云山，德量深于巨海。出持旌节，以静万方，入座朝堂，百僚取则。来逢元日，恒保上寿；命同松筠，寿同劫石。又持胜福，次用庄严，安大夫伏愿形同大地，历千载而恒安；福比山河，跨千龄而永固，然后怀芳声于帝里，翔翼云衢；流雅誉于鸾池，濯鳞漠池。又持胜善，次用庄严，安、姚二侍御，伏愿耸琼台于天

1 《新唐书》卷二一六下《吐蕃传下》，第 6108 页；《资治通鉴》卷二四九"宣宗大中五年（851）春正月"条，第 8044 页。

2 郑炳林：《唐五代敦煌粟特人与归义军政权》，《敦煌研究》1996 年第 4 期，第 86 页。

外，浇紫池于云衢，命与天长，福将地远，保离凶寇，响处八

方，往还清吉。

此文与 S.4504《释门杂文》记载完全一样，文字相同。以下还记载到
尚书孩子、索教授、都督索琪及部落使等，这是归义军初期作品，索
教授乃索崇恩，索琪与阎英达等皆归义军初期人物。文中将安大夫的
地位列于张议潮之后，足见安景旻在归义军初期地位之重要。安大夫
之后的安侍御至今无考。这些发愿文说明张议潮建立归义军政权，粟
特人安氏是其积极支持者。至于张都督之妻安氏与安景旻之关系，还
有待进一步研究。张议潮与安景旻联手起事并给予他那样高的地位及
吸收安氏参与归义军政权建立，与这种联婚应当有某种关系。[1]

　　另外一位在张议潮收复河西诸地的战斗中发挥重要作用的粟特人
是康通信，据 S.2228《亥年（843）六月修城夫丁使役簿》所载吐蕃
统治敦煌时期的丝绵部落中的 12 位粟特人中即有名康通信者。故康
通信极可能即是吐蕃时丝绵部落人。归义军初期，设有兵马使一职，
据 S.1898《归义军时期兵士装备簿》所载之“兵马使康通信”，S.1174v
载“康兵马使一步”以及 P.4660 号唐悟真撰《康通信邈真赞》的记
录。推而论之，归义军初期，在收复河西的诸场战斗中，康通信屡建
奇功，历任兵马使、番禾镇将、删丹镇遏使等职，是张氏归义军统治
时期一位颇有地位的粟特将领。

　　从 P.4660 号赞文记载内容看，康通信参与了张议潮收复河西诸
州的一系列战争。大中三年（849）张议潮收复甘、肃二州后，甘州
的删丹县就成了归义军东部边防前哨，是阻止凉州吐蕃西进及向东经
营凉州的军事重镇。迟至咸通二年（861），吐蕃对归义军的军事压
力主要来自凉州。首先从地理形势上看，删丹是走廊的中部关隘，南
北二山夹峙。其次，青海地区的吐蕃穿越祁连山到河西的唯一通道大
斗拔谷就在删丹南 100 公里。因此，删丹在咸通二年之前主要东部防

御凉州，南部防止河湟吐蕃的侵犯，扼守东、南两个隘口。咸通二年收复凉州之后，归义军的部队一直打到河湟地区，显然进军路线是由大斗拔谷南进。河湟旋收亦失，删丹又是防御吐蕃入侵的边防重镇。所以，删丹镇的军事地位相当重要，归义军政权以康通信为删丹镇遏使充凉州西界游弈防採营田都知兵马使。从任职分析，除主管删丹镇外，兼管凉州西界主要是凉州番禾镇、甘州删丹镇地区的巡防、屯田，是这一地区的驻军最高长官。后又准备主管凉州地区的防守大权。[1]

此外，还有一位康姓粟特人在归义军收复河西的战斗中发挥重要作用，即见载于 P.4660 号唐悟真撰《康使君邈真赞并序》的康使君。惜赞文未载康使君名讳字号，亦不记撰写时间。但该赞文在 P.4660 号中连抄于乾符六年（879）《张兴信邈真赞》之后，乾符三年《张僧政赞》之前，故当写于乾符三年至六年之间。又按照 P.4660 号一般抄写规律推之，本篇当撰于乾符六年。康使君是继阎英达之后出任瓜州刺史的，阎英达卒于乾符三年，任刺史的时间约当咸通二年（861）收复凉州后至乾符三年，故康使君约于乾符三年至乾符六年任瓜州刺史。可见，康使君曾是张议潮收复河西建立归义军政权的主要支持者，并参与了张议潮收复河西诸州及对吐蕃、吐谷浑及西州回鹘的一系列战争。因功擢升为使持节瓜州诸军事守瓜州刺史兼左威卫将军。[2]

除了依靠以上述三位豪杰为代表的粟特将领外，张氏归义军在收复河西诸地及建立政权的过程过程中，还依靠了河西当地的粟特大族，而上述三人即出自这些大族之中，或与张氏政权存在着密切的亲属关系。

张氏家族所依仗的粟特大族多是吐蕃统治时期发展壮大起来的大家，其中，势力及影响最大的当属安氏。据 P.3774《丑年（821）十二月沙州僧龙藏牒》所载，821 年前后在敦煌任职的安都督："其时

1　郑炳林：《唐五代敦煌粟特人与归义军政权》，《敦煌研究》1996 年第 4 期，第 87～88 页。

2　郑炳林：《唐五代敦煌粟特人与归义军政权》，《敦煌研究》1996 年第 4 期，第 88 页。

大哥身着箭，宜子病卧，贼去后，齐周请得知己亲情百姓，遮得羊一百三十口，牛驴共十一头。又知己亲情与耕牛：安都督一头，张英玉一头，安恒处二齿牛二。博得大牛两头，人上得牛五头。""大兄度女平娘，于安都督处买度印，用驴一头，悖牛一头。"这位安都督是吐蕃时期粟特人的代表，他的地位已达到吐蕃统治下其他民族所能担任的最高官职，地位相当于唐代的沙州刺史。当时出任都督之职只有杜、张、索、宋等姓，足以说明吐蕃统治时期粟特人势力之强。齐周大兄嫁女二，一氾家，一张家；齐周嫁女二，一张家，一曹家。从这里看，曹家的势力可与张、氾并驾齐驱。又齐周家从事的经济除农业之外，还从事畜牧业、手工业及商业，具有某种粟特人经营特征。[1]

目前尚不清楚安景与安景旻 P.3774 号所载之安都督关系，但据敦煌文书记载得知安景旻在吐蕃时的任职可能是都督之职。另据 P.T.1089《大蕃官员申请状》记载，820 年前后敦煌有"安本义为副都督"，"阎本为副千户长"，[2]安、阎二人都是从当地大族中选出的高级官员。敦煌汉人部落由吐蕃人担任正千户长（千户长即部落使），汉人（包括当地粟特裔居民）担任副千户长。P.2770v《释门文范》则记载敦煌有杜氏、安氏二都督："伏惟我牧杜公，帝乡雄望……伏惟我良牧安公，明鉴时政……"[3]安氏在杜氏之后，即为副都督，系当地人中职位仅次于都督的官员。由上可知，安景旻及阎英达应当是继承了其父辈的官职，担任吐蕃敦煌副都督和部落使（实即副千户长），同当时的吐蕃敦煌都督张议潮一起起事。[4]

加之，据前述 P.3551《药师王留璃光如来赞并序》及相关敦煌文献的研究，张议潮之父张谦逸曾娶粟特安氏为妻子，从而与敦煌粟特大族建立起姻亲关系，继而为吐蕃统治时期张氏家族的强大，成长为

1　郑炳林：《唐五代敦煌粟特人与归义军政权》，《敦煌研究》1996 年第 4 期，第 86 页。

2　杨铭：《P.T.1089 大蕃官员申请状研究》，氏著《吐蕃统治敦煌研究》，台北：新文丰出版公司，1997，第 123 页；王尧、陈践《吐蕃职官考信录》，《中国藏学》1989 年第 1 期，第 111 页。

3　上海古籍出版社编著《法藏敦煌西域文献》第 18 卷，上海：上海古籍出版社，2001，第 143 页。

4　陆离、陆庆夫：《张议潮史迹新探》，《中国边疆史地研究》2011 年第 1 期，第 104 页。

敦煌大族，取得对沙州诸势力的掌控，以及张议潮联合敦煌汉族、粟特等族推翻吐蕃的统治奠定了坚实的基础。

而以康通信、康使君为代表的敦煌康氏一族，亦是敦煌大姓，势力不可小觑。康使君之赞文称之为"族氏豪宗"，是证粟特人康氏在吐蕃到归义军前期是敦煌地区势力很强的宗族。张氏归义军时期，因瓜州地位重要，故多用大姓、懿亲担任此职，形成沙州东部的屏障。康使君担任此职，足见其家族与张议潮家族关系之密切。而同样对张氏归义军政权具有重要军事战略地位的甘州删丹则被委任于康氏，张氏归义军把东部防守大任交给康通信。究其原因，第一是粟特人在归义军政权中地位高、势力大；第二，粟特人康姓是归义军政权的重要支持者。

除了敦煌世家大族及当地豪强外，参与张议潮沙州起义者还有以沙州释门都教授洪警及其弟子悟真为首领的沙州僧众。[1]藏于法国巴黎国家图书馆的编号为 P.3249 正面为河西节度掌书记张敖所撰写的《新集吉凶书仪》，背面则是一份归义军张氏初期的队下军籍名簿写卷文书，其字迹暗淡，首尾皆残，后部破损尤为严重，凡存 26 行。

关于该文书，李正宇曾判断为大中、咸通间《归义军兵名簿》，[2]冯培红认为是咸通二年归义军现役军队的军籍残卷。[3]该卷残存 8 队，计队头 8 名，兵士 169 人。在 169 名兵士中，见有"僧曹道""僧石胡胡""僧价明因""僧明振""僧法义""僧李志成""僧康灵满""僧裴晏练""僧王眼眼""僧杨神赞""僧建绍""僧安王多""僧安信行""僧□□□"等 16 人，几占兵士总数（169 名）的 10%。而在这些晚唐归义军野战部队中僧人战士中即有中亚粟特人著名的曹姓、石

1　李永宁：《敦煌莫高窟碑文录及有关问题（一）》，《敦煌研究》1982 年第 1 期，第 74 页；竺沙雅章『中国佛教社会史研究』京都，1982，第 339 页；Chen Tsu-lung, *Éloges de personnages éminents de Touen-houang sous les T'ang et les Cinq Dynasties.Partie I：Avant-propos，Introduction，Textes chinois*，Paris，1970，pp.69，71.

2　季羡林主编《敦煌学大辞典》，第 398 页。

3　冯培红：《P.3249 背〈军籍残卷〉与归义军初期的僧兵武装》，《敦煌研究》1998 年第 2 期，第 141 ~ 147 页。

姓、康姓等，因而不排除其为粟特人的可能。

另外，归义军时期，统治者还曾多次派遣僧人或僧团前往中原王朝，联络唐朝，表明臣心。在这些出使的僧侣中就有很多是出身粟特的，如都僧政曹法镜（详见下文）等。另外，粟特僧人即灵图寺主管佛经的知藏康恒安，也是张氏归义军时期敦煌地区的很有名的高僧，经常与唐悟真联合给人写邈真赞。据 S.6405《僧恒安谢司空赐匹段状》记载：

> 僧恒安：右恒安二月廿日，敦煌县令宋智岳使回，伏奉委曲兼匹段等，跪授警惕，无任战惧。且恒安生自边土，智乏老诚，才业荒残，学无所……司空仁瑞，天与孤贞，槐……伏蒙司空猥禄蠢蝎，远寄缣细。愿持扫洒之功，巨答丘山之福，限以变阻，不获随状陈谢。谨录状上。

可见在张氏归义军收复河西，归附唐朝的政治军事活动中，敦煌粟特胡人亦发挥了不可忽视的重要作用。[1]

二　敦煌粟特人在张氏归义军时期的活动

借由敦煌出土的相关文献，可见，归义军统治时期的敦煌各乡中皆有粟特人居住。这种粟特人散居诸地的情况并不是从晚唐五代归义军时期才出现的一种新动向，而是一种历史的遗迹。从敦煌文书记载看，至少从北朝起粟特人已散居敦煌各地。及吐蕃占领敦煌后，虽然从化乡被取消，但粟特人并没有因此而完全迁出敦煌或像池田温估计的那样沦为寺户，寺户只是其中的极少部分，而更多的是变成敦煌诸部落的编户。待到晚唐五代归义军时期，敦煌诸乡之中都有大量粟特人存在，乃至通颊、退浑二部落中都保留有许多粟特人，他们同汉族

1　郑炳林：《晚唐五代归义军政权与佛教教团关系研究》，《敦煌学辑刊》2005年第1期，第3～4页。

居民一样，承担各种各样的杂役，从事农商手工业生产。[1]

张氏归义军建立后，其辖下粟特人为数不少。唐耕耦据 P.3070《乾宁三年（896）行人转帖》之记载："龙藏破罗安张王赵阴薛唐邓令狐正等，安康石必（毕）罗白米史曹何，后齐程杜桥屈韩吴高谈范禁龙高通"，考证出此件文书系蒙童所写，错漏甚多，不能通读。[2]而见于文书所罗列的诸姓，其中安、康、石、米、史、曹、何诸姓极有可能为粟特人所有。另外，在归义军军队中亦存在粟特人的足迹。众所周知，唐代，以归附、使节、质子途径入仕的粟特人，抑或是以门荫方式入仕者，大多被统治者委任以武职。加之，盛唐时期崇文贱武的社会风气高涨，汉人习文赋诗，竞崇文职，而入华的粟特人则多武艺精备，他们"生时气雄，少养马上，长习陈敌"。[3]故而，唐代的军队中充斥着为数不少的以粟特人为代表的番人。P.2738v《唐咸通十年（869）前后社司转帖》中所记载的曹击击、安黑丰、曹胡胡等人的姓名即带有显著的胡名特征，其极有可能即出身粟特一族。另一件文书，即 P.4640v《己未至辛酉年（899～901）归义军衙内布纸破用历》所记是时归义军的将领有：衙官米和儿、康义通、康沙子、康山海、米进晟，押衙康伯达、曹光进，都押衙曹光嗣，常乐县令安再宁，悬泉镇使曹子盈。见于其记载的康、米、安、曹姓是比较典型的粟特人姓氏，且多人的姓名具有胡人特征，因此其中当有数人为粟特人。

另外，张氏归义军时期，奉张氏之命前往中原出使的使团成员中亦有粟特人的踪迹。据 P.3547《上都进奏院状》记载，受张淮深之命的遣唐使者有十将康文胜和康叔达、衙前兵马使曹光进、长行安再晟等，亦不排除上述诸人之粟特人身份。同时，归义军遣唐使团中亦有敦煌高僧充任使者一职，其中比较著名的即有前文提及的都僧政曹法镜。法镜为吐蕃至归义军初期敦煌的佛教大法师法成之弟子，继法成讲经到中和四年（884）。其事迹主要见载于 P.4660《入京讲论大德兼

1　郑炳林：《唐五代敦煌粟特人与归义军政权》，《敦煌研究》1996 年第 4 期，第 83～84 页。

2　唐耕耦、陆宏基编《敦煌社会经济文献真迹释录》第 1 辑，第 411 页。

3　（唐）姚汝能：《安禄山事迹》卷上，第 4 页。

管内都僧政赐紫沙门故曹僧政和尚邈真赞》："瑜伽百法，净名俱彻。敷演流通，倾城怿悦。后辈疑情，赖承斩决。入京进德，明庭校劣。敕赐紫衣，所思皆穴。旋归本郡，誓传讲说。"似乎曹法镜的入朝事迹主要不在于归义军政权的政绩，而在于敦煌与中原地区佛教的交流上，显然与唐悟真是两种类型的代表。[1] 然而，关于法镜之出身何处，这篇邈真赞并未言及。荣新江研究认为其不是出身中原大姓，否则赞文中一定会提到。因为同一写卷中显然为粟特后裔的康通信、康使君两人的邈真赞，也不提他们的郡望，故而推测曹法镜也可能是出身曹国的粟特后裔。在张氏统治归义军时期，康通信、康使君和曹法镜可以作为敦煌后裔在僧俗两界的代表。[2]

三 敦煌粟特人在曹氏归义军时期的活动

乾化四年（914），张氏家族的姻亲曹议金取代张承奉，被众人推举出来接掌政权。

曹议金（？～935），名仁贵，以字行。唐末沙州五代人，归义军节度使索勋婿，张议潮外孙婿。他执掌归义军政权后，接受张承奉自称天子，尽失人心的教训，废除国号，奉中原王朝正朔，恢复了归义军政权的旧称。曹议金遣使甘州，娶回鹘可汗女为妻，又嫁女给甘州回鹘可汗，与其和亲。贞明四年（918），遣使后梁，受到封赠。经过曹议金十年的苦心经营，归义军逐步恢复了元气，积蓄了力量，终于同光三年（925）乘甘州回鹘内乱之机对其发动了进攻。曹议金亲自领兵围攻酒泉、张掖，大败回鹘，打通了经甘州、肃州通往中原的道路。[3] 新立的回鹘可汗娶曹议金之女，成为曹议金的子婿。长兴二年（931），曹议金号称"令公""拓西大王"，归义军成为独立王国。934年，曹议金女下嫁于阗王李圣天。

1　郑炳林：《晚唐五代归义军政权与佛教教团关系研究》，《敦煌学辑刊》2005 年第 1 期，第 3 页。

2　荣新江：《敦煌归义军曹氏统治者为粟特后裔说》，《历史研究》2001 年第 1 期，第 67 页。

3　邓文宽：《〈凉州节院使押衙刘少晏状〉新探》，《敦煌学辑刊》1987 年第 2 期，第 62～63 页。

归义军政权自唐大中五年（851）成立，至北宋景祐三年（1036）灭亡，前后经历了185年的时间，其中除唐末五代之交曾出现西汉金山国（906～914）称号外，一直是一个以节度使为最高统治者的地方政权。以金山国的出现为标志，可以划分为前后两个时期，金山国以前为张氏归义军政权，以唐朝一个方镇的身份存在，与中原的一些藩镇有某些共同的性格。尽管这里僻处西鄙，唐朝受自身力量所限无法对归义军进行直接的管理。金山国以后为曹氏归义军政权，尽管仍有唐方镇之名，但其实已成为一个奉中原王朝为正朔的地方王国。[1]

谈及曹氏归义军政权与敦煌粟特人的关系，即无法避及关于曹议金之族属及曹氏归义军政权性质的问题。诚如前文所言，关于这支曹氏的族源问题，一直是敦煌学界关注、讨论的热点。以荣新江、冯培红代表的一批学者认为曹氏归义军政权统治者族出粟特。荣新江指出曹氏统治者出自粟特后裔，并从敦煌粟特曹姓的来源、粟特人担任归义军要职的情况、曹氏与回鹘于阗的联姻、粟特人在曹氏政权中的地位等方面加以论证，从而对曹氏政权的特性及其对敦煌历史的贡献，给予了比较合理的说明。[2]冯培红则通过对汉代以来胡汉两支曹氏的渊源和势力发展进行考察，在此基础上推考归义军节度使曹议金的族属郡望，最终认定曹议金家族是中亚粟特曹氏的后裔，五代初年夺取归义军节度使后冒充谯郡曹氏，借以抬高门第；曹氏归义军政权实际上是以粟特人为主建立的政权，而此一时期莫高窟藏经洞所体现的敦煌文化正是粟特族为主的各民族共同创造的。[3]此后，曹氏源于粟特说多为学者及研究者所承袭。

其后，针对荣新江、冯培红所提出的"归义军曹氏统治者为粟特后裔"的观点，李并成和解梅从归义军曹氏之婚姻关系、曹氏统治时期粟特后裔的地位及其影响、莫高窟所绘曹议金供养画像及题记等分析，指出曹氏并非粟特后裔，他们很可能是唐初谯郡汉族曹通家族后

1　荣新江：《归义军史研究——唐宋时代敦煌历史考索》，第60页。

2　荣新江：《敦煌归义军曹氏统治者为粟特后裔说》，《历史研究》2001年第1期，第65～72页。

3　冯培红：《敦煌曹氏族属与曹氏归义军政权》，《历史研究》2001年第1期，第73～86页。

裔，而非粟特族属；唐五代时期敦煌社会无论是上层还是下层，也无论俗界还是僧界，汉族人口始终占有绝大多数，始终为敦煌地区的主体民族，曹氏归义军政权应是以汉族为主并联合包括粟特后裔在内的其他少数民族建立的政权；敦煌文化的面貌亦是以汉文化为主体并广泛融有粟特文化在内的其他民族文化的多元文化。[1] 对于归义军政权的性质，郑炳林则指出从根本上说，归义军政权是一个以汉族为主体的多民族联合政权，而粟特人是少数民族中起影响最大的部分。[2] 由是可见，在今后的研究进程中，关于归义军曹氏统治者之族属及其政权性质的问题，仍将是学界值得深入挖掘与探讨的一大问题。

　　曹氏归义军统治时期，其辖下的粟特人仍数量不少。如见于P.2049v《后唐同光三年（925）正月沙州净土寺直岁保护手下诸色入破历算会牒》记载的"豆伍斗，曹胡儿利润入"；P.2049v《后唐长兴三年（932）正月沙州净土寺直岁愿达手下诸色入破历算会牒》："麦陆斗，曹胡子利润入"；P.3745《三月廿八日荣小食纳付油面柴食饭等数》："曹胡子面八斗，内二斗却付蒸，油肆升又二升。见来柴数索江进、索怀庆、索住子、索押衙、曹胡子两束，曹胡子付面二斗，曹胡子足内蒸"；Д X.1451《癸酉至己卯年（973～979）曹赤胡等还便黄麻历》："曹赤胡还得黄麻两硕贰斗（押）"；P.2040v《后晋时代净土寺诸色入破历算会稿》："粟七斗五升，曹阿朵钵利润入"；Д X.2149v《欠柴人名目》："于阗曹庆达。"从姓名上看，曹胡儿、曹胡子、曹赤胡、曹阿朵钵当是粟特曹氏，带有明显的胡名特征。曹庆达名前冠有"于阗"二字，可能是由中亚迁至于阗的粟特曹氏，后来又东徙至敦煌。[3] 是见，曹氏归义军时期，敦煌之地仍活跃着不少粟特人，从事着买卖借贷等营生。

　　在敦煌的下层社会中，粟特后裔也无所不在。据 S.2894v（2）《壬

1　李并成、解梅：《敦煌归义军曹氏统治者果为粟特后裔吗———与荣新江、冯培红先生商榷》，《敦煌研究》2006 年第 6 期，第 109～115 页。

2　郑炳林：《唐五代敦煌粟特人与归义军政权》，《敦煌研究》1996 年第 4 期，第 80 页。

3　冯培红：《敦煌曹氏族属与曹氏归义军政权》，《历史研究》2001 年第 1 期，第 81 页。

申年（973）十二月廿二日社司转帖》：

1. 社司转帖

2. 右缘常年建福一日，人各炉饼壹双，粟壹斗。幸请诸公等，

3. 帖至，限今月廿三日卯时，于曹家酒店取齐，捉二人后到，罚

4. 酒壹角，全不来，罚酒半瓮。其帖速递相分付，不得停滞。如

5. 滞帖者，准条科罚。帖周，却赴本司，用凭告罚。

6. 壬申年十二月廿二日，录事张帖。

7. 社官曹、社长安、再昌、宋友长、梁延会、安丑子、曹兴定、张全子、阳

8. 长残、曹愿盈、令狐愿松、张幸全、安延子、董丑成、梁永千、令狐愿兴、张昌

9. 富千。

这个民间结合的社，社官和社长都是粟特姓氏，社众当中也有些明显是粟特后裔，其聚齐的地点是曹家酒店，正是粟特人善于经营的商店，所以推测这是一个以粟特后裔为首的社应当是可以成立的。

在曹氏归义军的统治阶层中亦存在粟特人的身影，如见于P.2703（972）文书记载的"都头知内宅务安延达"；P.3440《丙申年（996）三月见纳贺〔于阗？〕天子物色人绫绢历》之"安都知（都知兵马使）、罗县令、曹都知、都头安珂敦、翟衙推、翟县令、曹安定都头、曹库官等"；P.2814《天成三年（928）三月都头知悬泉镇遏使安进通状》；P.2040《沙州净土寺入破历算会稿》之五代时的"康指挥〔使〕、安指挥〔使〕、石指挥〔使〕"等，并不排除上述诸人为粟特人的可能。另外，粟特人还充当使者代表曹氏归义军出使周边各政权及各民族，如北京大学图书馆藏102号文书所载，

914 年奉曹议金之命出使甘州回鹘的康奴子；951 年归义军押衙康幸全出使伊州；958 年沙州康员奴出使伊州；同年兵马使康员进出使西州；等等。

由是可见，在敦煌归义军建立及其后的统治过程中，粟特人仍十分活跃。他们或分散定居于敦煌各乡，与汉族及其他民族和谐共处，从事各种生产活动，同时归义军上层亦存在着粟特人的身影，他们在政治、军事、外交等活动中发挥着重要作用。张议潮收复敦煌之后，虽然恢复了唐代乡制，但从化乡再没有设置。敦煌的粟特人分散居住于敦煌各乡、诸部落及城内，出现了许多粟特人为主设立的村庄聚落，说明晚唐五代归义军统治时期，粟特人的势力并不因为从化乡的取消而削弱，而是有所发展。归义军官府把赛祆作为一项公共事业列入官府常例支出及粟特人聚落发展，任职人数增多亦是有力的说明。随着粟特人在商业、手工业、农业、畜牧业及佛教教团中的发展，影响的增大，粟特人在归义军政权中的势力也不断加强。张议潮建立归义军政权，粟特人是其主要支持者。因此在归义军政权中有大批粟特人担任归义军时期的各级官吏，上至节度副使、都押衙、都指挥、刺史及都头、镇使，下至乡官、平水、营田、衙官等，粟特人充斥归义军政权的各个阶层。

第四节　敦煌粟特人的生业方式

吾人固知，中古时期的中亚粟特人以善于经商而闻名于世，其在古代丝绸之路贸易活动中发挥着重要作用。关于粟特人在敦煌等地的商业活动，敦煌等地出土文书有鲜明反映。因而敦煌学界，对于粟特人商业活动的关注与研究也十分集中。此外，敦煌的粟特人还从事农牧业与手工业等生产活动，繁荣了敦煌的经济生活。

一 粟特人的商业活动溯源

粟特人在中国的商业活动，最早在汉代就开始了，其活动具有时间长、规模大和影响深的特点。东汉以来，粟特人入华的活动不断见诸史料，其身份以商人为主，活跃于武威、长安等交通枢纽城市。魏晋南北朝时期，尽管北方陷入长期混乱，却仰仗丝绸之路延续着与中原地区的商业联系。5 世纪后期，随着粟特王国的分裂，来到中国的粟特商旅更多，而且有不少人举家东迁，入居高昌、武威一带。[1]吐鲁番出土的高昌文书中，在一些名籍里，频繁地出现了康、安、史、石、曹、穆姓氏的居民，就是一证；而这些姓氏，在十六国时期的吐鲁番文书里，却很少见。[2]6 世纪之前，粟特商人的活动已遍及中国内地。在隋唐时期，粟特人曾先后依附于突厥、嚈哒、回鹘等少数民族政权，以保障其商业活动的开展。[3]

唐代，集聚于安西、北庭、吐鲁番地区的粟特商人，其活动不再局限于西北边地，唐朝政府对粟特商人前往京城从事贸易活动的政策，旨在吸引粟特商人进入中原，以促进中原和西域之间物质文化的交流。[4]其商业活动也出现了一些特点，即出现了粟特人与汉人合伙经商的情景，随人数众多的粟特使团商队而来的还有学者、传教者、工匠、艺术家或官方的使者搭载商人的驮队。[5]为了保证丝路贸易的畅通无阻，唐王朝在中亚及丝绸之路沿线地区设置了完善的行政机构和完备的国防制度，驻扎有大量的军队以维护主权和保障商旅的安全。这就需要大量的费用，这笔开支主要是靠收取商税来

---

1 程越：《入华粟特人在唐代的商业与政治活动》，《西北民族研究》1994 年第 1 期，第 56 ~ 64 页。

2 陈国灿：《魏晋至隋唐河西胡人的聚居与火祆教》，《西北民族研究》1988 年第 1 期，第 203 页。

3 李瑞哲：《丝绸之路上粟特人的商业活动蠡测》，《藏学学刊》第 3 辑，成都：四川大学出版社，2007，第 171~180 页。

4 〔日〕荒川正晴：《唐帝国和粟特人的交易活动》，陈海涛译，《敦煌研究》2002 年第 3 期，第 90 页。

5 〔苏〕Б.Г.加富罗夫：《中亚塔吉克史·上古—十九世纪上半叶》，肖之兴译，北京：中国社会科学出版社，1985，第 169 页。

解决的。[1] 这在吐鲁番出土文献中亦有反映，如《唐开元二十年瓜州给西州百姓游击将军石染典过所》记载，石染典入沙州市易时，需由市令勘验人畜名数。据此批文推测，对石染典贸易的货物就征收了市税。[2]

由于商业活动的频繁，河西、西域地区先后出土多件粟特文买卖契约文书，为探究粟特民族的丝路商业贸易提供了珍贵的第一手资料。1988 年，吉田丰在森安孝夫协助下释读刊布了阿斯塔那出土的粟特文买卖契约文书。[3] 为了得到中国的丝绸，粟特商人不惜贩卖人口，甚至卖儿鬻女，具有高额利润的女奴买卖由此泛滥于丝绸之路。而中亚乐舞盛行于东汉无疑与粟特女奴大批入华有直接关系。[4] 唐代西州奴婢及大牲畜的买卖均须官府发给公验才算合法。而唐以前的高昌王国奴婢买卖，同样也要有经官许可、钤盖官印的文券才合法有效。这应是唐西州奴婢买卖"市券"之渊源。[5]

关于粟特人在以敦煌为中心的河西地区的商业活动，敦煌出土文书亦多有记载。20 世纪初，英人斯坦因于敦煌西北汉代烽燧（斯坦因编号：T.XII.a，甘肃省博物馆编号：D22）附近发现了 8 件粟特文信札（现藏伦敦大英图书馆），内容多与商业活动有关。涉及许多日用品，包括金、银、樟脑、胡椒粉、麝香、小麦、各种各样的织物，以及称为白石墨的东西，它们是粟特胡商在敦煌活动的最早证据。林梅村认为这些商业信札书写于西晋末年的 311 年前后，它们反映出当时已有粟特胡商往来于中亚、敦煌、凉州以及长安、洛阳之间，并且有两封信件就是从敦煌发出

1　陈海涛：《唐代入华粟特人商业活动的历史意义》，《敦煌学辑刊》2003 年第 1 期，第 118 ~ 124 页。

2　程喜霖：《唐代过所与胡汉商人贸易》，《西域研究》1995 年第 1 期，第 102 页。

3　吉田豐、森安孝夫、新疆維吾爾自治區博物館「麹氏高昌國時代ソグド文女奴隸賣買文書」，日本中央ユーラシア學研究會編『内陸アジア言語の研究』IV，1988，第 1~50 頁。

4　林梅村：《粟特文买婢契与丝绸之路上的女奴贸易》，《文物》1992 年第 9 期，第 53 页。

5　乜小红：《从粟特文券看高昌王国奴婢买卖之官文券》，《西域研究》2009 年第 4 期，第 37 ~ 42 页。

的。[1]这表明，至少在这一时期，在敦煌地区就有粟特胡商的活动。至于是否有粟特胡商在敦煌定居著籍并形成聚落，信札中并没有提供充分的证据。

上述信札中的二号信札，经过学者们多方努力终于解读成功，集诸家大成者为匈牙利学哈尔玛塔（J.Harmtta）。尽管二号信札的断代尚无法确定，但是它仍是研究在华粟特商人早期活动的极为珍贵的原始资料（图6-2）。信中提到敦煌、酒泉、姑臧、金城、长安、洛阳、黎阳、南阳、淮阳、蓟城等地都有粟特人的足迹，仅黎阳一地就住着一百个粟特贵族。信中还反映出粟特商人经营的物品，他们在华销售大麻织物、毛毡（毛毯）、香料等，从中国收购丝绸、麝香等。[2]刘波根据古信札中提供的情况，讨论4世纪前后粟特商人在敦煌一带的丝绸之路上的贸易情况。认为当时在华从事贸易的粟特人已经形成一定的组织，或许已经出现了粟特人的聚落。从古信札可以看出，4世纪前后粟特人在姑臧、敦煌、金城等地已经设置办事处，向内地派往人员进行活动。尽管目前尚不能确定粟特在敦煌聚落的最早时间，但是可以肯定的是，在仓慈善待胡贾之前，敦煌就有西域胡人过往和居住了，而其中最主要的便是粟特商贾。[3]另外，敦煌文书S.613v《西魏大统十三年（547）瓜州计帐》中出现的曹匹智拔、曹乌地拔两人，[4]有可能是粟特人。他们与汉人一并受田交租，表明他们已经是定居的著籍人口。[5]

1 林梅村：《敦煌出土粟特文古书信的断代问题》，《中国史研究》1986年第1期，第87~99页；陈国灿：《敦煌所出粟特文信札的书写地点和时间问题》，唐长孺主编《魏晋南北朝隋唐史资料》第7辑，1985，第10~18页。

2 王进玉：《从敦煌文物看中西文化交流》，《西域研究》1999年第1期，第56~62页。

3 刘波：《敦煌所出粟特语古信札与两晋之际敦煌姑臧的粟特人》，《敦煌研究》1995年第3期，第147~154页。

4 池田温『中國古代籍帳研究』，第37页。

5 荣新江：《北朝隋唐粟特人之迁徙及其聚落》，袁行霈主编《国学研究》第6卷，第27~86页。

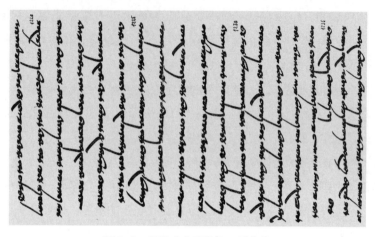

图 6-2　敦煌出土粟特文二号信札

资料来源：吴其昱《论伯希和粟特文写本二号之年月》，《敦煌学》（台）第 12 辑，1987，第 4 页。

在公元 3 至 8 世纪之间，即大体上相当于中国的汉唐之间，由于商业利益的驱使以及粟特地区的动乱和战争等原因，粟特人沿传统意义上的陆上丝绸之路大批东行，经商贸易，有许多人就此移居西域、河西走廊甚至中原地区，一来便不复返。当然，河西走廊地区仍然是很重要的据点，"时西域诸蕃，多至张掖，与中国交市"。[1]

粟特人经过长时间的经营，在撒马尔干和长安之间，甚至远到中国东北边境地带，逐渐形成了自己的贸易网络，在这个贸易网络的交汇点上，建立起自己的聚落，作为他们东西贸易的中转站。吐鲁番出土有高昌国时期的《高昌内藏奏得称价钱帐》，就反映了在高昌地区进行贵金属、香料等贸易的双方，差不多都是粟特人。[2] 也就是说，从西方来的粟特商人把大宗货物运载到高昌，由高昌的粟特商人买下来，再分散或整批运至河西或中原地区兴贩。不仅如此，粟特人还是粟特与中国之间贸易的担当者，也是中国与印度之间的贸易担当者，

1　《隋书》卷六七《裴矩传》，第 1578 页。

2　朱雷：《曲氏高昌王国的"称价钱"》，唐长孺主编《魏晋南北朝隋唐史资料》第 4 辑，1982，第 17 ~ 24 页。

同时又是中国与北方游牧民族之间贸易的担当者。[1]换句话说，粟特人实际上是中古时期丝绸之路贸易最重要的担当者。[2]大概正是因为从北朝到隋唐，陆上丝绸之路的贸易几乎被粟特人垄断，所以在史籍中很少看到波斯商人的足迹。在北方丝路沿线发现的大量的波斯银币和少量的罗马金币，应当是粟特人贸易的印证，而不是钱币源出国的波斯人和拜占庭人。[3]

及至唐王朝建立，中亚粟特商人大批来华，他们或定居于丝绸之路沿线乃至内地，或成为频繁往返于中西丝绸之路的行商。据敦煌文书 P.3559《唐天宝十载（751）敦煌县差科簿》之记载，敦煌县十三乡之一的从化乡，约有粟特人三百户，一千四五百人，大多从事商业。[4]粟特人聚落从化乡之所以在唐朝前期出现，是因为原居于塔里木盆地东部且末河流域播仙镇的粟特人受到西突厥故阿史那阙啜（唐赐名"忠节"）的劫掠骚扰，而逃往敦煌以期得到沙州刺史的保护。沙州政府对这批逃难而来的粟特人，专门划出地域进行安置，建立户籍，其时间略早于景龙二年（708）。[5]此外，河西城镇中，还有许多未入籍的粟特行商。《资治通鉴》卷二一九肃宗至德二载（757）正月条记："河西兵马使盖庭伦与武威九姓商胡安门物等杀节度使周泌，聚众六万。武威大城中，小城有七，胡据其五，二城坚守。"可见粟特商胡人数之众。

粟特人在凉州（今甘肃武威市）聚落的历史较早。斯坦因在敦煌所获粟特文信札中有一封系驻于凉州的粟特商团首领发往撒马尔罕的

1　N. Sims-Williams, "The Sogdian Merchants in China and India," *Cina e Iran da Alessandro Magno alla Dinastia Tang*, ed.A.Cadonna e L.Lanciotti, Firenze 1996, pp.45-67；吉田豐、森安孝夫、新疆維吾爾自治區博物館「麴氏高昌國時代ソグド文女奴隸賣買文書」，日本中央ユーラシア學研究會編『内陸アジア言語の研究』IV，1988，圖版1.

2　姜伯勤：《敦煌吐鲁番文书与丝绸之路》，第 150~226 页。

3　荣新江：《波斯与中国：两种文化在唐朝的交融》，《中国学术》2002 年第 4 辑，第 61~64 页。

4　唐耕耦、陆宏基编《敦煌社会经济文献真迹释录》第 1 辑，第 208 页。

5　陈国灿：《唐五代敦煌县乡里制的演变》，《敦煌研究》1989 年第 3 期，第 45 页。

信件，从中反映出 4 世纪初粟特人在凉州就建立有商业基地。[1] 此后，凉州的粟特人聚落一直存在，并且势力逐渐强大。隋末，在以安修仁为首的凉州胡人支持下，隋鹰扬府司马李轨在凉州起兵称大凉王。唐朝建立后，居住于长安的安修仁之兄安兴贵主动请缨，往凉州招降李轨，并称："臣家在凉州，奕世豪望，为民夷所附；弟修仁为轨所信任，子弟在机近者以十数。臣往说之，轨听臣固善，若其不听，图之肘腋，易矣！"[2] 果然在其后，安氏兄弟轻易活捉李轨，并押送至长安，河西遂平。

在李轨于凉州起兵时，张掖也有康老和举兵造反。河西自古就有粟特人的活动，此"康老和"从其姓名上判断，也应为一粟特人。其所以举兵造反，绝非个人行为，河西粟特人在南北朝以来就有据地自保的传统，可知其中粟特人必有不少。又《唐故张掖郡石府君墓志铭并序》载石崇俊，字孝德，"以曾门奉使，至自西域，寄家于秦，今为张掖郡人也。祖讳宁芬，本国大首领散将军……"[3] 此石崇俊必为一粟特人，其家在张掖也应为一大族。又《□周故陪戎副尉安府君夫人史氏合葬墓志铭并序》载："君讳怀，字道，河西张掖人也。"[4]《大唐故康敬本墓志铭》也载康敬本，本为康居人，"元封内迁家张掖郡"。[5] 他们都以张掖为籍贯，进一步说明唐代在张掖这一粟特人聚落的存在。

二　粟特人在敦煌的商业贸易活动

粟特人以经商著称，《旧唐书·康国传》记其习俗，"男子年二十，即远之旁国……利之所在，无所不到"。[6] 而中古时期作为"华戎所交

1　W. B. Henning, "The Date of the Sogdian Ancient Letters," *Bulletin of the School of Oriental and African Studies* 12, 1948, pp.601–615.

2　《资治通鉴》卷一八七"武德二年（619）五月"条，第 5855 页。

3　周绍良、赵超：《唐代墓志汇编》，上海：上海古籍出版社，1992，第 1892～1893 页。

4　周绍良、赵超：《唐代墓志汇编》，第 845 页。

5　周绍良、赵超：《唐代墓志汇编》，第 530 页。

6　《旧唐书》卷一九八《康国传》，第 5310 页。

一都会"[1]的敦煌则堪称是时的国际贸易城市，往来住居于此的粟特商人无以数计。直到唐代中期，敦煌皆为国际贸易最为活跃的地点之一。及至安史之乱爆发，吐蕃统治敦煌八十余年，敦煌的贸易活动稍有褪色。待归义军收复河西，建立割据地方政权，敦煌作为国际商业贸易市场地位虽有所衰落，不复往昔之盛，但仍然担当着丝路国际商业贸易市场的角色与作用。而具有世代经商传统的粟特人在这一历史转变的过程中，虽有不少人转向农业牧业等其他行业，但是粟特后裔并没有放弃其祖先传给他们的这种谋生手段。归义军时期，敦煌地区从事商业贸易活动的粟特人仍不在少数。

吐蕃占领敦煌时期，取消了粟特聚落从化乡的建制，将辖下粟特人分散至各个部落，从而打散了粟特人的聚居状态，使其与敦煌其他民族交互杂居。及张氏归义军收复沙州，建立政权，仍未恢复从化乡的建制，当地粟特人仍散居于敦煌各乡。但是晚唐五代归义军时期敦煌的村落中仍有很多以粟特人为主建立的村落，如安家庄、曹家庄、史家庄、康家庄、罗家庄、翟家庄等，[2]继而表明晚唐五代敦煌地区还保留着粟特人的村落。这些粟特人从事各种商业、手工业和医学等经济活动。[3]对此，敦煌文书即有记载：P.2049v《后唐同光三年（925）正月沙州净土寺直岁保护手下诸色入破历算会牒》："豆伍斗，曹胡儿利润入"；P.2049v《后唐长兴三年（932）正月沙州净土寺直岁愿达手下诸色入破历算会牒》："麦陆斗，曹胡子利润入"；P.3745《三月廿八日荣小食纳付油面柴食饭等数》："曹胡子面八斗，内二斗却付蒸，油肆升又二升。见来柴数索江进、索怀庆、索住子、索押衙、曹胡子两束。曹胡子付面二斗。曹胡子足内蒸"；P.2040v《后晋时代净土寺诸色入破历算会稿》："粟七斗五升，曹阿朵钵利润入。"其中，曹胡儿、

1　（晋）司马彪撰，（南朝梁）刘昭注补《后汉书志》卷一一三《郡国五·敦煌郡》注引《耆旧记》，第 3521 页。

2　郑炳林：《晚唐五代敦煌村庄聚落辑考》，《2000 年敦煌学国际学术讨论会文集·历史文化卷》，兰州：甘肃民族出版社，2003。

3　郑炳林：《论晚唐五代敦煌贸易市场的国际化程度》，《中国经济史研究》2003 年第 2 期，第 15 页。

曹胡子、曹阿朵等姓名，明显带有粟特胡人特征。他们当是归义军统治时期，敦煌粟特人从事商业活动、牟取利润的例证。

唐五代敦煌酿酒业是受当时敦煌饮酒风气的影响而发展起来的最有特色的地方性手工业，敦煌文书僧俗酒账、麦粟账中即保存有关于卧酒、沽酒、饮酒的丰富记载。敦煌酿酒业分官营和私营两种：官营以酒司为主管的官酒户为生产经营者的酿酒机构，生产原料由官府支给，生产的酒主要用于官府送往迎来的各种开支；私营以酒行主管的个体酒店为主，经营的目的在于获取较高利润，生产的酒主要沽卖给敦煌僧俗各界。无论是官营还是私营酿酒业，经营者主要是敦煌的粟特人。特别是私营酿酒业者，除了汜、李等大姓外，就是敦煌粟特人。[1]

粟特人俗好饮酒，唐宋时期粟特人在敦煌开办了众多酒店，而见于敦煌文书记载的归义军时期粟特人经营的酒店即有不少。如S.2894.1v《壬申年（972）十二月廿二日社司转帖》所载某社社官曹某、社长安某及社人曹愿定、曹愿盈、安丑子、安延子等到曹家酒店聚齐，而与之相连的另两件文书亦有相似记载，涉及安家店、罚（当是罗的误书）。是见，该文书记载的是按照社司的规定，以曹、安、史、康、石、罗、白、米、何等为姓的多名粟特裔人，分别被约到曹家酒店、安家酒店和罚（当是罗的误书）家酒店聚齐，进行活动。除此之外，见于敦煌文书记载的粟特人开办的酒店尚有：P.4697《辛未年粟破用历》："粟捌斗，于康家店付酒本用"，康家店当是由居住敦煌的粟特人康姓开办的；P.3005《破历》记载向何家付酒本共五笔拾石伍斗，虽文书未记载何家是否是店，但从内容看，何家与康家店一样是经营酿酒生意的，应是敦煌酒行中的酒店之一。还有以人名为名的酒店，如史丑煞店、石狗狗、石墨儿、史丑子、史盈子、石婆店、

---

[1] 郑炳林：《唐五代敦煌医学酿酒建筑业中的粟特人》，《西北第二民族学院学报》1999年第4期，第19页。

曹员住、曹留住店等，敦煌粟特人中几乎每个姓氏都开有酒店。[1]这些敦煌城厢的酒店是商业繁盛的副产物，酒店之多，意味着商业之繁荣。

归义军时期，经常向中原地区和西域及周边诸政权派遣使团，这些使团规模大，人员庞杂，有官员也有一般随员，还有相当多的商人和僧侣。在一般情况下，使团成员都要携带一些纺织品或其他质轻价高的物品去贩卖，同时将其他地方的物产贩到敦煌市场出售，或经敦煌再转售到其他地方。当时归义军向外派遣使节的记载比较多，为了管理使团事务约束随员纪律等，遂因出使的对象而常设了一批使团头目，有甘州使头、西州使头、于阗使头等，这些使团头目有很多就是由粟特人担任的。[2]

这些使团除了要完成外交联络等政治任务而外，往往还带有鲜明的商业贸易特色。他们通过驼运等方式奔走于敦煌归义军政权与中原王朝及其周边政权之间，借此完成敦煌贸易市场上的货物运输及买卖。他们买卖的货物主要为中亚和龟兹的胡粉、中亚金青、吐蕃石青石绿等颜料；西州棉布主要有西州布、官布、细碟等；丝织品主要为中原各种丝织品，更具特色的是西域蕃锦、胡锦、波斯锦等以及朝鲜高丽锦等；铁器主要来自中亚、伊州、甘州和中原地区等；银器为中原银碗、东罗马银盏、粟特花银盘子、金花银瓶子等；珠宝有于阗玉和玉器、南亚和东罗马或者中原珊瑚珍珠、波斯琉璃、玛瑙、琥珀等；毛织品有于阗花毯、于阗毛褥、粟特红绣毯等；药材主要有西域胡椒、高良姜、拨、诃梨勒，中原的人参与橘皮、芍药等；生活用品主要有印度砂糖与香料，中亚胡酒、回鹘瓜、大食瓜、胡枣、胡林子、葡萄酒等。[3]

1　郑炳林：《唐五代敦煌医学酿酒建筑业中的粟特人》，《西北第二民族学院学报》1999 年第 4 期，第 20 页。

2　郑炳林、冯培红：《唐五代宋初归义军政权对外关系中的使头一职》，《敦煌学辑刊》1995 年第 1期，第 17 ～ 28 页。

3　郑炳林：《唐五代敦煌贸易市场外来商品辑考》，《中华文史论丛》第 63 辑，上海：上海古籍出版社，2000，第 1 ～ 39 页。

　　敦煌粟特人中从事医药行业的亦为数不少，有从事药材生意的，也有以行医为业的。他们有的将西域、印度、波斯等地药物输入敦煌，继而销往中原及周到各地。归义军时期即有从事药材生意的西域胡僧，如 S.1366《归义军衙内油面破历》所载"廿六日，支纳药波斯僧面壹斗"，其即是一位专门从事药物生意的波斯僧，他往来于甘州、敦煌间。众所周知，波斯僧往往是对景教徒、祆教徒的俗称，且是时从事丝路贸易的商人多为粟特人，因而不排除其为粟特人的可能。另外，敦煌粟特人也开店卖药，如 S.6452《辛巳年十二月十三日周僧政于常住库借贷油物历》所载壬午年二月"十四日，酒伍瓮，渠北坐翟胡边买药用""廿二日，酒伍升，吃药用"，四月"九日，酒壹瓮，阿柴啐胡边买药用"。可见渠北坐翟胡是一位在敦煌渠北开店卖药的粟特人。

　　敦煌粟特人中也有以行医为业者，其中最著名的当属出身敦煌世家大族的医家史再盈。其事迹见载于 S.4363《后晋天福七年史再盈改补充节度押衙牒》：

　　　　敕归义军节义使　牒：前正兵马使银青光禄大夫检校太子宾客兼试殿中监史再盈，右改补充节度押衙。牒奉处分，前件官龙沙胜族，举郡英门。家传积善之风，代袭忠勤之美。况再盈幼龄人训，寻诗万部而精通；长事公衙，善晓三端而杰众。遂使聪豪立性，习普婆秘密之神方；博识天然，效愉附宏深之妙术。指下知六情损益，又能回死作生；声中了五藏安和，兼乃移凶就吉。执恭守顺不失于俭让温良；抱信怀忠，无乖于仁义礼智。念以久经驱策，荣超非次之班。宪秩崇阶，陟进押衙之位。更宜纳效，副我提携。后若有能，别有奖擢。件补如前，牒举者，故牒。天福柒年柒月拾壹日　牒。使检校司徒兼御史大夫曹（押）。

众所周知，唐五代敦煌史姓出生粟特胡族，为敦煌世家大姓。从牒文看，史再盈是州医学培养出来的学生，派遣到归义军官府从事医学工作的。

三　粟特人在敦煌的农牧业及手工业活动

中古时期，随着粟特人的大举入华，定居或行商，以及汉化程度的逐步加深，粟特人的社会经济生活正发生着变化。尤其是 751 年怛罗斯之战和 755 年安史之乱爆发后，粟特人社会生活发生了较大变化。前者标志着阿拉伯帝国在中亚的胜利，后者则是唐帝国走向衰落的开端。虽然粟特商人还可以通过回鹘、吐蕃继续进入中国，但整个历史进程已经向另一个方向转变了，较为显著的两个影响是粟特人大量转向其他行业和从聚居走向散居。[1]

众所周知，强大的唐王朝建立后，将中原的均田制推广到西域河西一带，包括粟特人在内的当地人被编入乡里，从事农牧业生产，与周围的汉族百姓一起共同开发着西北边疆。

粟特人在向中国移民的过程中，逐渐地流向了农业，5 ~ 8 世纪的文字记载揭示了当地粟特人相当一部分是农民。[2] 根据姜伯勤的研究，西州粟特人聚落还有"归朝"即入籍粟特人与未入籍粟特人即"客胡""兴胡"的区别。[3] 入籍粟特人往往是以农牧业生产为主。吐鲁番所出《唐神龙三年（707）高昌县崇化乡点籍样》集中反映了粟特人在西域从事农业生产的情况，残卷共存 97 行，其中存户主名 46 人，属昭武九姓者为 24 人，他们都是在从事农业生产。在高昌—西州的许多粟特人，可以作为田主出佃田地，或者自佃耕种；也可以佃种别人的田地。这种现象在吐普番文书中十分普遍。[4]

在西域地区，尤其是吐鲁番盆地，从麹氏高昌到唐西州时期，大量的粟特人从事农业生产。另外，在吐鲁番出土的唐代西州时期的文

1　程越：《入华粟特人在唐代的商业与政治活动》，《西北民族研究》1994 年第 1 期，第 61 页。

2　童丕：《中国北方的粟特遗存——山西的葡萄种植业》，《法国汉学》丛书编辑委员会编《粟特人在中国——历史、考古、语言的新探索》（即《法国汉学》第 10 辑），北京：中华书局，2005，第 208 页。

3　姜伯勤：《敦煌吐鲁番文书与丝绸之路》，北京：文物出版社，1994，第 154 页。

4　王晓晖：《北朝隋唐入华粟特人与农牧业》，《黑龙江民族丛刊》2007 年第 5 期，第 101 页。

书中，有一些涉及农业水利事务管理的文书，其中有"堰头"一职，担任此职务的不乏九姓胡人。同时，随着西域康国良种马的引进，马鬃的修剪和式样也传入了中国，同样，这种昂贵马匹的饲养人——康国人也进入西域从事养马业。[1] 另外，还有一些"来自蒙古草原和中亚的俘虏，通常都从事牧马人、马夫以及贵族车仗的骑马侍从等职业"。[2]

而与西域紧密相连的敦煌从化乡，作为一个粟特人聚落，其农业生产情况又是如何？对此池田温通过对 P.2657、P.3018、P.3559 以及 P.2803 号文书的研究，推算出敦煌县从化乡到 8 世纪中叶以前，大约有不到 300 户人家、1400 多口，是一个以粟特人为主的乡。种植粟是该乡绝对不可忽视的一项生业。按照最保守计算，每户平均要种植 10 亩以上粟田。此外，还种植麦、黍、豆、麻、蔬菜、瓜等作物，而且，在 8 世纪前半期内，该乡的农业出现了逐渐扩展的趋势。[3]

及至安史之乱爆发，吐蕃占领敦煌时期，从化乡被解散，粟特诸民散落诸部落，继续从事农牧业生产的人数仍有不少。据 S.0542v《敦煌诸寺丁壮车牛役簿》所载，是时从事农业生产的粟特人主要有"安满奴春稻、修仓；安薛保守囤、营田夫；安俗德春稻；史兴进守囤、迴造稻、曹贞顺守囤、营田夫；石抱玉修仓、迴造粳米"；从事牧业生产的有"曹进兴放驼；康伏逝放羊；史佰合贴羊；安胡胡放羊；史通子放羊；石玉奴放羊；史升朝放羊；石进玉贴羊"。从他们从事的差役种类看，有些属于有一定技能的手工业者，如木匠、毡匠、酒户、修佛的塑匠以及车头等，有的则从事农牧业生产，如春稻、看碾、修仓、修函斗、营田夫、锉草、放驼、放羊、请羊、贴羊等。这一分工大体上也反映着粟特裔民后来在敦煌社会的职业分布状况。[4]

1　谢建忠：《试探岑参诗中的西域胡人》，《西南民族学院学报》2001 年第 11 期，第 62～66 页。

2　Edward H.Schafer, *The Golden Peaches of Samarkand-A Study of T'ang Exotics*, Berkeley/Los Aneles/London：University of California Press，1985，p.42；〔美〕爱德华·谢弗：《唐代的外来文明》，吴玉贵译，北京：中国社会科学出版社，1995，第 97 页。

3　池田温「8 世紀中葉における敦煌のソグド人聚落」『ユーラシア文化研究』1，1965，第 80 页；〔日〕池田温：《八世纪中叶敦煌的粟特人聚落》，辛德勇译，《唐研究论文选集》，第 41 页。

4　陆庆夫：《唐宋间敦煌粟特人之汉化》，《历史研究》1996 年第 6 期，第 27 页。

另外，S.1475.4v《酉年（817）下部落百姓曹茂晟便豆种帖》、S.1291《某年三月一日曹清奴便豆麦契》、S.2228《亥年修城夫丁役使簿》亦分别记载吐蕃时期下部落、中元部落有曹姓百姓，从事农业活动及承担修城徭役。这里尚不能肯定曹茂晟、曹清奴、曹保德究竟是汉族曹氏还是汉化了的粟特曹氏，但此时从化乡既已不再存在，粟特曹氏亦必分散居住在各个部落。[1]

归义军统治时期，敦煌粟特人仍分散于敦煌各乡，与当地汉族及其他民族交错杂居一处，迈入了更为深层次的汉化过程。然而限于出土文献资料零星、残损等问题，加之，彼时粟特人汉化程度加强，从相关文书中无法明确区分出汉人或粟特人姓名，故无法勾画出归义军统治时期粟特人从事农牧业生产真实鲜活的历史面貌。但是就粟特人以往在敦煌经济生活的历史延续性，归义军所采取的旨在恢复唐代旧制的政策的作用下，以及结合自安史之乱、归义军收复河西诸战后，敦煌等地的社会经济需尽快恢复的现实需要，归义军统治敦煌时期，继续从事农牧业生产的粟特人仍应不少。

归义军时期，土地制度发生了重大变化，以请田制为主。[2]唐代实行均田制时，就有请田制的存在。归义军政权继承了唐前期的有关土地制度，对于荒地、逃户土地等允许民户请射承佃。与授田有关的"请"及"请射"，其意当为按照规定，受田者可以履行请授或请射的手续被授予应受的土地；不是制度规定的受田人，不能请授或请射土地。这些"请授""请射"等都是各类授田的必要手续，都是实行均田制过程中的一个必要的程序。在制度规定的前提下（或范围内），应受田者在狭乡一般要申请授田，在宽乡的可以指定地点地段请授。指定地点地段的请授，就是请射。指物而取曰射。这里的物就是地。[3]

1　冯培红：《敦煌曹氏族属与曹氏归义军政权》，《历史研究》2001 年第 1 期，第 73 ~ 86 页。

2　杨际平：《唐末宋初敦煌土地制度初探》，《敦煌学辑刊》1988 年第 1 ~ 2 期合刊，第 14 ~ 28 页；刘进宝：《归义军土地制度初探》，《敦煌研究》1997 年第 2 期，第 48 ~ 60 页。

3　王永兴：《关于唐代均田制中给田问题的探讨——读大谷欠田、退田、给田文书札记》，《中国史研究》1986 年第 1 期，第 21 页（收入氏著《陈门问学丛稿》，南昌：江西人民出版社，1993，第 243 页）。

请射的土地，实际上变成了私田，即"请射承佃，供纳租税，充为永业"。[1] 请射成为私有土地发展的一条途径，归义军时期民户请射的田地主要包括绝户地、不办承料户田土和官荒地等等，这些原来的国有土地经过民户请射耕种后，就变为民户的私有土地了。

从敦煌文书可知，唐五代归义军时期土地买卖亦比较频繁，出现"私契"，即土地交易双方不再受国家的制约，也不需要官府审核和裁决，可以根据个人意志自由买卖土地。私契的公开与合法化，正是土地私有化的反映。民户土地所有权的变更在法律上得以实现的标志性文件就是"户状"，如 P.4974《唐天复年代神力为兄坟田被侵陈状并判》载："故尚书阿郎再制户状之时，其曹僧宜承户地，被押衙朗神达请将。"[2] 即押衙朗神达乘"再制户状之时"，通过请射获得了原属曹僧宜的土地。S.3877《天复九年己巳（909）洪润乡百姓安力子卖地契》亦载："自卖已后，其地永任进通男子孙息侄世世为主记。中间或有回换户状之次，任进通抽入户内。"[3] 进通购买了安力子的土地后，即可为己所有，但只有使用权，而无法律上的所有权，只有在官府"回换户状之次"，进通才能将其"抽入户内"，即享有法律上的土地所有权。民户的土地，不管是原有，还是通过请射、买卖或交换所得，只要经过归义军官府的认可，即登录到"户状"上，就有了合法性，也就是文书上所说的"入官措案为定"。目前尚无法确认上述文书涉及的曹僧宜、安力子是否为粟特人。

归义军统治时期，亦有不少粟特人从事建筑行业。如 P.3234《甲辰年二月后沙州净土寺东库惠手下便物历》所载"史都料贷豆叁硕"；P.2040《后晋净土寺诸色人破历算会稿》之"麻壹石，与史都料用"，"豆肆硕伍斗，与史奴奴都料手工用"，"布二尺五寸，康都料孙子亡吊孝用"。这些见于敦煌文书记载的都料即建筑师，而他们的姓氏是著名的粟特胡姓。据郑炳林对相关文书的研究，982 年对沙州净土寺

---

1 （宋）王溥：《五代会要》卷二五《逃户》，第 407 页。

2 唐耕耦、陆宏基编《敦煌社会经济文献真迹释录》第 2 辑，第 292 页。

3 唐耕耦、陆宏基编《敦煌社会经济文献真迹释录》第 2 辑，第 8 页。

于北园进行造作，工程完成后，由董都料负责与寺院负责人核算费用，造出清单，因史都料是净土寺修建工程的总负责，故而净土寺支付工价主要与史都料结算。至于康都料，虽然此时没有承担净土寺的工程，净土寺仍然与之保持较紧密的关系，连其孙子死了，净土寺都要派人前往吊祭一番。由此可见康都料在敦煌建筑业中地位之高、影响之大。另外，P.2032 号还记载史都料承建莲台寺钟楼的建筑工程、康都料承建西仓檐工程，即"粟壹斗，与史都料用；粟壹斗，宋僧政处分支与史都料用"，"粟贰斗，五月史都料、李都料与用"，"粟壹斗送锁来日与史都料用"，"粟拾贰硕，康都料造西仓檐手工用"。而见于 P.2040 及 P.2032《后晋净土寺诸色入破历算会稿》"粟叁硕，史奴奴打钉叶手工用"的史奴奴即史都料，是位铁匠，即铁博士。对于一项建筑工程来说，特别是寺院建筑工程，需要铁匠、木匠、泥匠、画匠等工匠共同完成，史奴奴以铁匠兼工程总负责，说明当时敦煌的建筑师出自工匠中手艺高者。[1]

综上所见，归义军时期统治时期，住居敦煌的粟特人仍然保持着较为活跃的社会经济活动。在继续从事其先祖擅长的丝路商品贸易的同时，还涉及医药、酿酒、建筑等手工业，且农牧业领域亦应有不少的粟特从事者，他们对晚唐五代时期敦煌地区社会经济的恢复及发展做出了重要贡献。尤其是粟特人在商业领域的活跃表现，对归义军政权的巩固发挥了不可小觑的作用。众所周知，敦煌区域性政权力量很小，但是却能维持了将近两百年时间；出产虽然匮乏，但是建立了一个汇集中外商品的繁荣的贸易市场。其中主要的原因就是积极开展对外商业贸易，开展中转贸易，通过敦煌为中心的商业贸易市场与周边地区商品达到互通有无。[2]

1　郑炳林：《唐五代敦煌医学酿酒建筑业中的粟特人》，《西北第二民族学院学报》1999 年第 4 期，第 24～25 页。

2　郑炳林：《晚唐五代敦煌贸易市场外来商品辑考》，《中华文史论丛》第 63 辑，上海：上海古籍出版社，2000，第 55～91 页；郑炳林、徐晓丽：《论晚唐五代敦煌贸易市场的国际化程度》，《中国经济史研究》2003 年第 2 期，第 14～18 页；郑炳林：《晚唐五代敦煌商业贸易市场研究》，《敦煌学辑刊》2004 年第 1 期，第 103～118 页。

第五节　敦煌粟特文化

　　居住在敦煌的粟特人不仅在政治、军事、经济、商业贸易等领域推动了敦煌地区的社会经济的发展，还将粟特文化带到敦煌，在语言文字、宗教信仰、石窟营建、饮食医疗等方面，为敦煌文化的繁荣发展做出贡献。

一　粟特语言文字

　　粟特语属于中期伊朗语族的东部方言，其所使用的文字为粟特文。粟特文是流行于以撒马儿罕、布哈拉为中心的古代粟特地区的一种文字，主要用以拼写粟特人——中国史书上所谓的昭武九姓人所操的中古伊朗语。根据对吐鲁番与敦煌等地出土的粟特文残卷及其他考古材料的研究，一般认为粟特文字母源于叙利亚阿拉米字母，它是在阿拉米草书的基础上又结合当时粟特语的发音特点而创制的。这套字母只表示辅音，不表示元音。目前，中国境内发现的粟特文有三种字体，不同字体的字母数目亦不尽相同。其一为摩尼体，有29个字母，用以书写摩尼教经文，其字体工整、结构精美；其二为佛经体，有17个字母，出现于500年前后；其三为古叙利亚体，有22个字母，用于景教徒书写景教文献与基督教经典。粟特人书写时的行款有从右向左横写和自上而下竖写两种。

　　粟特人以善于经商闻名，利之所在，无远弗届，故丝绸之路沿线地区到处可见古粟特商人的踪影，故而其语言文字也随之向东传播。在11世纪以前，粟特文长期行用于新疆、河西走廊及蒙古高原。在粟特人从事丝路贸易等活动的过程中，粟特人的语言文字对丝绸之路沿线上的其他民族，尤其是突厥、回鹘人的语言文字产生了巨大影响。突厥汗国最初以粟特文为书面文字，后来又借鉴了粟特文阿拉美字母创制了突厥文。当今维吾尔族祖先回鹘人所使用的回鹘文就是在粟特文的基础上创制的。另外，在回鹘文创制和普遍流行之前，回鹘人使用的主要是突厥卢尼文，同时，回鹘人还使用汉文和粟特文，如著名的《九姓回鹘可汗碑》在卢尼文之外还使用了汉文和粟特文（图6-3），《塞维列碑》则是卢尼文和粟特文并用。回鹘西迁后，这种文字尚在继续使用，敦煌发现的以这种文字书写的文献有军事过所供应簿和格言残篇等。[1]

　　另外，粟特人还以其语言天赋及较高的整体文化素质，在丝绸之路沿线各地，甚至中原政府与各少数民族政权的交往中充当了沟通文化的使者，甚至扮演了文化创造者、传播者的角色。在唐朝时的西州地区（今吐鲁番地区）有许多从事语言文字翻译工作的译语人就是粟特人。他们利用语言上的优势，充当外交使节，来往于诸国之间，如定居在今酒泉的粟特人安诺槃陀就曾奉西魏太祖之命出使西突厥。唐

图 6-3　《九姓回鹘可汗碑》碑额中的粟特文（杨富学拍摄）

1　耿世民：《敦煌突厥回鹘文书导论》，台北：新文丰出版公司，1994，第120 ~ 123 页；杨富学、牛汝极：《沙州回鹘及其文献》，第248 ~ 250 页。

太宗在和突厥颉利可汗的使臣密谈时，只有一个名叫安元寿的亲信（他是粟特人的后裔）担任侍卫兼翻译。[1]

在敦煌出土的胡语文献中，有50余件粟特文写本文献。敦煌烽燧发现的"古信札"是早期粟特人东迁时写给他们撒马儿罕的首领和亲戚的，说明粟特人很早就活动在河西。在P.3559《唐天宝十载（751）敦煌县差科簿》中，出现有从化乡，这里聚居着粟特人。[2]他们的聚落大概位于敦煌东部，与敦煌安城祆祠不远。敦煌发现的粟特文文献主要是佛经，此外还有会计文书、信件和杂写。[3]这些粟特语写本，有的书写于已废弃的汉文佛经的纸背，有的写于汉文文献的字里行间，甚至有的叠压在汉文佛经之上，当是利用了已废弃的旧纸。尤其值得注意的是，P.Sogdien 8结束于一篇姓康的粟特人歌功颂德的回向发愿文。这些都说明，敦煌发现的这些粟特文文献并不来自粟特地区，而是居住在中国的粟特人撰写的。可能是居住在从化乡的粟特佛教徒遗留下来的。后来粟特人在敦煌消失了，但粟特语在公元9～10世纪间仍在使用。从敦煌出土的这些文献看，其中已明显表现出回鹘化倾向，语言本身含有大量的回鹘语词汇。使用这种语言的当为那些已回鹘化的粟特人以及那些受到粟特语影响的回鹘人。公元10世纪于阗使节张金山出访敦煌，在他的一份于阗文写本上用粟特语签名。这一事实说明，在这一时期，粟特语仍在一定范围内使用。

二　敦煌粟特人的宗教信仰

粟特人的宗教信仰多元化，其中最具影响的为祆教，同时亦有崇奉景教（基督教聂斯托利派）、摩尼教的习俗。随着大批粟特人来华，粟特人又在以中原汉族为主的其他少数民族的影响下，对佛教亦多有推崇。

1　侯世新：《西域粟特胡人的社会生活与文化风尚》，《西域研究》2010年第2期，第11页。

2　唐耕耦、陆宏基编《敦煌社会经济文献真迹释录》第1辑，第208页。

3　Nicholas Sims-Williams-J.Hamilton，*Documents turco-sogdiens du IXe-Xe siècle de Touen-houang*，London，1990.

（一）祆教

祆教又称拜火教，是世界上最古老的宗教之一，起源于波斯和中亚，相传为琐罗亚斯德所创，故又名琐罗亚斯德教。以礼拜火为主要仪式。约在226年前后，波斯国王定祆教为国教，于是在中亚诸国得到了广泛的传播，昭武九姓各国也随之奉行此教。随着九姓胡的东来，祆教也传到了中国。祆教入华的具体时间，学界有不同的说法，一种意见认为在516～519年。[1] 另一种意见根据《晋书》卷八六《张轨传附张寔传》所记刘弘崇信光明等事的记载，认为在东晋十六国时期，祆教即已在中国有所流传了。[2] 以后说较为可取。魏晋以来，河西是胡商最集中的地区，火祆教自然在这里传播也较早。北魏时期，安难陀至孙盘娑罗"代居凉州为萨宝"。[3] 萨宝，原为梵文 sārthavāho 的音译，意为商主、队商之长，后用以称呼火祆教的教长。北魏时期凉州已有固定的萨宝官职，显然应是因有众多的教徒和火祆祠而设的。

到了隋唐时代，甘肃境内的火祆教有了进一步的发展。1982年，天水市发现了17方画像石和8方素面石条组成的石棺床，床座刻焰肩祆神像，正面床沿刻连珠忍冬纹，并饰以金彩。这种连珠纹是萨珊波斯及粟特地区祆教艺术中的典型纹样。根据屏风画的内容、绘画风格、人物造型、乐器组合等方面内容的考证，可定其年代上限约在隋代，下限约在初唐。[4] 在河西地区，火祆祠明显增多，《朝野佥载》卷三载："凉州祆神祠，至祈祷日，祆主以铁钉从额上钉之，直洞腋下，即出门，身轻若飞，须臾数百里。至西祆神前舞一曲，即

1　陈垣：《火祆教入中国考》，《国学季刊》第1卷第1号，1923，第29页（收入氏著《陈垣史学论著选》，上海：上海人民出版社，1981，第124页）。

2　王素：《魏晋南朝火祆教钩沉》，《中华文史论丛》1985年第2期，第225～233页。

3　（唐）林宝：《元和姓纂》卷四"姑臧凉州安氏"条，岑仲勉校记，郁贤皓、陶敏校，北京：中华书局，1994，第500～501页。

4　天水市博物馆：《天水市发现隋唐屏风石棺床墓》，《考古》1992年第1期，第48页。

却至旧袄所，乃拔钉，无所损。"这说明在唐代凉州（今武威市）有火袄祠之设。武威曾出土一方唐代《康阿达墓志》，志称康阿达为西域康国人，其父康拔达曾任凉州萨宝。[1]可知当时凉州袄教徒当不在少数。自凉州西行数百里，又有"西袄神"，其地当在张掖。

袄主与萨宝、萨保是不同的。前者仅仅是一袄祠之主，常由火袄教徒在胡人中募请或经过推举产生，一般需具有幻术本领。此外，敦煌也有袄祠，敦煌写本 P.2005《沙州都督府图经》载沙州有"袄神"祠，"在州东一里，立舍画神主，总有二十龛，其院周回一百步"。敦煌写本 P.2748《敦煌廿咏》第十二首《安城袄咏》描述了敦煌地区流行袄神崇拜的盛况：

> 版筑安城日，神祠与此兴。一州祈景祚，万类仰休征。
> 苹藻来无乏，精灵若有凭。更有零祭处，朝夕酒如绳。

说明敦煌安城的袄祠是在版筑该城时兴建的，其时当在初唐显庆至龙朔间（656～663）。[2]而 P.2005《沙州都督府图经》也是撰写于唐前期的写本，故其所记当为唐前期之事。易言之，安城袄祠的修建当在初唐之时。在当时敦煌地区的民间，袄神简直被奉为最高的保护神，每日赴袄祠祭祀的人络绎不绝。该诗的作者，文书中没有署名，当是一位汉文诗词造诣甚高的人所撰写。此火袄祠当即上述州东一里之袄神祠，可能与袄主来自安氏家族有关。此袄祠在吐蕃统治时期一度颓废残败，到归义军统治时期又被重修，并成为袄教活动以至其他活动的中心。《安城袄咏》写成的时代，一种意见认为应在唐末五代间，[3]另一种意见认为应在大中二年（848）至咸通十二年（871）间。[4]二种意

1　周绍良、赵超：《唐代墓志汇编》，第 124 页。

2　李正宇：《敦煌地区古代祠庙寺观简志》，《敦煌学辑刊》1988 年第 1、2 期，第 72 页（收入氏著《敦煌史地新论》，台北：新文丰出版公司，1996，第 58～59 页）。

3　神田喜一郎「『敦煌二十詠』に就いて」『史林』第 24 卷第 4 号，1939，第 173-181 頁。

4　李正宇：《〈敦煌廿咏〉探微》，《古文献研究》，哈尔滨师范大学编印，1989，第 232～236 页。

见虽相左，但都断定其为归义军统治时期之物。此外，北京国家图书馆藏敦煌文献生 25《诸杂字一本》中有"祆庙"之谓；S.2241《公主君者者状上北宅人》中有"祆寺燃灯"之语；S.214v《社司转帖》有"于祆门前取齐"的记载。上述诸件，都属于归义军时期，说明在那个时代，祆神崇拜已蔚然成风。

由祆神崇拜进而形成的赛祆活动成为当地一种民俗。所谓赛祆，是一种祭祀活动，有祈福、酒宴、歌舞、幻术、化装游行等盛大场面，类似庙会。敦煌文书对此有丰富的记载，如 P.4640v《己未至辛酉年（899～901）归义军衙内布纸破用历》记录了三年的赛祆支用情况，其中，己未年（899）支出的有：七月廿五日，支赛祆画纸 30 张；十月五日，支赛祆画纸 30 张。庚申年（900）支出的有：正月十三日，支赛祆画纸 30 张；四月八日，支赛祆画纸 30 张；四月十六日，支赛祆画纸 30 张。辛酉年（901）支出的有：正月十一日，支赛祆画纸 30 张；二月二十一日，支赛祆画纸 30 张；三月三日，支赛祆用粗纸 1 帖；四月十三日，支赛祆画纸 30 张。

由此可见，归义军时期敦煌赛祆活动是非常频繁的。不仅如此，而且所用纸张酒食等，一般由归义军衙门供应，其场所则主要在城东的安城祆庙。此外，在东水池也有赛祆活动举办。

在敦煌藏经洞（第 17 窟）尽管没有发现用汉文书写的祆教经典，但却能见到用汉文书写的火祆教咒文，即 P.2569《傩安城火祆咒文》。这篇咒文中有"长作大唐节制"之语，说明应写成于唐代。咒文中有颂扬敦煌太守的文字，足以表明火祆崇拜已纳入当地的官方轨道，为唐政府在当地的统治服务。显然，唐政府在当地倡导火祆教，火祆教不仅受到当地胡人的崇信，亦受到当地广大唐人的敬奉。[1]此外，在敦煌还有祆教艺术品出土，即五代至宋初 P.4518 纸本白画中的神祇画，只是数量甚少。

1　林悟殊：《波斯拜火教与古代中国》，台北：新文丰出版公司，1995，第 160～161 页。

（二）佛教

吾人固知，从粟特人的发展史看，他们主要信仰祆教，同时也信仰佛教。晚唐五代归义军时期，粟特人在宗教信仰上仍保持祆、佛两教并重的习惯。粟特原居住地本在葱岭西的河中地区，入唐后大批东迁，进入唐安西、北庭二大都护府及塔里木城邦诸国境内，成为大唐臣民之一。[1] 而佛教也被西州回鹘定为国教，成为西迁回鹘人的宗教信仰，这与众多粟特译经僧的译经工作不无关系。[2] 粟特人因长期往来各国经商，逐渐成为通晓多国语言的翻译。这点在唐代西域各国朝贡时往往以粟特人为使便可见一斑。在魏晋至隋唐时期的佛经汉译工作中，粟特译经僧也做出了重要贡献。[3]

有唐一代，敦煌县从化乡是以居住敦煌的粟特人建立起来的，到晚唐五代归义军时期，虽然从化乡的建置被取消，但是粟特人势力并未因此而减小，相反势力和影响都有所增强。而敦煌佛教教团中的粟特人势力较之吐蕃时期进一步发展壮大。其主要表现为在佛教教团中僧官特别是高级僧官由粟特人担任比较普遍，这种状况的形成取决于敦煌粟特人对佛教的信仰程度。这些粟特僧人有的登坛讲经，有的出任僧首，十分活跃。唐五代敦煌佛教是当地民众的精神支柱，开窟造佛修寺之风很盛，道场之气犹浓，出使、征战、禳灾都要做道场，请佛延僧念经，在佛教发展中粟特人僧官的功绩不可忽视。[4]

粟特人虽然长期居住于敦煌，但其商业民族的性质，特别是商业民族的投机心理并没有发生多少变化。敦煌莫高窟虽然有很多粟特人建立的家窟，但是这些家窟很少是他们自己亲自开凿的，大部分是

1　薛宗正：《唐代粟特人的东迁及其社会生活》，《新疆大学学报》（哲学·人文社会科学版）1997年第1期，第62~66页。

2　邵明杰：《论入华粟特人流向的完整线索及最终归宿——基于粟特人"回鹘化"所作的考察》，《青海民族研究》2010年第1期，第122页。

3　张广达：《粟特人在佛经翻译中的作用》，氏著《文本图像与文化流传》，桂林：广西师范大学出版社，2008，第290~294页。

4　郑炳林：《唐五代敦煌的粟特人与佛教》，《敦煌研究》1997年第2期，第151~165页。

重修或者改建原有洞窟而成。
如康秀华作为吐蕃时期敦煌的
著名商人及吐蕃敦煌官员部落
使，就曾改莫高窟 44 窟为其家
窟（图 6-4），而改窟比重新
开凿石窟要合算，反映了粟特
民族的商业投机心理也使用到
佛教信仰上。[1]晚唐五代敦煌地
区的粟特妇女生活很活跃，她
们信仰佛教并参与建窟施舍等
活动。[2]

图 6-4　莫高窟第 44 窟粟特人康秀华
供养菩萨像（敦煌研究院供图）

　　敦煌粟特人信仰佛教表现在各
个方面，其中抄写佛经最为突出。
抄写佛经时代比较早，可以上溯到
北朝时期。归义军时期敦煌粟特人
对佛教的信仰又表现在请人画功德
像上。在敦煌莫高窟与文书一起出
土的有大量幡画，敦煌文书中的点
检历也记载了唐五代敦煌各个寺院
都收藏有许多塑像及绢帛、布、纸
质画像等。唐五代敦煌粟特人信
仰佛教还表现在开窟造寺修功德。
唐五代敦煌有名寺十七所、三窟、一百余所家寺，其中许多是粟特人修
建的。[3]

1　郑炳林：《康秀华写经施入疏与炫和尚货卖胡粉历研究》，季羡林、饶宗颐、周一良主编《敦煌吐
　　鲁番研究》第 3 卷，北京：北京大学出版社，1998，第 191 ~ 208 页。

2　郑炳林、徐晓丽：《晚唐五代敦煌地区粟特妇女生活研究》，《新疆师范大学学报》2004 年第 2 期，
　　第 36 ~ 40 页。

3　郑炳林：《唐五代敦煌的粟特人与佛教》，《敦煌研究》1997 年第 2 期，第 151 ~ 165 页。

（三）摩尼教与景教

摩尼教是公元 3 世纪中叶波斯人摩尼（Mani，约 216-277）所创立的一种宗教。景教即基督教之聂斯脱里派，该派以其创始人聂斯脱里而得名。摩尼教与景教在中亚粟特地区多有传播，为粟特人所崇信。且在摩尼教、景教向东传播的过程中，往来中西的粟特人亦发挥了重要作用。

1981 年文物工作者在柏孜克里克千佛洞发现了保存完好的三件粟特文书和五件回鹘文书，其中一件粟特文书是摩尼教东方教区负责人写给本教区教主的信（图 6-5）。信中除了摩尼教的精神内涵外，佛

图 6-5　吐鲁番出土粟特文信件

资料来源：柳洪亮主编《吐鲁番新出摩尼教文献研究》，北京：文物出版社，2000，图版五。

陀、天使的名称也出现在这封摩尼教徒的书信中。这封信是用粟特文写成的，写信者有可能就是粟特人，且应为高昌地区的粟特人，在宗教信仰方面有着融合的趋势。科硕伊—克尔衮古城遗址出土的粟特香炉，新疆和田、疏附县出土的粟特风格的器物，也能反映出西域粟特人在宗教信仰上的融合趋势。[1]

敦煌地处丝绸之路的咽喉，波斯文化东进中原腹地必经此地。因此，有理由相信摩尼教、景教必然很早就在敦煌地区产生过某种程度的影响。唐朝时期，摩尼教在敦煌的影响进一步扩大，敦煌遗书中保存的唐前期或稍后一些时期形成的摩尼教经卷写本，即《摩尼教残经一》《摩尼光佛法仪略》和《下部赞》等，堪为明证。

在9～11世纪时，敦煌很可能有摩尼寺存在，寺名在敦煌所出9～11世纪的古突厥文《占卜书（Ïrq Bilig）》之跋尾（图6-6）中有

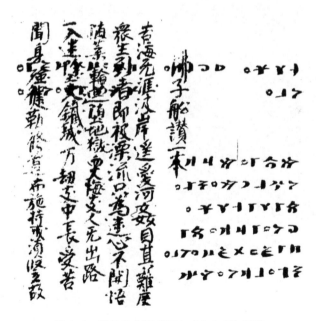

图6-6　敦煌本突厥卢尼文《占卜书》尾跋

资料来源：Talat Tekin, *Irk Bitig.The Book of Omens*, p.131.

1　侯世新：《西域粟特胡人的社会生活与文化风尚》，《西域研究》2010年第2期，第12页。

所反映，被称作"大云堂摩尼寺"。[1] 此外，20 世纪初，在敦煌还发现了 6 件写成于 9 ~ 10 世纪间的回鹘文摩尼教文献。特别值得注意的是，在敦煌还出土有用摩尼文书写的回鹘语《摩尼教徒忏悔词》。该文献是 1907 年由英国探险家斯坦因于莫高窟藏经洞（敦煌研究院编号第 17 窟）发现的，现藏伦敦大英图书馆，编号为 Or.8212-178（旧编号为 ch.0015），卷子式，共 338 行，文字秀美、清晰，包括 15 项具体忏悔的内容，全篇仅缺开首部分，是现存回鹘语《摩尼教徒忏悔词》中保存最完好的一件。

图 6-7　敦煌出土基督像绢画

资料来源：朱谦之《中国景教——中国古代基督教研究》，上海：东方出版社，1993，图 29。

敦煌曾出土的景教艺术品多件，其一为一幅景教绘画，人物胸前及额上均有十字架（图 6-7）。近期，考古人员在莫高窟北区 B105 窟中发现铜十字架一枚（编号 B105：2），横竖交叉的十字架位于圆环中央，十字各端均伸出圆环之外 1.3 ~ 1.5 厘米。时代属于宋代或宋代以前。[2] 敦煌出土的唐代景教文献有 6 种，它们的存在，有力地证明了唐时景教在甘肃存在的史实。

就目前敦煌出土的摩尼教、景教文献文物来看，唐五代归义军时期，敦煌确实还存在着摩尼教、景教。因而，是时，住居敦煌的粟特人中当亦有崇奉其传统

1　杨富学、牛汝极：《沙州回鹘及其文献》，第 67 ~ 68 页。

2　彭金章、王建军：《敦煌莫高窟北区石窟》第 2 卷，北京：文物出版社，2004，第 42 ~ 43 页；姜伯勤：《敦煌莫高窟北区新发现中的景教艺术》，《艺术史研究》第 6 卷，广州：中山大学出版社，2004，第 337 ~ 352 页。

宗教信仰，即信奉摩尼教、景教的粟特人的存在。尽管这些崇信者的数量可能远比崇奉祆教、佛教者少，但并不可否认他们的存在。

三 粟特人在敦煌开窟造像

粟特民族往来于丝绸之路，不仅沟通了东西方经济，更成了东西文化交流的媒介。他们将优秀的民族文化携至中国内陆，其文化种子得以撒播丝绸之路沿线地区，对当地文化的发展产生了深远影响。丝绸之路重镇敦煌是中外文化荟萃、融合的重要之地，故外来文化对敦煌产生了巨大的冲击力与影响力。

随着粟特聚落的离散，粟特人的汉化，不论是寺庙还是墓葬中的祆教图像，都逐渐为其他宗教或礼仪因素所取代，但粟特祆教美术的某些图像，仍然可以在中国佛教美术或其他美术作品中找到它们的痕迹。[1] 唐五代粟特人曾于莫高窟画佛开窟，[2] 而敦煌壁画中就保存有由"萨保"率领的往来于丝绸之路的粟特商队的形象。[3] 粟特壁画在绘制佛陀本生故事方面，风格与敦煌本生故事极不相同，与新疆米兰所出绘画略有相似，但亦有例外，如粟特壁画在诸天形象绘制方面即与敦煌莫高窟第 285 窟诸天形象颇为相似。而敦煌西魏诸天形象与粟特壁画诸天形象都可追溯到贵霜大月氏文化的影响，[4] 另外隋代壁画的制作也明显受到了来自粟特的影响。[5]

---

1 荣新江：《粟特祆教美术东传过程中的转化——从粟特到中国》，《汉唐之间文化艺术的互动与交融》，北京：文物出版社，2001，第 51 ~ 72 页（收入氏著《中古中国与外来文明》，北京：生活·读书·新知三联书店，2001，第 301 ~ 325 页）。

2 郑炳林：《唐五代敦煌的粟特人与佛教》，《敦煌研究》1997 年第 2 期，第 151 ~ 165 页。

3 荣新江：《萨保与萨薄：佛教石窟壁画中的粟特商队首领》，《法国汉学》丛书编辑委员会编《粟特人在中国——历史、考古、语言的新探索》（即《法国汉学》第 10 辑），第 49 ~ 71 页。

4 姜伯勤：《敦煌壁画与粟特壁画的比较研究》，《1987 年敦煌石窟研究国际讨论会文集·石窟艺术编》，第 150 ~ 169 页。

5 姜伯勤：《莫高窟隋说法图中龙王与象王的图像学研究——兼论有联珠纹边饰的一组说法图中晚期犍陀罗派及粟特画派的影响》，季羡林、饶宗颐、周一良主编《敦煌吐鲁番研究》第 1 卷，北京：北京大学出版社，1996，第 139 ~ 159 页。

诚如前文所述，在包括敦煌在内的丝路沿线，均有粟特人的聚落，无论人多人少，均按照本民族的传统形式进行封闭管理，所以每个聚落自然会形成相对独立的文化圈和生活环境，也就保存了本民族的生活习俗与信仰。[1] 而九姓胡人丧葬习俗中的"劓面"则广见于中国北方民族。[2] 另外在中亚粟特故、地新疆克孜尔第 224 窟、莫高窟第 158 窟也保存有反映此习俗的图像。1975 年，苏联学者阿尔巴乌姆出版了《阿弗拉西阿勃绘画》一书。在论述康国古都宫廷中央正厅北壁壁画时，指出壁画上女性形象的发型具有 7～8 世纪的中国特征。其特点可由敦煌绘画来加以确认。这是将敦煌壁画与粟特壁画进行比较研究的一个有意义的尝试。

1982 年，宿白在《西安地区唐墓壁画的布局和内容》一文中，肯定了康国古都东部近邻片治肯特 7～8 世纪居室遗址壁画中的一处伎乐图，与唐西安执失奉节墓、李爽墓等墓室壁画中女乐舞内容相似。文章还通过对片治肯特所发现唐人属史、近侍女壁画形象及阿弗拉西阿勃所见康国描绘唐人形象的壁画分析，论述了 5～7 世纪昭武九姓地区与中原地区的历史联系与文化交流。继之，姜伯勤通过对阿弗拉西阿勃康国宫廷壁画与敦煌壁画的比较；片治肯特壁画与敦煌壁画中伎乐图的比较；贵霜艺术、粟特艺术与敦煌艺术的历史联系；阿弗拉西阿勃壁画的希腊—中国风的研究，指出在 7 世纪前后，具有盛唐风采的敦煌式中国画样曾向中亚广泛输出，并对这一地区的绘画艺术产生了不可磨灭的影响。另外中国绘画在吸收了于阗、粟特画派营养后，在唐前期形成了以阎立本—吴道子为代表的集大成的风格，反过来又于七世纪影响到于阗、粟特乃至梵衍那地区。[3]

莫高窟第 285 窟开凿于西魏大统四年（538）、五年前后，是莫高窟最早有明确纪年题记的洞窟（图 6-8）。它是以敦煌粟特人为主捐

1　荣新江：《北朝隋唐粟特人之迁徙及其聚落》，袁行霈主编《国学研究》第 6 卷，第 27～86 页。

2　蔡鸿生：《唐代九姓胡与突厥文化》，北京：中华书局，1998，第 24～27 页。

3　姜伯勤：《敦煌壁画与粟特壁画的比较研究》，《1987 年敦煌石窟研究国际讨论会文集·石窟艺术编》，第 150～169 页。

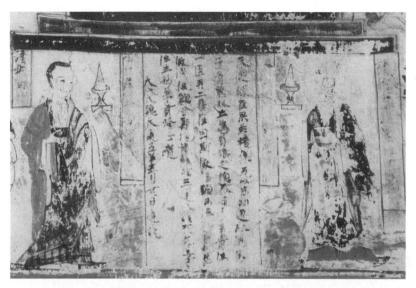

图6-8 莫高窟第285窟北壁西魏建窟纪年题记（敦煌研究院供图）

资营建的洞窟。[1]在其西壁龛间壁面绘有最早出现在印度教诸神系谱中的佛教护法诸天形象，如日天、月天、大自在天、鸠摩罗天、毗那夜迦等。在这些众多形象中，绘于西壁南上角的日天形象很早就引起了学界的关注。关于这一图像的功能及其图像学源流，宿白、段文杰、贺世哲、饶宗颐、田口荣一、佐佐木律子、姜伯勤等先后从不同角度进行过研究，取得了许多富有启发性的成果。张元林在前贤研究的基础上又进行了探讨，指出日天形象的图像来源是祆教的太阳神密特拉神，并认为这一图像很可能是由粟特人带到敦煌的。[2]

从莫高窟初唐第322窟所见龛内"畏兽"图像、史姓供养人、不称"辰年"而称"龙年"的发愿文，可以推见窟主史氏或为突厥裔，

1 张元林:《粟特人与莫高窟第285窟的营建——粟特人及其艺术对敦煌艺术贡献》，云冈石窟研究院编《2005年云冈国际学术研讨会论文集·研究卷》，北京:文物出版社，2006，第349～406页; Zhang Yuanlin, "Dialogue Among the Civilizations: the Origin of the Three Guardian Deities' Images in Cave 285," Mogao Grottoes, The Silk Road Vol.6, No.2, 2009, pp.33-48.

2 张元林:《论莫高窟第285窟日天图像的粟特艺术源流》，《敦煌学辑刊》2007年第3期，第161～168页。

或为粟特裔。[1]同时该窟图像亦受到粟特美术的影响，因而该窟功德主可能是流寓敦煌的中亚粟特九姓胡人。[2]另外敦煌石窟中还存在多幅粟特九姓胡人供养像，沙武田对其基本情况及其特点进行了梳理和分析，就粟特九姓胡人对洞窟营建的贡献和粟特九姓胡人在洞窟中的供养功德观念进行了较为全面的探讨。[3]

莫高窟第 158 窟，位于南区崖面南段五层。该窟又称涅槃窟，俗称卧佛洞。该窟极可能是敦煌粟特九姓胡人的功德窟，[4]而窟中所绘《各国王子举哀图》则反映了粟特文化对唐代社会的影响，[5]此外该窟壁画中还绘有粟特纳骨瓮。[6]

另外，留居龟兹这一佛教圣地的粟特人为了贸易利益也参与当地贵族的文化艺术活动与佛事活动之中。这可在克孜尔石窟壁画中的葬仪图像得到反映，佛教和祆教的神祇共居同一寺庙，他们的艺术可同处一幅图像中，以不同风俗与艺术形式供奉同样的佛，这是两种信仰和谐相处的生动体现。[7]

汉唐敦煌地区是一个多民族居住区，除了汉族之外，还生活有粟特人、吐谷浑人、吐蕃人、龙家人、达怛人、回鹘人以及少量的西域其他居民，很多民族都有明显的面貌特征；其中粟特、吐谷浑、吐蕃、回鹘等都在敦煌石窟绘制有供养人像，这些供养人像共性特征突出，个性特征减弱乃至于消失，具有明显的千人

1　姜伯勤：《莫高窟 322 窟持动物畏兽图像——兼论敦煌佛窟畏兽天神图像与唐初突厥祆神崇拜的关联》，《中国祆教艺术史研究》，北京：生活·读书·新知三联书店，2004，第 217～224 页。

2　沙武田：《莫高窟第 322 窟图像的胡风因素——兼谈洞窟功德主的粟特九姓胡人属性》，《故宫博物院院刊》2011 年第 3 期，第 71～96 页。

3　沙武田：《敦煌石窟粟特九姓胡人供养像研究》，《敦煌学辑刊》2008 年第 4 期，第 132～144 页。

4　沙武田：《敦煌莫高窟第 158 窟与粟特人关系试考》（上），《艺术设计研究》2010 年第 1 期，第 16-22 页。

5　雷闻：《割耳劓面与刺心剖腹——粟特对唐代社会风俗的影响》，荣新江、张志清主编《从撒马尔罕到中国—粟特人在中国》，北京：国家图书馆出版社，2004，第 41～48 页。

6　刘永增：《莫高窟第 158 窟的纳骨器与粟特人的丧葬习俗》，《敦煌研究》2004 年第 2 期，第 13～18 页。

7　郭萍：《从克孜尔石窟壁画看龟兹地区粟特艺术的传播》，《西域研究》2010 年第 4 期，第 124～127 页。

一面的倾向，这主要是受敦煌地区审美观即敦煌写本相书好相理论的影响。[1]

四　饮食、医疗等民间文化

中古时期敦煌地区处于中原汉族与西北少数民族及中亚各国往来的交通要道上，汉胡杂居现象十分明显。晚唐五代宋初，净土寺与敦煌地区粟特、龙家、吐谷浑、铁勒等胡姓居民之间往来频繁，尤以经济关系最为普遍，其寺僧日常生活受胡风影响深远，呈现出胡汉融合的趋势。[2]隋唐时期中原的亦出现了"饮食胡风"现象，系中西文化交流和汉民族吸收外来文化的结果之一，而处在中西文化交流要道的敦煌，其饮食也发生了"胡风"现象。从敦煌文献和敦煌壁画的资料可以看出，从食物原料、饮食品种、饮食器具、饮食礼仪、"胡姬酒肆"到饮食结构，唐五代敦煌地区之饮食"胡风"现象显而易见。[3]

安史之乱后，丝绸之路为吐蕃所阻，众多入华粟特人转而以摩尼教徒的身份进入回鹘汗国，开始了"回鹘化"的进程。9世纪中叶及11世纪中叶回鹘汗国及甘州回鹘的"汉化"过程中，也裹杂了众多"回鹘化"的粟特人。[4]自吐蕃统治敦煌之后，胡汉联姻的风气已悄然兴起，而这种风气既奠定了张曹归义军节度使胡汉联姻的基础，又影响到归义军政权的性质。归义军时期这种胡汉联姻随着胡姓人的势力在归义军政权中的加强，胡汉联姻也更加普遍。[5]粟特人也积极与敦煌

1　郑炳林：《敦煌写本相书理论与敦煌石窟供养人画像——关于敦煌莫高窟供养人画像研究之二》，《敦煌学辑刊》2006第4期，第1～23页。

2　陈大为：《敦煌净土寺与敦煌地区胡姓居民关系探析》，《敦煌学辑刊》2006年第1期，第87～98页。

3　高启安：《唐五代敦煌的"饮食胡风"》，《民族研究》2002年第3期，第66～73页。

4　邵明杰：《论入华粟特人流向的完整线索及最终归宿——基于粟特人"回鹘化"所作的考察》，《青海民族研究》2010年第1期，第116～124页。

5　郑炳林：《张氏曹氏归义军政权的胡汉联姻》，《中国史研究》2004年第1期，第63～72页。

地区的汉族及其他民族通婚，对敦煌社会风气变化产生了巨大影响。[1]

唐代丝绸之路不仅是经济交流的孔道，更是民族间文化交流的重要媒介。唐代粟特人频繁践履丝绸之路，借助政治、经济、宗教等活动对唐代乐舞、马戏、杂技的形成与发展产生了深远的影响。其又将绿洲体育文化质素融入汉文化体育文化中，再造了唐代体育的文化个性，并丰富了唐代长安体育的内容，进而推动了长安体育文化的多元化进程。[2]

敦煌文书中发现的唐五代敦煌医家十余人，其中出身粟特人的只有史再盈一人。而敦煌文书中记载粟特人从事商业手工业的记载较多，唯 S.4363《天福七年史再盈改补充节度押衙牒》记载史再盈从事医学，而且是归义军节度府衙的军医。史再盈作为敦煌的粟特人医家，他在医学上造诣很深，继承了印度香婆的神方、中国榆附的妙术，学贯中西。其医术很高，可与扁鹊媲美。粟特人经常来往于中西交通道路上从事商业贸易和科技交流，中外医学技术交流首先在粟特人中间体现是显而易见的。[3]

---

1 郑炳林、徐晓丽：《晚唐五代敦煌地区粟特妇女生活研究》，《新疆师范大学学报》2004 年第 2 期，第 36～40 页。

2 曾玉华、许万林：《丝绸之路上的粟特人对唐代长安体育文化的影响》，《体育文化导刊》2004 年第 8 期，第 76～78 页。

3 党新玲：《五代敦煌粟特人医家史再盈》，《甘肃中医学院学报》1994 年第 3 期，第 9～10 页。

第七章　归义军时代的敦煌诸族

第一节　归义军统治下的吐蕃

唐宣宗大中二年（848），敦煌豪族张议潮乘吐蕃内乱之机，联合当地各族人民发动起义，驱逐吐蕃守将，收复了沙、瓜二州。起义的成功引起吐蕃的震动，原吐蕃占领的河西、陇右以及塔里木盆地东部地区由是而陷入混乱之中。张议潮乘胜进击，从吐蕃治下收复肃州（今甘肃酒泉市）、甘州（今甘肃张掖市）、伊州（今新疆哈密市）等。大中五年（851），张议潮派遣其兄议谭入朝，将沙、瓜、甘、肃、伊、西、鄯、河、兰、岷、廓十一州天宝旧图进献天子，表示归附。唐朝随即在同年十一月于沙州设归义军，授张议潮节度使、十一州观察使。而实际上，大中五年时，张议潮的势力并没有囊括上述全部十一州。[1]直到咸通二年（861)，张议潮才率蕃汉兵收复了河西重镇凉州，统一了河西。

自786年吐蕃占领敦煌至848年退出敦煌，六十余年间，敦煌一直由吐蕃统治。这一时期，敦煌的汉人和少数民族曾被编成若干军、民部落，并纳入吐蕃的军政系统中。加上吐蕃崇佛，僧尼及寺院依附者在此时数量剧增，以致影响到敦煌的社会经济结构。此外，"河西异族狡杂，羌、龙、嗢末、退浑，数十万众"。[2]针对这些情况，张议潮及其后继者采取了诸多相应的措施。

首先是恢复唐制。吐蕃统治者被逐出后，归义军政权废弃了大部分吐蕃编组的军、民部落，重建唐朝中原地区实行的州县乡里制度。原敦煌城郭未经吐蕃破坏，这时也按中原的城坊制度，恢复了坊巷的称谓。同时，归义军本身的军政机构也按唐朝藩镇的体制设立了与内地藩镇一样的文武官吏，恢复了相应的一套文书、行政制度。

其次是安集僧俗百姓。对于占沙州人口很大比重的僧尼二部大众，张议潮废除了吐蕃时的僧官制度，恢复唐朝的都僧统统治体系，并和都僧统洪辩一起，调查寺院财产，设都僧统司统一管辖。对于寺院所掌握的一部分依附农民——常住百姓，"给状放出"，使之成为乡管百姓，同时规定寺院所属的一切财产、人户，均不许他人侵夺。[3]这些保护寺院政策的执行，使归义军政权逐步将都僧统的教权纳入自己的统治轨道。

与此同时，张议潮又废除了吐蕃统治时期实行的突田制，整顿户口，重新登记土地，并试图恢复唐朝前期的手实户籍制度，建立新的土地赋税制度。新赋税的名目主要有地子、官布、柴草三项。其税额加在一起虽然比唐前期的租调略重，却远比吐蕃统治时期的重敛要轻

1　荣新江：《归义军史研究——唐宋时代敦煌历史考索》，第149页。

2　P.3720《张淮深造窟功德碑》，郑炳林：《敦煌碑铭赞辑释》，第267页。

3　竺沙雅章『中国佛教社会史研究』，第466–468頁。

得多。[1]

　　归义军辖区内有众多少数民族，如吐蕃、回鹘、退浑、通颊、粟特、龙家、南山等。张议潮根据不同的情况，分别采用了两种管理办法：凡吐蕃统治以前已开始汉化的西域各少数民族，如粟特、龙家等，大多编入乡里，与汉人百姓同居，并吸收他们中间的上层人物为归义军政权的各级官吏；对于吐蕃化较深的退浑和通颊人则部分继承吐蕃制度，仍用部落的形式统治，设部落使和部落副使进行管理。根据敦煌文书的记载，共保留有 10 个部落。张议潮的这些措施，对促进归义军政治、经济的发展都起到了重要作用。

第二节　归义军时代的河西达怛

　　达怛一词，也写作达旦、达靼、怛怛、达打、鞑靼、塔靼、塔塔儿、塔坦等，是唐中叶以后活跃在我国北方地区的一支游牧部族，分为三十姓达怛、九姓达怛、黑车子达怛、阴山达怛、河西达怛等。一般认为他们是分布地域不同但来源相同——即由室韦原居地西南迁徙来的达怛部落，其原本是室韦人。达怛自唐代见于文献资料记载，经五代、辽宋金西夏，各种形式的史料均对达怛情况有一些反映。

一　见于汉文史籍与碑刻资料的达怛

　　对于达怛的记载最早见于唐开元二十年（732）的古突厥文《阙特勤碑》，稍后的《毗伽可汗碑》所载之三十姓达怛内容又与《阙特勤碑》相同。可见，突厥文碑中的三十姓达怛即室韦人，达怛是突厥人、回纥（回鹘）人等对室韦人的又一泛称。另外，突厥《毗伽可汗碑》与回鹘《磨延啜碑》《铁尔痕碑》还记载有九姓达怛。上述古突

1　雷绍锋：《归义军赋役制度初探》，台北：洪业文化事业有限公司，2000，第 11 页。

厥文碑有助于加深对 8 世纪上半叶九姓达怛在漠北地区活动情况的
了解。

汉文史籍对于达怛的记载则始见于唐代。李德裕《会昌一品集》
记载了漠北的九姓达怛，说它在回鹘汗国亡后，曾一度受制于黠戛
斯。五代以后，《旧五代史·唐书·庄宗纪》和《册府元龟·外臣部》
降附条都记载了九姓达怛与契丹争战，败后降附后唐的史实。宋王明
清《挥麈前录》卷四和元马端临《文献通考》卷三三六《高昌传》均
引录了北宋初年王延德的《使高昌记》，其中记录了九姓达怛一些部
落的名称和分布地域。《宋会要辑稿·蕃夷一·契丹》、《续资治通鉴
长编》卷五五、余靖《武溪集·契丹官仪》等，从中原政权的角度记
述了辽西北路招讨司对漠北地区达怛部落的统治，《契丹国志》卷二二
《四至邻国地里远近》对辽西北路招讨司管辖的达怛也做了较详细的
记载。对于上述宋人著述中记载的达怛，《辽史》概称为阻卜，其中
《辽史·太祖纪上》和《圣宗纪五》、《圣宗纪六》又记作"达旦"或
"达旦国九部"。在《韩橁墓志铭》和《辽道宗哀册》中，辽人也称漠
北的阻卜作达怛。因此，可以将以九姓达怛为主的漠北地区达怛同阻
卜作连续性的考察。有关九姓达怛的史料，主要有古突厥文和汉文记
载，其中汉文史料出自唐、后唐、辽、宋等不同时代，分散于多种体
裁的史著中。根据这些零散的史料进行研究，虽然不能全面弄清楚从
唐至辽、宋漠北地区达怛的历史，但对它的地域分布，与各族政权的
关系，重要的历史活动等仍能知其大概。[1]

二　达怛人在敦煌及周边的聚落分布与活动

关于达怛在西域河西一带的活动及其分布状况，敦煌吐鲁番文书
皆有反映。河西达怛是随 840 年亡国后的漠北回鹘迁居到河西地区的
九姓达怛的一部分，其活动在汉文史书及敦煌出土的汉、藏、于阗文

1　张久和：《达怛史料概述》，《蒙古学信息》1998 年第 1 期，第 6 ～ 7 页。

书中都有明确反映。[1]

从敦煌文书 P.3579《神沙乡百姓吴保住牒》、P.2970《阴善雄邈真赞并序》、P.2155v《归义军节度使曹元忠致甘州回鹘可汗状》、P.3412《安再胜等牒》、P.2741《于阗使臣奏稿》、P.T.1189《肃州司徒向河西节度、天大王的请牒》等可以看出，达怛人的分布主要在下列三个地区：一是从伊州到沙州之间，二是肃州地带，三是从肃州到甘州北部一带。总体上在河西北部地区，尤以肃州至甘州北部较为集中。

P.3579《神沙乡百姓吴保住牒》中讲到沙州百姓吴保住从伊州返回沙州的路上，"于达怛边卖老牛壹头，破与作粮……牛价银碗壹枚，到城应是赎人主，并总各自出银……氾达怛牛价。"于阗文书 P.2741《使臣奏稿》中写道："在春季第三月末尾，沙州的军队来了，二十五位于迦带领二千仲云人与二百达怛人同来。他们进入甘州第三天，毗迦可汗及其妻与二女被杀。"

归义军曹议金时期的一件文书 P.2970《阴善雄邈真赞并序》在叙写归义军与周边部族的战争冲突时，有"达怛犯塞，拔拒交锋""酒泉郡下，直截横冲"等句子。P.2155v《归义军节度使曹元忠致甘州回鹘可汗状》谈及回鹘人前后两次到瓜州雍归、悬泉镇打劫之事，内有："又去五月十五日被肃州家一鸡悉殁作引道人，领达怛贼壹佰已来，于瓜州、会稽两处同日下，打将人口及牛马。"P.3412《安再胜等牒》载："右今月廿日寅时，孔僧正、沙弥定昌、押衙唐愍儿等叁人走来，况再胜等闻讯向东消息，言说回鹘、达怛及肃州家相合。就大云寺对佛设誓，则说向西行兵……瓜州将患。"敦煌吐蕃文书 P.T.1189《肃州司徒向河西节度天大王的请牒》在谈到肃州的形势时，称"达头的梅录前往肃州，是为全面签订条约，在沙州的永济寺中'上天的有限之地'，已被鞑靼人、仲云人和回鹘人瓜分完毕了"。于阗文书 P.2741《使臣奏稿》中指出，达怛人骑马从北面的 Buhathum 到黑山和蓼泉只需

1　陆庆夫：《河西达怛考述》，《敦煌学辑刊》1992 年第 1～2 期；黄盛璋：《敦煌于阗文书中河西部族考证》，《敦煌学辑刊》1990 年第 1 期；张久和：《河西地区的达怛》，《西北史地》1997 年第 2 期。

二时或三时，又说："从蓼泉到肃州的道路已被达怛人封闭。"[1] P.4525
《都头吕富定状》中有"伏以富定准都官例，着马一匹，与知客赵清
汉乘骑达怛内为使，回来路上致死，未蒙支给"。P.2733《驼官马善昌
状》记："伏以今月十七日换于阗去达怛骆驼，替用群上大骒驼壹头，
未蒙判凭。伏请处分。"S.2474《归义军衙内面油破历》："支索都衙住
达怛身故，助葬细供十分。"P.4061v《都头知内库官某状》："伏以今
月十七日支达怛大部跪拜来大绵被子叁领，胡床一张。"S.2009《官
衙交割什物点检历》："达怛钢囗，杂箭三十四只。"把上述敦煌文书
反映的内容仔细加以研究，结合宋臣王延德《使高昌记》一文记录的
王延德在太平兴国六年（981）自夏州至高昌的途程："初自夏州……
次至达于越王子族，此九族达靼中尤尊者。次历拽利王子族，有合
罗川，唐回鹘公主所居之地，城基尚在，有汤泉池。传曰：契丹旧为
回纥牧羊，达靼旧为回纥牧牛，回纥徙甘州，契丹、达怛遂各争长攻
战……"参酌《新五代史·周本纪》、《续资治通鉴长编》卷二四"太
平兴国八年"条、《宋会要辑稿·回鹘》等记载的回鹘同达怛经常一起
朝贡或回鹘附达怛朝贡的事实，可以推知，在河西活动的达怛人拥有
自己的政权。有学者从王延德《使高昌记》所言甘州北合罗川一带居
"九族达靼中尤尊者"得出结论，河西达怛政权的所在地在合罗川，
是很有道理的。[2]

　　由于达怛国地处河西走廊北侧的合罗川绿洲，这里是居延路要冲，
是各国交往的十字路口。当唐末、五代、宋初之际，河西多事，交通
阻隔，达怛则肩负着中西交通中继站的重任。各国使节、商人、僧侣，
正是通过这里东来西去，南下北上，进行经济、政治、文化交往。

　　《宋会要辑稿》蕃夷四之二记载："（至道）二年，甘州可汗附达
怛国贡方物，因上言愿与达靼同率兵助讨李继迁。"这表明河西达怛
拥有一支相当实力的军队，他们同甘州回鹘的联系还相当紧密。

　　《建炎以来朝野杂记》记载："（靼靼自）唐末、五代常通中国。

1　按黑山又名紫塞，在肃州北一百八十里处。蓼泉在今高台县东，属张掖管辖。
2　陆庆夫：《河西达怛考述》，《敦煌学辑刊》1992 年第 1 ～ 2 期，第 12 ～ 20 页。

太祖、太宗朝各再入贡，皆取道灵武而来。及李继迁叛命，遂绝不通，因为契丹所役属。"[1] 这条史料所记达怛史事，一般来讲，是综合了几部分达怛的情况。其中第一、二句主要对河西达怛而言的。但《续资治通鉴长编》卷三三五所言："达靼在唐与河西、天德为邻。"此达怛毫无疑问指河西达怛。

关于河西达怛与归义军政权的关系，敦煌文书中亦多有记录，如据写于辛巳年（981）的 P.4525《都头吕富定状》之记载："伏以富定准都官例，着马壹匹，与知客赵清汉乘骑达恒内为使，回来路上致死，未蒙支给，伏乞太傅恩慈，特赐公凭，专请处分。"另外，与上件文书时间相近的 S.2474《归义军衙内面油破历》亦记载道："支索都衙住达恒身故，助葬细供十分。"这两件文书反映了归义军曹氏时期曾不断派官员出使达怛国的事实。同样，河西达怛也常有使节出访归义军政权。P.4061 背面有一件写于壬午（982）年的《都头知内库官某状》讲："伏以今月十七日支达恒大部跪拜来大绵被子叁领，胡床壹张。未蒙判凭，伏请处分。"而敦研 001+ 敦研 369+P.2629《归义军衙府酒破历》被考定在 964 年，[2] 此件虽属帐单，却真实地记录了归义军政权与周邻各国使节来往情况。[3]

关于唐五代归义军时期敦煌达怛的社会经济生活，敦煌文献亦多有记载。如 S.5645《辛巳年（981）十二月十三日周僧正于常住库借贷油面物历》记载有两条：壬午年二月"六日面肆斗，造道粮达怛朝定送路用"，八月"十五日连面伍斗达怛边买马皮用"。S.6981《辛酉至癸亥年入破历》记载："麦二十石达家娘子施入。"P.4907《庚寅年（930）九月十一日－辛卯年七月九日诸色斛斗支付历》记载："十二月廿五日，吊孝达家夫人社粟壹斗、小社粟壹斗……二月廿二日……曹家兄弟寒食粟贰斗，卧醋粟玖斗，还曹达怛树木价粟两硕伍

1　（宋）李心传：《建炎以来朝野杂记》乙集卷一九《鞑靼款塞》，徐规点校，北京：中华书局，2000，第 847 页。

2　施萍亭：《本所藏〈酒帐〉研究》，《敦煌研究》总第 3 期，1983 年，第 149 页。

3　陆庆夫：《河西达怛考述》，《敦煌学辑刊》1992 年第 1～2 期，第 19 页。

斗。"S.4649+S.4657《庚午年（970）二月十日沿寺破历》"十六日，粟壹硕贰斗，沽酒看达家娘子叠园用。"敦研001+敦研369+P.2629《年代不明（964）归义军衙府酒破历》记载"十六日，窟上酒壹瓮，达家垒舍酒壹瓮"，"廿四日，达家小娘子发色酒伍升"，"十二日，千渠送达家娘子酒壹瓮"。上述记载中的"达家"就是指"达怛"，这是达怛在敦煌地区从事外交和商业贸易活动的记录，也表明敦煌地区不但生活有达怛居民，而且是敦煌地区常住居民。[1]

另外，关于归义军政权与河西达怛的贸易关系，P.3579《神沙乡百姓吴保住牒》透露沙州百姓曾在达怛界里卖牛，而S.2009《官衙交割什物点检历》中则记有"达怛钢锭，杂箭三十四只"。凡此，都是双方贸迁货物，开展互市的证据。[2]

三 河西达怛人在后归义军时代的活动

宋初以后，有关达怛的历史活动之记载已鲜有所见，这概与西夏占领河西有关。史载，元昊于1036年向河西用兵，连败吐蕃、回鹘，攻克瓜、沙诸州。1039年元昊上表宋朝，要求宋廷承认他大夏国皇帝之称号。表称："吐蕃、塔塔、张掖、交河，莫不从伏。"[3]表中所说的张掖、交河，无疑是指回鹘，而塔塔应为河西北部之达怛国。

西夏占据河西走廊以后，河西达怛人开始逃亡。半个多世纪以后，北宋才又得到了它的消息。宋神宗元丰四年（1081），拂菻使者入宋，在叙述拂菻至北宋行程时，提到"历黄头回纥、青唐，惟惧契丹钞略耳"。[4]时隔二年，于阗使者也提到经"由黄头回纥、草头达靼、董毡等国"到宋。[5]这个达怛就是逃亡、迁居到柴达木盆地东北一带的河西达怛的主

1 郑炳林：《晚唐五代河西地区的居民结构研究》，《兰州大学学报》2006年第2期，第10页。
2 陆庆夫：《河西达怛考述》，《敦煌学辑刊》1992年第1～2期，第19页。
3 《宋史》卷四八五《夏国传上》，第13996页。
4 《宋史》卷四九〇《于阗传》，第14109页。
5 （清）徐松辑《宋会要辑稿》蕃夷四之二二，北京：中华书局，1957，第7722页。

要部分。它西与黄头回纥（即逃亡至柴达木盆地西缘的河西回鹘）地域相连，二者关系密切，于阗人并用"黄头"一名，称它为"黄头达靼"，《宋会要辑稿》《续资治通鉴长编》等宋代史书则泛称其为达怛。

由于拂菻、于阗先后通贡北宋，北宋统治者了解到黄头达怛在太祖朝曾入贡，与西夏为世仇，于是命于阗使者绘制宋至达怛路线图，准备派人借道董毡，出使达怛。元丰七年（1084），黄头达怛使以吐蕃董毡人为向导入宋，北宋进一步得知"鞑靼之俗，犷悍喜斗，轻死好利，素不为夏人所屈"，"人马犷悍，过于西戎"，[1]更坚定了联结达怛诸部来制约和牵制西夏的决心。于是派皇甫旦出使，准备联合吐蕃、回鹘、达怛等部，令他们发兵深入夏境，联兵攻伐，配合宋军与西夏展开争夺。但宋使有辱使命，北宋这次出使计划没能实现。到宋元祐六年（1091），塔坦国人马侵入夏国西界娄博贝监军司界，"打劫了人户一千余户，牛羊孳畜不知数目"。[2]这条史料记载的"塔坦"，从夏国西界攻入，应该是指黄头达怛。西夏碑刻史料中也记载有黄头达坦。在西夏皇陵碑文 M2D：393 上，有"黄怛怛"一名，显然指《宋会要》和《续资治通鉴长编》所记载的"黄头达靼"。

此后，柴达木盆地东缘一带的黄头达怛不再见于文献记载。蒙元时代，黄头回纥即撒里畏吾仍在今甘、青、新交界的塔里木盆地西缘一带，黄头达怛游牧地也应无大的变化。从历史发展、语言和地理分布等方面推断，黄头达怛后裔应成为裕固族的组成部分。

第三节　龙家与敦煌

龙家是龙部落的俗称，系归义军时期活跃在河西地区的一支部族。关于龙家的族属，学术界主要存在着三种看法：一种说法认为龙

---

1 （宋）李焘：《续资治通鉴长编》卷三四六，北京：中华书局，1990，第 8302 页。

2 （宋）李焘：《续资治通鉴长编》卷四一一，北京：中华书局，1992，第 11238 页。

家是回鹘的亲缘部落；[1]另一种说法认为龙家是月氏人早先自河西西迁时遗留下来的小月氏的一支；[2]第三种说法认为属西域胡人。[3]当以第三种说法最具说服力。

龙家并不是河西地区的土著民族，而是从西域地区迁徙来的。写于光启元年（885）的敦煌文书 S.367《沙州伊州地志》"伊州"条下有明确记载："龙部落本焉耆人，今甘、肃、伊州各有首领，其人轻锐，健斗战，皆禀皇化。"由此可知，那些自西而东流散到河西地区的龙家人，当来自碛西的焉耆国。焉耆王室世代都姓龙，故当其国臣民随诸王迁徙内地，遂被称作龙部落、龙家。在张议潮驱逐吐蕃后，特别是在归义军统治时期，龙家活动相当频繁，对当时的社会产生了重大的影响。

一　龙家人在敦煌及周边的聚落分布与活动

从敦煌文书的记载看，东迁后的龙家分布及活动的地区主要有以下几处。

首先是甘、肃、伊诸州。S.367《沙州伊州地志》载："龙部落本焉耆人，今甘、肃、伊州各有首领，其人轻锐健斗战，皆禀皇化。"敦煌出土的于阗文书，如钢和泰藏卷《使河西记》及其 Ch.00269、P.2741、P.2790 三份使臣奏稿中，在言及河西复杂的民族及和战情况时都提到了 dū 族，即 dūm，也就是龙家。Dūm 的复数形式为 dūmva、dūmta。《使河西记》为 925 年于阗出使沙州时关于河西地理、职官与部族情况的汇报，内有五十多个地名，十六七个部族名，龙家为其中之一。Ch.00269 为于阗使臣 Chika Gulai 与 Eum Sam-galasa 的奏稿，

1　苏北海、李秀梅：《回纥汗国的统治疆域及漠北回纥族的西迁》，《敦煌学辑刊》1990 年第 2 期，第 27～35 页。

2　黄盛璋：《敦煌汉文与于阗文书中之龙家及其相关问题》，《西域研究》1996 年第 1 期，第 26～39 页。

3　陆庆夫：《从焉耆龙王到河西龙家——龙部落迁徙考》，《敦煌研究》1997 年第 2 期，第 169～178 页。

内言："甘州人民开始认识事实情况，都纷纷离开本地，回鹘开始杀戮他们，回鹘全部同时一致行动，他们走出城外，仅龙家留在城中，城中既无粮食也无牲畜给他们。"[1] 此正可与前引 S.389《肃州防成都状》记载的龙家在甘州内乏粮草、外无援兵的情况是同一件事，二者可相互印证、补充。

　　其次是瓜州、沙州地区。在 P.2641《归义军节度使宴设司牒》中有多处记有宴设司供给瓜州一带龙家物资的帐目，如丁未年五月二十八日"供瓜州来龙家二人逐日午时中次料；又二人下次料"；六月十一日夜"普纳马来龙家细供"；六月十二日"设瓜州来龙家并雍归家中次料"；六月十三日"供后纳马来龙家肆人"；"又龙家一人逐日午时下次料"；六月十八日"支常乐龙家油"；六月二十二日"支龙家灯油"。常乐、雍归为地名，五代时分置两镇，皆在瓜州境内。上引 S.367 卷子伊州条下还有："我唐始置伊州。宝应中陷吐蕃，大中四年，张议潮收复，因沙州册户居之，羌、龙杂处，约一千三百人。"[2] 又 P.2482v《常乐副使田员宗启》载有龙家遭遇南山部族劫杀事件，内云："右今月一日已时，于山南贼下。龙家史纳罗见赋，告来称说，贼寇极多……沙州打将羊数多分足得，则欠南山驼马。"以上两件文书说明在瓜州、沙州特别是在常乐地境居住着较多的龙家人，他们似乎长于畜牧业，负责饲养官府的马群。

　　敦煌文书中涉及龙家的资料甚多，多属归义军时期。如 S.5697 号《申报河西政情状》："使奉前后文……阎使君等同行，安置瓜州所有利害事由。并与阎使君状咨申，同缘河西诸州，蕃、浑、嗢末，羌、龙狡杂，极难调伏。"此件残损严重，无纪年。文书中的阎使君即阎英达，其任瓜州刺史在咸通十三年（872）以前，故而可判断此文书写于咸通十三年前某年。[3] 至于记述龙家活动较晚时间的也有，如 P.3412《太平兴国六年（981）安再胜等牒》则已到了归义军曹氏晚期。

1　黄盛璋：《敦煌汉文与于阗文书中之龙家及其相关问题》，《西域研究》1996 年第 1 期，第 32 页。

2　郑炳林：《敦煌地理文书汇辑校注》，第 67 页。

3　郑炳林：《敦煌碑铭赞辑释》，第 160 页。

　　从目前掌握的材料论，龙家人在河西活动的时间最早在陷蕃时期，晚者至宋初。然而这些资料也显示：龙家人在河西陷蕃时期的活动甚少，没有群体性活动出现，较多的龙家群体活动都集中到了归义军时期。

　　焉耆人迁徙到河西后，便以龙家的面貌走进一个新的历史时期。其活动情况大致可概括为四个阶段。[1]

　　第一是被吐蕃奴役阶段。贞元二年（786），吐蕃占领河西最西端的重镇沙州，当地百姓许多被杀戮或囚系，更多的则被编入部落，配为寺户。有一些龙姓人名与大量西域胡人一起出现在沙州各寺院中，被充作各类杂役，其中 S.0542v《敦煌诸寺丁壮车牛役簿》中载有龙勃论，被置于普光寺里充作扫洒户。在同一编号的《敦煌诸寺丁壮眷属名簿》中载有龙真英，其妻被配在乾元寺，也都属于寺户之类。在另一件 S.1475《马其邻便麦契》里则载有被编入部落、在寺院中参与借粮的龙齐荣。只是这一阶段的龙姓人并不多。

　　第二是龙家雄踞河西的阶段。大中初年，随着吐蕃统治者被逐出河西，张议潮被任命为归义军节度使。归义军初期，河西各个部族表现得十分活跃。S.5697《申报河西政状》所谓"蕃、浑、嗢末、羌、龙狡杂，极难调伏"，就反映了这种情况。从 S.389《肃州防戍都状》看，这时河西地方除了蕃、浑、嗢末、羌、龙家外，回鹘也是一种重要的力量。此外还有仲云、南山、达怛等其他民族。其中龙家是很重要、很有影响的一支。S.389《肃州防戍都状》还反映出甘州曾是龙家及吐蕃、退浑、羌等部族驻守的城镇。正是在这一阶段，由于受到实力更加强大的回鹘的威逼，龙王只好收拾部众，退出甘州，并入肃州。甘州留下来的龙家百姓为数就不多了。甘州城主由龙王变成了回鹘首领。龙家称雄河西的历史也画上了一个句号。

　　第三是归服归义军阶段。在张议潮驱逐吐蕃后，特别是归义军统

1　陆庆夫：《从焉耆龙王到河西龙家——龙部落迁徙考》，《敦煌研究》1997 年第 2 期，第174～177 页。

治下，龙家已成为五大部族之一。对此，敦煌文书即有记载。其一为咸通九年刻本 S.5697v《金刚般若波罗蜜经》："河西诸州，蕃、浑、咀末、羌、龙狡杂，极难调伏"；其二为 P.2762《张氏勋德碑》颂张淮深大中七年（853）至咸通八年（867）统治河西功德有："河西复创，狡杂蕃、浑，语音不同，羌、龙、咀末，雷威摄伏，训以华风，皆驯良，轨俗一变"；其三为 P.3720《张淮深造窟记》："加以河西异族狡杂，羌、龙、咀末、退浑，数十万处，驰诚奉质，愿效军锋，四时通款塞之文，八方继野人之献。"尽管上述文书多属张淮深时代，但歌颂张氏功德上起张议潮收复河西的事迹，其中透漏出是时敦煌等地的民族状况，而龙家一族即是当时的一大重要势力。

龙家从甘州退出，到肃州活动，是龙家历史的转折点，龙家的名称也往往称作"肃州家"。关于龙家归服归义军，敦煌文书中有多处反映，如前揭 S.367《沙州伊州地志》即指出甘、肃、伊各州的龙家部落已"皆禀皇化"。此件文书篇末题记有"光启元年十二月廿五日张大庆等书"，这一时期紧接中和四年，故应将"皆禀皇化"看作是对中和四年末龙家退出甘州、投入肃州，归化归义军的一个反映。另 P.2187《河西都僧统悟真处分常住榜》中写道："龙家披带而生降，达讷似不呼而自至"，也是对龙家归伏归义军一事的记述，文书亦应产生于此后不久的时间。此外，对此事有所暗示的文书还有 P.3720《张淮深造窟记》，其中云"西戎北狄，不乎而自归"，实为对"龙家披带而生降，达讷似不呼而自至"一句的翻版。P.2482《常乐副使田员宗启》表明，在祁连山麓分布着许多放牧官马群以畜牧为业的龙家人。P.2641《丁未年（947）六月都头知宴设使宋国忠等诸色破用历状并判凭》中也记有从瓜州到敦煌来向归义军"纳马"的龙家人的饮食帐目及"支常乐龙家油"帐目，说明与前件文书反映的内容一致，时间应相去不远。

需要指出的是，龙家在向归义军表示降伏的同时，也保持着相对的独立性。P.3569v《唐光启三年（887）四月官酒户马三娘、龙粉堆牒》中记有当时河西各部族派往归义军出使的蕃使酒帐。除西州回鹘使、[瑎]微使、凉州嗢末使外，还看到了肃州使。P.3552《儿郎伟》中有："四方晏然清帖，猃狁不能犯边。甘州雄身中节，嗢末送款旌旃。西州上共（贡）宝马，焉祁（耆）送纳金钱。从此不闻枭鸺，敦煌太平万年。"这里的焉祁（耆）就指龙家。肃州龙家已经从顺归义军，向其进贡纳款，同时又具有相对独立性。

第四是被甘州回鹘吞并的阶段。回鹘人入主甘州以后，便成为河西地区的一支雄强势力，一方面同归义军争夺丝绸之路贸易的控制权，同时又对河西地区其他诸部族进行征服。其中对龙家便一直没有停止用兵。如写于曹议金时代的P.4011《儿郎伟》就描写了回鹘同归义军及龙家的征战：

> 甘州数年作贼，直拟欺负侵凌。去载阿郎发愤，点集兵钾军人。亲领精兵十万，围绕张披狼烟。未及张弓拔剑，他自放火烧然。一齐投（披）发归伏，献纳金钱城川……不经一岁未尽，他急逆乱无边。准拟再觅寸境，便共龙家相煎……

这一战役似乎回鹘人没有占到便宜，但可以想见，甘州方面不会就此作罢，必须还要千方百计地令肃州龙家就范。写于宋初的P.2155《归义军节度使曹元忠致甘州回鹘可汗状》就载有："又去五月十五日被肃州家一鸡悉歹作引道人，领达怛贼壹佰已来，于瓜州、会稽两处同日下，打将人口及牛马。"达怛驻牧于甘州及肃州北部地带，与甘州回鹘关系亲密。以龙家为主的肃州家与达怛勾结一处向瓜州一带打劫，被曹元忠作为一个重要问题向甘州可汗正式提出，说明肃州家此时已经背离归义军，向甘州回鹘方面靠拢了。

能够更准确明白地反映这一动向的是写于太平兴国六年（981）的P.3412《安再胜等牒》："右今月廿日寅时，孔僧正、沙弥定昌、押衙唐憨儿等三人走来，况再胜等闻讯向东消息，言说回鹘、达怛及肃州家相合，就大云寺对佛设誓，则说向西行兵。"从中可知，肃州家已经公开同回鹘、达怛结盟，共同向归义军进攻。《新五代史·回鹘传》中对龙家有这样的描述："又有别族号龙家，其俗与回鹘小异。"从这一记载分析，龙家人被回鹘吞并时间不会太短，不然不至于被回鹘同化到如此程度。

关于后来肃州家（龙家）的下落，敦煌文书所见鲜少。《辽史》在统和二十八年（1010）有记载："肖图玉奏伐甘州回鹘，破其属郡肃州，尽俘其生口。"[1]由此可见，肃州家（龙家）早在统和二十八年以前就已经被回鹘吞并，为其属国。统和二十八年，则又亡于辽。

诚如黄盛璋所言，龙家在甘州建立的根据地，为甘州回鹘不断排压，退到肃州，最后又退到瓜、沙二州服属于归义军，至曹氏时龙家作为部落仍有存在，但日益衰微，有的为归义军牧养官马牲畜，归义军宴设司一般皆以"次料"招待。尚不如南山部落之仲云，大部分从部落分化为平民百姓，隶州县乡里，与汉族杂居，信奉佛教，最后同化。其留在焉耆一带，及甘州故地者分别属于高昌与甘州回鹘，故"其俗与回鹘小异"，最后也同化于回鹘，龙家从9世纪初焉耆灭后分散。[2]至1036年曹氏归义军为西夏所灭，不复再见。

二 敦煌龙家人的生业方式

关于晚唐五代归义军时期敦煌一带的龙家及其社会生活，敦煌文书亦有记载。是时，敦煌地区的龙家不仅以"龙"为姓，而且还以"何"为姓。如S.4445《己丑年（929）何愿德贷褐契》记载己丑年十二月廿三日龙家何愿德于南山买卖，于永安寺僧长千面上贷出红褐三段、白褐一段。龙家居民中包括的姓氏除了胡姓之外还有汉姓，如Дx.1418《年代不明吴留德等便豆历》记载有龙张政子和龙安善通，表明晚唐五代敦煌地区的龙部落是归义军管辖下十部落之一。在龙家部落的名号之下，还包括了除龙家之外的粟特人和汉民族。敦煌文书

1 《辽史》卷七〇《属国表》，第1151页。
2 黄盛璋：《敦煌汉文与于阗文书中之龙家及其相关问题》，《西域研究》1996年第1期，第37页。

记载龙家的文书比较多，龙家人主要从事农业、商业、畜牧业等社会
经济生活，特别是畜牧业经济中以放牧马而著称，放牧的区域主要是
常乐县一带。[1]

　　另外，归附归义军政权的部分龙家人还在瓜沙地区为归义军政权
放牧官马，还有些龙姓人成为归义军政权的官吏，担任押衙、将、队
头等职务，并出使邻邦，服纳兵役。陆离通过对 Дx.02264、Дx.8786
与 P.4974 号文书的研究，指出三件文书系归义军张承奉时期的同一块
土地纠纷的诉讼牒状，且文书记录了押衙龙神力及其参加归义军与回
鹘作战身亡的兄长等人。另外，其他文书也可见到龙家人服务于归义
军政权，如 P.3249《军籍残卷》中的龙藏子、龙海润、龙光颜三人，
其中龙光颜担任将职，其他两人担任军士。S.4504《乙未年（875 或
935）龙弘子等贷生绢契》记载了作为节度使亲信的押衙龙弘子担任
使者前往西州向押衙阎全子借贷生绢之事。[2] 是见归义军政权中亦活跃
着不少龙家人，为归义军服务。

1　郑炳林:《唐五代敦煌畜牧区域研究》,《敦煌学辑刊》1996 年第 2 期，第 22 页。
2　陆离:《俄、法所藏敦煌文献中一件归义军时期土地纠纷案卷残卷浅识——对 Дx.02264、
　　Дx.08786 与 P.4974 号文书的缀合研究》,《敦煌学辑刊》2000 年第 2 期，第 61 页。

第八章　回鹘与敦煌

第一节　高昌回鹘与敦煌之关系

一　高昌回鹘与归义军的早期接触

唐开成五年（840），回鹘内乱，渠长句录莫贺联合回鹘劲敌黠戛斯，合兵十万，攻破回鹘都城，杀可汗，回鹘汗国破灭。近可汗牙帐的十三部以乌介特勤为可汗，南下附唐。回鹘相馺职则拥可汗外甥庞特勤率十五部西迁，其中部分进入河西走廊，而主力则随庞特勤到达天山东部地区，希望在这块回鹘汗国的旧领地内求得生存和发展。据唐朝史料记载，会昌二年（842）冬十月，黠戛斯遣使向唐朝报告击破回鹘的情况，称"将徙就合罗川，居回鹘故国，兼已得安西、北庭达靼等五部落"。[1]黠戛斯派兵追击西迁回鹘并取得一定的成果是肯定的，但其所得并非安西、北庭都护府的全境，因为大约与此同时，庞特勤已在焉耆立足，号称叶护。[2]大中元年（847），乌介可汗被杀，其弟遏捻被立为可汗，投依奚王。翌年，唐幽州节度使张忠武令奚王送遏捻来幽州。遏捻惧，与妻、子等西奔，不知所终。庞特勤随后在安西地区称可汗，据有"磧西诸城"。[3]

　　大中二年（848），张议潮起事敦煌，收复瓜、沙二州。大中三年（849），收复肃、甘二州。此时的天山东部地区，既有原回鹘汗国的属部旧臣，也有随庞特勤而来的西迁回鹘主力，还有一些散在诸处而以盗劫存生的小族帐。P.2962《张义潮变文》记大中十年（856）时，有回鹘部众与吐谷浑占据伊州西纳职城，并不断抄掠伊州。张议潮于同年六月亲自率兵前往讨伐，虽然取胜，但并未攻克纳职城。同年冬十一月，唐朝因得知庞特勤在安西已称可汗，于是派使臣王端章等充使册庞特勤为怀建可汗。王端章一行半路被伊州一带的回鹘劫走国信，无功而返。《张义潮变文》又载："至十一年八月五日，伊州刺史王和清差走马使至，云：'有背叛回鹘五百余帐，首领寨赌毒等将回鹘百姓已到伊州侧。'"[4]可惜变文后残，不知结果如何。这些事实表明，西迁回鹘开始了对伊州的渗透，但伊州城仍在归义军手中。P.4660《故前伊州刺史改授左威卫将军银青光禄大夫检校太子宾客殿中侍御[史]临留左公赞》，其中称伊州刺史王和清的继任者"封疆受土，典郡西陲"。后署"法师恒安书"。[5]按同卷又有惠菀述《敦煌唱导法将兼毗尼藏主广平宋律伯彩真赞》，尾题"维大唐咸通八年岁次丁亥

1　《资治通鉴》卷二四六"会昌二年（842）冬十月"条，第7968页。

2　《新唐书》卷二一五下《突厥传下》，第6069页。

3　《旧唐书》卷一九五《回纥传》，第5215页。

4　王重民等编《敦煌变文集》上集，第114～120页。

5　郑炳林《敦煌碑铭赞辑释》，第182页；姜伯勤、项楚、荣新江：《敦煌邈真赞校录并研究》，第159页。

（867）六月庚午朔五日甲戌题记，弟子比丘恒安书"。[1]据此知《左公赞》是恒安在咸通八年以后升任法师之后所写，当时伊州仍为归义军所守。

　　大中、咸通之际，正是西迁回鹘部众各自为政，相互争夺地盘之时。张议潮也着力经营河西，无暇西顾。咸通二年（861），张议潮率军收复河西重镇凉州。S.6161+S.3329+S.6973+P.2762+S.11564《敕河西节度兵部尚书张公德政之碑》称颂此事道：

> 　　姑臧虽众，勍寇坚营。忽见神兵，动地而至。无心掉战，有意逃形。奔投星宿岭南，苟偷生于海畔。我军乘胜逼逐，虏群畜以川量。掠其郊野，兵粮足而有剩；生擒数百，使乞命于戈前；魁首斩腰，僵尸染于蓁莽。良图既遂，摅祖父之沉冤。西尽伊吾，东接灵武，得地四千余里，户口百万之家。六郡山河，宛然而旧。[2]

　　张议潮率军从吐蕃手中收复河西这段时间可以说是沙州归义军政权最强盛的时期。

二　纳职回鹘对沙州的侵扰及张淮深的反击

　　张议潮于咸通八年（867）"束身归阙"后，张淮深继其位。张淮深主政期间（867～890），有"破残回鹘"进攻瓜、沙二州，事见P.3451《张淮深变文》。

　　这一记载反映的是沙州归义军节度使张淮深在西桐击败入侵沙州的"破残回鹘"之事，其前部内容残损，残存部分记载了两次反击回

1　郑炳林：《敦煌碑铭赞辑释》，第 185 页；姜伯勤、项楚、荣新江：《敦煌邈真赞校录并研究》，第 156 页。

2　荣新江：《敦煌写本〈敕河西节度兵部尚书张公德政之碑〉校考》，《周一良八十生日纪念论文集》，第 208 页。

鹘进军的史事，填补了传世文献记载的空白，对回鹘史及回鹘与沙州归义军关系史的研究具有非常重要的意义。

关于文献的时代，孙楷第称："以其事推之，至晚不得在中和四年之后，或当在乾符中，未可知也。"[1] 郑炳林认为张淮深破西桐"破残回鹘"的战争应为二次，第一次发生在咸通十五年（乾符元年，874），第二次发生在乾符元年九月至次年正月间。[2] 近年荣新江根据《张淮深碑》记张议潮于咸通八年（867）"束身归阙"后，"官授司徒"，于咸通十三年卒后"诏赠太保"等因素，结合《张淮深变文》尾部之唱词"自从司徒归阙后，有我尚书独进奏"，将文献所述尚书张淮深破西桐回鹘事推定在咸通八年至咸通十三年间。[3] 后来，进一步将回鹘散众进犯瓜州，被张淮深击败事定于咸通十年（869），而把"破残回鹘"犯沙州，在西桐海畔被张淮深击败的时间系于咸通十一年。[4] 可以信从。考虑到《张淮深变文》有"季秋西行，兵家所忌"之语，可以把张淮深出兵的时间进一步精确至咸通十一年九月。

从变文看，当时有"破残回鹘"进攻瓜州，被尚书张淮深击败，捕获甚众。沙州上书朝廷，唐朝遣使左散骑常侍李众甫、供奉官李全伟、品官杨继瑀等到达敦煌，将生俘之众尽皆放还。然而，使者东还，刚过酒泉，又有"回鹘王子，领兵西来"，进攻沙州，潜于西桐海畔。尚书遂领兵征伐西桐，大破之。

文中多次出现的"猃狁""匈奴"等称号，指代的均为入侵沙州的"破残回鹘"。至于这些回鹘人的来源，文献未做明确交代，学界言人人殊，形成了西来说和东来说两种截然相反的观点。早在 70 多年前，孙楷第在研究《张淮深变文》时就非常注意这个问题，认为这支回鹘应来自安西，即庞特勤所部。理由如下：

1　孙楷第：《敦煌写本〈张淮深变文〉跋》，《中央研究院历史语言研究所集刊》第 7 本第 3 分，1937，第 386 页。

2　郑炳林：《敦煌本〈张淮深变文〉研究》，《西北民族研究》1994 年第 1 期，第 150 页。

3　荣新江：《沙州归义军历任节度使称号研究（修订稿）》，《敦煌学》第 19 辑，1992，第 28 页。

4　荣新江：《归义军史研究——唐宋时代敦煌历史考索·归义军大事纪年》，第 7 页。

此本第十二行尚存"安西"二字，且记用兵在沙州以西也。西桐地名，《张义潮变文》记义潮征吐浑、吐蕃，亦经此地，云取西南疾路，信宿即至。此本云回鹘王子领兵西来，尚书传令出兵，不逾信宿，已近西桐，贼且依海而住……知西桐在沙州之西，地有泽泊，且距敦煌不甚远。[1]

孙先生此说既出，学界半个世纪来多因循之，认为张淮深平定的是安西回鹘。邓文宽则提出不同观点，认为张淮深两次降服的均是甘州回鹘。他列举了两条主要证据，其一，《张淮深变文》（简称《变文》）所载张淮深第一次平定回鹘之后，唐天子曾遣使到敦煌封赐慰问，在沙州举行了隆重的庆功仪式。张淮深接读诏书，感激涕零："尚书（张淮深）既睹丝纶诰，蹈舞怀惭感圣聪。微臣幸遇陶唐化，得复燕山献御容。"张淮深收复的"燕山"，其实就是燕支山，即今甘肃张掖市山丹县和武威市永昌县之间的焉支山，这里在唐末已成为甘州回鹘的辖地。

邓先生的第二条证据为《变文》记述回鹘第二次入侵归义军的一段文字：

天使既发，分袂东西，尚书感皇帝之深恩，喜朝廷之天遇。应是生降回鹘，尽放归回。首领苍遑，咸称万岁。岂料蜂虿有毒，豺性难驯，天使才过酒泉，回鹘王子领兵西来，犯我疆场。

邓先生认为第二次进军沙州的回鹘，仍是此前被张淮深"生降"又放归的那支，而非别一支。《变文》称回鹘再次前来，张淮深得报后说："回鹘新受诏命，今又背恩。"即证明此说之不误。这

1　孙楷第：《敦煌写本〈张淮深变文〉跋》，《中央研究院历史语言研究所集刊》第7本第3分，1937，第385页。

一次回鹘对沙州的侵扰是由"回鹘王子领兵西来"的。按照邓先生的理解，若是安西回鹘前来，安西居于敦煌之"西"，那么《变文》作者站在沙州归义军立场上，就应说"领兵东来"。可是《变文》却明确记载是"领兵西来"，清楚无误，表明此一回鹘居于沙州之东。由此反推，亦可看出，张淮深第一次将其"生降"并放归时，回鹘的去向是由西而东。否则，甫放归回，便又前来，无论如何也不能说"领兵西来"。从而认定这些回鹘应居于沙州之东，应为甘州回鹘。[1]

以上两种观点都难以成立。先谈安西回鹘说，孙先生所谓"此本第十二行尚存'安西'二字"之说有可怀疑之处。揆诸原卷，第12行仅存8字："业，累致逃亡，使安西"。"西"字以下残缺，故不能确定这里的"安西"是否为地名。《变文》明言侵入归义军政权境内的回鹘为"破残回鹘"，系"失乡沦落众"，而张淮深平定他们的地方在西桐海畔，孙先生由此而认定入侵者来自西方，是正确的，但把这些回鹘比定为安西回鹘则有些于理不通。众所周知，回鹘西迁发生于840年，史载：

> 有回鹘相馺职者，拥外甥庞特勤及男鹿并遏粉等兄弟五人、一十五部西奔葛逻禄，一支投吐蕃，一支投安西。[2]

这里的安西指的是唐代安西都护府的辖境。安西回鹘在庞特勤的率领下，有众二十万，势力强盛，不久即以焉耆为中心建立了地方政权。《新唐书》载："及其破灭（指漠北回鹘汗国溃败），有特庞勒居焉者，称叶护，余部保金莎领，众至二十万。"[3]文中的"特庞勒"显系"庞特勤"之误。当时庞特勤虽势力强大，但由于南迁的回鹘可汗乌介未亡，所以庞特勤仅自称"叶护"而不称可汗。会昌六年（846），乌

1　邓文宽：《张淮深平定甘州回鹘史事钩沉》，《北京大学学报》1986第5期，第86~87页。
2　《旧唐书》卷一九五《回纥传》，第5213页。
3　《新唐书》卷二一五下《突厥传下》，第6069页。

介可汗被杀，其弟遏捻被部众拥立为汗。遏捻可汗亲率余众依附于室
韦。因受唐将张仲武所迫，大中二年（848），遏捻可汗仅率妻、子等
九骑夜逃，不知所终，于是，"其别部庞勒（即庞特勤）先在安西，亦
自称可汗"。[1] 可汗所在，代表着回鹘的正统。所以说"安西回鹘"是
不能被称作"破残回鹘"的，更不能被称作"失乡沦落众"。

　　这里再说第二种观点，即甘州回鹘说。此说论据之一建立在对
燕山即燕支山（焉支山）的比定上。这一比定本身是成立的，况且自
唐末始，燕山一带已成为回鹘的辖地，隔断了唐与归义军政权间的联
系，长期是归义军政权的大患，故张淮深在表忠心时言称要"得复燕
山献御容"是情理所致，并不能由此而证明张淮深所击一定为甘州回
鹘，况且《变文》中的燕山不一定为实指。此说的第二个论据是"回
鹘王子领兵西来"一语，作者认为既称西来，必为由东向西。其实未
必。古往今来，"西来"二字，既有由西而东之意，也有自东向西之
意。前者如唐人希运《黄檗断际禅师宛陵录》云："达摩西来，无风起
浪；世尊拈花，一场败缺。"[2] 再如元代中峰禅师《怀净土诗》云："弥
陀西住祖西来，念佛参禅共体裁；积劫疑团如打破，心华同是一般
开。"[3] 后者如岑参《碛中作》"走马西来欲到天"。[4] 晋王李存勖于天祐
九年（后唐乾化二年，912）讨刘守光于幽州，赵行实上策言："老贼
在东，别将西来，尚可从容画策。"[5] 显然也是由东向西意。看来，"西
来"具体含义的确定，须揆文而别，不可一概而论。相较而言，以第
一种用法似乎更为普遍。易言之，西桐回鹘东来之说尚缺乏证据。

　　要解决张淮深所破回鹘之来源问题，最重要的证据应从西桐海地
理位置的确立入手。关于西桐海的所在，学界存在着不同的说法，大
体有沙州西、沙州西北、沙州西南三说。据李正宇、李并成考证，不

1　《资治通鉴》卷二四八"大中二年（848）正月"条，第8032页。

2　（唐）希运：《黄檗断际禅师宛陵录》，《大正藏》第48册，No.2012B，第387页 b。

3　《续藏经》第70卷，No.1402，第747页 a。

4　（唐）岑参著，陈铁民等校注《岑参集校注》卷二，上海：上海古籍出版社，2004，第110页。

5　（宋）王钦若等编纂《册府元龟》卷三六七《将帅部·机略第七》，第4370页。

约而同地得出结论：其地应为今敦煌西南阿克塞哈萨克自治县的苏干湖。[1] 今从之。《变文》有言："参谋张大庆越班启曰：'金□□□，兵不可妄动。季秋西行，兵家所忌。'"可见，当时张淮深用兵的方向也是沙州之西。

其地既在沙州以西，不管正西、西北或西南，都不支持回鹘来自甘州之说。据《张淮深碑》等文献记载，张议潮大中二年（848）收复瓜、沙二州，三年收复甘、肃二州，四年收复伊州（不包括纳职），咸通二年（861）收复凉州，取得"西尽伊吾，东接灵武，得地四千余里，户口百万之家。六郡山河，宛然而旧"[2] 的辉煌战绩。反观张氏归义军时期的回鹘，其势力是非常弱小的，各种史籍及敦煌文献都不见反映。如 P.3720(7)《张淮深造窟记》为咸通八年至十三年间张淮深建造莫高窟第 94 窟的功德记，其中颂扬其功德时曰："加以河西异族狡杂，羌、龙、嗢末、退浑，数十万众，驰诚奉质，愿效军锋。"乾符三年（876）以前任瓜州刺史的阎英达在《申报河西政情状》（S.5697）中也申述"河西诸州，蕃、浑、嗢末、羌、龙狡杂，极难调服"。二者都没有提到回鹘。中和二年（882）勒立的《敕河西节度兵部尚书张公德政之碑》在颂扬张淮深之武功时，亦言："河西创复，犹杂蕃、浑，言音不同，羌、龙、嗢末，雷威慑伏。"[3] 同样无回鹘踪影。这些都说明，在张氏归义军统治的河西地区，回鹘还没有形成真正能够对归义军政权构成威胁的势力。退一步说，即使真有游牧于甘州地区的回鹘人入侵瓜、沙二州，也应该先攻西行的必经之地肃州和玉门军，而不应直接攻打瓜州，更不会绕到敦煌西南的西桐海。[4]

既然安西回鹘与甘州回鹘之说都不成立，那么这些回鹘应来自何

1　李正宇：《西同考——附论六龙地望》，《敦煌研究》1997 年第 4 期，第 110～120 页；李并成：《"西桐"地望考——附论明安定卫城》，《西北民族研究》1998 年第 1 期，第 45～50 页。

2　荣新江：《敦煌写本〈敕河西节度兵部尚书张公德政之碑〉校考》，《周一良八十生日纪念论文集》，第 208 页。

3　荣新江：《敦煌写本〈敕河西节度兵部尚书张公德政之碑〉校考》，《周一良八十生日纪念论文集》，第 206～216 页。

4　郑炳林：《敦煌本〈张淮深变文〉研究》，《西北民族研究》1994 年第 1 期，第 152 页。

处？由于变文称入侵归义军境内的回鹘为"破残回鹘"或"失乡沦落众"，荣新江推测，"这些回鹘是从漠北逃亡而来的回鹘散部"。[1] 此说还可得到《变文》中"帝谓群臣"之语的支持：

> □□□□□表奏，获捷匈奴千余人，絷于囹圄。朕念□□□□□旧懿，襄日曾效赤诚：今以子孙流落□□河西，不能坚守诚盟，信任诸下，辄此猖狂。朕闻往古，义不伐乱，匈奴今岂（其）谓矣！

文中的"匈奴"指的就是回鹘。看来，张淮深所平定的是回鹘散部之说是可以成立。但这里的散部究为何指，尚不明确。吾人固知，回鹘汗国亡于 840 年，残众纷纷外逃。《旧唐书》卷一九五《回纥传》载：

> 有回鹘相驱职者，拥外甥庞特勤及男鹿并遏粉等兄弟五人、一十五部西奔葛逻禄，一支投吐蕃，一支投安西。又有近可汗牙十三部，以特勤乌介为可汗，南来附汉。

回鹘既有西迁的，也有南下的。即使西迁的也是四分五裂，一支"西奔葛逻禄，一支投吐蕃，一支投安西"，各部不相统属，都可称作"回鹘散部"。揆荣先生之意，应指此三支西迁回鹘之外的逃亡者。如果接受此说，那就不好理解 P.2570《毛诗卷第九》的有关记载了。在该卷子背面书写有小字一行，云：

> 咸通拾陆年正月十五日，官吏待西同大却回鹘至。[2]

咸通拾陆年即唐僖宗乾符二年（875）。咸通是唐懿宗年号，仅使用

1　荣新江:《归义军史研究——唐宋时代敦煌历史考索》，第 300 页。

2　池田温『中國古代寫本識語集錄』，東京：東京大学東洋文化研究所，1990，第 402 页。

了十五年。咸通十四年（873）"七月辛巳，皇帝崩于咸宁殿"。[1]咸通
十五年十一月初五日冬至，改元乾符元年。然而由于敦煌地域偏鄙，
消息闭塞，不知中原年号已改，在两年之后仍在继续使用咸通年号，
属于正常现象。咸通十六年距离张淮深 870 年攻打西桐回鹘已过 5
年，回鹘仍有能力入侵归义军政权，并且能够再入西桐，显然有向
归义军寻衅或复仇的意味。他们虽然再次被固守于那里的归义军将
士所击败，但足以证明这批回鹘人是颇具一些实力的，很顽强，非
一般散兵游勇所可为。据《变文》记载，张淮深征西桐，战斗是很
激烈的：

> ［归义军］先锋远探，后骑相催，铁衣千队，战马云飞。分
> 兵十道，齐突穹庐。鼙鼓大振，白刃交麾，匈奴丧胆，獐窜周
> 诸。头随剑落，满路僵尸。

归义军有"铁衣千队"，被"分兵十道"，由是以观，当时回鹘兵力当
不在少数。尽管他们在西桐曾败于张淮深，但实力尚存，数年之后，
仍有力量入侵沙州。

张淮深所击"破残回鹘"既非来自安西，又非甘州，究由何
来呢？郑炳林认为"张淮深征伐之西桐回鹘只能来自于西州回鹘系
统，属西州回鹘"。[2]这一观点可以成立。更具体一点说，他们很可
能是西州回鹘系统，居于伊州附近的纳职回鹘。按《新唐书·回鹘
传下》载：

> 懿宗时，大酋仆固俊自北庭击吐蕃，斩论尚热，尽取西州、
> 轮台等城，使达干米怀玉朝，且献俘，因请命，诏可。其后，王
> 室乱，贡会不常，史亡其传。[3]

---

1 《新唐书》卷九《懿宗纪》，第 262 页。

2 郑炳林：《敦煌本〈张淮深变文〉研究》，《西北民族研究》1994 年第 1 期，第 155 页。

3 《新唐书》卷二一七下《回鹘传下》，第 6133 页。

　　仆固俊时期，西州回鹘力量强大，但其后不久，仆固部王室丧乱，部属分离，互不统属。犯沙州西桐之回鹘，当为仆固俊旧部，其居地当距沙州不远。这支回鹘人曾于 869 ～ 875 年间曾屡犯瓜、沙二州，考虑到 P.2962《张义潮变文》所记大中十年（856）在沙州西劫夺唐政府册封庞特勤的使团的回鹘来自伊州附近之纳职这一因素看，张淮深时期侵入沙州西桐的回鹘亦应来自纳职。

　　S.367《沙州伊州地志》记载纳职县在伊州西一百二十里，"唐初有土人鄯伏陀，属东突厥，以征税繁重，率城人入碛奔鄯善，至并吐［谷］浑居住，历焉者，又投高昌，不安而归，胡人呼鄯善为纳职，既从鄯善而归，逐（遂）以为号。"[1]张议潮大中四年（850）收复伊州，但是纳职却一直为回鹘所控制。P.2962《张义潮变文》记载的大中十年、十一年归义军两次征伐西州回鹘，但是并未攻下纳职城。回鹘在败北之后"走投入纳职城，把劳（牢）而守"。十一年八月，伊州刺史王清和报告回鹘翟都督带五百帐再侵伊州。[2]这应该是败入纳职城的西州回鹘军队。《张义潮变文》记载："敦煌北一千里镇伊州城西有纳职县，其时回鹘及吐浑居住在彼，频来抄劫伊州，俘虏人物，侵夺畜牧，曾无暂安。"表明归义军时期纳职城为回鹘所有，其居民主要由回鹘和吐谷浑构成。北宋时，王延德奉旨出使高昌，途经纳职城。他写道："次历纳职城，城在大患鬼魅碛之东，南望玉门关甚近。"[3]晚唐时期，纳职一直属于西州回鹘的势力范围。

　　伊州自大中四年被张议潮收复后，长期处于归义军的掌控之中，撰写于咸通十年的《伊州刺史临淄左公邈真赞》（P.4660）记载左公卒于伊州刺史位，说明直到此时伊州城仍在归义军辖下。乾符三年（876），西州回鹘从归义军手中夺取了伊州。P.5007《诗》残题中记载

<hr />

1　郑炳林：《敦煌地理文书汇辑校注》，第 68 页。
2　王重民等编《敦煌变文集》上集，第 116 页。
3　《宋史》卷四九〇《高昌传》，第 14111 页。

了此事："仆固天王乾符三年四月二十四日打破伊州。"[1] 这里的"仆固天王"即西州回鹘的首领仆固俊（或称"仆骨俊"）或其后继者。[2] 纳职回鹘势力的存在及其对归义军的侵扰，无疑会分散归义军的力量，对西州回鹘之伊州收复起到重要作用。

由上文的论述可以看出：

（1）沙州及其周边地区早在初唐时期就已有回鹘诸部的活动，840年，漠北回鹘汗国灭亡后，有回鹘人迁入甘、凉、瓜、沙地区，但势力不强，尚不能对归义军政权构成威胁，故敦煌出土写本中对其少有记载。

（2）《张义潮变文》和《张淮深变文》中所言入侵瓜沙的回鹘，既非安西回鹘，也非甘州回鹘，而是来自西州回鹘系统的纳职回鹘。

（3）《张淮深变文》所言张淮深发动西桐之战，征伐回鹘的时间应在咸通十一年（870）九月至咸通十六年（乾符二年，875）正月间，纳职回鹘又攻西桐，再为归义军所败。

三 使节往来与商业贸易

西州回鹘与归义军政权的使节往来与商业贸易情况，史书未见记载，唯敦煌写本有较多反映，藤枝晃辑录出有关文书十余件，[3] 在此基础上，荣新江进一步又找到了不少新文献，经其汇辑整理，西州与沙州关系事可历历在目。[4]

归义军与高昌回鹘之使节往来，最早见载于 P.3569《光启三年（887）四月归义军官酒户龙粉堆牒与押衙阴季丰牒》，其中有张淮深判词：

1　徐俊纂辑《敦煌诗集残卷辑考》，第 656 页。

2　荣新江：《归义军及其与周边民族的关系初探》，《敦煌学辑刊》1986 年第 2 期，第 33 页。

3　藤枝晃「沙州歸義軍節度使始末」(4)『東方学報』（京都）第 13 册第 2 分，1942，第 70~71、80 页。

4　荣新江：《归义军史研究——唐宋时代敦煌历史考索》，第 351～374 页。

右奉　判令算会，官酒户马三娘、龙粪堆从三月廿二日于官仓请酒本粟贰拾驮，又四月九日请酒本粟壹拾伍驮，两件共请粟叁拾伍驮。准粟数合纳酒捌拾柒瓮半。请处供给使客及设会赛神，一一逐件算会如后：

西州回鹘使上下叁拾伍人，每一日供酒捌斗陆升，从三月廿二日到四月廿三日，中间计叁拾贰日，计供酒肆拾伍瓮伍斗贰胜……［四月］廿二日，西衙设回鹘使用酒叁瓮。已上诸处供给，计用酒捌［拾］壹瓮半贰胜。准粟数使用外，余欠酒伍瓮伍斗捌胜。

右通前件酒一一检判凭算会如前，伏请处分。牒件状如前，谨牒。

光启三年四月 日，押衙阴季丰牒。

西州使今月廿五日发□，□酒瓮自给，廿三日。[1]

可见，光启三年时，西州回鹘即曾向归义军派出规模较大的使团，"上下叁拾伍人"，于三月二十二日到达敦煌，逗留月余后，于四月二十五日离开。文书中既有张淮深的判词，无疑是由官府招待这批回鹘使者的，行前沙州首脑还在西衙设宴款待，说明二者间关系是较为友好的。

曹议金时期，沙州与西州间的来往更趋频繁。在其当政之初的某年四月，西州、伊州使至沙州，并巡礼莫高窟。事见 S.1366《归义军衙内面油破用历》第 18～19 行："新来伊州使下担细供两分，面五升，用面八升八合，油一合六勺。"第 23～25 行又载："西州使及伊州使上窟迎顿，细供二十五分，中次料十五分，用面六斗五升五合，油二升六合。"[2]

1　卢向前：《关于归义军时期一份布纸破用历的研究——试释伯四六四〇背面文书》，《敦煌吐鲁番文献研究论集》第 3 辑，北京：北京大学出版社，1986，第 455～458 页；上海古籍出版社、法国国家图书馆编《法藏敦煌西域文献》第 25 册，上海：上海古籍出版社，2002，第 346～347 页。

2　唐耕耦、陆宏基编《敦煌社会经济文献真迹释录》第 3 辑，第 282 页。

贞明九年（923）三月二十八日，曹议金遣使王𬋖敦至伊州。北殷41《癸未年（923）三月廿八日王𬋖敦贷绢契》记载：

> 癸未年三月廿八日立契。王𬋖敦欠阙 绢 帛 ，遂于押衙沈弘礼面上贷生绢壹疋，长四十尺，幅阔一尺八寸二分。伊舟（州）使到来之日，限十五日，便须田（填）还……悉𬋖敦身故，东西不在，一仰口承人丈白面上，取为本绢。[1]

同年四月十五日，沙州张修造出使西州，事见北殷41《癸未年（923）四月十五日张修造雇驼契》：

> 癸未年四月十五日，张修造遂于西州充使，欠阙驼乘，遂于押衙王通通面上，雇五岁父驼一头。断作驼价官布十六疋，长柒捌，到日还纳。驼若路［上］贼打病死，一仰要同行［证］见。[2]

可见，沙州与西州间的往来还是比较频繁的。

长兴元年（930），由西州使僧来沙州，P.2049v《长兴二年（931）正月沙州净土寺直岁愿达手下诸色入破历计会》第308～309行载："油贰胜，纳官供志明及西州僧食用。"又第378～379行亦载："面柒斗，纳官供志明及西州僧食用。"[3]

清泰二年正月一日，沙州"灵图寺僧善友往于西州充使"。[4]

同年三月七日，归义军节度"押衙就弘子往于西州充使"。[5]

天福元年，沙州归义军遣武达儿之弟，然"不达乡际亡殁"。[6]

1　沙知辑校《敦煌契约文书辑校》，第181页。

2　唐耕耦、陆宏基编《敦煌社会经济文献真迹释录》第2辑，第38页。

3　唐耕耦、陆宏基编《敦煌社会经济文献真迹释录》第3辑，第382、385页。

4　S.4504v(6)《乙未年（935?）灵图寺僧善友贷绢契》，沙知辑校《敦煌契约文书辑校》，第197页。

5　S.4504v(5)《乙未年（935?）押衙就弘子贷绢契》，沙知辑校《敦煌契约文书辑校》，第197页。

6　P.4638(13)《丙申年（938）正月归义军马军武达儿状》，唐耕耦、陆宏基编《敦煌社会经济文献真迹释录》第4辑，第507页。

天福五年四月六日，沙州索僧正去西州。[1]

天福六年十月二十五日，沙州贾彦昌出使西州。事见 P.3453《辛丑年（941）贾彦昌贷绢契》：

> 辛丑年十月廿五日，贾彦昌缘往西州充使，遂于龙兴寺上座心善面上贷生绢一疋，长叁使柒尺贰寸，幅壹尺捌。又贷帛拖（紬）锦绫一疋，长二仗（丈）叁尺陆寸，幅壹尺玖寸半。自贷后，西州回日还利头好立机两疋，各长贰杖（丈）伍尺。若路上般次不善者，仰口承人弟彦祐于尺数还本绫。[2]

开运三年（946）正月二十二日，沙州洪润乡百姓宋虫口出使西州。[3]

天福十三年（948）四月十六日，归义军"兵马使徐留通往于西州充使"。[4]

乾祐四年（951）四月十八日，归义军节度使"押衙康幸全往于伊州充使"。[5]

显德二年（955）二月十三日至二十四日，西州使者在敦煌逗留。三月十九日，又有西州使至沙州，住馆驿中，二十三日，归义军官负于大厅内设宴，款待西州来使。S.3728《乙卯年（955）归义军知柴场司安祐成牒》（图8-1）记载：

> ［二月］十三日，供西州使人，逐日柴壹束，至贰拾肆日

1　S.5937《庚子年（940）十二月廿二日都师愿通沿常住破历》，唐耕耦、陆宏基编《敦煌社会经济文献真迹释录》第3辑，第207页。

2　沙知辑校《敦煌契约文书辑校》，第205页。

3　P.2652v《丙午年（946?）正月廿二日宋虫口雇驼契》，沙知辑校《敦煌契约文书辑校》，第315页。

4　P.3472《戊申年（948）四月十六日徐留通兄弟欠绢契》，沙知辑校《敦煌契约文书辑校》，第213页。

5　P.2504 附断片 2《辛亥年（951）四月十八日康兴全贷绢契》，沙知辑校《敦煌契约文书辑校》，第215页。

断……［三月］十九日……迎西州使，付设司柽剌叁束，下檐，
付设司柴叁束，就驿，下檐，柽剌伍束。付设司卧醋剌两束，消
酨剌伍束，支城北打□柽壹佰束。[1]

其中的乙卯年，学界推定为 955 年。[2] 从中可以看出，是年二月、
三月间，来自西州的使人，在沙州曾多次受到归义军官府的款待。

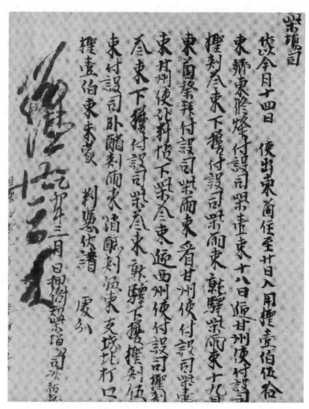

图 8-1　S. 3728《乙卯年（955）归义军知柴场司安祐成牒》

1　唐耕耦、陆宏基编《敦煌社会经济文书真迹释录》第 3 辑，第 618 ~ 620 页。

2　D. Eliasberg，Les signature en forme d'oiseau dans les manuscrits chinois de Touen-Houang，
　　Contributions aus etudes sur Touen-houang(1)，Geneva 1979，p.32；张广达、荣新江：《关于敦煌出
　　土于阗文献的年代及其相关问题》，《纪念陈寅恪先生诞辰百年论文集》，北京：北京大学出
　　版社，1989，第 293 页。

显德三年（956）三月二十三日，沙州三界寺僧法宝出使西州，事见 P.3051v《丙辰年（956）三界寺僧法宝贷绢契》：

> 丙辰年三月廿三日，三界寺僧法宝往于西州充使，欠阙绢帛，遂于同寺法［律］戒德面上贷黄丝生绢壹疋。[1]

显德五年（958）四月二十五日，沙州康员奴出使伊州，P.3501v(7)《戊午年（958）四月廿五日伊州使头康员奴牒》有载。[2] 本件内含 10 件文书，其中有显德五年四月的文书，故可将该戊午年定为 958 年。[3]

同年六月十六日，归义军"兵马使康员进往于西州充使"。[4]

乾德二年（964）正月二十四日，西州使至敦煌。四月二十五日返回。五月十八日，伊州使至敦煌。二十一日，归义军官府于南城设宴招待伊州使者。二十五日，归义军长官看望伊州使者。十月八日，又有伊州使至敦煌，归义军官府于十日、十四日，两次宴请伊州来使。事见敦研 001+ 敦研 369+P.2629《归义军衙府酒破历》：

> 去正月贰拾肆日，供西州使逐日酒壹斗，至肆月贰拾伍日夜断，除月小尽，中间玖拾壹日，内两日全断，两日断半，计用酒壹拾肆瓮肆斗。五月……十八，支伊州使酒壹斗……廿一日，南城设伊州使酒贰斗伍升……廿五日，看甘州使酒贰斗伍升。又看伊州使酒伍升……［十月］八日，迎伊州使酒贰斗；下担酒贰斗。九日，比料帖下供伊州使酒贰斗。十日……设伊州使酒壹

1　沙知辑校《敦煌契约文书辑校》，第 217 页。
2　上海古籍出版社、法国国家图书馆编《法藏敦煌西域文献》第 24 册，上海：上海古籍出版社，2002，第 365 ~ 366 页。
3　陈国灿：《敦煌所出诸借契年代考》，《敦煌学辑刊》1984 年第 1 期，第 8 页。
4　P.3501v(9)《戊午年（958）六月十六日康员进贷绢契》，沙知辑校《敦煌契约文书辑校》，第 219 页。

瓮……十四日……设伊州使酒贰斗。[1]

开宝四年（971）六月一日，沙州"塑匠马报达在伊州作客"，事见北新1013《天请问经》尾题。

太平兴国七年（982）正月前后，沙州遣使赴西州：

> 面玖秤，还西州使头边买褐用。九日，面两秤，连还面壹斗，于西州使头边买褐用……［壬午年正月］十日，面肆秤，还于西州使头边买褐用。[2]

本件年代仅知为壬午年，土肥义和考其为982年之物。[3]可以信从。此处记西州使头在行前或回来后与沙州寺院贸易事，时间在辛巳年末至壬午年初，估计这批沙州使人出使在太平兴国七年正月前后。

雍熙二年（985），沙州神沙乡百姓吴保住等出使西州。使者般次路上被贼人打劫，保住被俘至伊州界内。至十一月，被沙州使安都知一行赎回，事见P.3579《雍熙五年（988）十一月神沙乡百姓吴保住牒》：

> （前残）贼打破般次，驱拽直到伊州界内。（中残）却后到十一月，沙州使安都知般次（中残）押衙曹闰成收赎……今经三年。[4]

又本卷背面有残文："十一月廿七日，将取西州去物色目。"正背面文书均已残，但文意仍依稀可见。吴保住牒为雍熙五年所上，据文中

1　唐耕耦、陆宏基编《敦煌社会经济文书真迹释录》第3辑，第271～276页。

2　S.6452(2)《辛巳年（982）十二月十三日周僧正于常住库借贷油面物历》，唐耕耦、陆宏基编《敦煌社会经济文书真迹释录》第2辑，第239页。

3　土肥义和编『西域出土漢文文献分類目録初稿：スタイン敦煌文献及び研究文献に引用紹介せられたる 非仏教文献之部 古文書類 2』，東京：東洋文庫，1967，第157頁。

4　唐耕耦、陆宏基编《敦煌社会经济文书真迹释录》第2辑，第308页。

"今经三年"，上推其出使当在雍熙二年。背面应是当时所写文书，月份大体相合。

庚寅年（990？）十月一日之后不久，沙州住儿自西州返回，事见 P.3156 断片 4《庚寅年（990？）十月一日已后住儿西州到来破牒数》。年代未能确定。

癸巳年（993）九月二日，归义军原都头令狐愿德出使西州，事见 P.2737(4)《癸巳年（993）九月归义军驼官马善昌牒》："伏以今月二日，先都头令狐愿胜将西州去群上大駮驼壹头，未蒙判凭，伏请处分。"[1] 后有归义军节度使判文与画押。[2]

除了汉文史料之外，敦煌发现的回鹘文文书，也提供了两地交往的明证。其中，P.ouïgour 4 即为沙州唐古西·艾尔代姆·于迦（Ta η quš Ärdäm Ögä）致哈密（Qamil，伊州）卡尔·艾尔代姆夷男（Qar Ärdäm Ïnal）的信，兹摘录其内容如下：

> yamä bizingä ayaɣuluq ayïraɣuluq täg ming ögmäkka tümän alqamaqqa tägimlig ayaɣlaɣ tüzün ädgü atï qar ärdäm ïnal qutinga tangquš ärdäm ögä esängümüz yïraq yerdän üküš köngül ayïtï ïdur biz bitigdä nä üküš saβ ayu ïdayin…kim qa berzün qamalta qar tangquš bitibimiz

> 值得我们敬仰的、千赞万颂的、有尊敬、正直、善良之名的卡尔·艾尔代姆夷男，我唐古西·艾尔代姆·于迦从远方寄去我们的问候。在这封信中，我们有许多话要说……请交给哈密的卡尔！写信人唐古西。[3]

P.ouïgour 12 则是沙州某人致高昌回鹘王国中某人的信，其中含有若干种礼物，如葡萄干、杏干、枣子等，但未详何故，书信未能发送

1　上海古籍出版社、法国国家图书馆编《法藏敦煌西域文献》第 18 册，第 25 页。

2　荣新江：《归义军史研究——唐宋时代敦煌历史考索》，第 372 页。

3　J. Hamilton, *Manuscrits ouïgours du IXe- Xe siècle de Touen-houang*, tome 1, Paris, 1986, pp.143–145；杨富学、牛汝极：《沙州回鹘及其文献》，第 101～103 页。

出去，信中提到了哈密。[1]

除了由沙州发往西州的回鹘文书信外，敦煌文献中还保存有西州发往沙州的回鹘文书信，如 P.ouïgour 3：

> mängi silig küč tüzün qutluɣ tüzün esängü bitigimiz…šaču-da tüz yegän sangun-qa
>
> 满基·斯力克·库启·都督和骨咄录·都信的问候信……请交给沙州的都信·叶干将军。[2]

这些书信年代不详，但应为公元 9 ~ 10 世纪之物，可视作高昌回鹘与沙州归义军政权间商贸交往的证据。

这里还需注意森安孝夫揭橥的 P.3672Bis 正面的信文。该书信的书写者为"赏紫金印检校廿二城胡汉僧尼事内供奉骨都禄沓密施呜瓦伊难支都统"，收信人为"沙州宋僧政、索判官、梁校授"。[3] 文书中的廿二城，指的就是高昌，如 11 世纪 50 年代印度旅行家加尔迪齐所撰《纪闻花絮》[4] 即称高昌（Činānj-kath，意为"汉人的城市"）"比库车小，有二十二个村镇（dih），地势平坦"。[5] 高昌故城出土的摩尼文回鹘语文献断片（编号为 TM176）中有"qočo uluš ikï otuz balïq waxšikï（高昌国二二城的幸运与守护之灵）"。[6] 文书的年代不明，据

1　J. Hamilton，*Manuscrits ouïgours du IXe- Xe siècle de Touen-houang*，tome 1，Paris，1986，pp.103-104；杨富学、牛汝极：《沙州回鹘及其文献》，第 86 ~ 88 页。

2　J. Hamilton，*Manuscrits ouïgours du IXe- Xe siècle de Touen-houang*，tome 1，Paris，1986，pp.147-149；杨富学、牛汝极《沙州回鹘及其文献》，第 104 ~ 106 页。

3　上海古籍出版社、法国国家图书馆编《法藏敦煌西域文献》第 26 册，上海：上海古籍出版社，2002，第 290 页。

4　K. Czeglédy，*Gardīzī on the History of Central Asia*，*Acta Orientalia Academiae Scientiarum Hungaricae* 27–3，1973，pp.257–267.

5　В. Бартольд，*Отчет о поездке В Среднюю Азию С научною Цепью, 1893–1894гг*，СПБ，1897，стр.116；森安孝夫「ウイグルの西遷について」『東洋学報』第 59 卷第 1-2 号，1977，第 114 页。

6　A. von Le Coq，*Türkische Manichäica aus Chotscho*，III，Abhandlungen der Preussischen Akademie der Wissenschaften，Phil.-hist.Klasse(APAW)，1922，Nr.2，S.40.

考，下限应为 11 世纪前半叶。[1] 体现了高昌回鹘与敦煌佛教界之间的
密切联系。

第二节　甘州回鹘与敦煌的关系

一　甘州回鹘的由来与王国的建立

回鹘本为漠北牧业民族，迁入河西者，虽先归吐蕃，继而又为
归义军政权所属，但各部仍保有相对的独立性，并拥有自己的政权组
织形式——族帐。洪皓《松漠纪闻》记载："回鹘自唐末浸微……甘、
凉、瓜、沙旧皆有族帐……居四郡外地者，颇自为国，各有君长。"[2]
这一记载反映了河西甘、凉、瓜、沙诸地的回鹘，都是独立的族帐，
各族帐也都有相应的首领。

据唐朝史料记载，早在乾符初年（874），驻扎于甘州附近的回鹘
即曾遣使入唐，"屡求册命"。唐政府遂派郗宗莒为使前往册立，只是
在此期间，回鹘集团被吐谷浑、嗢末打散，不知何往，使册命活动未
能遂愿。唐廷于是"诏宗莒以玉册、国信授灵盐节度使唐弘夫掌之，
还京师。"[3] 翌年，这支回鹘势力还至罗川，且遣使入贡于宋，获赐绢
万匹。按，这里的"罗川"，应为"合罗川"，即今甘肃省西北部和
内蒙古自治区西部的河流——额济纳河，又名弱水，为黑河的组成部
分，在甘州城北之沙漠草原中。这些记载说明，张掖一带自 9 世纪中
叶以来，一直具有独立或半独立性质的回鹘集团存在。

在写成于中和四年（884）的 S.389《肃州防戍都状》中，第一次
出现了"回鹘王"一称：

1　森安孝夫「敦煌と西ウイグル王國—トゥルファンからの書簡と贈り物を中心に—」『東方学』
　　第 74 号，1987，第 63 页。

2　（宋）洪皓著，翟立伟标注《松漠纪闻》（长白丛书），长春：吉林文史出版社，1986，第 15 页。

3　《资治通鉴》卷二五二"乾符元年（874）十二月"条，第 8174 页。

肃州防戍都状上：

右当都两军军将及百姓，并平善，提备一切仍旧。

自十月卅日崔大夫到城家，军将索仁安等便将本州印与崔大夫。其大夫称授防御使，讫全不授。其副使索仁安今月六日往向东，随从将廿人，称于回鹘王边充使，将赤驌（骦）父马一匹、白鹰一联，上与回鹘王。[1]

该文献反映的是甘州与回鹘和断事，其中出现的最后日期为十一月九日。与之相连的为《中和四年（884）十一月一日肃州防戍都营田康使君县丞张胜君等状》（编号为 S.2589），有如下记载：

其甘州共回鹘和断未定，二百回鹘常在甘州左右捉道劫掠，甘州自胡进达去后，更无人来往……中和四年十一月一日肃州防戍都营田康使君县承（丞）张胜君等状。[2]

二者反映的为同一事件，时间上也恰好可以相互衔接，应是肃州防戍都营田康使君、县丞张胜君等先后紧接着向归义军政府上呈的报告。[3] S.2589 时间靠前，即中和四年（884）十一月一日，S.389 稍后。其中出现的"回鹘王"，当即甘州回鹘的第一任可汗，唯名号未知。

二　甘州回鹘与张氏归义军的关系

归义军政权的建立者是张议潮。大中二年（848），张议潮领导沙

1　唐耕耦、陆宏基编《敦煌社会经济文献真迹释录》第 4 辑，第 487 页；郝春文编著《英藏敦煌社会历史文献释录》第 2 卷，第 250 页。图版见中国社会科学院历史研究所等编《英藏敦煌文献（汉文佛经以外部分）》第 1 卷，第 179 页。

2　唐耕耦、陆宏基编《敦煌社会经济文献真迹释录》第 4 辑，第 486 页；图版见中国社会科学院历史研究所等编《英藏敦煌文献（汉文佛经以外部分）》第 4 卷，第 111 页。

3　唐长孺：《关于归义军节度的几种资料跋》，《中华文史论丛》第 1 辑，1962，第 290～292 页。

州百姓起事，赶走了吐蕃统治者。接着，张议潮率领蕃汉之军，在短时间内相继收复了瓜州、肃州、甘州、伊州（今新疆哈密）等地。河西大部和西域东部沦陷于吐蕃近八十年，至此重归唐朝。甘州回鹘摆脱了吐蕃的统治，积极参加张议潮反对吐蕃的军事活动。张议潮所率的蕃汉之军，其中的"蕃"，即应包括回鹘。

归义军政权存在期间，周边民族众多，强势政权林立，东有甘州回鹘、嗢末余众，西有高昌回鹘王国与于阗国，南有吐蕃与吐谷浑，此外，在沙、瓜、甘、肃、伊等州还分布着原出焉耆的龙家部落，在沙州以西的楼兰一带，散布着小月氏遗种仲云部，使归义军政权自始至终处于一种"四面六蕃围"[1]的复杂境地。在这一状况下，如何处理与周边民族的关系，在一定程度上决定着归义军政权的生死存亡。尤其是同处河西走廊的甘州回鹘，势力强大，长期与归义军政权争夺对河西的控制权，二者间时战时和，对沙州历史的进程产生了极为重大的影响。

从文献记载看，甘州回鹘与归义军政权间在最初并没有发生过冲突。后来，随着甘州回鹘势力的增长，逐步显露出脱离归义军的倾向。《张淮深变文》中所谓"早向瓜州欺牧守"[2]似乎反映的就是甘州回鹘压迫归义军政权的态度。《资治通鉴》卷二五二"咸通十三年（872）八月"条载："是后中原多故，朝命不及，回鹘陷甘州，自余诸州隶归义军者多为羌、胡所据。"说明自9世纪70年代始，甘州回鹘的势力至少已渗透到甘州一带（尽管不一定占领甘州城），直接影响到了丝绸之路的畅通。不惟如此，在其羽翼丰满后，更是挥戈西上，一度占领了瓜州，严重威胁到张氏归义军政权的

1　P.3128《敦煌曲子词·望江南》，见任半塘《敦煌歌辞总编》上册，上海：上海古籍出版社，2006，第445页；上海古籍出版社、法国国家图书馆编《法国敦煌西域文献》第21册，上海：上海古籍出版社，2002，第352页。

2　王重民等编《敦煌变文集》上集，第122页；潘重规编著《敦煌变文集新书》卷五，台北：文津出版社，1994，第942页。图版载上海古籍出版社，法国国家图书馆编《法藏敦煌西域文献》第20册，第259页。

生存。

甘州回鹘的发展，除了受归义军政权的制约外，尚受到周边其他多种力量的制约。当时，尽管吐蕃政权被逐出河西，但甘、凉一带仍有大量吐蕃人驻牧，尤其是鄯州（今青海省乐都县）、洛门川（今甘肃陇西县东南）两地，为吐蕃尚婢婢和论恐热的据点，距甘州较近。甘州回鹘处于敌对势力的包围之中，内部组织又不够统一，难以自存。因此，他们东向屡次遣使唐朝请求册封，西向与张议潮联合以共抗吐蕃。P.2962《张议潮变文》对此有所记载。[1] 写本首尾俱残，存不足二千字的篇幅，其中先写张议潮击破入侵沙州的吐蕃及反乱之吐浑王，"决战一阵，蕃军大败。其吐浑王怕急，突围便走，登涉高山，把险而住。其宰相三人，当时于阵面上生擒，只向马前，按军令而寸斩。生口、细小等活捉三百余人，收夺得驼马牛羊二千头疋，然后唱《大阵乐》而归军幕"。此战，张议潮所率军队大获全胜，凯旋而归。

接着，居住于敦煌北千里之外伊州城纳职县之回鹘及吐浑，"频来抄劫伊州，俘虏人物，侵夺畜牧，曾无暂安"。于是，张议潮"乃于大中十年六月六日，亲统甲兵"，予以征讨。当时，回鹘及吐浑皆"不虞汉兵忽到，都无准备之心"，阵势大乱，于是瓜沙军队"遂列乌云之阵，四面急攻。蕃贼獐狂，星分南北：汉军得势，押背便追。不过五十里之间，杀戮横尸遍野处"。回鹘大败之后，"走投入纳职城，把劳（牢）而守。于是中军举画角，连击铮铮，四面族兵，收夺驼马之类一万头疋。我军大胜，疋骑不输，遂即收兵，却望沙州而返"。经过这次大败，伊州纳职县的吐浑及回鹘只能画地为牢，长期不敢觊觎瓜沙地区，直到张淮深时期，战争重开。

866 年，吐蕃论恐热、尚婢婢部灭亡后，甘州回鹘并未能马上从敌对势力的重压下解脱出来，甘、凉地区的吐谷浑、嗢末等部继续与

1　王重民等编《敦煌变文集》上集，第 114 页；潘重规编著《敦煌变文集新书》卷五，第 931 页。图版载《法藏敦煌西域文献》第 20 册，第 259 页。

之为敌。回鹘仍然需要得到唐朝的声援，因而"屡求册命"。乾符元年（874），唐僖宗"诏遣册立使郗宗莒诣其国。会回鹘为吐谷浑、嗢末部所破，逃遁不知所之"。[1]第二年十月，"回鹘还至合罗川，十一月，遣使者同罗榆禄入贡，赐拯接绢万匹"。[2]合罗川即今甘肃省西北部和内蒙古自治区西部的河流——额济纳河，又名弱水，为黑河的组成部分，在甘州城北之沙漠草原中。可见，直至张淮深时期，河西回鹘在吐谷浑、嗢末部的压迫下开始衰弱不振。

张议潮克复吐蕃盘踞的甘、凉二州，对回鹘是有利的。因此，回鹘承认张氏政权的盟主地位，协助他对吐蕃作战。张议潮占领甘、凉二州后，派刺史驻防州城，羁縻当地的回鹘、嗢末、吐谷浑等部。

唐懿宗咸通八年（867），张议潮入觐长安，归义军节度使之职由其侄儿张淮深代理。起初，张淮深与甘州回鹘的关系甚好。后来，甘州回鹘的力量逐步增强，大有逐步取代归义军对河西进行统治的趋势，进而控制中西交通的命脉——丝绸之路，这是张淮深所无法容忍的，于是，双方之间的战争也就在所难免了。张淮深一改张议潮时期与甘州回鹘结盟的策略，与旧敌吐蕃及其属部嗢末、亲吐蕃的吐谷浑、龙家相联合，联合夹击甘州回鹘。敦煌文书 S.389《肃州防戍都状》载：

> 甘州吐蕃三百，细小相兼五百余众，及退浑王拨乞狸等十一月一日并往，归入本国。其退浑王拨乞狸，妻则牵耽，夫则遮驱，眷属细小等廿已来随往，极甚苦切，余者百姓、奴、客并不听去。先送崔大夫回鹘九人，内七人便随后寻吐蕃踪亦（迹）往向南。二人牵桄嘉麟，报去甘州共回鹘和断事由。其回鹘王称：须得龙王弟及十五家只（质），便和为定。其龙王弟不听充只（质），若发遣我回鹘内入只（质），奈可（何）自死。缘弟不听，龙王更发使一件。其弟推患风疾，不堪充只（质）。更有迤

---

1 《资治通鉴》卷二五二"乾符元年（874）十二月"条，第8174页。
2 《资治通鉴》卷二五二"乾符二年（875）九月"条，第8181页。

次弟一人及儿二人。内堪者发遣一人及十五家只（质），得不得，取可汗处分。其使今即未回。[1]

这是归义军肃州防戍都写给张淮深的一份报告，其中"龙家"原为焉耆王族，国亡后流散居住于伊、瓜、沙、肃等州，龙王与吐蕃关系密切。[2] 喈末先为吐蕃属部，这时已俨然成为一股独立的势力。[3] 从上文的内容看，他们已经占据凉州。这份报告书的口气，明显倾向于龙家、退浑和吐蕃，而且归义军所属的甘州城正由吐蕃、龙家、退浑的奴客及归义军的百姓坚守。但由于吐蕃、龙家和退浑已在与甘州回鹘的交战中败北，吐蕃和退浑已退归本国，龙家则与回鹘媾和。而在龙家丢失甘州前夕，龙王曾致信凉州喈末，以与回鹘共同讨伐喈末作为威胁其派兵戍守甘州的手段。不久，龙王以甘州缺粮为借口，率领部分细小入肃州求粮，获肃州允准而入城。从报告的内容看，对吐蕃、退浑、龙家和喈末去攻击甘州回鹘一事，张淮深采取的是纵容态度，此举与张议潮的做法大相径庭。

此事发生于何年？敦煌文献 S.2589《中和四年（884）十一月一日肃州防戍都营田康使君县丞张胜君等状》为都营田康使君和县丞张胜君等上沙州归义军节度衙门的一篇状文，内云：

（前略）其草贼黄巢被尚让共黄巢弟二人，煞却于西川进头。皇帝回驾，取今年十月七日□□长安……其甘州共回鹘和断未定，二百回鹘常在甘州左右捉道劫掠。甘州自胡进达去后，更无人来往。白永吉、宋润盈、阴清儿各有状一封，并同封角内，专差官健康清奴驰状通报，一一谨具如前，谨录状上。

牒件状如前，谨牒。

1　郝春文编著《英藏敦煌社会历史文献释录》第 2 卷，第 250～251 页。

2　荣新江：《龙家考》，《中亚学刊》第 4 辑，北京：中华书局，1995，第 144～160 页；黄盛璋：《敦煌汉文与于阗文书中之龙家及其相关问题》，《西域研究》，1996 年第 1 期，第 26～39 页。

3　陆庆夫：《唐宋之际的凉州喈末》，《敦煌归义军史专题研究续编》，第 505～516 页。

中和四年十一月一日肃州防成都营田康使君县丞张胜君

等状。[1]

由此可知，张淮深纵容吐蕃等进攻甘州回鹘之时间当在中和四年（884）。结合 S.389 和 S.2589 两件内容相连的《肃州防成都状》可以得出这样的结论，即中和四年十一月初，占据甘州的是龙家，但回鹘人不时"在甘州左右捉道劫掠"。于是，龙家与回鹘进行谈判，并讨价还价。至同年十一月九日，龙家和退浑、羌及其他部落，以"缺粮"为借口而决定放弃甘州，迁入肃州逐粮，甘州遂为回鹘所占。

张淮深在取得了第一次对甘州回鹘反击战的胜利后，即上表奏捷。据《张淮深变文》的记载，当时唐天子为了表彰其功，曾遣使到敦煌封赐慰问，在沙州举行了隆重的庆功仪式。敦煌遗书 P.2709 记录了唐朝颁给张淮深的一道敕文，残存 20 字："敕：沙州刺史张淮深有所奏，自领甲兵，再收瓜州并（下残）。"[2] 其内容恰可与《张淮深变文》所述互相印证。然而在中原使者东返后不久，又有回鹘发动了对沙州的侵扰。《张淮深变文》称：

> 天使既发，分袂东西。尚书感皇帝之深恩，喜朝廷之深遇。应是（时）生降回鹘，尽放归国，首领苍遑，感称万岁。岂料蜂虿有毒，豺性难训，天使才过酒泉，回鹘王子领兵西来，犯我疆场……[3]

面对回鹘的入侵，张淮深于是又发动了第二次征伐，与回鹘战于敦煌

1　唐耕耦、陆宏基编《敦煌社会经济文献真迹释录》第 4 辑，第 486 页。图版见中国社会科学院历史研究所等编《英藏敦煌文献（汉文佛经以外部分）》第 4 卷，第 111 页。

2　邓文宽：《张淮深平定甘州回鹘史事钩沉》，《北京大学学报》1986 第 5 期，第 87 页。

3　王重民等编《敦煌变文集》上集，第 125 页；周绍良、张涌泉、黄征辑校《敦煌变文讲经文因缘辑校》（上），南京：江苏古籍出版社，1998，第 148 页。

西南的西桐海，[1]回鹘再次大败。学界一种意见认为此为甘州回鹘，笔者认为应来自纳职回鹘，见本书第371~380页。

至于两次战争发生的时间，邓文宽认为是在唐僖宗中和三年到四年（883～884），[2]此说与早年孙楷第的推论相合。[3]荣新江则认为其时应在咸通八年至十三年（867～872）之间。[4]考虑到咸通八年至十三年间，甘州回鹘实力虽有一定的增长，但恐不足以向归义军政权发起战争。因为直到乾符初年（874），驻扎于甘州附近的回鹘人还仍有立脚未稳之势，因受到吐谷浑、嗢末的打击而散乱。推而论之，邓文宽所考似更为合理，可以接受。

张淮深死后，其位由张淮鼎继承。据学者研究，此人很可能就是大顺元年（890）二月杀害张淮深的凶手。[5]但他在位时间不长，至迟在景福元年（892）去世，死前托孤于索勋，而索勋就在这一年自称为归义军节度使。乾宁元年（894），索勋被杀，其位由张议潮孙张承奉继承。

在张承奉执政的最初几年中，归义军与甘州回鹘保持了比较正常的关系。写于乾宁六年（899）的 P.4044(2)《归义军节度使帖》称：

> 使帖甘州使头某甲、兵马使曹某、更某人数。右奉处分，汝甘州充使，亦要结耗（好）和同，所过砦堡州城，各须存其礼法，但取使头言教，不得乱话是非。沿路比此回还，仍须收自本分，如有拗东捩西，兼浪言狂语者，使头记名，将来到州，重当

1　关于西桐海的地理位置，学界存在着不同的说法。据李正宇、李并成先生考证，其地应为今敦煌西南阿克塞哈萨克自治县的苏干湖。详见李正宇《西同考——附论六龙地望》，《敦煌研究》1997年第4期，第110～120页；李并成《"西桐"地望考——附论明安定卫城》，《西北民族研究》1998年第1期，第45～50页。

2　邓文宽：《张淮深平定甘州回鹘史事钩沉》，《北京大学学报》1986第5期，第90～95页。

3　孙先生也在研究《张淮深变文》时曾说："以其记事推之，至晚不得在中和四年以后。或当在乾符中，未可知也。"见孙楷第《敦煌写本〈张淮深变文〉跋》，《中央研究院历史语言研究所集刊》第七本第三分，1937，第386页。

4　荣新江：《归义军史研究——唐宋时代敦煌历史考索》，第299页。

5　李永宁：《竖牛作孽，君主见欺——谈张淮深之死及唐末归义军执权者之更迭》，《敦煌研究》1986年第2期，第15～20页。

形（刑）法者。某年月日帖。[1]

此帖反映了张承奉当政之初双方的友好关系。二者都有"结好和同"的意愿，互有使者往来。[2] 这种和平共处的局面，在敦煌文献中多有反映，如 P.4640v《己未至辛酉年（899～901）归义军衙内布纸破用历》记有：庚申年（900）三月七日，"支与甘州押衙宋彦晖画纸贰拾张"；九月五日，"奉判，支与押衙张保山画纸叁拾张"；辛酉年（901）三月六日，"支与甘州押衙王保安细纸肆帖"等。[3] 此外，P.3633《辛未年（911）七月沙州百姓一万人上回鹘大圣天可汗状》亦可为证：

> 中间遇天可汗居住张掖，事同一家，更无贰心，东路开通，天使不绝，此则可汗威力所置。百姓□甚感荷，不是不知。[4]

这些文献都凸显出张承奉执政之初与甘州回鹘的友好关系。但是，这种友好局面持续的时间并不长，就在甘州押衙王保安出使沙州数月后，两地之间即起战端。S.3905《天复元年辛酉岁（901）闰月十八日金光明寺造窟上梁文》称："猃狁狼心犯塞，焚烧香阁摧残。合寺同心再造，来生共结良缘。"反映的就是天复元年（901）七月甘州回鹘对沙州的侵犯。此后直到金山国建立，双方敌对情绪一直很浓烈。

众所周知，张承奉执归义军牛耳之际，归义军真正控制的地区不过瓜、沙二州之地，而且"四面六蕃围"，[5] 处境不利。但雄心勃勃的张承奉不甘于此，试图恢复乃祖乃父时期在河西的霸业，志在"东取河

1　上海古籍出版社、法国国家图书馆编《法藏敦煌西域文献》第 31 册，上海：上海古籍出版社，2005，第 30 页。

2　陆庆夫：《金山国与甘州回鹘关系考论》，《敦煌归义军史专题研究续编》，第 478 页。

3　池田温『中國古代籍帳研究』，第 609 页。

4　王重民：《金山国坠事零拾》，《国立北平图书馆馆刊》第 9 卷第 6 号，1935，第 18～19 页；池田溫『中國古代籍帳研究』，第 613-614 页；唐耕耦、陆宏基《敦煌社会经济文书真迹释录》第 4 辑，第 395～396 页。

5　P.3128《敦煌曲子词·望江南》，见任半塘《敦煌歌辞总编》上册，上海：上海古籍出版社，2006，第 445 页；上海古籍出版社、法国国家图书馆编《法藏敦煌西域文献》第 21 册，第 352 页。

兰广武城，西取天山瀚海军，北扫燕然葱岭镇，南尽戎羌逻莎平"。[1]
张承奉弃归义军称号而改建金山国，就是受这一思想驱使的结果。

天祐元年（904）春正月，朱温引兵至长安，迫唐昭宗和百官迁往洛阳，同时废京都长安。"毁长安宫室百司及民间庐舍，取其材，浮渭沿河而下，长安自此遂丘墟矣。"[2] 长安作为国都的历史于是结束，中原王朝的政治中心从此东移洛阳。同时，归义军与中央王朝的联系也更为渺茫了。唐昭宗痛感于此，在赴洛途中，泣谓夹道迎送的百姓说："勿呼万岁，朕不复为汝主矣！"[3] 同年，朱温弑昭宗，立其子13岁的李柷为昭宣帝。天祐二年（905），朱温杀昭宗子九人，将小皇帝幽闭于宫中，"诏敕皆出其手"，朱温的篡立只是时间问题了。天祐四年（907），朱温见废帝灭唐时机已到，便先将唐朝朝臣全部杀光，接着又废哀帝为济阴王，自己做皇帝，建国号"大梁"，史称"后梁"，改元"开平"。

归义军本为唐朝藩镇之一，但又与其他藩镇叛唐割据性质不同。在唐朝尚存一息时，归义军始终忠于皇室。至天祐三年（906），张承奉仍自称归义军节度使，奉唐正朔，一直使用唐昭宗"天复"年号。这种情况与河东、四川相似，因二地对朱温的擅权及对唐宗室的诛杀不满，拒绝使用新年号，而仍用"天复"。

眼见唐朝大势已去，张承奉遂于天祐三年（906）五月至十一月之间在沙州宣布独立，建西汉金山国，自称白衣天子，仍沿用唐昭宗年号天复，以示对唐忠贞不贰，而与朱梁王朝分庭抗礼。[4] 张承奉的这一举措，无疑会激起朱温的不满与愤怒，在客观上促成了朱梁王朝与甘州回鹘的结盟。甘州回鹘需要借助中原王朝的力量以独霸河西，控制丝绸之路；后梁亦需得到甘州回鹘的支持以制约沙州张氏政权。

1　P.3633《龙泉神剑歌》，徐俊纂辑《敦煌诗集残卷辑考》，第808页。

2　《资治通鉴》卷二六四"天祐元年（904）正月"条，8626页。

3　《资治通鉴》卷二六四"天祐元年（904）正月"条，第8627页。

4　关于金山国建立的时间，学术界存在着不同意见，有905年、906年、908年、910年等多种说法，兹取907年说，见李正宇《关于金山国和敦煌国建国的几个问题》，《西北史地》1987年第2期，第66页。

　　后梁的支持，促成了甘州回鹘对夙敌金山国战争的爆发。甘州回鹘与金山国的第一次战争发生在张承奉称帝之初的金秋季节，即906年初秋。对这次战争，P.3633《龙泉神剑歌》有生动描述。[1]将《龙泉神剑歌》与其后所附三诗结合起来观察，可以得出如下结论：诗中的"祁连山""甘州"，指代的无疑是甘州回鹘；战争发生的时间在"金风初动"之际，亦即初秋时节；初战地点在金河（今甘肃省酒泉市讨来河）。当时金山国参战文武人员有浑鹞子、阴舍人、宋中丞、吕万盈、慕容氏等。甘州回鹘步步进逼，通过瓜州的原泉（即今甘肃瓜州县东四道沟布隆吉一带的"渊泉"，系避李渊讳而改）而将战线推进到敦煌城郊，在城东千渠、郑坞、栗子一带及城北的无穷渠、城西的宜秋渠等地与金山国展开激战。在紧要关头，白衣天子张承奉亲自披挂上阵，率领一万马步军出城增援，文臣宋中丞、张舍人也参加了战斗，经过浴血奋战，才击退了来犯的回鹘军队。[2]

　　张承奉对甘州回鹘的战争，开头虽略有小胜，击退了来犯者，而且还收复了四座小城，但甘州回鹘军队并未受到重创。而连年战乱却使归义军统治区的社会经济遭到巨大的破坏，人丁的过多消耗，使其难以支持长期的、大规模的战争。故而，在金山国对甘州回鹘的突袭取得小胜之后，形势便急转直下。不久，甘州回鹘又反扑过来，兵入金山国沙州城东之便桥。继之，回鹘可汗之子狄银也率兵围攻沙州城。

　　当甘州回鹘直指沙州城下时，归义军势弱，敌之无力，又无退路，不得不与甘州回鹘议结城下之盟，二者结为"父子之国"，甘州回鹘可汗为"父"，西汉金山国皇帝张承奉为"子"，改西汉金山国名为"敦煌国"，降皇帝称号为王，改行后梁年号。这样，张氏所谓的"敦煌国"便成了甘州回鹘的附庸。甘州回鹘完成了对河西走廊的统一，成为河西与丝绸之路的主宰。

1　徐俊纂辑《敦煌诗集残卷辑考》，第808页。

2　杨秀清:《敦煌西汉金山国史》，兰州: 甘肃人民出版社，1999，第113页。

三　甘州回鹘与曹氏归义军的关系

后梁乾化四年（914），张承奉薨亡。因其无后，曹议金遂以长史身份代掌归义军政权，从此，瓜、沙二州的历史进入一个新阶段，即曹氏归义军时期。

曹议金（？～935），名仁贵，以字行。唐末沙州五代人，归义军节度使索勋婿，张议潮外孙婿。曹议金继位之初，汲取张承奉因称王建制而致失败的惨痛教训，恢复归义军节度使的旧称，奉中原王朝正朔，积极向中原王朝靠拢，以期得到中原王朝的承认。长兴二年（931），曹议金号称"令公""拓西大王"，名义上的归义军政权其实已成为独立王国。

为求自存，曹议金积极向中原王朝靠拢，此外还采取了一系列

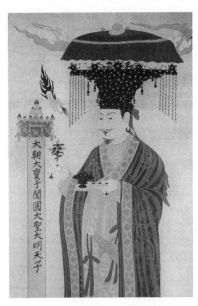

图8-2　莫高窟第98窟李圣天供养像
（敦煌研究院供图）

与周边民族缓和矛盾、发展友好关系的措施。在西边，积极发展与于阗国的关系。934年，曹议金嫁女予于阗国王李圣天（Visa Sambhava）。此后，两地保持着姻亲关系，双方的使者往来不断。莫高窟第98窟内列于阗国王李圣天（图8-2）与曹氏女的供养画像，题名为"大朝大于阗国大政大明天册全封至孝天皇后曹氏一心供养"。[1] 曹氏家族通过这种联姻的方式，与于阗王国保持极为友好的政治关系与频繁的经济文化往来，以致在丝绸之路上形成

1　敦煌研究院编《敦煌莫高窟供养人题记》，第32页。

"于阗使人，往来无滞"的局面。[1]这种友好关系一直存在到 1006 年于阗国被喀喇汗王朝所灭。

贞明六年（920），甘州回鹘发生内乱，分裂为三派势力。敦煌出土的于阗文文书中也有这一时期甘州回鹘内部发生内讧的记载。在此之前，甘州回鹘已断绝了凉州和沙州之间的往来，自然地，归义军与中原王朝的关系也因此受阻，这是归义军所不能接受的。

归义军经过十年的休养生息，生产得到恢复与发展，政治走向稳定，军事力量也随之得到了加强，为了重霸河西，打开中西交通的通道，曹议金遂于同光三年（925）派军出征。从 S.5448《浑子盈貌真赞》、P.3518（现编号为 Pelliot Sogdien 7）《大唐河西归义军节度使左马步都押衙银青光禄大夫检校右散骑常侍兼御史大夫上柱国故张府君邈真赞》、P.3718(1)《张明集写真赞》、P.2970《阴善雄邈真赞》、P.3718(16)《薛善通邈真赞》、P.3718(17)《李绍宗邈真赞》、P.2484(2)《罗盈达邈真赞》、P.3556(7)《庆德邈真赞》等八件邈真赞与数件《儿郎伟》可以看到，瓜沙军当时兵临甘州城下，而且还对甘州回鹘辖下的酒泉城进行过攻击。虽未攻入甘州城，但对回鹘势力的打击却是很沉重的，从此以后，瓜沙通中原的道路得以重新开通，沙州派往中原的使者也得以通行无阻。P.3448v《辛卯年（931）董善通张宝善雇驼契》记有："辛卯年九月廿日，百姓［董］善通、张善保二人往入京（后略）"。[2]二人之入京有可能是追随归义军的使者而往的。《册府元龟》卷九七二《外臣部·朝贡五》亦载："长兴三年（932）正月……沙州进马七十五匹、玉三十六团。"[3]此后，归义军政权又于清泰元年（934）正月再遣使入后唐朝贡，同行者有甘州回鹘可汗仁美

1　P.2704《后唐长兴四年至五年曹议金回向疏》，唐耕耦、陆宏基编《敦煌社会经济文献真迹释录》第 3 辑，第 85 页。

2　T. Yamamoto-O.Ikeda, *Tun-huang and Turfan Documents concerning Social and Economic History*，Ⅲ，Contracts(B)，Tokyo 1987，No.396，pp.123–124；上海古籍出版社、法国国家图书馆编《法藏敦煌西域文献》第 24 册，第 234 页。

3　（宋）王钦若等编纂《册府元龟》卷九七二《外臣部·朝贡五》，第 11423 页。

派遣的使者。[1]可见，曹议金在位晚期，沙州与甘州间的关系呈良性发展状态。

清泰二年（935）二月十日，曹议金卒，其位由长子曹元德继承。

天福四年（939）冬，曹元德病逝，不久，其弟曹元深接掌归义军政权。然而，时间不长，便于天福九年（944）三月去世。弟曹元忠嗣其位。

曹元忠在位之初，瓜沙地区时常面临着甘州回鹘小股势力的窜扰，对此，曹元忠保持了克制，最后通过政治渠道予以有理有节的斗争，不仅使问题得到了妥善解决，而且促成了二者之间肃州会盟的形成。

曹元忠时期，与甘州回鹘间常有使节往来，S.3728《乙卯年（955）归义军知柴场司安祐成牒》（图8-1）载：

> ［二月］廿七日，看甘州使，付设司柴两束……［三月］二日……看甘州使，付设司桎剌两束，三日看南山，付设司壹束，看甘州使，付设司桎剌两束……十八日，迎甘州使，付设司桎剌叁束。下檐，付设司柴两束，就驿，柴两束。十九日，东园祭拜，付设司柴两束，看甘州使，付设司柴壹束，甘州使比（？）料，帖下柴叁束。[2]

其中的乙卯年，艾丽白依据牒后的简式鸟型画押，推定为955年。[3]文书中的安祐成又见于S.1898《归义军时期队中士兵装备簿》中，[4]而同一文书的张威贤，又见于S.1285《后唐清泰三年（936）扬

1　（宋）王钦若等编纂《册府元龟》卷九七二《外臣部·朝贡五》，第11423页。

2　唐耕耦、陆宏基编《敦煌社会经济文书真迹释录》第3辑，第618～620页；中国社会科学院历史研究等编《英藏敦煌文献（汉文佛经以外部分）》第5卷，成都：四川人民出版社，1992，第152页。

3　D. Eliasberg, "Les signature en forme d'oiseau dans les manuscrits chinois de Touen-Houang," *Contributions aus etudes sur Touen-houang*(1), Geneva, 1979, p.32.

4　中国社会科学院历史研究所资料室编《敦煌资料》第1辑，北京：中华书局，1961，第207页。唐耕耦、陆宏基编《敦煌社会经济文书真迹释录》第4辑，第505～506页收录此文书，但未录出"十将安祐成"五字。

忽律哺卖宅舍契》中。[1] 这一记载可间接证明艾丽白推测之可信。[2] 由此可见，在乙卯年二月、三月间，来自甘州的使人，在沙州曾多次受到归义军官府的款待。

综观百余年来沙州汉人归义军政权与甘州回鹘的关系，可以看出，二者的关系时好时坏。在张氏归义军及金山国时期，双方关系比较紧张，彼此都力图使对方成为自己的藩属，故而战事不断，互有胜负，双方损失都很大。曹议金上任以后，汲取前代教训，注意改善与甘州回鹘的关系。这一政策，在后继者中长期得到继承，确保了二者友好关系的发展与延伸。由于甘州地处沙州通往中原的交通要道上，故甘州回鹘在与沙州的交往中常能处于主动地位，沙州不得不默认甘州的优势，否则，甘州一旦切断沙州通往中原的道路，就会严重阻碍沙州与中原的贡使往来与经济贸易。

第三节　甘州回鹘天公主与归义军政权的和亲及其影响

甘州回鹘天公主（图8-3）乃曹氏归义军政权建立者曹议金（图8-4）的回鹘夫人，甘州回鹘可汗之女。此氏对敦煌佛教与政局都影响甚大，颇受学界关注，尤其是徐晓丽博士，曾对其展开系列研究，撰写多篇颇有见地的论文，其一《曹议金与甘州回鹘天公主结亲时间考》以敦煌文献 P.2915《发愿文》为依据，结合其他文献与敦煌石窟供养人题记对曹议金与甘州回鹘天公主的结亲时间进行了考证，提出了天复四年（904）之前结亲说；[3] 其二《敦煌石窟所见天公主考辨》考证了敦煌石窟中的几位"天公主"的身份与关系，研究其在敦煌地

1　中国社会科学院历史研究所资料室编《敦煌资料》第 1 辑，第 312 ~ 313 页。
2　张广达、荣新江：《关于敦煌出土于阗文献的年代及其相关问题》，《纪念陈寅恪先生诞辰百年学术论文集》，第 293 页。
3　徐晓丽：《曹议金与甘州回鹘天公主结亲时间考》，《敦煌研究》2000 年第 4 期，第 112 ~ 118 页。

区活动以及对归义军政权的影响；[1]其三《回鹘天公主与敦煌佛教》主
要研究了天公主的佛教信仰以及对曹氏归义军时期敦煌佛教的影响。[2]
除此之外，沙武田《五代宋敦煌石窟回鹘装女供养像与曹氏归义军的
民族特性》以回鹘天公主为代表人物，从回鹘装女供养像来探讨曹氏
归义军的族属认同和回鹘化问题。[3]

在敦煌文献中有诸多写卷提到了曹议金的回鹘夫人。根据相关研
究，按照嫁给曹议金的时间顺序，排位第一的应该是钜鹿索氏，第二位
为广平宋氏，第三位才是陇西李氏，即回鹘天公主。[4]但是，无论是在石
窟画像、题记还是在文献中，回鹘天公主的地位显然高于其他两位夫人。

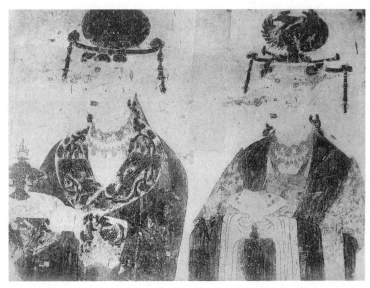

图 8-3　莫高窟第 108 窟东壁南侧回鹘天公主供养像（敦煌研究院供图）

1　徐晓丽：《敦煌石窟所见天公主考辨》，《敦煌学辑刊》2002 年第 2 期，第 76 ~ 85 页。

2　徐晓丽：《回鹘天公主与敦煌佛教》，郑炳林主编《敦煌归义军史专题研究续编》，兰州：兰州大
　　学出版社，2003，第 621 ~ 633 页。

3　沙武田：《五代宋敦煌石窟回鹘装女供养像与曹氏归义军的民族特性》，《敦煌研究》2013 年第 2
　　期，第 74 ~ 83 页。

4　郑炳林、杜海：《曹议金节度使位继承权之争——以"国太夫人"、"尚书"称号为中心》，《敦煌
　　学辑刊》2014 年第 4 期，第 2 ~ 5 页。

关于天公主与曹议金的和亲
年代，迄今为止，学界尚有分歧，
观点有二：一是天复四年（904）
之前；[1] 二是贞明四年（918）之
前。[2] 笔者赞同后说。[3] 徐晓丽主张
和亲时间当在天复四年之前，理
据之一是 P.2915《发愿文》前有
四行杂写，杂写之前又有"天复
四年（904）甲子岁二月二十三
日，诸杂文一卷"[4] 若干字。然，
杂写字迹与前后文皆不一致，且
P.2915 并不完整，说明只是一份
残抄本，足见天复四年与写作时
间并无直接关联，天复四年不能
作为判定此写卷时间的力证。是
以，无论据此而判定本卷写于天

图 8-4　瓜州榆林窟第 16 窟曹议金
供养像（敦煌研究院供图）

复四年，即张承奉主政归义军政权时期的作品，[5] 还是据此推断天复四
年之前曹议金已称河西节度使尚书，[6] 都有可商榷的余地。P.2915《发
愿文》之写作时间应在曹议金任尚书的 914 ～ 920 年。[7]

又，《旧唐书》载："（光化三年八月）己巳制：前归义军节度副
使、权知兵马留后、银青光禄大夫、检校国子祭酒、监察御史、上柱
国张承奉，为检校左散骑常侍，兼沙州刺史、御史大夫，充归义军

1　徐晓丽：《曹议金与甘州回鹘天公主结亲时间考》，《敦煌研究》2000 年第 4 期，第 112 ～ 118 页。

2　荣新江：《归义军史研究——唐宋时代敦煌历史考索》，第 310 ～ 311 页。

3　杨富学：《回鹘与敦煌》，第 203 页。

4　黄征、吴伟编校《敦煌愿文集》，长沙：岳麓书社，1995，第 604 ～ 605 页；上海古籍出版社、
　　法国国家图书馆合编《法国国家图书馆藏敦煌西域文献》第 20 册，第 57 页。

5　黄征、吴伟编校《敦煌愿文集》，第 605 页题解。

6　徐晓丽：《曹议金与甘州回鹘天公主结亲时间考》，《敦煌研究》2000 年第 4 期，第 114 页。

7　荣新江：《归义军史研究——唐宋时代敦煌历史考索》，第 96 ～ 99 页。

节度瓜沙伊西等州观察处置押蕃落等使。"[1] 是见，徐晓丽文称曹议金899 年已任节度使，与《旧唐书》所载 900 年唐朝正式任命张承奉为节度使检校左散骑常侍是相互矛盾的。如果依据徐氏论断，张承奉主政时，曹议金已称尚书且握有实权，势必与 P.2915《发愿文》的内容产生矛盾。由 P.2915《发愿文》观之，此卷书写时，曹议金身为尚书，就是归义军首领，绝非张承奉手下的实权人物，卷文载"左右官寮，尽忠孝而清政"，"伏惟我尚书承时契运，继叶（业）登皇，道迈百王，圣禹千佐；弯弓按剑，落日龙惊；万方献款而子来，日（百）蛮稽颡而臣伏"。[2] 文中百官尽忠、继业登皇、万方献款等语，毫无疑问是歌颂首领的。

徐氏还认为 P.3633《龙泉神剑歌》中的"结亲只为图长国，永霸龙沙截海鲸"中的"结亲"，就是指曹议金与甘州回鹘天公主的政治联姻。然观文献内容，整篇反映的都是沙州誓与甘州开战的态度，显然将这一"结亲"理解为沙州与甘州之联姻是不足取的。此前有学者指其为张承奉娶于阗公主事，[3] 可谓得其鹄的。

记载莫高窟第 98 窟修建过程之 P.3262《开窟佛会祈愿文》和 P.3781(1)《河西节度使尚书修大窟功德记》两篇功德记中都提到了天公主，该窟始建于贞明四年（918），因此天公主下嫁曹议金的时间至晚在后梁贞明四年之前。冯培红指"914 年秋，曹议金上台，重建归义军，他颇有策略地采取了与甘州回鹘联姻的外交政策，迎娶可汗之女天公主李氏为妻"，[4] 非常合理。曹议金初掌政权伊始，金山国的惨败给敦煌造成了极大的影响，曹议金急需与中原王朝取得联系，奉中原王朝为正朔，冀以得到中原王朝的支持与承认，而甘州回鹘扼控沙州通中原道路的咽喉，与其修好便成为迫在眉睫之事。而对于刚经历

1　《旧唐书》卷二〇《昭宗纪》，第 768 页。

2　黄征、吴伟编校《敦煌愿文集》，第 604 页；中国社会科学院历史研究所等编《英藏敦煌文献（汉文佛经以外部分）》第 2 卷，成都：四川人民出版社，1990，第 235 页。

3　冯培红：《敦煌的归义军时代》，兰州：甘肃教育出版社，2013，第 217 ~ 218 页。

4　冯培红：《敦煌的归义军时代》，第 310 页。

过战争失败重挫的归义军政权来说，和亲应该是最为行之有效的办法了。有鉴于此，和亲发生在曹议金当政之初的说法比起904年的金山国时期更有说服力。

敦煌文献中有多篇歌颂尚书与天公主的愿文，诸如 P.3262《开窟佛会祈愿文》、P.3800v《释门范文》、P.3758《斋文》、P.3781(1)《河西节度使尚书修大窟功德记》和 P.3781(4)《转经设斋文》等皆是，足证曹议金在当政后任尚书时迎娶了天公主，时间当在914年至918年之间。

P.2945(8)《权知归义军节度兵马留后使状稿》有言："今者使臣回辙，当军兼差使人，路次经过大蕃（藩），岂敢杂无状达？前载得可汗旨教，始差朝贡专人。不蒙仆射恩泽，中途被温（嗢）末剽劫。今乃共使臣同往，望仆射以（与）作周旋，得达前程，往回平善。"[1] 经李正宇先生考证，这件文书是曹议金于后梁贞明四年（918）写给凉州仆射的书信抄本，[2]反映了曹氏归义军初期与甘州回鹘的关系，从文中"前载得可汗旨教，始差朝贡专人。不蒙仆射恩泽，中途被嗢末剽劫"可知，贞明二年（916），[3]沙州与甘州回鹘可汗协商一致，沙州遣使经由甘州入贡梁廷，但这次行动却因为"中途被嗢末剽劫"，未达而还。贞明四年，曹议金再得甘州回鹘可汗准许入朝。贞明二年、四年两次入朝，曹议金到底是以何种方式说服甘州回鹘准予通过的，极大可能是与曹议金和甘州回鹘公主的联姻有关，正是这种和亲的政策一举扭转了金山国时期沙州同甘州的紧张局面。

北大 D102《佛说八阳神咒经一卷》载：

甲戌年七月三日，清信佛弟子兵马使李吉顺、兵马使康奴子

1　唐耕耦、陆宏基编《敦煌社会经济文献真迹释录》第 5 辑，第 329 页；上海古籍出版社、法国国家图书馆合编《法国国家图书馆藏敦煌西域文献》第 20 册，第 189 页。

2　李正宇：《曹仁贵归奉后梁的一组新资料》，《魏晋南北朝隋唐史资料》第 11 辑，1991 年，第 274 ~ 281 页。

3　依 P.2945(8) 写于贞明四年，所以文中"前载"之事，即发生于贞明二年。

> 二人，奉使充使甘州，久坐多时，发心写此《八阳神咒》一卷，
> 一为先亡父母，神生净土；二为吉顺等一行，无之（诸）灾彰
> （障），病患得差；愿早回戈（过），流传信士。[1]

据考证，此卷写于914年。[2]从中不难观见，曹议金当政首年即派遣兵马使李吉顺、康奴子二人前往甘州充使，目的虽未明言，推而论之，应是为改善两地关系而往。从祈求顺利回归之语可见，当时双方的交涉还是比较困难的；然而，从916年沙州获准经甘州入朝的事实看，双方的关系在914～916年之间有了实质性的转变，这种转变应当不是简单的遣使沟通就能够实现的，而是两地政治联姻的效果，甚至，很有可能914年沙州派人充使甘州是肩负着求亲使命的。职是之故，曹议金与回鹘天公主的和亲时间当在914～916年之间。

自天复四年至贞明二年的十余年间，沙州与甘州的关系一直处于比较紧张的态势，金山国甚至还曾与甘州回鹘兵戎相见，金山国惨败，元气大伤。直到乾化四年曹议金当政，取消金山国国号重建归义军政权后，双方的关系才得以缓和。以上事实清楚地显示，双方的和亲不可能发生在金山国时期，推定在914～916年之间当更为合理。

对于曹议金之妻回鹘天公主有所记载的敦煌文献以愿文居多。愿文者，指用于表达祈福禳灾及兼表颂赞的各种文章。[3]愿文不论用于什么场合，也不论作者为何人，都有一个共同点，就是具有祈福和赞颂的性质，通过祈福的愿望和赞颂的言语，能够间接反映出天公主政治影响力的消长。

在写于曹议金称尚书的数例愿文中，对天公主的祈福之语，常将其比作"贞松"，祝福身体"安和""宝朗"，愿其"质貌恒春"，例如P.3262《开窟佛会祈愿文》称"公主、夫人，宠荣禄而不竭"，P.3758

1　黄征、吴伟编校《敦煌愿文集》，第922页；北京大学图书馆、上海古籍出版社编《北京大学藏敦煌文献》第2卷，上海：上海古籍出版社，1995，第60页。

2　池田温『中國古代寫本識語集錄』，东京：东京大學東洋文化研究所，1990，第457页。

3　黄征、吴伟编校《敦煌愿文集·前言》，第1～2页。

《斋文》"天公主安和，比贞松而不易之福会也"，P.3781(1)《河西节度使尚书修大窟功德记》"天公主宝朗，常荣松柏之贞"，S.1137《发愿文》"公主、夫人贵位，伏愿体花永曜，质貌恒春"，S.5957(20)《文样》"公主、夫人，宠荣而不竭"。此时天公主虽在愿文中位于诸位夫人之前，那是其政治地位所决定的，但是从愿文赞颂的内容来看，与其他夫人的差别不是很大，例如 P.3781(1) 称"天公主宝朗，常荣松柏之贞""夫人闺颜，永贵琴瑟之美"，P.3781(4)《转经设斋文》"北方圣天公主，佳游敬顺三从""广平宋氏夫人，闲明深闺四德"，内容无非是一般对妇人的颂语"三从""四德"，如此而已。

曹议金继位之初，甘州回鹘正值强盛，而且垄断了丝绸之路贸易，甚至阻碍敦煌与中原王朝的联系。有鉴于此，曹议金才以和亲之策与甘州回鹘修好关系，旨在打通了归义军的朝贡之路。而回鹘天公主因为这桩政治联姻，后来居上，成为曹议金实际上的第一夫人，但此仅出于政治需要，其本人初到敦煌，不可能对当时政局产生太大影响，引用马德先生所说，充其量"是归义军的一枝花，不时可摆出来让人看看"[1]而已。

时值曹议金称仆射、司空之时，天公主的地位有了更大的提高，当然这与天公主对佛教的崇信是密不可分的。据 P.3326(1)《斋文两篇》中为仆射曹议金祈福的同时，祈愿天公主"长居宠位，永播坤仪，为苍生之心，慈作万人之父母"，文中不仅没有对夫人的祝愿，而且从天公主的祝福语隐约可见，其个人地位较之以往已有很大不同。另 S.4536(1)《文样（愿文二通）》应该是由天公主主持参与的佛事法会结束时的斋文，天公主携同阴家小娘子为敦煌平安祈福，因此文中对天公主大加赞颂，称"伏惟圣天公主驰声兰蕙，洽懿德于坤仪；阐逾温柔，夹嘉声于异秀。故德母仪胜曜，溢理播于七州；女范肃宫，芳名传于帝族。加以倾心三宝，摄念无生；凭福力以安邦家，建神翻

---

1 马德:《尚书曹仁贵史事钩沉》,《敦煌学辑刊》1998 年第 2 期，第 14 页。

（幡）荡除灾励（厉）。"[1] 文中不仅体现了天公主对佛教的尊崇，且称其"母仪胜曜""女范肃宫"，后文又有"长为社稷之深慈，永作苍生之父母"的祝愿，可见其已经有了一定的社会影响力，不再只是摆设了。

S.663《水陆无遮大会疏文》、S.5957(20)《文样》、S.6417(8)《燃灯文》三篇愿文作于曹议金称太保期间。据考，甘州回鹘封锁了归义军通往中原王朝的河西老道，双方关系非常紧张，曹议金于 925～928 年出兵征讨甘州回鹘。三篇愿文中也有所反映，如S.5957(20)《文样》文后祈愿"四方清泰，奉使不阻于艰厄；南北休征，誓结心如鱼水"，[2] 可见当时归义军面临的最大困境就是朝贡之路的阻塞。所以三篇愿文中对天公主的祝福也显得简单而普通，不外乎"保芳颜而永洁""宠荣而不竭""闺娥宝朗，常荣松柏之贞""如沧海而无倾移"之类，显然对其称颂大不如前，初联姻时是为了缓和两地关系，通贡中原王朝。随着天公主地位的提高和政治影响力的扩大，甚至是甘州回鹘对丝绸之路的垄断，这些都是曹议金所不能容忍的，最终导致了战争的爆发。这一阶段所写愿文即反映出天公主的威望有所下降，应系受归义军与甘州回鹘紧张局势影响所致。

两地的战争一直持续到了曹议金称令公初期，P.2058v(19)《水则道场文》即作于这一时期，乃归义军节度使令公参与每年九月于敦煌举行的水则道场活动上的斋文，文末祈祷"休兵罢甲，注（驻）战消弋（戈）；隘无燎火之忧，路有深（琛）珠之宝"。[3] 按沙州与甘州回鹘的战争发生于 925～928 年之间，又由曹议金 928 年始称令公可见，此文当写于战争末期，当在 928 年左右，祈求战争尽快平息，两

1　黄征、吴伟编校《敦煌愿文集》，第 312～313 页；中国社会科学院历史研究所等编《英藏敦煌文献（汉文佛经以外部分）》第 6 卷，成都：四川人民出版社，1992，第 130 页。

2　黄征、吴伟编校《敦煌愿文集》，第 587 页；中国社会科学院历史研究所等编《英藏敦煌文献（汉文佛经以外部分）》第 9 卷，第 247 页。

3　黄征、吴伟编校《敦煌愿文集》，第 521 页；上海古籍出版社、法国国家图书馆合编《法国国家图书馆藏敦煌西域文献》第 3 册，第 372 页。

地途路无阻。尽管两地处于战争状态，愿文仍然提到天公主，颂称"公主、夫人宠荣禄如（而）不竭"，"次用庄严天公主贵位，伏愿闰俄（娥）保朗，常荣松柏之贞"，其地位有可能不如此前，但并未完全失势。

至曹议金称令公、大王时期，天公主的地位才发生了实质性的转变。在这一时期抄写的愿文中，对天公主的赞颂达到了前所未有的高度。P.2058v(15)《水则道场文》写于曹议金称令公时，称赞"天公主助治，以（与）秋月而长圆"，与夫人赞语"夫人应祥，保闰颜而永泰"形成鲜明对比。文中又称"四方开泰，使人不滞于关山……然后河清海晏，不闻刁斗之声；四寇降阶，永绝烟尘之战"，[1]可见此时战争已经结束，两地关系得到缓和，天公主在归义军的政治影响力也有所扩大。

除此之外，还有其他一些曹议金称令公时的愿文也如此形容，例如，P.2058(17)《水则道场文》"天公主貌如桃李，匡轨范如（而）治敦煌；暂处人寰，应千年降临连（莲）府"，从"治敦煌"可见此时天公主已经是归义军政坛上一位非常活跃的人物，对归义军的行政事务起到了相当大的决定作用。

而与此相对应，对夫人的称赞则是"夫人三从实备，四德无亏；坚贞以（与）松柏同芳，遐寿共弥山永同（固）"，[2]"三从""四德"这就符合对一般女性的褒扬，显然天公主在归义军政权之中，其地位绝非一般女性可比。P.3149(2)《新岁年旬上首于四城角结坛文》"庄严天公主贵位：伏愿宠颜日厚，门来纳庆之珍；重若瑚琏，永贵镇祥之璧"，[3]文中将天公主视作"瑚琏"，"瑚琏"者，乃指皆宗庙礼器，用以形容治国安邦之才或借指国家宝贵的人才，且言其为"镇祥之璧"，

1　黄征、吴伟编校《敦煌愿文集》，第339页；上海古籍出版社、法国国家图书馆合编《法国国家图书馆藏敦煌西域文献》第3册，第371页。

2　黄征、吴伟编校《敦煌愿文集》，第779页；上海古籍出版社、法国国家图书馆合编《法国国家图书馆藏敦煌西域文献》第3册，第371页。

3　黄征、吴伟编校《敦煌愿文集》，第602页；上海古籍出版社、法国国家图书馆合编《法国国家图书馆藏敦煌西域文献》第22册，第41～42页。

这种至高的评价再次与"夫人恒茂，恋花蕚之芬芳"形成巨大反差，意暗指天公主对归义军政权的政治事务有一定的干预和控制作用，尤其是 P.3546《斋文》称"天公主貌如桃李，匡轨范如（而）治敦煌，报处人寰，应千年隆福"，[1] 更能说明这一点。

S.5957(1)《文样》文中称赞"府主"与第二篇的"尚书"、第二十篇的"太保"所指皆为曹议金，从文中"故得南蕃顺化，垂肱跪膝而来降；北狄归心，披带拜舞而伏款；东开雒驿，朝恩频赐而宠荣；西巍昆仑，戎王图真而恩顶谒……七郡封侯，戎夷低心［而］伏款"，[2] 说明此时的归义军政权稳固，外患已平，尤其是与甘州回鹘关系良好，因此第一篇写作时间应晚于第二、二十篇，应该作于令公或大王时，愿文中称"北方圣天公主居闺，助治安跪（危）"。

曹议金称大王后，天公主遂有"天皇后"之称号，P.3804v(2)《释门范文》对天皇后的评价已经不下于大王了："数载而治化大国，八表照苏，即今而慈育龙沙，万民忻怿。"天公主威势臻至顶锋。及至曹议金晚年，从愿文观见的天公主地位又发生了一些微妙的变化。P.2704(1)《长兴四年十月九日曹议金疏》曰："天公主抱喜，日陈忠直之谋。夫人陈欢，永阐高风之训；司空助治，绍倅职于龙沙。"[3] P.2704(3)《长兴五年二月九日曹议金疏》："天公主婉顺助治，播美于邦家；夫人怡颜匡谏，每传于郡国。司空英杰，尽六艺之幽悬。"[4] P.2704(4)《长兴五年五月十四日曹议金疏》："天公主播美，日隆王母之颜；夫人温和，月阐仙娥之貌。司空后杰，怀三令之奇能。"[5] 这三篇愿文前面部分都是曹大王晚年给寺庙的施舍，尤其是长兴五年

---

1 上海古籍出版社、法国国家图书馆合编《法国国家图书馆藏敦煌西域文献》第25册，第223页。

2 黄征、吴伟编校《敦煌愿文集》，第589页；中国社会科学院历史研究所等编《英藏敦煌文献（汉文佛经以外部分）》第9卷，第233～234页。

3 唐耕耦、陆宏基编《敦煌社会经济文献真迹释录》第3辑，第85页；上海古籍出版社、法国国家图书馆合编《法国国家图书馆藏敦煌西域文献》第17册，第314页。

4 唐耕耦、陆宏基编《敦煌社会经济文献真迹释录》第3辑，第86页；上海古籍出版社、法国国家图书馆合编《法国国家图书馆藏敦煌西域文献》第17册，第315页。

5 唐耕耦、陆宏基编《敦煌社会经济文献真迹释录》第3辑，第88页；上海古籍出版社、法国国家图书馆合编《法国国家图书馆藏敦煌西域文献》第17册，第316页。

（934）二月、五月的两次，其主要目的是祈求曹议金"宝体获安"。对比此前的愿文，还是略有变化的，虽然天公主仍有"助治"之权，但位列"司空"之后，作为曹议金节度使位继承人的"司空"也开始以"助治"的角色出现在愿文之中。揆诸三篇愿文，可见曹议金于晚年试图扭转天公主坐大的局面，逐渐扶植曹元德，同时防范和限制天公主的势力。

曹议金死后，曹元德继位，在此后相当一段时间内，天公主对归义军政权的影响力仍然不可小觑，据 P.4638(4)《曹大王夫人宋氏邈真赞》所载曹议金的夫人广平宋氏卒于曹议金逝后不久的 936 年，其时，曹元德已经继任为归义军节度使。宋氏临终前，"辞天公主，嘱托偏（徧）照于孤遗。别男司空，何世再逢于玉眷。郎君躄踊，二州天地而苍黄；小娘子悲啼，百鸟同哀而助泣……辞天公主，偏（徧）照孤孀。执司空手，永别威光。郎君躄踊，寸断肝肠"。[1] 宋氏将已经掌权的曹元德托付给天公主的行为，说明天公主的权势在曹元德当政初期依然强大，所以曹元德继位后不久便尊称天公主为"国母天公主"。另有 P.3457《河西节度使司空造大窟功德记》，系作于曹元德时期的愿文，文称"国母天公主，保坤仪而助治"，[2] 正好能够说明国母天公主此时尚有"助治"之势。

尽管如此，曹元德当政以后，天公主势力总体上呈现出逐渐下降的趋势，作于这一时期的一些愿文多少能反映出这一微妙的变化。例如 P.3173《愿文》祈愿"国母天公主清贞宿驻，闺训流方；成家有曹氏之风，训子有孟隣之美"，[3] 似乎表明天公主已经逐渐势弱，虽然赞语的评价仍然很高，但完全是对传统女性，尤其是作为一位贤母的赞

1 唐耕耦、陆宏基编《敦煌社会经济文献真迹释录》第 5 辑，第 215~216 页；上海古籍出版社、法国国家图书馆合编《法国国家图书馆藏敦煌西域文献》第 32 册，第 228 页。一说"孤遗"为宋氏亲子元忠。
2 郑炳林：《敦煌碑铭赞辑释》，兰州：甘肃教育出版社，1992，第 229 页；上海古籍出版社、法国国家图书馆合编《法国国家图书馆藏敦煌西域文献》第 24 册，第 272 页。
3 黄征、吴伟编校《敦煌愿文集》，第 330 页；上海古籍出版社、法国国家图书馆合编《法国国家图书馆藏敦煌西域文献》第 22 册，第 86 页。

颂。还有作于同一时期的 P.3550《镌龛祈愿文》有"国母圣天公主，应乾坤合其得"，[1] P.3461《斋文》中称"国母天公主贵位，伏［愿］如松之盛，似桂之贞，同劫石镇定金楼，等沧溟而安主室"，[2] 亦是将其比作松桂，但仍有"定金楼"与"安主室"之能。

这一时期，天公主对佛事活动的热情仍然不减，S.4245《河西节度使曹元德造佛窟功德记》是曹元德执政时曹氏阖族女性在国母圣天公主的带领下参与大窟落成之日举行的佛事法会，斋文有记"国母圣天公主，亲诣弥勒之前；阖宅娘子君用增上愿，倾城道俗设净信于灵崖，异域专人念鸿恩于宝阁者，有谁施作？"[3] 曹元德自是不能允许天公主的权利凌驾于他之上，故而据 S.6417(16)《国母天公主为故男尚书诸郎君百日追念文》，可以推想敦煌归义军政权内部曾发生过一起针对甘州回鹘派系的政治斗争，极有可能是由曹元德发动的。[4] 天公主与曹元德之间，关于执掌归义军政权的矛盾在曹议金死后终于爆发，结果是天公主诸子皆殒命于这场政治清洗。兹后，天公主在归义军中的势力大为削弱，但为了与甘州回鹘保持正常的往来关系，天公主在表面上仍然备受尊崇，例如上面所论曹司空时的愿文 P.3173、P.3461、P.3550 即可窥其一斑。

曹元深继曹元德之后任归义军节度使，以下三篇愿文当写（或抄）于这一时期，P.3269《燃灯文》作于曹元深称司徒时，文称"国母天公主延龄，禄宠厚万年莫竭"；[5] S.3914《结坛发愿文》"国母公主宠泰不失［于］琼宫……国母公主，播美理于深闺；匡顺民（人）

1　郑炳林：《敦煌碑铭赞辑释》，第 229 页；上海古籍出版社、法国国家图书馆合编《法国国家图书馆藏敦煌西域文献》第 25 册，第 229 页。
2　上海古籍出版社、法国国家图书馆合编《法国国家图书馆藏敦煌西域文献》第 24 册，第 277 页。
3　黄征、吴伟棠校《敦煌愿文集》，第 394 页；中国社会科学院历史研究所等编《英藏敦煌文献（汉文佛经以外部分）》第 6 卷，第 10 页。
4　郑炳林、杜海：《曹议金节度使位继承权之争——以"国太夫人"、"尚书"称号为中心》，《敦煌学辑刊》2014 年第 4 期，第 5～6 页。
5　黄征、吴伟棠校《敦煌愿文集》，第 525 页；上海古籍出版社、法国国家图书馆合编《法国国家图书馆藏敦煌西域文献》第 22 册，第 332 页。

民，保贞松之莫变"；[1] P.2187《破魔变文》"国母圣天公主，伏愿山南朱桂，不变四时；岭北寒梅，一枝独秀"。[2] 这一时期的变文中对天公主的赞颂也不外乎比作"贞松""朱桂""寒梅"，祈愿"延龄"而已。国母天公主仍然出现在这一时期的愿文之中，应系归义军与甘州回鹘对外交往的策略需要。曹元深在位的939年、940年、942年皆派遣使者向中原王朝朝贡，943年曹元深又遣僧政庆福、都头王通信前往甘州，欲与甘州通好。庶几可言，曹元深在位时归义军与甘州回鹘之间的关系以友好往来为主，这也是天公主仍能在归义军中保留有一席之地的要因之一。

至曹元忠在位前期的一些愿文中，仍不乏天公主的身影，不过祈愿之语已沦于平常，称呼也仅限于"国母"而已。例如前文所引P.3567《斋文》中祈愿国母"鲜颜转茂，桃李驰多，播柔服于邦家，匡母仪于王室"；S.4505(2)《文样》与P.4625《燃灯文》皆祝愿国母"长隆延泰之欢"。

回鹘天公主在敦煌的活动将近四十年，历经曹议金、曹元德、曹元深与曹元忠四代节度使，其称号在不同时期不尽相同。敦煌文献中有关天公主的记载多数出现在愿文之中，这些释门杂文无不反映其对佛教的虔诚信仰。她时常参与各类法会，热衷于修窟、造像，不吝施舍，这使得天公主拥有了广泛的社会影响力，其虔信更是影响和带动了曹氏家族内部成员以及其他士族与平民女性对佛教事业的热忱。无论这种信仰是出于政治需要还是个人选择，客观上对其政治地位的提升不无意义。天公主在敦煌的这段岁月中历经丧夫丧子的人生波折，也一度成为能够干预归义军政权局势的核心人物，其命运与敦煌归义军政权和甘州回鹘国两地关系紧密联系在一起，作为沟通两地的重要桥梁，对归义军政权的稳定和对外关系的发展起到了至关重要的作用。

1　黄征、吴伟编校《敦煌愿文集》，第596页；中国社会科学院历史研究所等编《英藏敦煌文献（汉文佛经以外部分）》第5卷，成都：四川人民出版社，1993，第201页。

2　王重民等编《敦煌变文集》上集，第345页；上海古籍出版社、法国国家图书馆合编《法国国家图书馆藏敦煌西域文献》第8册，第177页。

第四节 沙州回鹘国

一 回鹘先民之入居河西

根据新旧《唐书》和《资治通鉴》等史料的记载，回鹘先民——铁勒人早就在河西有所活动。唐太宗贞观六年（632），有契苾部六千余家在契苾何力的率领下从焉耆来到沙州，被唐朝安置在甘、凉二州。[1]从娄师德撰《契苾明碑》看，从契苾何力之弟沙门至契苾明、明子嵩，皆世袭贺兰州都督，并自称武威姑臧人。契苾明曾任"朔方道总管兼凉、甘、肃、瓜、沙五州经略使，度玉关而去张掖，弃置一生；瞰弱水而望沙场，横行万里"，[2]于武后证圣元年（695）卒于凉州姑臧城内，归葬于万岁通天元年（696）。《全唐文》所收《契苾明碑》无立碑时间，但《凉州府志备考》所录碑文尾部有题："先天元年岁次壬子十二月十六日辛亥孤子息特进上柱国凉国公嵩立。"[3]碑原立武威市北五里上泉洞东北上崖，今已不存。这里有一个问题需要辨明。娄师德早卒于武则天圣历元年（698），至唐玄宗先天元年（712）已有十余年过去了，何以撰写碑文？然观其碑文，称"大周"而非"唐"，而且文中多用武周新字，说明此碑碑文写成时间较早，只是未勒立，直至先天元年。碑文及碑址所在均表明，契苾部落一直活动在凉州境内。而迁回漠北的那部分，后置榆溪州。在突厥复兴后，他们随回鹘、思结、浑等部重新迁回了凉州，与当地的契苾部重新归于一统。其中的浑部，在敦煌文书及石窟中亦多有出现，如 P.2995《残姓氏书》所载之敦煌地区

---

1 荣新江：《唐代河西地区铁勒部落的入居及其消亡》，《中华民族研究新探索》，北京：中国社会科学出版社，1991，第 283～285 页；马驰：《铁勒契苾部与契苾何力家族》，《'98 法门寺唐文化国际学术研讨会论文集》，西安：陕西人民出版社，2000，第 174～181 页。

2 （唐）娄师德：《镇军大将军行左鹰扬卫大将军兼贺兰州都督上柱国凉国公契苾府君碑铭并序》，（清）董诰编《全唐文》卷一八七，第 837～838 页。

3 （清）张澍辑录《凉州府志备考·艺文卷五》，西安：三秦出版社，1988，第 672 页。

浑氏；莫高窟第 98 窟北壁第十五身供养人题记及 S.5484《唐故河西归义军节度押衙兼右二将头浑子盈邈真赞并序》所涉及的金山国与曹氏归义军初期的名将浑子盈；S.3005《行人转帖》中充当士兵的浑庆顺；P.5038《丙午年九月一日纳磨果人名目》中的浑钵丹；S.11287D《征行名簿》中有征行兵士浑方□；P.2049v《后唐同光三年（925）正月沙州净土寺直岁保护手下诸色入破历》中有浑家贤德。

武则天万岁通天二年（697），东突厥东山再起，重建后突厥政权，默啜"号为拓西可汗"，侵占铁勒之地。游牧于漠北的铁勒诸部遂再次遭到突厥奴隶主贵族的奴役和残酷压迫，于是，铁勒诸部南迁至甘州和凉州地区。《新唐书·回鹘传》记其事曰："武后时，突厥默啜（可汗）方强，取铁勒故地，故回纥与契苾、思结、浑三部度碛，徙甘、凉间。然唐常取其壮骑佐赤水军（图 8-5）云。"[1]《旧唐书·铁勒传》亦云，武则天时，"回纥、契苾、思结、浑部徙于甘、凉二州之地"。[2] 从这些记载看，先前迁回漠北的契苾何力旧部，在武后时期，由于受到突厥的侵扰，随同回纥、思结、浑三部迁入甘、凉二州之地。

从唐太宗贞观初年到唐代宗大历年间，河西地区一直有游牧的回鹘四部在活动，活动区域主要集中在甘州、凉州和敦煌一带，他们以部落为单位，隶属于不同的羁縻州府。武则天时期，人数较多，应有数万。由于这些部落能征善战，是河西节度使倚重的一支重要力量。后来，四部离散，部众逐步汉化。

二　沙州的出现及其壮大

开成五年（840），漠北回鹘汗国灭亡，有大批的回鹘人即迁到河西走廊一带。河西回鹘的迁入路线，应是由蒙古高原越过大戈壁，然

1　《新唐书》卷二一七上《回鹘传上》，第 6114 页。
2　《旧唐书》卷一九九下《铁勒传》，第 5349 页。

图 8-5 洛阳新安县铁门镇千唐志斋博物馆藏武周赤水军大使孙仁贵墓志

后经过花门山堡而至额济纳河下游，由此进入河西走廊。[1]究其原因，大概就是因为这里原先已有同族人居住。

8世纪中叶，吐蕃乘中原地区发生安史之乱的机会，出兵占领河西。回鹘逃往这里后，自然沦为吐蕃属民。《新五代史·回鹘传》记载："回鹘……余众西徙，役属［于］吐蕃。是时吐蕃已陷河西、陇右，乃以回鹘散处之。"至于"散处"的基本情况，《宋史》卷四九〇《回鹘传》及《西夏纪》卷三有着相同且较为确切的记载："回鹘自唐末浸微，散处甘、凉、瓜、沙间，各立君长，分领族帐。"宋人洪皓《松漠纪闻》载："回鹘……居四郡（甘、凉、瓜、沙）外地者，颇自为国，

1　森安孝夫「ウイグルと敦煌」『講座敦煌　2　敦煌の歴史』，東京：大東出版社，1980，第305–306頁。

有君长，其人卷发深目，眉修而浓，自眼睫而下多虬髯。"从这些记载可以看出，瓜、沙回鹘人的出现当在 9 世纪中叶回鹘西迁时期。

大中二年（848），张议潮领导沙州起义赶走吐蕃统治者。接着，张议潮率领蕃汉之军，短时间内又收复了瓜州、肃州、甘州、伊州（今新疆哈密）、西州（今新疆吐鲁番）等地。河西大部和西域东部陷于吐蕃近八十年，至此重归唐朝。甘州回鹘摆脱了吐蕃的统治，积极参加张议潮反对吐蕃的军事活动。张议潮所率的蕃汉之军，其中的"蕃"，有可能即包括回鹘。大中二年，唐朝于沙州置归义军，以张议潮为节度使，给之以控制沙、瓜、甘、肃、伊、西、鄯、河、兰、岷、廓十一州的节度虚名，沙州当地回鹘人遂成为归义军政权的藩属。不管是吐蕃统治时期还是在归义军统治时期，回鹘人都一直保有自己原有的部落组织——族帐。早在漠北回纥汗国时期，回纥社会即已实现了从氏族社会向封建游牧社会的过渡，但仍保留有浓厚的氏族社会的"宗法"制残余。汗国"有十一都督。九姓部落，一部落置一都督，于本族中选有人望者为之。"[1] 都督即部落长，亦即前引《松漠纪闻》所说的"君长"；各部落相对独立，均有自己的部落组织——族帐。这些氏族社会的残余在其西迁后还继续得以保留。

大致自 10 世纪下半叶开始，沙州回鹘集团的势力逐步壮大起来，并渐次控制了沙州。《宋史》卷四九○《回鹘传》记载："太平兴国二年（977）冬，（宋）遣殿直张璨赍诏谕甘、沙州回鹘可汗外甥，赐以器币，招致名马美玉，以备车骑琼璜之用。五年（980），甘、沙州回鹘可汗夜落纥密礼遏遣使裴溢的等四人，以橐驼、名马、珊瑚、琥珀来献。"沙州回鹘一词的正式出现就始于此时。当时统治沙州者是曹氏归义军，因甘州回鹘可汗景琼曾进攻瓜、沙二州，迫使曹氏臣属于自己，因此，景琼开始自称为"甘、沙州回鹘可汗。"其后，沙州回鹘的势力进一步壮大，至 11 世纪初，沙州已被认同为回鹘的天下。如《西夏书事》卷九称回鹘有甘州、沙州、西州、新复州等数

---

[1] （宋）王溥《唐会要》卷九八《回纥》，北京：中华书局，1955，第 1744 页。

州。在这各种情况下，处于回鹘包围之中而孤立无援的曹氏归义军政权就不得不接受回鹘人的控制。到曹贤顺统治期间，瓜沙归义军政权干脆就将自己称作"沙州回鹘"了，如开泰三年（1014）夏四月乙亥，"沙州回鹘曹顺遣使来贡，回赐衣币"。[1]特别值得注意的是，开泰六年（1017）六月"乙酉，夷离堇阿鲁勃送沙州节度使曹恭顺还，授于越"。[2]这里出现的曹顺、曹恭顺，指的都是瓜沙归义军节度使曹贤顺，系《辽史》为避讳景宗耶律贤之讳而改。这条史料表明，辽朝曾派专使护送曹贤顺返回敦煌，是证在开泰六年六月之前，曹贤顺曾觐辽，亲临上京（今内蒙古赤峰市巴林左旗）。该事《辽史》卷一二《圣宗纪三》原作"统和六年"，而当时瓜沙归义军节度使是曹延禄，而非曹贤顺。曹贤顺继任归义军节度使的具体日期史无记载，但可以肯定是在 1002 年曹延禄被杀之后。此其一。其二，统和六年六月丙辰朔小尽，无乙酉。而开泰六年为戊辰朔，十八日为乙酉。[3]可见，《辽史》将这次交聘活动系于统和六年（988）是不正确的，"统和"应为"开泰"之误，故而改为开泰六年（1017）。沙州与辽朝的密切往来引起了甘州回鹘的不安，在曹贤顺觐辽返回后不久，甘州回鹘即上表宋朝，请求宋朝制止辽与沙州的勾结，表云："契丹即日多益兵马于沙州往来，未知何计使，即目断绝。"[4]然而不久，辽又于开泰八年正月壬戌"封沙州节度使曹顺为敦煌郡王"。[5]此事在"大契丹国宣徽南院使、归义军节度、沙州管内观察处置等使"韩橁墓志铭中也有记载："明年（即辽开泰八年，宋天禧三年，1019）奉使沙州，册主帅曹恭顺为敦煌王。"[6]翌年秋七月甲寅，辽再次"遣使赐沙州回鹘敦煌郡王曹［贤］

---

1 《辽史》卷七〇《属国表》，第 1153 页。《辽史》卷一五《圣宗纪六》也有同载。

2 《辽史》卷一二《圣宗纪三》，第 131 页。

3 罗继祖：《辽史校勘记》，上海：上海人民出版社，1958，第 30 页。

4 （清）徐松辑《宋会要辑稿》蕃夷四之八，第 7717 页。

5 《辽史》卷一六《圣宗纪七》，第 185 页。

6 （辽）李万《韩橁墓志铭》，载陈述辑校《全辽文》卷六，北京：中华书局，1982，第 121 页。又载向南《辽代石刻文编》，石家庄：河北教育出版社，1995，第 205 页。

顺衣物……九月……乙亥，沙州回鹘敦煌郡王曹［贤］顺遣使来贡"。[1]
这些记载说明，辽与沙州的联系并未受到甘州回鹘与宋朝的影响。归
义军节度使之称王始于曹议金，《旧五代史·唐明宗纪》载："天成三
年（928）五月辛亥，沙州节度使曹议金（914～935年在位）加爵邑
王。"长兴二年（931）曹议金始称大王，又称托西大王或拓西大王，
在敦煌写本与石窟题记中多见。其子曹元忠（940～974年在位）也
自称"大王""西平王""敦皇王""天册西平王"。去世后被宋太宗诏
封为"敦煌郡王"。曹延禄在位时期（976～1002），继承了曹元忠的
称号，宋真宗封其为"谯郡王"。曹延禄族子曹宗寿自称"敦煌王"。
以上所谓"敦煌王"之称，皆系曹氏自称，而非朝命。只有曹贤顺之
"敦煌郡王"之称来自朝命，系辽朝统治者所封。[2]

三　沙州回鹘国的建立

1036年，西夏王元昊攻瓜、沙、肃三州，遭到回鹘军队的抵抗。
西夏虽击溃回鹘军队，攻占了瓜、沙、肃三州，但并未将其彻底消
灭。不久，沙州回鹘的残部就开始了对沙州的反攻。《续资治通鉴长
编》卷一三一庆历元年（1041）四月甲申条载：

> 徙秦凤路副部署、知秦州、定国（军）留后曹琮为陕西副都
> 部署，兼经略安抚缘边招讨副使……琮欲诱吐蕃特角图贼（贼，
> 指西夏），得西州旧贾，使谕意。而沙州镇国王子遣使奉书曰：
> "我本唐甥，天子实吾舅也。自党项破甘、凉，遂与汉隔，今愿
> 率首领为朝廷击贼。"上善琮策，故使副［陈］执中，寻加步军
> 副都指挥使。（原注：琮本传载此三事皆不得其时，今附见，更

1　《辽史》卷一六《圣宗纪七》，第187页。
2　（清）毕沅编著《续资治通鉴》卷三四《宋纪》载："（天禧）三年春正月壬戌……封沙州节度使
　　曹顺为敦煌郡王。"天禧三年即开泰八年（1019），时间完全一致，显然是不可能的，应系将辽
　　事误植于宋了（中华书局，1958，第783页）。

须考之。除步军副帅乃五月己巳，今附见。)

从李焘原注得知，沙州镇国王子上书的确切时间大致在庆历元年（康定二年，1041）四月之前不久。"镇国"，回鹘文写作 el tutmïš，可见于在敦煌出土的回鹘文文献 P.3049 卷背[1] 及吐鲁番出土的回鹘文木杵铭文 T Ⅲ（图 8-6）[2] 中。

　　至于回鹘文文献中的 el tutmïš 与沙州镇国王子之间有无关联，则于史无征，书此存疑。沙州镇国王子自称为唐天子之外甥，意在表明自己与中原王朝的特殊关系，实际上反映了回鹘国王急于恢复与中原王朝政治交往联系的迫切愿望。有唐一代，曾先后有三位真公主，即肃宗女宁国公主、德宗女咸安公主、宪宗女太和公主与回鹘首领和亲，极大地密切了唐与回鹘间的联盟关系。[3] 回鹘西迁后，这种特殊关系仍为后世回鹘人所认可。《宋史·回鹘传》载："先是，唐朝继以公主下嫁，故回鹘世称中朝为舅，中朝每赐答诏亦曰外甥，五代之后皆因之。"这些事实说明，沙州镇国王子无疑应是回鹘首领。他可能是在抵抗西夏的过程中被曹氏归义军授予"王子"称号的。赠封这种称号恰恰符合古代维吾尔族统军者的称号习惯。再结合这位王子言称"今愿率首领为朝廷击贼"一语，他肯定是沙州回鹘军队的最高统帅。敦煌回鹘文遗书 Or.8812-116 中出现有天王回鹘汗（tängri ellig uyɣur xan）一词，[4] 有可能指的就是他，只是尚无材料确证之。在"镇国王子"（后称"天王回鹘汗"）统治时期，为了与宋通好以共同对付西夏，曾多次遣使入贡宋朝：

1　杨富学、牛汝极:《沙州回鹘及其文献》，第 222 ～ 225 页。

2　F. W. K.Müller, *Zwei Pfahlinschriften aus den Turfanfunden*, Abhandlungen der Preussischen Akademie der Wissenschaften, Phil.-hist.Klasse, Berlin 1915, S.6.

3　刘义棠:《回鹘与唐朝婚姻关系及其影响研究》,《维吾尔研究》（修订本），台北：正中书局，1997，第 373 ～ 432 页；崔明德:《中国古代和亲史》第十二章"唐与回纥的和亲"，北京：人民出版社，2005，第 322 ～ 349 页。

4　杨富学、牛汝极:《沙州回鹘及其文献》，第 109 ～ 110 页。

图 8-6　吐鲁番出土回鹘文木杵铭文

资料来源：森安孝夫编『シルクロードと世界史』，Pl. X

（景祐）四年（1037）正月九日，沙州遣使、副［使］杨骨
盖靡是贡玉牛、黄棋子、褐绿黑皮、花蕊布、琥珀、乳香、硇

砂、梧桐律、黄矾、名马。[1]

景祐四年六月，沙州大使杨骨盖（或作杨骨盖靡是）、副使翟延顺入贡。[2]

康定元年（1040）四月，沙州遣人入贡方物。[3]

然而到康定二年（1041）十一月，当沙州再次入贡时，遣使者已换为"沙州北亭可汗王"了。史载："（康定）二年十一月十五日，［沙州］北亭可汗奉表贡玉、乳香、碙砂、名马。"[4]翌年，该汗再次遣使入宋朝贡："庆历二年（1042）二月，沙州北亭可汗王遣大使密、副使张进零、和延进、大使曹都都、大使翟入贡。"[5]这里的"沙州北亭可汗王"，既有可能是"沙州镇国王子"加冕之号，即"天王回鹘汗"的另一个称号，也有可能是一位新可汗的称号。如果是后者，那就说明沙州回鹘的第一任可汗"天王回鹘汗"已于康定二年（1041）十一月以前就薨亡了，由"沙州北亭可汗王"继立。"沙州北亭可汗王"在位时，仍很注意发展与宋朝的通贡关系。从他继位到皇祐四年（1052）间，沙州回鹘又有四次入贡于宋。其中，最后一次发生在皇祐四年（1052）十月十二月。[6]此后即不见再入贡事。估计可能此后不久，"沙州北亭可汗王"薨亡，另有一新可汗继任。当时，由于中原地区宋、辽、夏三方时常发生战争，西夏多次战败，自顾不暇，更无力西顾，沙州回鹘最大的威胁消除。于是，新可汗便断绝了与宋的通贡关系。

沙州既于1036年陷于西夏，那么，是何时归于回鹘之手呢？各种史籍未见明确的记载，但从沙州于景祐四年（1037）春开始向宋朝贡一事看，回鹘人重占沙州当在这一年稍前，因为这一年正月九日，

1 （清）徐松辑《宋会要辑稿》蕃夷七之二五，第7852页。
2 （清）徐松辑《宋会要辑稿》蕃夷五之三，第7768页。
3 （清）徐松辑《宋会要辑稿》蕃夷五之三，第7768页。
4 （清）徐松辑《宋会要辑稿》蕃夷七之二六，第7852页。
5 （清）徐松辑《宋会要辑稿》蕃夷五之三，第7768页。
6 （清）徐松辑《宋会要辑稿》蕃夷七之二九，第7854页。

沙州回鹘曾遣使副杨骨盖靡是来宋朝贡。[1]自此以后直到皇祐四年十月，16 年间沙州即曾八次向宋入贡，足证这些年间西夏并未真正统治到沙州，否则就不会发生这些入贡之事。因为当时西夏和宋正处于激烈的冲突之中，如果西夏果真控制了沙州，那么就不可能允许它单独入宋朝贡了。尤其值得注意的是，这一时期沙州出使中原使者之民族成分与以前相比发生了很大变化，多以非汉人为正使，如：

1. （景祐）四年（1037）正月九日，沙州遣使、副（使）杨骨盖靡是贡玉牛、黄棋子、褐绿黑皮、花蕊布、琥珀、乳香、硇砂、梧桐律、黄矾、名马。[2]

2. 景祐四年六月，沙州大使杨骨盖（或作杨骨盖靡是）、副使翟延顺入贡。[3]

3. （康定）二年二月，沙州遣大使安谔支、副使李吉入贡。[4]

4. 庆历二年（1042）二月，沙州北亭可汗王遣大使密、副使张进零、和延进、大使曹都都、大使翟入贡。[5]

5. （皇祐二年，1050）四月八日，沙州符骨笃末似婆（娑）温等来贡玉。[6]

其中的杨骨盖靡是（或作杨骨盖）、符骨笃末似婆温、大使曹都都等皆非汉族人名。"靡是"二字，很可能是回鹘人名中常出现的后缀 -miš/-mïš 之对音；娑温，即回鹘文 Sangun（将军）之对音；都都即都督，回鹘文作 Tutuq，均为回鹘官号，由此可推测以上三人均为回鹘人。安谔支很可能为粟特人的后裔，李吉虽为汉人，但原为甘州回鹘的旧僚，常代表甘州回鹘出使中原，归沙州回鹘后仍充任外交

---

1 （清）徐松辑《宋会要辑稿》蕃夷七之二五，第 7852 页。
2 （清）徐松辑《宋会要辑稿》蕃夷七之二五，第 7852 页。
3 （清）徐松辑《宋会要辑稿》蕃夷五之三，第 7768 页。
4 （清）徐松辑《宋会要辑稿》蕃夷五之三，第 7768 页。
5 （清）徐松辑《宋会要辑稿》蕃夷五之三，第 7768 页。
6 （清）徐松辑《宋会要辑稿》蕃夷七之二八，第 7853 页。

使节。庆历二年所遣大使密，也非汉人。密，可能为密禄（密六）之
省。密禄（密六），回鹘语作 Biruq，为回鹘官号，系相国之意。副使
翟延顺、大使翟的族属也值得关注。敦煌写本 P.2962《张议潮变文》
言："（大中）十一年八月五日，伊州刺史王和清差走马使至云：'有背
叛回鹘五百余帐，首领翟都督等回鹘百姓已到伊州侧。'"[1]《册府元龟》
卷九七六《外臣部·褒异三》载："（天福）三年五月，回鹘朝贡使都
督翟全福并肃州、甘州专使僧等归本国，赐鞍马、银器、缯帛有差。"
从他们担任都督一职来判断，翟氏应系回鹘重要组成部分之一。在甘
州回鹘中，多见翟姓充任大使，如：

> 景德四年（1007），[甘州] 夜落纥遣僧翟大秦来献马十五匹，
> 欲于京城建佛寺。[2]
> （大中祥符）四年（1011）正月，甘州进奉使翟符守荣等请
> 从祀汾阴，从之。[3]

如果说翟是敦煌大姓，故有多人出任大使的话，对甘州回鹘就不适
用，因为在甘州，翟姓则非为大姓，况且翟符守荣显然非为汉名。庶
几乎可以认为翟姓大使的身份亦应为回鹘人。这些现象都足以表明，
当时瓜沙地区的统治者非回鹘莫属。

及至元代，敦煌的回鹘文化更为发达，虽史无明载，但敦煌出土
的数量丰富的元代回鹘文献、敦煌石窟中的回鹘文题记以及敦煌石窟
的回鹘人造像，则足资反映元代敦煌回鹘势力的强大与文化的昌盛，
有关内容详见本书第十一章。[4]

1　王重民等编《敦煌变文集》上集，第 117 页。
2　（清）徐松辑《宋会要辑稿》蕃夷四之三，第 7715 页。
3　（清）徐松辑《宋会要辑稿》蕃夷四之五，第 7716 页。
4　另请参见杨富学《回鹘与敦煌》第 303～340、373～397 页。

第九章　西夏与敦煌

西夏于 1036 年击灭沙州归义军政权，直到 1227 年西夏亡于蒙古，这段时期敦煌地区的社会经济及文化发展均呈现出相对繁荣的景象。本章拟着重探讨党项族的发展历史、西夏对敦煌的统治及西夏时期敦煌地区的社会经济文化等问题，阐述西夏与敦煌的关系。

第一节　党项族的历史渊源及其发展

一　党项族溯源

党项，又称党项羌，来源于羌族，又与鲜卑族融合，大约形成于 6 世纪。唐时的北方各族对党项有不同的称谓，北方突厥等民族和西域人称之为"唐古特"（Tangut），藏族（吐蕃）称之为"弥药"（Mingyag），但根据目前掌握的西夏文献记载，"弥药"又是党项人的自称。至于"党项"一词原意，分歧很大，尚无定说。一般认为党项之名为他称，通常是汉人对其称谓。

在中国史籍中，最早的《党项传》见于《隋书》和《北史》。《隋书·党项传》称："党项羌者，三苗之后也。其种有宕昌、白狼，皆自称猕猴种。东接临洮、西平，西据叶护，南北数千里，处山谷间。自姓别为部落，大者五千余骑，小者千余骑。"[1]《新唐书·党项传》交代得更加详细：

> 党项，汉西羌别种，魏晋后微甚。周灭宕昌、邓至，而党项始强。其地古析支也，东距松州，西叶护，南春桑、迷桑等羌，北吐谷浑。处山谷崎岖，大抵三千里。以姓别为部，一姓又分小部落，大者万骑，小数千，不能相统。故有细封氏、费听氏、往利氏、颇超氏、野辞氏（或曰野利氏）、房当氏、米禽氏、拓跋氏，而拓跋最强。[2]

就党项出现的时间而论，应当在北周后期。党项正是在西魏、北周攻灭邓至、宕昌之后才出现的，而且党项羌中也混有宕昌种。

党项羌的北邻就是吐谷浑。早期的党项"不能相统"，力量涣散，自隋朝开始，虽有部落降隋，但大部分党项还作为吐谷浑的属部活动。具体说：第一，党项属部的宕昌等羌灭亡为吐谷浑役属，灭亡后一些梁氏宕昌羌直接融入吐谷浑。第二，隋初的吐谷浑部内也有党项氏族存在，如拓跋氏。开皇八年吐谷浑名王"拓跋木弥请以前余家归化"。第三，上面提到的羌部驻地，一直是吐谷浑统治的诸羌之地。甚至连远在党项西南的各个羌种也有"役属吐谷浑"，[3] 以此类推，党

1　《隋书》卷八三《党项传》，第 1845 页。

2　《新唐书》卷二二一《党项传》，第 6214 页。

3　《隋书》卷八三《附国传》，第 1859 页。

项羌内役属于吐谷浑的羌部肯定不少。第四，自隋朝开始，吐谷浑往往和党项一道联合侵扰隋、唐边境地区。实际上是北魏时期吐谷浑与宕昌羌联合进犯模式的党项翻版。第五，唐贞观年间，党项首领拓跋赤辞也是"初臣属吐谷浑，甚为浑主伏允所昵，与之结婚"。[1] 所以说，北周末年，党项兴起后，与吐谷浑的关系非常密切，时常跟随吐谷浑参与其对外战争，为吐谷浑所役属。只不过这种控制关系随着吐谷浑力量的日渐衰弱而变得逐渐松弛了。党项族以姓氏为划分部落标准，即以血缘为纽带。"氏族无定，或以父名母姓为种号。"[2] 后随着与周边民族的文化交流、经济联系，不断汲取其较先进的文化，特别是中原王朝汉民族的文化。到隋唐时期，其社会组织形式开始从以血缘关系组成的氏族部落向国家蜕变。党项主要以畜牧业为主，"所居无常，依随水草"，"不知稼穑，土无五谷"。[3] 婚俗多保留着"妻其后母寡嫂"的原始婚姻残余。没有文字，"候草木以记岁时"。[4]

二　隋唐时期党项的崛起

6 世纪中叶，党项在"魏、周之际，数来扰边"。[5] 在北周攻灭吐谷浑附属的宕昌（中心在今甘肃宕昌）、邓至（中心在今四川南坪）两政权之后，党项族开始强盛起来，东部的活动区域扩大到临洮（今甘肃岷县）一带，"每姓别为部落，大者五千骑，小者千余骑"。[6] 所谓"骑"，可能是指部落内一个家庭中成年的、能战斗的男性成员。[7] 各部落之间互不统属。此后"自周及隋，或叛或朝，常为边患"。[8] 北周

1　《旧唐书》卷一九八《党项传》，第 5291 页。
2　《后汉书》卷八七《西羌传》，第 2869 页。
3　《旧唐书》卷一九八《党项传》，第 5291 页。
4　《旧唐书》卷一九八《党项传》，第 5291 页。
5　《隋书》卷八三《党项传》，第 1846 页。
6　《隋书》卷八三《党项传》，第 1845 页。
7　周伟洲：《唐代党项》，西安：三秦出版社，1988，第 14 页。
8　《旧唐书》卷一九八《党项羌传》，第 5291 页。

天和元年（566），北周翼州刺史（治今四川茂汶北校场坝）杨文思因
"党项羌叛"，率州兵讨平之。[1] 北周大象二年（580），内地多敌，党
项"因此大为寇掠"，宰相杨坚奏请周静帝讨伐党项未许。

自隋朝开始，吐谷浑往往和党项一道联合侵扰隋、唐边境地区。
开皇元年（581），党项伙同吐谷浑进攻隋朝弘州（治今甘肃碌曲县西
南）、凉州，被隋朝击败，吐谷浑被迫投降。开皇四年，党项"千余
家"归附隋朝；次年，党项拓拔宁丛等率部诣隋旭州（治今甘肃临潭
附近）内附，隋文帝授宁丛大将军称号。开皇三年正月，又有党项羌
内附。开皇八年（588），吐谷浑名王拓拔木弥（为吐谷浑役属的党项
羌首领）欲率部降隋。但这些内附的党项诸部叛服不定，隋王朝恩威
并施，在其居地设置州郡，进一步加强管理。这样一来，他们直接为
隋朝边州诸将吏所控制。

从开皇十五年（595）起，内附党项开始寇扰隋朝西北边郡。同
年，隋叠州（治今甘肃迭部）附近党项曾"时有翻动"，被叠州总管
慕容三藏讨平，使"部内夷夏咸得安辑"。[2] 次年，党项又寇会州（治
今四川茂汶），被隋朝陇西兵讨降之，党项即遣子弟入朝谢罪。到隋
炀帝继立前后，党项又与吐谷浑联合骚扰隋凉州、张掖等地。大业五
年（609），在裴矩怂恿下，隋炀帝率各路大军"西巡"，欲击灭吐谷
浑。党项诸部在此次战役中严守中立。同年四月，隋炀帝西巡至狄道
（今甘肃临洮）时，党项曾向隋贡方物。隋灭吐谷浑后，吐谷浑王伏
允可汗率数千骑依附党项。此后，党项诸部遍布于原吐谷浑故地及吐
谷浑领有的今甘肃、川西北等地。后来统治区域随着驻牧区域的扩大
逐渐扩展。

唐朝建立伊始，党项采取两面手法：一面常与吐谷浑联合骚扰
西北边境；另一方面也派遣使者向唐"朝贡"。武德元年（618），党
项吐谷浑寇松州，唐朝益州道行台窦轨与扶州（治今四川南坪）刺史

---

1 《隋书》卷四八《杨素附文思传》，第1294页。

2 《隋书》卷六五《慕容绍宗附三藏传》，第1532页。

蒋善合连势进击，破其部众。武德四年（621）七月，党项、吐谷浑又寇洮（治今甘肃临潭）、岷（治今甘肃岷县）二州，唐岐州刺史柴绍为吐谷浑所围困。吐谷浑军队居高临下，箭如雨下。柴绍施计，命军中会弹胡琵琶者奏乐，又命男女对舞。吐谷浑人非常惊奇，停止了射箭聚合围观。柴绍乘吐谷浑人不备，派遣精兵从吐谷浑人阵后突袭，大败吐谷浑。此外，武德六年（623）五月，党项、吐谷浑寇河州（治今甘肃临夏），为刺史卢士良击走。次年四月，党项寇松州；七月，吐谷浑、党项寇松州；十月，又寇叠州、陷合州。武德八年四月，党项寇渭州（治今甘肃陇西）。武德九年，吐谷浑、党项寇岷州。五月，党项寇廓州（治今青海尖扎北），并与吐谷浑寇河州。

　　唐太宗李世民继位后，唐朝国内局势基本稳定下来，特别是从贞观三年（629），唐朝北方劲敌突厥衰弱，唐太宗于同年八月遣李靖等击突厥，突厥诸部纷纷降唐，这一形势大大影响了唐周边各族，促使他们亦先后附唐。加之唐太宗对周边各民族又采用比较灵活的"招抚政策"。同年，南会州（治今四川茂汶羌族自治县）都督郑元璹遣使招抚党项，其首领细封步赖率部附唐。唐太宗赐印并慰抚他们，细封步赖朝贡唐太宗，而唐则回赐其丰厚的财物，并在其住地设置轨州（治今四川省松潘县境内），授予细封布赖刺史，要求他率部抗击吐谷浑。党项其他各部酋长纷纷效仿，相继率部内属，上书请求率部内服，并请求编户。唐太宗厚加抚慰，均予以安置，还在其住地依次设立崌、奉、岩、远四州，任各部首领为刺史。[1]

　　贞观五年（631），唐朝剿灭北方的突厥，声威远播。加之唐朝的政治诱惑和军事威胁的双重压力，大批党项部落争相内附。同年十一月，有党项、白兰渠帅来朝；[2]十二月，唐朝派太仆寺丞李世南开河曲地为十六州、四十七县。[3]同年，党项族中最强大的拓拔部，初臣服于吐谷浑，其首领拓拔赤辞与吐蕃联姻。贞观初年，诸部党项归附，而

1　《旧唐书》卷一九八《党项羌传》，第5291页。
2　（宋）王钦若等编纂《册府元龟》卷九七〇《外臣部·朝贡第三》，第11398页。
3　《新唐书》卷四三《地理志七下》，第1123页。

拓拔赤辞不归率领部众归属唐朝，唐朝在其住地设置懿、嵯、麟、可等三十二州。以上诸府州均属松州都督府管辖。到632年，内服唐朝的党项人达三十万。[1]拓拔赤辞内属后被唐朝授予西戎州都督，以松州为都督府，并赐以李姓。从此，约今青海省黄河河源积石山以东的地方都归入唐朝的辖境，党项羌成为唐朝的属民。贞观八年（634），唐太宗为反击吐谷浑对西北边地的骚扰和打通中西陆路交通，遣左晓卫大将军段志玄等率契苾、党项之众，击吐谷浑于青海，因段志玄逗留不进，无功而返。次年四月，唐朝西海道行军大总管特进李靖率领的北路军击吐谷浑可汗于河源，伏允逃入黑党项，"居空闲之地"。五月，为部下所杀。另一路唐军，由唐朝赤水道行军总管李道彦率领由西路松州出发进击吐谷浑重镇赤水（今青海共和），与拓拔赤辞商盟，如资给粮运，党项不受唐军侵扰等。后李道彦军失信背盟，在阔水（今四川西）纵军掠夺党项牲畜，拓拔赤辞积怨，屯兵野狐峡[2]以阻李道彦军，击败李道彦，死者万余人，乘势攻叠州。唐朝廓州刺史久且洛生率轻骑击破党项于肃远山；李道彦退保松州，后唐朝归罪李道彦，"减死徙边"。[3]吐谷浑归属唐朝后，党项与唐朝的关系和好如初。

　　7世纪中叶，青藏高原上吐蕃王朝兴起。龙朔三年（663），吐蕃灭吐谷浑；党项诸部受到其严重威胁，党项羁縻府州开始废置，或为吐蕃所征服，或为吐蕃所逼，相继向北迁徙。此后，吐蕃势力继续向北扩张。到永隆元年（680）前后，"吐蕃尽据羊同（今西藏西部）、党项及诸羌之地，东接凉、松、茂（治今四川茂汶）、巂（治今四川西昌）等州"。[4]这样，吐蕃逐步占据了党项的居住地，党项内迁至今甘肃、宁夏及陕北地区，与当地汉人杂居。唐永徽元年前后，吐蕃占领党项居地之时，党项内迁达到了高潮。这种内迁不是按照唐朝设置的党项羁縻州的形式进行，而是以姓氏、部落为单位陆续向北迁徙。此

---

1 《旧唐书》卷三《太宗纪下》，第42页。
2 两《唐书》之《党项传》作"狼道坡"或"狼道峡"。
3 《旧唐书》卷六〇《李道彦传》，第2343页。
4 《资治通鉴》卷二〇二"永徽元年（650）秋七月"条，第6396页。

后居住在夏州（治今陕西榆林统万城遗址）一带的党项部落称为平夏部，拓拔氏原属平夏部中的大族，出任该部首领。党项族的内徙活动是陆续进行的，从 7 世纪中叶唐贞观末年到 8 世纪中叶"安史之乱"，前后持续了 100 年之久。内徙的党项部落分别散居在唐朝陇右道北部诸州洮、秦、临等州；关内道的庆、灵、银、夏、胜等州。唐朝复置或重置党项羁縻州府，分别寄治于庆、灵、秦等州。开元九年（721）前，唐朝重设静边州都督府于庆州，统领达、悦等 25 州，[1] 以拓拔部大首领拓拔思泰任都督。同年四月，拓拔思泰参加了唐朝围剿六胡州起义的战争，战死。唐玄宗下诏书增进拓拔思泰为"特进兼左金吾卫大将军"，以其子守寂袭其爵位。中原党项内迁后，仍留居原地的党项部落为吐蕃所役属，被吐蕃称之为"弥药"。

天宝十四年（755）"安史之乱"的爆发，给党项的发展带来了机遇。当时，唐朝为全力对付安史叛军，边防军内调，河陇空虚，吐蕃乘机出兵攻占河陇诸州，并向关内进逼。内徙的党项族又一次进行了大规模的迁徙活动，并持续十年之久。主要是内徙于陇右北部诸州的党项向东迁至关内道的庆、夏、盐、灵等州，这就变成了陇右内徙党项与吐蕃、吐谷浑、突厥奴剌部等向东的掠夺，甚至在乾元三年（760）正月，党项逼近唐都长安，唐廷震动。九月，原唐朝仆射、大宁郡王仆固怀恩在灵武叛唐，"引吐蕃、回纥、党项十万南下，京师大恐，子仪出镇奉天"。[2] 党项西掠白水，东寇蒲津，后为周智光破于澄城。广德元年（763），吐蕃基本占领陇右，党项诸部又与吐蕃联合，对唐朝构成更大威胁。唐朝为巩固西北边防即把关内道北部的党项、吐谷浑与陇右的吐蕃分开，以免为吐蕃所诱胁。"（郭）子仪以党项、吐谷浑部落散处盐（治今陕西定边）、庆等州，其地与吐蕃滨近，易相胁，即表徙静边州都督、夏州、乐容等六府党项于银州之北、夏州之东，宁朔州吐谷浑往夏西，以离沮之。"[3] 而原在庆、灵、夏等州

1　《新唐书》卷四三《地理志七下》，第 1122 ~ 1124 页。

2　《旧唐书》卷一二〇《郭子仪传》，第 3459 页。

3　《新唐书》卷二二一《党项传》，第 6216 页。

的党项在唐永泰元年后，或东迁银、绥（陕西绥德）、延等州，此地临近黄河。唐永泰（765～766）、大历（766～779）后，吐蕃势力继续东进，不时寇扰唐渭北诸州，居于上述地区的党项、吐谷浑又东渡黄河进入河东地区（今山西省）。党项渡河后，大部分集中在石州（治今山西离石）。[1]党项经过第二次大迁徙之后，同汉族及内迁的室韦、吐谷浑、吐蕃、回纥等少数民族杂居共处，密切交往，使党项原来的氏族与部落内保持的血缘纽带松弛，逐渐形成以部落为纽带的部落集团。"党项羌者，三苗之裔也……唐时有六府部落，曰野利越诗、野利龙儿、野利厥、律儿黄、野海、梅野窣等；居庆州者，号为东山部落；居夏州者，号平夏部落。"[2]即绥、延二州形成了以党项野利部为主的六府（州）部，党项拓拔部因住地在庆州陇山之东的称东山部，以夏州为中心的称平夏部，[3]居鄜、延二州之北山地区的称南山部。

大历二年（767）九月，"吐蕃寇灵州。十月，党项首领来朝，请助国供灵州军粮"。[4]由此可见，唐朝分离吐蕃与党项的措施起到了一定的效果。次年九月，吐蕃于唐坊州（治今陕西黄陵），"掠党项羊马而去"。[5]到贞元二年（786），吐蕃大举进攻，相继攻陷盐、夏、银、麟等内迁党项居住的四州。唐朝在"安抚"为主的总方针下，采用"抚慰"与"怀柔"政策，如长庆元年（821），曾命崔元略出使党项，辞疾不行，改命太子中允李寮兼四侍御史，充党项宣抚副使。[6]积极抚慰内迁党项的同时，还逐渐加强对内迁党项的管理，采取一些积极措施防止党项各部的寇盗活动。还直接任命一些党项部酋为州刺史或其他官职，笼络其上层，以便于加强对党项部众的管理。如拓拔守寂孙拓拔乾晖相继为夏州、银州刺史等。

---

1 《新唐书》卷二二一《党项传》，第6217页。
2 （宋）王钦若等编纂《册府元龟》卷九五六《外臣部·种族》，第11249页。
3 《新唐书》卷二二一《党项传》，第6217页。
4 （宋）王钦若等编纂《册府元龟》卷九七三《外臣部·助国讨伐》，第11435页。
5 《旧唐书》卷一一《代宗纪》，第312页。
6 《旧唐书》卷一六三《崔元略传》，第4260页；（宋）王钦若等编纂《册府元龟》卷九八〇《外臣部·通好》，第11515页。

第二节　西夏建立及其对敦煌的统治

一　党项拓拔氏与西夏的建立

咸通末年（874），平夏部酋长拓拔思恭乘藩镇割据之机，占据宥州（治今内蒙古鄂托克前旗城川镇川嘎查北 1 公里处），自称刺史。中和元年（881），党项平夏部首领宥州刺史拓拔思恭协助唐朝镇压唐末黄巢起义军。同年十二月，唐朝赠夏州节度号"定难军节度"，统辖夏（治今陕西靖边县红墩界镇白城子村）、绥（治今陕西绥德）、银（治今陕西榆林东南）、宥、静（治今陕西米脂县境内）五州之地，成为陕北地区最大的割据势力。中和二年正月，唐僖宗任拓拔思恭为京城南面都统。同年七月，晋升他为京城四面都统。中和三年初，唐朝再次重用代北沙陀部酋、雁门节度使李克用，为京城东北面行营都统。可见唐朝对党项部酋的重用，尤其对拓拔思恭镇压黄巢起义寄予了厚望。中和四年七月，又晋爵拓拔思恭为夏国公，复赐李姓。夏州地区的党项拓拔氏成为称雄陕北的强盛部族。这一状况的出现加剧了拓拔氏在党项各族中的游离，并迅速成长为党项各族的统治上层。其势力范围辐射银州、夏州、绥州等广袤的西北地区，属民囊括了党项族、汉族、回鹘族以及西域的一些胡族。

以畜牧为生的党项部落在不断与他族的交往中，逐渐发展和强盛起来。此外，内徙党项还与汉族、吐蕃、吐谷浑、室韦、回鹘、突厥降户以及来自中亚的昭武九姓胡等族有着密切的政治、经济和文化等方面的交流、交往、交融，加速了党项人汉化进程，使其在历史上留下重要的一页。

天祐四年（907），朱全忠取唐建梁，唐朝灭亡，中国进入五代十国分裂割据的混乱时期。党项"部有大姓而无君长，不相统一，散处邠宁、鄜延、灵武、河西，东至麟、府之间。自同光（923~926）以后，大姓之强者各自来朝贡"。[1]"大姓之强者"主要有唐末据夏、银、绥、宥等州的定难军节度使党项拓拔氏。唐末党项拓拔氏崛起，逐渐成为割据夏州的一大势力，成为统治上层。五代初兴于麟、府二州的党项折氏，以及居于庆、灵二州之间的西路党项诸部。在这三部分党项中，所谓"西路党项"，即指居于灵、庆二州之间的党项诸部，也即唐代所称的"东山部落"，五代时先后被后梁、后晋、后汉、后周统治。他们处于中西陆路交通道东线的一段（即庆州——灵州），经常劫掠来往的贡使和商旅，甚至对内地政权往来的戌兵也进行袭击，成为中西交通上一大阻碍，故称灵武戌兵饷道，"常苦抄掠"。[2]五代时居于夏州西北麟、府、胜等州的党项部落，其中势力最大的为府州党项折氏。府州党项折氏原与北魏拓拔氏同起于代北，系鲜卑折掘部。他们曾依附后唐、后晋、后汉，与北汉势不两立。960年，北宋建立，府州折氏又附北宋，世代相袭知府州，一直到南宋建炎二年（1128），折氏后代以府州降金。

党项诸部在政治上与五代及北汉政权保持了名义上的臣属关系，有的受临近政权册封，大部分则属各政权地方或边镇管辖。这样他们就拥有较大的自主权，借机发展势力。此外，神册三年（918），有党项向契丹朝贡，但契丹仍连续三年"伐党项"，主要是掠夺或镇压反叛的党项部众。天赞四年（925），征服了黄河河套边的党项。五代时党项诸部又通过"朝贡"等方式，与邻近政权或人民进行广泛的贸易。

五代时党项诸部中势力最大的一支为夏州党项李氏（拓拔氏），也遭受过冲击，但偏居一隅，相对独立，势力得到进一步的发展，虽受封和定期朝贡，而实际上却保持着相对的自立。经过百余年的发展，于宋宝元元年（1038），党项羌族的领袖李元昊称帝，国号大夏，定都兴庆府（今宁夏银川市），建立了地方封建割据政权。因其地处祖国的西北，故史称西夏。

---

1 《新五代史》卷七四《四夷附录第三》，第912页。

2 《新五代史》卷四七《张希崇传》，第528页。

　　西夏历经十帝，其疆域"东尽黄河，西界玉门，南接萧关，北控大漠，地方万余里"，最鼎盛时，其疆域包括今宁夏、甘肃大部，内蒙古西部、陕西北部、青海东部、新疆东部及蒙古共和国南部的广大地区。它创造了中华文明的重要组成部分、极富特色的区域性民族文化——西夏文化。对中世纪我国西北地区的局部统一，社会经济、文化的发展及多民族大家庭的形成做出了积极的贡献！西夏政权建立以后，不断仿效唐朝和宋朝的各项制度，加速了封建化的进程。在广泛吸取汉族先进的生产技术和丰富经验的基础上，实行了一系列强化民族意识的措施，西夏的政治、经济和文化不断发展。在李元昊的倡导下，由大臣野利仁荣主持创制了记录党项语言的民族文字——西夏文。1115 年金灭辽，宋室南迁，西夏对金、南宋均采取和好政策，为西夏赢得了发展空间，至西夏第五代皇帝仁孝时，西夏的政治、经济、文化发展到了顶峰。西夏晚期，由于国内阶级矛盾激化，党项族和其他民族不断起义和反抗，统治阶级的内部斗争也日趋加剧，西夏逐步走向衰亡。13 世纪，成吉思汗统一蒙古，开始对外扩张和掳掠，首当其冲的便是西夏。1227 年，西夏亡于蒙古。

　　元代称西夏人为唐兀氏，为色目人的一种，其上层人物颇受元朝重用。西夏灭亡后，一部分党项人重返西南故土，大部分党项人留在西夏本土，或迁居各地同汉族和其他民族逐渐融为一体。经过元、明两代，党项族作为一个独立的民族共同体已不复存在。

二　西夏占领沙州

　　关于西夏实际统治敦煌的确切时间，学界普遍认同其统治敦煌的时间下限为 1227 年，但对于西夏实际开始统治敦煌的时间，由于史料本身的模糊与零碎，加之学者们所掌握的史料差异及对史料的理解的不同，相继形成了 1035 年、1070 年、1073 年、1028 年、1036 年、1030 年、1146 年、1067 年等不同观点。通过对传世文献的细致爬梳及辨析，同时结合出土文献、文物与艺术史的最新研究成果，可以认

为，西夏虽于 1036 年攻占瓜、沙二州，但大致于 1067 年才真正确立
了对瓜、沙二州的统治，而在 1036 ~ 1067 年之间沙州地区则由沙州
回鹘国时间统治。

对于西夏灭归义军，占领瓜、沙二州，史书多有记载。其中最
早者当为赵珣所撰《陕西聚米图经》，其记载的时间为北宋康定二年
（1041）。惜此书已佚，然南宋李焘《续资治通鉴长编》卷一一九景
祐三年十二月条对此却有引述。上述文献皆将西夏攻陷瓜、沙、肃三
州的时间系于景祐三年（1036）十二月，应无可疑；然而在三州之前
却冠以"回纥"之号，说明回鹘当时已成为沙州的主宰，归义军政权
已名存实亡，沙州归义军节度使曹贤顺在入辽朝贡时，常以"沙州回
鹘"自居，即证明了这一结论。

归义军晚期兼事辽、宋，在对辽交往中常以回鹘自称，至 11 世
纪初期，敦煌及其周围地区在很大程度上已回鹘化了，而归义军政权
由于内乱外患，处于风雨飘摇之中。为了得到回鹘的支持，归义军政
权不得不更弦易张，在某些场合下自称回鹘，以博取回鹘的认同。沙
州最后一次以归义军节度使名义入贡中原发生于天圣元年（1023），
此后沙州亦曾于天圣八年十一月、九年正月二度贡宋，但都未著遣使
人。各种迹象表明，归义军政权至迟到天圣元年尚一脉未绝。此后，
归义军政权尽管在史书中销声匿迹，但也没有沙州发生政变或改朝换
代的记录，故无法断定归义军政权已彻底消亡了。既有可能彻底消
亡，也可能名存实亡，无论如何，都可以说沙州当时已成为回鹘的天
下。加之，在 1036 年以后三十年的时间内，有不少时人之言论述及
瓜沙地区，其中都透露出瓜、沙二州不属于西夏的信息。[1]

另外，在敦煌石窟的题记和出土文书中，一直未发现 1036 年至
1070 年这段时期的西夏纪年，却可以看到北宋的年号。而见于莫高窟
中最早的且有明确西夏纪年题记的洞窟是第 444 窟。在窟檐门南柱内

1　李正宇：《悄然湮没的王国——沙州回鹘国》，《1990 年敦煌学国际学术研讨会文集·史地语文编》，沈阳：辽宁美术出版社，1995，第 165 ~ 169 页。

侧用汉文墨书写有："天赐礼盛国庆二年（1070）师父□□……盖以重佛……"[1]是后，敦煌诸石窟中的西夏纪年题记才逐步繁多起来。

综上所述，西夏虽然于1036年击灭沙州归义军政权，但是在此后的三十年，西夏并又没有对瓜、沙地区行使有效的统治，这段时间统辖沙州地区的为沙州回鹘。

三　西夏在敦煌的建置与政策

西夏统治瓜沙地区期间，在行政上继续唐、宋的建置，设置瓜、沙二州，品级属"下等司"（西夏五级官制中的第四级）。按西夏官制，州设"州主""通判""都案"等职。州之下有县、乡等。另据莫高363窟南壁两身西夏供养人榜题中所记"社户王定进""社户安存遂"等，是证乡之下有"社"的组织。而西夏法典《天盛改旧新定律令》（图9-1）中则涉及"沙州经制使"这一职官名称，其也属第四级的下等司，但名列"沙州"之前（按全部官制顺序号，沙州经制使是51号，沙州是65号），说明经制使比州主的地位还要高。西夏所设经制使（除沙州外，还有"西院经制使"，地点不详）很可能是仿照宋朝经制使所置，目的是用以经制边防财务。另外，在西夏二十多个州中，先后设置了十二至十八个监军司，一个监军司管一至两个州的军队和防务。瓜州因介于沙州与肃州之间，扼控西通伊吾、北庭之路，形势冲要，西夏遂设置了"瓜州西平监军司"，统辖瓜、沙二州的军队和防务。在沙州只设"监军"一职，分管本州的军务。[2]从史籍记载和瓜州榆林窟第25、29窟的西夏文题记中还可知道，监军司设都统军、副统军、监军使、指挥使、教练使、左右侍禁和各种通判，有职官数十个。由是可见，西夏在敦煌地区设置有军事、政治、经济

1　敦煌研究院编《敦煌莫高窟供养人题记》，第168页。
2　陈炳应：《西夏监军司的数量和驻地考》，《敦煌学研究》（《西北师院学报》增刊·总第5期），1986，第90～101页。

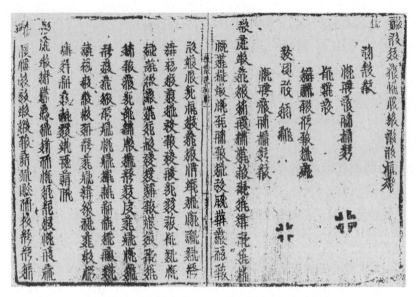

图 9-1　黑水城出土西夏文《天盛改旧新定律令》

机构，一度对敦煌之地实行着全面、有效的统治（特别是中后期）。[1]

西夏立国期间，其周边面临的形势较为严峻。西夏疆域之东部、东南及东北先后与宋、辽、金接壤，作为西夏右厢的河西走廊地区则面临着西凉六谷部等吐蕃势力和河西回鹘势力，北部鞑靼以及后来的蒙古政权等敌对势力。另外，西夏辖下的民族成分亦十分复杂，除了作为主体的统治民族党项外，还有汉族、吐蕃、回鹘、契丹、鞑靼等其他多个民族。因而西夏统治者一方面要妥善处理好内部的统治问题与民族问题，另一方面还要积极应对紧张的周边政治军事形式，从而进一步巩固和扩大其统治势力。

从现有的史料看，在西夏时期，甘、沙二州的回鹘人有过几次迁徙。在西夏攻占甘、凉二州时，实行大屠杀，甘、凉二州的回鹘人一部分逃到青海，依附吐蕃唃厮啰政权，而大部分人则逃到瓜、沙、肃地区，依附于那里的同族，继而使瓜、沙、肃的回鹘势力大增，所以

史书称西夏攻瓜、沙、肃为"攻回鹘"。西夏击灭沙州归义军政权直到 1067 年前后，并没有在瓜、沙二州建立巩固的统治。在这一时期，真正统治敦煌的是沙州回鹘。职是之故，迄今敦煌、酒泉地区遗留下不少归义军至沙州回鹘国时期的石窟。[1] 即使在西夏统治时期，敦煌继续有回鹘人在活动，如莫高窟 148 窟的兴建就与回鹘息息相关（图 9-2）。[2] 酒泉文殊山发现的元代《重修文殊寺碑》（图 9-3、9-4）和酒泉旧城东门发现的《大元肃州路也可达鲁花赤世袭之碑》都采用汉文—回鹘文合璧题刻，都足以证明归义军、西夏、元统治时代瓜沙肃三州回鹘力量的强大。[3]

针对河西走廊，特别是瓜沙地区特殊的政治军事情况，以及民族宗教现实，西夏统治者对于敦煌之地主要采取的是羁

图 9-2 莫高窟第 148 窟西夏洞窟中的回鹘供养像（敦煌研究院供图）

1 杨富学：《再论沙州回鹘国的成立》，樊锦诗、荣新江、林世田主编《敦煌文献、考古、艺术综合研究——纪念向达教授诞辰 110 周年国际学术研讨会会议论文集》，北京：中华书局，2011，第 365 ~ 385 页。

2 张先堂：《敦煌莫高窟第 148 窟西夏供养人图像新探——以佛教史考察为核心》，《西夏学》第 11 辑，上海：上海古籍出版社，2015，第 218 ~ 227 页。

3 耿世民、张宝玺：《元回鹘文〈重修文殊寺碑〉初释》，《考古学报》1986 年第 2 期，第 253 ~ 263 页；白滨：《"大元肃州路也可达鲁花赤世袭之碑"考释——论元代党项人在河西的活动》，《民族研究》1979 年第 1 期：第 68 ~ 80 页。

图9-3　酒泉文殊山元代《重修文殊寺碑》正面（汉文）（酒泉市博物馆供图）

图9-4　酒泉文殊山元代《重修文殊寺碑》背面（回鹘文）（酒泉市博物馆供图）

縻政策。对此，宋人洪皓《松漠纪闻》《宋会要辑稿》中皆有明确记载："回鹘，自唐末浸微……甘、凉、瓜、沙皆有族帐，后悉羁縻于西夏。唯居四郡外地者，颇自为国，有君长。"即可保持自己的政权和军队，可按本民族的习惯和意愿进行生产和生活。这是一种非常宽松的、基本上由各民族自决的政策，有利于回鹘和其他少数民族的生存和发展，这是甘肃的回鹘、吐蕃等民族能长期生存下来，演变成今天的裕固、藏等民族的重要原因之一。今天裕固族中有"亚格拉家"，乃甘州回鹘可汗"夜落隔氏"（亦即原漠北回鹘可汗"药罗葛氏"）的后裔。这些都证明西夏民族政策有其积极的一面。

第三节　西夏时期敦煌的社会经济文化

诚如前文所述，西夏是 11 世纪初由党项羌人为主体，以宁夏银川为中心建立的少数民族政权，盛时地跨今甘肃、宁夏两省区的大部分和陕西、内蒙古、青海三省区的一部分。作为丝路要冲的沙州和瓜州曾为其属地，在西夏统治时期这一地区的社会经济及文化发展皆呈现了相对繁荣的景象。

一　社会经济

（一）西夏时期敦煌的商业

从地理位置上看，西夏处于宋、辽、金、吐蕃、回鹘的中间，各民族、各政权间的交往，多数要经过西夏，而西夏与这些民族、政权间的交往最为方便，不必经过第三者境土。在西夏存在的两个世纪中，西域与中原的交往，要么假道西夏，走传统的便捷的交通大道，要么绕行他国，走其他险道。地理位置的优越使得西夏可以直接与西域、中原进行商贸往来，也可以通过收取过往商旅商税，坐收渔翁之利。

　　李继迁时，党项人占据了丝绸之路重镇灵州；李元昊时，夺取丝绸之路主道河西走廊；北宋灭亡，西夏又占据了丝绸之路的另一条通道——青唐道。从整体上来看，西夏占据了丝绸之路的东段。其中，河西走廊凉、甘、肃、瓜、沙五州，自西汉通西域以来，一直是中西丝绸之路贸易的主线所经之地。加之，由于西夏对敦煌地区少数民族实行较为宽松的羁縻政策，使得敦煌与周边民族及政权的丝路贸易得以继续进行。另外，唐中叶以前，通往西域的贸易之路自有固定走向，其东段由长安至凉州又分南北两线。南线沿渭水西行经秦、兰等州；北线出泾水过原、会等州，渡黄河经过今天的景泰县至凉州。自吐蕃攻陷河陇之后，传统的长安至凉州的南北两道乃至青海路完全断绝。中西交通亟待有新的路线出现，灵州道便由此应运而生。自唐末至五代，灵州道一直发挥着沟通中原与西域的重要作用。同时灵州道又与河西丝绸之路相连。由灵州至河西，一般有两条路可走。一条是灵州—甘州道，另一条是灵州—凉州道。西夏统治时期，灵州道仍发挥着丝路贸易主干道的作用。

　　西夏与北宋、辽、金进行贸易的最重要的形式之一为榷场贸易。榷场在辽宋夏金时代是各政权间的通商机构，"榷场与敌国互市之所也。皆设场官，严厉禁，广屋宇以通两国之货，岁之所获亦大有助于经用焉"。[1] 由此可知，设置榷场一方面是为了杜绝私贩，垄断贸易，另一方面可以征收关税，增加政府的财政收入。[2] 西夏政府对榷场贸易非常重视，专门设置榷场使负责从各地征收交易的货物。西夏在以甘、沙、凉为中心的河西地区亦设有榷场使，以管理这一地区的货物征收。西夏在中央设还有都转运司，属于中等司，其下设置边中转运司，为下等司，计有十处，在河西的有：沙州（今甘肃敦煌市）、瓜州（今甘肃瓜州县）、南院（凉州，今甘肃武威市）、西院（甘州，今

1　《金史》卷五〇《食货志五》，第 1113 页。
2　李华瑞：《宋夏关系史》，保定：河北大学出版社，1998，第 314 页。

甘肃张掖市）、肃州（今甘肃酒泉市）等。[1]

在敦煌出土的回鹘文文献中，可以看到西夏时期回鹘赴辽国贸易的现象。如大英图书馆东方写本与图书部收藏的 Or.8212-123 为一封来自东北地区的书信，其中第 8 ~ 9 行文字写道：

baban čor elitmiš tawar üčün baban čor xïtay-qa barïr elmiš siz yemä qanï(t)dïngï

由于巴班啜带来了货物，巴班啜［又］去了契丹。你满意了吧！[2]

另一件回鹘文书信（P.Ouïgour 15）则提到了蒙古高原的 Ötükän（于都斤山）。[3]尽管文中未提到货物，但考虑到敦煌出土的早期回鹘文书信大多都与商业贸易有关，故庶几也可将此信当作回鹘商人借助敦煌之地入漠北进行贸易的证据。

西夏文瓜州审判案卷（图 9-5）记录了天赐礼盛国庆二年（1070）瓜州的贸易和纷争，文书中涉及了许多不同民族的人，记述到了马、骡、缯帛的贸易，提到以"铸银近方"的巨资"诸处为贩"。另外，瓜州榆林窟第 3 窟的元代西夏遗民壁画中还绘有一幅商旅图。由是不难想见是时敦煌地区贸易的盛况与货币经济的发展程度。

（二）西夏时期敦煌的农牧业与手工业

西夏统治下的河西走廊地区自古以来畜牧业发达，凉州素有"畜牧甲天下"的美誉，有牧养马、牛、羊、骆驼的传统。甘州"水草丰

1　上述转运司位置的确定，请参见刘菊湘《西夏地理中几个问题的探讨》,《宁夏大学学报》1998年第 3 期，第 24 ~ 27 页。

2　杨富学、牛汝极:《沙州回鹘及其文献》，第 95 ~ 96 页。

3　杨富学、牛汝极:《沙州回鹘及其文献》，第 92 页。

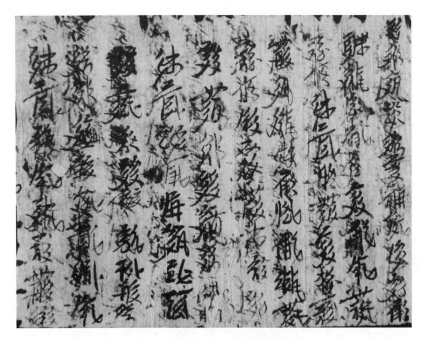

图9-5　敦煌出土西夏文审判档案残卷

美，畜牧孳息"，[1]而"瓜、沙诸州素鲜耕稼，专业畜牧为生"。[2]这也就形成了西夏畜牧中以马匹、牛、羊为主要牲畜的局面。同时，与上述牲畜相关的畜产品，如毡、毯等，用之不尽，而缺乏使用的口粮，故而必须与周边民族进行交易。牛羊是夏国在榷市上用以交换的重要物品，偶尔亦用于贡献，而西夏畜产品则尤以毛褐、毡毯、百头帐等闻名。

西夏立国之初，手工业比较落后，西夏人不仅需要从宋朝购买幞头、帽子、腰带服饰等，同时还从宋朝引入工匠。[3]后来，随着西夏手工业渐趋发达，其门类也逐步齐全。发达的畜牧业使西夏出产大

1　（清）吴广成撰，龚世俊等校证《西夏书事校证》卷一一，兰州：甘肃文化出版社，1995，第126页。

2　（清）吴广成撰，龚世俊等校证《西夏书事校证》卷三二，第370页。

3　（宋）宋仁宗：《赐夏国主乞买物诏》，司义祖整理《宋大诏令集》卷二三四，北京：中华书局，1962，第912页。

量畜毛，因此毛织品是党项人传统的手工业产品。西夏文《文海》对"毛布"的解释是"做褐用也"。[1]《番汉合时掌中珠》中有"褐布"当是用毛织成的布，还有"褐衫"应是用毛布做成的衣衫。《宋史》卷一八六《食货志下》称：西夏所产毛褐成为与中原贸易的出口商品。同样西凉府和镇夷郡商户所出卖的粗褐、黄褐、白褐等毛织品，被西夏政府购买之后，成了与周边诸政权进行贸易的大宗商品。

　　西夏辖地虽然广阔，但多位于干旱半干旱地区，降雨稀少，地面多生牧草，故其民长期以游牧为主，农业不发达。《旧唐书·党项传》言其"不知稼穑，土无五谷"。唐人沈亚之谓："夏之属土广长几千里，皆流沙，属民皆杂虏。虏之多者曰党项，相聚为落于野曰部落。其所业无农桑，事畜马、牛、羊、橐驼。"[2]及至宋代，西夏崛起而吞并河西走廊等地，境内农业居民人口增多，农业生产得到一定发展，物产逐步得以丰富。《辽史》卷一一五《西夏外纪》云："土产大麦、荜豆、青稞、床子、古子蔓、咸地蓬实、苁蓉苗、小芜荑、席鸡草子、地黄叶、登厢草、沙葱、野韭、拒灰荪、白蒿、咸地松实。"[3]

　　西夏时期，河西走廊和宋夏边缘的河流灌溉区是党项、吐蕃、回鹘分布的重要区域，畜牧业较为发达。同时，这一地区还有块状分布的农业区，农业主要靠几条河流的灌溉，这与宋夏沿边地区有着极大的相似性，即农牧混杂，为半农半牧区。[4]随着河西走廊自然生态环境的逐步恢复，其地成了西夏畜牧业和农业的后方基地。"其地饶五谷，尤宜稻麦。甘、凉之间，则以诸河为溉，兴、灵则有古渠曰唐来，曰汉源，皆支引黄河。故灌溉之利，岁无旱涝之虞。"[5]"遂取武威、张掖、酒泉、敦煌郡地，南界横山，东距西河，土宜三种，善水草，宜畜牧，所谓凉州畜牧甲天下者是也。土坚垎，水清冽，风气广莫，民

1　史金波、白滨、黄振华：《文海研究》83.231，北京：中国社会科学出版社，1983，第518页。

2　（唐）沈亚之：《夏平》，（清）董诰编《全唐文》卷七三七，第3373页。

3　《辽史》卷一一五《西夏外纪》，第1524页。

4　杨蕤：《论地理环境与西夏的经济类型及其相关问题》，《宁夏社会科学》2003年第4期，第54页。

5　《宋史》卷四八六《夏国传下》，第14028页。

俗强梗尚气，重然诺，敢战斗。自汉、唐以水利积谷食边兵，兴州有汉、唐二渠，甘、凉亦各有灌溉，土境虽小，能以富强，地势然也。"[1]

　　榆林窟第 15、16 窟所书西夏天赐礼盛国庆五年（1073）汉文长篇题记中，有祝愿"五谷熟成"的祈告。《马可波罗行纪》第 57 章亦载：沙州"居民恃土产之麦为食"。"境内有寺庙不少，其中满饰种种偶像，居民虔诚大礼供奉。例如凡有子女者，为偶像蓄养一羊，年终或偶像节庆之日，蓄养者挈其子女携羊至偶像前礼拜。拜后，烤煮羊肉使熟，复礼奉之于偶像前陈之，礼拜祈祷，求神降福于其子女。据云，偶像食肉。供奉既毕，取肉还家，延亲属共食。食后谨藏余骨于匣中。"[2] 由是可见，西夏统治时期，瓜沙地区的农业与畜牧业生产仍十分繁盛。

二　宗教信仰

（一）原始宗教信仰

　　与其他古代北方少数民族一样，党项人早期即崇奉以自然崇拜、鬼神信仰及巫术为主要内容的原始宗教信仰。在经济文化相对落后的初始阶段，由于人们对于天地、风雨、雷电等自然现象产生恐惧与敬畏，遂祈求其能降福、保佑，逐渐形成了党项先民们早期的自然崇拜。然而，随着社会经济文化的逐步发展与进步，人们对于自然及其变化的了解更加深入，最初的自然崇拜遂转向了对那些依附于自然物之上的神灵的信仰与崇拜。鬼神崇拜在党项人的原始宗教信仰中占有重要地位，"笃信机鬼，尚诅祝"。[3] 为了驱除恶鬼，西夏人即对恶鬼进行巫术诅咒，甚至人生病也要用巫者来驱鬼治病，"病者不用医药，召巫者送鬼，西夏语以巫为'厮'也"。[4] 而在军事作战时，巫师的作用

1　《金史》卷一三四《西夏传》，第 2877 页。
2　〔意〕马可波罗著，〔法〕沙晚译，冯承钧转译《马可波罗行纪》，上海：上海书店出版社，2001，第 117 页。
3　《宋史》卷四八六《夏国传下》，第 14029 页。
4　《辽史》卷一一五《二外国纪》，第 1523 页。

便更大了，"每出兵则先卜。卜有四：一、以艾灼羊脾骨以求兆，名
'炙勃焦'；二、擗竹于地，若揲蓍以求数，谓之'擗算'；三、夜以
羊焚香祝之，又焚谷火布静处，晨屠羊，视其肠胃通则兵无阻，心有
血则不利；四、以矢击弓弦，审其声，知敌至之期与兵交之胜负，及
六畜之灾祥、五谷之凶稔。俗皆土屋，惟有命者得以瓦覆之。"[1]

（二）佛教

　　除了原始的宗教信仰，西夏尤其崇奉佛法。在长期的历史发展过
程中，随着党项羌人的不断内迁，在以中原汉族为主的崇尚佛教的周
边各族的影响下，党项人逐渐接受了佛教。在统治者的极力推动下，
佛教很快地成为西夏社会中占有支配地位的宗教。在统治者及民众的
大力推崇和支持下，西夏时期翻译了大量的佛教经籍。河西等地出土
的西夏文佛教文献内容丰富，鲜明地反映了西夏佛教的发展状况。

　　西夏佛教在发展的过程中深受汉传佛教的影响，主要体现在汉地
佛教宗派，如禅宗、[2]净土宗[3]在夏地广泛流行，西夏人不仅用汉文抄写
或印制佛经，而且还用汉文翻译了多部佛经，可以看出，汉传佛教对
西夏的影响是既深且巨的。[4]如禅宗最重要的灯史文献之一——唐代宗
密撰《禅源都诠集都序》即被译入西夏文。[5]形成于中原地区的五台山
信仰在西夏得到了广泛的传播，[6]中原流行的《华严经》信仰及其相关

1　《宋史》卷四八六《夏国传下》，第 14029 页。

2　马格侠、张文超：《西夏地区流传的宗密著作考述》，郑炳林、樊锦诗、杨富学主编《丝绸之路民
　　族古文字与文化学术讨论会论文集》（上），西安：三秦出版社，2007，第 480～488 页；马格侠：
　　《西夏地区流传的宗密著述及影响初探》，《宁夏社会科学》2007 年第 3 期，第 99～103 页。

3　公维章：《西夏时期敦煌的净土信仰》，《泰山学院学报》2008 年第 5 期，第 81～84 页；李辉、
　　冻国栋：《俄藏黑水城文献〈慈觉禅师劝化集〉考》，《敦煌研究》2004 年第 2 期，第 104～106 页。

4　樊丽沙：《汉传佛教在西夏的传播与影响——以出土文献为中心》，硕士学位论文，西北民族大
　　学，2009。

5　张佩琪：《初探夏译〈禅源都诠集都序〉及〈禅源都诠集都序干文〉》，提交"西夏语与华北宗教
　　文化国际学术研讨会"论文，台北，2009 年 12 月。

6　孙昌盛：《方塔塔心柱汉文题记考释》，宁夏考古研究所编著《拜寺沟西夏方塔》，北京：文物出
　　版社，2005，第 337～344 页。

的忏悔仪式在西夏也大弘其道。[1] 此外还有汉地流行的《金光明经》信仰，也素为西夏人所崇奉。[2] 敦煌曲子词中的《五更转》，曾被译成西夏文流传，黑水城有残叶（编号 Инв.No.7987）留存。[3] 著名的禅宗经典《六祖坛经》也被译为西夏文，其中，日本龙谷大学所藏的一页由武宇林进行了研究。[4] 1976 年，甘肃景泰县发现西夏文水陆法会祭祀文抄本一件，由孙寿龄进行了研究，从中可以看出，除四大天王外，还有中原文化特有的元始天尊、三皇等内容，这显然受到了汉地佛教的影响。[5] 值得注意的是，汉传佛教尽管对西夏影响很大，而且西夏境内汉僧很多，但汉僧的地位却不如吐蕃僧高，这一状况的形成应与西夏统治者对汉僧有防范心理这一因素息息相关。[6]

在这里尤要提及的即是西夏时期的五台山文殊信仰的流行。西夏统治时期，文殊信仰流行，尤其是文殊信仰所具有的护国、护王功能，对西夏统治者具有巨大的诱惑力。作为文殊菩萨的道场，山西五台山成为包括西夏在内东亚地区佛教信徒所崇拜的对象。五台山信仰在西夏建国之前即已流行，德明、元昊都曾遣使朝拜五台山。1038 年，元昊脱离宋朝自立，建立大夏国。此后，夏宋对峙，时常处于战争状态，西夏统治者无法再朝拜五台山，即使西夏僧徒前往五台山朝拜也会困难重重。于是，西夏统治者效法辽朝及朝鲜、日本将五台山移入本境的做法，依据五台山寺庙的样式，在贺兰山中新建北五台山寺。该寺具体地址史无记载，但考古学证据显示，其地大致在贺兰山拜寺

1　白滨：《元代西夏一行慧觉法师就辑汉文〈华严忏仪〉补释》，杜建录主编《西夏学》第 1 辑，银川：宁夏人民出版社，2006，第 76～80 页；李灿：《元代西夏人的华严忏法——以〈华严经海印道场忏仪〉为中心》，硕士学位论文，北京大学，2010 年；崔红芬：《僧人"慧觉"考略——兼谈西夏的华严信仰》，《世界宗教研究》2010 年第 4 期，第 47～57 页。

2　崔红芬：《西夏〈金光明最胜王经〉信仰研究》，《敦煌研究》2008 年第 2 期，第 54～61 页。

3　聂鸿音：《西夏文〈五更转〉残叶考》，《宁夏社会科学》2003 年第 5 期，第 74～75 页。

4　武宇林：《日本龙谷大学所藏西夏文献的调查报告》，《宁夏大学学报》2009 年第 5 期，第 49～50 页。

5　孙寿龄：《西夏文水陆法会祭祀文考析》，杜建录主编《西夏学》第 1 辑，银川：宁夏人民出版社，2006，第 87～90 页。

6　樊丽沙、杨富学：《西夏境内的汉僧及其地位》，《敦煌学辑刊》2009 年第 1 期，第 122～134 页。

口双塔一带，建成时间当在元昊统治时期。[1]而西夏统治敦煌时期，是敦煌五台山文殊信仰与艺术发生变革的一个时期。较之前代，这一时期的五台山图发生了很大的变化。不同于五代宋时期，西夏时期敦煌文殊变的五台山背景不再沿用五代宋时期的样本，而是以多种全新样式呈现，西夏在贺兰山中修建的"北五台山"内容也传到敦煌，并与敦煌的五台山信仰相互影响。[2]

另外，晚唐五代宋初时期，敦煌就流行插绘有十王，为生、死者皆可祈福的《佛说十王经》，显示了此时期敦煌十王信仰的盛行。20世纪初在敦煌藏经洞发现的敦煌遗书中就有《十王经》三十多件及几十幅绢画像。河北定州佛像腹中发现有明代刻本西夏文《十王经》残卷，可见直至明代，民间仍有《十王经》的刻经活动，十王信仰可谓影响深远。在敦煌出土的汉文写本《十王经》约有32件，另还有西夏文本、回鹘文本的存在。俄藏黑水城文献中有《十王经》《阎王授记成佛经》各一卷，[3]既有插图本，也有纯文本。[4]由是可见，西夏人可能有十王信仰。

藏传佛教对西夏的影响主要集中在西夏国的中晚期及元代，以河西走廊为重点，逐渐向西夏腹地延伸，目前发现的西夏时期大量文献中就有不少是藏传佛教经典。[5]史金波认为藏传佛教对西夏产生了重大影响，且西夏对藏传佛教东传又起到了关键性作用。[6]而西夏统治者的奉佛举措对藏传佛教于河西走廊的广泛传播提供了巨大推力，河西走廊在藏传佛教向外传播过程中起到了桥梁的作用。[7]12～13世纪初，

1　杨富学:《西夏五台山信仰蠡议》,《西夏研究》2010年第1期（创刊号）,14～22页。

2　赵晓星:《西夏时期的敦煌五台山图——敦煌五台山信仰研究之一》,《西夏学》第11辑,2015,第228～234页。

3　史金波:《西夏佛教史略》,银川:宁夏人民出版社,1988,第397、405页。

4　党燕妮:《晚唐五代宋初敦煌民间佛教信仰研究》,博士学位论文,兰州大学,2009,第126页。

5　陈庆英:《西夏及元代藏传佛教经典的汉译本——简论〈大乘要道密集〉〈萨迦道果新编〉》,《西藏大学学报》2000年第2期,第1～9页;史金波:《西夏的藏传佛教》,《中国藏学》2002年第1期,第33～49页;沈卫荣:《〈大乘要道密集〉与西夏、元朝所传西藏密法》,《中华佛学学报》第20期,2007,第251～303页。

6　史金波:《西夏的藏传佛教》,《中国藏学》2002年第1期,第33～49页。

7　贾学锋:《藏传佛教在河西走廊的传播与发展》,《西藏研究》2003年第2期,第36～40页。

吐蕃僧人活跃于西夏境内，具有较高的社会地位，其在西夏传播的要是密法。[1]西夏语译《圣妙吉祥真实名经》不是直接译自汉文本，夏汉两译本很可能均译自藏本，而且他们同步进行、互为底本。主译者很可能是"土蕃译主聂崖沙门释智"。[2]汉传、藏传两大佛教密宗系统之文物文献集中出土于三大分布区，即河西走廊、宁夏和黑水城地区。[3]西夏境内流行的《般若心经》，现存三种不同的版本，其一为汉传佛教系统，另外两种则属于藏传佛教系统，体现了西夏佛教的多元性。[4]

西夏人不仅崇奉佛教，还创造出了辉煌灿烂的西夏佛教文明，他们不仅译写了大量佛经，还积极投身于石窟、佛寺的修建等功德活动（详见下文）。西夏境内佛寺众多，其佛寺地理分布成点状，以点连线，线孤不成面。西夏佛教的分布是多因素综合作用的结果，佛教差异性特征显著。在佛教流布区有两种明显的佛教风格，一是以兴庆府、凉州等为中心的政治因素主导的贵族佛教区；一是瓜州、沙州等为中心的历史因素主导的民众信仰区。[5]西夏佛教塔寺的兴建，起初其中心只是局限在兴庆贺兰一带，河西走廊尚无顾及。随着西夏经济的发展，国力的强盛，党项统治者要用佛教作为统治思想之一，因此对佛教大力提倡，于是在崇宗乾顺、仁宗仁孝时期，西夏佛教发展达到鼎盛阶段。佛教中心开始由兴庆贺兰地区向西扩展到河西走廊，出现了以甘凉及瓜沙为中心的西夏佛教的新分布格局。西夏佛教有三个分布中心，其中两个在河西走廊，说明该地区佛教的兴盛及统治者对河

1　孙昌盛：《试论在西夏的藏传佛教僧人及其地位、作用》，《西藏研究》2006年第1期，第35～45页。

2　林英津：《西夏语译〈圣妙吉祥真实名经〉释文纪略》，《国家图书馆学刊》增刊（西夏研究专号），2002，第84～96页

3　杨志高：《西夏密教考古遗存与文献研究》，李范文主编《西夏研究》第3辑，北京：中国社会科学出版社，2006，第439～447页。

4　聂鸿音：《西夏文藏传〈般若心经〉研究》，《民族语文》2005年第2期，第22～29页（又载《贤者喜宴》4，石家庄：河北教育出版社，2005，第3～7页）；沈卫荣：《黑水城出土西夏新译〈心经〉对勘、研究——以俄藏黑水城文献TK128号文书为中心》，《西域文史》第2辑，北京：科学出版社，2007，第217～239页；胡进彬：《藏文〈心经〉两种夏译本之对勘研究》，提交"第三届西夏学国际学术研讨会"论文（银川，2008）。

5　秦宇：《西夏佛寺地理分布研究》，《五台山研究》2014年第3期，第17～22页。

西的重视。[1]

　　另外，党项人还将藏传佛教传入蒙元王朝，成为藏传佛教向东传播的基地与桥梁。诚如史金波所言："西夏不仅是藏传佛教东传的重要过渡地带，也在这里形成了藏传佛教东向发展的思想、经典和制度基础，没有藏传佛教在西夏的先期流行和发展，就难以形成此后藏传佛教在全国很多地区的进一步传播。"[2] 而元代的藏传佛教，无论宗教政策还是佛教制度均对西夏藏传佛教有所吸纳和借鉴，如元代的帝师制度正是对西夏帝师制度的完善。而以杨琏真迦为代表的元代河西僧人也活跃于元代政坛或宗教界，他们对推动藏传佛教在元代的发展与传播起到了积极作用。另外，西夏时期即已流行起来的密法修行，如秘密大喜乐法、大黑天修法也在蒙古宫廷中流行甚广。

三　敦煌地区的西夏文化与石窟艺术

（一）敦煌西夏文书

　　西夏元昊正式称帝前的公元 1036 年，命大臣野利仁荣创制西夏文字，三年始成，共五千余字。西夏字形体方整，笔画繁冗，又称为蕃书、蕃文，抑或河西字、唐古特文，有学者也写作西夏文字。西夏文创制后，汇编字书 12 卷，被西夏定为"国书"。西夏人上自佛经诏令，下至民间书信，均用西夏文字书写。为方便党项人学习西夏文字，西夏统治者还编写了字典。1227 年西夏亡于蒙古帝国，西夏文字也随之逐渐湮灭。自西夏文字被发现以来，西夏文文书在甘肃、内蒙古、宁夏等地多有发现。

　　西夏文是记录西夏党项族语言的文字，属表意体系，是西夏仿汉字创制的。其结构虽仿汉字，但又有其特点。用点、横、竖、撇、捺、拐、拐钩等组字，斜笔较多，没有竖钩。单纯字较少，合成字占

1　刘建丽：《西夏时期河西走廊佛教的兴盛》，《宁夏大学学报》1992 年第 3 期，第 43 页。

2　史金波：《西夏的藏传佛教》，《中国藏学》2002 年第 1 期，第 49 页。

绝大多数。书体有楷、行、草、篆，楷书多用于刻印，篆书散见于金石，行草常用于手写。据李范文研究，全部西夏文字共计 5917 字，而实际上有意义的字共 5857 字。

相对于艺术品而言，西夏文献在敦煌的发现为数不多，其中时代最早者为是日本龙谷大学图书馆收藏的西夏文《瓜州监军司审判案》写本残片。这是西夏惠宗天赐礼盛国庆元年至二年（1070～1071）瓜州监军司为审判一桩民事诉讼而书写的公文。1959 年，莫高窟附近又发现了三件西夏文佛经，其中最为重要的是一件图解本《观音经》。其经文内容系表现善财童子五十三参的 53 段文字，每段文字上面都配一幅注释经文的版画。经研究，这是中国现存最古老的连环画书籍，也可以说是中国连环画书籍的最早模式。[1] 另外，敦煌研究院还藏有张大千题识的西夏文《金刚经》《金光明最胜王经卷第三》《大方广佛华严经卷第九》《'三足乌图'注字》等西夏文献。20 世纪 90 年代，敦煌研究院考古人员在清理敦煌莫高窟北区石窟时又有不少新发现，既有西夏钱币，也有不少西夏文文献出土，尽管多为残片，但无论大小，都有着弥足珍贵的史料价值。其文献种类很多，有蒙书，有社会经济文书，也有佛教、道教文献及其他各类写本、印本。其中有的为国内独具，如《碎金》等；有的为世界仅存，如泥金写经、大型西夏文印本等。文献版本也多种多样，有写本，有印本，印本中又分刻本和活字本，活字本是世界上现存最早的活字印本，也是海内孤本。[2] 值得注意的是，其中有一则题记谈到元代敦煌曾有一藏 3600 余卷的西夏文刻本大藏经，颇值得关注。20 世纪末，在敦煌莫高窟北区又发现了不少西夏文文献，经史金波研究，又发现了数种活字印本，如《地藏菩萨本愿经》《诸密咒要语》等。[3] 21 世纪伊始，史金波与雅森·吾守尔合力展开了对西夏文活字印本佛教文献与回鹘文木活字的研究，

---

1 刘玉权:《本所藏图解本西夏文〈观音经〉版画初探》、陈炳应:《图解本西夏文〈观音经〉译释》，同载《敦煌研究》1985 年第 3 期。

2 史金波:《敦煌莫高窟北区出土西夏文文献初探》，《敦煌研究》2000 年第 3 期，第 1～16 页。

3 史金波:《敦煌莫高窟北区出土西夏文文献初探》，《敦煌研究》2000 年第 3 期，第 10～12 页。

对出土于黑水城、敦煌、贺兰山、灵武等地的部分西夏文佛经的活字印本进行了总述，又对发愿文、题款、序言、经文等进行了考释和论证。[1] 在活字印刷之外，西夏的雕版印刷更为发达，史金波著文对有关文献，如《维摩诘所说经》《吉祥遍至口和本续》《地藏菩萨本愿经》《大方广佛华严经》等的发现与印本情况进行了述论。后经系统研究，著为《西夏出版研究》。[2]

近几十年来，甘肃出土了不少西夏文活字版书籍，其中有武威天梯山石窟出土的《圣胜慧到彼岸功德宝集偈》《圣观自在大悲心总持》；武威亥母洞出土的《维摩洁所说经》；敦煌莫高窟北区出土的《地藏菩萨本愿经》《诸密咒要语》等，它们都是西夏活字版印本最主要的实物证据。这里要特别提到的是甘肃武威天梯山石窟发现的三页西夏文佛经，它们是迄今所知国内外最早的活字版西夏文献，也是世界上迄今所知最早的活字版印本，非常珍贵，它对研究中国印刷史和古代印刷技艺的具有重大价值。从目前发现的早期西夏文木活字印本来看，西夏人应为木活字印刷术的首创者，他们不仅使木活字印刷术的发明时间提前了150年左右，而且大力推广与应用泥、木活字印刷，为活字印刷术向世界传播打下了良好的基础，西夏人对印刷术的发展做出了杰出的贡献。

（二）石窟艺术

西夏人崇信佛教，曾在敦煌大兴佛事。在敦煌莫高窟和瓜州榆林窟中，西夏石窟数量不少。20世纪60年代以前，在莫高窟、榆林窟的500多个洞窟中，被"判明"为西夏的仅有7窟。西夏石窟的调查研究是从60年代中期开始的，当时有关专家从莫高、榆林两窟的宋窟中，初步认定了80多个西夏窟。同时在莫高窟、榆林窟等38个窟

1　史金波、雅森·吾守尔：《中国的活字印刷术的发明和早期传播——西夏和回鹘活字印刷术研究》，北京：社会科学文献出版社，2000，第39～53页。

2　史金波：《西夏出版研究》，银川：宁夏人民出版社，2004。

内找到各类西夏文题记 100 余处。自 20 世纪 80 年代后期以来，随着研究的深入，刘玉权将莫高、榆林两窟中的西夏洞窟做了调整，从西夏窟中划分出 23 个西夏时期的回鹘洞窟，同时将东千佛洞、西千佛洞、五个庙的洞窟也做了调整。将西夏洞窟由原来的三期改为前后两期，将过去认定的"西夏王"供养画像也改为"回鹘王"。[1] 从而使西夏洞窟的分期更为科学，更符合历史实际。另外，1988 年至 1995 年，彭金章在莫高窟北区石窟发掘出的 243 个窟中，又找出了 40 个属于西夏国时期的僧房窟、禅窟、瘗窟（其实，这些所谓的西夏遗物大部分应为元代西夏遗民所留）。敦煌西夏窟（包括西夏国和元代西夏遗民所营建的石窟）是具有浓郁的民族和地方特色的艺术遗产，延续近四个世纪，在我国石窟艺术中占有一定的地位。

西夏国至元代时期，莫高窟的崖面呈饱和状态，故在现存西夏洞窟中新开者甚少，大多是对前代洞窟的改造与补修。其壁画题材比较单一，主要是千佛、供养菩萨像、团花图案及构图简略的净土变等。从整体上看，其作品以早期、中期者居多。早期作品之画风多承袭五代和宋初的传统，较少创新；中期受高昌回鹘壁画艺术的影响，开始有所创新；晚期吸收了吐蕃密宗艺术的某些成分，逐步形成了具有本民族特色的艺术风格。由于此时西夏统治的中心在瓜州（今甘肃瓜州县），加上元代时期瓜州西夏遗民势力强大，故瓜州榆林窟、东千佛洞的西夏洞窟（包括元代西夏遗民）虽不及莫高窟多，但其壁画艺术成就却较之为高，如榆林窟第 2、3、29 窟（图 9-6、图 9-7）及东千佛洞第 2、7 窟的壁画就是稀见的西夏艺术奇葩（其中榆林窟第 29 窟为西夏国之遗物，榆林窟第 2、3 窟及东千佛洞第 2、7 窟为元代之物）。另外，在敦煌的西夏壁画中，有不少乐舞场面，包含着丰富的古代音乐、舞蹈资料，为研究西夏音乐舞蹈提供了鲜活的材料。

1　刘玉权：《关于沙州回鹘洞窟的划分》，《1987 年敦煌石窟研究国际研讨会文集·石窟考古编》，沈阳：辽宁美术出版社，1990，第 1 ~ 29 页。不同意见请参见关友惠《敦煌宋西夏石窟壁画装饰风格及其相关的问题》，《2004 年石窟研究国际学术会议论文集》下册，上海：上海古籍出版社，2006，第 1110 ~ 1141 页。

图 9-6　瓜州榆林窟第 29 窟南壁西夏供养人（敦煌研究院供图）

图 9-7　瓜州榆林窟第 29 窟南壁西夏真义国师像（敦煌研究院供图）

同时，敦煌地区的西夏窟内还保存有大量精美的彩塑，它们也是党项民族留下的标志着敦煌文明的一个重要组成部分。此外，在敦煌莫高窟、瓜州榆林窟和敦煌西千佛洞中，还有大量的西夏文，其中时代最早者时属西夏惠宗大安十一年（1085）之题铭。经有关专家普查、研究，在38个洞窟中共找到各类西夏文题记100余处，计235行，1200余字。既有功德发愿文，也有供养人榜题和巡礼题铭，它们不仅是研究西夏洞窟分期的重要依据，而且也是研究西夏历史与文化极其可贵的资料。此外，敦煌石窟中还有不少与西夏历史文化有关的汉文题记，时代最早为惠宗天赐礼盛国庆二年（1070）的题记，也已引起学界的重视。

第四节　元代敦煌的西夏遗民

从出土文献和敦煌留存的遗物看，元代活动于敦煌的西夏人数量不少。莫高窟北区出土的元代西夏文文献有《金光明最胜王经》封面、《大方广佛华严经》卷第二封面、刻本《种咒王阴大孔雀明王经》《金刚般若波罗蜜经》等。其中第B159窟出土的《龙树菩萨为禅陀迦王说法要偈》刻本残页末部有一长方形压捺印记，有汉文两行（图9-8）：

> 僧录广福大师管主八施大藏经于
> 沙州文殊舍利塔寺永远流通供养[1]

管主八乃元代松江府僧录，曾主持印制多部西夏文大藏经并将一藏施于敦煌文殊舍利塔寺中。在敦煌莫高窟曾先后三次发现了与上述相同押捺汉文题记的佛经残页，另两件分别藏于巴黎国立图书馆和日本天理图书馆。可能在他所施经中都压捺了这样的印记。[2] 元刻碛沙

1　彭金章、王建军：《敦煌莫高窟北区石窟》第3卷，北京：文物出版社，2004，第38页。

2　史金波：《敦煌学和西夏学的关系及其研究展望》，《敦煌研究》2012年第1期，第54页。

藏《大宗地玄文本论》卷三记载管主八曾"于江南浙西道杭州路大万
寿寺雕刊河西大藏经板三千六百二十余卷、华严诸经忏板,至大德六
年完备。管主八钦此胜缘,印造三十余藏及《华严大经》《梁皇宝忏》
《华严道场忏仪》各百余部,《焰口施食仪轨》千有余部。"推而论之,
当年敦煌所藏西夏文刻本大藏经应为管主八大师印施三十余藏大藏经
的一部。说明元代敦煌的西夏遗民数量众多,否则管主八在这里布施
西夏文大藏经就没有太大必要了。从敦煌发现的西夏文题记、西夏文
六字真言铭刻、西夏供养人像,尤其是莫高窟第61窟甬道(图9-9)、
榆林窟第2窟、第3窟、东千佛洞第2窟等大型元代西夏遗民窟的兴
建都足以证明元代敦煌西夏势力的强大。

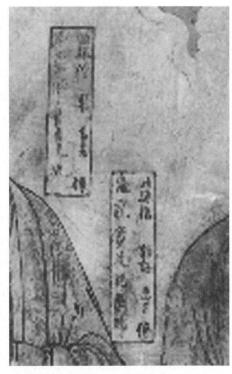

图9-8　莫高窟北区B159窟出
土管主八施经敦煌压捺印记(敦
煌研究院供图)

图9-9　莫高窟第61窟甬道北壁汉文—西
夏文合璧供养僧题铭(敦煌研究院供图)

第十章　蒙古统治时期的敦煌

13世纪初，蒙古崛起，先后灭金亡夏克宋，进而完成了中国自唐朝之后的又一次大统一。蒙元王朝实行分封制与宗王出镇制，而包括河西在内的西北地区则成为其推行分封制与出镇制的主要地区之一。先后分封、出镇于此的蒙古宗王贵戚众多，而察合台豳王家族即为其中之一。豳王家族兴起于13世纪后期，始祖为由西域东归投奔忽必烈汗的察合台系出伯、合班兄弟，于14世纪初期形成了豳王、肃王、西宁王和威武西宁王四个乌鲁斯，分别驻牧于酒泉、瓜州、沙州和哈密。该家族拥有四个王号，权高位重，在元代西北历史上影响颇深，及至元亡明兴，仍是嘉峪关外一支重要的游牧军事集团。[1]

　　豳王家族据守西北一隅，对元代西北诸地之政治、军事、经济、文化产生了重大影响。尤其是以瓜沙为中心的河西走廊之地，在豳王家族的坚守下，不仅免于兵燹之难，确保了一方安宁，且在豳王家族所采取的一系列积极的边防措施的影响下，河西农业生产得到了进一步的恢复与发展，驿站交通疏通畅顺，敦煌佛教蓬勃向上，抵御了伊斯兰教势力的东侵。可以说，蒙元时期，在豳王家族的治理下，以敦煌为代表的河西诸地社会安定平稳，经济文化繁荣丰富，在敦煌的历史画卷上留下了浓墨重彩的一笔。

第一节　豳王家族势力的形成及其对河西的镇守

一　蒙古诸王在西北的混战

　　1259 年，元宪宗蒙哥在进攻南宋时亡殁，翌年，其弟阿里不哥和忽必烈先后各自召集忽里勒台，宣布继承蒙古大汗之位，进而引发了元王朝长达四年之久的内战。忽必烈继位后派员前往阿力麻里执掌察合台汗国政权。阿力麻里地处伊犁河草原地带，战略地位非常重要。阿里不哥扣留了忽必烈所遣人员，另派察合台子拜答儿之子阿鲁忽（Ālyū，又作阿鲁浑，出伯之父）前往掌管察合台汗国。

　　关于拜答儿其人，史书少有记载，以波斯文文献《史集》所载为详：

　　　　察合台的第六个儿子拜答儿。他是个矮子，是一个非常好的射手……他有一个儿子名叫阿鲁忽，阿鲁忽有三个儿子：第一个儿子合班。第二个儿子出伯。他一生为合汗效劳，并死于为合汗

1　胡小鹏：《元代西北历史与民族研究》，兰州：甘肃文化出版社，1999，第 22 页。

效劳。[1]

这里明确记载阿鲁忽为察合台汗之孙，拜答儿（Baidar，又作贝达而、拜答里）之子。《元史》卷一〇七《宗室世系表》记其为察合台汗之孙，合剌旭烈大王之子。[2]《西域水道记》谓："阿鲁忽者，察合台太子之孙、合剌旭烈大王之子、威远王阿只吉之兄，太祖之曾孙也。"[3]究其史源，当袭自《元史》。《史集》的记载在甘肃酒泉发现的《有元重修文殊寺碑》中可得到印证。此碑所列世系为：真吉思（成吉思）皇帝→叉合歹（即察哈台）→拜答里大王→阿禄嵬（阿鲁忽）大王→主伯（出伯）大王→喃忽里大王→喃答失太子。[4]以之相互关照，可证阿鲁忽应为拜答儿之子而非合剌旭烈之子。

　　阿鲁忽到达阿力麻里后，夺取了察合台汗国的政权，并将术赤系势力逐出河中地区，控制了察合台汗国全境。由于不满阿里不哥要求其征集牲畜、马匹和武器，阿鲁忽归顺忽必烈，并在忽必烈的支持下打败了前来讨伐的阿里不哥的军队。阿鲁忽得胜后大意地遣散了军队，不久，阿里不哥反扑，击败阿鲁忽，占领阿力麻里，阿鲁忽被迫携带家眷和残兵逃亡中亚撒麻耳干。由于阿里不哥的军队滥杀无辜，引起众叛亲离，阿鲁忽乘机发动进攻，又从阿里不哥手中收复了失地。阿鲁忽任命马思忽惕为财政大臣，前往治理撒麻耳干和不花剌。马思忽惕到任后，不断征收赋税，输往阿力麻里，阿鲁忽势力大增，派军与术赤系的钦察汗别儿哥军交战，击溃并洗劫讹答剌。忽必烈命阿鲁忽统治从安台山（阿尔泰山）直到阿姆河之间的诸部。[5] 1264年（或1265年），阿鲁忽亡故，汗权转至察合台另一孙子哈剌旭烈之子木八剌沙之手。不久，阿里不哥走投无路，投降忽必烈，乱平，接

1　〔波斯〕拉施特：《史集》第2卷"察合台传"，余大钧、周建奇译，北京：商务印书馆，1986，第170页。

2　《元史》卷一〇七《宗室世系表》，第2715页。

3　（清）徐松著，朱玉麒整理《西域水道记》卷一，北京：中华书局，2005，第65页。

4　耿世民、张宝玺：《元回鹘文〈重修文殊寺碑〉初释》，《考古学报》1986年第2期，第254页。

5　韩儒林主编《元朝史》（上），北京：人民出版社，2008，第261～262页。

着忽必烈便尽全力南下伐宋。借其无暇西顾之机，窝阔台汗海都、察
合台汗八剌等迅速在西域扩展势力范围。海都联合别儿哥夺取阿力麻
里，八剌则劫掠忽炭、可失哈耳地区，最终占据忽炭。八剌取代木八
剌沙成为察合台汗本奉忽必烈之旨意，但其羽翼丰满后却与海都结
盟，共同反对忽必烈，致使元朝在西域势力大衰，仅保有以火州（又
作哈剌火州、合剌火者、高昌，今新疆吐鲁番市）、别失八里（北庭，
今新疆吉木萨尔县北 12 公里处破城子）为中心的畏兀儿之地。至元
三年（1266），忽必烈命火赤哈儿的斤为畏兀儿亦都护。

至元五年，海都自阿力麻里称兵内向，在北庭（别失八里）被忽
必烈军击败，逃回阿力麻里，[1]再退至河中。世祖于至元八年派皇子那
木罕建幕庭于阿力麻里。[2]至元十二年，又命安童"以行中书省枢密院
事，从皇子北平王（那木罕）出镇北圉（阿力麻里）"。[3]而察合台汗
八剌则在入侵呼罗珊时，遭受伊利汗阿八哈重挫，大败而归，不久即
忧惧而死。八剌大概亡于 1270～1271 年间，其后察合台子撒班之子
聂古伯继汗位。[4]忽必烈复夺忽炭（又作斡端、于阗，今新疆和田市）、
可失哈耳（又作合失合儿、乞失哈里，今新疆喀什市）地区。至元十
年，发工匠往忽炭、可失哈耳采玉；[5]十一年春，在西域设驿；十二年，
忽必烈招谕斡端、牙而看（叶尔羌，今新疆莎车县）、合失合儿等城。[6]
十三年，诸王昔里吉、脱脱木儿、禾忽等倡乱，而世祖正忙于征战南
宋，无暇西顾，别失八里落于叛军。此前，海都与都哇（八剌之子，
1274 年继察合台汗位）于至元十二年进犯火州，围城六月，不解。得
高昌回鹘亦都护火赤哈儿的斤之女，解围而去。后又率军来袭，火赤

1 《元史》卷六三《地理志六》，第 1569 页。

2 《元史》卷一三《世祖纪十》，第 265 页。

3 （元）元明善：《丞相东平忠宪王碑》，（元）苏天爵编《元文类》卷二四，北京：商务印书馆，
　1968，第 302 页；《元史》卷一二六《安童传》，第 3083 页。

4 田卫疆：《丝绸之路与东察合台汗国史研究》，乌鲁木齐：新疆人民出版社，1997，第 22 页。

5 （明）解缙：《永乐大典》卷一九四一七，北京：中华书局，1986，第 7199 页。

6 《元史》卷八《世祖纪五》，第 154 页。

哈儿的斤不敌，战死。[1]关于都哇围困火州之战，韩儒林等认为将都哇入侵火州一事系于至元十二年有误，其年当为至元二十二年。[2]而刘迎胜经考证，认为"至元二十二年"一说尚待进一步论证。[3]

此后，回鹘势衰，亦都护在元军保护下徙居河西永昌（今甘肃武威北十里永昌镇），只能遥领火州。而忽必烈在灭宋功成后，即转而对付西北藩王叛乱，相继派遣大军，进驻西域各地。至元十七年，元政府于畏兀儿境设立"北庭都护府"，[4]令阿老瓦丁、也罕的斤、兀浑察等分头屯驻忽炭、可失哈耳一带。[5]但是海都、都哇并未就此放弃对忽炭、可失哈耳一带的争夺，相反更呈进逼之势。同时，由于交通补给困难，加之忽炭、可失哈耳一带的屯田所获有限，难以满足军需，限于形势所迫，元廷于至元二十六年，"罢斡端宣慰使元帅府"，[6]放弃了对忽炭、可失哈耳一带的镇守。

同时，都哇等叛王还于至元二十二年、二十三年先后两次进攻畏兀儿地区，[7]昌八里、别失八里、火州、哈密立等重镇，皆陷叛军之手。在海都、都哇强大的军事压力下，至元末年，元朝把经营中亚的重点放在了畏兀儿一带。都哇退兵后，元廷派军重新进驻畏兀儿之境，并采取了多种措施加强对这一地区的控制。至元二十六年，孛罗带往别十八里召集户数，元廷还命甘肃行省赈济当地饥民。[8]至元三十年，又置"曲先塔林左副元帅"一职；贞元元年（1295），设立了"曲先塔林都元帅府""北庭都元帅府"。[9]但是，畏兀儿地区仍为叛王觊觎之地。另外自中统（1260～1263）以降，以往作为元廷统治中亚之中

1　（元）虞集：《道园学古录》卷二四《高昌王世勋之碑》，四部丛刊本。又见王其英主编《武威金石录》，兰州：兰州大学出版社，2001，第89页。

2　韩儒林主编《元朝史》（下），第224页。

3　刘迎胜：《察合台汗国史研究》，上海：上海古籍出版社，2006，第272～274。

4　《元史》卷一一《世祖纪八》，第228页。

5　《元史》卷一一《世祖纪八》，第226页。

6　《元史》卷一五《世祖纪十二》，第325页。

7　韩儒林主编《元朝史》（下），北京：人民出版社，2008，第224页。

8　《元史》卷一五《世祖纪十二》，第321页。

9　《元史》卷一二三《拜延八都鲁传》，第3024页；卷一八《成宗纪一》，第390页。

心的别十八里、火州一带，已渐趋成为元廷出镇宗王的领地。成宗继位后，即"遣大臣阿只吉统领一军驻哈剌火州之境"。[1] 而随着西北战事的吃紧，哈剌火州之境，"以下驻有察合台之孙，宗王阿只吉和阿鲁忽之子宗王出伯"。[2] 尽管如此，海都、都哇，仍不时侵扰哈剌火州。

然而元廷与都哇对哈剌火州一带这种拉锯式的争夺，并没有持续很久，都哇最终还是将元廷的驻军逐出畏兀儿境内。到大德八年（1304）元朝与西北诸藩约合前，火州已不再为元朝戍边诸王所及。都哇的势力发展也止于火州，而火州之东的哈密力则一直为元朝占有，由出伯及其后裔驻守。[3]

由是可见，自阿鲁忽于1264年（或1265年）去世后，其家族声名不显，几乎销声匿迹。可能出于对蒙古贵族长年在西域混战的厌恶，也可能是不满其父阿鲁忽之大业尽落他人之手，出伯、哈班（Qabān，又作合班）兄弟逃离察合台汗国，带领一万骑兵东奔，投于忽必烈麾下。至于出伯兄弟投归的确切时间，史无明记，胡小鹏推定为至元十四年至十九年之间。[4] 但根据中西史料记载，至元十年（1273）伊利汗阿八哈将领阿黑伯率军进攻察合台汗国不花剌城，"察合台的儿子拜答儿的儿子阿鲁忽的儿子们出拜（出伯）和合班带着一万骑兵"前来阻止。[5] 这场战争持续了三年之久。推而论之，至元十三年出伯兄弟仍留居察合台汗国，这也是记载中出伯兄弟在察合台汗国活动的时间下限。另据《马可波罗行纪》记载：

> 迨至基督降世后之1276年（即至元十三年——引者），此海都国王同别一王即其从兄弟名也速答儿（Yesudar）者，大集部

---

1 〔波斯〕拉施特：《史集》第2卷"铁穆耳合罕纪"，余大钧、周建奇译，第377页。

2 〔波斯〕拉施特：《史集》第2卷"铁穆耳合罕纪"，余大钧、周建奇译，第338页。

3 韩儒林主编《元朝史》（下），第613页。

4 胡小鹏：《元代西北历史与民族研究》，兰州：甘肃文化出版社，1999，第25页。

5 W. M. Thackston, Rashiduddin Fazlullah's Jami u t-tawarikh Compendium of chronicles. A History of the Mongols, part three, Harvard University, 1999, p.536;〔波斯〕拉施特：《史集》第3卷"阿八哈汗传"，余大钧、周建奇译，北京：商务印书馆，1986，第139页。

众，编成一军，进击大汗之藩主二人。兹二藩主是海都之亲侄，盖彼等是察合台之后裔……二藩主一名只伯（Djibai），一名只班（Djiban）。海都全军共有六万骑，海都率之进攻此二藩主，而此二藩主所将大军逾六万骑。战争甚烈，二藩主终败走，海都及其部众获胜。双方之众死者无算，然藩主兄弟二人赖骑捷，疾驰得脱走。[1]

此只伯（Djibai）、只班（Djiban），既为"海都之亲侄"，又是"察合台之后裔"，综合各种因素，可以推定二者当即出伯与哈班。此兄弟二人先是在至元十三年作为察合台将领带兵抵御伊利汗之军队，又于同年率元军地域察合台汗国军队，说明是年二人已投奔忽必烈了。

二　豳王乌鲁思的形成

出伯兄弟率领上万骑兵东归，使元朝西北边防军势力大涨，给岌岌可危的西北形势带来了转机，出伯兄弟故而受到了忽必烈的重用。至元十九年（1282），世祖命令大将旦只儿"从诸王合班、元帅忙古带军至斡端，与叛王兀卢等战，胜之"。[2] 至元二十一年，"诸王术伯命兀浑察往乞失哈里之地为游击军。时敌军二千余，兀浑察以勇士五十人与战，擒其将也班胡火者以献"。[3] 尽管出伯之军有力地打击了叛军，但海都、都哇并不甘心放弃忽炭、可失哈耳，相反还加强了针对这两个地区的军事力量。由于交通线过长，补给困难，而当地屯田所获有限，难以满足军需，元廷被迫于至元二十六年"罢斡端宣慰使元帅府"，[4] 放弃了对忽炭、可失哈耳一带的镇守。

1　〔意〕马可波罗著，〔法〕沙海昂译，冯承钧转译《马可波罗行纪》，第483页。
2　《元史》卷一三三《旦只儿传》，第3231页。
3　《元史》卷一二三《拜延八都鲁传》，第3024页。
4　《元史》卷一五《世祖纪十二》，第325页。

出伯对海都、都哇等叛军的征战，屡立战功，元政府先于至元二十年春正月"赐诸王出伯印"。[1]大德八年（1304），又"封诸王出伯为威武西宁王，赐金印"。[2]

蒙古崛起朔漠，在取得天下之后，"命宗王将兵，镇边徼禁喉之地"。[3]肇兴之初各种制度尚不完善，因此诸王初无位号，仅有六等印纽的赐予，中统以后才开始以国邑之名封号，但仍以六种印纽分等。[4]威武西宁王位列诸王第三等，佩金印驼纽。大德十一年，出伯进封豳王，[5]由三等诸王晋升为一等，佩金印兽纽，由甘州移驻肃州（今甘肃酒泉市），豳王乌鲁斯得以正式形成。接着，天历二年（1329）出伯子忽答里迷失（又作忽塔迷失、忽答的迷失、忽塔忒迷失）被封为西宁王，佩金印螭纽，位列二等诸王，驻于沙州（甘肃省敦煌市）。是年十二月，忽答里迷失进封豳王。[6]翌年，西宁王之位由其侄速来蛮继袭。[7]元统二年（1334）五月，又以出伯子亦里黑赤袭其旧封为威武西宁王，[8]地位次于西宁王，佩金印驼纽，驻于哈密力（又作哈梅里，今新疆哈密市）。出伯兄哈班之后宽彻于天历二年八月被封为肃王，[9]位同豳王，为一等诸王，佩金印兽纽，驻于瓜州（甘肃省瓜州县）。[10]本文所谓的豳王家族即为豳王、西宁王、威武西宁王和肃王的总称。有元一代，豳王家族受元政府之名统领镇戍诸军，防守西起吐鲁番东至吐

1　《元史》卷一二《世祖纪九》，第249页。

2　《元史》卷二一《成宗纪四》，第461页。

3　（元）佚名：《经世大典序录》"屯戍条"，（元）苏天爵编《元文类》卷四一，北京：商务印书馆，1968，第594页。

4　杉山正明「豳王チュベィとその系譜—元明史料と『ムィッズル-アンサーブ』の比較を通じて—」『史林』第65卷第1号，1982，第37-38页；『モンゴル帝國と大元ウルス』，京都，京都大学学術出版會，2004，第280-281页。

5　《元史》卷一〇八《诸王表》，第2738页。

6　《元史》卷三三《文宗纪二》，第745页。

7　《元史》卷一〇八《诸王表》，第2739页；《元史》卷三四《文宗纪三》亦载至顺元年（1330）三月"甲戌，封诸王速来蛮为西宁王"，第755页。

8　《元史》卷三八《顺帝纪一》，第822页。

9　《元史》卷三三《文宗纪二》，第739页。

10　杉山正明「ふたつのチャガタイ家」，載小野和子編『明清時代の政治と社會』，京都：京都大学人文科学研究所，1983，第677-686頁；杉山正明『モンゴル帝國と大元ウルス』，第312-321頁。

蕃一线，[1]始终处于镇守与巩固元朝西北边防的第一线。

豳王为豳王家族的最高王号，具有宗主地位。豳王王号的封赐始自出伯，其职责为镇戍西北边陲，统管河西至塔里木南道之屯垦、采玉、仓库等事。豳王出伯最后一次见载是至大元年（1308）春正月的进奉玉石受赏。[2]至大元年十一月，其子喃忽里得赐金印。[3]部分学者认为按照元朝制度，赐印即意味着受封继位，推而论之，出伯应卒于1308年，喃忽里则于同年袭封豳王之位。[4]此推论有偏颇之处。按照元代封爵制度，尤其是世祖、成宗时期，一般一家不封二王，一王不绾二印。但在武宗及其后继者统治时期，这一原则被打破，一藩多王的现象颇为普遍。[5]

至大元年，蒙古大汗之权柄已为武宗所掌控，据《元史·诸王表》所载，是年，喃忽里获封三等金印驼纽位无国爵宗王。[6]且此前，其还曾获封六等银印龟纽无国邑宗王。[7]是见，至大元年喃忽里由六等宗王晋封为三等宗王时，仅获授印章，而无王号封邑的赏赐；是时出伯一族所掌有的王印当不止一枚。至于至大元年十一月喃忽里所获金印到底是三等王之金印驼纽还是一等王豳王之金印兽纽，尚无法确定。及至皇庆二年豳王喃忽里即已见于《元史》记载，[8]故喃忽里获封豳王的时间当介于至大元年至皇庆二年（1313）之间。

《元史·诸王表》记至大元年喃忽里获金印驼纽宗王。张岱玉认为其级别当与出伯之威武西宁王号同，进而推定喃忽里极有可能是在至大元年出伯亡故后而受封为威武西宁王。[9]笔者颇难苟同。威武西宁王乃属有王号及封邑的元代宗王，倘或喃忽里确有此封，则

1　《元史》卷三六《文宗纪五》，第802页。
2　《元史》卷二二《武宗纪一》，第494页。
3　《元史》卷二二《武宗纪一》，第494页。
4　胡小鹏：《元代河西出伯系诸王初探》，《西北师大学报》1991年第6期，第32页。
5　李治安：《元代分封制度研究》（增订本），北京：中华书局，2007，第230页。
6　《元史》卷一〇八《诸王表》，第2745页。
7　《元史》卷一〇八《诸王表》，第2749页。
8　《元史》卷二四《仁宗纪一》，第557页。
9　张岱玉：《〈元史·诸王表〉补证及部分诸王研究》，博士学位论文，内蒙古大学，2008。

《元史·本纪》《元史·诸王表》则对此应有所载；且出伯晋封豳王后，其先前所获封的威武西宁王王号直至元统二年（1334）五月，元廷才"诏威武西宁王阿哈伯之子亦里黑赤袭其父封"。[1] 此处的阿哈伯即出伯（详后）。屠寄亦有言：出伯亡殁时，亦里黑赤尚幼，不能主兵，遂由其兄忽塔的迷失执掌威武西宁王之属部。[2] 种种迹象表明，喃忽里似未获封威武西宁王之号，亦里黑赤应是由其父出伯处袭封了威武西宁王王号。

喃忽里继出伯为第二代豳王，《有元重修文殊寺碑》《贵显世系》均有明载。喃忽里后，再由子喃答失袭封。关于喃答失袭任之年，史无明载。不过，早在至治元年（1321），出伯家族已分为三支，设有三王府，而喃答失王府之印与秩位均高于本系其他诸王，如宽彻、忽塔迷失，体现了出伯、喃忽里、喃答失一系在该家族各乌鲁思中的宗主地位。[3] 另外，勒立于泰定三年（1326）的《有元重修文殊寺碑》有言："今喃答失太子坐察合台位。"[4] 说明喃答失赴文殊寺朝山时其身份已为豳王。再结合皇庆二年（1313）五月、七月记事，[5] 喃忽里一直以豳王的身份见载于《元史·本纪》。可以推见，《元史·诸王表》豳王位下所记"喃忽里，延祐七年（1320）袭封"[6] 应为误记。延祐七年（1320）继任豳王之位的应为喃答失，而非喃忽里。[7] 无论如何，可以确定喃忽里为第二代豳王。[8] 喃答失之后，其叔父西宁王忽答里迷失，亦即出伯之子忽塔忒迷失于天历二年（1329）晋封豳王位。[9] 他先由普

1　《元史》卷三八《顺帝纪一》，第 822 页。

2　（民国）屠寄：《蒙兀儿史记·宗王世系》卷一四八，北京：中国书店，1984，第 934 页。

3　胡小鹏：《元代河西出伯系诸王初探》，《西北师大学报》1991 年第 6 期，第 34 页。

4　耿世民、张宝玺：《元回鹘文〈重修文殊寺碑〉初释》，《考古学报》1986 年第 2 期，第 253 ~ 263 页。

5　《元史》卷二二《武宗纪一》，第 557 页。

6　《元史》卷一〇八《诸王表》，第 2738 页。

7　胡小鹏：《元代西北历史与民族研究》，第 41 页。

8　杉山正明「豳王チュベィとその系譜─元明史料と『ムィッズル－アンサーブ』の比較を通じて─」『史林』第 65 卷第 1 号，1982，第 11 页；杉山正明『モンゴル帝國と大元ウルス』，第 252 页。

9　《元史》卷三《文宗纪二》，第 745 页。

通诸王受封为二等王西宁王，旋即晋封为一等王豳王，但不久之后便退出了元代历史舞台。这似乎与元史上著名的"天历之变"有关。[1]

豳王忽答里迷失后又有邠王不颜帖木儿、豳王不颜帖木儿见于史载，[2]而《贵显世系》记喃忽里子有子名曰不颜帖木儿者（喃答失之弟）。因此学者们倾向于将其比定为《元史》中至顺元年请征云南的卜颜帖木儿。[3]魏源和屠寄都言称邠王就是豳王。[4]可见，不颜帖木儿为忽答里迷失后的又一位豳王。"邠王"与"豳王"应即同一封号的异写，《诸王表》将二者分列乃属错讹。

关于不颜帖木儿获封豳王的时间，《元史·诸王表》邠王位下载："卜颜帖木（花）[儿]，至顺二年封"，[5]时当1331年。翌年八月，"命邠王不颜帖木儿围猎于抚州"。[6]至顺三年正月壬午，"命甘肃行省为豳王不颜帖木儿建居第"，[7]二月，"给豳王及其王傅禄"。[8]是见，天历年间喃忽里家族之豳王位为其兄忽答里迷失"篡夺"后，于至顺二年再重返喃忽里一系，为喃答失之弟不颜帖木儿所承袭。喃答失一支则于至正十四年（1354）十一月，获持金镀银印。[9]金镀银印乃元代四等王、五等王之印章。此概为元廷对喃答失一支的安抚之策。

另外，以豳王身份见于史料记载的还有前文述及的至正十二年因功获赐金系腰的邠王嵬厘、黑水城出土TK248文书所记嵬力豳王、明初之豳王亦怜真及列儿怯帖木儿（详后）。限于资料所囿，目前对他们的情况尚不明晰，仍待新材料的支持。

1　杉山正明「豳王チュベィとその系譜—元明史料と『ムィッズル－ァンサーブ』の比較を通じて—」『史林』第65卷第1号，1982，第11頁；杉山正明『モンゴル帝國と大元ウルス』，第261頁。

2　《元史》卷三五《文宗纪四》，第789页；卷三六《文宗纪五》，第799页。

3　胡小鹏：《元代河西出伯系诸王初探》，《西北师大学报》1991年第6期，第32页。

4　（民国）屠寄：《蒙兀儿史记》卷一五〇《诸王表二》，第968页。

5　《元史》卷一〇八《诸王表》，第2743页。

6　《元史》卷三五《文宗纪四》，第789页。

7　《元史》卷三六《文宗纪五》，第799页。

8　《元史》卷三六《文宗纪五》，第801页。

9　《元史》卷四三《顺帝纪六》，第917页。

　　洪武年间，明军曾先后两次出击哈密，豳王家族损失惨重。《明史》《明实录》《全边纪略》所记主要涉及豳王亦怜真、豳王桑里失哥、省哥失里王、豳王列儿怯帖木儿、王子别列怯、王子列儿怯帖木儿等人。记载纷繁，尚待进一步考证。但结合《贵显世系》所记，可以判定列儿怯帖木儿为别儿怯帖木儿之误，其为豳王喃忽里之孙，不颜帖木儿之子。桑里失哥则应为桑哥失里之误，亦即洪武十三年（1380）从苦峪逃走的省哥失里王。[1] 至于王子别列怯，尽管有些记载将其与别儿怯帖木儿并列，但不能排除二者是同一人的可能性。列儿怯帖木儿应即出伯家族的最后一位豳王。[2]

　　西宁王为二等诸王，佩金印螭纽，驻于沙州（今甘肃敦煌市）。[3] 见于资料记载的首位西宁王为出伯子忽答里迷失，至于其受封为西宁王的确切时间，《元史·本纪》并没有记载。就目前所见，西宁王号首见于天历二年（1329）二月，[4] 而《元史·诸王表》西宁王位下则记有"忽答里迷失天历二年封"，[5] 目前学界对此多表示了认同。张岱玉则据至治元年四月元廷"给喃答失王府银印，秩正三品；宽彻、忽塔迷失王府铜印，秩从三品"[6] 的记载，指出按照元朝的制度，一般诸王是没有资格设立王府的，设王府者皆是有爵有邑的宗王，忽塔忒迷失此时应当已获封西宁王。[7] 其实，屠寄早曾言，出伯亡故后，因亦里黑赤尚幼，不能主兵，遂由忽答里迷失执掌威武西宁王之属部。[8] 若此，至治元年忽答里迷失所获之王府印则极可能为威武西宁王王府之印，而非张岱玉所指西宁王王府之印。另外，关于忽答里

1　胡小鹏：《哈密卫忠顺王脱脱身世及相关问题考述》，《民族研究》2010 年第 4 期，第 85 页。

2　胡小鹏：《元代西北历史与民族研究》，第 43 页。

3　杉山正明「豳王チュベィとその系譜—元明史料と『ムィッズル－アンサーブ』の比較を通じて—」『史林』第 65 卷第 1 号，1982，第 29 页；杉山正明『モンゴル帝國と大元ウルス』，第 272 页。

4　《元史》卷三三《文宗纪二》，第 730 页。

5　《元史》卷一〇八《诸王表》，第 2739 页。

6　《元史》卷二七《英宗纪一》，第 611 页。

7　张岱玉：《〈元史·诸王表〉补证及部分诸王研究》，博士学位论文，内蒙古大学，2008。

8　(民国)屠寄：《蒙兀儿史记·宗王世系》卷一四八，第 934 页。

迷失受封西宁王之缘由，亦与其代亦里黑赤主兵威武西宁王之属部有关，进而晋封为西宁王。[1]

在忽答里迷失晋封豳王翌年，即至顺元年（1330），速来蛮受封西宁王。[2]《元史·诸王表》记："速来蛮，天历三年封。"[3] 天历三年五月改元至顺，本纪与诸王表所载速来蛮受封西宁王的时间一致。至顺三年，元廷"以西宁王速来蛮镇御有劳，其如安定王朵儿只班例，置王傅官四人，铸印给之"。[4] 速来蛮之父为出伯之子 Būyālnātāsh（Būtūnatūsh/Būtūnumtāsh，那木达失）。[5] 此人于《元史》中几无出现，而在《完者都史》中却可寻其踪迹，极有可能是与喃忽里、宽彻一同驻守沙州至哈密一线的伯颜塔失。[6] 因《贵显世系》之杉山正明刊本未列忽塔忒迷失之子嗣，故学界推定，因其绝嗣，故当其于天历二年晋封豳王后，其侄速来蛮袭封了西宁王王号，自此之后，该王号一直由速来蛮家族承袭。然而据新近公布的该文献 MA/P 写本，忽塔忒迷失并未绝后，有子六人。MA/P 写本还记载了他的五个孙子和一个曾孙。[7] 其王位何以转移至速来蛮名下？原因待考。

速来蛮之后，其子牙罕沙（养阿沙）承袭西宁王位。[8] 至正十二年（1352）西宁王牙安沙镇四川，[9] 至正十三年还归沙州，受赏。[10] 牙罕沙后，关于承袭西宁王王号者，《元史》等传世史料并无所记。幸前文所

---

1 （民国）屠寄：《蒙兀儿史记·宗王世系》卷一四八，第 934 页。

2 《元史》卷三四《文宗纪三》，第 755 页。

3 《元史》卷一〇八《诸王表》，第 2739 页。

4 《元史》卷三六《文宗纪五》，第 802 页。

5 杉山正明「豳王チュベィとその系譜 — 元明史料と『ムィッズル－アンサーブ』の比較を通じて—」『史林』第 65 卷第 1 号，1982，第 27 页；杉山正明『モンゴル帝國と大元ウルス』，第 269 页；W. M. Thackston, Rashiduddin Fazlullah's Jami u t-tawarikh Compendium of chronicles 2, p.372；〔波斯〕拉施特：《史集》第 2 卷"察合台汗传"，余大钧、周建奇译，第 171 页。

6 胡小鹏：《元明敦煌与裕固族的历史关系》，《敦煌研究》1999 年第 4 期，第 123 页。

7 赤坂恒明「バイダル裔系譜情報とカラホト漢文書」『西南アジア研究』第 66 卷，2007，第 47 页。

8 李永宁：《敦煌莫高窟碑文录及有关问题》（二），《敦煌研究》试刊第 2 期，1982，第 113 页。

9 《元史》卷四二《顺帝纪五》，第 895 页。

10 《元史》卷四三《顺帝纪六》，第 912 页。

述日本京都有邻馆收藏的蒙古文写本残页（No.4，red series）有所记载，该写本为威武西宁王不颜嵬厘致西宁王苏丹沙（Sultan-šāh）的一封信札。[1] 查《贵显世系》，速来蛮确有子名速丹沙者，是证牙罕沙后，其兄速丹沙亦曾袭西宁王号。转至元末明初，明军于洪武十三年发起了对豳王、西宁王的进攻，肃州、沙州先后被攻陷。洪武二十四年，明军再破哈密，有"蒙古王子阿鲁哥失里遣国公抹台阿巴赤、司徒苦儿兰来朝，供马和璞玉"。[2] 此阿鲁哥失里应为速丹沙之子，即《贵显世系》所记 Aūkašīrīn（MA/P 写本作 AWXH šīrīn），与元代西宁王家一脉相承。[3] 是见，豳王家族于哈密覆灭后，西宁王一支归顺明朝，后转化成明代沙州卫。

威武西宁王是豳王出伯家族拥有的另一王号，乃王号再分封的结果，威武西宁王位列诸王第三等，佩金印驼纽，驻于哈密。大德八年，出伯因功受封该王号。随后，出伯于大德十一年晋封为豳王，直至元统二年（1334）五月，"诏威武西宁王阿哈伯之子亦里黑赤袭其父封。"[4] 结合《贵显世系》与《元史》的记载，可见阿哈伯就是出伯，阿哈伯当是阿哈出伯脱一"出"字，意为大兄出伯。[5] 同时依《贵显世系》所记，出伯第十五子名亦里黑赤（Īliqjī），在出伯之后继承了其父之威武西宁王位。他即为《元史》所记泰定元年（1324）与诸王宽彻一道朝贡元廷的亦里吉赤。[6] 自出伯大德八年获封威武西宁王，大德十一年晋封豳王，至出伯子亦里黑赤于元统二年袭封威武西宁王王号，其间逾 30 年。缘何会出现此情况？借由前文提及的屠寄的一段话，似可窥见一二。出伯亡殁时，亦里黑赤尚幼，不能主兵，遂由其

1 H. Franke, "A 14th Century Mongolian Letter Fragment," *Asia Major*(n.s.) Vo.11, No.2, 1965, pp.120–127.

2 《明史》卷三三〇《西域传二·沙州卫》，第 8559 页。

3 杉山正明「豳王チュベィとその系譜—元明史料と『ムィッズル－アンサーブ』の比較を通じて—」『史林』第 65 卷第 1 号，第 29 頁；杉山正明『モンゴル帝国と大元ウルス』，第 273 頁。

4 《元史》卷三八《顺帝纪一》，第 822 页。

5 胡小鹏：《元代河西出伯系诸王初探》，《西北师大学报》1991 年第 6 期，第 33 页。

6 《元史》卷二九《泰定帝纪一》，第 648 页。

兄忽塔的迷失执掌威武西宁王之属部。此当为主要缘由，除外，出伯亡故后，豳王家族曾陷入撒的迷失之乱。[1]此撒的迷失或为《史集》《贵显世系》所记的出伯之子撒迪（Sātī），或为同时期与出伯家族镇戍西陲的大将忙兀带之子撒的迷失。[2]加之天历年间，豳王家族之诸王号继任亦现波动，如豳王之位、西宁王之位的更迭。这亦可能是亦里黑赤迟迟未获得元廷封王的诸因素之一。是见，出伯之子亦里黑赤于出伯之后承袭了威武西宁王王号，其为第二任威武西宁王。

另外，前文述及的藏于日本有邻馆中的一件蒙古文手稿（No.4，"red series"），其中有一行内容，罗马字母译写为"buyanquli uei vu sining ong un"，汉文译为"威武西宁王不颜嵬厘"，该写本为威武西宁王不颜嵬厘致西宁王苏丹沙（Sultan-šāh）的一封信札。[3]据《贵显世系》所记，亦里黑赤确有一子名不颜嵬厘者。可见亦里黑赤之后，其子不颜嵬厘继任为第三代威武西宁王。此后，关于出伯家族之威武西宁王的封授便不再见于蒙元史料之记载。据《明史·哈密传》所记，元末有宗王名威武王纳忽里及其弟安克帖木儿镇戍哈密之地，[4]再结合以《贵显世系》关于亦里黑赤后裔的记述，则此纳忽里及安克帖木儿极有可能即是亦里黑赤之后裔忽纳失里及安克帖木儿。若此说不误，则威武王乃即威武西宁王之省称，其当为最后一任威武西宁王（详后）。元末明初，概因肃王宽彻系绝嗣，威武西宁王兀纳失里又承袭了哈班家族的肃王号，与宽彻系合并后演变为明代哈密卫。

对于威武西宁王领地所在，学界的说法不相统一。总体而言，中国学者多倾向于其先驻于沙州一带，后于兀纳失里时才移居哈密。而日本学者则认为其驻地位于哈密一带。后文将详论的榆林窟第12窟所保存的回鹘文题记，对于探究威武西宁王驻地所在十分有益。该题记为威武西宁王不颜嵬力（或其下属）等人朝拜榆林窟时所写，据题

1　《元史》卷二三《武宗纪二》，第513～514页；虞集：《雍虞先生道园类稿》卷四二。

2　胡小鹏：《元代西北历史与民族研究》，第38～39页。

3　H. Franke, "A 14th Century Mongolian Letter Fragment," *Asia Major* (n.s.) Vo.11, No.2, 1965, p.120.

4　《明史》卷三二九《西域传一·哈密卫》，第8511页。

记所记，他们来自纳职，继而表明是时威武西宁王居于纳职一带。该题记否定了以往学者的种种推测，证明威武西宁王驻地实在哈密西 65公里处的纳职（拉甫却克古城）。[1]

　　肃王位同豳王，为一等诸王，佩金印兽纽，驻于瓜州。[2] 文宗天历二年（1329）"诸王宽彻受封肃王。"[3] 这是肃王王号首次见载于史册，而《元史·诸王表》"肃王"位下亦记有："宽彻天历二年封。"是见宽彻当是首位获封肃王王号之人。见于历史记载的宽彻之人，共有两位。其一为察合台汗都哇之子宽彻，其二为哈班之子宽彻。佐口透认为此肃王宽彻为都哇之子。[4] 据《贵显世系》记载，出伯之兄哈班，有子三人，分别为努尔黑赤（Nūrdqjī）、也先孛可（Isan-Būqā）及宽彻（Kūnchek）。[5] 至大元年春，宽彻、也先孛可受元廷封赏。[6] 而他们又是经常与忽塔忒迷失、喃答失、亦里黑赤等出伯子孙一同出现于河西，所以此处受封肃王的宽彻应为《贵显世系》所记哈班之子，[7] 非同时期察合台汗都哇之子宽彻。[8]

　　《贵显世系》对哈班一支的记载止于宽彻兄弟，以后付之阙如。概因其绝嗣或无合适的继承者，肃王称号才转由出伯之子亦里黑赤一

1　杨富学：《榆林窟回鹘文威武西宁王题记研究》，中央文史研究馆、敦煌研究院、香港大学饶宗颐学术馆编《庆贺饶宗颐先生 95 华诞敦煌学国际学术研讨会论文集》，北京：中华书局，2012，第 218 页。

2　有关豳王家族的世系与活动，请参见杉山正明「ふたつのチャガタイ家」，小野和子編『明清時代の政治と社会』，京都：京都大学人文科学研究所，1983，第 677-686 頁；胡小鹏：《元代西北历史与民族研究》，第 22～50 页。

3　《元史》卷三三《文宗纪二》，第 739 页。

4　佐口透「十四世紀に於ける元朝大カーンと西北三王家との連帶性について」『北亞細亞学報』第 1 号，1942，第 126 頁。

5　杉山正明「豳王チュベィとその系譜 — 元明史料と『ムィッズル‐アンサーブ』の比較を通じて—」『史林』第 65 巻第 1 号，第 8 頁；『モンゴル帝國と大元ウルス』，第 275 頁；赤坂恒明「バイダル裔系譜情報とカラホト漢文文書」『西南アジア研究』第 66 巻，2007，第 47 頁。参見胡小鹏《元代西北历史与民族研究》，第 47 页。

6　《元史》卷二二《武宗纪一》，第 494 页。

7　杉山正明「豳王チュベィとその系譜 — 元明史料と『ムィッズル‐アンサーブ』の比較を通じて—」『史林』第 65 巻第 1 号，第 33 頁；『モンゴル帝國と大元ウルス』，第 276-277 頁。

8　胡小鹏：《元代河西出伯系诸王初探》，《西北师大学报》1991 年第 6 期，第 34 页。

支袭封。[1]亦里黑赤曾孙忽纳失里、安克帖木儿皆曾于元末、明初获封肃王王号。[2]两系在合并后转化为明初哈密卫（详后）。

俄藏黑水城遗书《甘肃行省宁夏路支面酒肉米钞文书》（TK-204、TK-248）多次提及"怯乱肃王""亦令只失加普宁肃王"，[3]但《元史》与《贵显世系》则皆未见关于他们的信息，因而尚无法确定其与哈班、出伯家族的渊源。张岱玉据此认为怯乱肃王即出伯家族之肃王，且根据文书中与怯乱同时出现的速来蛮及柳城王亦令只失加两王，再通过比较肃王宽彻在位的时间、速来蛮亡于至正十一年，进而推断肃王怯乱的袭封时间为至正十年左右。[4]在伦敦大英博物馆收藏的斯坦因第三次探险所获黑水城文书 No.519-K.K.I.0232(t) 中可见"不答明力肃王"之谓。[5]《贵显世系》MA/P 写本言出伯子忽塔忒迷失（qutātmiš）有曾孙曰 budā malik。[6]以对音观之，肃王"不答明力"当即 budā malik 之音译也。

关于肃王驻地所在，过去学界存在一种说法，认为是在哈密。[7]其实，驻于哈密的应为威武西宁王，这在榆林窟第12窟发现的回鹘文题记中已有明确记载。[8]各种迹象表明，肃王的驻地应在瓜州（今甘肃瓜州县）。

豳王乌鲁思与甘肃行省的辖域很多地方是重合的，属于行省与宗王辖域并存但行政分治的特殊体制。[9]可以说元朝统治者根据当时西北地区的特殊情况而推行的因地制宜措施。

1　上引杉山正明「豳王チュベィとその系譜 — 元明史料と『ムィッズル－アンサーブ』の比較を通じて一」『史林』第65卷第1号，第35頁；《モンゴル帝國と大元ウルス》，第281頁。

2　《明史》卷三二九《西域传一·哈密卫》，第8511页。

3　陈高华：《黑城元代站赤登记簿初探》，《中国社会科学院研究生院学报》2002年第5期，第50～53页。

4　张岱玉：《〈元史·诸王表〉补证及部分诸王研究》，博士学位论文，内蒙古大学，2008。

5　H. Maspero(ed.), *Les documents Chinois de la troisième expédition de Sir Aurel Stein en Asie Centrale*, London，1953，p.211.

6　赤坂恒明「バイダル裔系譜情報とカラホト漢文文書」『西南アジア研究』第66卷，2007，第47頁。

7　胡小鹏：《元明敦煌与裕固族的历史关系》，《敦煌研究》1999年第4期，第123页。

8　杨富学：《榆林窟回鹘文威武西宁王题记研究》，第214～218页。

9　胡小鹏：《元代河西诸王与甘肃行省关系述论》，《甘肃社会科学》1992年第3期，第73页。

三　豳王家族在西北的征战

　　将兵出镇，征伐戍守西北边关，是元廷赋予豳王出伯家族的重要职责之一。出伯、哈班兄弟自至元年间归顺元廷以来，"一生为合罕效劳，并死于为合罕效劳"。[1] 豳王家族频繁的活跃于元代中后期西北战场，成为元廷抵抗西域诸王叛乱、镇戍西北之地的重要军事力量（图10-1）。

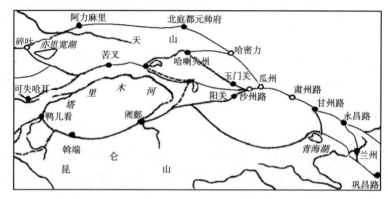

图 10-1　豳王乌鲁斯的分布与驻防区域（作者绘制）

　　诚如前文所述，出伯兄弟投归元廷不久，即参与了至元十九年元廷平定斡端叛王的军事行动，这是出伯、哈班兄弟首次见于元朝官方记载。而随着西北战事的吃紧，哈剌火州之境，"以下驻有察合台之孙，宗王阿只吉和阿鲁忽之子宗王出伯"。[2] 宗王有权自行处理西北征战事宜。元贞元年（1295）二月，出伯又率领曷伯、撒里蛮、孛来、忙汉、哈伯元帅等人率探马赤军万人西征。[3] 元廷对于这次征伐甚为重视，更令曲先塔林都元帅府、北庭都元帅府等并听宗王出

1　〔波斯〕拉施特：《史集》第 2 卷 "察合台传"，余大钧、周建奇译，第 170～171 页。

2　〔波斯〕拉施特：《史集》第 2 卷 "察合台传"，余大钧、周建奇译，第 338 页。

3　《元史》卷一八《成宗纪一》，第 391 页；（明）宋濂等：《元史》卷一二二《按扎儿传附忙汉传》，第 3007 页。

伯节制。史载：

> 出伯……置本营于甘州，兼领瓜沙以西北至合剌火者畏兀儿
> 地征戍事。陇右诸王驸马及兀丹等处宣慰司都元帅、吐蕃乌斯藏
> 宣慰司、巩昌等处便宜总帅府并听节制。[1]

其中的"兀丹"指于阗，合剌火者即今新疆吐鲁番。可见，当时出
伯管辖范围相当广袤，东起甘州，西至新疆吐鲁番盆地。而塔里木
盆地南缘的于阗、吐蕃及陇右、陇中地区（巩昌）亦受其节制。"术
白（出伯）大王令旨于各翼摘军五百"修甘州仓等，[2]并辖属戍兵万人，
"耀武"西陲，[3]愈益凸显其地位的重要。

尽管如此，海都、都哇仍不时侵扰哈剌火州。《史集》具体记载
了都哇对出伯的一次袭击：

> 在合罕时代之末，都哇一度率军出征，到达边境上和……这
> 是带着一至一万二千人守卫该边界的出伯所在之处。都哇想对他
> 发动夜袭，但被他探听到了，便［自己］在夜间进攻了都哇的先
> 头部队，歼灭了三、四千人。就在该夜，都哇获悉了［此事］，
> 便带着［自己的］全军出动。清晨，他们相遇之后，双方都有很
> 多［人］被杀。而出伯，未通知阿只吉和阿难答就仓皇出动，当
> 然，他支持不住溃逃了。当阿只吉得知［这个］消息以后，派人
> 去通知阿难答，让他出动，都哇在他们出动和会合之前就已经回
> 去了，军队就没有追上他……出伯之兄弟合班，则在这次战争之
> 前不久就死去了。[4]

1　（民国）屠寄：《蒙兀儿史记》卷四二《出伯传》，第 337 页。
2　（元）佚名：《大元仓库记》，台北：广文书局，1972，第 12 页。
3　（元）张养浩：《归田类稿·析津陈氏先碑》，丛书集成本。
4　〔波斯〕拉施特：《史集》第 2 卷"忽必烈合罕纪"，余大钧、周建奇译，第 353 页。

哈剌火州长期充当元廷与都哇在西域征战的主战场，双方互有胜负，呈拉锯状，但迄 14 世纪上半期大部分时间，该地都在元朝中央政府控制之下。[1]元顺帝至正七年（1347），"西蕃盗起，凡二百余所，陷哈剌火州，劫供御蒲萄酒，杀使臣"。[2]火州由此陷入察合台汗国之手。而诚如前文所述火州之东的哈密力则一直处于元朝的控制之下，由出伯及其后裔驻守，成为元朝经营的根据地。至元十九年到贞元年间，出伯及其属部活跃于斡端、乞失哈里、甘木里等地，北伐西征，军事活动十分频繁。贞元二年以后，战事明显减少，史书对出伯的记载多限于赈戍补给之事，如：

> 元贞元年四月癸卯，"以诸王出伯所统探马赤、红袄军各千人，隶西平王奥鲁赤"。[3]
>
> 元贞二年三月，"诸王出伯言所部探马赤军懦弱者三千余人，乞代以强壮，从之。仍命出伯非奉旨毋擅征发"。[4]
>
> 元贞二年九月，辛卯"诸王出伯言汪总帅等部军贫乏，帝以其久戍，命留五千驻冬，余悉遣还，至明年四月赴军"。[5]
>
> 大德六年二月"癸酉，增诸王出伯军三千人，人备马二匹，官给其直"。[6]
>
> 大德六年十一月戊午，"籍河西宁夏善射军隶亲王阿木哥，甘州军隶诸王出伯"。[7]

由上可见，出伯、哈班兄弟所率边防军主要以探马赤军，即骑兵为主。军队的构成和来源主要为自身的直属军队，此外还有受命统率的

---

1 田卫疆主编《吐鲁番史》，乌鲁木齐：新疆人民出版社，2004，第 363 页。
2 《元史》卷四一《顺帝纪四》，第 879 页。
3 《元史》卷一八《成宗纪一》，第 392 页。
4 《元史》卷一九《成宗纪二》，第 403 页。
5 《元史》卷一九《成宗纪二》，第 406 页。
6 《元史》卷二○《成宗纪三》，第 440 页。
7 《元史》卷二○《成宗纪三》，第 443 页。

其他诸王军马、甘肃行省等处的国家军队。出伯军的配置、增减、轮戍等事则统归元廷直接掌控。至于军需，主要依赖元廷供给的军马粮草，镇戍地的屯垦所获则作为补充。自西域东部至河西走廊之狭长地带，以亶王家族为纽带，在政治上、军事上都被联为一体。1989 年，敦煌莫高窟北区 B163 窟掘获蒙古文文献一件（编号为 B163:42），内容为高昌／哈剌火州地方长官克德门巴特尔签发的令旨，旨在确保新疆至敦煌佛教香客之安全（图 10-2）。

图 10-2　敦煌莫高窟北区 B163 窟蒙古文文献（编号: B163:42）

资料来源：图片采自《敦煌莫高窟北区石窟》第 3 卷，图版八十。

释文：

　　根据 Boladun 皇帝圣旨，克德门巴特尔［颁发］令旨："向往来行走的使臣布勒……向……向帖哥和图黑特木尔（第 4 行）、向诸多军士……因为灌顶国师朵儿只怯烈失思巴藏卜喇嘛与其徒

弟们，穿梭于八儿思阔、别失八里及高昌其它［地方］，旅途应
做事虔诚（即佛教的宗教仪式）并祈福众生，谁也不得阻其旅
程，不许征用他们的川资、车辆、骆驼和马匹，不能说‘这些是
驿站牲畜或给养’，没人可拿取其任何东西"。

我们［曾经］将这些授予朵儿只怯烈失思巴藏卜［喇嘛］及
其徒弟们，高昌[1]

第 1 行中的 Boladun 其人，文献刊布者嘎日迪认为"应是皇帝，目
前确定不了此人"。[2] 敖特根则认为给其"一个准确的定位实为困
难"。[3] 惟松井太将其考订为察合台后王都哇孙、宽阇（Könčeg，
1307-1308）子卜剌（Bolad）或卜剌之子麻哈没的（Bolad-
Muhammad，1341-?）。[4] 对这一解释，颇难苟同。因为，首先，在
14 世纪初窝阔台汗国已被察合台汗国所吞并，豳王所率蒙古军防御
的对象正是察合台汗国。于此情况下，察合台汗国统治者所颁令旨
能够在豳王统治区内通行是不可想象的；其次，按照惯例，只有蒙
古大汗才有资格颁发圣旨，Boladun 若是察合台汗，作为宗王是无
权颁发圣旨的。退一步说，察合台汗因不服忽必烈的统治而僭越自
称圣旨，这样的圣旨在察合台汗辖境内有效是有可能的，但必不可
能行于蒙古大汗辖属的河西地区，况且河西统治者豳王家族本身即
为察合台汗国的背叛者和长期对头。职是之故，可以认为，这里的

1　Dai Matsui, A Mongolian Decree from the Chaghataid Khanate Discovered at Dunhuang, p.160（《敦
煌出土察合台汗国蒙古文令旨》，第 274 页）；松井太「東西チャガタイ系儲王家とウイグルチ
ベット佛教徒—敦煌新発現モンゴル語文書の再検討から—」『内陸アジア史研究』第 23 号，
2008，第 26-27 頁。

2　嘎日迪：《敦煌莫高窟北区出土蒙古文和八思巴文文献标音释读》（二），彭金章、王建军《敦煌
莫高窟北区石窟》第 3 卷，北京：文物出版社，2004，第 411 页。

3　敖特根：《敦煌莫高窟北区出土蒙古文文献研究》，北京：民族出版社，2010，第 67 页。

4　Dai Matsui, A Mongolian Decree from the Chaghataid Khanate Discovered at Dunhuang, p.160（《敦
煌出土察合台汗国蒙古文令旨》，第 274 页）；松井太「東西チャガタイ系儲王家とウイグルチ
ベット佛教徒—敦煌新発現モンゴル語文書の再検討から—」『内陸アジア史研究』第 23 号，
2008，第 26-27 頁。

Boladun 当指元朝某大汗，而令旨的颁布者克德门巴特尔（Kedmen Baɣatur）则应为吐鲁番当地的蒙古统治者。吐鲁番被察合台汗国占领时当元顺帝至正七年（1347），[1]故可将令旨颁布时间的下限推定在是年。

文书中的灌顶国师朵儿只怯烈失思巴藏卜（rDo-rje bka-sis dpul-bzan-po）喇嘛又见于《明史·西域传》，据载洪武七年（1374），"又有和林国师朵儿只怯烈失思巴藏卜，亦遣其讲主汝奴汪叔来朝，献铜佛、舍利、白哈丹布及元所授玉印一、玉图书一、银印四、铜印五、金字牌三，命宴赉遣还。明年，国师入朝，又献佛像、舍利、马二匹，赐文绮、禅衣。和林，即元太祖故都，在极北，非西番，其国师则番僧"。[2]此事又见于《明太祖实录》卷八七洪武七年二月戊戌条、卷八九洪武七年五月庚辰条。这一记载说明，元朝灭亡后，朵儿只怯烈失思巴藏卜随蒙古皇室北撤，继续充任北元之国师。只是由于某种原因，该国师脱离北元而南归，入朝明廷。[3]

该令旨颁发地在火州，出土地在敦煌，说明当时自吐鲁番至敦煌间，当地蒙古统治者所颁布的政令是可以通行无阻的。

自忽必烈至元朝灭亡，出伯一族世受大汗之命镇守西陲，与同是察合台后裔的阿只吉构成了元代西北边防线，同时他们亦与出镇漠北的晋王甘麻剌、安西王阿难答等互为犄角，遥相呼应。史载，出伯之军曾远足岭北之地，协助元廷镇压诸王叛乱。尽管这些军事战斗与西北地区并无直接联系，但是倘若作为元朝"祖宗根本之地"漠北地区陷入叛王手中，唇亡齿寒，西北之地势必会受到威胁。因此，出征岭北，也是幽王自保的措施之一。

至元二十五年（1288），海都犯和林（今蒙古鄂尔浑河上游）。出伯率领驸马昌吉、诸王也只烈、察乞儿、合丹对其进行征讨，[4]因功于

1　田卫疆主编《吐鲁番史》，第363页。
2　《明史》卷三三一《西域传三》，第8586页。
3　札奇斯钦：《佛教在蒙古》，《华冈佛学学报》第5期，1981，第152页。
4　《元史》卷一五《世祖纪十二》，第308页。

该年三月"赐诸王术伯银五万两，币帛各一万匹"；[1] 六月"壬戌，赐诸王术伯金银皆二百五十两、币帛纱罗万匹"；"丁卯，又赐诸王术伯银二万五千两、币帛纱罗万匹"。[2] 但叛乱并未平息，海都继续割据和林以西地区，成为元廷的后顾之忧。至元三十年，元廷将海都势力逐出岭北，驻军安台山及称海（又称镇海，今蒙古哈腊乌斯湖之南）沿边之地，由岭北诸王、安西王阿难答、汪古等部军协防，与阿只吉、出伯所率西北军遥相呼应。又命铁穆尔为最高统领，以便统一指挥诸路大军。至元三十一年，铁穆尔回大都继汗位，是为成宗，以其叔宁远王阔阔出代总边兵。大德二年（1298），由于阔阔出及其将怠于备防，遭到都哇的突然袭击，大败。[3] 及至大德四年六月，出伯奉命率领驸马蛮子歹、太子海山等人，经由亦集乃路入戈壁石川，征伐海都叛军。[4] 最终于大德五年成功平定海都叛乱，出伯、蛮子歹也因功受赏。对于出伯兄弟及其诸子的功业，波斯史家沙哈尼在《完者都史》中这样写道：

> 术伯（原文为 Chupān，疑误，似应为 Chūpai）之诸子喃木忽里（LmghūLī，疑误，似应为 Namghūlī）和伯颜塔失（Biyāntāsh）以及 Qiyān（按，疑拼法误，似应为 Qabān，哈班）之子宽彻，率十二土绵之军，驻于从 Sīkhū——正是如此——直至感木鲁（Qāmal）和畏兀儿思单之境（Walāyāt）。与他们相对的是都哇之子也先不花的兄弟叶密里火者（Imilkhwāja）率二土绵军队驻扎着。这些都是合罕军队的西部和南部侧翼的前锋和

1　《元史》卷一五《世祖纪十二》，第 310 页。

2　《元史》卷一五《世祖纪十二》，第 313 页。

3　〔波斯〕拉施特:《史集》第 2 卷 "忽必烈合罕纪"，余大钧、周建奇译，第 382～383 页。

4　李逸友编著《黑城出土文书（汉文文书卷）》F:116W:553、F:116W:566、F:116W:581、F:116W:552，北京：科学出版社，1991，第 138～139 页。

前线。[1]

引文中的喃木忽里和伯颜塔失即出伯之子南忽里、那木达失，Qiyān 指哈班。由是可见，出伯后裔继承了父祖之业，统领十二土绵之军 与察合台汗都哇之军对峙西陲。《完者都史》所记内容与《元史》、 《史集》所载出伯家族于世祖、成宗时期负责镇守西北诸地的范围基 本相符。在黑水城出土仁宗朝文献（编号：F116:W561）中，有一 件记述了甘肃行中书省命亦集乃路为豳王暖忽里筹集军粮之事。其 中有言：

> 皇帝圣旨里，甘肃等处行中书省据畏兀儿字译读行□
> 火者文字里说有。在先
> 暖忽里入川去呵，炒□□□面这□□□今奉
> □□□入川去的时分，
> □□□里根底，依在先与来的体例□□□嗦有。怎生行与亦
> 火□者。
> 得此，照得，延祐二年六月初一日，据肃州路申，忽都伯
> □□□
> 暖忽里豳王入川炒米面，依
> 术伯豳王入川炒米面两石面□□□本处税粮并仓屯□□□
> 豳王入川炒米面，照依□□□行割付，肃州路亦只失□□□
> 本位下收管去讫。[2]

文书中的术伯、暖忽里即出伯、喃忽里父子。此事《元史》失载。据 考，此次暖忽里之"入川"，当是由沙州前线就近进入哈密附近塔

1　Mahin Hambli, *Abul Qasem Ibn 'Ali Ibn Mohammad al-Qashani*, *The History of Uljaytu*, Tehram, 1969, pp.202-203. 转引自刘迎胜《皇庆、至治年间元朝与察合台汗国和战始末》，《元史论丛》 第5辑，北京：中国社会科学出版社，1993，第13~49页。

2　李逸友编著《黑城出土文书（汉文文书卷）》，第27页。

失八里站、揽出去站一带的戈壁石川，向西攻击的目标正是察合台汗国。[1]

至治年间，喃忽里之子喃答失与亦都护高昌王帖木儿补化"同领甘肃诸军"，[2]绳武乃祖，统掌甘肃诸军的军事大权，[3]确保了出伯家族于河西地区最高军事统帅的地位。泰定元年（1324），"诸王伯颜帖木儿出镇阔连（今内蒙古自治区呼伦湖）东部"。[4]该伯颜帖木儿极有可能就是第三代豳王喃答失之兄不颜帖木儿。而西宁王牙罕沙曾于至正十二年（1352）受命赴四川勘乱，[5]翌年返回沙州，[6]以其"镇御有劳"，得置王府。[7]牙罕沙有余力出征四川，足证是时豳王统辖区处于相对平稳的状态。而顺帝至正十二年（1352），"邠王嵬厘""以杀获西番首贼功"而获赐金系腰一条。[8]此邠王即为黑水城出土 TK-248《甘肃行省宁夏路支面酒肉米钞文书》所见之"嵬力豳王"，[9]亦即榆林窟第12窟回鹘文题记中的威武西宁王 Buyan Qulï。他以受赐金系腰为莫大殊荣，故特赴榆林窟朝拜，以答佛恩。该题记所言"皇帝和皇后赐予恩典"，即指此事。[10]可见，顺帝一朝，豳王家族仍镇守西北藩地。及至元末明初，豳王亦怜真、别儿怯帖木儿、桑哥失里，西宁王速丹沙之子阿鲁哥失里，威武西宁王忽纳失里、弟安克帖木儿等人仍坚守于肃州、沙州、哈密为中心的镇戍地区，直至为明军所攻陷、斩获虏杀。

1　李治安:《元中叶西北军队"入川""过川"考》,《历史研究》2013 年第 2 期, 第 43 页。

2　（元）虞集:《道园学古录》卷二四《高昌王世勋之碑》, 四部丛刊本。又见王其英主编《武威金石录》, 第 89 页。

3　《元史》卷二○《成宗纪三》, 第 443 页。

4　《元史》卷二九《泰定帝纪一》, 第 649 页。

5　《元史》卷四二《顺帝纪五》, 第 895 页。

6　《元史》卷四三《顺帝纪六》, 第 912 页。

7　《元史》卷三六《文宗纪五》, 第 802 页。

8　《元史》卷四二《顺帝纪五》, 第 901 页。

9　俄罗斯科学院东方研究所圣彼得堡分所、中国社会科学院民族研究所、上海古籍出版社合编《俄藏黑水城文献》第 4 册, 上海: 上海古籍出版社, 1997, 第 314 页。

10　杨富学:《榆林窟回鹘文威武西宁王题记研究》, 第 102 页。

综上所述，可以看出，自 1260 年元世祖忽必烈即位始，元朝内乱频仍。先是阿里不哥在和林独立，与世祖争夺汗位，战争历四年乃息。正值百废待举之际，又有窝阔台孙海都倡乱西域，察合台孙都哇响应之，二者结为同盟，势力强大，共同反对中原王朝，不断袭扰元朝西北边境，给元朝的统治带来了极大地威胁。在局势如此严峻的情况下，豳王出伯家族奋起于西域，脱离察合台汗国叛乱势力而东归元朝，临危受命，出镇河西至西域东部地区。豳王家族英勇善战，以骑兵万人为主力，抵御西域诸王叛乱，屡屡粉碎叛军对元廷所辖西域东部及河西走廊的觊觎，使以上诸地皆免于战争的蹂躏，确保了一方安宁。其兵锋西指塔里木盆地西南边缘的和田、喀什等地，北方鞭及蒙古高原，始终位于平定西北叛乱势力的最前线，甚至奉命出征四川一带。

从下一章的论述还可看出，豳王家族成员一反蒙古贵族因习惯于游牧而轻农业，甚至肆意破坏农田的传统做法，而是积极发展屯垦，促进当地社会经济的恢复与发展，不仅有助于满足蒙古大军之军需与当地民用，而且还遏制了河西地区经济长期颓败之势，使得当地社会经济与文化不断地恢复与发展。众所周知，元朝中后期，由于统治机构的腐败和地主阶级的残酷压迫，农业活动整体呈现出发展停滞、生产衰敝的情景。[1] 在这一时期，"西北屯田也像全国其他地区的屯田一样，规模缩小了，数量减少了，呈现出江河日下之势"。[2] 唯豳王辖区情况与之不同，在元朝中后期不仅没有出现衰败之势，反而却呈现出由衰而盛、逆势而动的景象，颇值得关注。在发展经济的同时，豳王家族还重视发挥驿道作用，整饬驿站，保持驿道畅通无阻，使其在大军征行与物资运输方面都发挥出了积极的作用，有助于西北地区边防的加强与巩固，其功厥伟。

---

1 韩儒林主编《元朝史》（上），第 390 页。

2 赵俪生主编《古代西北屯田开发史》，兰州：甘肃文化出版社，1997，第 270 页。

第二节　河西地区社会经济的恢复与发展

一　农业生产的恢复与发展

蒙古人起于漠北草原之地，世代逐水草而居，不事稼穑。待成吉思汗及其子孙率领蒙古铁骑征战四方，入主中原后，他们开始逐步认识到发展农业生产的重要性，并视其为立国之本，衣食所出。而屯田垦荒、开河凿渠作为发展农业生产的重要举措，亦得到了历代蒙古统治者的充分重视。

西北地区作为蒙元王朝的重要政治、军事阵地，其地经济开发与建设的重要意义不言而喻。早在成吉思汗西征之时，就令畏兀儿人哈剌亦哈赤北鲁及其子月朵失野讷屯田别失八里以东的"荒芜"之城独山城（今新疆木垒南）。历经六年，其地已呈"田野垦辟、民物繁庶"之象。[1]同时，为了加强蒙古地区与西北地区的经贸往来，他亦十分重视西北地区的交通建设。而窝阔台时，又于西北之地征收赋税、建立仓库、设立站赤、大兴水利，促进了这一地区经济生产的进一步发展。

空前统一的大帝国形成之后，世祖忽必烈视天下为一家，所谓"四海为家""一视同仁"。而作为大帝国一部分的西北地区，亦受到了元朝统治者的特别重视，"西垂虽悠缅，帝念深几席"。[2]赵弼奉命"出使秦蜀及沙漠，他日使还，上必问及水旱丰歉、田里休戚、边陲利病、官吏能否、人才物产，公于是一一敷奏，悉见施行"。[3]另外，世祖还针对西北地区的特殊情况，因地制宜，设置了相应的行政机

1　《元史》卷一二四《哈剌亦哈赤北鲁传》，第 3047 页。

2　（元）揭傒斯：《揭傒斯全集诗集》卷四《送田大夫修甫赴甘肃省幕》，《揭傒斯全集》，上海：上海古籍出版社，1985，第 96 页。

3　（元）萧㪺：《元故荣禄大夫平章政事议陕西等处行中书省事赵公墓志铭》，李修生主编《全元文》第 10 册，南京：江苏古籍出版社，1999，第 771 页。

构进行管辖、治理，推行行省与宗王并存分治的边疆体制，[1] 从而在稳定西北局势的基础上进一步强化了对当地政治、经济的统治。如关于地方行政机构的设置，在沿袭金、宋的路、府、州、县制度的基础上，又于路之上，设置了行省制。中统二年（1261），元廷于西夏故地设立中兴等路行中书省，即甘肃行省的前身。元代诸地行省主要执掌国之庶务，"凡钱粮、兵甲、屯种、漕运、军国重事，无不领之"。[2] 而甘肃行省作为元廷诸行省之一，亦不例外。在钱粮方面，中央所拨发的钱钞等，基本都由甘肃行省支配，这些钞币多用于和籴或入籴粮食及赈济所属地区的饥民等事宜。[3] 在屯种方面，则民屯、军屯或军民混屯兼有，且屯田广布，包括瓜州、沙州、甘州、亦集乃路等地。在漕运方面，由于甘肃距京师及中原地区辽远，物资运输具有诸多不便，因此疏通运道为甘肃行省又一要务。大德七年（1303），曾修阿合潭、曲尤壕，以通漕运。[4] 由是可见，元朝政府于西北之地设立甘肃行省，在一定程度上促进了这一地区的社会经济的恢复与发展。另外，元朝政府采取了括户、迁徙军民、开展屯田、兴修水利、推广经济作物的栽种、加强对农业生产的监督等多种措施，推动西北地区农业的开发。[5]

　　然而，由于西北地区地处边陲，道路闭塞不畅，自然生态环境恶劣，因此，尽管元朝政府采取多种措施以推动其经济发展，但是西北之地的经济发展仍旧远远落后于中原地区。加之，西北地区又频繁深陷战火，特别是元初，"金山南北叛，王海都、笃娃据之，不奉正朔，垂三十年。时入为寇……人民困于转输，将士罢于讨伐，无有已时矣"。[6] 由是可见，以海都、都哇为代表的窝阔台、察合台后王叛乱

1　胡小鹏：《元代河西诸王与甘肃行省关系述论》，第 215 页。

2　《元史》卷九一《百官志七》，第 2305 页。

3　《元史》卷一〇《世祖纪七》，第 201 页；卷一一《世祖纪八》，第 232、231 页；卷一九《成宗纪二》，第 405 页。

4　《元史》卷二一《成宗纪四》，第 453 页。

5　陈广恩：《元代西北经济开发研究》，澳门：澳亚周刊出版有限公司，2005，第 43 页。

6　（元）元明善：《太师淇阳忠武王碑》，李修生主编《全元文》第 24 册，第 334 ~ 335 页。

西陲，使得西北地区屡遭兵燹之难，人民流离失所，将士疲于征战，农业生产几近荒废，社会经济遭受重创。临危之际，出伯兄弟率军东归，驻守西陲，与其他出镇诸王协同作战，共御海都、都哇来犯。

另外，按照元廷的规定，出镇宗王的军需主要依赖朝廷、行省、宣慰司之供给，屯田可作为补充。军粮岁赐数量有常，"非奉旨不得擅支贷"。[1] 军需的征集、调拨与运输，一般都通过驿道完成。尽管元朝建立了相对发达的驿站交通网络，但囻王家族僻处西北边陲，道路艰涩且交通线十分漫长，物资运输自然会有诸多不便。因此，元朝政府之军需供给常常难以满足其军事需要。至元二十七年至大德元年间，出伯之军频繁陷于物资贫乏的困境，而元朝政府也不得不竭尽所能地对其予以赈济：

> 至元二十七年，"时出伯、伯都所领军乏食，奉旨以明安所获畜牧济之"。[2]
>
> 至元二十八年十月"辛卯，诸王出伯部曲饥，给米赈之"。[3]
>
> 至元三十一年秋七月"乙卯，以诸王出伯所部四百余户乏食，徙其家属就食内郡，仍赐奥鲁赤军年例钞三千锭"。[4]
>
> 大德元年正月乙酉，"以边地乏刍，给出伯征行马粟四月"。[5]

另外，是时驻扎于西北地区的诸王军马，数量庞大，其军需供给多仰仗元朝中央政府及各行省的供给，而大军粮草在诸驿道转运的过程中，运输之艰难与运费之昂贵更令人瞠目。诚如时人姚燧所言：

> 时大军驻西北，仰哺省者十数万人。自陕西、陇右、河湟

1　《元史》卷二一《成宗纪四》，第460页。

2　《元史》卷一三五《明安传》，第3281页。

3　《元史》卷一六《世祖纪十三》，第352页。

4　《元史》卷一八《成宗纪一》，第385页。

5　《元史》卷一九《成宗纪二》，第408页。

皆不可舟，惟车辇而畜负之，途费之夥，十石不能致一，米石至百缗。[1]

由是可见，军事物资运输之举步维艰，损耗之大。职是之故，豳王在西北大力发展屯垦和整饬驿站交通，以解决是时元朝及其西北驻军的困境。这一举措成效甚为显著，既补充了军需，又促进了当地的开发与建设。

大德六年（1302），元政府命"甘州军隶诸王出伯"，[2]驻节于甘州。大德八年，出伯所部军受命"屯田于薛出合出谷"，[3]开启了豳王家族在西北边防地区屯田活动的先河。嗣后，出伯家族成员相继受封豳王、肃王、西宁王、威武西宁王等称号，驻守于肃、瓜、沙、哈密等地。而顺帝至元二年（1336），曾"以甘肃行省白城子屯田之地赐宗王喃忽里"，[4]是时豳王喃忽里虽已亡故，但获赐该地的仍为其后裔。白城子为《大元马政记》所称"甘肃州察罕八剌哈孙"，其地约在今金塔县绿洲。由是可见，豳王出伯家族受命屯田于河西诸地，促进了镇戍地区内屯田活动的开展，对于西北地区的农业开发及边防巩固做出了极大贡献。

肃州为蒙古所并始自1226年，次年，蒙古攻占沙州，以其地"隶八都大王"。[5]瓜州在西夏覆灭之后一度废弃。至元十四年，元政府复设瓜、沙二州，隶肃州，归中央政府管辖，授当地百姓田种、农具。十七年，沙州升格为路，设总管府，统瓜、沙二州，直接隶属于甘肃行中书省。十八年正月，"命肃州、沙州、瓜州置立屯田"。[6]是后于至元二十四年始筑沙州城，"以河西爱牙赤所部屯田军同沙州居民修城河

1　（元）元明善：《平章政事忙兀公神道碑》，（元）苏天爵编《元文类》卷五九，北京：商务印书馆，1968，第859页。

2　《元史》卷二〇《成宗纪三》，第443页。

3　《元史》卷二一《成宗纪四》，第457页。

4　《元史》卷三九《顺帝纪二》，第837页。

5　《元史》卷六〇《地理志三》，第1450页。

6　《元史》卷一〇〇《兵志三》，第2569页。

西瓜、沙等处”。[1] 四年后，以政局不稳，元政府尽徙瓜州居民入肃州，瓜州名存实亡。[2]

自 1226 年蒙古军相继攻占河西后，北方蒙古人大量入居河西，诸王贵族进驻重要城镇，一些比较集中的农业区和水草丰美的牧地尽为其所占。1229 年，窝阔台即汗位，将以西凉府（今甘肃武威市）为中心的西夏故地分封给次子阔端，“并把他和军队一起派遣到了那里”。[3] 及至世祖至元七年（1270），始置肃州路总管。删丹州（今甘肃山丹县）在元初为察合台孙阿只吉大王封地。1259 年蒙哥汗死后，蒙古上层因汗位之争兵戎相见，河西成为主战场之一。原本富庶的河西农桑之地，在战争期间饱受抢掠、烧杀和摧残，致使民户大量逃亡。忽必烈统治时期，“命肃州、沙州、瓜州置立屯田……发军于甘州黑山子、满峪、泉水渠、鸭子翅等处立屯”。[4] 这些措施虽使当地社会生产有所恢复，但已无复昔日之盛。及至世祖至元二十七年（1290），整个肃州路仅有“户一千二百六十二，口八千六百七十九”。[5] 呈现出一派衰败、凋敝的景象。瓜、沙二州虽无统计数字，但人口数量不会在肃州之上。

大德七年（1303）六月，由出伯所率蒙古大军 10000 人屯驻瓜沙地区，使当地衰败景象始得改变。《元史》卷二一载：

> ［大德七年］六月己丑，御史台臣言：“瓜、沙二州，自昔为边镇重地，今大军屯驻甘州，使官民反居边外，非宜。乞以蒙古军万人分镇险隘，立屯田以供军实，为便。”从之。[6]

出伯为总管河西与西域军事之要员，地位显赫，他的入居，使河西之

1　《元史》卷一四《世祖纪十一》，第 299 页。

2　《元史》卷六○《地理志三》，第 1451 页。

3　〔波斯〕拉施特：《史集》第 2 卷“窝阔台合罕纪”，余大钧、周建奇译，第 10 页。

4　《元史》卷一○○《兵志三》，第 2569 页。

5　《元史》卷六○《地理志三》，第 1450 页。

6　《元史》卷二一《成宗纪四》，第 452 页。

政治、军事地位大为提高，原本日渐式微的局面大为改观，生产得到恢复并发展。至大二年（1309）八月，中书省臣言"沙、瓜州摘军屯田，岁入粮二万五千石"。[1] 说明当地包括军屯在内的农业生产已恢复到相当的水平。《蒙兀儿史记》载：

> 当是时，朝廷宿重兵和林，以西陲军事委之出伯。出伯治军严重，常坚壁垒，远斥堠，以待敌，来则峻拒，去勿深追……以是出伯在边十余年，河西编氓耕牧不惊，诸王将拱听约束，朝廷无西顾之忧。[2]

当时河西之屯田是相当成功的，如同江淮芍陂、洪泽屯田成为中原屯田之典范一样，河西屯田一时成为元朝边疆屯田的楷模，这在元代佚名氏所撰《经世大典序录》"屯田条"中有明确反映：

> 国家平中原，下江南，遇坚城大敌，旷日不能下，则因兵屯田，耕且战，为居久计。既一海内，举行不废。内则枢密院各卫皆随营地立屯。甘肃瓜、沙，河南之芍陂、洪泽，皆因古制，以尽地利。[3]

豳王家族驻军西陲，固边安疆，多次击败海都、都哇等叛军的进犯，保持了西陲局势的相对稳定，使元中央政府得以集中兵力，最终讨平叛乱，同时也使辖下的河西及西域东部地区免受战火的破坏，社会相对安定，人民安居乐业，与天山南北蒙古诸王数十年间相互争雄，战火连绵，民不聊生的局面形成了鲜明的对比。[4]

1　《元史》卷二三《武宗纪二》，第 513 ～ 514 页。

2　（民国）屠寄：《蒙兀儿史记》卷四二《出伯传》，第 337 页。

3　（元）佚名：《经世大典序录》"屯田条"，（元）苏天爵编《元文类》卷四一，北京：商务印书馆，1968，第 597 页。

4　高自厚：《撒里畏吾与蒙古宗王出伯——裕固族源流中蒙古支系的由来、演变及其重大影响》，《西北民族学院学报》1990 年第 4 期，第 34 ～ 39 页。

屯田为守边之计，自古即然。蒙元王朝亦视其为巩固边防，补充军需的重要施政之一。河西地区作为边陲重地，成了屯垦实边政策的重要施行地。豳王出伯家族于此的屯田生产达到了寓农于兵、以农养兵之效。通过屯田垦荒不仅解决了驻防大军的粮草供给问题，巩固了西北边防，在客观上也发展了西北地区的农业生产，促进了边疆少数民族地区的经济开发，实为一劳永逸之举。

二　整饬驿路及其作用

驿路交通自古以来就是历代中原王朝统治者"通达边情，布宣号令"[1]的重要设施，蒙元王朝亦不例外。元太宗统治时期即已开始着手将诸王封地驿道与大汗统治区驿道连接起来，后经历代大汗的不断建设和完善，元代全国性的驿站交通体系渐趋形成。诚如元人所言："元有天下，薄海内外，人迹所及，皆置邮传，使驿往来，如行国中。"[2]

就甘肃行省而言，其境内的驿道主要由甘肃行省所辖的长行站道、诸王乌鲁斯站道、纳怜站道组成。[3]其中的诸王乌鲁斯站道主要是指分封于甘肃地区的阔端后王兀鲁斯和察合台后王兀鲁斯。而察合台后王则主要涉及的是豳王、肃王、西宁王、威武西宁王等。[4]豳王兀鲁斯站道当为甘州以西至沙州一线，即设立于河西走廊的边陲重地之内。之所以如此，是因为以出伯为首的察合台后王世代镇守于肃州迤西至哈密一境，逐渐将其镇戍区转化为了分封地，进而将其驿站也纳入了察合台后王所领的诸王兀鲁斯站道之内。

有元一代，甘肃河西走廊地区不仅是东西交通之咽喉，更是沟通漠北、西藏与内地联系的要塞。因此，对于这一地区的驿站建设元

1　《元史》卷一〇一《兵志四》，第 2583 页。

2　《元史》卷六三《地理志》，第 1563 页。

3　胡小鹏：《西北民族文献与历史研究》，兰州：甘肃人民出版社，2004，第 223 页。

4　党宝海：《蒙元驿站交通研究》，北京：昆仑出版社，2006，第 296 页。

朝政府甚为重视。另外，诚如前文所言，甘肃地处西北，交通更为不便，对驻扎于此的诸王军马之粮草供应极为艰难，而其运输又多仰仗诸道驿站。在这种情况下，驿路交通的建设与管理益发重要。至元十七年（1280），甘州增置站户，从诸王户籍内佥发。[1] 二十七年（1290），在甘肃困塔兰设腰站，和买骆驼、马匹当站。[2] 同年，甘肃行省赈济永昌饥困站户。[3] 另外，元朝政府对西北驿站的管理亦较为重视，逐步建立起一套驿站管理制度。[4] 而这一制度，在豳王辖区的站道内亦行之有效。

按照规定，宗王自立自管站赤，豳王出伯家族在其领地内不仅享有设立、管理及使用投下乌鲁斯驿道的权利，同时还曾使用和管理甘肃等处站赤。史载：

> （大德十一年七月）诸王出伯言：“瓜州、沙州屯田逃户渐成丁者，乞拘隶所部。”中书省臣言：“瓜州虽诸王分地，其民役于驿传，出伯言宜勿从。”[5]

说明不仅瓜、沙屯田，而且当地的驿传也归豳王家族管辖。

按照元朝的规定，如有紧急事务，诸王可乘铺马往来，平常事务则乘长行马进京朝见，在驿站宿顿。[6] 如果诸王长行马疲惫不堪，沿途驿站要提供驿马。因此，元贞元年（1295）十二月五日，“平章政事剌真等奏出伯言合班的妃子入朝，乘己马长行，度其力不能回，请于沿途秣饲，别给辅马赴都，回日却成己马，似为便宜。奉旨准”。[7] 可

1　《元史》卷一一《世祖纪八》，第 232 页。
2　（明）解缙：《永乐大典》卷一九四一八《站赤三》，第 7211 页。
3　《元史》卷一六《世祖纪十三》，第 335 页。
4　陈广恩：《元代西北地区驿站管理制度初探》，《元史及民族史研究集刊》第 16 辑，海口：南方出版社，2003，第 90～100 页。
5　《元史》卷二二《武宗纪一》，第 483 页。
6　（明）解缙：《永乐大典》卷一九四一七《站赤二》，第 7201 页；《大德典章》“站户不便”条。参看黄时鉴点校《通制条格》，杭州：浙江古籍出版社，1986，第 280 页。
7　《永乐大典》卷一九四一九《站赤四》，第 7217 页。

见，豳王家族在使用元廷中央驿道时，亦是按照元朝之规定行事，未敢逾越。另外，往来于驿道的宗王、使者等，使用驿站的主要凭证为乘驿牌符及乘驿文书，而后者又必须与辅马差札（又称别里哥）一同使用，方为有效。此外，蒙古宗王亦有权自行写发辅马令旨，使用驿站。[1]这自然不可避免地扰乱了乘驿秩序。元政府遂于大德七年二月颁令进行整顿，命诸王"非急务者勿遣乘驿"。[2]对此《经世大典》有更为详细的记载：

> 大德七年二月十九日中书省奏：军上诸王驸马，不审事之缓急，一概遣使，及万户、千户与无干碍之人，并给辅马差札，以故站赤兀鲁思备，应役困乏，臣议得：乞今后诸王、驸马、元帅、万户、千户，若有给驿之事，未经出伯议者，不得行。今即已委命前去，放当站赤消乏之际，但凡不急之务，就令出伯较计。奉圣旨准。[3]

由是可见，驻守西陲之地的诸王、驸马、元帅、万户、千户等，乱用辅马差札，频繁使用驿站，造成了站赤的应役困乏。元朝政府有鉴于此，令出伯审事之缓急，对给驿之事予以定夺。及至大德十年夏四月，元廷又"命威武西宁王出伯领甘肃等地军站事"。[4]说明大德十年后出伯获得了管理甘肃等地军站事的权力。同时出伯家族还负责管理甘肃行省境内诸王、驸马辅马令旨、辅马差札的发放与使用。

另外，出伯之子南忽里、哈班之子宽彻也曾奉命管辖镇戍地的站赤事，对此《永乐大典》多有记载，如皇庆二年（1313）十月，中书省奏："臣等曾议于脱火赤八秃儿、宽彻之地，择廉慎人充脱脱禾孙，

1　党宝海：《蒙元驿站交通研究》，北京：昆仑出版社，第 230 页。
2　《元史》卷二一《成宗纪四》，第 448 页。
3　（明）解缙：《永乐大典》卷一九四二〇《站赤五》，第 7222 页。
4　《元史》卷二一《成宗纪四》，第 469 页。

合赐物力津遣"，由从三品脱脱禾孙负责监督蒙古诸王的使者。[1] 同年十一月，"诸王宽彻暨司徒阔阔出、太傅铁哥塔失、铁木儿知院等，会议川地东西两界所置驿站，预宜斟酌给钱买与马驼……至于缺役蒙古站户，从行省，与诸王南忽里、宽彻委官追收，以复初役"。[2] 脱脱禾孙为元朝政府设置于地方，专门负责检查给驿情况的官员。[3] 其地多为"关会之处"，[4] 未设脱脱禾孙的地方则由路总官府负责驿站之检查事宜。而脱脱禾孙的主要职责为维持乘驿秩序，盘查驰驿使者的乘驿许可；检查使者的行李及其重量。因此，脱脱禾孙对维持驿站的乘驿秩序，约束不法使者的往来发挥了重要作用。关于同一地区所设脱脱禾孙的人数及其品级，一般为两名，"正一员，从五品；副一员，正七品"。[5] 然而在某些重要驿站，其官品一般要比这一规定高。皇庆二年，脱火赤、宽彻两处脱脱禾孙的设置即为一例。这也从另一方面反映出肃王宽彻镇戍区内站道的重要性。由是可见，有元一代，宽彻、南忽里兼管驿站、签补站户等事宜，并与脱脱禾孙协作，确保了西北边陲的乘驿秩序。

关于站户的签发与补缺，元朝亦有一套施行制度。站户制度始于窝阔台划民为站户，供役于站赤。还规定派出马夫。站户制度开始有了雏形。[6] 元朝建立后，站户制度得到了进一步的发展与完善。站户由元政府从民间签发，专门承担站役。一经充任，世代承袭，不得逃逸。但是由于站户承担的站役甚为繁重，站户困乏、缺役时现。此时，则由民户中追补，以充站役。对于国家站户的签补，豳王出伯家族与元朝中央政府曾出现争议，据《经世大典》记载，延祐元年（1314）：

1　（明）解缙：《永乐大典》卷一九四二〇《站赤五》，第 7229 页。

2　（明）解缙：《永乐大典》卷一九四二〇《站赤五》，第 7228 页。

3　《元史》卷八八《百官志四》，第 2230 页。

4　《元史》卷一〇一《兵志四》，第 2583 页。

5　《元史》卷九一《百官志七》，第 2318 页。

6　德山：《元代交通史》，呼和浩特：远方出版社，1995，第 245 页。

中书省奏：前者以西边川地军人当站消乏，奏准令甘肃行省买马驼应副支遣，仍追复蒙古站户当役。今本省回咨，钦遵上命，追究原当站瓮吉剌准行哈等户，仍令复役。及与曲尤、沙州、瓜州上户内俭补一百户，以充察巴站役。既而诸王纳忽里执把圣旨，云属本位下种田户，有司不得侵犯，于所佥站户内，指择位下户计者取去。咨请照详。臣等谓元降圣旨，止以百姓数目属之，岂可不令当站。合依元佥民户，仍复其一役。奏圣旨准。[1]

据此可见，出伯家族除了本身所具有的中亚部户外，还从元朝皇帝处受赐百姓数目，他们分布在曲尤、瓜州、沙州一带。对于这些百姓归属于出伯家族，甘肃行省、中书省是没有质疑的，但对于诸王民户有无义务承担国家站役，则存有争议。[2]

《经世大典·站赤》所记甘肃行省驿站只提到了中兴、永昌、甘州等三路六处马站，其他驿站则为诸王乌鲁斯站。另外，在甘肃行省之外的西域晃忽儿月良站附近还有蒙古宗王设置的塔失八里站（哈密东北石城子）、揽出去站（哈密西）。[3] 及至洪武十三年（1380），明军攻伐驻守肃州的豳王家族时，于白城、赤斤站、苦峪处俘获豳王家族数人。白城位于肃州东北120里处，"北通和林、亦集乃路，当冲要"。[4] 赤金站地处今玉门市西20里，苦峪（又称曲尤）则为今玉门一带的苦峪。推而论之，这一地界确实为豳王家族的镇戍区，而出伯后裔曾设立、管理以上诸驿站，如中统三年（1262），"中书省奏：近以西夏之西近川黄兀儿于量站、塔失八里站、揽出去站，此三处阙辅马"。[5] 皇庆二年（1313）闰三月六日，"宽彻言塔失城立站"。[6] "塔失八里"

1 （元）奎章阁学士院编《经世大典·站赤》"延祐元年七月十八日"条。

2 胡小鹏：《元代西北历史与民族研究》，第64页。

3 党宝海：《蒙元驿站交通研究》，第296~297页。

4 《明太祖实录》卷二四七，台北："中央研究院"历史语言研究所校印本，1962，第3584页。

5 （明）解缙：《永乐大典》卷一九四一七《站赤二》，第7196页。

6 （明）解缙：《永乐大典》卷一九四二一《站赤六》，第7231页。

应即"塔失城",即突厥语 Tašbalïɣ,意为"石城"。由是可见,肃王宽彻曾请求于投下领地——塔失八里设立驿站,进而完善辖区内的驿站交通系统。

豳王出伯家族自入居河西以来,以其出镇宗王之身份,统领河西、西域之军事防务,并致力于西陲之地本兀鲁斯站道的建设与管理,同时兼顾甘肃行省内元中央政府诸站道的统辖。不可置否,出伯家族对于西北地区驿道的设置与完善、管理与使用做出了巨大贡献。另外,出伯及其后裔对于西北地区驿道的整治与疏通,对于掌握军情、调行大军、运输物资等事宜也发挥了重要作用。这在一定程度上进一步巩固了西北边防,确保这一地区的稳定。

第三节　从出土文献看元代敦煌的多民族活动

敦煌(包括今瓜州县及其附近区域)地处丝绸之路的咽喉地带,既是沟通东西方的贸易重地,同时也是南来北往多民族交融的区域,自古以来既是多民族聚居区,同时也是东西方文化的交汇之地,多元文化色彩非常浓厚。

蒙古统治时期,敦煌文化的多元化倾向臻至巅峰。尽管史书缺乏记载,但出土文献和考古遗物却记载了元代敦煌的多民族活动情况。1988 ~ 1995 年间,敦煌研究院考古工作人员对莫高窟北区进行清理发掘,出土文献众多。在莫高窟北区 248 个洞窟中有 131 个发现了遗物,其中文书碎片 2857 片。[1] 在这些遗物中,时代明确或相对明确者 107 项(同窟所出凡无法确定归属的小残片,均合并为 1 项),今分类统计如下(表 10-1)。

1　彭金章、王建军:《敦煌莫高窟北区石窟》第 2 卷,北京:文物出版社,2004,第 355 页。

表 10-1　莫高窟北区出土时代明确或相对明确的文献

文献序号	窟号	文书及其时代 *
1	B31	回鹘文文献残片一件，木活字印刷，元代
2	B45	汉文佛经残片，元代？
3	B47	a. 景龙二年（708）残官告文书、开元六年（718）五月残牒等文书10件，唐代 b. 回鹘文文书残片一件，可能为活字印刷，元代
4	B48	武周万岁通天□年残告勋、残文书二件，唐武周时期
5	B52	a. 汉文佛经偈语，元代 b. 汉文佛经残叶，唐代 c. 回鹘文《阿毗达磨俱舍论实义疏》卷一，元代 d. 回鹘文《中阿含经》残叶，元代
6	B53	a. 汉文《华严经》残叶，元代 b. 汉文元某行省残牒为□路正官中统钞锭事，元代 c. 汉文文书残片，元代 d. 西夏文《金光明最胜王经》残封面，元代 e. 回鹘文《杂阿含经》残片，元代 f. 回鹘文佛教赞美诗，元代 g. 叙利亚文《圣经》，元代
7	B54	a. 回鹘文《中阿含经》，元代 b. 回鹘文《杂阿含经》，元代
8	B56	a. 蒙古文小残片，元代 b. 回鹘文木活字 1 枚，元代
9	B57	汉文《华严经》残片，唐五代？
10	B59	a. 蒙古文文书，元代 b. 回鹘文《佛祖历代通载》，元代 c. 回鹘文木活字 16 枚，元代 d. 回鹘文信札残片，元代 e. 汉文佛经残片，唐代或唐宋之交
11	B97	回鹘文佛教徒发愿文，元代
12	462	兰札体梵字陀罗尼，元代
13	B119	a. 蒙古文驿站管理法律文书残片，元代 b. 蒙古文官方文书，元代 c. 回鹘文佛经残片，元代，但不排除早于元代的可能

续表

文献序号	窟号	文书及其时代 *
14	B121	a. 西夏文活字版《诸密咒要语》，西夏中晚期 b. 回鹘文残文书，元代 c. 蒙古文《入菩萨行论》，元代
15	B124	回鹘文礼节文书（Knigge）
16	B125	西夏文佛经残片，木刻本，有西夏官职"持金牌"，应为西夏国时期
17	B126	藏文占卜文书一件，元以后文献
18	B127	a. 蒙古文卖身契残片，元代 b. 藏文残文书 3 件，元代
19	B128	a. 汉文《杂阿含经》，晚唐五代 b. 回鹘文《阿毗达磨俱舍论实义疏》残片，元代 c. 回鹘文《八十华严》残片，元代 d. 回鹘文《慈悲道场忏法》，元代 e. 回鹘文佛教韵文，元代
20	B131	藏文佛经残片，中唐
21	465	蒙古文小残片，元代
22	B138	a. 回鹘文残片，元代 b. 藏文小残片，元以后文献
23	B139	a. 回鹘文残片，元代 b. 藏文小残片，元代
24	B140	回鹘文《文殊师利所说不思议佛境界经》，元代
25	B147	a. 藏文小残片，元代或元代以后 b. 蒙古文社会文书，元代 c. 蒙古文残文书，元代
26	B151	a. 汉文《金光明最胜王经》残片，元代？ b. 汉文《药师琉璃光如来本愿功德经》残片，五代以后
27	B154	汉文文书残片，唐代
28	B157	a. 汉文写本残片，唐代 b. 回鹘文《长阿含经》残叶，元代 c. 回鹘文《增一阿含经》残叶，元代 d. 回鹘文《阿毗达磨俱舍论实义疏》残叶，元代 e. 回鹘文佛教徒忏悔文残片，元代 f. 蒙古文文书残片，元代

续表

文献序号	窟号	文书及其时代 *
29	B159	a. 藏文文书，元代 b. 西夏文刻本《龙树菩萨为禅陀迦王说法要偈》，元代 c. 回鹘文《佛顶心大陀罗尼经》，1338~1340 年
30	B160	西夏文六字真言，元代
31	464	a. 汉文《佛顶尊胜陀罗尼经》，唐代 b. 汉文《大般若波罗蜜多经》，宋代 c. 藏文文书，元代 d. 回鹘文《梁朝傅大士颂金刚经》，元代 e. 回鹘文《上师赞》残片，元代 f. 回鹘文印本跋文，元成宗时期 g. 回鹘文木活字 19 枚，元代 h. 蒙古文《般若心经》写本残片，元代 i. 蒙古文习字文书残片，元代 j. 蒙古文文书残片，元代 k. 梵文残片，元代?
32	B161	蒙古文文书残片，元代
33	B162	a. 蒙古文文书残片，元代 b. 回鹘文木活字一枚，元代
34	B163	a. 蒙古文《致斡朵失里大王书信》，元代 b. 蒙古文《尼牙八剌呵沙》佛经残片，元代 c. 蒙古文《克德门巴特尔令旨》，元代 d. 蒙古文《阿剌忒纳失里令旨》残片，元代 e. 蒙古文《因明入正理论》印本残叶，元代 f. 蒙古文《佛顶尊胜陀罗尼经》印本残片，元代 g. 蒙古文社会文书残片，元代 h. 蒙古文残文书，元代 i. 藏文残文书，中唐 j. 八思巴文《萨迦格言》刻本残片，元代 k. 回鹘文木活字 10 枚，元代
35	B164	藏文残文书，元代
36	B168	a. 藏文残文书，中唐 b. 蒙古文残文书，元代 c. 八思巴文文书残片，元代

续表

文献序号	窟号	文书及其时代 *
37	B172	a. 蒙古文残文书，元代 b. 八思巴文文书残片，元代 c. 回鹘文《俱舍论颂疏论本》，元代 d. 回鹘文《佛说大乘圣无量寿决定光明王如来陀罗尼经》，元代
38	B175	a. 汉文《佛说灌顶拔除过罪生死得度经》，北朝 b. 汉文《妙法莲华经·嘱累品》，北朝 c. 汉文《妙法莲华经·药王菩萨本事品》，北朝 d. 汉文《妙法莲华经·如来神力品》，北朝 e. 汉文《佛说灌顶拔除过罪生死得度经》，晚唐五代 f. 汉文《佛说救疾病经》，五代
39	B184	西夏文残片 B184:2 有西夏官职"监军司"，应为西夏国之物
40	B228	汉文《河西大凉国安乐三年（619）郭方随葬衣物疏》，唐代
41	B243	西夏文残片 B243:5 出现西夏官职"肃瓜统军"，应为西夏国之物

　　* 仅列举时代明确或相对明确的文献，其余从略。文献出处也仅列举对文献有明确或相对明确分期断时代的研究著作，其余从略。如北区出土西夏文献众多，史金波先生多有研究，但涉及文献年代时，多言西夏、元代，而西夏文本身就流行于这一时期，不能充任石窟断代证据，故不录。

　　在莫高窟北区 248 个洞窟中有 131 个发现了遗物，其中文书碎片 2857 片。[1]在这些遗物中，时代明确或相对明确者 107 项（同窟所出凡无法确定归属的小残片，均合并为 1 项），今分类统计如下。

　　元 代 回 鹘 文 36 项：1、3b、5c-d、6f-g、7a-b、8b、10b-d、11、13c、14b、15、19b-e、22a、23a、24、28b-e、29c、31d-g、33b、34k、37c-d

　　元代蒙古文 25 项：8a、10a、13a-b、14c、18a、21、25b-c、28f、31h-j、32、33a、34a-h、36b、37a

　　元代藏文 8 项：17、18a、22b、23b、25a、29a、31c、35

　　元代西夏文 6 项：6d、14a、15a、29b、30、31l

1　彭金章、王建军:《敦煌莫高窟北区石窟》第 2 卷，北京：文物出版社，2004，第 355 页。

元代汉文 6 项：2、5a、6a-c、26a

元代八思巴文 3 项：34j、36c、37b

元代梵文 2 项：12、31k

元代叙利亚文 1 项：6g

北朝汉文 4 项：38a-d

唐代汉文 8 项：3a、4、5b、10e、27、28a、31a、40

唐五代汉文 3 项：9、19a、38e

唐代藏文 2 项：20、34i

五代汉文 2 项：26b、38f

宋代汉文 1 项：31b

西夏国时期西夏文 3 项：16、39、41

通过表 10-1 可以清晰楚地看出，107 项年代比较明确的文献中，属于元代者占 87 项，其余时代仅占 20 项。在元代出土文献中，以回鹘文数量最多，占 36 项，其次为蒙古文，25 项，继之为藏文，8 项，再次为汉文，6 项，又次为西夏文，5 项，再下八思巴文，3 项，复次之为梵文，2 项，最后为叙利亚文，1 项。回鹘文、蒙古文计有 61 项，又占全部出土文献之大半，占元代文献的三分之二以上，如实地反映了元代敦煌地区蒙古人与回鹘人的绝对优势地位。八思巴文虽被忽必烈尊为蒙古国"国字"，但实际应用中远不如回鹘式蒙古文普遍，敦煌发现的情况与之相仿佛。就回鹘式蒙古文文书而言，"时代早者属于忽必烈汗执政时期，时代晚者为北元初期"，[1] 正与豳王统治敦煌的时间吻合，庶几可定，这些元代文献差不多都与裕固人息息相关。只有少数为唐宋及以前之物，而可以确定为西夏国时期者只有 3 件。看来，与其将莫高窟北区推定为西夏，毋宁根据大量证据，将其推定为元代晚期，显得更为确切、合理。

莫高窟所见汉文游人题记之时代分布状况，也正好与莫高窟北区文献之时代分布情况基本合拍。据统计，莫高窟有元代题记 82 条，

1　敖特根：《敦煌莫高窟北区出土蒙古文文献研究》，第 351 页。

分见于 29 处洞窟，其中，忽必烈至元年间 5 洞 9 条，元仁宗延祐年间 4 洞 5 条，元惠宗后至元、至正时期 20 洞 44 条，而西夏时代罕见，说明"有元一代，在统治、开发西域的过程中，始终把敦煌地区作为一个重要活动点"。[1] 这种盛况是西夏时期远不可及的。

从出土文书所反映的敦煌石窟现状，结合史乘的记载和敦煌石窟的回鹘文、蒙古文、汉文题记，可以看出，在豳王家族入居敦煌之前，莫高窟是比较荒凉的，基本上没有什么佛事活动可言。正是豳王家族的入住，敦煌政治、军事地位之重要性被凸显出来。蒙古豳王家族又十分注意经济发展，建设道路、驿站，促进了交通的发展，[2] 东西方文化交流频繁，加上宽容的宗教政策，带来了宗教文化的昌明，推动了敦煌石窟的大发展。

第四节　蒙古豳王诸系王家石窟寺蠡测

莫高窟北区虽有洞窟 248 个，但窟内有壁画者少之又少，主要集中在第 461、462、463、464、465 窟中，其中又以第 464、465 窟最为重要，而争议最多且比较关键的应首推第 465 窟。关于此窟，学界有不同说法，主要有吐蕃说、西夏说和元代说三种。[3] 近期，西夏说颇有成为定论之势。然通过观察回鹘、西夏、元代历史及其与敦煌石窟之关系，可以发现，将莫高窟第 465 窟推定为西夏存在着较多的漏洞。

其一，认为西夏时代敦煌繁荣，而元代时期敦煌衰败，恰恰与历史相反。对此，持同样观点的沙武田有着更直接的表述："元代在莫高

---

1 徐自强：《敦煌莫高窟题记研究》，郝春文主编《敦煌文献论集》，沈阳：辽宁人民出版社，2001，第 338 ~ 339 页。

2 杨富学、张海娟：《蒙古豳王家族与元代西北边防》，《中国边疆史地研究》2012 年第 2 期，第 32 ~ 34 页。

3 敖特根：《敦煌莫高窟第 465 窟断代研究综述》，《敦煌研究》2003 年第 5 期，第 3 ~ 8 页；霍巍：《敦煌莫高窟第 465 窟建窟史迹再探》，《中国藏学》2009 年第 3 期，第 187 ~ 194 页。

窟的营建极为有限，是没有可能修建如此大窟。"[1] 真实的情况是，西夏国时代的沙州地位并不重要，在《宋史·夏国传》中，沙州仅被提到二次，第一次为广运二年（1035），元昊"取瓜、沙、肃三州……元昊既悉有夏、银、绥、宥、静、灵、盐、会、胜、甘、凉、瓜、沙、肃"；第二次为"河西之州九：曰兴、曰定、曰怀、曰永、曰凉、曰甘、曰肃、曰瓜、曰沙"。瓜州除了上列二次外，还有另外二载，一是天圣八年（1030），"瓜州王以千骑降于夏"；二是"有左右厢十二监军司……曰瓜州西平"。总体而言，二者地位均不高，但瓜州有西平监军司之设，地位似又高于沙州。这种状况通过榆林窟题记也可得到反映。史金波从莫高窟北区 B243 窟发现编号为 B243:5 的西夏文文献发现有"肃瓜统军"一词，"肃"指肃州，"瓜"指瓜州，"统军"是西夏监军司的最高长官，推想"西夏时期或西夏某一时期，敦煌地区由监军司直接管理"。[2] 这是有可能的。

　　然黑水城遗址出土西夏法典《天盛改旧新定律令》又载沙州也有监军司，乃西夏十七个监军司之一。属中等司，国家派二正、一副、二同判、四习判共九位官员，此外还有三都案为办事吏员以及十二名案头（司吏）。其所设官员比肃州、瓜州、黑水等监军司多一正、一副、一习判，若据此推断，沙州监军司又比附近的肃州、瓜州、黑水等监军司重要。[3] 据史籍记载，西夏只有十二个监军司，但《续资治通鉴长编》卷一二〇载景祐四年（1037）十二月，元昊"置十八路监军司，委酋豪分统其众。自河北至卧啰娘山七万人，以备契丹；河南洪州、白豹、安盐州、罗洛、天都、惟精山等五万人，以备环、庆、镇戎、原州；左厢宥州路五万人，以备鄜、延、麟、府；右厢甘州路三万人，以备西蕃、回纥；贺兰驻兵五万、灵州五万人、兴庆府七万

1　沙武田：《莫高窟第 61 窟甬道壁画绘于西夏时代考》，《西北第二民族学院学报》2006 年第 3 期，第 61 页。
2　史金波：《敦煌莫高窟北区西夏文文献译释研究》（3），彭金章、王建军：《敦煌莫高窟北区石窟》第 3 卷，北京：文物出版社，2004，第 432 页。
3　史金波：《敦煌学和西夏学的关系及其研究展望》，《敦煌研究》2012 年第 1 期，第 55 页。

人为镇守，总三十余万"。[1] 宋人楼鑰亦云："元昊……又置十八监军司，委酋豪分统其众，总十五万。"[2] 然观《天盛改旧新定律令》又言西夏有十七个监军司。这种差距是否因时代不同而有所变化，未可知也。

天盛律令还规定，各地诸司的官畜、谷物等收支情况要按规定期限上报首都，京师及其附近需要三个月一报，肃州和黑水等地半年一报，只有两地是一年一报，即沙州和瓜州。[3] 尽管这是依据与京师的远近而有不同的规定，但西夏时期沙州、瓜州地处西偏，其重要性不足与京师中兴府等地相提并论则是显而易见的。

沙州以此窘境，何来那么大的力量来营建大型石窟呢？元代则不同，沙州是西宁王的驻地。天历二年（1329）出伯子忽答里迷失（又作忽塔迷失、忽答的迷失、忽塔忒迷失）被封为西宁王，佩金印螭纽，位列二等诸王，驻于沙州。是年十二月，忽答里迷失继其英年早逝的侄子喃答失之位而成为第四代豳王。[4] 翌年，空缺出来的西宁王位由忽答里迷失侄速来蛮继袭。[5] 速来蛮于至正十年（1350）去世（详前），驻守敦煌 20 年，地位显赫，在他统治期间，敦煌地位重要，交通发达，佛教昌盛，文化发达。集王家之力开凿这些洞窟，不存在任何问题。历史认知的错位是西夏说之所以能够形成的核心因素。

其二，谢先生对第 465 窟的断代是以第 464 窟为基础的，而第464 窟实乃元代晚期由回鹘人在蒙古豳王家族支持下，对原来的北凉窟进行改造而成的。[6] 若此说成立，则第 465 窟西夏说自然难以立足。

1　（宋）李焘：《续资治通鉴长编》卷一二〇"景祐四年（1037）十二月癸未"条，北京：中华书局，1986，第 2854 页。

2　（宋）楼鑰：《范文正公年谱》，四川大学古籍所整理《范仲淹全集·附录二》，成都：四川大学出版社，2002，第 888 页。

3　史金波、聂鸿音、白滨译注《天盛改旧新定律令》，北京：法律出版社，1999，第 529 ~ 531 页。

4　《元史》卷三三《文宗纪二》，第 745 页。

5　《元史》卷一〇八《诸王表》，第 2739 页；《元史》卷三四《文宗纪三》亦载至顺元年（1330）三月"甲戌，封诸王速来蛮为西宁王"，第 755 页。

6　杨富学：《敦煌莫高窟第 464 窟的断代及其与回鹘之关系》，《敦煌研究》2012 年第 6 期，第 1 ~ 18 页。

其三，谢先生认为，就艺术风格言，第 465 窟与西夏藏传绘画之间存在着渊源关系，"带有典型的波罗卫藏风格，其创作年代应在榆林窟之前的西夏初年"。[1] 西夏对佛教的接受，早期主要来自回鹘佛教，继回鹘之后，汉传佛教占主导地位，而藏传佛教在西夏的传播，已晚至西夏仁宗时期。据藏文《红史》《新红史》《青史》《汉藏史集》《贤者喜宴》等文献记载，天盛十一年（1159），仁宗遣使入藏专程迎请著名藏传佛教高僧、噶玛噶举派的创始人都松庆巴（Dusum Kyenpa，1110–1193），都松庆巴派弟子藏索（Tsang Sopa）格西来到西夏，带来了两幅唐卡，其一为《胜乐轮》，其二为《金刚亥母》，此后藏传佛教始对西夏产生大的影响。[2] 自 1159 年始闻藏传佛教，到聘请西藏高僧前来，然后夏人皈依藏传佛教，需要多少年？藏传佛教传入后与西夏文化结合，形成具有西夏特色的艺术风格又需要多少年？西夏艺术风格形成后传入敦煌、瓜州，又需要多少年？这些恐怕都是不能完全忽略的因素。说者之所以认为西夏初即已受到藏传佛教影响，原因就在于置历史事实于一边而不顾；其次还在于误解了元昊"通蕃汉文字"[3] 的真正含义。西夏国时期，所谓"蕃"者，概指西夏，"西蕃"才指吐蕃。如黑水城出土西夏时期汉文文书《观弥勒菩萨上生兜率天经》（TK-81、TK-82、TK-83）发愿文言："西番（吐蕃）、番（西夏）、汉藏经及大乘经典。"[4] 又，西夏汉文本《观弥勒菩萨上生兜率天经》（TK-58）御制发愿文记载："念佛诵咒，读西番、番、汉藏经。"[5] 谢先

1　谢继胜：《西夏藏传绘画——黑水城出土西夏唐卡研究》，石家庄：河北教育出版社，2002，第400 页。

2　George N. Roerich, *The Blue Annals*, New Delhi：Indological Publishers & Booksellers, 1988, p.517；Marylin M.Rhie & Robert A.F.Thurman, *Wisdom and Compassion.The Sacred Art of Tibet*, San Francisco：Asian Art Museum-New York：Tibet House, 1991, p.49；史金波：《西夏社会》，上海：上海人民出版社，2007，第 600 页；杨富学：《文殊山万佛洞西夏说献疑》，《西夏研究》2015 年第 1 期，第 26 页。

3　《宋史》卷四八五《夏国传上》，第 13993 页。

4　俄罗斯科学院东方研究所圣彼得堡分所、中国社会科学院民族研究所、上海古籍出版社合编《俄藏黑水城文献》第 2 册，上海：上海古籍出版社，1996，第 315 页。

5　俄罗斯科学院东方研究所圣彼得堡分所、中国社会科学院民族研究所、上海古籍出版社合编《俄藏黑水城文献》第 2 册，第 48 页。

生误把特指西夏国的"番""蕃"理解成了吐蕃，张冠李戴，故而得出西夏初即流行藏传佛教的结论。

其四，谢先生言第465窟绘画风格与黑水城作品有相互继承关系，但"不可能是接受了西夏藏传佛教绘画的影响，而只能是黑水城西夏唐卡接受了465窟壁画所代表的早期西藏绘画风格。所以，笔者坚信，第465窟的壁画一定要远远地早于西夏所出唐卡"。[1] 按照文化传播学的立论，一般来说，文化传播总是由文化中心区向四周扩散。这一立论完全适应于敦煌艺术，所谓"凉州模式""长安模式""云冈模式"对敦煌艺术的影响，都是明证。西夏鼎盛时期的黑水城不仅拥有重要的政治、军事地位，而且是一座经济繁荣、文化较为发达的城市。当时黑水城内之官署、民居、店铺、驿站、佛教寺院以及印制佛经、制作工具的各种作坊布满了城区，一派繁荣昌盛的景象。这种情况大约持续了近200年之久。敦煌远不具备这种文化中心地位。

其五，谢先生根据石窟前室出现的大量汉文题记，指第465窟在元代已经废弃。[2] 殊不见，所有题记都书写于前室空白位置，壁画保存完好的主室却无一处胡乱刻画者。15则年代清楚的题记全都集中在1325年至1372年之间，而这段时间正是豳王家族统治敦煌的时期，也是元代敦煌发展的黄金时段。敬佛同时保护石窟之意甚为明显，完全看不出废弃的迹象。

综而言之，第465窟为元窟当无可疑。如是，则与第464、465窟风格接近的第462、463窟亦应属元代，当无疑义。只有第461窟为北周窟，学界不存在疑问。

在北区石窟中，除第462、463、464、465窟外，大多没有壁画，只有少数洞窟在清理过程中有用汉文、回鹘文、西夏文、藏文、蒙古文、八思巴文、梵文、叙利亚文、婆罗迷文等多种文字的文书残片

1　谢继胜:《西夏藏传绘画——黑水城出土西夏唐卡研究》，第383页。
2　谢继胜:《西夏藏传绘画——黑水城出土西夏唐卡研究》，第395～396页。

出土，依据这些残片，大体可以初步确认 B53、B77、B126、B144、
B149、B163 等应为元代洞窟。[1]

　　值得注意的是，这些洞窟大多指向元代，还有更多的洞窟，开
凿时代无法确定，但从洞内出土的遗物看，元代最多，说明有不少
洞窟的使用下限可以确定在元代。在莫高窟北区出土的文献中，很
多都与豳王家族息息相关。B53 窟出土有一件元代写本，为叙利亚
文《圣经·旧约》之《诗篇》（表二文书 6g），字里行间插写了 16 行
回鹘文佛教头韵诗（文书 6f），其中第 6 行出现有 qulï 和 nom-taš 二
词。[2] 二词之含义，阿不都热西提准确地解释为蒙古第二代豳王 Nūm-
qūlï（喃忽里）和第三代豳王喃答失（Nomdaš）。[3] 果如是，则该回鹘
文文献即为回鹘佛教徒献给蒙古豳王喃忽里和喃答失父子的颂歌。无
独有偶，在北京大学所藏的敦煌文书中，有编号为北大 D 154V 的回
鹘文写本，内容是敦煌当地回鹘佛教徒献给豳王家族成员西宁王速
来蛮的颂歌。[4] 1350 年，速来蛮去世，其子阿速歹命吐鲁番三鲁克沁
（Üč Lükčüng）城之撒里都统（Sarïɣ Tutung）抄写内有《度亡书》的
回鹘文《吉祥胜乐轮（Śri-akrasamvara）》（Or.8212-109）以超度亡灵，

1　杨富学、张海娟：《从蒙古豳王到裕固族大头目》，第 101 页。参见彭金章、王建军《敦煌莫高
　　窟北区石窟》第 1 卷，北京：文物出版社，2000，第 198～199、282～283 页；《敦煌莫高窟北
　　区石窟》第 2 卷，北京：文物出版社，2004，第 171、270、302 页；《敦煌莫高窟北区石窟》第
　　3 卷，北京：文物出版社，2004，第 146 页。

2　Peter Zieme, "Zwei uigurische Gedichte aus Dunhuang-Ein Deutungsversuch," *Türk Dilleri
　　Araştırmalı Gilt* 11, 2001, S.128; Abdurishid Yakup, On the Interliner Uighur Poetry in the Newly
　　Unearthed Nestorian Text, *Splitter aus der Gegend von Turfan.Festschrift für Peter Zieme anlässlich seines
　　60.Geburtstags*, Herausgegeben von Mehmet Ölmez/Simone-Christiane Raschmann, Istanbul-Berlin,
　　2002, p.415.

3　阿不都热西提·亚库甫：《北京大学图书馆藏回鹘文〈西宁王速来蛮赞〉新探》，朱玉麒主编《西
　　域文史》第 6 辑，北京：科学出版社，2011，第 73 页；阿不都热西提·亚库甫：《古代维吾尔语
　　赞美诗和描写性韵文的语文学研究》，上海：上海古籍出版社，2015，第 277 页。

4　Abuduishid Yakup, Two Alliterative Uighur Poems from Dunhuang,《言語学研究》第 17/18 号，
　　1999, pp.3-4, 9-10；阿不都热西提·亚库甫：《北京大学图书馆藏回鹘文〈西宁王速来蛮赞〉
　　新探》，朱玉麒主编《西域文史》第 6 辑，第 61～77 页；阿不都热西提·亚库甫：《古代维吾尔
　　语赞美诗和描写性韵文的语文学研究》，第 259～279 页。

其写本发现地点同样也在北区的第464窟。[1] 豳王家族公主亡故后，也以第464窟为瘗窟。[2] 该窟还发现有回鹘文《上师赞》（编号464:73）。[3] 元代的上师多指藏传佛教高僧。此窟发现的464:143印本残片，内容为用头韵诗写成的回鹘语跋文，冀以将刻印某佛经一千本进行布施之功德回向皇太后和元成宗第二任皇后卜鲁罕（？~1307）。[4] 这些现象无疑都体现了元代河西回鹘人与蒙古皇室及豳王家族的特殊关系。B163所出文书也主要是元代之物，其中有吐鲁番蒙古统治者克德门巴特尔所颁发的令旨（表二文书32c），持有者享有"灌顶国师"尊号，另有出镇沙州的蒙古诸王阿剌忒纳失里的令旨在莫高窟北区有出土（表二文书32d），而阿剌忒纳失里又与豳王出伯为未出五服的堂兄弟，故而可推定B53、B163二窟皆元代之窟，应与豳王家族关系密切。上述诸因素所构成的证据链表明莫高窟北区应为蒙古黄金家族沙州西宁王系王家寺院之所在，犹肃州豳王家族将文殊山视作王家寺院一样（详前）。

除了上述洞窟之外，东千佛洞第2窟、榆林窟第29窟窟顶发现的兰札体梵文题壁，也使人不由将之与元代乃至蒙古豳王家族相联系。

东千佛洞第2窟长期被视作西夏石窟的代表，然观前室东壁南北二侧各有兰札体种子词 hrīh（图10-3）和 Hūm（图10-4），前者音译作纥哩，为无量寿之种子字，h贪r嗔ī痴三毒即h涅槃，表示"烦恼即菩提"之意。后者音译作吽，为阿閦佛之种子字。念诵仪轨曰：

1　P. Zieme und G.Kara, *Ein uigurisches Totenbuch. Nāropas lehre in uigurischer Übersetzung von vier tibetischen Traktaten nach der Samelhandschrift aus Dunhuang British Museum Or. 8212(109)*, Budapest, 1978, S.160-162；杨富学：《回鹘之佛教》，乌鲁木齐：新疆人民出版社，1998，第123~124页。

2　杨富学：《敦煌莫高窟第464窟的断代及其与回鹘之关系》，《敦煌研究》2012年第6期，第12~13页。

3　阿不都热西提·亚库甫：《莫高窟北区石窟出土回鹘文文献的综合研究》，彭金章主编《敦煌莫高窟北区石窟研究》下册，兰州：甘肃教育出版社，2011，第443~446页。

4　阿不都热西提·亚库甫：《莫高窟北区石窟出土回鹘文文献的综合研究》，彭金章主编《敦煌莫高窟北区石窟研究》下册，第462~463页。

图 10-3　东千佛洞第 2 窟东壁南侧种子词（杨富学拍摄）

图 10-4　东千佛洞第 2 窟东壁北侧种子词（杨富学拍摄）

"吽字想于心，变成五股杵。"[1] 众所周知，兰札体为梵文 14 种字体之一，兴起于元而盛于明、清两代。[2] 由壁画观之，种子词非后人所加，与整个壁画浑然一体，为同一时代之物，足证该窟为应开凿于元代。

与之相近的文字又见于榆林窟第 29 窟顶部。榆林窟第 29 窟为学界公认的具有典型意义的西夏窟，[3] 不惟窟内有大量党项供养人画像，更有西夏文题记可以证明，就其画风言，该窟壁画比较疏朗（图 10-5），与山嘴沟石窟所见壁画（图 10-6）颇为近似，故推定其为西夏窟当无疑义。学界有一种意见，认为西夏壁画内容密集、千篇一律。然观西夏国时代的山嘴沟石窟，完全不是如此，而是以疏朗为主，绘画内容也很灵活，未见千篇一律的千佛。究其实，密集型绘画可以藏传佛教绘画为代表，尤以唐卡最为典型，西夏晚期绘画受藏传佛教影响倒是有可能的。这里需重点提及的是，该窟窟顶有兰札体六字真言（图 10-7），乃后世所补绘，与四壁所见西夏绘画为不同时代之遗墨。刘玉权似乎没有注意到这一点，径言窟顶六字真言为西夏之物。[4] 六字真言信仰固然出现较早，但从经典中被剥离出来作为独立的崇拜对象，乃至在中原及周边地区流行，那已是忽必烈建立元朝以后之事了，[5] 更勿论兰札体兴起于元代这一标志性因素。

榆林窟第 29 窟西夏文题记众多，内容指向西夏国。就其绘画风格言，也与山嘴沟石窟西夏绘画接近，该窟应为典型的西夏窟，也是

1　（唐）不空译《金刚顶莲华部心念诵仪轨》，《大正藏》第 18 册，No.873，页 299b。

2　张保胜：《敦煌梵字陀罗尼》，彭金章、王建军：《敦煌莫高窟北区石窟》第 3 卷，北京：文物出版社，2004，第 458 页；林光明编著《兰札体梵字入门》，台北：嘉丰出版社，2004，第 15 页；参见 A. Wylie, On an Ancient Buddhist Inscription ay Kiu-yong-koan in North China, *Journal of the Royal Asiatic Society* New Series 5, 1871, pp.14~44；藤枝晃「刻文の六體文字について」，村田治郎編『居庸關』I，京都：京都大学工学部，1957，第 127-130 頁。

3　刘玉权：《榆林窟第 29 窟窟主及其营建年代考论》，敦煌研究院《段文杰敦煌研究五十年纪念文集》，北京：世界图书出版公司，1996，第 130~138 页；段文杰：《榆林窟的壁画艺术》，《中国石窟·安西榆林窟》，北京：文物出版社、东京：平凡社，1997，第 161~176 页；沙武田：《敦煌西夏石窟分期研究之思考》，《西夏研究》2011 年第 2 期，第 30 页。

4　刘玉权：《榆林窟第 29 窟考察与研究》，敦煌研究院编《榆林窟研究论文集》，上海：上海辞书出版社，2011，第 372 页。

5　杨富学：《河西多体文字合璧六字真言私臆》，《中国藏学》2012 年第 3 期，第 89~93 页。

图 10-5　瓜州榆林窟第 29 窟西夏壁画（敦煌研究院供图）

图 10-6　银川山嘴沟石窟第 3 窟南侧西夏壁画

资料来源：宁夏文物考古研究所编著《山嘴沟西夏石窟》，北京：文物出版社，2007，图版 314。

图 10-7　瓜州榆林窟第 29 窟窟顶兰札体六字真言（杨富学拍摄）

现可确定的唯一西夏窟。至于其他所谓"大红大绿""千篇一律"的西夏绘画，其实都需要划上大大的问号。曹氏归义军政府设有画院，"大致延续了百余年，曾一度兴盛，在曹元忠任节度使之后日趋衰落"。[1] 当画院衰败时，颜料来源出现问题，艺术创造力自然受到制约，但曹氏时期画风之影响还会长期延续。在这种情况下，形成具有曹氏时期某些风格特点，但画面却显得"千篇一律"之现象是很正常的，没有理由将其归入西夏。

考虑到瓜州地区在蒙元早期的衰落及阔王家族入居以后的繁荣昌盛，东千佛洞第 2 窟和榆林窟第 29 窟窟顶所见的兰札体种子词，都应为阔王家族统治时期之遗墨。另外，东千佛洞第 6 窟，亦为元窟，

1　段文杰：《晚期的莫高窟艺术》，《敦煌研究》1985 年第 3 期，第 12 页（收入氏著《敦煌石窟艺术论集》，兰州：甘肃人民出版社，1988，第 239 页）。

学界殆无疑义。[1] 鉴于东千佛洞第 4、5、7 窟与第 2 窟画风的近似，可推定其当属元朝晚期之作，庶几应与豳王家族的奉佛息息相关。果若是，则东千佛洞之主要洞窟多属元代，可以推想，这里很有可能是豳王家族瓜州系佛事活动的主要区域，甚或可以称作肃王系王家石窟寺。榆林窟同样受到豳王家族的支持，从窟中所见元代汉文题记看，差不多皆为元末豳王家族统治期所写，而且还有该家族太子主持修造石窟的记录。看来，元末榆林窟的香火当比此前要旺盛得多，只是适合开凿新石窟的崖面却很有限，故而不得不选择东千佛洞。东千佛洞位处肃王所居锁阳城东南 23 公里处的长山子北麓，比到榆林窟还近十余公里。作为王家寺院，地理距离比较适中。

　　既然肃州、沙州、瓜州豳王家族各有王家寺院，分别对应文殊山、莫高窟北区和东千佛洞，那么，哈密豳王家族成员是不是也应有自己的寺院呢？

　　哈密自唐末以来即为西域佛教中心之一，位处哈密市柳树泉农场白杨沟村东 1 公里处的白杨沟佛教寺院遗址形成于唐代，兴盛于 8 ～ 10 世纪。[2] 史载，唐代伊州下辖的纳职县（今拉甫却克古城）正北 20 里的地方有一所香火旺盛的佛教寺院，似指此处。高昌回鹘王国时期，纳职地位重要，据敦煌文献 P.2962《张议潮变文》和 P.3451《张淮深变文》记载，纳职回鹘曾于 9 世纪下半叶多次入侵瓜沙地区。[3] 元代，这里又充任威武西宁王的驻牧之地，具有比较重要的战略地位。[4]

　　20 世纪初，德国探险家格伦威德尔从遗址中发现了多件回鹘文文献，说明该寺在高昌回鹘时代仍在行用。值得注意的是，出土物中常

1　敦煌研究院编《敦煌石窟内容总录》，北京：文物出版社，1996，第 223 页。

2　王毅民主编《哈密文物志》，乌鲁木齐：新疆人民出版社，1993，第 84 ～ 86 页；西北大学丝绸之路文化遗产与考古学研究中心、新疆哈密地区文物局：《白杨沟上游佛寺遗址调查报告》，《2009 年东天山文化研究》，乌鲁木齐：新疆人民出版社，2009，第 43 ～ 67 页。

3　杨富学：《〈张淮深变文〉所见"破残回鹘"来源考》，高国祥主编《文献研究》第 1 辑，北京：学苑出版社，2010，第 16 ～ 29 页。

4　杨富学：《榆林窟回鹘文威武西宁王题记研究》，《庆贺饶宗颐先生 95 华诞敦煌学国际学术研讨会论文集》，第 218 页；杨富学、张海娟：《从蒙古豳王到裕固族大头目》，第 144 页。

有藏文与回鹘文杂陈，[1]这是元代回鹘文文献出土时特有的现象。说明寺院在元代仍很兴盛。斯坦因根据遗址壁画残留及使用土坯的大小，认为该寺院遗址是高昌回鹘时期之物。[2]综合格伦威德尔和斯坦因的考古发掘成果，结合汉史记载，可以认为，白杨沟佛寺遗址形成于唐代，在高昌回鹘时期重新修复过，元代晚期依然香火旺盛。

　　蒙元时期，哈密佛教持续发展，元朝国师必兰纳识里就出自这里；[3]敦煌莫高窟 464 窟所出回鹘文密宗文献《吉祥轮律仪（Śri-Cakrasamvara）》就是哈密人阿黎耶·阿阇梨 Ārya äcarya）奉佟巴（Ston-pa）大师之命翻译的。后受沙州西宁王阿速歹之命抄写，用以超度其父速来蛮之亡灵；[4]马可·波罗（Marco Polo）也说："[哈密]居民是偶像崇拜者。"[5]直到 15 世纪中期，佛教在哈密的势力都是很大的，信徒众多，并得到哈密王室（豳王家族威武西宁王后裔）的支持，故明廷在这里设立了专门机构"僧纲司"进行管理并修建佛寺。[6]

　　综合上述诸因素，复观白杨沟寺院规模之宏大，尤其是著名的哈密本回鹘文《弥勒会见记》即出自白杨沟附近板房沟这一事实，使人相信，白杨沟佛寺遗址很可能即为哈密威武西宁王家族寺院之所在。

1　A. Grünwedel, *Altbuddhistische Kultstatten in Chinesisch-Turkistan*, *Bericht über archaologische Arbeiten von 1906 bis 1907 Kuca*, *Qarasahr und in der Oase Turfan*, Berlin, 1912, S.223;〔德〕A. 格伦威德尔:《新疆古佛寺：1905 ~ 1907 年考察成果》，赵崇民、巫新华译，北京：中国人民大学出版社，2007，第 400 ~ 401 页。译文将 1906 年误作 1905 年。

2　A. Stein, *Serindia.Detailed Report of Explorations in Central Asia and Westernmost China*, Vol.III, Oxford: Clarendon Press, 1921, p.1155;〔英〕A. 奥雷尔·斯坦因:《西域考古图记》，巫新华等译，桂林：广西师范大学出版社，1998，第 658 页。

3　《元史》卷二二〇《释老传》，第 4519 ~ 4520 页。

4　庄垣内正弘「ウイグル語寫本・大英博物館藏 Or.8212(109) について」『東洋学報』第 56 巻 1 号，1974，第 45 頁。

5　Henry Yule, *The Book of Ser Marco Polo.The Venetian concerning the Kingdoms and Marvels of the East*, Book I, London, 1903, p.210; William Marsden, *The Travels of Marco Polo*, The Venetian, New York 1984, p.72.

6　《明英宗实录》卷九四，台北："中央研究院"历史语言研究所校印，1962，第 1898 页。

第十一章　裕固族对敦煌文化的贡献

　　裕固族是甘肃省特有的少数民族之一，今分布于河西走廊东起武威，西到酒泉的狭长区域。该民族人口虽少，但有着悠久的历史和辉煌灿烂的古代文化。遗憾的是，学术界对裕固族古代文化，尤其是古代敦煌裕固族文化的研究缺乏应有的关注。其实，敦煌即蕴含着相当丰富的回鹘文、蒙古文、八思巴文、汉文历史文化资料，而且有为数众多的由裕固族及其先民开凿的石窟和辉煌的石窟艺术，他们不仅是维吾尔族、蒙古族的历史文化遗产，对裕固族来说，更具有填补古代文化史空白的意义，他们不仅见证了裕固族从孕育到形成的发展历程，更是裕固族对敦煌文化做出重大贡献的实物依据。

第一节 敦煌——裕固族的形成地

学界谈裕固族的来源，奢谈吐鲁番，因为学界长期来一直把裕固族东迁之歌中的"西至哈至"定位为西州火洲，即今天的吐鲁番，认为裕固族就是从那里东迁至河西走廊的。今天裕固族传唱的民歌《我们来自西至哈至》唱词曰：

yoɣur kïsi arddïng öyden gel de
尧熬尔人啊来自那西方
šizhinïnghazhidan mangïv gel de
从那西至哈至来的
ğöylernï uhguslernï haydev gel de
赶着那牛和羊
sarïɣ teynï men mïnïv ğangğangğïv gel de
骑着那黄驼一路走来

mangïvla qanfotunwanfošağa et de
经过了千佛洞和万佛峡
bazitunbašïndan uzağa qayqav
登上那高高的八字墩顶四下瞭望
bazitunbašïnda bïr yol dïro
八字墩顶上有条横路
mangïvla balɣïmlïɣ yerɣe et de
来到了这长满红柳的地方

其中的"西至哈至"由于不见于史籍记载，故具体指何地，一直众说纷纭，有的视"西至"为"盐渍"之音转，"哈至"乃"甘州"的音转；也有的认为应系明代撒里维吾尔居地安定、曲先的音转，用以概括裕固族东迁之前的所有驻牧地；还有人指"西至"即"肃州"，"哈至"为"artdaq（西方）"的转音，意为"肃州以西的地方"；还有的言称是从哈密、于阗、喀什乃至撒马尔罕来的。但目前最流行的说法是吐鲁番，指"西至"为"西州"之音转，"哈至"为"火洲"之转音。才让丹珍在整理该传说时，更是直接命题为《尧熬尔来自西州哈卓》，[1] 导向意义极为明显。

反观吐鲁番史籍，却只字不见裕固族来自吐鲁番的记载，即使在今天，研究吐鲁番历史和高昌回鹘史的著作汗牛充栋，却始终都对裕固族东迁事几无提及。何也？因为除了东迁传说之类文学作品外，没有任何文献依据可以支撑此种说法。相反，大量证据可以证明，裕固族东迁之地"西至哈至"指的就是沙州与瓜州。[2] 东迁入肃州后，与当地的蒙古人、回鹘人进一步融合，现代意义的裕固族共同体得以最终定型。

尤有进者，现在传唱的裕固族东迁之歌，全部押脚韵（又称尾韵），不太符合裕固族先民的文化传统。古代回鹘文、蒙古文诗歌一般都是押首韵的，其中有部分既押首韵又押脚韵，但只押脚韵而不押首韵者比较少见。[3] 押首韵之传统，即使在回鹘文失传 200 年后，在裕固族中尚继续得到保留。1910～1911 年、1913～1915 年，马洛夫（С.Е.Малов）曾二度赴裕固族地区进行调查，收集了 40 首裕固族民歌，全部押首韵，而且大多数既押首韵又押脚韵，而未见仅押脚韵

1　才让丹珍：《裕固族风俗志》，天津：天津古籍出版社，1993，第 246 页。

2　杨富学：《裕固族东迁地西至哈至为沙州瓜州说》，《河西学院学报》2015 年第 6 期，第 1～10 页。另请参见胡小鹏《试揭"尧呼儿来自西至哈至"之谜》，《民族研究》1999 年第 1 期，第 68～73 页；胡小鹏《元明敦煌与裕固族的历史关系》，《敦煌研究》1999 年第 4 期，第 118～131 页。

3　耿世民：《试论维吾尔古典诗歌中的韵律和形式》，《少数民族诗歌格律》，拉萨：西藏人民出版社，1986，第 490～491 页；满都呼：《蒙古族诗歌格律》，《少数民族诗歌格律》，拉萨：西藏人民出版社，1986，第 423～435 页；杨富学、阿不都外力·克热木：《回鹘文摩尼教诗歌及其审美特征》，《新疆大学学报》（哲学·人文社会科学版）2010 年第 3 期，第 72～76 页；阿依达尔·米尔卡马力：《回鹘文诗体注疏和新发现敦煌本韵文研究》，上海：上海古籍出版社，2015，第 5 页。

者。[1] 1949 年以后，由于汉文化影响的加剧，尤其是 1976 ~ 1984 年民歌改写潮的洗礼，裕固族民歌韵律开始发生明显变化，押脚韵而不押首韵的情况越来越多，出现了"以押尾韵为主"，只有少量民歌押头韵的状况。[2] 就裕固族东迁传说言，杜秀英（曲木塔尔）演唱（2006 年录音）的《西至哈至》既押首韵，也押脚韵。[3] 裕固族至今仍在演唱的民歌《祝福歌》、《哭嫁歌》和《戴头面歌》都是如此，而且，都是两句一韵，四句合为一首。这些民歌显然为回鹘文化传统和蒙古头韵诗传统的延续。仅从韵律的运用即可判断，今天传唱的《我们来自西至哈至》民歌只押脚韵而几乎不关照头韵，而且不合两句一韵，四句一首的格律（只有第 6、7 句首之 bazitun 押韵，但不合裕固族民歌之韵律和格律），必为近二三十年来的新创作，而非传统裕固族民歌之旧貌，甚至连原作的改编都算不上。类似情况又见于《裕固族简史》，其所录裕固族东迁"民歌"[4] 实为叙事长诗，与裕固族民歌之短小质朴不可同日而语，也不合裕固族传统民歌之韵律与格律，甚至还有很多在裕固族传统民歌中不可能出现的"寡不敌众""宁死不降""民族的历史永记心上"之类内容，充其量可勉强够得上新创"民歌"。这些新创"民歌"误导了学术界对裕固族形成史的研究。裕固族来自吐鲁番之说可以休矣。

元代，在今甘肃西部、宁夏、青海一带设立甘肃行中书省，治甘州，统辖七路与二直隶省部之州，河西走廊中西部的甘州路、永昌路、肃州路、沙州路皆属之。[5] 史载，至顺二年（1331）七月，元政府曾"调甘州兵千人、撒里畏兀兵五百人守参卜郎，以防土番"。[6] 至

1　С. Е. Малов, *Язык Желтых Уйгуров.Тексты и переводы*，Москва 1967，No.163-202，стр.172-207.

2　杜亚雄：《裕固族西部民歌研究》，《甘肃民族研究》1981 年创刊号，第 88 页；陈宗振、雷选春：《裕固族民歌的格律》，《少数民族诗歌格律》，拉萨：西藏人民出版社，1986，第 480 页。

3　肃南裕固族自治县裕固族文化研究室编《裕固族民间文学作品集》（一），兰州：甘肃民族出版社，2013，第 391 ~ 392 页。

4　《裕固族简史》编写组：《裕固族简史》，第 45 ~ 46 页。

5　李治安：《元代行省制度研究》，北京：中华书局，2011，第 450 ~ 458 页。

6　《元史》卷三五帝纪四》，第 788 页。

元元年（1333）六月，"有司言甘肃撒里畏兀产金银，请遣官税之"。[1]
上述记载表明，元代撒里畏吾人的居地应在甘肃西部，更确切一点儿
说，应在沙州路境内。学界有言"黄头回纥与沙州回鹘是一个群体"，[2]
信有征矣。及至明代，始明确将裕固族的居地厘定在沙州、瓜州，如
李应魁《肃镇华夷志·属夷内附略》记载：

> 黄番，亦沙瓜等地之番，原系都督俺章之部落也……明国初
> 在沙瓜州等地。[3]

这里的"黄番"，顾名思义，"黄"即 sarï ɣ 之意译，"番"即畏吾之
谓，实即"撒里畏吾""黄头回纥"的意译。有意思的是，《肃镇华夷
志》却称其"原系都督俺章之部落"。俺章，即豳王后裔"安定王"
之讹读。洪武八年（1375），豳王卜烟帖木儿被明太祖改封为安定王。
《明史》记载：

> ［洪武八年］正月，其王遣傅卜颜不花来贡，上元所授金银
> 字牌。请置安定、阿端二卫，从之，乃封卜烟帖木儿为安定王，
> 以其部人沙剌等为指挥。[4]

无独有偶，民国年间修《创修临泽县志》亦对"黄番"有大体相
同的解释：

> 黄番住甘肃境内者，称黄番，又称熟番，系古西喇古尔黄番
> 蒙古裔也。[5]

---

1 《元史》卷三八《顺帝纪一》，第 827 页。

2 高自厚、贺红梅：《裕固族通史》，兰州：甘肃人民出版社，2003，第 38 页。

3 （明）李应魁：《肃镇华夷志校注》，高启安、邰惠莉点校，兰州：甘肃人民出版社，2006，第
281 页。

4 《明史》卷三三〇《西域传二·安定卫》，第 8550 页。

5 民国《创修临泽县志》卷三《族志》，张志纯校点，兰州：甘肃文化出版社，2001，第 118 页。

只是这一解释更耐人寻味。西喇古尔，亦即乾隆《重修肃州新志》所谓之"师刺国"，即撒里畏兀儿（Sarïy-Uigurs）之音译，却又言其为"蒙古裔"。直到今天，裕固族中的蒙古裔仍自称尧乎尔（畏兀儿）而不言蒙古族，情形何其似也。质言之，这里的"黄番"，除瓜沙地区的回鹘人外，还应包括与"撒里畏吾"已融为一体的蒙古豳王家族成员，亦即李应魁所谓之"都督俺章之部落"。

1911 年，马洛夫在裕固族中进行调查，当地裕固族人传说：

> 尧乎尔人先前来自千佛洞（Чембудун）和万佛峡（Ванфуса），这是汉人的叫法，尧乎尔语称作西至哈至（Сиджо-Хаджо）。那里属于米拉固（Милагу）地区，尧乎尔人就是从那里来的。[1]

按，这里的米拉固（Милагу）实乃西拉固（Шилагу）之讹，俄语 М、Ш 之手写体接近，极易混淆，即"撒里畏吾"是也。如前文所言，西至哈至就是沙州瓜州，那里有千佛洞和万佛峡，学界言"黄头回纥与沙州回鹘是一个群体"，其实，在裕固族民歌中早就已经讲明了。在明初裕固族得名"黄番"之前，裕固族就已经在沙州、瓜州地区客观地存在着，具体时间无法确认，但元代回鹘人与蒙古人水乳交融之时，裕固族即已踏上形成之路。

纵观裕固族历史，有几个节点是非常关键的：

840 年，漠北回鹘汗国灭亡，部众西迁至河西走廊。

10 世纪中叶至 1028 年，甘州回鹘立国。

1036 ~ 1067 年，沙州回鹘立国。

1081 年，"黄头回纥"最早出现于史册。

1226 年，速不台征服撒里畏兀儿，撒里畏兀儿成为蒙古帝国之一部。

1　С. Е. Малов，*Язык Желтых Уйгуров. Тексты и переводы*，Москва 1967，No.206，стр.211.

1276 年，出伯、哈班兄弟脱离察合台汗国东归，入居河西。

1307 年，出伯被封为豳王，驻节地由甘州移至肃州，与当地回鹘人发生密切联系。

1329 年，哈班子宽彻被封为肃王，出伯子忽答里迷失被封为西宁王，分别瓜州和沙州。

明初，"黄番"名称出现于史册。

1446 年，沙州卫裕固族奉明甘州镇总兵官任礼之命，全部东迁入塞。

自 1307 年始，河西蒙古与河西回鹘发生密切联系，互相融合，原来的回鹘人逐步发展为裕固族的回鹘裔；与之相应，入居河西的蒙古则发展成为裕固族之蒙古裔。此前的历史可称作先民阶段，此后至明初，可称作裕固族的形成阶段，明朝中期裕固族东迁以后则可称作发展阶段。裕固族的东迁不是一次性完成的，也不是全部由敦煌、瓜州启程的，此外还有一支应由柴达木盆地东迁。由西至哈至东迁之歌主要在西部裕固族中传唱（今天东部裕固族所传唱者系由西部传入），在一定程度上表明自瓜沙东迁者主要是回鹘裔，而游牧于柴达木盆地的安定卫、曲先卫和阿端卫属民主要是蒙古裔，他们沿祁连山南麓东迁。明政府将这些东迁裕固人"分散安插"在"甘州南山"，即裕固族民间传说中的"八字墩"（今青海省祁连县野牛沟）草原。回鹘裔主要居住在沙州地区，可以推想，西至哈至传说反映的应是 1446 年沙州卫部众的东迁，乃裕固族发展史上具有标志性意义的大事。本文之所以不将"裕固族先民"这一概念用诸元代，个中原因即在于此。

明清时代，裕固族一直被称作黄番，清康熙年间，黄番被划分为七族，即：大头目家、杨哥家、五个家、八个家、赛丁家、亚拉格家、贺郎格家。康熙三十七年（1698）设"七族黄番总管"，以厄勒者尔顺为首任，获赐黄马褂和红顶蓝翎子帽，被习称"大头目"。[1] 乾

---

1 杨富学、张海娟、安玉军：《从蒙古豳王到裕固族大头目》，《河西学院学报》2014 年第 3 期，第 11 ~ 21 页。

隆二年纂《重修肃州新志》记载:"黄番,本师剌国。今在肃镇界者有
七族,设有正副头目,部给守备、千、把总职衔。"[1]

《肃镇华夷志》的记载表明,至迟在明初,裕固族这一民族共同
体——黄番即已正式出现于史册。

上述记载说明,有元一代至明初,由撒里畏吾和豳王家族融二为
一的黄番一直活动于敦煌、瓜州一带。这一记载很有说服力,惜未引
起学术界应有的关注。只有把裕固族历史置于河西回鹘(尤其是沙州
回鹘)的大背景中来认识,将河西回鹘之源与蒙古豳王家族之流做通
盘考虑,才能真正解决裕固族形成史研究中的诸多难解之谜。

裕固族之所以能够于敦煌形成,是在特定历史条件下多种因素交
合作用的结果。就其形成史而言,大致需要从以下三个方面入手,首
先为河西回鹘及其后裔,其次为河西蒙古(尤其是沙州西宁王系和瓜
州肃王系)及其后裔,再次为作为民族共同体的裕固族及其东迁。三
者都与敦煌密不可分,而这些内容又是早期裕固族研究领域最基本的
内核。

河西回鹘,学界常以甘州回鹘概言之,实则非也。840 年,回
鹘西迁,其中一支居于河西,其中,甘州是回鹘人较为集中的聚居
区,而且势力比较大,建立甘州回鹘国。至于其立国时间,学界说
法不一,有的认为立国时间应在 884 年以前,也有人认为是在 872
年,此外还有将立国时间定在 884 ~ 887 年之间、890 年、894 年、
895 ~ 900 年之间及 10 世纪初等多种意见。概言之,至迟于 10 世纪
初期,甘州回鹘国已经建立,经东征西讨,一度控制河西走廊,1028
年亡于西夏。除甘州回鹘外,散布在河西和陇右的部落尚有贺兰山回
鹘、秦州回鹘、凉州回鹘、合罗川回鹘、肃州回鹘和瓜沙回鹘等。其
中,瓜沙回鹘以敦煌为中心建立沙州回鹘国,只是存世时间较短,仅
有 32 年(1036 ~ 1068),而且势力不大,主要局限于瓜、沙二州地

1　(清)黄文炜修,吴生贵等校注《重修肃州新志校注·肃州》,北京:中华书局,2008,第
309 页。

区，史书无明确记载，唯有间接资料所构成的证据链表明，沙州回鹘政权曾一度存在过。[1]这是一个具有独立性的政权，在文化上虽与高昌回鹘存在着诸多相似性，二者间的联系也非常密切。但沙州回鹘有其独特性，如莫高窟第409、237、148窟和榆林窟第39窟所见回鹘王都身穿盘龙纹袍，这是高昌回鹘所不具备的，"明显地可以看出莫高窟第409窟（图0-5）的回鹘王及其王妃的供养像与柏孜克里克，甚至北庭西大寺，即西州回鹘（或称高昌回鹘）的供养人像有着十分明显的区别，表明两者并非一个政权。西州回鹘王与沙州回鹘王虽然都是回鹘族政权的国王，但他们的服饰制度差别很大，说明他们不是一个统一的国家政权……可以说明高昌回鹘没有统辖到沙州，高昌回鹘和沙州回鹘都是各自独立的政权"。[2]而非像森安孝夫所推想的那样，沙州回鹘政权附属于高昌回鹘。[3]

　　及至蒙元时代，河西地区，尤其是敦煌一带，仍然是回鹘活动的中心地区之一。尽管史书缺乏记载，但敦煌出土的大量元代回鹘文写本可以证明这一点，与之相佐证的还有为数丰富的回鹘文题记、回鹘文碑刻等。至元十七年（1280）前后，高昌回鹘因受到不服忽必烈统治的蒙古西北叛王的侵袭，不能自保，居民陆续迁往河西。史载，是年二月，忽必烈诏"畏吾户居河西界者令其屯田"。[4]至元二十年，高昌城破，亦都护火赤哈儿的斤不屈战死，继任者纽林的斤在元军的保护下东迁永昌堡（今武威北永昌镇）。[5]回鹘由高昌东迁河西，势必强

1　杨富学:《再论沙州回鹘国的成立》，樊锦诗、荣新江、林世田主编《敦煌文献、考古、艺术综合研究——纪念向达教授诞辰110周年国际学术研讨会会议论文集》，第365～385页。

2　贾应逸、侯世新:《莫高窟第409窟与高昌回鹘供养人像比较研究》，《敦煌壁画艺术继承与创新国际学术研讨会论文集》，上海:上海辞书出版社，2008，第515～516页。

3　森安孝夫「ウイグルと敦煌」，山口瑞鳳編『講座敦煌　2　敦煌の历史』，東京:大東出版社，1980，第331-338页；森安孝夫「敦煌と西ウイグル王国」『東方學』第74号，1987，第58-74页；Moriyasu, Takao, "The Sha-chou Uighurs and the West Uighur Kingdom," *Acta Asiatica* vol.78, 2000, pp.28-48.

4　《元史》卷一一《世祖纪八》，第222页。

5　安部健夫『西ウイグル國史の研究』，京都:彙文堂書店，1955，第120页；L. V. Clark, *Introduction to the Uyghur Civil Documents of East Turkestan*, 13th-14th cc, Bloomington, 1975, p.16；田卫疆:《高昌回鹘史稿》，乌鲁木齐:新疆人民出版社，2006，第102～104页

固回鹘在河西的势力。

裕固族的另一大族源为元明时期活跃于河西走廊的蒙古人，尤其是蒙古豳王家族成员。豳王家族指的是察合台曾孙出伯、合班兄弟及其后裔。至元十三年（1276），由于不满窝阔台汗海都、察合台汗八刺等于西域发动的叛乱，出伯、哈班兄弟率万骑东奔元廷，投于忽必烈麾下。出伯兄弟由此受到了忽必烈的重用，相继获封豳王（驻肃州，1307）、肃王（驻瓜州，1329）、西宁王（驻沙州，1329）、威武西宁王（驻哈密，1334），受命镇守河西走廊与西域东部地区。[1] 豳王家族对于上述地区的戍守，不仅确保了元朝西北边疆的安宁，同时亦极大地促进了蒙元陆路丝绸之路的复畅，保障丝路贸易的顺利进行。

明朝建立后，于西北地区设置七卫，诸卫中除原游牧于青海湖北部的罕东卫与新设的罕东左卫外，分布于撒里畏兀儿、河西西部、哈密等地的安定、阿端、沙州、哈密诸卫的蒙古贵族均由豳王集团转化而来。明初，以出伯家族及其后裔安定王家族为首的察合台后裔仍是嘉峪关外重要的游牧军事集团。及明朝中后期，随着西域瓦刺、吐鲁番等部的崛起，关西七卫备受侵扰，相继残破，被迫罢黜东迁。诸卫内徙嘉峪关后，在河西走廊诸地辗转流移，最终驻居祁连山下，发展为今天的裕固族。[2] 显而易见，裕固族的民族发展过程从未脱离过河西走廊这片热土。

第二节　裕固族古文献在敦煌的遗存

裕固族不仅于河西地区创造出了辉煌的历史，更以河西为基地造

1　杨富学、张海娟:《蒙古豳王家族与元代西北边防》,《中国边疆史地研究》2012 年第 2 期, 第 25 页。

2　《裕固族简史》编写组:《裕固族简史》, 第 44 ~ 47 页; 高自厚:《撒里畏吾尔东迁和裕固族的形成》,《西北民族研究》1986 年第 1 期, 第 106 ~ 120 页; 高启安:《明代哈密卫东迁与裕固族的形成》,（甘肃）《社会科学》1989 年第 4 期, 第 99 ~ 102 页。

就了绚丽灿烂的古代文化。敦煌所发现的古代回鹘文、蒙古文文献就
是裕固族先民遗留的珍贵历史文化遗产。

敦煌（包括沙州、瓜州二地）留存的纸本回鹘文文献大体可分
为三个部分，其一为莫高窟藏经洞（今编第17窟）所出的早期文献，
其二出自莫高窟北区，尤其是第464、465、B53、B163等元代洞窟中
发现的晚期文献，其三为敦煌石窟墙壁上留下的为数丰富的回鹘文题
记。这些回鹘语文献被发现后，经西方列强的巧取豪夺，纸本文献大
多流落海外，主要庋藏于伦敦大英图书馆、巴黎国立图书馆、斯德哥
尔摩民族学博物馆、日本京都有邻馆和圣彼得堡俄罗斯科学院东方写
本研究所等处，只有不可移动的石窟壁画题记及很少一部分纸本文献
现藏于我国的敦煌研究院、甘肃省博物馆和中国国家图书馆等处。

早期回鹘文文献共有50余件，其中19件为世俗文书，内容系往
来书信与商品账目等，乃研究9～10世纪敦煌地区回鹘之社会经济，
尤其是商业贸易史的珍贵资料。由文书观之，唐宋时代，沙州回鹘与
周边地区、周边民族保持着相当频繁的贸易往来，其经商者不仅有普
通商人，而且还有佛教僧侣、文武官员，甚至还有回鹘王室成员。贸
易物品种类繁多，既有丝织物、生丝、熟丝、毛布、棉布、麻绸、手
帕，也有锅、碗、瓢、盆之类的生活用品，更有用于农业生产劳动的
工具和纺织用具。其经商区域也相当广袤，西起于阗、吐鲁番、哈密、
仲云，北抵蒙古高原，东迄辽朝，都有回鹘使者与商旅活动的踪迹。[1]

除了上述世俗文书外，敦煌还发现有相当数量的早期回鹘语宗教
文献，其中大多为摩尼教、佛教文献，还有少量未能确定性质的宗教
典籍。

敦煌发现的早期回鹘文佛教典籍数量不多，比较重要的有《善
恶两王子的故事》、《佛说天地八阳神咒经》和《阿烂弥王本生故事》，
与藏经洞以外出土的后期回鹘语文献几乎全为佛教著作的状况迥然
有别。

1　杨富学、牛汝极：《沙州回鹘及其文献》，第40～45页。

敦煌发现的后期（蒙元时代）回鹘文佛教文献数量较多，且篇幅较长，保存比较完整，成为研究蒙元时代回鹘语文、佛教状况、哲学思想和文学成就的至宝。文献内容丰富，种类多样，经藏有《阿含经》《大白莲社经》《华严经》《金光明最胜王经》《佛说十王经》《净土三经》等，论藏方面有《阿毗达磨俱舍论》《妙法莲花经玄赞》《俱舍论颂注》《阿毗达磨顺正理论》《阿毗达磨俱舍论安慧实义疏》等，佛教文学作品有《佛教诗歌集》、叙事诗《常啼与法上的故事》及韵文体的《观音经相应譬喻谭》等，另有密宗文献《吉祥胜乐轮》、禅宗文献《说心性经》以及回鹘文书信等，还有"中土所撰"《玄奘传》和《佛祖历代通载》等。[1]

特别需要说明的是，当回鹘文于西域地区已经变成"死文字"后，河西地区的裕固族仍在继续使用这种文字。1910 年，马洛夫于甘肃酒泉文殊沟发现回鹘文《金光明最胜王经》写本（图 11–1），卷四有题跋（IV.74a-b）称：

> kang-si yigirmi altinč yïl altïnč aynïng säkiz yungïsï, či tigma tutmaq kün sim sičqan kün üzä bašlayu bitip, säkizinč aynïng ay tolunï biš yigirmisintä bitiyü tolu qïldïm kinki-lär-kä ulalmaq bolz-un! sadu ädgü!

我从康熙二十六年六月初八辛鼠日开始写，至八月十五日满月时写竟。让其流布后世吧！善哉！善哉！[2]

1 杨富学：《敦煌回鹘文化遗产及其重要价值》，《新疆大学学报》（哲学·人文社会科学版）2004年第 1 期，第 82 ～ 86 页；Abuduishid Yakup, "On the Newly Unearthed Uighur Buddhist Texts from the Northern Grottoes of Dunhuang," Sven Bretfeld-Jens Wilkens(eds.), *Indien und Zentralasien. Sprach-und Kulturkontakt*, Wiesbaden: Harrassowitz Verlag, 2003, pp.259–276；张铁山：《敦煌莫高窟北区出土回鹘文文献及其学术价值》，罗丰主编《丝绸之路上的考古·宗教与历史》，北京：文物出版社，2011，第 294 ～ 302 页。

2 В. В. Радлов-С.Е.Малов, *Suvarnaprabhāsa.Сутра золотого Блеска, Текст уйгурской редакции* (= *Bibliotheca Buddhica XVII*), Delhi 1992, p.343–344；C.Kaya, *Uygurca Altun Yaruk Giriş, Metin ve Dizin.*Ankara, 1994, S.207.

图 11-1　酒泉文殊沟本回鹘文《金光明最胜王经》

　　文献发现于文殊山，但抄经地点却在沙州，说明直到康熙二十六年（1687），敦煌至酒泉一带尚存在有信奉佛教的回鹘集团，更确切一点说，应为裕固族佛教团体。故沙畹、伯希和早就把酒泉本回鹘文《金光明最胜王经》定性为裕固族（Sary-Ouïgours）之遗物。[1] 三位抄经人 Bilgä Talui Šabï、Ratna Vijra Šabï 和 Čaxsapat Manggal Toyin 的名字中，有两位都带有 Šabï 一词。Šabï 者，即汉语"沙弥"之音译也，多见于晚期回鹘文文献，尤其是敦煌发现的元代回鹘文、蒙古文题记（图11-2）中，故可进一步推定，此人很可能为蒙古裔裕固人。[2]

图 11-2　瓜州榆林窟第 12 窟前室甬道北壁回鹘式蒙古文题记（敦煌研究院供图）

　　与之情况相仿，在伦敦大英图书馆收藏有编号为 Or.8212/75A-B

1　Éd. Chavannes-P.Pelliot, "Un traite manicheen retrouve en Chine," *Journal Asiatique*, 1913 mar.-avr., p.304；〔法〕沙畹、伯希和：《摩尼教流行中国考》，《西域南海史地考证译丛八编》，冯承钧摘译，第 80 页。

2　杨富学：《回鹘文献与回鹘文化》，北京：民族出版社，2003，第 210 页。

的敦煌本回鹘文《阿毗达磨俱舍论实义疏（Abhidharma-kośa-bhāsya-tikā Tattvārtha-nāma)》（图 11-3）和《观音经相应譬喻谭》。二者由同一人抄写，有题记曰："tükäl tämür tu-qya čizïndïm qoyn yïl onunč ay biš otuzqa sač[u] balïqta（余吐坎·铁木耳·吐喀雅书写。羊年十月二十五日于沙州城）。"其后又有题记曰："bičin yïl ikint(i ay) biš yangïqa sač[u] balïq ödig qïlïp biditim（幸福的猴年二月五日于沙州城发愿书写）"。从回鹘文题记看，该写本应为元末之物，抄写地点在沙州。羊年应为1355年，猴年应为1356年。特别值得注意的是，在写本末尾出现有回鹘式蒙古文题记：

> bad(a)raguldu taičing ulus-un bad(a)raguldu tŭrŭ-iyn gučidugar
> un-a arban sarain sine-iyn nigen-ŭ edŭr degedŭ bogda lama-iyn
> ulimar(?) bad(a)tdatgu(?)-iyn
>
> 辉煌的大清朝光绪三十年十月初一，为上圣喇嘛题写。

光绪三十年为 1904 年。该写本有可能原藏于莫高窟第 464 窟，后流落民间，再经蒙古人之手而留下了"光绪三十年"的蒙古文题记。[1] 也有可能如同《金光明最胜王经》一样，长期在裕固族或者某精通回鹘文的蒙古佛教团体中流通，后于 1907 年以不明原因落于斯坦因之手，亦未可知。

在纸本文献之外，裕固人还留下了三通非常珍贵的碑刻，其一为勒立于酒泉文殊沟的汉文—回鹘文合璧《有元重修文殊寺碑》，碑立于泰定三年（1326），立碑人为第三代豳王喃答失（Nom Taš）太子，记录了豳王家族修复文殊山佛教寺院的过程。[2] 其二为勒立于武威永昌堡的回鹘文—汉文合璧之《亦都护高昌王世勋碑》，碑石勒立

---

1 萨仁高娃、杨富学：《敦煌本回鹘文〈阿毗达磨俱舍论实义疏〉研究》，《敦煌研究》2010 年第 1 期，第 117～124 页。

2 耿世民、张宝玺：《元回鹘文〈重修文殊寺碑〉初释》，《考古学报》1986 年第 2 期，第 253～263 页。

图 11-3　敦煌本回鹘文《阿毗达磨俱舍论实义疏》首页

于元顺帝元统三年（1335），内容详细记载了从巴而术阿而忒的斤
到太平奴八代的回鹘亦都护高昌王世系、事迹及回鹘族起源、流派
及西迁等。[1] 1283 年前后，高昌回鹘遗民先后迁入河西，亦都护被
迫东迁后居于武威永昌堡，其民至少应有一部分后来融入了裕固族。
榆林窟第 12 窟主室甬道北壁回鹘文题记（表一题记 3）所见沙州路
将军和尚（Xošang），即高昌回鹘的末主，1372 年 7 月 11 日，与豳
王卜烟帖木儿（Buyan Tämür）一同到榆林窟朝山。[2] 说明在元明之

1　耿世民：《回鹘文亦都护高昌王勋碑研究》，《考古学报》1980 年第 4 期，第 515 ~ 529
　　页；Geng Simin-J.Hamilton, "L'Inscription ouïgoure de la stèle commémrorative des Iduq Qut de
　　Qočo," *Turcica* 13, 1981, pp.10–54；卡哈尔·巴拉提、刘迎胜：《亦都护高昌王勋碑回鹘碑
　　文之校勘与研究》，《元史及北方民族史研究集刊》第 8 期，1984，第 57 ~ 106 页。

2　J. Hamilton-Niu Ruji, "Inscriptions ouïgoures des grottes bouddhiques de Yulin," *Journal Asiatique* 286,
　　1998, pp.134–139；哈密顿、杨富学、牛汝极：《榆林窟回鹘文题记译释》，《敦煌研究》1998 年第
　　2 期，第 42 ~ 44 页；Dai Matsui, "Revising the Uigur Inscriptions of the Yulin Caves," *Studies on the
　　Inner Asian Languages* XXIII, The Society of Central Eurasian Studies, 2008, pp.22–25.

交，迁居河西的高昌回鹘遗民就已与豳王家族结为一体了。在元朝
于 1368 年灭亡后，高昌回鹘遗民仍协力豳王家族，继续保有西北
一隅故元旧土。其三为酒泉发现的汉文—回鹘文合璧《大元肃州路
也可达鲁花赤世袭之碑》，立于元顺帝至正二十一年（1361），立碑
人为元代西夏遗民唐兀善居，碑文记录了一个唐兀家族自西夏灭亡
至元末 150 多年间六代十三人的官职世袭及其出仕元朝的情况，对
了解元代河西地区西夏移民的活动和回鹘文的使用情况具有重要价
值。[1] 该碑何以不用西夏文而用汉文与回鹘文并书？尚为值得思考之
问题。立碑地位处豳王统治区，而斯时也是多民族文化杂糅最频繁，
也最具特色的时代，抑或正是豳王家族所推行的宗教宽容、文化融
合政策催生的产儿。[2]

蒙元时期，崇奉藏传佛教的豳王家族成为沙州、瓜州的统治者，
在其推动下，河西佛教获得了进一步的发展与繁荣，敦煌回鹘文化的
发展也在这一时期达到巅峰。

元代回鹘文文献不仅数量丰富，而且部头较大。尤其重要的是，
近期在对莫高窟北区进行清理的过程中，从其中的"十三个洞窟出土
了回鹘蒙古文文书 52 件，另外还出土回鹘蒙古文书碎片 17 片。在三
个石窟发现八思巴文书 6 件，另外还出土八思巴文碎片 4 片"。[3] B163
窟出土有蒙古文《克德门巴特尔令旨》（表二文书 32c），文曰："因
为灌顶国师朵儿只怯烈失思巴藏卜喇嘛与其徒弟们，穿梭于八儿思
阔、别失八里及高昌其他［地方］，旅途应做事虔诚（即佛教的宗教
仪式）并祈福众生，谁也不得阻其旅程，不许征用他们的川资、车
辆、骆驼和马匹，不能说'这些是驿站牲畜或给养'，没人可拿取

1　史金波、白滨：《大元肃州路也可达鲁花赤世袭之碑考释》，《民族研究》1979 年第 1 期，第
　　68 ~ 80 页；耿世民：《回鹘文〈大元肃州路也可达鲁花赤世袭之碑〉译释》，阎文儒、陈玉龙编
　　《向达先生纪念论文集》，第 440 ~ 454 页。
2　杨富学：《河西多体文字合璧六字真言私臆》，《中国藏学》2012 年第 3 期，第 89 ~ 93 页。
3　彭金章、王建军：《敦煌莫高窟北区石窟》第 2 卷，北京：文物出版社，2004，第 345 页。

其任何东西。"[1] 其意显然在于要确保新疆吐鲁番至敦煌佛教香客之安全。同在 B163 窟出土的回鹘蒙古文《阿剌忒纳失里令旨》（表二文书 32d）虽为残片，但句首有"遵依皇帝圣旨，[我] 阿剌 [忒纳] 失里 （Aradnaširi）令旨向诏讨司……"[2] 字样，可见其应出自蒙古诸王之手。越王阿剌忒纳失里为察合台四世孙，[3] 与豳王出伯为堂兄弟。此人曾于泰定元年（1324）出镇沙州。《元史·泰定帝纪》载，是年七月，"诸王伯颜帖木儿出镇阔连（今内蒙古自治区呼伦湖）东部，阿剌忒纳失里出镇沙州，各赐钞三千锭"。[4]《元史·文宗纪三》又载，至顺元年（1330）五月，"诏豫王阿剌忒纳失里镇西番"。[5] 这里的"豫王"乃"越王"之误。[6] 越王移镇西蕃即吐蕃后，沙州由西宁王速来蛮独力支撑。这里的伯颜帖木儿即第三代豳王喃答失之兄，[7] 他和速来蛮一样，都是阿剌忒纳失里的堂孙。

此外，比较重要的文献还有回鹘蒙古文驿站管理法律文书残片（表二文书 13a）、卖身契残片（表二文书 17a）、《入菩萨行论》印本残叶（表二文书 14c）、《般若心经》抄本残片（表二文书 28h）、《因明入正理论》印本残片（表二文书 32e）、《佛顶尊胜陀罗尼经》印本残片（表二文书 32f）和八思巴文《萨迦格言》（图 11-4）印本残片

1　Dai Matsui, "A Mongolian Decree from the Chaghataid Khanate Discovered at Dunhuang," Peter Zieme(ed.), *Aspects of Research into Central Asian Buddhism: In Memoriam Kōgi Kudara*, Turnhout, 2008, p.160；松井太「東西チャガタイ系諸王家とウイグル人チベット仏教徒—敦煌新発見モンゴル語文書の再検討から—」『内陸アジア史研究』第 23 号，2008，第 26-27 頁；敖特根：《敦煌莫高窟北区出土蒙古文文献研究》，北京：民族出版社，2010，第 59 ~ 91 页。

2　敖特根：《莫高窟北区出土"阿剌忒纳失里令旨"残片》，《敦煌学辑刊》2006 年第 3 期，第 34 页；敖特根：《敦煌莫高窟北区出土蒙古文文献研究》，第 102 页。

3　敖特根：《莫高窟北区出土"阿剌忒纳失里令旨"残片》，《敦煌学辑刊》2006 年第 3 期，第 30 页；敖特根：《敦煌莫高窟北区出土蒙古文文献研究》，第 95 页；郭晓航：《元豫王阿剌忒纳失里考述》，《社会科学》2007 年第 9 期，第 178 页。

4　《元史》卷二九《泰定帝纪》，第 649 页。

5　《元史》卷三四《文宗纪三》，第 757 页。

6　郭晓航：《元豫王阿剌忒纳失里考述》，《社会科学》2007 年第 9 期，第 178 页。

7　杉山正明「豳王チュベィとその系譜—元明史料と『ムィッズル－アンサーブ』の比較を通じて—」『史林』第 65 巻第 1 号，1982，第 19 頁；杉山正明『モンゴル帝国と大元ウルス』，第 260 頁。

本（表二文书 32j）等。[1] 这些也是裕固族古代文化研究不可或缺的
内容。

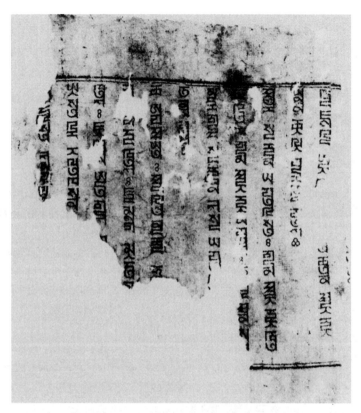

图 11-4　莫高窟北区 B163 窟出土八思巴木刻版《萨迦格言》残片

第三节　敦煌石窟回鹘文、蒙古文游人题记
与裕固族之关系

在敦煌莫高窟、西千佛洞和瓜州榆林窟中，还保存有不少回鹘

1　敖特根：《敦煌莫高窟北区出土蒙古文文献研究》，第 11 ~ 13 页。

文、蒙古文[1]朝山题记（有时并书八思巴文或藏文），差不多都属于元代晚期，其中有部分题记注明了书写者及其他香客的来源地。兹据现刊文献，将香客来源地明晰者列为下表（表11-1）：

表 11-1　香客来源地清楚的汉文、蒙古文题记

题记序号	文种	行数	窟号与位置	来源地	年代	文献出处 *
1	回鹘文	8	榆12主室甬道南壁	肃州（Sügčü）	未写	Hamilton-Niu 1998：131-132；哈/杨/牛 1998：40~41；牛 2002：123~124
2	回鹘文	11	榆12前室甬道南壁	哈密附近纳职（Napčik）	龙（1352）年	Hamilton-Niu 1998：144-146；Matsui 2008：18-21；杨 2012：214~218；松井 2013：35-38；松井 2015：216-218
3	回鹘文	8	榆12主室甬道南壁	沙州（Šačü）、肃州 **	马年（1372）七月十一日	Hamilton-Niu 1998：134-139；哈/杨/牛 1998：42~44；Matsui 2008：22-25；牛 2002：124~125
4	回鹘文	6	榆12主室甬道南壁	沙州	至正鸡年（1345，或 1357，或 1369）五月	Hamilton-Niu 1998：148-150；Matsui 2008：22-25
5	回鹘文	2	榆12前室甬道南壁	吐鲁番（Turpan）	未写	松井 2013：41
6	蒙古文	7	榆12前室甬道北壁	肃州	蛇年二月初十（元朝中晚期）	敦煌研究院/内蒙古师大 1990：15；哈/嘎/巴 1990：107~110

---

[1] 敦煌现存的回鹘式蒙古文题记，据调查，有50处28条（其中六字真言最多，有23处，合并为一条），见敦煌研究院考古研究所、内蒙古师范大学蒙文系《敦煌石窟回鹘蒙文题记考察报告》，《敦煌研究》1990年第4期，第3页。然伯希和记录的少数民族文字为227处，其中86处为回鹘式蒙古文。见萨仁高娃《伯希和洞窟笔记所见少数民族文字题记》，《2004年石窟研究国际学术会议论文集》下集，第775页。

题记序号	文种	行数	窟号与位置	来源地	年代	文献出处 *
7	蒙古文	4	榆12前室北壁	永昌府（Yöng Čang Fü)	马年（1414或1426？）七月十日	敦煌研究院/内蒙古师大1990：15；哈/巴/嘎1992：5~7
8	回鹘文	1	榆12前室甬道南壁	吐鲁番	未写	松井2015：221
9	回鹘文	10	榆12前室甬道南壁	肃州	未写	Hamilton-Niu 1998：150-152；牛2002：121~122
10	回鹘文	10	榆12前室甬道南壁	哈密	未写	Hamilton-Niu 1998：144-146；牛2002：120~121
11	回鹘文	8	榆19前室甬道南壁	肃州	天干甲火年（1334？）	Hamilton-Niu 1998：152-155；Matsui 2008：25-27；牛2002：122
12	回鹘文	4	榆19前室甬道南壁	肃州	未写	Hamilton-Niu 1998：156-158；哈/杨/牛1998：47-48
13	回鹘文（伴随藏文）	1	榆25前室东甬道右侧	哈密（Qamïl)	未写	Hamilton-Niu 1998：166-167；哈/杨/牛1998：50
14	蒙古文	8	榆28中心塔柱	肃州	巳年……月十日	敦煌研究院/内蒙古师大1990：16
15	回鹘文	3	榆33主室北壁	高昌（Qočo)	未写	松井2013：41；松井2015：221
16	回鹘文	3	莫61甬道南壁	西夏路（Tangut Čölgä）	蛇年	松井2013：43；松井2015：219~220
17	回鹘文	2	莫61甬道南壁	西夏路	蛇年	松井2013：43；松井2015：219~220
18	蒙古文	9	莫144甬道北壁左侧	肃州	至治猪年（1323）七月二十三日	哈/嘎/梁1987：43~48；敦煌研究院/内蒙古师大1990：11
19	蒙古文	5	莫144甬道北壁	沙州 ***	未写	敦煌研究院/内蒙古师大1990：11

续表

题记序号	文种	行数	窟号与位置	来源地	年代	文献出处 *
20	回鹘文	3	莫 217 主室南壁	哈密	未写	菊地 2008：233
21	回鹘文（伴随八思巴文）	4	莫 217 主室正壁	肃州	未写	Kara 1970：55-59；杨 1998：51~53

* 本表文献缩略语：

敦煌研究院 / 内蒙古师大 1990：敦煌研究院考古研究所、内蒙古师范大学蒙文系:《敦煌石窟回鹘蒙文题记考察报告》,《敦煌研究》1990 年第 4 期, 第 1 ～ 19 页。

哈 / 巴 / 嘎 1992：哈斯额尔敦、巴音巴特尔、嘎日迪:《榆林窟第 12 窟道尔吉题记释读》,《敦煌研究》1992 年第 2 期, 第 5 ～ 7 页。

哈 / 嘎 / 巴 1990：哈斯额尔敦、嘎日迪、巴音巴特尔:《安西榆林窟第 12 窟前室甬道北壁回鹘蒙文题记释读》,《敦煌研究》1990 年第 3 期, 第 107 ～ 110 页。

哈 / 嘎 / 梁 1987：哈斯额尔敦、嘎日迪、梁尉英:《敦煌莫高窟元代回鹘蒙文〈图勒黑图古思题记〉释读》,《敦煌研究》1987 年第 3 期, 第 43 ～ 48 页。

哈 / 杨 / 牛 1998：哈密顿、杨富学、牛汝极:《榆林窟回鹘文题记译释》,《敦煌研究》1998 年第 2 期, 第 39 ～ 54 页。

Hamilton-Niu1998：J.R.Hamilton-Niu Ruji, "Inscriptions ouïgoures des grottes bouddhiques de Yulin," *Journal Asiatique* 286, 1998, pp.127-210.

菊地 2008：菊地淑子「石窟寺院の洞窟を芸术作品として解释する试み—敦煌莫高窟第 217 窟の享受の历史—」『高梨学术奖学金年报』（平成 20 年度）, 2009, 第 230-235 页。

Kara1970：G.Kara, "Petites inscriptions ouigoures de Touen-houang," *Hungaro-Turcica*, *Studies in Honour of Julius Németh*, Budapest 1970, pp.55-59.

Matsui2008：Dai Matsui, "Revising the Uigur Inscriptions of the Yulin Caves," *Studies on the Inner Asian Languages* XXⅢ, The Society of Central Eurasian Studies, 2008, pp.17-33［〔日〕松井太:《榆林石窟回鹘文题记重考》, 张铁山、李刚译, 张公瑾主编《民族古籍研究》第 1 辑, 北京：中国社会科学出版社, 2012, 第 34 ～ 44 页］。

牛 2002：牛汝极:《敦煌榆林千佛洞第 12 窟回鹘文题记》,《新疆大学学报》2002 年第 1 期, 第 120 ～ 129 页。

松井 2013：松井太「敦煌諸石窟のウイグル語題記銘文に關する箚記」『人文社會論叢・人文科学篇』第 30 号, 弘前市：弘前大学人文学部, 2013, 第 29～50 页。

松井 2015：松井太:《敦煌莫高窟、瓜州榆林窟的回鹘语题记》, 白玉冬译, 阿不都热西提・亚库甫主编《西域—中亚语文学研究——2012 年中央民族大学主办西域—中亚语文学国际学术研讨会论文集》，上海：上海古籍出版社，2015，第210～225页。

杨1998：杨富学：《回鹘之佛教》，乌鲁木齐：新疆人民出版社，1998。

杨2012：杨富学：《榆林窟回鹘文威武西宁王题记研究》，中央文史研究馆、敦煌研究院、香港大学饶宗颐学术馆编《庆贺饶宗颐先生95华诞敦煌学国际学术研讨会论文集》，北京：中华书局，2012，第214～218页。

** 原题记虽无"肃州"字样，但作为香客的豳王卜烟帖木儿（Buyan Tämür）驻肃州，故径列。

*** 原题记虽无"沙州"字样，但题壁者西宁王（Ši Ning Ong）驻沙州，故径列。

　　从表11-1可以看出，回鹘文、蒙古文题记，以榆林窟最为集中。在已释读的21则（其中，题记3之香客来源地有二，分别为沙州、肃州）署明香客来源地的回鹘文、蒙古文题记中，来自肃州者就居其九（题记1、3、6、9、11、12、14、18、21），所占比例最高。以下依次为哈密（题记2、10、13、20）、沙州（题记3、4、19）、吐鲁番（题记5、8）、西夏路（题记16、17）、高昌（题记15）和永昌府（题记7）。元代设永昌府，取代了武威的政治地位，军事上归豳王节制。年代明确或较为明确者有其八（题记2、3、4、6、7、11、18、19），[1] 皆在元朝晚期或北元初期，基本属豳王统治瓜沙时期之物。

　　榆林窟位处瓜州之境，为豳王家族肃王（一等王）系之所在，而肃州则为豳王（一等王）所居，为该家族大本营所在，故往来香客最多。其次为沙州和哈密。沙州为西宁王（二等王）之所在，为肃州豳王的析出机构，哈密为威武西宁王（三等王）之所在，又为沙州西宁王的析出机构。吐鲁番和高昌实为一地，1283年，由于西域战乱，高昌回鹘亦都护在元军的保护下迁居武威永昌堡。是以，署明吐鲁番、高昌的香客未必就一定来自西域。西夏路不明所指，有可能指元朝于西夏国旧地所设宁夏府路。豳王家族的统治中心虽在河西走廊西端至哈密之间，但其统辖范围却很广，东起巩昌府（甘肃陇西），西到和田、吐鲁番，南包吐蕃地区，皆归其节制：

1　第18号题记虽未署明日期，但西宁王存在于1330～1372年之间，时代也是明确的。

出伯……置本营于甘州，兼领瓜沙以西北至合剌火者畏兀儿地征戍事。陇右诸王驸马及兀丹等处宣慰司都元帅、吐蕃乌斯藏宣慰司、巩昌等处便宜总帅府并听节制。[1]

出伯作为西北地区的军事首领，不仅管辖范围大，而且地位极高。大德六年（1302）十一月，元廷命甘州军隶诸王出伯。[2]甘州当时为甘肃行省所在地，其兵同样隶出伯所辖，足见出伯地位在行省之上。斯时出伯尚为三等王威武西宁王，大德十一年，出伯由三等王晋升为一等王豳王，其地位就更为显贵了。这就是元末河西走廊西端得到快速发展的关键因素之一。

要言之，敦煌石窟现刊 21 条香客来源清晰的题记中，来自豳王家族统辖区中心区域者有 15 条之多（表一题记 1、2、3、4、6、9、10、11、12、13、14、18、19、20、21），占绝对多数，其余 6 条（表一题记 5、7、8、15、16、17）来自非中心区域，其中又有 8 条明确为元朝晚期或北元初期之遗墨，其余年代不清。不管来源地为何，也不论其具体时间清楚与否，可以肯定的是上述题记都指向裕固族。

尤其值得注意的是，题记 19 有 Qod Ši Ning Ong（福禄的西宁王）题名，题记 2 有威武西宁王 Buyan Qulï（不颜嵬厘）题名，[3]题记 3 有豳王 Buyan Tämür（卜烟帖木儿）题名。另外，在莫高窟第 61 窟甬道北壁有 Irinčin Köbeg 使者所书写的题记。[4]这里的 Irinčin Köbeg，被刊布者译作"亦仁真王子"，其实很有可能为蒙古诸王亦怜真。史载，

1 （民国）屠寄：《蒙兀儿史记》卷四二《出伯传》，第 337 页。
2 《元史》卷二〇《成宗纪三》，第 443 页。
3 Buyan Qulï 之名又见于吐鲁番木头沟出土回鹘文写本 Ch/U 6245v(T Ⅲ M 117)，其中前 3 行言："qlïmdu aqam-qa šulaydu aqam-qa ' äčim-kä bašlap ' äv-ḏäki-lär-kä män buyan qulï nišüng qïsïl-tïn tälim tälim buyan ayïḏtïm 致我的兄长 Q(a)lïmdu，致我的兄长 Šulaydu，致我的兄长 tomy 全家。我，Buyan-Qulï，由宁戎谷谨致诸多福德。"见松井太「古ウイグル語文献にみえる"宁戎"とベゼクリク」『内陆アジア言語の研究』第 26 号，2011，第 141-175 页。这里的 Buyan Qulï 与榆林窟题记所见西宁王是否为同一人，待考。
4 敦煌研究院考古研究所、内蒙古师范大学蒙文系：《敦煌石窟回鹘蒙文题记考察报告》，《敦煌研究》1990 年第 4 期，第 8 页。

至元二十七年春正月，"章吉寇甘木里，诸王术伯、拜答寒、亦怜真击走之"。[1] 这里的术伯即豳王家族始祖出伯，亦怜真乃窝阔台系阔端大王之后裔，长期驻戍于凉州、永昌一带。亦怜真所辖军队主要为窝阔台拨赐给阔端的三个蒙古草原千户，他们源自拖雷系统辖的逊都思、雪你惕等部。出伯总兵西北之际，亦怜真曾多次率兵随同出战。[2] 莫高窟第 61 窟甬道由出伯家族重新修复，故亦怜真之名在此窟出现，毫不足怪。

上述题记中的裕固人既有回鹘裔，也有蒙古裔。就回鹘文题记言，大多出自回鹘裔，自不待言，但也有出自蒙古裔者，如榆林窟第 12 窟前室南壁题记第 2 行之 Müg-gä Torčï（蒙哥道尔基）。其中，Müg-gä 大概为 Mönggä "蒙哥、蒙格" 的音译，显然为蒙古人名。[3] 榆林窟第 12 窟更有豳王家族成员威武西宁王不颜贴厘及其僚属由哈密至瓜州榆林窟朝山时用回鹘文书写的题记（表 11-1 题记 2），体现了豳王辖区内回鹘裔与蒙古裔在文化上的趋近与融合。

另外，在酒泉文殊山万佛洞也有大量回鹘文题记，涉及年号有万历十五年（wän li ygrmi törtünč yïl）、万历二十年（wän li ygrmi yïl）、万历四十二年（wän li qïrq ikinč yïl）、顺治八年（šün či säkizinč yïl）、大清顺治十五年（tay čin šün či on bisinč yïl）和康熙十三年（kang ši on üčünč yïl）和康熙五十二年（1713）等。[4] 过去学术界一直将 1687 年抄写的文殊沟回鹘文《金光明最胜王经》定性为时代最晚的回鹘文文献。然而，文殊山万佛洞康熙五十二年题记，时代更是比之要晚 26 年。是证，回鹘文在裕固族的使用要比西域延迟了二三百年之久。

1　《元史》卷一六《世祖纪十三》，第 333 页。

2　《元史》卷一六《世祖纪十三》，第 333 页。

3　J. Hamilton-Niu Ruji, "Inscriptions ouïgoures des grottes bouddhiques de Yulin," *Journal Asiatique* 286, 1998, p.147；哈密顿、杨富学、牛汝极：《榆林窟回鹘文题记译释》，《敦煌研究》1998 年第 2 期，第 46 ~ 47 页。

4　伊斯拉非尔·玉苏甫、张宝玺：《文殊山万佛洞回鹘文题记》，吐鲁番学研究院编《语言背后的历史——西域古典语言学高峰论坛论文集》，上海：上海古籍出版社，2012，第 94 ~ 106 页；杨富学：《酒泉文殊山：回鹘佛教文化的最后一方净土》，《河西学院学报》2012 年第 6 期，第 5 页。

第四节　裕固族与敦煌石窟的营建

　　回鹘在敦煌一带有着数百年之久的历史活动，在敦煌莫高窟、西千佛洞和瓜州榆林窟都留下不少佛教洞窟。早在 20 世纪 40 年代，张大千即已从莫高窟划分出 5 个回鹘洞窟，即 237、309、310、368和 464 窟（分别对应于张编窟号 53、98、99、172 和 308 窟）。[1] 在此基础上，近年由刘玉权做了进一步的研究，从敦煌诸石窟中共划出 23 个沙州回鹘洞窟，其中含张大千所列 237、309、310，另二窟被剔除。刘玉权将 23 个洞窟划分为前后二期，前期相对年代为 1030年前后至 1070 年，洞窟有莫高窟 306、307、308、363、399、418、244 甬道和榆林窟 21 前室甬道、39；后期相对年代为 1070 ~ 1127年，洞窟有莫高窟 409、237 前室及甬道、148 甬道及后室局部、309、97、330、310、245、207 和西千佛洞 4、9 甬道、10 甬道、12、13。[2] 其中，前期（即沙州回鹘国于 1036 ~ 1368 年存在时期）尚成立，但后期的相对年代就值得商榷了。如后期的莫高窟第 409、237、148 等窟中都有回鹘可汗、回鹘王子或回鹘汗妃的供养像，说明这些洞窟都是属于回鹘王室的，故不可能开凿于沙州回鹘王国消亡之后的西夏统治时期。[3] 刘先生所列 23 个沙州回鹘洞窟，有的属于沙州回鹘国时期，如莫高窟第 409、237、148 窟和榆林窟第 39窟等，因有回鹘王供养像，而且有回鹘文题记标明其身份，故可遽断在这一时期，其余均需据情而定，也有的应开凿于沙州回鹘国立国之前，在曹氏归义军统治的晚期，归义军政权在瓜沙二地已是名

1　张大千:《莫高窟记》，台北:故宫博物院，1985，第 124 ~ 126、222 ~ 224、350 ~ 351、627 ~ 629 页。

2　刘玉权:《关于沙州回鹘洞窟的划分》，《1987 敦煌石窟研究国际讨论文集（石窟考古编）》，沈阳:辽宁美术出版社，1990，第 24 页。

3　Yang Fu-hsueh, "On the Sha-chou Uighur Kingdom," *Central Asiatic Journal*, 38-1, 1994, pp.93-96；杨富学:《回鹘与敦煌》，第 373 ~ 374 页。

存实亡，庶几已沦为回鹘的傀儡，敦煌石窟艺术也呈现出明显的回鹘化倾向。[1] 如榆林窟第 19 窟主室甬道南壁有曹元忠及其子延禄供养像，元忠着汉装，延禄所着却为回鹘装。[2] 回鹘人于这一时期开凿石窟，装銮佛像，修葺旧窟，自然为情理中事。元代晚期，回鹘受到豳王家族的鼎力支持，颇具敦煌文化主宰者之气象，营建石窟更是势之必然。

　　在莫高窟第 409 窟中，男窟主的装束完全是回鹘风俗的，身穿圆领窄袖盘龙纹袍，腰束带，着靴，头戴云镂冠，面型丰圆，眼似柳叶，高鼻，嘴角上翘，手持香炉（图 0-5）。这些都与吐鲁番柏孜柯里克石窟及吉木萨尔北庭西大寺中的回鹘可汗、贵族画像中的那种装饰极为相似（图 11-5）。供养人像北侧有回鹘文榜题 2 行（图 0-7），内容为："il arslan xan män sävg(i）或 šacu..."其中，il 又做 el，为"国、人们、部众、国家"之意。其后的 arslan 为"狮子"之意。xan 即可汗，为"君主、王"之意。其中的"阿尔斯兰汗"或"狮子汗"，明确标明了施主的可汗身份。其中的 arslan xan 多见于高昌回鹘的文献，于是，松井太遂将莫高窟第 409

图 11-5　柏孜克里克石窟第 31 窟回鹘王供养像（吐鲁番学研究院供图）

1　陆庆夫：《归义军晚期的回鹘化与沙州回鹘政权》，《敦煌学辑刊》1998 年第 1 期，第 18 ~ 24 页；杨富学：《再论沙州回鹘国的成立》，樊锦诗、荣新江、林世田主编《敦煌文献、考古、艺术综合研究——纪念向达教授诞辰 110 周年国际学术研讨会会议论文集》，第 365 ~ 385 页；沙武田：《敦煌西夏石窟分期研究之思考》，《西夏研究》2011 年第 2 期，第 26、30 页。

2　敦煌研究院编《中国石窟·安西榆林窟》，北京：文物出版社，1997，图 60；敦煌研究院编《榆林窟》，成都：四川美术出版社，2014，图 51.

窟之回鹘王解释为高昌回鹘的可汗，认为此说似乎可证明森安孝夫所谓沙州归西回鹘管辖的观点。[1]

其实，arslan 之谓并非高昌回鹘所特有。喀喇汗王朝（含东部王朝）有称号的可汗共有 14 位，其中 5 位拥有 arslan 称号。[2] 甘州回鹘有阿萨兰部。《辽史·萧惠传》载："太平六年，讨回鹘阿萨兰部，征兵诸路。"[3] 同一事又见载于《西夏书事》卷一〇："甘州回鹘阿萨兰部叛契丹。"[4] 这里的阿萨兰即 arslan 也。七河流域的突骑施首领同样有 arslan 之谓，那里发现的突骑施钱币多用粟特文标明，写作' rsl' n。[5] 葛逻禄（哈剌鲁）也有 arslan 可汗之谓。据载，1211 年春，成吉思汗居怯绿连河，"时西域哈剌鲁部主阿昔兰罕来降"。[6] 阿昔兰罕亦即 arslan xan 也。一言以蔽之，arslan 汗之谓乃河西、新疆、中亚回鹘乃至其他突厥部落通用的常见称呼。

在瓜州榆林窟中也有与此身份差不多相当的男回鹘窟主画像，如榆林窟第 39 窟前室甬道南壁画像一人头戴三尖冠，着圆领窄袖赭色大团花长袍，腰带上佩有解结锥、短刀等，另一人头戴毡冠，身着绿色小团花长袍，其服饰、面态、体型均与第一身基本相同（图 0-5）。在与其相对的北壁上，有与柏孜柯里克王后像基本相同的女供养人像。女供养人像旁附有回鹘文题记：

> tngrikän oүšaүu qatun tngrim körki bu är ü r qutluү q［ïv］lïү bo(l)maqï bolzun!

> 此乃神圣的斡忽沙忽可敦殿下之肖像。愿她能得到上天之宠

1　松井太「敦煌諸石窟のウイグル語題記銘文に関する劄記」（二），『人文社会論叢 人文科学篇』第 32 号，2014，第 28~29 頁。

2　魏良弢：《喀喇汗王朝史稿》，乌鲁木齐：新疆人民出版社，1985，第 240~241 页。

3　《辽史》卷九三《萧惠传》，第 1373 页。

4　（清）吴广成撰，龚世俊等校证《西夏书事校证》，第 124 页。

5　李铁生编著《中亚钱币（前伊斯兰王朝）》，北京：北京出版社，2008，第 330 页，图 9-103、104。

6　《元史》卷一《太祖纪》，第 15 页。

而幸福。[1]

Qatun（可敦）犹言汉语之皇后也。这些回鹘可汗、后妃、贵族画像的存在，不仅印证了沙州回鹘王国的存在，更是裕固族先民营建敦煌石窟的历史见证。

除了上述 23 个窟洞之外，还当有更多的回鹘洞窟，如莫高窟第65、430 等窟即应为沙州回鹘的洞窟。莫高窟第 152 窟的回鹘壁画也为数不少，尤其值得注意的是莫高窟第 194 窟南壁的男供养人像，原本漫漶不清，过去一般定性为西夏遗墨，但通过新技术处理后得出的画面可以看出，解释为回鹘供养人服饰更合乎实情。[2]如是，则沙州回鹘洞窟应为 27 个，时代初步推定在曹氏归义军晚期至 1067 年回鹘国灭亡。当然，这只是本人初步的推定，具体的回鹘石窟数量与时代划分，尚有待深入研究。

及至元朝后期，裕固族对石窟的营建进入高潮，碑刻、题记、出土文献等多有记载，兹简列于下。

泰定三年（1326）豳王喃答失重修文殊山石窟，建《重修文殊寺碑》以记其事。该碑末书"大元泰定三年岁次丙寅八月丁酉朔十五日丙戌上旬喃答失立石"。豳王喃答失亲赴文殊山上香，不仅出资修复文殊山，而且以自己的名义立石，加上文殊山万佛洞绘有上师像，这些足以说明文殊山石窟应为肃州系豳王家族的王家石窟寺区。

至顺二年（1331）瓜州知府、瓜州郎使郭承直等巡礼榆林窟，并在榆林窟第 12、13 窟题壁记事。[3]

至正八年（1348）镇守沙州的西宁王速来蛮，在莫高窟立《六字真言碣》，用梵、藏、西夏、回鹘、汉和八思巴六种文字题写六字真

1　森安孝夫「2006 年度内モンゴル 宁夏 陕西 甘肃调查行动记录」，森安孝夫编『ソグドからウイグルヘ』，東京：汲古書院，2011，第 521 頁。

2　杨富学：《回鹘与敦煌》，第 375～376 页。

3　张伯元：《安西榆林窟》，成都：四川教育出版社，1995，第 198、202 页。

言。[1]类似的多体六字真言在莫高窟北区多见，如464窟南北壁、464窟南侧、B126窟前室西壁、B144后室西壁、B149西壁、465窟右上角无编号小龛内和永昌圣容寺外之山崖上，这些地区均属豳王辖区，而不见于其他地区，当属该区域特有的文化现象。[2]

至正十年，速来蛮、养阿沙父子于文殊洞（莫高窟第61窟）门前重修皇庆寺竣工，重修61窟甬道，并于次年立《重修皇庆寺碑》以记其事。[3]学界常以碑言"寺成而王薨"之语，推定速来蛮去世于1351年。[4]然莫高窟第464窟出土Or.8212-109回鹘文《吉祥胜乐轮》（其中有《度亡书》）乃为超度速来蛮亡灵而抄写，时当至正十年（1350），乃速来蛮亡故之年。而1351年应为立碑之年。

至正十三年（1353），榆林窟在当地豳王家族和地方政府支持下得到重修，第15窟有墨书题记写道："大元守镇造……太子业□□里至三危，睹思胜境，现□□观见光相□室中，闻香气于岩窟，由是重建精蓝，复兴佛刹，广□缁流于四姓，多兴禅定于岩间也。"[5]其中出现的大元太子，应为豳王家族之成员，从题记看，他曾"重建精蓝，复兴佛刹"，对榆林窟的修复与有力焉。

至正十三年（1353）莫高窟256窟东壁门北有题记："即是/大宋国/至正十三年六月"。按，《元史·顺帝纪》，至正十二年五月，元政府迁宋室后裔赵完普及其亲属于沙州安置。该题记应为赵氏家族某人所写。[6]

至正十七年，甘州史小玉在莫高窟第3窟、444窟题壁，至于第

1　敖特根：《蒙元时代的敦煌西宁王速来蛮》，《兰州大学学报》2004年第4期，第35~41页；敖特根：《〈莫高窟六字真言碣〉研究》，《敦煌研究》2005年第6期，第77~83页。

2　杨富学：《河西多体文字合璧六字真言私臆》，《中国藏学》2012年第3期，第89~93页。

3　李永宁：《敦煌莫高窟碑文录及有关问题》（二），《敦煌研究》试刊第2期，1982，第112~116页。

4　季羡林主编《敦煌学大辞典》，第367页；敖特根：《蒙元时代的敦煌西宁王速来蛮》，《兰州大学学报》2004年第4期，第39页。

5　榆林窟第15窟《大元重修三危山榆林窟千佛寺记》。见张伯元《安西榆林窟》，第207页。

6　张小刚：《莫高窟第256窟至正年间"大宋国"题记考释》，《敦煌学辑刊》2003年第2期，第93~95页。

3窟是否为史小玉所绘，学界有不同意见，史苇湘力主之，[1]但关友惠则否认之，认为史小玉只不过是一个游人香客。[2]不管何种身份，均为元代莫高窟佛事活动之一证。

近期有一种新说法，认为第3窟为西夏窟，沙武田有专文论述。[3]沙文认为西夏时代的敦煌比元代繁荣，有史实错位之嫌；用于比较的证据唐卡多来自黑水城，但没有注意到黑水城的唐卡其实大多为元代的遗留，并非全是西夏国时代之物。俄罗斯西夏艺术研究著名学者萨玛秀克早就断言："我们可以确定的是：黑水城出土的西藏唐卡，其制作时间上限不会早于12世纪中叶，下限为14世纪末。"[4]国内西夏学界常有西夏、元代艺术时代不分的情况，在研究西夏文文献时也很少关注其时代，除非有确切的证据才归为元代，否则一般都归入西夏。黑水城出土汉文文献，除少量属于西夏时代的佛经外，大多都是元代至北元初期的遗物。如1983～1984年，内蒙古文物考古研究所和阿拉善盟文物考古站对黑水城进行发掘清理，发现文书近3000件，有汉文、西夏文，也有回鹘式蒙古文、八思巴文、回鹘文、藏文、梵文、叙利亚文和阿拉伯文，文字种类，除最后一种外，其余和敦煌北区相似，值得注意的是，这3000件文书差不多全为元代之物。[5]寄望于相关专家能够给出西夏文文书尽可能的断代。黑水城文献与艺术品，尤其是530件唐卡的时代如果弄清楚了，势必可为敦煌晚期石窟的断代建立可靠的坐标。

1　史苇湘：《丝绸之路上的敦煌与莫高窟》，敦煌文物研究所编《敦煌研究文集》，第104页。

2　关友惠：《敦煌宋西夏石窟壁画装饰风格及其相关的问题》，《2004年石窟研究国际学术会议论文集》下集，第1136页。

3　沙武田：《敦煌莫高窟第3窟为西夏洞窟考》，《敦煌研究》2013年第4期，第1～11页。

4　Kira Fyodorovna Samosyuk, "The Art of the Tangut Empire.A Historical and Stylistic Interpretation," *Lost Empire of the Silk Road.Buddhist Art from Khara Khoto(X-XIIIth Century)*, Edited by Mikhail Piotrovesky, Electa: Thyssen-Bornemiza Foundation, 1993, p.82; Kira Fyodorovna Samosyuk 著，许洋主译《西夏王国的艺术：历史风格上的诠释》，《丝路上消失的王国——西夏黑水城的佛教艺术》，台北："国立"历史博物馆，1996，第83页。

5　见吉田顺一、チメドドルジ编『ハラホト出土モンゴル文书の研究・序文』，东京：雄山阁，2008，第1-9页。

至正二十七年（1367），临洮画师刘世福在榆林窟作画并在第 13 窟题壁。[1]

在莫高窟第 444 窟中先后出现有至正三年、至正八年及两条至正十七年的汉文题记。[2]

莫高窟第 465 窟，有纪年题记 15 则，全部为元代晚期遗墨，其中，泰定贰年（1325）一条，至顺三年（1332）1 条，元统三年（1335）1 条，至正十二年（1351）1 条、至正十三年 4 条、至正十四年 1 条，至正十七年 3 条，至正二十八年（1368）1 条，北元宣光三年（1372），另有一条仅存"至正"二字。

这些记事说明，在崇奉佛教的豳王家族支持下，瓜沙之地佛事活动频繁，开凿新窟，修复旧窟，造碑立像，装銮壁画。先前，学术界大体确定的元代洞窟有 14 个，其中莫高窟有其十，即 1、2、3、95、149、462、463、464、465 和 477，[3]榆林窟有其四，即 3、4、6、27。[4]另外，莫高窟第 332 窟绘有三身男供养像，身着被称作"塔护"的蒙古族骑士装束，后有随从二身，女施主像均头戴顾姑冠，[5]与榆林窟第 6 窟前室西壁北侧明窗所见蒙古贵族供养像（图 11-6）[6]几无二致，应为元窟，至少在元代有重修。莫高窟第 61 窟甬道原来被认定为元代重修，[7]但近有学者提出应为西夏窟，因为其中发现有汉文与西

1 张伯元：《安西榆林窟》，第 203 页。

2 敦煌研究院编《敦煌莫高窟供养人题记》，第 175 页。

3 史苇湘：《关于敦煌莫高窟内容总录》，敦煌文物研究所整理《敦煌莫高窟内容总录》，第 184 页。参见段文杰《晚期的莫高窟艺术》，《敦煌研究》1985 年第 3 期，第 1～18 页；宿白《敦煌莫高窟密教遗迹札记》（上、下），《文物》1989 年第 9 期，第 45～53 页，《文物》1989 年第 10 期，第 68～86 页（收入氏著《中国石窟寺研究》，第 279～310 页）；彭金章、王建军《敦煌莫高窟北区石窟》第 2 卷，北京：文物出版社，2004，第 270、302 页。

4 霍熙亮整理《安西榆林窟内容总录》，敦煌研究院编《敦煌石窟内容总录》，第 205～221 页。

5 敦煌研究院编《中国石窟·敦煌莫高窟》第 5 卷，北京：文物出版社、东京：平凡社，1987，图版 161 和 162；段文杰主编《中国敦煌壁画全集》第 10 卷《西夏、元卷》，天津：天津人民美术出版社，1996，图版 175 和 176。

6 图片采自敦煌研究院编《中国石窟·安西榆林窟》，北京：文物出版社，1997，图 180；敦煌研究院编《榆林窟》，图 153。

7 敦煌研究院编《敦煌石窟内容总录》，北京：文物出版社，1996，第 26 页；宿白：《敦煌莫高窟密教遗迹札记》，《文物》1989 年第 10 期，第 83 页。

图 11-6　瓜州榆林窟第 6 窟蒙古贵族供养像（敦煌研究院供图）

夏文对照的题记。[1] 此说难以成立，因为西夏文并非只流行于西夏国时期，在元代流行更广，况且汉文与西夏文合璧书写一般出现于元代而不会出现在西夏国，斯时汉人地位较低，[2] 二者一般不会并书。尤有进者，在甬道南壁西侧洒扫尼姑像右侧有蒙古文、西夏文对应榜题。[3] 元代之物昭然若揭矣。若再结合《重修皇庆寺碑》的相关记载和裕固人对文殊菩萨的崇拜，可以推定该窟甬道必为西宁王速来

1　赵声良：《莫高窟第 61 窟炽盛光佛图》，《西域研究》1993 年第 4 期，第 64 页；谢继胜：《莫高窟第 465 窟壁画绘于西夏考》，《中国藏学》2003 年第 2 期，第 74 页；沙武田：《莫高窟第 61 窟甬道壁画绘于西夏时代考》，《西北第二民族学院学报》2006 年第 3 期，第 61 页；关友惠：《敦煌宋西夏石窟壁画装饰风格及其相关的问题》，《2004 年石窟研究国际学术会议论文集》下集，第 1139 ~ 1140 页；吴军、刘艳燕：《敦煌古代石刻艺术》，兰州：甘肃人民出版社，2016，第 141 页；朱生云：《西夏时期重修莫高窟第 61 窟原因分析》，《敦煌学辑刊》2016 年第 3 期，第 123 ~ 134 页。

2　樊丽沙、杨富学：《西夏境内的汉僧及其地位》，《敦煌学辑刊》2009 年第 1 期，第 122 ~ 134 页。

3　敦煌研究院、内蒙古师范大学：《莫高窟第 61 窟甬道南壁回鹘蒙文题记释读》，《敦煌研究》1989 年第 1 期，第 30 ~ 34 页。

图 11-7 莫高窟第 61 窟疑似沙州
西宁王速来蛮遗像

资料出处：Paul Pelliot, Les grottes de
Touen-Houang Ⅳ, Pl.CC

蛮（图 11-7）家族重绘。

莫高窟第 464 窟的情况有些类似，先前被确定为元窟，后来又有学者指其为西夏窟。[1]但依据石窟南北壁的多体六字真言、豳王家族公主瘗埋于此窟、浑然一体的回鹘文题记与壁画、窟内发现的回鹘文木活字（表二文书 1、8b、10c、29g、31b、32k）和回鹘佛教徒献给西宁王速来蛮的颂歌等诸种因素，可以确认该窟乃回鹘佛教徒在豳王支持下重新修复的，为元代晚期在北凉窟的基础上重修修复的，与西夏没有多少干系。[2]

第五节 裕固族与敦煌学

敦煌是裕固族孕育、形成的摇篮。沙州回鹘，亦即史书上所谓的"黄头回鹘""撒里畏吾"，他们在敦煌地区的长期活动为裕固族的生成培育了适宜的土壤。元代蒙古人，尤其是豳王家族的入居，促成了本不相同的两个族系的交融、杂糅与趋同。蒙古裔统治者在政治上占有优势地位，但在文化上主动与回鹘裔趋近，接受回鹘文化的滋养。长期的水乳交融与文化上的趋近，使二者最终融为一体，明初出现的"黄番"一词，就是对这一历史进程的确认。明朝中叶，黄番由敦煌、

---

1 谢继胜：《莫高窟第 465 窟壁画绘于西夏考》，《中国藏学》2003 年第 2 期，第 76 页。

2 杨富学：《敦煌莫高窟第 464 窟的断代及其与回鹘之关系》，《敦煌研究》2012 年第 6 期，第 1 ~ 18 页。

瓜州迁至肃州，与当地蒙古人、回鹘人进一步融合，从而催生了现代裕固族的诞生。

回鹘裔裕固先民自 9 世纪中叶以后就长期繁衍生息于河西一带，在敦煌地区留下了非常丰富的历史文化遗产，不仅有各种写本、刻本留存于世，而且在敦煌诸石窟中留下了数百条回鹘文题记，还有数方具有极高史料价值的碑刻。蒙古裔裕固人入居虽晚，但也有相当多的文献、题记留存于世，使用的文字既有蒙古文，也有八思巴文和回鹘文。这些既是裕固族对敦煌文化的重要贡献，也是裕固族至今尚存的最为宝贵的历史文化遗产。

回鹘在漠北时期尊奉摩尼教，迁入河西后，受当地流行的佛教影响而皈依之，以汉传佛教为主，兼容藏传佛教。13 世纪后期，蒙古人入居，藏传佛教在敦煌得到大力弘扬，受其影响，回鹘纷纷皈依藏传佛教。在豳王家族支持下，石窟修造掀起高潮，在莫高窟、榆林窟、东千佛洞，大量石窟开凿出来，一些旧窟得到修葺。元代石窟修造，回鹘裔裕固族佛教徒起到了非常关键的作用。由于莫高窟南区已没有可供开窟的地方，于是北区便成为豳王家族沙州系的王家石窟寺区，东千佛洞也发展成为豳王家族肃州系的王家寺院。元代开窟 20 余所，加上 20 余所沙州回鹘窟，敦煌留下的裕固族石窟就达到 40 余所（甚或更多，期待石窟艺术研究者细致甄别），这些无疑都是裕固族文化史上亟待大书特书的内容，同时也应引起石窟研究者应有的关注。

综而言之，裕固族的形成历史与文化发展一直与以敦煌为中心的河西走廊西端保持着千丝万缕的联系，它未尝脱离这一地缘关系与历史文化背景。对裕固族历史文化的研究，不惟维吾尔学、蒙古学、元史学所不可或缺，更是敦煌学领域亟待展开的研究对象。敦煌学虽早已为国际显学，但其研究重点却一直围绕于魏晋南北朝至北宋时期，元明二代研究甚显薄弱。就敦煌石窟言，早期石窟的断代比较明晰，但晚期的回鹘、西夏、元代石窟却常常混淆不清，尤其是西夏与元代石窟。因为都受到藏传佛教影响，内容上都有诸多重叠处，区分不易，故断代分期问题尤为严重，长期成为制约晚期石窟研究深入开展的一大瓶颈。经过几十年的努力，学者们以吐鲁番柏孜克里克石窟、吉木萨尔高昌回鹘佛寺遗址为坐标，已成功地从原来所定的"西夏石窟"中剥离出 20 余所回鹘窟。西夏时期可供断代的资料极为匮乏：其一，西夏国时期沙州、瓜州地位不彰，史书少有记载；其二，敦煌发现的西夏文文献数量虽不少，但无法判明时代，因为西夏文不惟流行于西夏国时期，在元代也很流行，而且其流行范围大大超过西夏国时代。黑水城出土西夏文献数量多，有些可以判明年代，但仍有相当数量不明；其三，西夏国时代的文化中心银川和武威地区虽有山嘴沟石窟和下西沟岘石窟留存于世，但存留壁画不多，损毁严重，据之不易为西夏窟研究建立可靠坐标。以上诸因素，使西夏石窟的分期断代显得尤为困难。相较而言，蒙古豳王家族统治期敦煌的历史具有独特性，许多资料，如豳王家族成员的人名、王号、蒙古文、八思巴文、蒙古语词汇、人物形象、服饰等特点明晰，时代感甚强，故而通过历史记载与考古资料的比对，尤其是将敦煌石窟与元代的阿尔寨石窟、元墓壁画等进行比对，可为元代石窟的分期断代建立可靠坐标，从而将其从原定西夏窟中剥离出来。果若是，则敦煌晚期石窟的分期断代就有望取得突破。

与裕固族相关的新文献、文物不仅于敦煌有发现，于黑水城、酒泉等地也有发现，是以，裕固学研究对于进一步充实敦煌学，推动敦煌研究之纵深发展方面具有极其重要的价值与意义；敦煌学已成为国际显学，裕固学纳入其中，有利于裕固学尽早与国际学术接轨，驶入学术发展的快车道；敦煌作为裕固族文化中心之一，也是该民族的形成地和东迁起始地，谈裕固族历史，不能离开敦煌；裕固族对晚期敦煌文化贡献尤著，不仅留下了丰富的文献，敦煌晚期石窟的开凿，很多都与裕固族息息相关，是故，研究敦煌学，同样也不能撇开裕固族，否则就不能言其完整。

参考文献

一 汉籍史料（按书名首字音序排列）

《阿毗达磨大毗婆沙论》,（唐）玄奘译,《大正藏》第 27 册，No. 1545。

《安禄山事迹》,（唐）姚汝能撰，曾贻芬校点，上海：上海古籍出版社，1983。

《北京大学藏敦煌文献》第 2 卷，北京大学图书馆、上海古籍出版社编，上海：上海古籍出版社，1995。

《北史》,（唐）李延寿撰，北京：中华书局，1973。

《册府元龟》,（宋）王钦若等编纂，北京：中华书局，1960。

《岑参集校注》,（唐）岑参著，陈铁民等校注，上海：上海古籍出版社，2004。

《重修肃州新志校注》,（清）黄文炜修，吴生贵等校注，北京：中华书局，2008。

《创修临泽县志》，张志纯校点，兰州：甘肃文化出版社，2001。

《大慈恩寺三藏法师传》,（唐）慧立、彦悰撰，北京：中华书局，1983。

《大元仓库记》,（元）佚名著，台北：广文书局，1972。

《道园学古录》,（元）虞集撰，四部丛刊本。

《敦煌资料》第 1 辑，中国社会科学院历史研究所资料室编，北京：中华书局，1961。

《俄藏敦煌文献》第 1 ~ 17 册，俄罗斯科学院东方研究所圣彼得堡分所、俄罗斯科学出版社东方学部、上海古籍出版社编，上海：上海古籍出版社，1992 ~ 2001。

《法国国家图书馆藏敦煌西域文献》第 1 ~ 34 册，上海古籍出版社、法国国家图书馆合编，上海：上海古籍出版社，1994 ~ 2005。

《范文正公年谱》,（宋）楼鑰撰，四川大学古籍所整理《范仲淹全集·附录二》，成都：四川大学出版社，2002。

《风俗通义校注》,（东汉）应劭著，王利器校注，北京：中华书局，1981。

《高僧传》,（梁）释慧皎撰，汤用彤校注，北京：中华书局，1992。

《管子校注》，黎翔凤撰，梁运华整理，北京：中华书局，2004。

《广弘明集》,（唐）道宣撰，《大正藏》第 52 册，No.2103。

《归田类稿》,（元）张养浩撰，丛书集成本。

《国家图书馆藏敦煌遗书》第 1 ~ 146 册，北京：北京图书馆出版社。

《汉书》,（东汉）班固撰，北京：中华书局，1962。

《汉书西域传补注》,(清)徐松著,朱玉麒整理,北京:中华书局,2005。

《后汉书》,(南朝宋)范晔撰,(唐)李贤等注,北京:中华书局,1965。

《后汉书志》,(晋)司马彪著,北京:中华书局,1959。

《怀净土诗》,(元)中峰禅师撰,《续藏经》第70册,No.1402。

《黄檗断际禅师宛陵录》,(唐)希运著,《大正藏》第48册,No.2012B。

《挥麈录》,(宋)王明清撰,上海:中华书局上海编辑所,1961。

《建炎以来朝野杂记》,(宋)李心传撰,徐规点校,北京:中华书局,2000。

《揭傒斯全集》,(元)揭傒斯撰,上海:上海古籍出版社,1985。

《金刚顶莲华部心念诵仪轨》,(唐)不空译,《大正藏》第18册,No.873。

《金史》,(元)脱脱等撰,北京:中华书局,1975。

《晋书》,(唐)房玄龄等撰,北京:中华书局,1974。

《经世大典》,(元)奎章阁学士院编。

《旧唐书》,(后晋)刘昫等撰,北京:中华书局,1975。

《旧五代史》,(宋)薛居正等撰,北京:中华书局,1976。

《括地志辑校》,(唐)李泰等著,贺次君辑校,北京:中华书局,2005。

《凉州府志备考》,(清)张澍辑录,西安:三秦出版社,1988。

《梁书》,(唐)姚思廉撰,北京:中华书局,1973。

《辽史》,(元)脱脱等撰,北京:中华书局,1974。

《蒙兀儿史记》,(民国)屠寄著,北京:中国书店,1984。

《明史》,(清)张廷玉等撰,北京:中华书局,1974。

《明英宗实录》,台北:"中央研究院"历史语言研究所校印,1962。

《南史》,(唐)李延寿撰,北京:中华书局,1975。

《全辽文》,陈述辑校,北京:中华书局,1982。

《全唐诗》,（清）彭定求编，北京：中华书局，1960。

《全唐文》,（清）董诰等编，上海：上海古籍出版社，1990。

《全元文》,李修生主编，南京：江苏古籍出版社，1999。

《三国志》,（晋）陈寿撰，裴松之注，北京：中华书局，1959。

《史集》,〔波斯〕拉施特著，余大钧、周建奇译，北京：商务印书馆，1986。

《史记》,（西汉）司马迁撰，北京：中华书局，1959。

《说文解字》,（东汉）许慎著，天津：天津古籍出版社，1991。

《松漠纪闻》,（宋）洪皓著，翟立伟标注，长春：吉林文史出版社，1986。

《宋大诏令集》,司义祖整理，北京：中华书局，1962。

《宋高僧传》,（宋）赞宁撰，范祥雍点校，北京：中华书局，1987。

《宋会要辑稿》,（清）徐松辑，北京：中华书局，1957。

《宋史》,（元）脱脱等撰，北京：中华书局，1977。

《宋书》,（梁）沈约撰，北京：中华书局，1972。

《肃镇华夷志校注》,（明）李应魁撰，高启安、邰惠莉点校，兰州：甘肃人民出版社，2006。

《隋书》,（唐）魏征等撰，北京：中华书局，1973。

《太平御览》,（宋）李昉等撰，北京：中华书局，1960。

《太师淇阳忠武王碑》,（元）元明善撰，李修生主编《全元文》第24册，第10册，南京：江苏古籍出版社，1999。

《唐会要》,（宋）王溥撰，北京：中华书局，1955。

《通典》,（唐）杜佑著，王文锦等点校，北京：中华书局，1988。

《通制条格》,黄时鉴点校，杭州：浙江古籍出版社，1986。

《魏书》,（北齐）魏收撰，北京：中华书局，1974。

《五代会要》,（宋）王溥撰，上海：上海古籍出版社，1978。

《西夏书事校证》,（清）吴广成撰，龚世俊等校证，兰州：甘肃文化出版社，1995。

《西域水道记》，（清）徐松撰，朱玉麒整理，北京：中华书局，2005。

《辛卯侍行记》，（清）陶保廉，北京：中国国际广播出版社，2016。

《新唐书》，（宋）欧阳修、宋祁撰，北京：中华书局，1975。

《新五代史》，（宋）欧阳修撰，北京：中华书局，1974。

《续资治通鉴》，（清）毕沅编著，北京：中华书局，1958。

《续资治通鉴长编》，（宋）李焘撰，北京：中华书局，1979～1995。

《盐铁论校注》，（西汉）桓宽著，王利器校注，北京：中华书局，1992。

《因话录》，（唐）赵璘著，上海：上海古籍出版社，2000。

《英藏敦煌文献（汉文佛经以外部分）》第1～14卷，中国社会科学院历史研究所、中国敦煌吐鲁番学会敦煌古文献编辑委员会、英国国家图书馆、伦敦大学亚非学院编，成都：四川人民出版社，1990～1995。

《永乐大典》，（明）解缙等编，北京：中华书局，1986。

《元故荣禄大夫平章政事议陕西等处行中书省事赵公墓志铭》，（元）萧㪨撰，李修生主编《全元文》第10册，南京：江苏古籍出版社，1999。

《元和郡县图志》，（唐）李吉甫撰，北京：中华书局，1983。

《元和姓纂》（唐）林宝撰，岑仲勉校记，郁贤皓、陶敏校，北京：中华书局，1994。

《元史》，（明）宋濂等撰，北京：中华书局，1976。

《元文类》，（元）苏天爵编，北京：商务印书馆，1968。

《云南志校释》，樊绰著，赵吕甫校释，北京：中国社会科学出版社，1985。

《资治通鉴》，（宋）司马光著，（元）胡三省注，北京：中华书局，1956。

二　研究著述（按作者姓氏音序排列，同一作者，按发表时间为序排列）

阿不都热西提·亚库甫:《北京大学图书馆藏回鹘文〈西宁王速来蛮赞〉新探》，朱玉麒主编《西域文史》第 6 辑，北京：科学出版社，2011，第 61～77 页。

阿不都热西提·亚库甫:《莫高窟北区石窟出土回鹘文文献的综合研究》，彭金章主编《敦煌莫高窟北区石窟研究》下册，兰州：甘肃教育出版社，2011，第 429～477 页。

阿不都热西提·亚库甫:《古代维吾尔语赞美诗和描写性韵文的语文学研究》，上海：上海古籍出版社，2015。

阿布利孜·亚库甫等编《维吾尔语详解辞典》（维吾尔文版），北京：民族出版社，1991。

阿顿·华多太:《论都兰古墓的民族属性》，《中国藏学》2012 年第 4 期，第 117～136 页。

〔苏〕К.А.阿奇舍夫、Г.А.库沙耶夫著，孙危译《伊犁河流域塞人和乌孙的古代文明》，兰州：兰州大学出版社，2013。

阿依达尔·米尔卡马力:《回鹘文诗体注疏和新发现敦煌本韵文研究》，上海：上海古籍出版社，2015。

〔瑞典〕安特生:《甘肃考古记》（地质专报甲种第五号），乐森璕译，实业部地质调查所，1925。

安志敏:《甘肃远古文化及其有关的几个问题》，《考古通讯》1956 年第 6 期，第 9～19 页（收入氏著《中国新石器时代论集》，北京：文物出版社，1982，第 80～88 页）。

安志敏:《甘肃山丹四坝滩新石器时代遗址》，《考古学报》1959 年第 3 期，第 7～16 页（收入氏著《中国新石器时代论集》，北京：文物出版社，1982，第 80～88 页）。

敖特根:《敦煌莫高窟第 465 窟断代研究综述》，《敦煌研究》2003 年第 5 期，第 3～8 页。

敖特根:《蒙元时代的敦煌西宁王速来蛮》,《兰州大学学报》2004年第4期,第35~41页。

敖特根:《〈莫高窟六字真言碣〉研究》,《敦煌研究》2005年第6期,第77~83页。

敖特根:《莫高窟北区出土"阿刺忒纳失里令旨"残片》,《敦煌学辑刊》2006年第3期,第28~40页。

敖特根:《敦煌莫高窟北区出土蒙古文文献研究》,北京:民族出版社,2010。

〔日〕八木春生著,何红岩、魏文斌译《关于麦积山石窟第74、78窟的建造年代》,《敦煌研究》2003年第6期,第58~64页。

巴桑旺堆编《吐蕃碑刻与摩崖石刻考证》,拉萨:西藏人民出版社,2011。

巴卧·祖拉陈瓦著,黄颢、周润年译注《贤者喜宴——吐蕃史译注》,北京:中央民族大学出版社,2010。

北京大学东方语言文学系波斯语教研室编《波斯语汉语词典》,北京:商务印书馆,1981。

北京大学考古文博学院、甘肃省文物考古研究所:《甘肃酒泉干骨崖墓地的发掘与收获》,《考古学报》2012年第3期,第351~368页。

白滨:《"大元肃州路也可达鲁花赤世袭之碑"考释——论元代党项人在河西的活动》,《民族研究》1979第1期,第68~80页。

白滨:《元代西夏一行慧觉法师就辑汉文〈华严忏仪〉补释》,杜建录主编《西夏学》第1辑,银川:宁夏人民出版社,2006,第76~80页。

〔苏〕A.伯恩施坦:《中亚古代游牧民族史的争论问题》,罗志平译,中国社会科学院民族研究所编译《民族史译文集》,北京:科学出版社,1959,第110~114页。

〔苏〕Л.П.波塔波夫:《论中亚细亚和哈萨克斯坦游牧民族宗法封建关系的本质》,万颐安译,《苏联关于游牧民族宗法封建关系问题的讨论》,北京:科学出版社,1957,第1~31页。

〔法〕伯希和:《伯希和敦煌石窟笔记》,耿昇译,兰州:甘肃人民出版社,2007。

才让:《P. T. 230R〈天子赤沃松赞母子祈愿文〉残卷解读及吐蕃末年史事考述》,《西北民族大学学报》2008年第1期,第1~8页(收入氏著《菩提遗珠:敦煌藏文佛教文献的整理与解读》,上海:上海古籍出版社,2016,第418~427页)。

才让丹珍:《裕固族风俗志》,天津:天津古籍出版社,1993。

蔡鸿生:《唐代九姓胡贡品分析》,《文史》,第31辑,北京:中华书局,1988,第99~104页。

蔡鸿生:《唐代九姓胡与突厥文化》,北京:中华书局,1998。

岑仲勉:《释桃花石(Taugas)》,《东方杂志》第33卷第21号,1936,第63~73页。

柴剑虹:《〈敦煌唐人诗集残卷(伯2555)初探》,《新疆师范大学学报》1982年第2期,第71~77页(收入氏著《敦煌吐鲁番学论稿》,杭州:浙江教育出版社,2000,第1~14页)。

陈炳应:《图解本西夏文〈观音经〉译释》,同载《敦煌研究》1985年第3期,第49~58页。

陈炳应:《西夏监军司的数量和驻地考》,《敦煌学研究》(西北师院学报增刊·总第5期),1986,第90~101页。

陈炳应:《西夏与敦煌》,《西北民族研究》1991年第1期,第78~90页。

陈炳应、卢冬:《遥望星宿——甘肃考古文化丛书:古代民族》,兰州:敦煌文艺出版社,2004。

陈大为:《敦煌净土寺与敦煌地区胡姓居民关系探析》,《敦煌学辑刊》2006年第1期,第87~98页。

陈高华:《黑城元代站赤登记簿初探》,《中国社会科学院研究生院学报》2002年第5期,第49~56页。

陈广恩:《元代西北地区驿站管理制度初探》,《元史及民族史研究集刊》第16辑,海口:南方出版社,2003,第90~100页。

陈广恩:《元代西北经济开发研究》，澳门：澳亚周刊出版有限公司，2005。

陈国灿:《敦煌所出诸借契年代考》，《敦煌学辑刊》1984年第1期，第1～9页。

陈国灿:《唐朝吐蕃陷落沙州城的时间问题》，《敦煌学辑刊》1985年第1期，第1～7页（收入氏著《敦煌学史事新证》，兰州：甘肃教育出版社，2002，第472～485页）。

陈国灿:《敦煌所出粟特文信札的书写地点和时间问题》，唐长孺主编《魏晋南北朝隋唐史资料》第7辑，1985，第10～18页（收入氏著《敦煌学史事新证》，兰州：甘肃教育出版社，2002，第56～72页）。

陈国灿:《武周瓜、沙地区的吐谷浑归朝事迹——对吐鲁番墓葬新出敦煌军事文书的探讨》，《1983年全国敦煌学术讨论会文集》（文史·遗书编）》，兰州：甘肃人民出版社，1987，第1～26页（收入氏著《敦煌学史事新证》，兰州：甘肃教育出版社，2002，第167～197页）。

陈国灿:《魏晋至隋唐河西胡人的聚居与火祆教》，《西北民族研究》1988年第1期，第198～209页（收入氏著《敦煌学史事新证》，兰州：甘肃教育出版社，2002年9月，第73～97页）。

陈国灿:《唐五代敦煌县乡里制的演变》，《敦煌研究》1989年第3期，第39～50页（收入氏著《敦煌学史事新证》，兰州：甘肃教育出版社，2002年9月，第360～383页）。

陈国灿:《敦煌五十九首佚名诗历史背景新探》，《敦煌吐鲁番研究》第2卷，北京：北京大学出版社，1997，第87～100页（收入氏著《敦煌学史事新证》，兰州：甘肃教育出版社，2002，第497～515页）。

陈国灿:《武周瓜沙地区吐谷浑归朝案卷研究》，《敦煌学史事新证》，兰州：甘肃教育出版社，2002，第167～197页。

陈国科、王辉、李延祥:《西城驿遗址二期遗存文化性质浅析》，

《早期丝绸之路暨早期秦文化国际学术研讨会论文集》，北京：文物出版社，2014，第 22 ~ 33 页。

陈海涛:《唐代入华粟特人商业活动的历史意义》,《敦煌学辑刊》2003 年第 1 期，第 118 ~ 124 页。

陈践、杨本加:《吐蕃时期藏文文献中的盟誓》,《中国藏学》2009 年第 3 期，第 133 ~ 141 页。

陈践践:《争夺新札城千户长官职至诉讼文》,《中国藏学》2004 年第 3 期，第 119 ~ 125 页。

陈健文:《试论一些与月氏有关的考古文化问题》,《简牍学研究》第 2 辑，兰州：甘肃人民出版社，1998，第 186 ~ 194 页。

陈菊霞:《敦煌翟氏研究》，北京：民族出版社，2012。

陈明:《张议潮出行图中的乐舞》,《敦煌研究》2003 年第 5 期，第 51 ~ 54 页。

陈庆英:《敦煌藏文写卷 P. T. 999 号译注》,《敦煌研究》1987 年第 2 期，第 71 ~ 73 页。

陈庆英:《西夏及元代藏传佛教经典的汉译本——简论〈大乘要道密集〉(〈萨迦道果新编〉)》,《西藏大学学报》2000 第 2 期，第 1 ~ 9 页。

陈庆英、高淑芬主编《西藏通史》，郑州：中州古籍出版社，2003。

陈秀实:《汉将霍去病出北地行军路线考——〈汉书〉"涉钩耆济居延"新解》,《西北师大学报》1998 年第 6 期，第 85 ~ 87 页。

陈序经:《匈奴史稿》，北京：中国人民大学出版社，2007。

陈寅恪:《隋唐制度渊源略论稿·唐代政治史述论稿》，北京：商务印书馆，2011。

陈于柱:《敦煌文书 P. T. 127〈人姓归属五音经〉与归义军时期敦煌吐蕃移民社会研究》,《民族研究》2011 年第 5 期，第 76 ~ 84 页。

陈垣:《火祆教入中国考》,《国学季刊》第 1 卷第 1 号，1923，第 27 ~ 46 页（收入氏著《陈垣史学论著选》，上海：上海人民出版社，1981，第 109 ~ 132 页）。

陈宗振、雷选春:《裕固族民歌的格律》,《少数民族诗歌格律》,拉萨:西藏人民出版社,1986,第 479 ~ 488 页。

陈作义:《休屠王城比考》,《敦煌研究》1998 年第 2 期,第 153 ~ 155 页。

程喜霖:《唐代过所与胡汉商人贸易》,《西域研究》1995 年第 1 期,第 97 ~ 103 页。

程越:《入华粟特人在唐代的商业与政治活动》,《西北民族研究》1994 年第 1 期,第 56 ~ 64 页。

程越:《从石刻史料看入华粟特人的汉化》,《史学月刊》1994 年第 1 期,第 22 ~ 27 页。

〔日〕池田温:《〈中国古代写本识语集录〉解说》,李德范译,《北京图书馆馆刊》1994 年 Z2 期,第 88 ~ 98 页。

〔日〕池田温:《8 世纪中叶教煌的粟特人聚落》,辛德勇译,《唐研究论文选集》,北京:中国社会科学出版社,1999,第 3 ~ 67 页。

初世宾:《悬泉汉简羌人资料补述》,《出土文献研究》第 6 辑,上海:上海古籍出版社,2004,第 167 ~ 189 页。

次旺:《从吐蕃墓葬的动物殉葬习俗探吐蕃王朝时期的畜牧业》,《西藏大学学报》2003 年第 1 期,第 43 ~ 48 页。

崔红芬:《西夏〈金光明最胜王经〉信仰研究》,《敦煌研究》2008 年 2 期,第 54 ~ 61 页。

崔红芬:《僧人"慧觉"考略——兼谈西夏的华严信仰》,《世界宗教研究》2010 年第 4 期,第 47 ~ 57 页。

崔明德:《中国古代和亲史》,北京:人民出版社,2005。

戴春阳:《月氏文化族属、族源刍议》,《西北史地》1991 年第 1 期,第 14 ~ 18 页。

戴春阳:《祁连、焉支山在新疆辨疑》(上、下),《敦煌研究》2009 年第 5 期,第 97 ~ 105 页;《敦煌研究》2010 年第 1 期,第 62 ~ 69 页。

〔法〕戴密微:《吐蕃僧诤记》,耿昇译,兰州:甘肃人民出版社,

1984。

党宝海:《蒙元驿站交通研究》，北京：昆仑出版社，2006，第296页。

党新玲:《五代敦煌粟特人医家史再盈》,《甘肃中医学院学报》1994年第3期，第9～10页。

党燕妮:《晚唐五代敦煌地区的海龙王信仰》，郑炳林主编《敦煌归义军史专题研究三编》，兰州：甘肃文化出版社，2005，第271～291页。

党燕妮:《晚唐五代宋初敦煌民间佛教信仰研究》，博士学位论文，兰州大学，2009。

德山:《元代交通史》，呼和浩特：远方出版社，1995。

邓慧君:《试论吐蕃与唐争夺吐谷浑获得成功的原因》,《青海社会科学》1993年第6期，第99～102页。

邓文宽:《张淮深平定甘州回鹘史事钩沉》,《北京大学学报》1986第5期，第86～98页。

邓文宽:《〈凉州节院使押衙刘少晏状〉新探》,《敦煌学辑刊》1987年第2期，第62～68页。

杜斗成、陈海涛:《试论法成在吐蕃时期河西汉藏佛教融合中的作用》,《中国佛学》(台)第2卷第1期，1999，第151～172页。

杜斗城、孔令梅:《简论十六国北朝时期的敦煌大族与佛教》,《敦煌学辑刊》2010年第4期，第48～53页。

杜斗城、杨富学:《河西回鹘之佛教》,《世界宗教研究》1997年第3期，第39～44页。

杜林渊:《南匈奴墓葬初步研究》,《考古》2007年第4期，第74～86页。

杜亚雄:《裕固族西部民歌研究》,《甘肃民族研究》1981年创刊号，第77～98页。

段晴:《于阗语〈罗摩衍那〉的故事》,《东方民间文学比较研究》，北京：北京大学出版社，2003，第138～157页。

段文杰:《晚期的莫高窟艺术》,《敦煌研究》1985 年第 3 期,第 1 ~ 18 页(收入氏著《敦煌石窟艺术论集》,兰州:甘肃人民出版社,1988,第 224 ~ 249 页)。

段文杰:《榆林窟的壁画艺术》,《中国石窟·安西榆林窟》,北京:文物出版社、东京:平凡社,1997,第 161 ~ 176 页。

段文杰主编《中国敦煌壁画全集》第 10 卷《西夏、元卷》,天津:天津人民美术出版社,1996。

敦煌市博物馆编著《敦煌市博物馆藏珍贵文物图录》,沈阳:万卷出版公司,2017。

敦煌文物研究所整理《敦煌莫高窟内容总录》,北京:文物出版社,1982。

敦煌研究院编《中国石窟·敦煌莫高窟》第 1 ~ 5 卷,北京:文物出版社、东京:平凡社,1981 ~ 1987。

敦煌研究院编《敦煌莫高窟供养人题记》,北京:文物出版社,1986。

敦煌研究院编《敦煌石窟内容总录》,北京:文物出版社,1996。

敦煌研究院编《中国石窟·安西榆林窟》,北京:文物出版社,1997。

敦煌研究院编《敦煌遗书总目索引新编》,北京:中华书局,2000。

敦煌研究院编《榆林窟》,成都:四川美术出版社,2014。

敦煌研究院、内蒙古师范大学:《莫高窟第 61 窟甬道南壁回鹘蒙文题记释读》,《敦煌研究》1989 年第 1 期,第 30 ~ 34 页。

敦煌研究院考古研究所、内蒙古师范大学蒙文系:《敦煌石窟回鹘蒙文题记考察报告》,《敦煌研究》1990 年第 4 期,第 534 ~ 570 页。

樊锦诗:《P. 3317 号敦煌文书及其与莫高窟第 61 窟佛传故事画关系之研究》,《华学》第 9、10 辑,上海:上海古籍出版社,2008,第 980 ~ 1004 页。

樊丽沙:《出土文献汉传佛教在西夏的传播与影响》,北京:中国社会科学出版社，2020。

樊丽沙、杨富学：《西夏境内的汉僧及其地位》，《敦煌学辑刊》2009 年第 1 期，第 122～134 页。

方广锠：《敦煌佛教经录辑校》，南京：江苏古籍出版社，1997。

费孝通等：《中华民族多元一体格局》，北京：中央民族学院出版社，1989。

冯家昇：《回鹘文写本〈菩萨大唐三藏法师传〉研究报告》，北京：中国科学院，1951。

冯培红：《P. 3249 背〈军籍残卷〉与归义军初期的僧兵武装》，《敦煌研究》1998 年第 2 期，第 141～147 页。

冯培红：《敦煌曹氏族属与曹氏归义军政权》，《历史研究》2001 年第 1 期，第 73～86 页。

冯培红：《唐五代敦煌的营田与营田使考》，《敦煌归义军史专题研究续编》，兰州：兰州大学出版社，2003，第 245～262 页。

冯培红：《从敦煌文献看归义军时代的吐谷浑人》，《兰州大学学报》2004 年第 1 期，第 22～30 页。

冯培红：《汉晋敦煌大族略论》，《敦煌学辑刊》2005 年第 2 期，第 100～116 页。

冯培红：《敦煌大族与前秦、后凉》，《南京师大学报》2012 年第 2 期，第 54～59 页。

冯培红：《敦煌的归义军时代》，兰州：甘肃教育出版社，2013。

嘎日迪：《敦煌莫高窟北区出土蒙古文和八思巴文文献标音释读》（二），彭金章、王建军《敦煌莫高窟北区石窟》第 3 卷，北京：文物出版社，2004，第 397～419 页。

甘肃简牍博物馆等编《悬泉汉简》（壹），上海：中西书局，2019。

甘肃省博物馆：《甘肃省文物考古工作三十年》，《文物考古工作三十年（1949～1979 年）》，北京：文物出版社，1979，第 139～153 页。

甘肃省博物馆文物工作队、武威地区展览馆：《甘肃永昌三角城沙井文化遗址调查》，《考古》1984 年第 7 期，第 598 ~ 601 页。

甘肃省博物馆文物工作队：《甘肃永登榆树沟的沙井墓葬》，《考古与文物》1981 年第 4 期，第 34 ~ 36 页。

甘肃省钱币学会编《甘肃历史货币》，兰州：兰州大学出版社，1989。

甘肃文物考古研究所：《永昌三角城与蛤蟆墩沙井文化遗存》，《考古学报》1990 年第 2 期，第 205 ~ 237 页。

甘肃省文物考古研究所编《敦煌汉简》，北京：中华书局，1991。

甘肃省文物考古研究所等编《居延新简》，北京：文物出版社，1990。

甘肃省文物考古研究所：《永昌西岗柴湾岗沙井文化墓葬发掘报告》，兰州：甘肃人民出版社，2001。

甘肃省文物考古研究所、北京大学考古文博学院：《河西走廊史前考古调查报告》，北京：文物出版社，2011。

甘肃省文物考古研究所、甘肃省博物馆、文化部古文献研究室、中国社会科学院历史研究所编《居延新简研究——甲渠候官与第四燧》（秦汉魏晋出土文献），北京：文物出版社，1990。

甘肃省文物考古研究所、吉林大学北方考古研究室编著《民乐东灰山考古：四坝文化墓地的揭示与研究》，北京：科学出版社，1998。

甘肃省文物考古研究所、中山大学地球科学与工程学院：《甘肃敦煌旱峡玉矿遗址考古调查报告》，《考古与文物》2019 年第 4 期，第 12 ~ 22 页。

高启安：《明代哈密卫东迁与裕固族的形成》，《甘肃社会科学》1989 年第 4 期，第 99 ~ 102 页。

高启安：《裕固族"天下头目都姓安"试释》，《中央民族大学学报》1991 年第 3 期，第 49 ~ 52 页。

高启安：《唐五代敦煌的"饮食胡风"》，《民族研究》2002 年第 3

期，第 66 ~ 73 页。

　　高启安：《汉居延置所在置嗽——以居延里程简 E.P.T: 59582 为中心》，《敦煌研究》2013 年第 5 期，第 105 ~ 113 页。

　　高启安：《傅介子刺楼兰事迹综理》，《石河子大学学报》2016 年第 2 期，第 1 ~ 9 页。

　　高荣：《月氏、乌孙和匈奴在河西的活动》，《西北民族研究》2004 年第 3 期，第 23 ~ 32 页。

　　高荣：《敦煌悬泉汉简所见河西的羌人》，《社会科学战线》2010 年第 10 期，第 100 ~ 106 页。

　　高荣：《汉代张掖属国新考》，《敦煌研究》2014 年第 4 期，第 95 ~ 100 页。

　　高嵩：《敦煌唐人诗集残卷考释》，银川：宁夏人民出版社，1982。

　　〔日〕高田时雄：《五姓说在敦煌藏族》，中国敦煌吐鲁番学会编《敦煌吐鲁番学研究论文集》，北京：汉语大词典出版社，1990，第 756 ~ 767 页。

　　〔日〕高田时雄：《敦煌·民族·语言》，钟翀译，北京：中华书局，2005。

　　高自厚：《撒里畏吾尔东迁和裕固族的形成》，《西北民族研究》1986 年第 1 期，第 106 ~ 120 页。

　　高自厚：《撒里畏吾与蒙古宗王出伯——裕固族源流中蒙古支系的由来、演变及其重大影响》，《西北民族学院学报》1990 年第 4 期，第 34 ~ 39 页。

　　高自厚、贺红梅：《裕固族通史》，兰州：甘肃人民出版社，2003。

　　〔德〕A. 格伦威德尔：《新疆古佛寺：1905—1907 年考察成果》，赵崇民、巫新华译，北京：中国人民大学出版社，2007。

　　耿昇译《吐蕃僧诤记》，兰州：甘肃人民出版社，1984。

　　郭锋：《略论慕容归盈出任归义军瓜州刺史前的身世》，《敦煌研究》1991 年第 4 期，第 94 ~ 100 页。

　　耿世民：《回鹘文亦都护高昌王世勋碑研究》，《考古学报》1980

年第 4 期，第 515 ~ 529 页。

耿世民：《回鹘文〈大元肃州路也可达鲁花赤世袭之碑〉译释》，阎文儒、陈玉龙编《向达先生纪念论文集》，乌鲁木齐：新疆人民出版社，1986，第 440 ~ 454 页。

耿世民：《试论维吾尔古典诗歌中的韵律和形式》，《少数民族诗歌格律》，拉萨：西藏人民出版社，1986，第 489 ~ 499 页。

耿世民：《敦煌突厥回鹘文书导论》，台北：新文丰出版公司，1994。

耿世民、张宝玺：《元回鹘文〈重修文殊寺碑〉初释》，《考古学报》1986 年第 2 期，第 253 ~ 263 页。

公维章：《西夏时期敦煌的净土信仰》，《泰山学院学报》2008 年第 5 期，第 81 ~ 84 页。

顾颉刚：《史林杂识》，北京：中华书局，1963。

关友惠：《敦煌宋西夏石窟壁画装饰风格及其相关的问题》，《2004 年石窟研究国际学术会议论文集》（下册），上海：上海古籍出版社，2006，第 1110 ~ 1141 页。

郭锋：《慕容归盈与瓜沙曹氏》，《敦煌学辑刊》1989 年第 1 期，第 90 ~ 106 页。

郭锋：《略论慕容归盈出任归义军瓜州刺史前的身世》，《敦煌研究》1991 年第 4 期，第 89 ~ 95 页。

郭萍：《从克孜尔石窟壁画看龟兹地区粟特艺术的传播》，《西域研究》2010 年第 4 期，第 124 ~ 127 页。

郭声波：《中国行政区划通史·唐代卷》，上海：复旦大学出版社，2012。

郭晓航：《元豫王阿剌忒纳失里考述》，《社会科学》2007 年第 9 期，第 177 ~ 184 页。

哈密顿、杨富学、牛汝极：《榆林窟回鹘文题记译释》，《敦煌研究》1998 年第 2 期，第 39 ~ 54 页。

韩博文主编《甘肃彩陶》，北京：科学出版社，2008。

韩博文主编《甘肃丝绸之路文明》，北京：科学出版社，2008。

韩建业：《新疆的青铜时代和早期铁器时代文化》，北京：文物出版社，2007。

韩康信、潘其凤：《关于乌孙、月氏的种属》，《西域史论丛》第 3 辑，乌鲁木齐：新疆人民出版社，1990，第 1 ~ 8 页。

韩儒林：《突厥官号考释》，《穹庐集——元史及西北民族史研究》，上海：上海人民出版社，1982，第 304 ~ 325 页。

韩儒林主编《元朝史》，北京：人民出版社，2008。

韩香：《唐代长安中亚人的聚居及汉化》，《民族研究》2000 年第 3 期，第 63 ~ 72 页。

韩中义：《丝绸之路语言文化交流》（待刊）。

郝春文：《敦煌的渠人与渠社》，《北京师范学院学报》1990 年第 1 期，第 90 ~ 97 页。

郝春文：《唐后期五代宋初敦煌僧尼的社会生活》，北京：中国社会科学出版社，1998。

郝春文：《中国国家图书馆藏未刊敦煌文献研读札记》，《敦煌研究》2004 年第 4 期，第 21 ~ 31 页。

郝春文主编《英藏敦煌社会历史文献释录》第 1 ~ 16 卷，北京：社会科学文献出版社，2003 ~ 2020。

郝树声、张德芳：《悬泉汉简研究》，兰州：甘肃文化出版社，2009。

河姆渡遗址考古队：《浙江河姆渡遗址第二期发掘的主要收获》，《文物》1980 年 5 期，第 1 ~ 15 页。

何双全：《敦煌新出简牍辑录》，《简帛研究》第一辑，北京：法律出版社，1993，第 221 ~ 235 页。

贺德扬：《论"祁连"》，《文史哲》1990 年第 3 期，第 84 ~ 87 页。

贺世哲：《从供养人题记看莫高窟部分洞窟的营建年代》，敦煌研究院编《敦煌莫高窟供养人题记》，北京：文物出版社，1986，第 194 ~ 236 页。

贺世哲:《莫高窟第 285 窟西壁内容考释》,段文杰主编《1987 年敦煌石窟研究国际学术讨论会文集》,沈阳:辽宁人民出版社,1990,第 350 ～ 382 页。

贺世哲:《敦煌图像研究——十六国北朝卷》,兰州:甘肃教育出版社,2006。

贺世哲、孙修身:《瓜沙曹氏与敦煌莫高窟》,《敦煌研究文集》,兰州:甘肃人民出版社,1982,第 220 ～ 272 页。

贺卫光:《中国古代游牧文化的几种类型及其特征》,《内蒙古社会科学》2001 年第 5 期,第 38 ～ 43 页。

贺卫光:《中国古代游牧民族经济社会文化研究》,兰州:甘肃人民出版社,2001。

洪猛:《双湾墓葬及沙井文化研究》,硕士学位论文,吉林大学,2008。

侯世新:《西域粟特胡人的社会生活与文化风尚》,《西域研究》2010 年第 2 期,第 8 ～ 12 页。

胡进杉:《藏文〈心经〉两种夏译本之对勘研究》,薛正昌主编《西夏历史与文化——第三届西夏学国际学术研讨会论文集》,兰州:甘肃人民出版社,2010,第 244 ～ 266 页。

胡平生:《匈奴日逐王归汉新资料》,《文物》1992 年第 4 期,第 62 页。

胡平生、张德芳:《敦煌悬泉汉简释粹》,上海:上海古籍出版社,2001。

胡小鹏:《元代河西出伯系诸王初探》,《西北师大学报》1991 年第 6 期,第 28 ～ 34 页。

胡小鹏:《元代河西诸王与甘肃行省关系述论》,《甘肃社会科学》1992 年第 3 期,第 70 ～ 74 页。

胡小鹏:《试揭"尧呼儿来自西至哈至"之谜》,《民族研究》1999 年第 1 期,第 68 ～ 73 页。

胡小鹏:《元明敦煌与裕固族的历史关系》,《敦煌研究》1999 年第 4 期，第 118 ~ 131 页。

胡小鹏：《元代西北历史与民族研究》，兰州：甘肃文化出版社，1999。

胡小鹏：《西北民族文献与历史研究》，兰州：甘肃人民出版社，2004。

胡小鹏：《哈密卫忠顺王脱脱身世及相关问题考述》，《民族研究》2010 年第 4 期，第 84 ~ 89 页。

华梅：《中国服饰》，北京：五洲传播出版社，2004。

〔日〕荒川正晴：《唐帝国和粟特人的交易活动》，陈海涛译，《敦煌研究》2002 年第 3 期，第 81 ~ 91 页。

黄靖：《大月氏的西迁及其影响》，《新疆社会科学》1985 年第 2 期，第 96 ~ 105 页。

黄盛璋：《钢和泰藏卷与西北史地研究》，《新疆社会科学》1984 年第 2 期，第 60 ~ 73 页。

黄盛璋：《敦煌于阗文书中河西部族考证》，《敦煌学辑刊》1990 年第 1 期，第 51 ~ 67 页。

黄盛璋：《关于沙州曹氏和于阗交往的诸藏文文书及相关问题》，《敦煌研究》1992 年第 1 期，第 35 ~ 43 页。

黄盛璋：《敦煌汉文与于阗文书中龙家及其相关问题》，《全国敦煌学研讨会论文集》，嘉义：中正大学，1995，第 57 ~ 84 页。

黄盛璋：《敦煌汉文与于阗文书中之龙家及其相关问题》，《西域研究》1996 年第 1 期，第 26 ~ 39 页。

黄时鉴点校《通制条格》，杭州：浙江古籍出版社，1986。

黄文弼：《罗布淖尔考古记》，北京：国立北京大学出版社，1948。

黄文弼：《大月氏故地及西徙》，氏著《西北史地论丛》，上海：上海人民出版社，1981，第 114 ~ 116 页。

黄文焕：《跋敦煌 365 窟藏文题记》，《文物》1980 年第 7 期，第 47 ~ 49 页。

黄文焕:《河西吐蕃卷式写经目录并后记》,《世界宗教研究》1982年第 1 期, 第 84 ~ 102 页。

黄文焕:《河西吐蕃文书中的"钵阐布"》,中国民族古文字研究会编《中国民族古文字研究》, 北京: 中国社会科学出版社, 1984, 第 222 ~ 236 页。

黄兆宏:《吐谷浑入迁河西及其影响浅析》,《宁夏师范学院学报》2017 年第 4 期, 第 72 ~ 76 页。

黄振华、张广达:《苏联的乌孙考古情况简述》, 载王炳华、王明哲:《乌孙研究》, 乌鲁木齐: 新疆人民出版社, 1983, 第 185 ~ 199 页。

黄征、吴伟编校《敦煌愿文集》, 长沙: 岳麓书社, 1995。

霍巍:《吐蕃系统金银器研究》,《考古学报》2009 年第 1 期, 第 89 ~ 128 页。

霍巍:《敦煌莫高窟第 465 窟建窟史迹再探》,《中国藏学》2009 年第 3 期, 第 187 ~ 194 页。

霍熙亮整理《安西榆林窟内容总录》, 敦煌研究院编《敦煌石窟内容总录》, 北京: 文物出版社, 1996, 第 204 ~ 221 页。

季羡林:《〈罗摩衍那〉在中国》,《印度文学研究集刊》第 2 辑, 上海: 上海译文出版社, 1986, 第 25 ~ 33 页。

季羡林主编《敦煌学大辞典》, 上海: 上海辞书出版社, 1998。

〔苏〕Б. F. 加富罗夫:《中亚塔吉克史》, 肖之兴译, 北京: 中国社会科学出版社, 1985。

贾敬颜:《释"行国"——游牧国家的一些特征》,《历史教学》1980 年第 1 期, 第 19 ~ 23 页。

贾学锋:《藏传佛教在河西走廊的传播与发展》,《西藏研究》2003年第 2 期, 第 36 ~ 40 页。

〔日〕榎一雄:《小月氏与尉迟氏》, 斯英琦、徐文堪译,《民族译丛》1980 年第 3 期, 第 48 ~ 54 页。

贾应逸、侯世新:《莫高窟第 409 窟与高昌回鹘供养人像比较研究》,《敦煌壁画艺术继承与创新国际学术研讨会论文集》,上海:上海辞书出版社,2008,第511～517页。

姜伯勤:《上海藏本敦煌所出河西支度营田使文书研究》,北京大学中国古代史研究中心主编《敦煌吐鲁番文献研究论集》第2辑,北京:北京大学出版社,1983,第349～352页。

姜伯勤:《沙州道门亲表部落释证》,《敦煌研究》1986年第3期,第1～7页。

姜伯勤:《敦煌壁画与粟特壁画的比较研究》,《1987年敦煌石窟研究国际讨论会文集·石窟艺术编》,沈阳:辽宁美术出版社,1990,第150～169页。

姜伯勤:《敦煌邈真赞与敦煌名族》,姜伯勤、项楚、荣新江:《敦煌邈真赞校录并研究》,台北:新文丰出版公司,1994,第1～55页。

姜伯勤:《敦煌吐鲁番文书与丝绸之路》,北京:文物出版社,1994。

姜伯勤:《莫高窟隋说法图中龙王与象王的图像学研究——兼论有联珠纹边饰的一组说法图中晚期犍陀罗派及粟特画派的影响》,《敦煌吐鲁番研究》第1卷,北京:北京大学出版社,1996,第139～159页。

姜伯勤:《莫高窟322窟持动物畏兽图像——兼论敦煌佛窟畏兽天神图像与唐初突厥祆神崇拜的关联》,《中国祆教艺术史研究》,北京:生活·读书·新知三联书店,2004,第217～224页。

姜伯勤:《敦煌莫高窟北区新发现中的景教艺术》,《艺术史研究》第6卷,广州:中山大学出版社,2004,第337～352页。

姜伯勤、项楚、荣新江:《敦煌邈真赞校录并研究》,台北:新文丰出版公司,1994。

蒋其祥:《关于伊儿汗国使用我国纸钞问题——中国和伊朗文化交流的一件史事》,《西域古钱币研究》,乌鲁木齐:新疆大学出版社,2006,第444～446页。

金雷:《嗢末新考》,《西藏研究》2007年第4期,第17～22页。

金维诺:《敦煌窟龛名数考》,《文物》1959 年第 5 期,第 50 ～ 54 页。

金滢坤:《吐蕃统治敦煌的社会基层组织》,《中国边疆史地研究》1998 年第 4 期,第 27 ～ 35 页。

金滢坤:《吐蕃节度使考述》,《厦门大学学报》2001 年第 1 期,第 97 ～ 104 页。

金滢坤、盛会莲:《吐蕃沙州节儿及其统治新探》,《中国边疆史地研究》2000 年第 3 期,第 10 ～ 16 页。

〔法〕卡尔梅·桑丹坚赞:《〈五史册〉披露的第一位藏王出身的神话》(上),李登贵、仓决卓玛译,《西藏研究》1999 年第 2 期,第 122 ～ 131 页。

卡哈尔·巴拉提、刘迎胜:《亦都护高昌王世勋碑回鹘文碑文之校勘与研究》,《元史及北方民族史研究集刊》第 8 期,1984,第 57 ～ 106 页。

С.Г.克里亚什托尔内:《古代突厥鲁尼文碑铭》,李佩娟译,哈尔滨:黑龙江教育出版社,1991。

Kira Fyodorovna Samosyuk:《西夏王国的艺术:历史风格上的诠释》,《丝路上消失的王国——西夏黑水城的佛教艺术》,许洋主译,台北:"国立"历史博物馆,1996,第 59 ～ 88 页。

雷绍锋:《归义军赋役制度初探》,台北:洪业文化事业有限公司,2000。

雷闻:《割耳剺面与刺心剖腹——粟特对唐代社会风俗的影响》,荣新江、张志清主编《从撒马儿罕到中国——粟特人在中国》,北京:国家图书馆出版社,2004,第 41 ～ 48 页。

李并成:《河西走廊历史地理》,兰州:甘肃人民出版社,1995。

李并成:《河西走廊东部新发现的一条汉长城——汉揟次县至媪围县段长城勘察》,《敦煌研究》1996 年第 4 期,第 129 ～ 131 页。

李并成:《"西桐"地望考——附论明安定卫城》,《西北民族研究》1998 年第 1 期,第 45 ～ 50 页。

李并成:《汉代河西走廊东段交通路线考》,《敦煌学辑刊》2011年第1期,第58～65页。

李并成:《"敦煌"得名新考》,《敦煌学辑刊》2021年第1期,第37～40页。

李并成、解梅:《敦煌归义军曹氏统治者果为粟特后裔吗——与荣新江、冯培红先生商榷》,《敦煌研究》2006年第6期,第109～115页。

李灿:《元代西夏人的华严忏法——以〈华严经海印道场忏仪〉为中心》,硕士学位论文,北京大学,2010。

李得贤:《敦煌与莫高窟释名及其它》,《青海社会科学》1988年第5期,第86～89页。

李刚:《中国北方草原青铜器的欧亚草原文化因素》,北京:文物出版社,2011。

李华瑞:《宋夏关系史》,保定:河北大学出版社,1998。

李辉、冻国栋:《俄藏黑水城文献〈慈觉禅师劝化集〉考》,《敦煌研究》2004年第2期,第104～106页。

李聚宝:《"舜窜三苗于三危"之"三危"在敦煌》,《敦煌研究》1986年第3期,第18～23页。

李瑞哲:《丝绸之路上粟特人的商业活动蠡测》,《藏学学刊》第3辑,成都:四川大学出版社,2007,第171～180页。

李水城:《沙井文化研究》,《国学研究》第2卷,北京:北京大学出版社,1994,第493～523页。

李水城:《西北与中原早期冶铜业的区域特征及交互作用》,《考古学报》2005年第7期,第75～84页。

李水城、水涛:《四坝文化铜器研究》,《文物》2000年第3期,第36～44页。

李水城、水涛、王辉:《河西走廊史前考古调查报告》,《考古学报》2010年第2期,第229～264页。

李铁生编著《中亚钱币(前伊斯兰王朝)》,北京:北京出版社,2008。

李岩云:《敦煌汉简相关问题补遗》,《敦煌研究》2010 年第 3 期,第 91 ~ 96 页。

李艳玲:《田作畜牧——公元前 2 世纪至公元 7 世纪前西域绿洲农业研究》,兰州:兰州大学出版社,2014。

李逸友编著《黑城出土文书(汉文文书卷)》,北京:科学出版社,1991。

李永宁:《敦煌莫高窟碑文录及相关问题》(一),《敦煌研究》试刊第 1 期,1981 年第 56 ~ 79 页。

李永宁:《敦煌莫高窟碑文录及有关问题》(二),《敦煌研究》试刊第 2 期,1982,第 108 ~ 126 页。

李永宁:《竖牛作孽,君主见欺——谈张淮深之死及唐末归义军执权者之更迭》,《敦煌研究》1986 年第 2 期,第 15 ~ 20 页。

李浴:《安西万佛峡(榆林窟)石窟志》,敦煌研究院编《榆林窟研究文集》,上海:上海古籍出版社,2011,第 3 ~ 15 页。

李浴:《榆林窟佛教艺术内容调查》,敦煌研究院编《榆林窟研究文集》,上海:上海古籍出版社,2011,第 16 ~ 26 页。

李正宇:《关于金山国和敦煌国建国的几个问题》,《西北史地》1987 年第 2 期,第 63 ~ 75 页(收入氏著《敦煌史地新论》,台北:新文丰出版公司,1996,第 193 ~ 222 页)。

李正宇:《敦煌地区古代祠庙寺观简志》,《敦煌学辑刊》1988 年第 1、2 期,第 70 ~ 85 页(收入氏著《敦煌史地新论》,台北:新文丰出版公司,1996,第 53 ~ 100 页)。

李正宇:《〈敦煌廿咏〉探微》,《古文献研究》,哈尔滨师范大学编印,1989,第 232 ~ 236 页。

李正宇:《曹仁贵归奉后梁的一组新资料》,《魏晋南北朝隋唐史资料》第 11 辑,1991,第 274 ~ 281 页。

李正宇:《悄然湮没的王国——沙州回鹘国》,《1990 年敦煌学国际学术研讨会文集·史地语文编》,沈阳:辽宁美术出版社,1995,

第 149 ～ 174 页（收入氏著《敦煌史地新论》，台北：新文丰出版公司，1996，第 355 ～ 386 页）。

李正宇：《西同考——附论六龙地望》，《敦煌研究》1997 年第 4 期，第 110 ～ 120 页。

李正宇：《归义军乐营的结构与配置》，《敦煌研究》2000 年第 3 期，第 73 ～ 79 页。

李正宇：《沙州贞元四年陷蕃考》，《敦煌研究》2007 年第 4 期，第 98 ～ 103 页。

李正宇：《"敦薨之山"、"敦薨之水"地望考——兼论"敦薨"即"敦煌"》，《敦煌研究》2011 年第 3 期，第 78 ～ 82 页。

李治安：《元代分封制度研究》（增订本），北京：中华书局，2007。

李治安：《元代行省制度研究》，北京：中华书局，2011。

李治安：《元中叶西北军队"入川""过川"考》，《历史研究》2013 年第 2 期，第 29 ～ 43 页。

林幹：《匈奴城镇和庙宇研究》，《匈奴史论文集》，北京：中华书局，1983，第 413 ～ 429 页。

林冠群：《唐代吐蕃的氏族》，《中国藏学》2010 年第 2 期，第 6 ～ 26 页。

林冠群：《唐代吐蕃构建天下秩序初探》，《中央民族大学学报》2016 年第 4 期，第 78 ～ 89 页。

林光明编著《兰札体梵字入门》，台北：嘉丰出版社，2004。

林梅村：《大夏黄金宝藏的发现及其对大月氏考古研究的意义》，《文物天地》1991 年第 6 期，第 44 ～ 48 页（收入氏著《西域文明——考古、民族、语言和宗教新论》，北京：东方出版社，1995，第 267 ～ 278 页）。

林梅村：《粟特文买婢契与丝绸之路上的女奴贸易》，《文物》1992 年第 9 期，第 49 ～ 54 页。

林梅村：《祁连与昆仑》，《敦煌研究》1994 年第 4 期，第

113 ~ 116 页。

　　林梅村:《敦煌出土粟特文古书信的断代问题》,《中国史研究》1986 年第 1 期,第 87 ~ 99 页。

　　林梅村:《吐火罗人与龙部落》,《西域研究》1997 年第 1 期,第 11 ~ 20 页。

　　林梅村:《上海博物馆藏中亚三语钱币考》,《中国钱币》1998 年第 4 期,第 16 ~ 21 页。

　　林梅村:《大月氏人的原始故乡——兼论西域三十六国之形成》,《西域研究》2013 年第 2 期,第 90 ~ 104 页。

　　林梅村、李均明:《疏勒河流域出土汉简》,北京:文物出版社,1984。

　　林悟殊:《波斯拜火教与古代中国》,台北:新文丰出版公司,1995。

　　林英津:《西夏语译〈圣妙吉祥真实名经〉释文纪略》,《国家图书馆学刊》增刊(西夏研究专号),2002,第 84 ~ 96 页。

　　刘安志:《唐朝吐蕃占领沙州时期的敦煌大族》,《中国史研究》1997 年第 3 期,第 83 ~ 91 页。

　　刘波:《敦煌所出粟特语古信札与两晋之际敦煌姑臧的粟特人》,《敦煌研究》1995 年第 3 期,第 147 ~ 154 页。

　　刘凤翥:《"阿穆尔"源于契丹语的"黑水"说》,《黑龙江文物丛刊》1984 年第 4 期,第 82 ~ 83 页。

　　刘惠琴、陈海涛:《商业移民与部落迁徙——敦煌、吐鲁番著籍粟特人的主要来源》,《敦煌学辑刊》2005 年第 2 期,第 117 ~ 125 页。

　　刘惠琴、陈海涛:《唐代入仕粟特人的汉化进程》,《烟台大学学报》2005 年第 2 期,第 214 ~ 217 页。

　　刘建丽:《西夏时期河西走廊佛教的兴盛》,《宁夏大学学报》1992 年第 3 期,第 41 ~ 46 页。

　　刘进宝:《归义军及其政权始末述论》,《西北师大学报》1990 年第 3 期,第 47 ~ 51 页。

刘进宝：《关于吐蕃统治经营河西地区的若干问题》，《中国边疆史地研究》1994 年第 1 期，第 13 ~ 21 页。

刘进宝：《试谈归义军时期敦煌县乡的建置》，《敦煌研究》1994 年第 3 期，第 79 ~ 82 页。

刘进宝：《归义军土地制度初探》，《敦煌研究》1997 年第 2 期，第 48 ~ 60 页。

刘进宝：《再论晚唐五代的"地子"》，《历史研究》2003 年第 2 期，第 123 ~ 131 页。

刘菊湘：《西夏地理中几个问题的探讨》，《宁夏大学学报》1998 年第 3 期，第 24 ~ 27 页。

刘雯：《吐蕃及归义军时期敦煌索氏家族研究》，《敦煌学辑刊》1997 年第 2 期，第 84 ~ 91 页。

刘义棠：《回鹘与唐朝婚姻关系及其影响研究》，《维吾尔研究》（修订本），台北：正中书局，1997，第 373 ~ 432 页。

刘迎胜：《察合台汗国史研究》，上海：上海古籍出版社，2006。

刘迎胜《皇庆、至治年间元朝与察合台汗国和战始末》，《元史论丛》第 5 辑，北京：中国社会科学出版社，1993，第 13 ~ 49 页。

刘永增：《莫高窟第 158 窟的纳骨器与粟特人的丧葬习俗》，《敦煌研究》2004 年第 2 期，第 13 ~ 18 页。

刘永增：《瓜州榆林窟第 3 窟的年代问题》，《艺术设计研究》2014 年第 4 期，第 1 ~ 23 页。

刘永增：《瓜州榆林窟第 3 窟释迦八相图图像解说》，《敦煌研究》2014 年第 4 期，第 1 ~ 16 页。

刘永增：《敦煌"西夏石窟"的年代问题》，《故宫博物院院刊》2020 年第 3 期，第 6 ~ 8 页。

刘玉权：《敦煌莫高窟、安西榆林窟西夏洞窟分期》，《敦煌研究文集》，兰州：甘肃人民出版社，1982，第 273 ~ 318 页。

刘玉权：《本所藏图解本西夏文〈观音经〉版画初探》《敦煌研究》1985 年第 3 期，第 41 ~ 48 页。

刘玉权:《关于沙州回鹘洞窟的划分》,《1987 年敦煌石窟研究国际研讨会文集·石窟考古编》,沈阳:辽宁美术出版社,1990,第 1 ~ 29 页。

刘玉权:《榆林窟第 29 窟窟主及其营建年代考论》,敦煌研究院编《段文杰敦煌研究五十年纪念文集》,北京:世界图书出版公司,1996,第 130 ~ 138 页。

刘玉权:《榆林窟第 29 窟考察与研究》,敦煌研究院编《榆林窟研究论文集》,上海:上海辞书出版社,2011,第 366 ~ 393 页。

柳存仁:《藏文本罗摩衍那本事私笺》,《潘石禅先生九秩华诞敦煌学特刊》,台北:文津出版社,1996,第 1 ~ 36 页。

〔苏〕С.И.鲁金科:《匈奴文化与诺彦乌拉巨冢》,孙危译,马健校注,北京:中华书局,2012。

卢向前:《关于归义军时期一份布纸破用历的研究——试释伯四六四〇背面文书》,《敦煌吐鲁番文献研究论集》第 3 辑,北京:北京大学出版社,1986,第 394 ~ 466 页。

陆离:《俄、法所藏敦煌文献中一件归义军时期土地纠纷案卷残卷浅识——对 Дx.02264、Дx.08786 与 P.4974 号文书的缀合研究》,《敦煌学辑刊》2000 年第 2 期,第 54 ~ 65 页。

陆离:《大虫皮考——兼论吐蕃南诏虎崇拜及其影响》,《敦煌研究》2004 年第 1 期,第 35 ~ 41 页。

陆离《敦煌、新疆等地吐蕃时期石窟中着虎皮衣饰神祇、武士图像及雕塑研究》,《敦煌学辑刊》2006 年第 3 期,第 110 ~ 121 页。

陆离:《也谈敦煌文书中的唐五代"地子"、"地税"》,《历史研究》2006 年第 4 期,第 164 ~ 172 页。

陆离:《敦煌吐蕃文书中的"色通(Se tong)"考》,《敦煌研究》2012 年第 2 期,第 66 ~ 72 页。

陆离:《敦煌的吐蕃时代》,兰州:甘肃教育出版社,2013。

陆离:《关于吐蕃统治敦煌时期的基层组织——十将、将》,《中国边疆史地研究》2015 年第 2 期, 第 111 ~ 125 页。

陆离:《Tsong ka（宗喀（、khri ka（赤卡（、临蕃城考》,《魏晋南北朝隋唐史资料》第 23 辑, 武汉大学文科编辑部编辑出版, 2006, 第 217 ~ 224 页。

陆离:《吐蕃统治河陇西域时期制度研究》, 北京: 中华书局, 2011。

陆离、陆庆夫:《张议潮史迹新探》,《中国边疆史地研究》2011 年第 1 期, 第 95 ~ 109 页。

陆庆夫:《河西达怛考述》,《敦煌学辑刊》1992 年第 1 ~ 2 期, 第 12 ~ 20 页。

陆庆夫:《唐宋间敦煌粟特人之汉化》,《历史研究》1996 年第 6 期, 第 25 ~ 34 页。

陆庆夫:《从焉耆龙王到河西龙家——龙部落迁徙考》,《敦煌研究》1997 年第 2 期, 第 169 ~ 178 页。

陆庆夫:《归义军晚期的回鹘化与沙州回鹘政权》,《敦煌学辑刊》1998 年第 1 期, 第 18 ~ 24 页。

陆庆夫:《丝绸之路史地研究》, 兰州: 兰州大学出版社, 1999。

陆庆夫:《金山国与甘州回鹘关系考论》,《敦煌学辑刊》1999 年第 1 期, 第 49 ~ 58 页（收入《敦煌归义军史专题研究续编》, 兰州: 兰州大学出版社, 2003, 第 476 ~ 491 页）。

陆庆夫:《唐宋之际的凉州嗢末》,《敦煌归义军史专题研究续编》, 兰州: 兰州大学出版社, 2003, 第 505 ~ 516 页。

洛加才让:《论吐蕃悉补野部与畜牧业文化的发展》,《西藏研究》2000 年第 2 期, 第 67 ~ 70 页。

罗秉芬:《从三件《赞普愿文》的史料看吐蕃王朝的崩溃——敦煌古藏文文书 P. T. 16, I.O.751, P. T. 134, P. T. 230 初探》,《国立政治大学民族学报》第 21 期, 1994, 第 105 ~ 112 页。

罗寄梅:《安西榆林窟的壁画》, 敦煌研究院编《榆林窟研究文集》，上海：上海古籍出版社，2011，第 68 ～ 102 页。

罗继祖：《辽史校勘记》，上海：上海人民出版社，1958。

罗帅：《罗巴塔克碑铭译注与研究》，朱玉琪主编《西域文史》第 6 辑，北京：科学出版社，2011，第 111 ～ 136 页。

罗振玉：《瓜沙曹氏年表》，《雪堂丛刻》，上虞罗氏排印本，1915。

罗振玉：《补唐书张议潮传》，《丙寅稿》，上虞罗氏影印本，1927。

吕建福：《土族史》，北京：中国社会科学出版社，2002。

吕志峰：《敦煌悬泉置考论——以敦煌悬泉汉简为中心》，《敦煌研究》2013 年第 4 期，第 66 ～ 68 页。

马驰：《铁勒契苾部与契苾何力家族》，《'98 法门寺唐文化国际学术研讨会论文集》，西安：陕西人民出版社，2000，第 174 ～ 181 页。

马德：《沙州陷蕃年代再探》，《敦煌研究》1985 年第 3 期，第 98 ～ 105 页。

马德：《吴和尚·吴和尚窟·吴家窟——〈腊八燃灯分配窟龛名数〉丛识之一》，《敦煌研究》1987 年第 3 期，第 62 ～ 64 页。

马德：《敦煌阴氏与莫高窟阴家窟》，《敦煌学辑刊》1997 年 1 期，第 90 ～ 95 页

马德：《尚书曹仁贵史事钩沉》，《敦煌学辑刊》1998 年第 2 期，第 10 ～ 17 页。

马德：《吐蕃国相尚纥心儿事迹补述——以敦煌本羽 77 号为中心》，《敦煌研究》2011 年第 4 期，第 36 ～ 44 页。

马格侠：《西夏地区流传的宗密著述及影响初探》，《宁夏社会科学》2007 年第 3 期，第 99 ～ 103 页。

马格侠、张文超：《西夏地区流传的宗密著作考述》，郑炳林、樊锦诗、杨富学主编《丝绸之路民族古文字与文化学术讨论会论文集》（上），西安：三秦出版社，2007，第 480 ～ 488 页。

〔意大利〕马可波罗著，〔法〕沙畹译，冯承钧转译《马可波罗行纪》，上海：上海书店出版社，2001。

马世长《关于敦煌藏经洞的几个问题》，《文物》1978 年第 12 期，

第 21 ～ 33 页。

　　马小鹤：《七一二年的粟特》，《新疆大学学报》1986 年第 1 期，第 72 ～ 81 页。

　　马智全：《从出土汉简看汉代羌族部族》，《丝绸之路》2011 年第 6 期，第 5 ～ 8 页。

　　满都呼：《蒙古族诗歌格律》，《少数民族诗歌格律》，拉萨：西藏人民出版社，1986，第 423 ～ 435 页。

　　〔日〕梅村坦：《以敦煌为中心的诸民族之动态》（上），陈俊谋译，《民族译丛》1982 年第 2 期，第 36 ～ 39 页。

　　〔日〕梅村坦：《以敦煌为中心的诸民族之动态》（下），陈俊谋译，《民族译丛》1982 年第 6 期，第 49 ～ 54 页。

　　梅维恒：《“敦煌”得名考》，王启涛译，《西南民族大学学报》2012 年第 9 期，第 217 ～ 219 页。

　　内蒙古自治区文物考古研究所编著《朱开沟——青铜时代早期遗址发掘报告》，北京：文物出版社，2000。

　　乜小红《从粟特文券契看高昌王国奴婢买卖之官文券》，《西域研究》2009 年第 4 期，第 37 ～ 42 页。

　　聂鸿音：《西夏文〈五更转〉残叶考》，《宁夏社会科学》2003 年第 5 期，第 74 ～ 75 页。

　　聂鸿音：《西夏文藏传〈般若心经〉研究》，《民族语文》2005 年第 2 期，第 22 ～ 29 页（又载《贤者喜宴》4，石家庄：河北教育出版社，2005，第 3 ～ 7 页）。

　　宁夏文物考古研究所编著《山嘴沟西夏石窟》，北京：文物出版社，2007。

　　牛达生：《西夏活字印刷研究》，银川：宁夏人民出版社，2004。

　　牛汝辰：《新疆地名概说》，北京：中央民族大学出版社，1994。

　　牛汝辰：《新疆地名中的“喀拉”一词辨析》，《新疆社会科学》1984 年第 4 期，第 144 ～ 146 页。

　　潘策：《秦汉时期的月氏、乌孙和匈奴及河西四郡的设置》，《甘肃师大学报》1981 年第 3 期，第 50 ～ 55 页。

潘重规：《敦煌唐人陷蕃诗集残卷作者的新探测》，《汉学研究》第 3 卷第 1 期，台北：台湾汉学研究资料及服务中心出版，1985，第 41 ～ 54 页。

潘重规：《敦煌唐人陷蕃诗集残卷研究》，《敦煌学》第 13 辑，台北：新文丰出版公司，1988，第 79 ～ 111 页。

潘重规：《敦煌变文集新书》，台北：文津出版社，1994。

彭金章、王建军：《敦煌莫高窟北区石窟》第 1 ～ 3 卷，北京：文物出版社，2000 ～ 2004。

蒲朝绂：《试论沙井文化》，《西北史地》1989 年第 4 期，第 1 ～ 12 页。

齐陈骏：《五凉史略》，兰州：甘肃人民出版社，1988。

齐东方：《敦煌文书及石窟题记中所见的吐谷浑余部》，北京大学中国中古史研究中心编《敦煌吐鲁番文献研究论集》第 5 辑，北京：北京大学出版社，1990，第 263 ～ 278 页。

齐东方：《吐鲁番阿斯塔纳二二五号墓出土的部分文书的研究——兼论吐谷浑余部》，北京大学中国中古史研究中心编《敦煌吐鲁番文献研究论集》第 2 辑，北京：北京大学出版社，1983，第 581 ～ 615 页。

钱伯泉：《“敦煌”和“莫高窟”音义考析》，《敦煌研究》1994 年第 1 期，第 44 ～ 53 页。

钱伯泉：《乌孙和月氏在河西的故地及其西迁的经过》，《敦煌研究》1994 年第 4 期，第 104 ～ 112 页。

钱伯泉：《〈王延德历叙使高昌行程所见〉的笺证和研究》，《西域研究》2010 年第 4 期，第 23 ～ 34 页。

秦宇：《西夏佛寺地理分布研究》，《五台山研究》2014 年第 3 期，第 17 ～ 22 页。

〔苏〕丘古耶夫斯基：《敦煌教煌汉文文书》，王克孝译，上海：上海古籍出版社，2000。

冉光荣、李绍明、周锡银：《羌族史》，成都：四川民族出版社，

1985。

　　饶宗颐:《围陀与敦煌壁画》,《敦煌吐鲁番学研究论文集》,上海:汉语大辞典出版社,1990,第 16 ~ 26 页。

　　任半塘:《敦煌歌辞总编》(上册),上海:上海古籍出版社,2006。

　　任怀晟:《敦煌莫高窟 409 窟、237 窟男供养人像考》,《敦煌学辑刊》2019 年第 3 期,第 91 ~ 103 页。

　　荣新江:《归义军及其与周边民族的关系初探》,《敦煌学辑刊》1986 年第 2 期,第 24 ~ 44 页。

　　荣新江:《通颊考》,《文史》第 33 辑,北京:中华书局,1990,第 119 ~ 144 页。

　　荣新江:《小月氏考》,《中亚学刊》第 3 辑,北京:中华书局,1990,第 47 ~ 62 页。

　　荣新江:《唐代河西地区铁勒部落的入居及其消亡》,《中华民族研究新探索》,北京:中国社会科学出版社,1991,第 283 ~ 285 页。

　　荣新江:《沙州归义军历任节度使称号研究(修订稿)》,《敦煌学》第 19 辑,1992,第 15 ~ 67 页。

　　荣新江:《敦煌写本〈敕河西节度兵部尚书张公德政之碑〉校考》,《周一良先生八十生日纪念论文集》,北京:中国社会科学出版社,1993,第 206 ~ 216 页。

　　荣新江;《龙家考》,《中亚学刊》第 4 辑,北京:中华书局,1995,第 144 ~ 160 页。

　　荣新江:《归义军史研究——唐宋时代敦煌史考索》,上海:上海古籍出版社,1996。

　　荣新江:《北朝隋唐粟特人之迁徙及其聚落》,袁行霈主编《国学研究》第 6 卷,北京:北京大学出版社,1999,第 27 ~ 86 页。

　　荣新江:《敦煌归义军曹氏统治者为粟特后裔说》,《历史研究》2001 年第 1 期,第 65 ~ 72 页。

　　荣新江:《粟特祆教美术东传过程中的转化——从粟特到中国》,

《汉唐之间文化艺术的互动与交融》，北京：文物出版社，2001，第
51 ~ 72 页（收入氏著《中古中国与外来文明》，北京：生活·读
书·新知三联书店，2001，第301 ~ 325 页）。

荣新江:《波斯与中国：两种文化在唐朝的交融》,《中国学术》
2002 年第4 辑，第61 ~ 64 页。

荣新江:《从撒马尔干到长安——中古时期粟特人的迁徙与入居》，
北京：中华书局，2005。

荣新江:《萨保与萨薄：佛教石窟壁画中的粟特商队首领》,《法
国汉学》丛书编辑委员会编《粟特人在中国——历史、考古、语言
的新探索》（即《法国汉学》第10 辑），北京：中华书局，2005，第
49 ~ 71 页。

萨仁高娃:《伯希和洞窟笔记所见少数民族文字题记》,《2004 年石
窟研究国际学术会议论文集》（下），上海：上海古籍出版社，2006，
第774 ~ 791 页。

萨仁高娃、杨富学:《敦煌本回鹘文〈阿毗达磨俱舍论实义疏〉研
究》,《敦煌研究》2010 年第1 期，第117 ~ 124 页。

〔法〕沙畹:《西突厥史料》，冯承钧译，北京：商务印书馆，
1958。

〔法〕沙畹、伯希和著，冯承钧摘译《摩尼教流行中国考》,《西
域南海史地考证译丛八编》，北京：中华书局，1958，第43 ~ 104 页。

沙武田:《莫高窟第61 窟甬道壁画绘于西夏时代考》,《西北第二
民族学院学报》2006 年第3 期，第57 ~ 62 页。

沙武田:《敦煌石窟粟特九姓胡人供养像研究》,《敦煌学辑刊》
2008 年第4 期，第132 ~ 144 页。

沙武田:《敦煌莫高窟第158 窟与粟特人关系试考》（上）,《艺术
设计研究》2010 年第1 期，第16 ~ 22 页。

沙武田:《敦煌西夏石窟分期研究之思考》,《西夏研究》2011 年
第2 期，第23 ~ 34 页。

沙武田:《莫高窟第322 窟图像的胡风因素——兼谈洞窟功德

主的粟特九姓胡人属性》,《故宫博物院院刊》2011 年第 3 期, 第 71 ~ 96 页。

　　沙武田:《敦煌莫高窟第 3 窟为西夏洞窟考》,《敦煌研究》2013 年第 4 期, 第 1 ~ 11 页。

　　沙知辑校《敦煌契约文书辑校》, 南京: 江苏古籍出版社, 1998。

　　单月英:《匈奴墓葬研究》,《考古学报》2009 年第 1 期, 第 35 ~ 68 页。

　　商务印书馆编《敦煌遗书总目索引》, 北京: 中华书局, 1983。

　　邵明杰:《论入华粟特人流向的完整线索及最终归宿——基于粟特人 "回鹘化" 所作的考察》,《青海民族研究》2010 年第 1 期, 第 116 ~ 124 页。

　　邵台新:《汉代对西域的经营》, 台北: 辅仁大学出版社, 1995。

　　邵文实:《沙州节儿考及其引申出来的几个问题——八至九世纪吐蕃对瓜沙地区汉人的统治》,《西北师大学报》(社会科学版) 1992 年第 5 期, 第 63 ~ 68 页。

　　沈从文编著《中国古代服饰研究》(增订本), 香港: 商务印书馆, 1992。

　　沈从文、王予:《中国服饰史》, 西安: 陕西师范大学出版社, 2004。

　　沈卫荣:《〈大乘要道密集〉与西夏、元朝所传西藏密法》,《中华佛学学报》第 20 期, 2007, 第 251 ~ 303 页。

　　沈卫荣:《黑水城出土西夏新译〈心经〉对勘、研究——以俄藏黑水城文献 TK128 号文书为中心》,《西域文史》第 2 辑, 北京: 科学出版社, 2007, 第 217 ~ 239 页。

　　施萍婷:《建平公与莫高窟》,《敦煌研究文集》, 兰州: 甘肃人民出版社, 1982, 第 144 ~ 150 页。

　　史金波:《西夏佛教史略》, 银川: 宁夏人民出版社, 1988。

　　史金波:《敦煌莫高窟北区出土西夏文文献初探》,《敦煌研究》2000 年第 3 期, 第 1 ~ 16 页。

　　史金波:《西夏的藏传佛教》,《中国藏学》2002 年第 1 期, 第

33 ~ 49 页。

史金波:《西夏出版研究》,银川:宁夏人民出版社,2004。

史金波:《敦煌莫高窟北区西夏文文献译释研究》(3),彭金章、王建军:《敦煌莫高窟北区石窟》第 3 卷,北京:文物出版社,2004,第 420 ~ 432 页。

史金波:《西夏社会》,上海:上海人民出版社,2007。

史金波:《敦煌学和西夏学的关系及其研究展望》,《敦煌研究》2012 年第 1 期,第 52 ~ 58 页。

史金波、白滨:《大元肃州路也可达鲁花赤世袭之碑考释》,《民族研究》1979 年第 1 期,第 68 ~ 80 页。

史金波、白滨、黄振华:《文海研究》,北京:中国社会科学出版社,1983。

史金波、聂鸿音、白滨译注《天盛改旧新定律令》,北京:法律出版社,1999。

史金波、雅森·吾守尔:《中国的活字印刷术的发明和早期传播——西夏和回鹘活字印刷术研究》,北京:社会科学文献出版社,2000。

史苇湘:《丝绸之路上的敦煌与莫高窟》,《敦煌研究文集》,兰州:甘肃人民出版社,1982,第 43 ~ 121 页。

史苇湘:《世族与敦煌》,敦煌文物研究所编《敦煌研究文集》,兰州:甘肃人民出版社,1982,第 151 ~ 164 页。

史苇湘:《关于敦煌莫高窟内容总录》,敦煌文物研究所整理《敦煌莫高窟内容总录》,北京:文物出版社,1982,第 177 ~ 202 页。

施萍亭:《本所藏〈酒帐〉研究》,《敦煌研究》总第 3 期,1983,第 142 ~ 155 页。

石硕:《从松赞干布时广建神庙的活动看本教与佛教之关系》,《西藏民族学院学报》1999 年第 1 期,第 31 ~ 37 页。

石硕:《吐蕃政教关系史》,成都:四川人民出版社,2000。

〔法〕石泰安:《敦煌藏文写本综述》,耿昇译,载《国外藏学研究译文集》第3辑,拉萨:西藏人民出版社,1987,第1～14页。

水涛:《甘青地区早期文明兴衰的人地关系》,《中国西北地区青铜时代考古论集》,北京:科学出版社,2001,第168～186页。

〔英〕奥雷尔·斯坦因:《西域考古图记》,巫新华等译,桂林:广西师范大学出版社,1998。

苏北海:《西域历史地理》,乌鲁木齐:新疆大学出版社,1988。

苏北海、李秀梅:《回纥汗国的统治疆域及漠北回纥族的西迁》,《敦煌学辑刊》1990年第2期,第27～35页。

苏航:《试析吐蕃统治敦煌时期的基层组织tshar——以Ch.73.xv.frag.12和P. T. 2218为中心》,《中国藏学》2003年第2期,第43～52页。

肃南裕固族自治县裕固族文化研究室编《裕固族民间文学作品集》(一),兰州:甘肃民族出版社,2013。

宿白:《参观敦煌第285窟札记》,《文物参考资料》1956年第2期,第16～21页。

宿白:《敦煌莫高窟早期洞窟杂考》,《大公报在港复刊卅周年纪念文集》卷上,香港:香港大公报社出版,1978,第393～415页。

宿白:《东阳王与建平公》,《向达先生纪念论文集》,乌鲁木齐:新疆人民出版社,1986,第155～173页。

宿白:《敦煌莫高窟密教遗迹札记》(上、下),《文物》1989年第9期,第45～53页;《文物》1989年第10期,第68～86页(收入氏著《中国石窟寺研究》,第279～310页)。

宿白:《建平公于义续考》,《中国石窟寺研究》,北京:文物出版社,1996,第260～261页。

孙昌盛:《方塔塔心柱汉文题记考释》,宁夏考古研究所编著《拜寺沟西夏方塔》,北京:文物出版社,2005,第337～344页。

孙昌盛:《试论在西夏的藏传佛教僧人及其地位、作用》,《西藏研究》2006年第1期,第35～45页。

孙楷第:《敦煌写本〈张淮深变文〉跋》,《中央研究院历史语言研究所集刊》第七本第三分,1937,第385～404页。

孙寿龄:《西夏文水陆法会祭祀文考析》,杜建录主编《西夏学》第1辑,银川:宁夏人民出版社,2006,第87～90页。

孙晓岗:《试论成都佛教的发展与传播》,《敦煌学与中国史研究论集》,兰州:甘肃人民出版社,2001,第387～405页。

孙修身:《五代时期甘州回鹘可汗世系考》,《敦煌研究》1990年第3期,第40～45页。

孙占宇:《敦煌汉简王莽征伐西域战争史料研究综述》,《西域研究》2006年第3期,第105～110页。

汤晓芳:《对敦煌409窟壁画人物"回鹘国王"的质疑》,《西夏研究》2018年第3期,第54～61页。

谭世宝:《燉(焞、敦)煌考释》,《文史》第37辑,北京:中华书局,1993,第55～64页。

唐耕耦、陆宏基编《敦煌社会经济文献真迹释录》第1辑,北京:书目文献出版社,1986。

唐耕耦、陆宏基编《敦煌社会经济文献真迹释录》第2～5辑,北京:全国图书馆文献微缩复印中心,1990。

唐长孺:《关于归义军节度的几种资料跋》,《中华文史论丛》第1辑,1962,第275～296页。

汤君:《敦煌唐人诗集残卷作者考辩》,《西南民族学院学报》1999年第6期,第242～247页。

汤开建,马明达:《对五代宋初河西地区若干民族问题的探讨》,《敦煌学辑刊》第4期,第67～79页。

〔日〕藤田丰八:《月氏故地与其西移年代》,杨錬译,《西北古地研究》,上海:商务印书馆,1935,第59～99页。

〔日〕藤田丰八:《月氏乌孙之故地》,杨錬译,《西域研究》,上海:商务印书馆,1937,第77～84页。

〔日〕藤枝晃:《吐蕃统治时期的敦煌》(下),刘豫川译,杨铭校,

《长江文明》第 11 辑，重庆：重庆出版社，2013，第 84～100 页。

天水市博物馆：《天水市发现隋唐屏风石棺床墓》，《考古》1992 年第 1 期，第 46～54 页。

田卫疆：《丝绸之路与东察合台汗国史研究》，乌鲁木齐：新疆人民出版社，1997。

田卫疆主编《吐鲁番史》，乌鲁木齐：新疆人民出版社，2004。

田卫疆：《高昌回鹘史稿》。乌鲁木齐：新疆人民出版社，2006。

童丕：《中国北方的粟特遗存——山西的葡萄种植业》，荣新江、华澜、张志清主编《粟特人在中国——历史、考古、语言的新探索》，北京：中华书局，2005，第 205～215 页。

〔英〕F. W. 托玛斯编著《敦煌西域古藏文社会历史文献》，刘忠、杨铭译注，北京：民族出版社，2003。

汪泛舟：《论敦煌文明的多民族贡献——兼及民族关系》，《敦煌研究》1995 年第 2 期，第 185～193 页。

汪连兴：《关于世界古代史研究中若干重要理论问题的思考》，《史学月刊》1993 年第 1 期，第 91～99 页。

王炳华、王明哲：《乌孙历史上几个重大问题的探讨》，《新疆社会科学》1982 年第 3 期，第 35～52 页。

王炳华、王明哲：《乌孙研究》，乌鲁木齐：新疆人民出版社，1983。

王东：《敦煌古藏文文献 P.T.113 号〈大论致沙州安抚论告牒〉小议》，《文献》2016 年第 3 期，第 25～30 页。

王栋梁：《从悬泉汉简看汉代的邮驿制度》，《社科纵横》2007 年第 6 期，第 193～195 页。

王国维：《月氏未西徙大夏时故地考》，《观堂集林·观堂别集》，北京：中华书局，1959，第 1156～1158 页。

王建新、王茜：《"敦煌、祁连间"究竟在何处？》，《西域研究》2020 年第 4 期，第 27～38 页。

王建新、席琳：《东天山地区早期游牧文化聚落考古研究》，《考古》2009 年第 1 期，第 28 ～ 37 页。

王进玉：《从敦煌文物看中西文化交流》，《西域研究》1999 年第 1 期，第 56 ～ 62 页。

王俊杰：《论商周的羌与秦汉魏晋南北朝的羌》，《西北师大学报》（社会科学版）1982 年第 3 期，第 79 ～ 92 页。

王其英主编《武威金石录》，兰州：兰州大学出版社，2001。

王素：《魏晋南朝火袄教钩沉》，《中华文史论丛》1985 年第 2 期，第 225 ～ 233 页。

王晓晖：《北朝隋唐人华粟特人与农牧业》，《黑龙江民族丛刊》2007 年第 5 期，第 99 ～ 105 页。

王尧：《藏族翻译家管·法成对民族文化交流的贡献》，《文物》1980 年第 7 期，第 50 ～ 57 页。

王尧：《敦煌吐蕃官号"节儿"考》，《民族语文》1989 年第 4 期，第 23 ～ 28 页。

王尧编《吐蕃金石录》，北京：文物出版社，1982。

王尧主编《法藏敦煌藏文文献解题目录》，北京：民族出版社，1999。

王尧、陈践：《敦煌吐蕃文献选》，成都：四川民族出版社，1983。

王尧、陈践：《敦煌藏文写卷 P. T. 1083、P. T. 1085 号研究——吐蕃占有敦煌时期的民族关系探索》，《历史研究》1984 年第 5 期，第 171 ～ 178 页。

王尧、陈践：《敦煌吐蕃写卷〈医马经〉、〈驯马经〉残卷译释》，《西藏研究》1986 年第 4 期，第 84 ～ 93 页。

王尧、陈践：《吐蕃职官考信录》，《中国藏学》1989 年第 1 期，第 102 ～ 117 页。

王尧、陈践编著《吐蕃简牍综录》，北京：文物出版社，1986。

王尧、陈践编著《敦煌吐蕃文书论文集》，成都：四川民族出版社，1988。

王尧、陈践译注《敦煌本吐蕃历史文书》（增订本），北京：民族出版社，1992。

王尧、陈践译注《敦煌古藏文文献探索集》，上海：上海古籍出版社，2008。

王毅民主编《哈密文物志》，乌鲁木齐：新疆人民出版社，1993。

王永兴：《关于唐代均田制中给田问题的探讨——读大谷欠田、退田、给田文书札记》，《中国史研究》1986 年第 1 期，第 13 ~ 28 页（收入氏著《陈门问学丛稿》，南昌：江西人民出版社，1993，第 231 ~ 255 页）。

王云五：《汉学反哺续集》，台北：台湾商务印书馆，1977。

王智群：《二十年来颜师古〈汉书注〉研究述略》，《古籍整理研究学刊》2003 年第 4 期，第 58 ~ 61 页。

王忠《新唐书吐蕃传笺证》，北京：科学出版社，1958。

王重民《金山国坠事零拾》，《国立北平图书馆馆刊》第 9 卷第 6 号，1935，第 5 ~ 32 页。

王重民：《敦煌遗书论文集》，北京：中华书局，1984。

王重民等：《敦煌变文集》，北京：人民文学出版社，1957。

王子今：《〈长罗侯费用簿〉应为〈过长罗侯费用簿〉》，《文物》2001 年第 6 期，第 76 ~ 77 页。

王子今：《秦汉边疆与民族问题》，北京：中国人民大学出版社，2011。

王子今：《匈奴经营西域研究》，北京：中国社会科学出版社，2016。

王子今：《汉简河西社会史料研究》，北京：商务印书馆，2017。

王宗维：《汉代河西四郡始设年代问题》，《西北史地》1986 年第 3 期，第 88 ~ 98 页。

王宗维：《"敦煌"释名——兼论中国吐火罗人》，《新疆社会科学》1987 年第 1 期，第 61 ~ 72 页。

王宗维：《卢水胡和小月氏》，《西北民族研究》1995 年第 2 期，第 85 ~ 108 页。

王宗维:《西戎八国考述》,《中国西北少数民族史论集》,西安:三秦出版社,2009,第 77 ~ 112 页。

魏坚:《长河沃野:魏坚北方考古文选·史前卷》,北京:科学出版社,2020。

魏坚、任冠:《中国北方畜牧业起源新探——以朱开沟遗址为中心》,《早期丝绸之路暨早期秦文化国际学术研讨会论文集》,北京:文物出版社,2014,第 138 ~ 146 页。

魏健鹏:《敦煌壁画中吐蕃赞普像的几个问题》,《西藏研究》2011年第 1 期,第 68 ~ 77 页。

魏良弢:《喀喇汗王朝史稿》,乌鲁木齐:新疆人民出版社,1985。

〔匈〕乌瑞:《藏人使用汉族六十甲子纪年法的早期例证》,熊文彬译,《国外藏学研究译文集》第 5 辑,拉萨:西藏人民出版社,1989,第 82 ~ 119 页。

吴军、刘艳燕:《敦煌古代石刻艺术》,兰州:甘肃人民出版社,2016。

〔日〕武内绍人:《后吐蕃时代藏语文在西域河西西夏的行用与影响》,杨富学译,《敦煌研究》2011 年第 5 期,第 106 ~ 114 页。

武宇林:《日本龙谷大学所藏西夏文献的调查报告》,《宁夏大学学报》2009 年第 5 期,第 45 ~ 50 页。

吴慧:《中国古代商业史》第 1 册,北京:中国商业出版社,1983。

吴其昱:《论伯希和粟特文写本二号之年月》,《敦煌学》(台)第 12 辑,1987,第 1 ~ 4 页。

吴礽骧:《河西汉塞调查与研究》,北京:文物出版社,2005。

吴正科:《丝路古城黑水国》,兰州:甘肃人民出版社,2008。

西北大学丝绸之路文化遗产与考古学研究中心、新疆哈密地区文物局:《白杨沟上游佛寺遗址调查报告》,《2009 年东天山文化研究》,乌鲁木齐:新疆人民出版社,2009,第 43 ~ 67 页。

西北大学丝绸之路文化遗产保护与考古学研究中心、中国国家博物馆、陕西省考古研究院:《塔吉克斯坦—乌兹别克斯坦考古调查——铜石并用时代至希腊化时代》,《文物》2014年第7期,第54～67页。

西北大学中亚考古队、乌兹别克斯坦科学院考古研究所:《乌兹别克斯坦拜松市拉巴特墓地2017年发掘简报》,《文物》2018年第7期,第4～30页。

夏鼐:《考古学论文集》,石家庄:河北教育出版社,2000。

向达:《南诏史略论》,氏著《唐代长安与西域文明》,北京:生活·读书·新知三联书店,1957,第155～194页。

向达:《莫高、榆林二窟杂考》,氏著《唐代长安与西域文明》,北京:生活·读书·新知三联书店,1957,第393～416页。

向达:《罗叔言补唐书张议潮传补正——瓜沙谈往之四》,氏著《唐代长安与西域文明》,北京:生活·读书·新知三联书店,1957,第417～428页。

向南:《辽代石刻文编》,石家庄:河北教育出版社,1995。

谢端琚:《甘青地区史前考古》,北京:文物出版社,2002。

谢弗:《唐代的外来文明》,吴玉贵译,北京:中国社会科学出版社,1995。

谢桂华、李均明、朱国炤:《居延汉简释文合校》,北京:文物出版社,1987。

谢继胜:《西夏藏传绘画——黑水城出土西夏唐卡研究》,石家庄:河北教育出版社,2002。

谢继胜:《莫高窟第465窟壁画绘于西夏考》,《中国藏学》2003年第2期,第69～79页。

谢建忠:《试探岑参诗中的西域胡人》,《西南民族学院学报》2001年第11期,第62～66页。

谢绍鹢:《两汉护羌校尉杂考》,《周秦汉唐文化研究》第5辑,西安:三秦出版社,2007,第148～165页。

熊文彬:《吐蕃本部地方行政机构和职官考——tshan-bcu、mi-sde、yul-sde、yul-gru、yul-dpon》,《中国藏学》1994年第2期,第

51 ～ 58 页。

徐畅:《莫高窟北区石窟所出刻本〈资治通鉴〉残片考订》,《敦煌研究》2011 年第 5 期,第 67 ～ 72 页。

徐俊纂辑:《敦煌诗集残卷辑考》,北京:中华书局,2000。

徐晓丽:《曹议金与甘州回鹘天公主结亲时间考》,《敦煌研究》2000 年第 4 期,第 112 ～ 118 页。

徐晓丽:《敦煌石窟所见天公主考辨》,《敦煌学辑刊》2002 年第 2 期,第 76 ～ 85 页。

徐晓丽:《回鹘天公主与敦煌佛教》,郑炳林主编《敦煌归义军史专题研究续编》,兰州:兰州大学出版社,2003,第 621 ～ 633 页。

徐晓丽、郑炳林:《晚唐五代敦煌吐谷浑与吐蕃移民妇女研究》,《敦煌学辑刊》2002 年第 2 期,第 1 ～ 10 页。

徐晓丽、郑炳林:《晚唐五代敦煌地区的吐蕃居民初探》,《中国藏学》2005 年第 2 期,第 40 ～ 45 页。

徐自强:《敦煌莫高窟题记研究》,郝春文主编《敦煌文献论集》,沈阳:辽宁人民出版社,2001,第 321 ～ 347 页。

薛宗正:《唐代粟特人的东迁及其社会生活》,《新疆大学学报》(哲学·人文社会科学版) 1997 年第 1 期,第 62 ～ 66 页。

严文明:《序一》,韩建业:《新疆的青铜时代和早期铁器时代文化》,北京:文物出版社,2007。

闫廷亮:《小月氏考》,《甘肃高师学报》1998 年第 2 期,第 92 ～ 95 页。

阎文儒:《安西榆林窟调查报告》,敦煌研究院编《榆林窟研究文集》,上海:上海古籍出版社,2011,第 27 ～ 37 页。

杨伯达:《甘肃齐家玉文化初探——记鉴定全国一级文物时所见甘肃古玉》,氏著《巫玉之光——中国史前玉文化论考》,上海:上海古籍出版社,2005,第 170 ～ 181 页。

杨伯峻编著《春秋左传注(修订本)》,北京:中华书局,2016。

杨富学:《敦煌研究院藏回鹘文木活字》,《敦煌研究》1990 年第 2

期，第 34 ~ 37 页。

杨富学：《回鹘之佛教》，乌鲁木齐：新疆人民出版社，1998。

杨富学：《"黑龙江"名出阿尔泰语考》，《语言与翻译》2000 年第 3 期，第 52 ~ 54 页（收入杨富学《中国北方民族历史文化论稿》，兰州：甘肃人民出版社，2001，第 33 ~ 37 页）。

杨富学：《回鹘文献与回鹘文化》，北京：民族出版社，2003。

杨富学：《敦煌回鹘文化遗产及其重要价值》，《新疆大学学报》（哲学·人文社会科学版）2004 年第 1 期，第 82 ~ 86 页。

杨富学：《少数民族对古代敦煌文化的贡献》，《敦煌学辑刊》2005 年第 2 期，第 85 ~ 99 页。

杨富学：《西夏五台山信仰斠议》，《西夏研究》2010 年第 1 期，第 14 ~ 22 页。

杨富学：《〈张淮深变文〉所见"破残回鹘"来源考》，高国祥主编《文献研究》第 1 辑，北京：学苑出版社，2010，第 16 ~ 29 页。

杨富学：《再论沙州回鹘国的成立》，樊锦诗、荣新江、林世田主编《敦煌文献、考古、艺术综合研究——纪念向达教授诞辰 110 周年国际学术研讨会会议论文集》，北京：中华书局，2011，第 365 ~ 385 页。

杨富学：《河西多体文字合璧六字真言私臆》，《中国藏学》2012 年第 3 期，第 89 ~ 93 页。

杨富学：《敦煌莫高窟第 464 窟的断代及其与回鹘之关系》，《敦煌研究》2012 年第 6 期，第 1 ~ 18 页。

杨富学：《酒泉文殊山：回鹘佛教文化的最后一方净土》，《河西学院学报》2012 年第 6 期，第 1 ~ 6 页。

杨富学：《榆林窟回鹘文威武西宁王题记研究》，中央文史研究馆、敦煌研究院、香港大学饶宗颐学术馆编《庆贺饶宗颐先生 95 华诞敦煌学国际学术研讨会论文集》，北京：中华书局，2012，第 214 ~ 218 页。

杨富学:《回鹘与敦煌》,兰州:甘肃教育出版社,2013。

杨富学:《文殊山万佛洞西夏说献疑》,《西夏研究》2015 年第 1 期,第 25 ~ 33 页。

杨富学:《裕固族东迁地西至哈至为沙州瓜州说》,《河西学院学报》2015 年第 6 期,第 1 ~ 10 页。

杨富学:《河西考古学文化与月氏乌孙之关系》,《丝绸之路研究集刊》第 1 辑,北京:商务印书馆,2017,第 29 ~ 45 页。

杨富学:《莫高窟第 61 窟甬道为元代西夏遗民营建说》,《西夏学》2017 年第 2 期 (总第 15 辑),兰州:甘肃文化出版社,2018,第 75 ~ 100 页。

杨富学:《裕固族对敦煌文化的贡献》,《河西学院学报》2017 年第 4 期,第 1 ~ 14 页。

杨富学:《裕固族与敦煌晚期石窟》,《敦煌研究》2017 年第 6 期,第 50 ~ 51 页。

杨富学:《元代敦煌伊斯兰文化觅踪》,《敦煌研究》2018 年第 2 期,第 11 ~ 21 页。

杨富学:《藏传佛教噶玛噶举黑帽系乳必多吉活佛巡礼沙州并布施文殊窟斟议》,《五台山研究》2019 年第 1 期,第 42 ~ 49 页。

杨富学:《敦煌石窟"西夏艺术风格"献疑》,《黑河学院学报》2019 年第 10 期,第 26 ~ 29 页。

杨富学、阿不都外力·克热木:《回鹘文摩尼教诗歌及其审美特征》,《新疆大学学报》(哲学·人文社会科学版) 2010 年第 3 期,第 72 ~ 76 页。

杨富学、陈亚欣:《河西史前畜牧业的发展与丝绸之路的孕育》,《新疆师范大学学报》(哲学社会科学版) 2015 年第 3 期,第 84 ~ 89 页。

杨富学、李吉和:《敦煌汉文吐蕃史料辑校》第 1 辑,兰州:甘肃人民出版社,1999。

杨富学、米小强:《贵霜王朝建立者为大月氏而非大夏说》,《宁夏社会科学》2020 年第 4 期，第 168 ～ 179 页。

　　杨富学、牛汝极：《沙州回鹘及其文献》，兰州：甘肃文化出版社，1995。

　　杨富学、薛文静：《霞浦摩尼教夷数崇拜考》，《世界宗教文化》2017 年第 6 期，第 71 ～ 77 页。

　　杨富学、张海娟：《蒙古豳王家族与元代西北边防》，《中国边疆史地研究》2012 年第 2 期，第 21 ～ 37 页。

　　杨富学、张海娟：《从蒙古豳王到裕固族大头目》，兰州：甘肃文化出版社，2017。

　　杨富学、张海娟、安玉军：《从蒙古豳王到裕固族大头目》，《河西学院学报》2014 年第 3 期，第 11 ～ 21 页。

　　杨际平：《吐蕃时期敦煌计口授田考——兼及其时的税制和户口制度》，（甘肃）《社会科学》1983 年第 2 期，第 94 ～ 100 页。

　　杨际平：《唐末宋初敦煌土地制度初探》，《敦煌学辑刊》1988 年第 1 ～ 2 期合刊，第 14 ～ 28 页。

　　杨建新：《关于汉代乌孙的几个问题》，《新疆大学学报》（哲学·人文社会科学版）1980 年第 2 期，第 66 ～ 79 页。

　　杨建新：《中国西北少数民族史》，银川：宁夏人民出版社，1988。

　　杨铭：《吐蕃时期敦煌部落设置考——兼及部落的内部组织》，《西北史地》1987 年第 2 期，第 34 ～ 40 页。

　　杨铭：《汉魏时期氐族的分布、迁徙及其社会状况》，《民族研究》1991 年第 2 期，第 76 ～ 84 页。

　　杨铭：《吐蕃"十将"（Tshan bcu）制补证》，《中国藏学》1996 年第 2 期，第 44 ～ 49 页。

　　杨铭：《吐蕃统治敦煌与吐蕃文书研究》，北京：中国藏学出版社，2008。

　　杨铭：《试论唐代西北诸族的"吐蕃化"及其历史影响》，《民族研究》2010 年第 4 期，第 75 ～ 83、110 页等。

　　杨铭、贡保扎西、索南才让编译《英国收藏新疆出土古藏文文书选译》，乌鲁木齐：新疆人民出版社，2014。

杨铭、何宁生：《曹（Tshar）——吐蕃统治敦煌及西城的一级基层兵制》，《西域研究》1995 年第 4 期，第 49 ~ 54 页。

杨蕤：《论地理环境与西夏的经济类型及其相关问题》，《宁夏社会科学》2003 年第 4 期，第 54 ~ 59 页。

杨秀清：《敦煌西汉金山国史》，兰州：甘肃人民出版社，1999。

杨志高：《西夏密教考古遗存与文献研究》，李范文主编《西夏研究》第 3 辑，北京：中国社会科学出版社，2006，第 439 ~ 447 页。

姚大力：《敦煌为什么叫敦煌？》，《文汇报》2018 年 9 月 14 日第⑧版。

姚大力：《河西走廊的几个古地名》，《西北民族研究》2020 年第 3 期，第 56 ~ 64 页。

伊斯拉非尔·玉苏甫、张宝玺：《文殊山万佛洞回鹘文题记》，吐鲁番学研究院编《语言背后的历史——西域古典语言学高峰论坛论文集》，上海：上海古籍出版社，2012，第 94 ~ 106 页。

易华：《青铜之路：上古西东文化交流概说》，《东亚古物》A 卷，北京：文物出版社，2004，第 76 ~ 96 页。

易华：《青铜时代世界体系中的中国》，氏著《夷夏先后说》附录二，北京：民族出版社，2013，第 240 ~ 273 页。

余太山：《乌孙考》，《西北史地》1988 年第 1 期，第 30 ~ 37 页。

余太山：《大夏与大月氏综考》，《中亚学刊》第 3 辑，北京：中华书局，1990，第 17 ~ 46 页。

余太山：《塞种史研究》，北京：中国社会科学出版社，1992。

余太山：《贵霜史研究》，北京：商务印书馆，2015。

俞伟超：《关于"卡约文化"和"唐汪文化"的新认识》，《中亚学刊》第 1 辑，北京：中华书局，1983，第 3 ~ 22 页（收入氏著《先秦两汉考古学论集》，北京：文物出版社，1985，第 193 ~ 210 页）。

于省吾：《释羌、笱、敬、美》，《吉林大学学报》1963 年第 1 期，第 43 ～ 50 页。

《裕固族简史》编写组:《裕固族简史》,兰州:甘肃人民出版社,1983。

袁延胜:《也谈〈过长罗侯费用簿〉的史实》,《敦煌研究》2003年第 1 期,第 84 ～ 87 页。

袁延胜:《悬泉汉简所见汉代乌孙的几个年代问题》,《西域研究》2005 年第 4 期,第 9 ～ 15 页。

曾玉华、许万林:《丝绸之路上的粟特人对唐代长安体育文化的影响》,《体育文化导刊》2004 年第 8 期,第 76 ～ 78 页。

札奇斯钦:《佛教在蒙古》,《华冈佛学学报》第 5 期,1981,第145 ～ 161 页。

张宝玺:《麦积山石窟开凿年代及现存最早洞窟造像壁画》,《中国考古学会第一次年会论文集》,北京:文物出版社,1979,第338 ～ 346 页。

张保胜:《敦煌梵字陀罗尼》,彭金章、王建军:《敦煌莫高窟北区石窟》第 3 卷,北京:文物出版社,2004,第 458 ～ 474 页。

张伯元:《安西榆林窟》,成都:四川教育出版社,1995。

张大千:《莫高窟记》,台北:故宫博物院,1985。

张岱玉:《〈元史·诸王表〉补证及部分诸王研究》,博士学位论文,内蒙古大学,2008。

张德芳:《〈长罗侯费用簿〉及长罗侯与乌孙关系考略》,《文物》2000 年第 9 期,第 91 ～ 95 页。

张德芳:《悬泉汉简羌族资料辑考》,《简帛研究》二○○一,桂林:广西师范大学出版社,2001,第 258 ～ 368 页。

张德芳:《悬泉汉简与西域都护》,中国人民大学国学院主编《国学的传承与创新——冯其庸先生从事教学与科研六十周年贺学术文集》下,上海:上海古籍出版社,2013,第 1017 ～ 1025 页。

张光直:《考古学上所见汉代以前的西北》,《中央研究院历史语言研究所集刊》第 42 本第 1 分,台北:"中央研究院",1970,第

81 ~ 112 页。

张广达:《粟特人在佛经翻译中的作用》,氏著《文本图像与文化流传》,桂林:广西师范大学出版社,2008,第 290 ~ 294 页。

张广达、荣新江:《关于敦煌出土于阗文献的年代及其相关问题》,《纪念陈寅恪先生诞辰百年学术论文集》,北京:北京大学出版社,1989,第 284 ~ 306 页。

张海斌:《试论中国境内东汉时期匈奴墓葬及相关问题》,《内蒙古文物考古》2000 年第 1 期,第 14 ~ 22 页。

张久和:《河西地区的达怛》,《西北史地》1997 年第 2 期,第 20 ~ 24 页。

张久和:《达怛史料概述》,《蒙古学信息》1998 年第 1 期,第 6 ~ 7 页。

张俊民:《简牍学论稿——聚沙篇》,兰州:甘肃教育出版社,2015。

张俊民:《敦煌悬泉置出土文书研究》,兰州:甘肃教育出版社,2015。

张佩琪:《初探夏译〈禅源诸诠集都序〉及〈禅源诸诠集都序幹文〉》,提交"西夏语文与华北宗教文化国际学术研讨会"论文,台北,2009 年 12 月。

张朋川:《从甘肃一带出土的文物看丝绸之路的形成过程》,《丝绸之路》1999 年增刊一,第 5 ~ 9 页(收入氏著《黄土上下——美术考古文萃》,济南:山东画报出版社,2006,第 109 ~ 118 页)。

张铁山《突厥语族文献学》,北京:中央民族大学出版社,2005。

张铁山:《敦煌莫高窟北区出土回鹘文文献及其学术价值》,罗丰主编《丝绸之路上的考古·宗教与历史》,北京:文物出版社,2011,第 294 ~ 302 页。

张维华:《汉河西四郡建置年代考疑》,收入氏著《汉史论集》,济南:齐鲁书社,1980,第 309 ~ 328 页。

张先堂:《敦煌莫高窟第 148 窟西夏供养人图像新探——以佛教史

考察为核心》,《西夏学》第 11 辑,上海：上海古籍出版社,2015,第 218 ~ 227 页。

张小刚:《莫高窟第 256 窟至正年间 "大宋国" 题记考释》,《敦煌学辑刊》2003 年第 2 期,第 93 ~ 95 页。

张学正、张朋川、郭德勇:《谈马家窑、半山、马厂类型的分期和相互关系》,《中国考古学会第一次年会论文集（1979）》,北京：文物出版社,1980,第 50 ~ 70 页。

张延清:《翻译家校阅大师法成及其校经目录》,《敦煌学辑刊》2008 年第 3 期,第 75 ~ 93 页。

张延清:《吐蕃王妃贝吉昂楚及其敦煌校经题记》,《西藏民族学院学报》2009 年第 5 期,第 29 ~ 36 页。

张延清:《吐蕃敦煌抄经制度中的惩治措施》,《敦煌研究》2010 年第 3 期,第 101 ~ 107 页。

张延清:《吐蕃敦煌抄经坊》,《敦煌学辑刊》2011 年第 3 期,第 49 ~ 56 页。

张延清:《吐蕃钵阐布考》,《历史研究》2011 年第 5 期,第 159 ~ 166 页。

张延清:《吐蕃敦煌抄经研究》,北京：民族出版社,2016。

张元林:《粟特人与莫高窟第 285 窟的营建——粟特人及其艺术对敦煌艺术贡献》,云冈石窟研究院编《2005 年云冈国际学术研讨会论文集·研究卷》,北京：文物出版社,2006,第 349 ~ 406 页。

张元林:《论莫高窟第 285 窟日天图像的粟特艺术源流》,《敦煌学辑刊》2007 年第 3 期,第 161 ~ 168 页。

张云:《"节儿" 考略》,《民族研究》1992 年第 6 期,第 99 ~ 104 页。

张云德:《中国和田玉的历史地位及生命力》,《西域研究》2009 年第 3 期,第 108 ~ 113 页。

张泽洪:《吐谷浑多元宗教的文化透视》,《青海社会科学》2013 年第 1 期,第 171 ~ 176 页。

赵朝洪:《先秦玉器和玉文化》,《中华文明之光》, 北京: 北京大学出版社, 1999, 第 150 ~ 152 页。

赵丛苍:《西河滩遗址发掘主要收获及其意义》,《西北大学学报》2005 年第 3 期, 第 50 ~ 51 页。

赵建龙:《关于月氏族文化的初探》,《西北史地》1992 年第 1 期, 第 767 ~ 74 页。

赵俪生主编《古代西北屯田开发史》, 兰州: 甘肃文化出版社, 1997。

赵青山:《敦煌写经道场纸张的管理》,《敦煌学辑刊》2013 年第 4 期, 第 36 ~ 47 页。

赵青山:《5 件文书所反映的敦煌吐蕃时期写经活动》,《中国藏学》2013 年第 4 期, 第 99 ~ 104 页。

赵声良:《莫高窟第 61 窟炽盛光佛图》,《西域研究》1993 年第 4 期, 第 61 ~ 65 页。

赵相如:《中国印刷术西传刍议——维吾尔语 "bas"（印刷）一词源流考》,《民族研究》1987 年第 2 期, 第 70 ~ 81 页。

赵晓星:《吐蕃统治时期的敦煌落蕃官》,《中国藏学》2003 年第 2 期, 第 53 ~ 62 页。

赵晓星:《西夏时期的敦煌五台山图——敦煌五台山信仰研究之一》,《西夏学》第 11 辑, 2015, 第 228 ~ 234 页。

赵宗福:《唐代敦煌佚名氏诗散论〈敦煌唐人诗集残卷〉研究之一》,《青海社会科学》1983 年第 6 期, 第 71 ~ 78 页。

郑炳林:《敦煌地理文书汇辑校注》, 兰州: 甘肃教育出版社, 1989。

郑炳林:《敦煌碑铭赞辑释》, 兰州: 甘肃教育出版社, 1992。

郑炳林:《敦煌本〈张淮深变文〉研究》,《西北民族研究》1994 年第 1 期, 第 142 ~ 155 页。

郑炳林:《唐五代敦煌手工业研究》,《敦煌学辑刊》1996 年第 1 期, 第 20 ~ 38 页。

郑炳林：《唐五代敦煌畜牧区域研究》，《敦煌学辑刊》1996 年第 2 期，第 9 ~ 26 页。

郑炳林：《唐五代敦煌粟特人与归义军政权》，《敦煌研究》1996 年第 4 期，第 80 ~ 96 页。

郑炳林：《唐五代敦煌的粟特人与佛教》，《敦煌研究》1997 年第 2 期，第 151 ~ 165 页。

郑炳林：《晚唐五代敦煌贸易市场的物价》，《敦煌研究》1997 年第 3 期，第 14 ~ 32 页。

郑炳林：《吐蕃统治下的敦煌粟特人》，郑炳林主编《敦煌归义军史专题研究》，兰州：兰州大学出版社，1997，第 386 页。

郑炳林：《康秀华写经施入疏与炫和尚货卖胡粉历研究》，季羡林、饶宗颐、周一良主编《敦煌吐鲁番研究》第 3 卷，北京：北京大学出版社，1998，第 191 ~ 208 页。

郑炳林：《唐五代敦煌医学酿酒建筑业中的粟特人》，《西北第二民族学院学报》1999 年第 4 期，第 24 ~ 25 页。

郑炳林：《晚唐五代敦煌贸易市场外来商品辑考》，《中华文史论丛》第 63 辑，上海：上海古籍出版社，2000，第 55 ~ 91 页。

郑炳林：《晚唐五代敦煌村庄聚落辑考》，《2000 年敦煌学国际学术讨论会文集·历史文化卷》，兰州：甘肃民族出版社，2003。

郑炳林：《论晚唐五代敦煌贸易市场的国际化程度》，《中国经济史研究》2003 年第 2 期，第 15 页。

郑炳林：《晚唐五代敦煌商业贸易市场研究》，《敦煌学辑刊》2004 年第 1 期，第 103 ~ 118 页。

郑炳林：《张氏曹氏归义军政权的胡汉联姻》，《中国史研究》2004 年第 1 期，第 63 ~ 72 页。

郑炳林：《晚唐五代归义军政权与佛教教团关系研究》，《敦煌学辑刊》2005 年第 1 期，第 1 ~ 15 页。

郑炳林：《晚唐五代敦煌地区的吐蕃移民初探》，《中国藏学》2005 年第 2 期，第 40 ~ 45 页。

郑炳林:《晚唐五代敦煌地区的胡姓居民与聚落》,氏著《敦煌归义军史专题研究三编》,兰州:甘肃文化出版社,2005,第596～616页。

郑炳林:《晚唐五代河西地区的居民结构研究》,《兰州大学学报》2006年第2期,第9～21页。

郑炳林:《敦煌写本相书理论与敦煌石窟供养人画像——关于敦煌莫高窟供养人画像研究之二》,《敦煌学辑刊》2006第4期,第1～23页。

郑炳林、冯培红:《唐五代宋初归义军政权对外关系中的使头一职》,《敦煌学辑刊》1995年第1期,第17～28页。

郑炳林、黄维忠主编《敦煌吐蕃文献选辑·社会经济卷》,北京:民族出版社,2013。

郑炳林、王尚达:《吐蕃统治下的敦煌粟特人》,《中国藏学》1996年第4期,第43～53页。

郑炳林、徐晓丽:《论晚唐五代敦煌贸易市场的国际化程度》,《中国经济史研究》2003年第2期,第14～18页。

郑炳林、徐晓丽:《晚唐五代敦煌地区粟特妇女生活研究》,《新疆师范大学学报》2004年第2期,第36～40页。

〔伊朗〕志费尼:《世界征服者史》,何高济译,呼和浩特:内蒙古人民出版社,1981。

中国科学院民族研究所甘肃少数民族社会历史调查组编《少数民族史志丛书·裕固族简史简志合编》(初稿),1963年内部铅印。

中国社会科学院考古研究所编著《殷墟妇好墓》,北京:文物出版社,1980。

中国社会科学院历史研究所资料室编《敦煌资料》第1辑,北京:中华书局,1961。

周飞飞:《民勤县历史文化遗迹的调查与研究》,硕士学位论文,兰州大学,2012。

周连宽:《汉姑羌国考》,《中亚学刊》第1辑,北京:中华书局,

1983，第 81 ~ 90 页。

周绍良、张涌泉、黄征辑校《敦煌变文讲经文因缘辑校》，南京：江苏古籍出版社，1998。

周伟洲：《魏晋十六国时期鲜卑族向西北地区的迁徙及其分布》，《民族研究》1983 年第 5 期，第 31 ~ 38 页。

周伟洲：《唐代党项》，西安：三秦出版社，1988。

周伟洲：《试论隋唐时期西北民族融合的趋势与特点》，《西北大学学报》1990 年第 3 期，第 110 ~ 116 页。

周伟洲：《中国中世西北民族关系研究》，西北大学出版社，1992。

周伟洲：《吐谷浑史》，桂林：广西师范大学出版社，2006。

周伟洲、杨铭：《关于敦煌藏文写本〈吐谷浑（阿柴）纪年〉残卷的研究》，《中亚学刊》第 3 辑，第 95 ~ 108 页。

朱雷：《曲氏高昌王国的"称价钱"》，唐长孺主编《魏晋南北朝隋唐史资料》第 4 辑，1982，第 17 ~ 24 页。

朱丽霞：《吐蕃盟誓中宗教因素辨析》，《西藏研究》2008 年第 6 期，第 27 ~ 29 页。

朱谦之：《中国景教——中国古代基督教研究》，上海：东方出版社，1993。

朱生云：《西夏时期重修莫高窟第 61 窟原因分析》，《敦煌学辑刊》2016 年第 3 期，第 123 ~ 134 页。

朱悦梅：《吐蕃王朝历史军事地理研究》，北京：中国社会科学出版社，2017。

祝中熹：《甘肃通史·先秦卷》，兰州：甘肃人民出版社，2009。

卓玛才让：《敦煌吐蕃文书 P. T. 1095 号写卷解读》，《西藏研究》2007 年第 1 期，第 20 ~ 23 页。

安部健夫（ABE Takeo）『西ウィグル國史の研究』，京都：彙文堂書店，1955。

羽田亨（HANEDA Toru）「唐光啓元年書寫沙州·伊州地志殘卷

に就いて」『羽田博士史学論文集（歴史篇）』，京都：同朋舎，1975，第 585-605 頁。

榎一雄（ENOKI Kazuo）「小月氏と尉遅氏」『古代東アジア史論集』，東京：吉川弘文館，1978，第 391-418 頁。

榎一雄（ENOKI Kazuo）「ベイリイ氏『コータン語のラーマ王物語』」『東洋学報』第 27 巻 3 期，1940，第 139-150 頁。

吉川忠夫（YOSHIKAWA Tadao）編『敦煌秘笈』Ⅰ - Ⅸ，大阪：武田科学振興財団，2009-2013。

吉田順一（YOSHIDA Jun'ichi）、チメドドルジ（Chimeddorji）編『ハラホト出土ンゴル文書の研究』，東京：雄山閣，2008。

吉田豐（YOSHIDA Yutaka）、森安孝夫（MORIYASU Takao）、新疆維吾爾自治區博物館『麹氏高昌國時代ソグド文女奴隷賣買文書』，日本中央ユーラシア学研究會編『内陸アジア言語の研究』Ⅳ，1988，第 1-50 頁。

桑原騭藏（KUWABARA Jitsuzo）「張騫の遠征」『桑原騭藏全集』第 3 巻，東京：岩波書店，1968，第 261-335 頁。

佐口透（SAGUCHI Toru）「十四世紀に於ける元朝大カーンと西北三王家との連帶性について」『北亞細亞学報』第 1 号，1942，第 151-214 頁。

佐藤武敏（Satō Taketoshi）「敦煌の水利」，池田溫編『講座敦煌 3 敦煌の社會』，東京：大東出版社，1980，第 265-295 頁。

阪尻彰宏（SAKAJIRI Akihiro）「帰義軍時代のチベット文牧畜関係文書」『史学雑誌』第 111 号，2002，第 57-84 頁。

山口瑞鳳（YAMAGUCHI Zuiho）「吐蕃支配時期」『講座敦煌 2 敦煌の歴史』，東京：大東出版社，1980，第 195-232 頁。

竺沙雅章（CHIKUSA Masaaki）『中國佛教社會史研究』，京都：同朋舎，1982。

小谷仲男（ODATI Nakao）『大月氏—中央アジアに謎の民族を

尋ねて』，東京：東方書店，1999。

　小谷仲男（ODATI Nakao）「敦煌懸泉漢簡に記録された大月氏の使者」『史窓』第 72 号，2015，第 15-37 頁。

　庄垣内正弘（SHOGAITO Masahiro）「ウイグル語寫本・大英博物館藏 Or. 8212(109) について」『東洋学報』第 56 巻 1 号，1974，第 44-57 頁。

　松井太（MATSUI Dai）「敦煌諸石窟のウイグル語題記銘文に關する劄記」（一－二），『人文社會論叢・人文科学篇』第 30 号，弘前市：弘前大学人文学部，2013，第 29-50 頁；『人文社會論叢・人文科学篇』第 32 号，2014，第 27-44 頁。

　松井太（MATSUI Dai）「東西チャガタイ系諸王家とウイグル人チベット仏教徒――敦煌新発現モンゴル語文書の再検討から――」『内陸アジア史研究』第 23 号，2008，第 25-48 頁。

　松井太（MATSUI Dai）「古ウイグル語文獻にみえる“寧戎”とベゼクリク」『内陸アジア言語の研究』XXVI，2011，第 141-175 頁。

　松井太（MATSUI Dai）「敦煌石窟ウイグル語・モンゴル語題記銘文集成」，松井太、荒川慎太郎編『敦煌石窟多言語資料集成』，東京外國語大学アジアフリカ言語文化研究所，2017，第 1-161 頁。

　上山大峻（UEYAMA Daishun）『敦煌仏教の研究』，京都：法藏館，1990。

　森安孝夫（MORIYASU Takao）「ウィグルの西遷について」『東洋学報』第 59 巻第 1-2 号，1977，第 105-130 頁。

　森安孝夫（MORIYASU Takao）「ウイグルと敦煌」，山口瑞鳳編『講座敦煌　2　敦煌の历史』，東京：大東出版社，1980，第 297-338 頁。

　森安孝夫（MORIYASU Takao）「チベット文字ご書かおたウイグル文佛教教理問答（P. t. 1292）の研究」『大阪大学文学部紀要』第 XXV 巻，1985，第 1-85 頁。

　森安孝夫（MORIYASU Takao）「敦煌と西ウイグル王國――ト

ウルファンからの書簡と贈り物を中心に――」『東方学』第 74 号，1987，第 58-74 頁。

森安孝夫（MORIYASU Takao）編『シルクロードと世界史』，大阪大学大学院文学研究科，2003。

森安孝夫（MORIYASU Takao）「2006 年度内モンゴル 寧夏 陝西 甘肅調査行動記録」，森安孝夫編『ソグドからウイグルハ』，東京：汲古書院，2011，第 472-531 頁。

神田喜一郎（KANDA Kiichiro）「『敦煌二十詠』に就いて」『史林』第 24 巻第 4 号，1939，第 173-181 頁。

杉山正明（SUGIYAMA Masaaki）「豳王チュベィとその系譜―元明史料と『ムィッズル－アンサーブ』の比較を通じて―」『史林』第 65 巻第 1 号，1982，第 1-40 頁。

杉山正明（SUGIYAMA Masaaki）「ふたつのチヤガタイ家」，小野和子編『明清時代の政治と社會』，京都：京都大学人文科学研究所，1983，第 677-686 頁。

杉山正明（SUGIYAMA Masaaki）『モンゴル帝國と大元ウルス』，京都：京都大学学術出版會，2004。

西岡祖秀（Soshu Nishioko）「沙州におけ寫經事業：チベット文『無量壽宗要經』の寫經を中心として」，山口瑞鳳編『講座敦煌 6 敦煌胡語文獻』，東京：大東出版社，1985，第 379-393 頁。

赤坂恒明（AKASAKA Tsuneaki）「バイダル裔系譜情報とカラホト漢文文書」『西南アジア研究』第 66 巻，2007，第 43-66 頁。

赤木崇敏（AKAGI Takatoshi）「唐宋代敦煌社會の水利と渠人」『唐代史研究』第 18 号，唐代史研究會，2015，第 14-19 頁。

前田正名（MAEDA Masana）『河西の歴史地理学的研究』，吉川弘文館，1964。

池田温（IKEDA On）「8 世纪中叶における敦煌のソグド人聚落」『ユーラシア文化研究』1，1965，第 49-92 頁。

池田温（IKEDA On）「丑年十二月僧龍藏牒」『山本博士還暦記

念東洋史論叢』，東京，1972，第 25-38 頁。

池田溫（IKEDA On）『中國古代籍帳研究』，東京：東京大学東洋文化研究所，1979。

池田溫（IKEDA On）『中國古代寫本識語集錄』，東京：東京大学東洋文化研究所，1990。

土肥義和（DOHI Yoshikazu）編『西域出土漢文文獻分類目錄初稿：スタイン敦煌文献及び研究文献に引用紹介せられたる 非仏教文献之部 古文書類』Ⅰ-Ⅱ，東京：東洋文庫，1967。

藤枝晃（FUJIEDA Akira）「沙州歸義軍節度使始末」（一-四）『東方学報』（京都）第 12 冊第 3 分，1941，第 58-98 頁；第 12 冊第 4 分，1942，第 42-75 頁；第 13 冊第 1 分，1942，第 63-94 頁；第 13 冊第 2 分，1942，第 46-98 頁。

藤枝晃（FUJIEDA Akira）「敦煌の僧尼籍」『東方学報』第 29 号，1950，第 285-338 頁。

藤枝晃（FUJIEDA Akira）「刻文の六體文字について」，村田治郎編『居庸關』第 1 巻，京都：京都大学工学部，1957，第 127-130 頁。

藤枝晃（FUJIEDA Akira）「吐蕃支配期の敦煌」『《東方学報』第 31 号，1961，第 199-292 頁。

藤田豐八（FUJITA Toyohachi）「月氏の故地とその西移の年代」『東洋学報』第 6 巻，1916，第 329-367 頁。

白鳥庫吉（SHIRATORI Kurakichi）「烏孫に就いての考」（一-三）『史学雑誌』第 11 編 11 号，1900，第 1-19 頁；第 12 編第 1-2 号，1901，第 55-77、1-29 頁（『白鳥庫吉全集』第 6 巻，東京：岩波書店，1970，第 1-55 頁）。

白鳥庫吉（SHIRATORI Kurakichi）「蒙古民族の起源」（一-四）『史学雑誌』第 18 巻第 2-5 号，1907，第 1-22、10-22、28-37、38-50 頁（『白鳥庫吉全集』第 4 巻，東京：岩波書店，1970，第 23-61 頁）。

白鳥庫吉（SHIRATORI Kurakichi）「西域史上の新研究」（一 -
四）『東洋学報』第 1 巻第 3 号，1911，第 307-349 頁；第 2 巻第 1 号，
1912，第 1-27 頁；第 3 巻第 1-2 号，1913，第 78-120、171-241 頁
（『白鳥庫吉全集』第 6 巻，東京：岩波書店，1970，第 57-227 頁）。

武内紹人（TAKEUCHI Tsuguhito）「敦煌トルキスタン出土チベ
ット語手紙文書の研究序説」『チベットの仏教と社會』，東京：春秋
社，1986，第 563-602 頁。

横田禎昭（YOKOTA Yoshiaki）『中國古代の東西文化交流』，東
京：雄山閣出版，1983。

Andersson, J. G., Research into the Prehistory of the Chinese, *Bulletin
of Museum of Far Eastern Antiquities* No.15, Stockholm, 1943, pp.197-
200.

Andersson, J. G., *Preliminary report on Archaeological Research in
Kansu*, Memoirs of the Geological survey of China.ser.A, Peking 1925.

Arat, R. R., *Eski Türk Şiiri*, Ankara 1965.

Bailey, H. W., R ā ma, *Bulletin of the School of Oriental and African
Studies*, X-2, 1939, pp. 365-376 (Text); X-3, 1940, pp. 559-598 (Translation
& Commentary).

Boodberg, Peter A., The Language of the T'o-Pa Wei, Harvard Jo
urnal of Asiatic Studies, Vol. 1, No. 2, 1936, pp. 167-185.

Boyle, John Andrew, 'Ala-ad-Din' Ata-Malik JUVAINI, *The History
of the World-Conqueror*, Vol. Ⅰ - Ⅱ, Harvard University Press, 1958.

Bunker, Emma C., Cultural Diversity in the Tarim Basin Vicinity and
Its Impact on Ancient Chinese Culture, Victor H.Mair (ed.), *The Bronze Age
and Early Iron Age Peoples Eastern Central Asia*, Volume Ⅱ, Washington,
DC and Philadelphia: The Institute for the Study of Man in collaboration
with the University of Pennsylvania Museum Publications, 1998, pp.604-
618.

Carter, T. F. *The Invention of Printing in China and Its Spread Westward,* New York 1925.

Chavannes, Éd., Documents sur les Tou-Kiue Turcs Occidentaux, Paris, 1903.

Chavannes, Éd., Les pays d'Occident d'après le Heou Han Chou, *T'oung Pao,* 8/2, 1907, pp. 149-234.

Chavannes, Éd.- P.Pelliot, Un traite manicheen retrouve en Chine, *Journal Asiatique,* 1913 mar.-avr., pp.261-394.

Chen, Tsu-lung, *Éloges de personnages éminents de Touen-houang sous les T'ang et les Cinq Dynasties.Partie I:Avant-propos, Introduction, Textes chinois,* Paris, 1970.

Chernykh, E. N., *Ancient Metallurgy in the USSR: The Early Metal Age,* translated by S.Wright, Cambridge University Press, 1992.

Clark, L. V., *Introduction to the Uyghur Civil Documents of East Turkestan, 13th-14th cc,* Bloomington, 1975.

Clauson, Sir Gerard, *An Etymological Dictionary of Pre-Thirteenth-Century Turkish,* London 1972.

Cribb, Roger, *Nomads in Archaeology,* Cambridge:Cambridge University Press, 1991.

Czeglédy, K., Gardīzī on the History of Central Asia, *Acta Orientalia Academiae Scientiarum Hungaricae* 27-3, 1973, pp. 257-267.

Damgaard, Peter de Barros, et al., 137 ancient human genomes from across the Eurasian steppes, *Nature* Vol. 557, 2018, pp. 369-384. DOI:10.1038/s41586-018-0488-1.

de Jong, J. W., An Old Tibetan Version of the Rā may ā na, *T'oung Pao* 68, 1972, pp. 190-202.

Demiéville, Paul, *Le Concile de Lhasa.Une controverse sur le quiétisme entre bouddhistes de l'Inde et de La Chine au VIIIe siècle de l' ère chrétienne I,* Paris:Imprimerie Nationale de France, 1952.

Doerfer, Gerhard, *Türkische und mongolische Elemente im Neupersisc hen*, Band Ⅲ , Wiebaden: Franz Steiner Verlag GMBH, 1967.

D'Ohsson, C., *Histoire des Mongols : depuis Tchinguiz-Khan jusqu'a Timour Bey ou Tamerlan*, Tientsin, 1940.

Eliasberg, Les signature en forme d'oiseau dans les manuscrits chinois de Touen-Houang, *Contributions aus etudes sur Touen-houang* (1), Geneva, 1979, pp. 29-44.

Erdélyi, Stvan - C.Dorjsüren - D.Navan, Results of the Mongol-Hungarian Archaeological expeditions 1961-1964 (a comprehensive report), *Acta archaeologica Academiae Scientiarum Hungaricae* 19/3-4 (1967), pp. 334-370.

Franke, H., A 14th Century Mongolian Letter Fragment, Asia Major(n. s.) Vol.11, no.2, 1965, pp.120-127.

Geng, Simin - J.Hamilton, L'Inscription ouïgoure de la stèle commémrorative des Iduq Qut de Qočo, *Turcica* 13, 1981, pp.10-54.

Grünwedel, A., *Altbuddhistische Kultstatten in Chinesisch-Turkistan, Bericht über archaologische Arbeiten von 1906 bis 1907 Kuca, Qarasahr und in der Oase Turfan*, Berlin, 1912.

Hambli, Mahin, *Abul Qasem Ibn 'Ali Ibn Mohammad al-Qashani, The History of Uljaytu*, Tehram, 1969.

Hamilton, J., *Manuscrits ouïgours du Ⅸe- Ⅹe siècle de Touen-houang*, tome Ⅰ-Ⅱ, Paris 1986.

Hamilton, J.- Niu Ruji, Inscriptions ouïgoures des grottes bouddhiques de Yulin, *Journal Asiatique* 286, 1998, pp.134-139.

Henning, W. B., The Date of the Sogdian Ancient Letters, *Bulletin of the School of Oriental and African Studies* Vol. Ⅶ, 1948, pp. 601-615.

Hirbert, Fredrik - Pierre Crie Kdjr(eds.), *Afghanistan.Hidden Treasures from the National Museum, Kabul,* Washington: The National Geographical Society, 2007.

Hirth, F., Nachworte zur inschrift des Tonjukuk, W. Radloff, *Die alttürkischen Inschriften der Mongolei,* Zweite folge, T. Ii, 1899, pp. 1-139.

Houle, Jean-luc & Lee G.Broderick, Settlement Patterns and Domestic Economy of the Xiongnu in Khanui Valley, Mongolia, Ursula Brosseder & Bryan K.Miller(ed.), *Xiongnu Archaeology.Multidisciplinary Perspectives of the First Steppe Empire in Inner Asia,* Bonn: Vor-und Fruhgeschichtliche Archaologie Rheinische Friedrich-Wilhelms-Universitat Bonn, 2011, pp.137-152.

Hultsch, Eugen, Review to Sir Marc Aurel Stein (ed.), *Kalhana's Rajatarangini: A Chronicle of the Kings of Kashmir, Zeitschrift der Deutschen Morgenlandischen Gesellschaft* 69, 1915.

Ishjamts, N., Nomads in eastern Central Asia, Janos Harmatta (ed.), *History of Civilizations of Central Asia Vol.2 The Development of Sedentary and Nomadic Civilizations:700 B.C.to A.D.250,* UNESCO Publishing, 1994, pp.151 -169.

Kara, G., Petites inscriptions ouigoures de Touen-houang, *Hungaro-Turcica. Studies in Honour of Julius Németh,* Budapest 1976, pp. 55-59.

Kaya, C., *Uygurca Altun Yaruk Giriş, Metin ve Dizin.*Ankara, 1994.

Konow, Sten, *Kharosthī Inscriptions with the Exception of those of Aśoka,* Vanarasi: Indological Book House, 1929.

Konow, Sten, Notes on Indo-Scythian Chronology, *Journal of Indian History* 12, 1933, pp. 1-46.

Max Loehr, Tools and Weapons from Anyang and Siberian Analogies, *American Journal of Archaeology* Vol.53, no.2, 1949, pp.126-144.

Lalou, Marcelle, L'histories de R ā ma en Tibétain, *Journal Asiatique* 1936, pp. 560-562.

Le Coq, A.von, *Türkische Manichäica aus Chotscho,*Ⅲ, Abhandlungen der Preussischen Akademie der Wissenschaften, Phil.-hist.Klasse(APAW), 1922, Nr.2.

Li, Fang-kuei, Notes on the Tibetan Sog, *Central Asiatic Journal* III.2,1958, pp.139-142.

Li, Shuicheng, The Mace-head:An Important Evidence of the Early Interactions along the Silk Roads, *Commemoration of Completion of the Hyrayama Silk Roads Fellowships Programme UNESCO International Symposium on the Silk Roads*, 2002, pp.157-160.

Loehr, Max, Tools and Weapons from Anyang and Siberian Analogies, *American Journal of Archaeology* Vol.53, no.2, 1949, pp.126-144.

Ma Yong & Wang Binghua, The Culture of Xinjiang Region, Janos Harmatta, B.N.Puri & G.F.Etemadi(eds.), *History of civilizations Central Asia,* Vol. II : The development of sedentary and nomadic civilizations: 700 B.C.to A.D.250, Delhi: Motilal Banarsidass Publishers Private Limited, 1999, pp.209-221.

Macdonald, A.- Yoshiro Imaeda, *Choix de documents tibétains conservés à la Bibliothèque nationale:complété par quelques manuscrits de l'India office et du British Museum*, Paris, 1978.

Mair, Victor H., "Reflectionson the Origins of the Modern Standard Mandarin Place-Name 'Dunhuang' - With an Added Note on the Identity of the Modern Uighur Place-Name 'Turpan'." 李铮、蒋忠新主编《季羡林教授八十华诞纪念论文集》，南昌：江西人民出版社，1991，第901~954 页。

Marsden, William, *The Travels of Marco Polo*, The Venetian, New York 1984.

Maspero, H. (ed.), *Les documents Chinois de la troisième expédition de Sir Aurel Stein en Asie Centrale*, London, 1953.

Matsui, Dai, A Mongolian Decree from the Chaghataid Khanate Discovered at Dunhuang, Peter Zieme (ed.), *Aspects of Research into Central Asian Buddhism:In Memoriam Kōgi Kudara,* Turnhout, 2008, pp.159-178.

Matsui, Dai, Revising the Uigur Inscriptions of the Yulin Caves, *Studies on the Inner Asian Languages* XXⅢ , The Society of Central Eurasian Studies, 2008, pp.17-33.

Maue, D. - K. Röhrborn, Ein Buddhistischer Katachismus' in alttürkischer sprache und tibetischar Schrift（Ⅰ - Ⅱ）, *Zeitschrift der Deutschen Morgenlandischen Gesellschaft* 134-2, 1984, S. 286-313; 135-1, 1985, S. 69-91.

Mei, Jianjun, *Copper and Bronze Metallurgy in Late Prehistoric Xinjiang*, BAR International Series 865, Oxford:Archaeopress, 2000.

Moriyasu, Takao, The Sha-chou Uighurs and the West Uighur Kingdom, *Acta Asiatica* vol.78, 2000, pp.28-48.

Müller, F. W. K., *Zwei Pfahlinschriften aus den Turfanfunden*, Abhandlungen der Preussischen Akademie der Wissenschaften, Phil.-hist. Klasse, Berlin 1915.

Pelliot, Paul, L'origine du nom de «Chine», *Toung Pao* 13, 1912, pp. 727-742.

Pelliot, Paul, *Les grottes de Touen-Houang* Ⅰ - Ⅵ, P. Geuthner, 1920-1924.

Rhie, Marylin M.- Robert A. F. Thurman, *Wisdom and Compassion. The Sacred Art of Tibet,* San Francisco:Asian Art Museum - New York:Tibet House, 1991.

Roerich, George N., *The Blue Annals,* New Delhi:Indological Publishers & Booksellers, 1988.

Samosyuk, Kira Fyodorovna, The Art of the Tangut Empire.A Historical and Stylistic Interpretation, *Lost Empire of the Silk Road. Buddhist Art from Khara Khoto（X - XⅢth Century)*, Edited by Mikhail Piotrovesky, Electa:Thyssen-Bornemiza Foundation, 1993, pp.59-88.

Sarianidi, V. I., The Treasure of Golden Hill, *American Journal of Archaeology* Vol.84, 1980, pp. 125-131.

Schafer, Edward H., *The Golden Peaches of Samarkand - A Study of*

T'ang Exotics, Berkeley/Los Aneles/London:University of California Press, 1985.

Scholz, Fred, *Nomadism:A Socioecological Mode of Culture*, Ulaanbaatar:International Institute for the Study of Nomadic Civilizations, 2008.

Sieg, E., *Übersetzungen aus dem Tocharischen. 1, Abhandlungen der Preussischen Akademie der Wissenschaften,*1943, nr.16, Berlin 1944.

Sims-Williams, Nicholas, The Sogdian Merchants in China and India, *Cina e Iran da Alessandro Magno alla Dinastia Tang*, ed.A.Cadonna e L.Lanciotti, Firenze 1996, pp.45-67.

Sims-Williams, Nicholas - J.Hamilton, *Documents turco-sogdiens du IXe-Xe siècle de Touen-houang*, London, 1990.

Stein, A., *Serindia.Detailed Report of Explorations in Central Asia and Westernmost China,* Vol. Ⅲ, Oxford:Clarendon Press, 1921.

Stein, A. (ed.), *Kalhana's Rajatarangini: A Chronicle of the Kings of Kashmir*, Delhi: Motilal Banarsidass Publisher, 2009.

Takeuchi, Tsuguhito, A Group of Old Tibetan Letters written under Kuei-i-chün: A Prelinimary Study for the Classification of Old Tibetan Letters, *Acta Orientalia Academiae Scientiarum Hungaricae*, Vol.44, No.1/2, 1990, pp.175-190.

Takeuchi, Tsuguhito, *Old Tibetan Contracts from Central Asia*, Daizo Shuppan, Tokyo, 1995.

Takeuchi, Tsuguhito, Sociolinguistic Implications of the Use of Tibetan in East Turkestan from the End of Tibetan Domination through the Tangut Perion(9th-12th c.), *Turfan Revisited The First Century of Research into the Arts and Cultures of the Silk Road*, Berlin, 2004, pp.341-348.

Tekin, Talat, *Irk Bitig. The Book of Omens*, Wiesbaden: Harrasowitz Verlag, 1993.

Thackston, W.M., *Rashiduddin Fazlullah's Jami u t-tawarikh*

Compendium of chronicles.A History of the Mongols, Harvard University, 1999.

Thomas, E.W., A R ā mayana Story in Tibetan from Chinese Turkestan, *Indian Studies in Honor of Charles Rockwell Lanman*, Cambridge 1929, pp. 193-212.

Thomas, E.W., *Tibetan Literary Texts and Documents concerning Chinese Turkestan*, Ⅰ - Ⅲ , London:the Royal Asiatic Society, 1935-1955.

Uray, G., L'Emploi du Tibétain dans les Chancelleries des États du Kansou et de Khotan Postérieurs à la Domination Tibétaine, *Journal Asiatique* Vol.269, No.1/2.1981, pp.81-90.

Uray, G., New Contributions to Tibetan Documents from the post-Tibetan Tun-huang, Tibetan Studies, Munich, 1988, pp.515-528.

Uray, G., Notes on a Tibetan military document from Tun-Huang, *Acta archaeologica Academiae Scientiarum Hungaricae* Vol. Ⅻ.no.1-3, 1961, pp.223-230.

Uray, G., The narrative of legislation and Organization of the Mkhas-pai-dga-ston, *Acta archaeologica Academiae Scientiarum Hungaricae* XXⅥ , 1972, pp.11-68.

Veen, R. E. van der, *Ancient Grave Looting Reinterpreted.Reopened Xiongnu Tombs from the 3rd century BC to 2nd century AD in Mongolia and Russia*, Leiden:Faculty of Archaeology of University of Leiden, 2013.

Wylie, A., On an Ancient Buddhist Inscription ay Kiu-yong-koan in North China, *Journal of the Royal Asiatic Society* New Series 5, 1871, pp.14-44.

Yakup, Abdurishid, *On the Interliner Uighur Poetry in the Newly Unearthed Nestorian Text, S*plitter aus der Gegend von Turfan.Festschrift für Peter Zieme anlässlich seines 60.Geburtstags, *Herausgegeben von Mehmet Ölmez/Simone-Christiane Raschmann,* Istanbul-Berlin, 2002, pp.409-417.

Yakup, Abdurishid, *On the Newly Unearthed Uighur Buddhist Texts from the Northern Grottoes of Dunhuang, Sven Bretfeld-Jens Wilkens (eds.),* Indien und Zentralasien.Sprach- und Kulturkontakt, Wiesbaden:Harrassowitz Verlag, 2003, pp.259-276.

Yakup, Abdurishid, Two Alliterative Uighur Poems from Dunhuang, 京都大学言語研究会編『言語学研究』第 17/18 号（1999），第 1-25 頁。

Yamaguchi, Zuihō, *The Fiction of King Dar-ma's Persecution of Buddhism,* De DunHung au Japon, Genève, 1996, pp.231-258.

Yamamoto, T. - O.Ikeda, *Tun-huang and Turfan Documents concerning Social and Economic History,* Ⅲ, Contracts(B), Tokyo 1987.

Yang, Fuxue, On the Sha-chou Uighur Kingdom, *Central Asiatic Journal,* 38-1, 1994, pp.80-107.

Yang, Fuxue, Uighur Wooden Movable-Types from Dunhuang and Related Problems, 段文杰、茂木雅博主编《敦煌学与中国史研究论集——纪念孙修身先生逝世一周年》，兰州：甘肃人民出版社，2001，第 346~350 页。

Yang, Fuxue, The Yuezhi and Dunhuang, *Kristi* Vol.1 (=*A Journal by Abha Prakashan in the Memory of Late Dr.P.Banerjee),* Delhi, 2008, pp.88-96.

Yang, Fuxue - Xue Wenjing, Yishu (Jesus) Worship in Xiapu Manichaean Manuscripts, *Yearbook of Chinese Theology,* Brill, 2018, pp. 97-112.

Yule, Henry, *The Book of Ser Marco Polo.The Venetian concerning the Kingdoms and Marvels of the East,* Book Ⅰ, London, 1903.

Zarcone, Thierry, *La Route du Jade:Un voyage de vingt siècles Année,* Paris:Autrem, 2001.

Zhang, Yuanlin, Dialogue Among the Civilizations:the Origin of the Three Guardian Deities' Images in Cave 285, Mogao Grottoes, *The Silk Road* Vol.6, no.2, 2009, pp.33-48.

Zieme, Peter - G.Kara, *Ein uigurisches Totenbuch.Nāropas lehre in uigurischer Übersetzung von vier tibetischen Traktaten nach der Samelhandschrift aus Dunhuang British Museum Or.8212(109)*, Budapest, 1978.

Zieme, Peter, Ein Uigurisches Fragment der R ā ma-Erzählung, *Acta Orientalia Academiae Scientiarum Hungaricae* 32, 1978, pp. 23-32.

Zieme, Peter, Zwei uigurische Gedichte aus Dunhuang-Ein Deutungsversuch, Türk Dilleri Araştırmalı Gilt 11 (2001), 2003, S.125-136.

Бартольд, В., *Отчет о поездке В Среднюю Азию С науцною Цепью, 1893-1894гг*, СПБ 1897.

Малов, С. Е., *Язык Желтых Уйгуров.Тексты и переводы*, Москва 1967, No.163-202.

Радлов, В. В.- С.Е.Малов, *Suvarnaprabhāsa.Cyтpa золотого Блеска, Текстъ уйгурской редакшии* (= *Bibliotheca Buddhica* XVII), Delhi 1992.

索 引*

---

* 本索引收录正文中出现的比较重要的部族名称、人名、专门术语、政权名称及部分地名等，按音序排列。条目后数字为所在本书页码。

后　记

　　敦煌民族史研究可以说是本人治学以来一直不曾间断的课题。1989 年 6 月，承蒙敦煌研究院院长段文杰研究员的支持与关照，我如愿以偿奔赴地处敦煌沙漠深处的莫高窟，在敦煌研究院从事学术研究工作，尔来已经三十有二年矣。岁月如梭，逝者如斯。

　　2011 年，本书的最初研究被列入敦煌研究院院级重点课题，参与者有赵晓星、陈爱峰、张海娟、樊丽沙、彭晓静等，于 2014 年获准结项。同年，本课题有幸再被立为教育部人文社会科学重点研究基地重大项目（项目编号：14JJD770006），参与者主要有张海娟、胡蓉、王东、路虹、刘源等，2018 年获准结项。今天的书稿，主要就是以 2018 年的结项报告为基础略加增补、修订而成的。与结项报告相比，书稿内容更完善，增补了原结项报告中不少未涉及的问题，使书稿粗具敦煌民族通史的面貌。但又不能称之为通史，因为今天所谓的"通史"基本要求在于所叙述内容的广泛，大凡所有重要事件和研究课题（政治、经济、军事、文化、艺术）等都要涉及，同时要求在叙述中体现出历史发展脉络或贯穿其中的线索，给人一种整体的认知，但在具体的撰写上不要求研究内容的深入，更不需要烦琐的考证，对学术研究所要求的三新，即资料新、问题新、观点新也一般不做硬性要求。这些通史特点与本书所追求的学术旨趣迥然有别。

本书是课题组成员通力合作的结果，书稿撰写的分工情况如下：

杨富学负责全书的统筹安排与统稿工作，承担导论，第一章，第二章，第八章，第十章第三节、第四节，第十一章和后记的撰写，以及参考文献的编制和全部插图的配置；

张海娟负责第六章，第七章，第九章，第十章第一节、第二节的撰写；

胡蓉负责全书的统稿和第三章、第四章的撰写；

王东负责第五章的撰写。

此外，弟子刘源博士参与了第二章的撰写，路虹副教授参与了第八章第三节的撰写，杨燕副教授参与了"导论"第一部分内容的撰写，研究生闫珠君编制了索引并参与校对工作，参与校对工作的还有米小强、盖佳择、刘拉毛卓玛、叶凯歌等同学。这里谨对所有参与该项目的同仁与同学，尤其是为本书撰写稿件的各位作者表示衷心的感谢。

本书的出版得到了中国敦煌石窟保护研究基金会的资助，荣列"敦煌学研究高地建设书系·敦煌研究院学术文库"的一种，在图书即将印行之际，敦煌研究院资深学者、著名敦煌学专家李正宇先生慨允赐序，为本书增色。这里也一并致以深深的谢意。

杨富学

2021 年 1 月 13 日

图书在版编目 (CIP) 数据

敦煌民族史 / 杨富学等著. -- 北京 : 社会科学文献出版社, 2021.12（2025.5重印）

（敦煌学研究高地建设书系·敦煌研究院学术文库）

ISBN 978-7-5201-8799-2

Ⅰ.①敦⋯　Ⅱ.①杨⋯　Ⅲ.①敦煌学－民族历史－研究　Ⅳ.①K870.6 ②K289

中国版本图书馆CIP数据核字（2021）第162970号

·敦煌学研究高地建设书系·敦煌研究院学术文库·

敦煌民族史

著　者 / 杨富学　张海娟　胡　蓉　王　东

出 版 人 / 冀祥德
组稿编辑 / 郑庆寰
责任编辑 / 赵　晨
文稿编辑 / 宋　超
责任印制 / 岳　阳

出　　版 / 社会科学文献出版社·历史学分社（010）59367256
　　　　　　地址：北京市北三环中路甲29号院华龙大厦　邮编：100029
　　　　　　网址：www.ssap.com.cn
发　　行 / 社会科学文献出版社（010）59367028
印　　装 / 三河市东方印刷有限公司

规　　格 / 开　本：787mm×1092mm　1/16
　　　　　　印　张：43.75　插　页：2.25　字　数：608千字
版　　次 / 2021年12月第1版　2025年5月第3次印刷
书　　号 / ISBN 978-7-5201-8799-2
定　　价 / 138.80元

读者服务电话：4008918866